POLEN – POUVOIRS, LETTRES, NORMES
sous la direction de Jean-Baptiste Amadieu et Bernard Ribémont
20

La Rhétorique du blâme dans l'*Histoire Auguste*

Ouvrage publié avec le soutien de l'École doctorale de littérature française
et comparée (ED 120) et du Centre d'études et de recherches antiques
et médiévales (EA 173) de l'université Sorbonne nouvelle – Paris 3

Benoît Chazal

La Rhétorique du blâme dans l'*Histoire Auguste*

PARIS
CLASSIQUES GARNIER
2021

Benoît Chazal, docteur en études latines, est diplômé de l'université Sorbonne nouvelle – Paris 3. Ses principaux thèmes de recherche – la rhétorique épidictique à l'époque impériale et les représentations de la tyrannie dans le monde gréco-romain – ont fait l'objet de conférences aux États-Unis et au Mexique. Il est également dramaturge, acteur et metteur en scène.

ISBN 978-2-406-10610-4 (livre broché)
ISBN 978-2-406-10611-1 (livre relié)
ISSN 2490-8460

ABRÉVIATIONS

AUTEURS

Amm.	Ammien Marcellin
Aur.-Vict.	Aurélius Victor
Cic.	Cicéron
Claud.	Claudien
Dion	Dion Cassius
Eutr.	Eutrope
Her.	Hérodien
Just.	Justin
Plin.	Pline le Jeune
Ps. Aur.-Vict.	Pseudo-Aurélius Victor (auteur de l'*Épitome*)
Quint.	Quintilien
Sen.	Sénèque
Suet.	Suétone
Val.-Max.	Valère Maxime
Virg.	Virgile

VIES SUÉTONIENNES

Caes.	César
Aug.	Auguste
Tib.	Tibère
Calig.	Caligula
Claud.	Claude
Ner.	Néron
Galb.	Galba
Oth.	Othon
Vit.	Vitellius
Vesp.	Vespasien
Tit.	Titus
Dom.	Domitien

VIES DE L'*HISTOIRE AUGUSTE* (nous utilisons les mêmes abréviations qu'A. Chastagnol dans son édition de l'*Histoire Auguste*, publiée en 1994 chez Robert Laffont)

Ael.	Aelius
Alex. Sév.	Alexandre Sévère
Ant. Pius	Antonin le Pieux
Aur.	Aurélien
Av. Cass.	Avidius Cassius
Car.	Carus, Numérien, Carin
Carac.	Caracalla
Claud.	Claude le Gothique
Clod. Alb.	Clodius Albinus
Comm.	Commode
Diad.	Diaduménien
Did. Jul.	Didius Julianus
Élag.	Élagabal
Gall.	les deux Galliens
Gét.	Géta
Gord.	les trois Gordiens
Hadr.	Hadrien
Macr.	Macrin
Marc.	Marc Aurèle
Max. et Balb.	Maxime et Balbin
Maxim.	les deux Maximins
Pert.	Pertinax
Pesc. Nig.	Pescennius Niger
Prob.	Probus
Quadr. tyr.	Quadrige des tyrans
Sév.	Septime Sévère
Tac.	Tacite
Tr. tyr.	les Trente Tyrans
Val.	Valérien
Vér.	Vérus

TITRES COURAMMENT CITÉS

AC	*L'Antiquité classique*
BAGB	*Bulletin de l'Association Guillaume Budé*
B.H.A.C.	*Bonner Historia Augusta Colloquium*

Dig.	Digeste
H.A.C.A.	*Historiae Augustae Colloquium Argentoratense*
H.A.C.B.	*Historiae Augustae Colloquium Barcinonense*
H.A.C.BAM.	*Historiae Augustae Colloquium Bambergense*
H.A.C.BON.	*Historiae Augustae Colloquium Bonnense*
H.A.C.G.	*Historiae Augustae Colloquium Geneuense*
H.A.C.M.	*Historiae Augustae Colloquium Maceratense*
H.A.C.N.	*Historiae Augustae Colloquium Nanceiense*
H.A.C.P.	*Historiae Augustae Colloquium Parisinum*
H.A.C.PER.	*Historiae Augustae Colloquium Perusinum*
MEFRA	*Mélanges de l'École française de Rome. Antiquité*
Pan.	*Panégyriques latins* (probablement compilés par Drepanius Pacatus)
RBPh	*Revue belge de philologie et d'histoire*
REA	*Revue des études anciennes*
REL	*Revue des études latines*

INTRODUCTION

La prose historique antique est caractérisée par des traits qui l'éloignent de ce qui fonde à nos yeux le discours constatif, purement objectif et fidèle à l'idéal de vérité scientifique[1]. Dès Hérodote, les récits sont tributaires d'une rhétorique amplificatrice, d'une sélection et d'une manipulation de données[2], d'un interventionnisme fréquent de l'historien, toujours prompt à donner un avis sur les objets qu'il traite. Parfois, les récits s'approchent de la légende, et la frontière entre les deux univers n'est pas toujours bien délimitée ; la poésie narrative revêt en outre fréquemment le rôle de relation des événements passés[3]. Pourtant, tous les historiens

---

1 Sur cette question de l'écart entre la conception de l'Histoire chez les Anciens et les Modernes, *cf.* R. Martin, J. Gaillard, *Les Genres littéraires à Rome*, Paris, Nathan, 1990, Scodel, p. 108-110. « L'homme antique ignore cette conception de la vérité historique. Lorsqu'il entreprend d'écrire l'histoire, il traite du passé en conteur [...] pour l'essentiel, il [l'historien] considère la tradition comme faisant autorité : du moment que le récit fourni par elle est rationnel et cohérent, il apparaît comme acceptable, et l'historien ne songe pas un instant que la rationalité est précisément suspecte, car elle est trop belle pour être vraie... » (*ibid.*, p. 109). Pour cette citation, *cf.* notre article « Caligula : la fabrication d'un mythe. La théâtralisation de la figure du tyran dans la biographie de Suétone, éclairée par quelques passages de l'*Histoire Auguste* », *Noua tellus*, vol. 36, n° 2, 2018, p. 53-68, ici n. 1 p. 54. La formule suivante synthétise à merveille cet état de fait : « l'historien antique ne pratique pas l'histoire comme science, mais l'historiographie comme art » (R. Martin, J. Gaillard, *ibid.*).

2 Rappelons que, pour Cicéron, l'historien est cet artiste qui embellit la réalité des faits ; il re-présente la réalité après un travail interprétatif pour établir une démonstration. Il ne doit retenir que le fait « digne de mémoire » (*dignum memoria*) et agencer les faits pour faire ressortir une logique de causalité. Ce sont ces rapports de cause/conséquence qui permettent au lecteur une meilleure compréhension du monde. Lire à ce sujet : T. Guard, « Cicéron : l'orateur, l'histoire et l'identité romaine », *Cahiers des études anciennes* [En ligne], XLVI | 2009, mis en ligne le 13 mars 2010 (pour consulter les DOI et les adresses URL des articles électroniques, nous renvoyons le lecteur à la bibliographie générale). Sur Cicéron et l'écriture de l'histoire, *cf. infra.*

3 En ce qui concerne le rapport entre l'Histoire et la légende, *cf.* cette note de P. Heuzé : « nous ne savons pas où Virgile plaçait la frontière entre les deux. En conséquence, l'histoire se pare de l'aura de la légende, et la légende peut prétendre à l'authenticité » (Virgile, *Énéide*, texte traduit par J. Dion et P. Heuzé, Gallimard, 2015, Bibliothèque de La Pléiade, notes sur le livre IV, p. 1225). Pour cette citation, *cf.* B. Chazal, art. cité, n. 1 p. 54. Dans ce travail, nous avons déjà noté que, dans les littératures historique et épique romaines, la frontière

prétendaient restituer la vérité[4], et les lecteurs de l'époque acceptaient sans hésiter les distorsions imposées à la réalité[5].

---

entre le mythe et la réalité n'apparaît pas toujours clairement (*ibid.*, p. 54). Aristote affirme que l'histoire est proche de la poésie et cette idée est reprise par Quintilien dans l'*Institution oratoire*, X, I (rapprochements établis par M.-P. Arnaud-Lindet, *Histoire et politique à Rome : les historiens romains IIIe siècle av. J.-C. – Ve siècle ap. J.-C.*, Paris, Pocket, 2005, Agora, p. 281). *Cf.* aussi l'introduction de l'*Histoire des empereurs romains de Marc-Aurèle à Gordien III (180 ap. J.-C. – 238 ap. J.-C.)* d'Hérodien, texte traduit et commenté par D. Roques, postface de L. Canfora, 3e tirage, Paris, Les Belles Lettres, 2018, p. 10 : « Sous le nom d'*Histoires* on rangeait toutes sortes de compositions où le mythe, le merveilleux, l'imaginaire, la poésie même avaient leur place, parfois de choix, et où, en tout cas, la rhétorique était omniprésente, car elle était l'expression d'une formation intellectuelle multiséculaire. »

4 Il s'agit de la fameuse *lex ueritatis* (R. Martin, J. Gaillard, *op. cit.*, p. 115). Lire P. Jal, « Tite-Live et le métier d'historien dans la Rome d'Auguste », *BAGB*, no 1, mars 1990, p. 32-47, ici p. 35 : « "Dire la vérité", c'est le B-A-BA du métier d'historien. Tous les historiens anciens proclament que telle est leur intention. C'est la première des "lois de l'histoire" (*leges historiae*) et Thucydide affirmait déjà que la recherche de la vérité [...] était le but de son ouvrage. » P. Jal cite encore, comme exemples d'historiens mettant en avant leur souci de dire la vérité, Cicéron, Salluste, Tacite, Ammien Marcellin et Tite-Live (*ibid.*) Au sujet de Tacite, lire l'article d'E. Cizek, « La poétique de l'histoire chez Tacite », *REL*, t. 69, 1991, p. 136-146. « Tacite utilisait des techniques de la persuasion et interprétait les événements comme le ferait un avocat. Toutefois, de cette façon, Tacite aurait pensé pouvoir accéder à une vérité plus profonde que celle décelée à la surface des choses. » (*ibid.*, p. 140). Dans la postface de son pamphlet, Lactance prétend avoir été fidèle à la réalité : *quae omnia secundum fidem* [...] *ita ut gesta sunt mandanda litteris credidi*..., « si j'ai cru devoir consigner par écrit, fidèlement, tous ces événements comme ils se sont passés... » (Lactance, *De la mort des persécuteurs*, t. I, introduction, texte critique et traduction de J. Moreau, Paris, Éditions du Cerf, 1954, Sources chrétiennes, no 39, *cf.* LII, 1). « Chaque fois que nous comparons la version de Lactance à celle que nous ont transmise les autres historiens, nous constatons que jamais dans l'exposé des faits, dans leur chronologie et leur enchaînement, il ne prend avec la vérité d'excessives libertés. » (*ibid.*, introduction, p. 45). Le texte fait état d'une « histoire partisane » (*ibid.*), certes, mais Lactance, comme il l'indique, retrace fidèlement les événements pour mieux les interpréter dans le cadre de la défense de sa thèse religieuse (*ibid.*). Lactance est un « auteur tendancieux » mais « on ne peut l'accuser d'avoir altéré la vérité des faits » (*ibid.*, p. 47). Il est « un polémiste, non un faussaire » (*ibid.*) Le procédé de la mention du respect par l'auteur de la *lex ueritatis* sera repris, dans une certaine mesure, par les hagiographes : comme le rappelle S. Ratti, Paulin et Sulpice Sévère affirment que leurs récits respectifs des Vies de Saint Ambroise et de Saint Martin sont authentiques (S. Ratti, *Polémiques entre païens et chrétiens*, Paris, Les Belles Lettres, 2012, *cf.* p. 119-120). Pour Y. Roman, à Rome, « ceux qui écrivirent l'Histoire [...] ne mentirent pas [...] mais exprimèrent le plus souvent, sinon toujours, le point de vue qui était le leur, celui du groupe, de pression mais surtout socio-politique, auquel ils appartenaient ». (Y. Roman, *Empereurs et sénateurs. Une histoire politique de l'Empire romain*, Paris, Fayard, 2001, *cf.* p. 481). L'historien se « réapproprie » l'Histoire, « fournisseur d'*exempla* », « au nom d'une idéologie » (*ibid.*, p. 483). – Pour les abréviations de certains noms d'auteurs, titres d'actes de colloques et de revues couramment cités dans les notes de bas de page de ce mémoire, *cf.* liste des abréviations en début d'ouvrage, p. 7-9.

5 F. Paschoud déclare « qu'il existait entre auteur et lecteur antiques un "code", une "connivence" » (P. Jal, *ibid.*, p. 43).

Dans la civilisation latine, on le sait, l'Histoire occupe une place toute particulière, et la révérence à l'égard du passé est un fait de civilisation[6]. Les récits exaltent le destin exceptionnel de Rome, les exemples des vertus des illustres grands hommes servent de modèles aux générations futures[7], la narration permet de discerner les rapports de causalité qui enchaînent les événements d'antan à ceux d'aujourd'hui et invite à en tirer des leçons[8].

L'écriture de l'Histoire à Rome commence à se développer durant la deuxième Guerre Punique. Les premiers annalistes s'expriment en grec et il faudra attendre Caton l'Ancien pour apprécier des récits en latin[9]. Mais ce n'est qu'au Ier siècle av. J.-C. que l'historiographie gagne ses lettres de noblesse. Cicéron dessine les contours de la théorie du genre sans la mettre en application. Il jette ainsi les fondements de l'impartialité dans le discours historique :

> *Sed illuc redeo : uidetisne quantum munus sit oratoris historia ? Haud scio an flumine orationis et uarietate maxumum ; neque eam reperio usquam separatim instructam rhetorum praeceptis ; sita sunt enim ante oculos. Nam quis nescit primam esse historiae legem, ne quid falsi dicere audeat ? deinde ne quid ueri non audeat ? ne quae suspicio gratiae sit in scribendo ? ne quae simultatis ?* (Cicéron, *De l'orateur*, II, XV, 62)

> « Mais je reviens à mon point de départ. Ne voyez-vous pas quelle belle tâche c'est pour l'orateur que d'écrire l'histoire ? Peut-être même n'y en a-t-il point d'autre qui demande plus d'abondance rapide et de variété dans le style. Et pourtant je ne trouve nulle part que les rhéteurs en aient fait l'objet de préceptes spéciaux. Ces préceptes, aussi bien, sont en évidence, sous nos yeux. Qui ne sait que la première loi du genre est de ne rien oser dire de faux ? la seconde, d'oser dire tout ce qui est vrai ? d'éviter, en écrivant, jusqu'au moindre soupçon de faveur ou de haine[10] ? »

---

6 Sur ce sujet, *cf.* M.-P. Arnaud-Lindet, *op. cit.*, préface, p. 7 : « l'écriture de l'histoire est comme "un devoir de mémoire" » ; *Rome sous le regard des historiens latins*, anthologie, traduction A. Flobert, Paris, Flammarion, 2008, GF, n° 1262, ici p. 6-8 ; R. Martin et J. Gaillard, *op. cit.*, p. 108-110.

7 M.-P. Arnaud-Lindet, *ibid.*, p. 8. L'auteur résume ainsi les trois finalités de l'Histoire pour les Romains : « la conservation du passé, l'utilisation du passé, la recréation du passé » (*ibid.*, p. 7).

8 R. Martin, J. Gaillard, *op. cit.*, p. 112 : « En fait, l'histoire a une autre utilité que de servir de chant funèbre : elle permet de retrouver les bonnes lois, les bonnes pratiques politiques, elle permet de retrouver les modèles oubliés. D'où la construction du texte historique, qui est une figuration plus ou moins idéalisée de l'affrontement entre les bons et les mauvais exemples. »

9 *Ibid.*, p. 113.

10 Le texte et la traduction sont issus de l'édition suivante : Cicéron, *De l'orateur*, livre deuxième, texte établi et traduit par E. Courbaud, Paris, Les Belles Lettres, 1966.

L'orateur reproche aux auteurs du siècle précédent une rhétorique de la monotonie – ou plutôt une absence de rhétorique – dans des narrations linéaires qui ne procurent aucun plaisir à la lecture[11]. Il rapproche histoire et éloquence en ces termes :

> *Historia uero testis temporum, lux ueritatis, uita memoriae, magistra uitae, nuntia uetustatis, qua uoce alia nisi oratoris immortalitati commendatur ? Nam si qua est ars alia, quae uerborum aut faciendorum aut legendorum scientiam profiteatur, aut si quisquam dicitur nisi orator formare orationem eamque uariare et distinguere quasi quibusdam uerborum sententiarumque insignibus, aut si uia ulla nisi ab hac arte traditur aut argumentorum aut sententiarum aut denique discriptionis atque ordinis, fateamur aut hoc, quod haec ars profiteatur, alienum esse aut cum alia aliqua arte esse commune.* (Cicéron, *ibid.*, II, IX, 36)
>
> « L'histoire enfin, témoin des siècles, flambeau de la vérité, âme du souvenir, école de la vie, interprète du passé, quelle voix, sinon celle de l'orateur, peut la rendre immortelle ? Car s'il existe un autre art qui fasse profession d'apprendre à créer ou à choisir les mots ; si l'on dit d'un autre que de l'orateur qu'il sait façonner le style, le nuancer, le relever par toute sorte de pensées et d'expressions brillantes ; s'il est, en dehors de l'art oratoire, une méthode pour trouver les idées et les arguments, bref pour tout disposer et ordonner dans le discours : avouons alors, ou que les secrets que s'attribue l'éloquence ne sont pas en réalité les siens, ou qu'elle les partage du moins avec un autre art. »

L'Histoire doit précisément être une œuvre d'art : la formule *historia ornata*, comme le remarquent R. Martin et J. Gaillard, implique qu'il faut « dire bellement ce qui est beau[12] », mais non nuire à la véracité du propos par travestissements de la réalité, comme on serait tenté de le penser à la lecture du verbe *ornare*[13]. La beauté du fond doit s'incarner dans une belle forme.

Dans le champ de la production qui s'ouvre alors, aux côtés des grandes figures que sont Salluste, Tite-Live, Tacite, émerge le genre biographique. À la fin du Ier siècle av. J.-C., Cornélius Népos rédige des *Vies* qui prennent la forme très sommaire de notices[14]. Mais cette forme trouve son véritable accomplissement dans l'œuvre de Suétone : le goût pour l'anecdote, trait caractéristique des *Faits et dits mémorables* de Valère Maxime, constitue le ressort des biographies impériales qui dessinent avec précision le portrait

11 R. Martin, J. Gaillard, *op. cit.*, p. 113-114.
12 *Ibid.*, p. 115.
13 *Ibid.*
14 *Ibid.*, p. 128.

physique et surtout moral de leur sujet, en fouillant les multiples aspects de leur vie publique et privée. Le style, dépouillé, a valu à Suétone et plus tard à l'*Histoire Auguste* (même si ce fut aussi en partie pour d'autres raisons), de nombreux commentaires dépréciatifs[15], la *breuitas* n'égalant pas la force dramatique des grands tableaux des Annales ou des monographies[16]. Après Suétone, le genre trouve de dignes successeurs avec les *Vies parallèles des hommes illustres* de Plutarque, Marius Maximus, l'*Histoire Auguste*, puis sous une autre forme, avec les Vies de saints et les productions hagiographiques de l'Antiquité tardive. La biographie suétonienne d'Auguste influencera même la *Vie de Charlemagne* d'Éginhard.

Bien qu'il faille opérer des distinctions entre les genres, à l'instar de Cornélius Népos et Plutarque[17], la biographie et la « grande Histoire » se trouvent concernées par des problématiques similaires, évoquées précédemment, qui sont relatives au critère de vérité et à ce que M. Rambaud appelle « l'art de la déformation historique » dans le cadre de son étude des *Commentarii* de César[18] ; J. Gascou y a consacré

15 Les jugements de certains commentateurs à propos de Suétone nous paraissent quelque peu sévères : « Il faut beaucoup d'efforts et de bienveillance pour reconnaître aux Vies une valeur littéraire, et apprécier sous le nom de "sobriété" ce qui s'appellerait plus justement froideur et indigence stylistique » (R. Martin, J. Gaillard, *ibid.*, p. 138). M.-P. Lindet affirme que la « médiocrité du style de Suétone ne lui donne pas une grande place dans la littérature latine » (*op. cit.*, p. 324).

16 Nous reviendrons sur cette question du style ultérieurement dans cette introduction.

17 *Vie de Pélopidas*, 1 : *Cuius de uirtutibus dubito quem ad modum exponam, quod uereor, si res explicare incipiam, ne non uitam eius enarrare, sed historiam uidear scribere*, « En abordant le récit de ses hauts faits [Pélopidas], j'hésite sur la manière de les exposer. Si je les raconte en détail peut-être semblerai-je écrire moins sa biographie que l'histoire d'une époque » (Cornélius Népos, *Œuvres*, XVI, texte établi et traduit par A.-M. Guillemin, Paris, Les Belles Lettres, 2002). Pour Plutarque, *cf. Vie d'Alexandre*, I, 1 : « Je n'écris pas des ouvrages d'histoire, mais des biographies. » (J. Gascou, *Suétone historien*, Rome, École française de Rome ; Paris, Diffusion De Boccard, 1984, Bibliothèque des Écoles françaises d'Athènes et de Rome, ici p. 347). J. Gascou, qui commente Plutarque, relève les différences de contenu et de finalité entre les deux genres. « Le biographe s'intéresse à un homme, et non pas seulement au déroulement de son existence, mais aux différents aspects de sa personnalité. L'historien s'intéresse aux "grands événements", aux guerres, aux bouleversements politiques » (J. Gascou, *ibid.*, p. 137-138).

18 M. Rambaud, *L'Art de la déformation historique dans les Commentaires de César*, Paris, Les Belles Lettres, 2011, Études anciennes, n° 4. L'ouvrage propose de relever les stratégies mises en place par l'auteur pour assurer sa propagande. Les livres étant probablement construits sur la base des rapports militaires que le général César adressait au Sénat (*ibid.*, p. 22), il a fallu, pour toucher un public plus large qui ne connaissait pas les contextes particuliers des opérations sur le terrain, introduire de nouveaux éléments dans le matériau textuel. Ces derniers ont pu entraîner des entorses à la véracité des faits (alors même que

une étude détaillée pour Suétone dans laquelle il analyse l'écrasement de la perspective historique. Déconstruction de la chronologie[19], juxtaposition de petits faits à de grands événements[20], mise en avant de

---

les rapports militaires pouvaient déjà eux-mêmes contenir des mensonges, comme le note très justement le chercheur). Au « ton technique » des rapports s'est superposé un « ton dramatique » (*ibid.*, p. 91). Dans ces additions, M. Rambaud relève des procédés itératifs qui participent à la construction d'un *êthos* positif de César. Rappelons-en quelques uns : la « disjonction des faits » (pour des exemples, *cf. ibid.*, p. 100) qui consiste en une déconstruction de la chronologie des événements par l'auteur au profit d'un nouvel agencement logique favorable aux vues césariennes. « Ces disjonctions des faits et des liens logiques révèlent l'attitude intellectuelle de César. En écrivant les *Commentaires*, il a voulu prendre en main la compréhension de ses lecteurs et, à ce que les modernes appellent synthèse historique, opposer l'escamotage historique. Mais s'il a cherché à prévenir la reconstitution des faits par autrui, c'était pour imposer une impression, une vision conformes à ses intérêts » (*ibid.*, p. 111). La manipulation des données sert la démonstration d'un point de vue. Par ailleurs, les *Commentarii* portent la trace d'élaboration littéraire de discours qui, même s'ils sont fondés sur des données historiques, trahissent des omissions, ou sont embellis par des effets dramatiques (*ibid.*, p. 125-127), des « narrations pré-explicatives » (*ibid.*, p. 153) – qui précèdent des événements importants et conditionnent le lecteur, le préparant, par exemple, à mieux excuser César dans le cas d'une défaite romaine –, des grossissements et utilisations de chiffres, des répétitions et des renvois, des sentences à des fins apologétiques etc. Malgré le cadre annalistique du *Bellum Gallicum* (sur le cadre annalistique, *cf. ibid.*, p. 59), l'exposition des faits année après année se trouve remodelée pour présenter non pas l'Histoire, mais une certaine vision de l'Histoire.

19 J. Gascou, « Histoire et historiographie : Suétone », *Histoire et historiographie dans l'Antiquité*, Actes du 11e colloque de la Villa Kérylos à Beaulieu-sur-Mer les 13 & 14 octobre 2000, Paris, Académie des Inscriptions et Belles Lettres, 2001, Cahiers de la Villa Kérylos, 11, p. 155-165, ici p. 157-158. Citons une illustration dans cet article de ce que nous avons appelé précédemment la sélection et la manipulation des données : « Dans d'autres cas, le bouleversement de l'ordre chronologique semble être intentionnel, par exemple lorsque l'auteur souhaite susciter chez son lecteur un sentiment d'horreur devant le comportement d'un César : si l'on examine la façon dont Suétone énumère dans la *Vie de Domitien* (10, 4-7) les crimes de cet empereur envers les membres de l'ordre sénatorial, on s'aperçoit qu'il place des faits advenus à la fin du règne de cet empereur [...] avant les deux derniers crimes de Domitien [...] Il est manifeste que Suétone a voulu faire apparaître la folie meurtrière de Domitien comme obéissant à une progression dans la barbarie en plaçant à la fin de son chapitre les crimes les plus révoltants. » Le biographe substitue à l'ordre chronologique un « ordre d'intensité » (*ibid.*, p. 158). J. Gascou parle de « chronologie sacrifiée » (J. Gascou, *Suétone historien*, p. 392). « Notre auteur, en raison du groupement *per species* de l'essentiel des informations qu'il nous livre, sacrifie le plus souvent la chronologie, non seulement absolue, mais encore relative, et ne nous laisse pas comprendre à quel moment d'un règne ou d'une vie appartiennent un grand nombre des faits qu'il rapporte » (*ibid.*, p. 391).

20 J. Gascou démontre que « de petits faits, de simples anecdotes sont mis sur le même plan qu'une guerre ou qu'une révolution » (« Histoire et historiographie : Suétone », p. 158) comme l'illustre le cas de la célèbre bataille d'Actium, à peine évoquée, alors que l'accent est mis sur des tempêtes qui ont frappé le bateau d'Octave. Le procédé est également valable pour les *rumores* (J. Gascou, *Suétone historien*, p. 705), comme en témoigne

détails mineurs[21], techniques de fractionnement et de répétition (un même événement est répété dans deux passages différents de la biographie, une première fois sous un jour positif, une seconde fois sous un jour négatif, ou inversement[22])…, les procédés sont nombreux et, nous pouvons déjà l'affirmer, repris en majeure partie par le rédacteur de l'*Histoire Auguste.*

Ce recueil de trente biographies d'empereurs romains des IIe et IIIe siècles, qui a pour originalité de faire, le cas échéant, de co-régents et d'usurpateurs des héros de Vies à part entière, apparaît au sein d'une production éclectique d'ouvrages historiques dans l'Antiquité tardive, aux côtés des panégyriques, Annales, abrégés, biographies, hagiographies et romans historiques[23]. L'*Histoire Auguste* offre la particularité de se présenter comme une suite directe des *Vies des douze Césars*[24] : outre le fait

---

l'exemple fameux de la nomination au consulat d'Incitatus, le cheval de Caligula, que Régis F. Martin qualifie de simple « boutade » (R. F. Martin, *Les Douze Césars*, Paris, Les Belles Lettres, 1991 et Perrin 2007 pour l'édition utilisée, Tempus, n° 170, ici p. 284).

21 *Cf.* J. Gascou, *Suétone historien*, p. 424.

22 *Ibid.*, p. 364.

23 Dans le cadre de ce mémoire, nous citons deux éditions du texte de l'*Histoire Auguste.* Nous recourons à l'édition des Belles Lettres pour les Vies d'Hadrien, d'Aelius, d'Antonin le Pieux, de Macrin, de Diaduménien, d'Héliogabale (que nous avons choisi d'appeler « Élagabal », à l'instar d'A. Chastagnol), d'Alexandre Sévère, des deux Valériens, des deux Galliens, des Trente Tyrans, de Claude, d'Aurélien, de Tacite, de Probus, des quatre tyrans Firmus, Saturnin, Proculus et Bonosus (que nous regroupons au sein d'une même Vie, sur l'exemple d'A. Chastagnol, intitulée « Quadrige des tyrans ») et de Carus, Carin et Numérien. De l'édition d'A. Chastagnol (Robert Laffont), qui propose toutes les Vies de l'*Histoire Auguste*, nous utilisons seulement les Vies de Marc Aurèle, de Vérus, d'Avidius Cassius, de Commode, de Pertinax, de Didius Julianus, de Septime Sévère, de Pescennius Niger, de Clodius Albinus, de Caracalla, de Géta, des deux Maximins, des trois Gordiens, de Maxime et Balbin, qui, à l'heure où est rédigé ce mémoire, ne disposent d'aucune traduction dans l'édition des Belles Lettres. Nous renvoyons le lecteur à la bibliographie générale pour davantage de précisions. Pour les abréviations des titres des Vies, *cf.* p. 8.

24 « Le poète bordelais [Ausone] a pu inspirer le projet initial de l'*HA*, à savoir rassembler dans un même corpus ce qu'avaient traité et Suétone et Marius Maximus, son continuateur » (*Histoire Auguste. T. I, 1re partie : Vies d'Hadrien, Aelius, Antonin*, texte établi et traduit par J.-P. Callu, A. Gaden, O. Desbordes, Paris, Les Belles Lettres, 1992, CUF, *cf.* introduction, p. XVI). Rappelons que le poète a composé des *Tetrasticha* qui prennent pour objet les douze Césars suétoniens et les douze empereurs suivants : Nerva, Trajan, Hadrien, Antonin, Marc Aurèle, Commode, Pertinax, Didius Julianus, Septime Sévère, Caracalla, Macrin, Élagabal (*ibid.*, p. XV). « L'arc de cette deuxième série embrasse le même espace temporel que chez Marius Maximus, mais encore sympathies et antipathies concordent chez les deux auteurs » (*ibid.*)

qu'elle s'ouvre relativement peu de temps après la mort de Domitien[25], la facture présente de grandes similitudes avec les biographies suétoniennes[26]. Les Vies reposent sur la combinaison d'une construction *per tempora* (généalogie, naissance, carrière jusqu'à l'accession au pouvoir de l'empereur) et *per species* (rubriques-tiroirs détaillant des aspects de la vie publique et privée de l'empereur)[27]. Elles accordent une grande importance aux présages annonçant l'accession au pouvoir (*omina imperii*) et la mort prochaine de l'empereur (*omina mortis*). La datation des événements évoqués, comme chez Suétone, ne paraît pas être un souci majeur[28]. Les anecdotes, les dramaticules (entendons par ce terme une courte scène au caractère théâtral marqué) et les discours (qui sont la

25 La première biographie est celle d'Hadrien. L'absence de préface invite à se demander si les Vies de Nerva et de Trajan n'auraient pas été perdues. D'aucuns évoquent une tromperie du rédacteur. Sur ce problème, *cf. Histoire Auguste. Les empereurs romains des IIe et IIIe siècles*, texte traduit par A. Chastagnol, Paris, Robert Laffont, 1994, Bouquins, *cf.* introduction générale, p. XXXV, qui renvoie à H. Dessau, *Hermes*, 27, 1892, p. 578-579.

26 Sur la facture de l'*Histoire Auguste*, *cf.* notamment A. Chastagnol, *ibid.*, p. XXXVI. Sur la structure de certaines Vies suétoniennes, *cf.* J. Hellegouarc'h, « Histoire et biographie : le principat vu par Suétone (de Tibère à Néron) », *Vita latina*, n° 133, 1994, p. 22-28, ici p. 23. Les Vies de Tibère à Néron, malgré l'organisation de rubriques thématiques, conservent une dimension chronologique et sont divisées en deux parties : « la première est consacrée à célébrer les mérites du prince, tandis que la deuxième énonce les vices et les excès qui ont fini par triompher. » *Tib.* 1-40 avant Capri ; 41-76 à Capri ; *Cal.* 1-21 ; 22-60 avec la phrase de transition en 22,1 *Hactenus quasi de principe, reliqua ut de monstro narranda sunt* ; *Claud.* 1-28, 29-46 : 29, 1 *His. ut dixi, uxoribusque addictus, non principem, sed ministrum egit* ; *Ner.* 1-19 ; 20-57 : 19, 5 *Haec partim nulla reprehensione, partim etiam non mediocri laude digna in unum contuli, ut secernerem a probris ac sceleribus eius, de quibus dehinc dicam.*

27 *Cf.* Suet., *Aug.*, IX, 1(5) : *Proposita uitae eius uelut summa, partes singillatim neque per tempora sed per species exsequar, quo distinctius demonstrari cognoscique possint*, « Ayant présenté en quelque sorte le sommaire de sa vie, je vais en examiner une à une les différentes parties, non point en suivant l'ordre chronologique, mais (en groupant les faits) par catégories, de façon à rendre plus nets leur exposé et leur étude. » (Suétone, *Vies des douze Césars*, t. I, *César-Auguste*, texte établi et traduit par H. Ailloud, Paris, Les Belles Lettres, 1954).

28 M.-P. Lindet explique l'« insouciance chronologique » de Suétone par la connaissance que les Romains devaient avoir du cadre annalistique ; les *Vies des douze Césars* ont paru peu de temps après les *Annales* et *Histoires* de Tacite (*op. cit.*, p. 311). Lire également, au sujet de l'*Histoire Auguste*, J. Schwartz, « À propos des données chronographiques de l'*Histoire Auguste* », *B.H.A.C. 1964-1965*, Bonn, Rudolf Habelt Verlag GmbH, 1966, p. 197-210. « La date la plus fréquente est celle du *natalis* de l'empereur » (*ibid.*, p. 197). « En fait, trois *Vitae* contiennent une relative abondance de dates : celles d'Hadrien, de Commode et de Pertinax. » (*ibid.*) « Nous n'avons dans l'H.A. que peu de données précises pour la durée de règne d'un empereur : il s'agit uniquement d'Hadrien, Pertinax, Didius Julianus et Alexandre Sévère, pour lesquels le texte donne aussi une durée de vie fort précise. » (*ibid.*, p. 201).

plupart du temps reconstitués, alors que ceux de Suétone apparaissent comme plus fidèles à la réalité) sont légion.

L'œuvre suscite de nombreux débats depuis plus d'un siècle[29]. Officiellement rédigée par six auteurs – Aelius Spartianus, Julius Capitolinus, Vulcacius Gallicanus, Aelius Lampridius, Trébellius Pollion[30], Flavius Vopiscus – au tournant des IIIe et IVe siècles, elle serait en réalité l'expression d'une imposture littéraire d'envergure. H. Dessau, en 1889, a établi dans un article de la revue *Hermes* la thèse dite de la « mystification[31] » : derrière les six biographes se cacherait un seul auteur, dont le véritable nom n'apparaît nulle part (nous l'appellerons, dans ce mémoire, « l'Anonyme » ou « le rédacteur »). Le chercheur allemand constata par ailleurs, au vu des nombreux anachronismes présents dans le texte, que ce rédacteur ne pouvait vivre sous les règnes de Dioclétien et de Constantin, comme il le prétendait, mais devait plutôt appartenir à la dernière partie du IVe siècle.

Les réactions à cet article furent vives et passionnées et initièrent des débats qui continuent pour certains de mettre en effervescence les milieux universitaires. Le premier contradicteur d'H. Dessau fut son ancien maître, T. Mommsen, qui répondit l'année suivante dans la même revue par un article[32] qui écarte la thèse de la mystification, tout en distinguant deux séries de Vies, la première d'époque dioclétienne, la seconde constantinienne. T. Mommsen évoqua néanmoins la possibilité de plusieurs révisions du texte, plaçant la première à la fin du règne de Constantin, la seconde après la parution des *Césars* d'Aurélius Victor, voire à l'époque théodosienne.

29 La synthèse de l'évolution des recherches qui suit s'inspire d'A. Chastagnol, *op. cit.*, introduction générale, p. XV-XXXIV. On peut se reporter également à M.-P. Lindet, *op. cit.*, p. 388, pour une synthèse plus succincte.

30 Sur la formation de ce nom, *cf. Histoire Auguste. T. V, 1re partie : Vies d'Aurélien et de Tacite*, texte établi, traduit et commenté par F. Paschoud, Paris, Les Belles Lettres, 2002, CUF, n. 1.2.1 p. 68 et *Histoire Auguste. T. V, 2e partie : Vies de Probus, Firmus, Saturnin, Proculus et Bonose, Carus, Numérien et Carin*, texte établi, traduit et commenté par F. Paschoud, Paris, Les Belles Lettres, 2002, CUF, introduction, p. XIX-XXI. Le nom reposerait sur la collision d'Asinius Pollion, tribun du peuple en 47 et de son collège L. Trébellius.

31 « Über Zeit und Persönlichkeit der S.H.A. », *Hermes*, 24, 1889, p. 337-392. Deux autres articles suivirent avec des réponses aux premières critiques de sa théorie : « Über die S.H.A. », *Hermes*, 27, 1892, p. 561-605 ; « *Die Überlieferung der* S.H.A. », même revue, 29, 1894, p. 393-416. Références empruntées à A. Chastagnol, *op. cit.*, n. 2 et 3 p. XV.

32 T. Mommsen, « *Die* S.H.A. », *Hermes*, 25, 1890, p. 228-292 = *id.*, *Gesammelte Schriften*, VII, p. 302-362. Références données par A. Chastagnol, *ibid.*, n. 1 p. XX.

Les spécialistes se partagèrent ensuite en trois écoles : alors que les pro-Dessau faisaient face aux pro-Mommsen, un groupe de conservateurs s'en tint aux données fournies par le recueil, reconnaissant la paternité plurielle de six auteurs et les périodes de rédaction officiellement indiquées par ces derniers. Si l'on veut dresser un rapide inventaire non-exhaustif des représentants de ces différents partis, il faut citer les noms d'E. Klebs (conservateur qui data l'ultime rédaction du règne de Constantin et expliqua les rapprochements du texte avec Aurélius Victor et Eutrope par l'utilisation d'une source commune[33]), O. Seeck (qui se rallia aux vues d'H. Dessau et qui envisagea même une rédaction au début du Ve siècle, à l'époque de Stilicon[34]), G. de Sanctis[35] et U. Giri[36] (qui s'insurgèrent contre H. Dessau, même si le second avança des hypothèses qui allèrent dans son sens), G. Costa (soutenant que la Vie d'Aurélien aurait été rédigée sous les fils de Constantin[37]), C. Lécrivain[38] (également hostile à la thèse de la mystification), L. Homo (adepte de positions conservatrices mais qui reconnut quelques interpolations ultérieures[39]).

Les positions majoritairement réactionnaires finirent par évoluer. E. Hohl[40] accorda tout son crédit à H. Dessau et parla pour la première fois de « roman historique » pour qualifier l'œuvre. Il releva en outre

33 E. Klebs, « *Die Sammlung der* S.H.A. », *Rhein. Mus.*, 45, 1890, p. 436-465 ; *id.*, « *Die* S.H.A. », même revue, 47, 1892, p. 1-52 et 515-549. Références données par A. Chastagnol, *ibid.*, n. 1 p. XXI.

34 O. Seeck, « *Studien zur Geschichte Diocletians und Constantins*, III : *Die Entstehungszeit der* H.A. », *Jahrbücher für klassische Philologie*, 36 (= *Neue Jahrbücher für Philologie*, 141), 1890, p. 609-639 ; *id.*, « *Zur Echtseitsfrage der* S.H.A. », *Rhein. Mus.*, 49, 1894, p. 208-224 ; *Rhein. Mus.*, 67, 1912, p. 591-608. Références données par A. Chastagnol, *ibid.*, n. 4 p. XXI et n. 1 p. XXII.

35 G. de Sanctis, « *Gli* S.H.A. », *Rivista di Storia antica*, 1, 1896, p. 90-119. Référence donnée par A. Chastagnol, *ibid.*, n. 3 p. XXII.

36 U. Giri, *In qual tempo abbia scritto Vopisco le biografie degli imperatori*, Turin, 1905. Référence donnée par A. Chastagnol, *ibid.*, n. 1 p. XXIII.

37 G. Costa, « *Un libello anticristiano del secolo* IV ? (*Il* Diuus Aurelianus *di Vopisco*) », *Bilychnis*, 22, 1923, p. 47-53. Référence donnée par A. Chastagnol, *ibid.*, n. 2 p. XXIII.

38 C. Lécrivain, *Études sur l'H.A.*, Paris, 1904. Référence donnée par A. Chastagnol, *ibid.*, n. 3 p. XXIII.

39 L. Homo, « Les documents de l'H.A. et leur valeur historique », *R.H.*, 1926, I, p. 162-198 et II, p. 1-31. Référence donnée par A. Chastagnol, *ibid.*, n. 1 p. XXIV.

40 E. Hohl, « *Vopiscus und die Biographie des Kaisers Tacitus* », *Klio*, 11, 1911, p. 178-229 et 284-324 ; « *Vopiscus und Pollio* », même revue, 12, 1912, p. 474-482. Références données par A. Chastagnol, *ibid.*, n. 2 p. XXIV.

l'humour de l'Anonyme et invita à repenser les méthodes d'approche du texte ; il faut adopter un contrôle systématique de la véracité des informations établies dans cette collection de Vies qui présente de grandes affinités avec la fiction. J. Geffken, qui s'intéressa aux conceptions religieuses du texte[41], et O. Hirschfeld[42] se rapprochèrent également des vues d'H. Dessau en situant l'auteur dans la seconde moitié du IVe siècle. Les études numismatiques confortèrent ces positions qui furent tant critiquées par le passé[43]. Si la thèse d'A. Von Domaszewski[44] relative à une rédaction à la fin du VIe siècle devint rapidement irrecevable, la thèse dite « julianienne » du britannique N. H. Baynes[45] connut un succès immédiat : ce dernier situa la rédaction de l'œuvre entre 360 et 369. Selon lui, le rédacteur se donna pour but de glorifier la personne de Julien l'Apostat et propager son idéologie païenne. Derrière la figure d'Alexandre Sévère[46], dont la biographie est la plus longue du recueil, il faudrait reconnaître l'empereur qui tenta de restaurer durablement le paganisme alors que son prédécesseur, l'ignoble tyran Élagabal, ferait référence à Constance II, fidèle continuateur de la politique religieuse de Constantin[47]. Une partie de ces conclusions furent néanmoins réfutées. Citons encore le nom d'H. Stern[48], qui proposa une composition

41 J. Geffken, « *Religionsgeschichtliches in der* H.A. », *Hermes*, 55, 1920, p. 279-295 (A. Chastagnol, *ibid.*, n. 2 p. XXV).

42 O. Hirschfeld, *Kleine Schriften*, Berlin, 1913, p. 887-891.

43 J. Maurice, *C.R.A.I.*, 1913, p. 206-216 ; K. Menadier, « *Die Münzen und das Münzwesen bei den* S.H.A. », *Zeitschrift für Numismatik*, 31, 1915, p. 1-139 (A. Chastagnol, *ibid.*, n. 4 p. XXV).

44 A. von Domaszewski, « *Die Topographie Roms bei den* S.H.A. », *Sitzungsberichte der Heidelberger Akad. der Wissensch., phil.-hist. Klasse*, 7, 1916, n° 7 ; « *Die Geographie bei den* S.H.A. », même revue, 7, 1916, n° 15 ; « *Die Daten der* S.H.A. *von Severus Alexander bis Carus* », même revue, 8, 1917, n° 1 ; « *Die Consulate der römischen Kaiser* », même revue, 9, 1918, n° 6 ; « *Die Personennamen bei den* S.H.A. », même revue, 9, 1918, n° 13 ; « *Der Staat bei den* S.H.A. », même revue, 11, 1920, n° 6 (A. Chastagnol, *ibid.*, n. 5 p. XXV).

45 N. H. Baynes, *The H.A. : its Date and Purpose*, Oxford, 1926. *Cf. Byzantine Studies and Other Essays*, Londres, 1955, p. 209-217 et 357-358 ; *J.R.S.*, 43, 1953, p. 137-138 (A. Chastagnol, *ibid.*, n. 2 p. XXVI).

46 Dans ce mémoire, nous utilisons parfois les expressions « Alexandre » ou « Sévère Alexandre » pour désigner l'empereur Alexandre Sévère. La seule mention du nom de « Sévère » renvoie à Septime Sévère.

47 Pour A. Chastagnol, le modèle d'Élagabal serait Constantin (*Cf. Histoire Auguste*, introduction de la Vie d'Élagabal, p. 499-500).

48 H. Stern, *Date et destinataire de l'H.A.*, Paris, 1953 ; auparavant, *REL*, 30, 1952, p. 251-284 (A. Chastagnol, *ibid.*, n. 5 p. XXVIII).

à l'époque de Constance II, avec H. Mattingly[49], qui ne rejeta pas non plus une date de rédaction plus tardive. A. Alföldi, critique vis-à-vis de la théorie de N. H. Baynes, souligna la tendance pro-sénatoriale de l'œuvre et exprima sa préférence pour une rédaction à la fin de l'époque de Théodose[50]. W. Hartke défendit quant à lui une rédaction immédiatement postérieure à l'usurpation d'Eugène et la bataille de la Rivière Froide[51], donc entre septembre 394 et avant la fin de l'année 398, et plus précisément entre la chute d'Eugène et la mort de Théodose en janvier 395. Le rédacteur pourrait être Nicomaque Flavien Junior, l'ancien préfet de la Ville d'Eugène[52].

À partir de 1962, un nouvel élan fut donné aux recherches sur l'*Histoire Auguste* : en effet, une initiative de l'Université de Bonn rendit possible la tenue d'un colloque annuel, colloque qui quitta, à partir de 1990, l'Allemagne, pour s'établir, chaque année, dans un pays européen différent. Admettant pour la majorité que l'écriture du texte par un seul auteur ne prête guère à contestation, les participants de cet événement cyclique cherchent à relever des indices pouvant déboucher sur la datation exacte de l'œuvre[53]. Leurs autres principaux objectifs sont les suivants : déterminer l'identité de l'Anonyme[54], que l'on suppose membre ou proche des milieux sénatoriaux ; reconstruire, comme le note R. Syme,

---

49 H. Mattingly, « *The religious background of the* H.A. », *Harvard Theological Review*, 39, 1946, p. 213-215 ; *Roman Imperial Civilization*, Londres, 1957, p. 43, 133 et 252 (A. Chastagnol, *ibid.*, n. 6 p. XXVIII).

50 A. Alföldi, *Zeitschrift für Numismatik*, 38, 1928, p. 166, n. 2 ; *A Festival of Isis in Rome under the Christian Emperors of the IVth Century*, Budapest, 1837, p. 45-46 ; *Klio*, 31, 1938, p. 249-253 (A. Chastagnol, *ibid.*, n. 7 p. XXVIII) et *id.*, *A Conflict of Ideas in the Late Roman Empire : the Clash between Valentinian I and the Senate*, Oxford, 1952, p. 125-127 (*ibid.*, n. 1 p. XXIX).

51 Sur la bataille de la Rivière Froide, *cf. infra*.

52 W. Hartke, *Geschichte und Politik im spätantiken Rom* (*Klio*, Beiheft 45, *N.F.* : Heft 32), Leipzig, 1940 ; *id.*, *Römische Kinderkaiser : eine Strukturanalyse römischen Denkens und Daseins*, Berlin, 1951 (A. Chastagnol, *ibid.*, n. 4 et 5 p. XXIX).

53 Bien entendu, il serait trop long de rapporter tous les argumentaires et les conclusions qui relèvent de cette entreprise. Citons, à titre d'exemple, l'étude de T. Zawadzki : le terme *Thraciae*, au pluriel, est employé dans les Vies de Pescennius Niger et d'Aurélien. Or ce vocable n'a sans doute pas été en usage avant l'an 312. L'Anonyme prétend, d'après les informations que les deux biographies fournissent, avoir rédigé son texte avant cette date (T. Zawadzki, « *Diocesis Thraciarum*, un indice de falsification dans l'*Histoire Auguste* », *B.H.A.C. 1972-1974*, Bonn, Rudolf Habelt Verlag GmbH, 1976, p. 323-330, ici p. 329).

54 R. Syme écrivait en 1966 : « *The prime requisite in the study of the HA is to discover the character and quality of the author* » (*The Bogus Names in the* Historia Augusta, *BHAC 1964-1965*, Bonn, 1966, p. 257-272, ici p. 271 (= *Emperors and Biography*, Oxford, 1971, p. 1-16, ici p. 15)). Citation empruntée à S. Ratti dans L'Histoire Auguste. *Les païens et les chrétiens*

« la bibliothèque de l'auteur[55] », en identifiant les emprunts aux autres textes littéraires de l'Antiquité, d'historiens, biographes, poètes ; préciser les intentions du rédacteur, la majorité des chercheurs reconnaissant, comme on l'a dit, ses sympathies pour le paganisme. Les travaux de J. Straub[56], A. Lippold[57], H.-G. Pflaum[58], J. Schwartz[59], J.-P. Callu[60], F. Paschoud[61], A. Chastagnol[62], R. Syme[63], pour ne citer qu'eux, mirent à jour des avancées déterminantes.

---

dans l'Antiquité tardive, Paris, Les Belles Lettres, 2016, ici p. 194. *Cf.* également R. Syme, « *Bogus authors* », *B.H.A.C. 1972-1974*, cité précédemment, p. 311-321.

55 *Cf.* D. Burgersdijk, « La présence de Salluste dans l'*Histoire Auguste* », *H.A.C.N.*, *Atti dei Convegni sulla Historia Augusta XII*, Bari, Edipuglia, 2014, p. 111-127, ici p. 111.

56 J. Straub rejoint E. Hohl sur l'idée d'une propagande païenne à l'œuvre dans le texte. Selon lui, l'Anonyme, oppressé par un État chrétien et intolérant, n'avait d'autre choix pour exprimer ses opinions et revendiquer une tolérance religieuse que de recourir à une écriture suggestive, ouverte à l'interprétation et la multiplicité des sens ; de fait, les empereurs des temps passés renvoient l'image des imperfections, malaises et dysfonctionnements du temps présent. J. Straub situe la rédaction vers 420, à la fin du règne d'Honorius. *Cf.* J. Straub, *Studien zur H.A.*, Berne, 1952 ; *id.*, *Heidnische Geschichtsapologetik in der christlichen Spätantike : Untersuchungen über Zeit und Tendenz der H.A.*, Bonn, 1963 (A. Chastagnol, *ibid.*, n. 1 et 2 p. XXXI).

57 Selon A. Lippold, l'*Histoire Auguste* n'aurait pas été écrite après 330. *Cf.* A. Lippold, « *Kommentar zur* Historia Augusta, I, Maximini duo », *Antiquitas*, 4, 3, Bonn, 1991. Référence donnée par M.-P. Arnaud-Lindet, *op. cit.*, p. 388.

58 Ses travaux et leurs références seront mentionnés ultérieurement dans ce mémoire.

59 Après avoir fixé dans un premier temps la composition du recueil dans les années 392-394, J. Schwartz propose un achèvement de la rédaction en 398, voire 399. *Cf.* J. Schwartz, *Bulletin de la faculté des lettres de Strasbourg*, 1961, p. 169-176, reproduit dans *B.H.A.C* 1966-1967, p. 91-99 ; *id.*, *B.H.A.C.* 1971 (A. Chastagnol, *ibid.*, n. 6 et 7 p. XXXIII).

60 Pour J.-P. Callu, l'auteur serait Nicomaque Flavien Junior, mais il y aurait eu quatre phases de rédaction, entre 390 et 400. *Cf.* J.-P. Callu, *Histoire Auguste*, I.1 : *Vie d'Hadrien, Aelius, Antonin*, CUF, 1992. Référence empruntée à M.-P. Arnaud-Lindet, *op. cit.*, p. 388.

61 Selon ce chercheur, l'auteur pourrait être un *grammaticus* de l'entourage de la famille des Nichomachi-Symmachi ; il aurait rédigé l'œuvre entre 395-397 et 404-406. *Cf.* F. Paschoud, *Histoire Auguste*, V.1 : *Vies d'Aurélien et de Tacite*, CUF, 1996, et *REL*, 75, 1997, p. 283-286.

62 A. Chastagnol est convaincu de l'utilisation des *Césars* d'Aurélius Victor. Il situe la période de rédaction du texte entre 394 et 398, en admettant éventuellement la date de 399.

63 Pour R. Syme, le rédacteur a connu l'*Histoire* d'Ammien Marcellin ; il est convaincu de l'utilisation d'Aurélius Victor, Eutrope et Jérôme. Le texte aurait été achevé vers 395 ou peu après. Par ailleurs, les anachronismes et les jeux d'emprunts révèlent l'enjouement du rédacteur qui cherche avant tout à amuser son lecteur et à s'amuser lui-même. Il faudrait donc se garder de rechercher avec trop d'insistance et de constance une dimension idéologique au texte. *Cf.* R. Syme, *Ammianus and the H.A.*, Oxford, 1968 ; *Emperors and Biography*, Oxford, 1971 ; *The H.A. : A Call for Clarity*, Bonn, 1971. « Une bonne part des articles a été republiée dans *H.A. Papers*, Oxford, 1983, quelques-uns dans *Roman Papers*, II, Oxford, 1979 » (A. Chastagnol, *ibid.*, n. 2 p. XXXII).

S. Ratti s'est consacré ces dernières années à étayer sa thèse concernant l'identité du rédacteur. Le mystérieux auteur serait l'aristocrate païen Nicomaque Flavien Sénior[64], qui aurait rédigé l'*Histoire Auguste* avant la fin 394[65]. Vopiscus, le dernier des six pseudo-auteurs de l'œuvre, avait été identifié à Nicomaque Flavien le Jeune par W. Hartke, comme nous l'avons évoqué[66]. É. Demougeot penchait déjà quant à elle pour Nicomaque Flavien Sénior[67]. Or S. Ratti propose d'identifier les *Annales* perdues de ce dernier auteur avec les Vies de l'*Histoire Auguste*[68].

Selon le chercheur, les genres historiques n'étaient pas autant différenciés que l'on veut bien le croire dans l'Antiquité tardive[69]. Pour preuve, il relève que Jérôme et ses contemporains regroupaient les œuvres de Tacite, *Annales* et *Histoires*, sous le titre global de *Vitae Caesarum*[70]. En

64 Né en 334 et mort en 394, à l'âge de 60 ans, il est issu d'une famille appartenant à l'ordre sénatorial (S. Ratti, *Polémiques entre païens et chrétiens*, p. 108). Nommé gouverneur de Sicile avec pouvoir consulaire en 364, il n'occupe aucune fonction pendant douze ans, avant d'être vicaire d'Afrique en 377 (*ibid.*) C'est probablement Théodose qui lui octroie la préfecture de l'Illyricum vers 383 ; il devient ensuite *Quaestor Sacri Palati* en 389-390 et préfet du prétoire d'Illyrie et d'Italie en 390-392 (*ibid.*) En 392, Valentinien II se suicide ou est tué sur ordre de son maître de la milice Arbogaste, qui installe le rhéteur chrétien Eugène sur le trône (P. Chuvin, *Chronique des derniers païens. La disparition du paganisme dans l'Empire romain, du règne de Constantin à celui de Justinien*, Paris, Les Belles Lettres / Fayard, 2009, p. 74). Nicomaque Flavien devient alors son préfet du prétoire (*ibid.*, p. 75). Eugène, qui avait déjà, avant son élévation à l'Empire, pris des mesures favorables aux cultes païens (S. Ratti, *ibid.*, p. 112), devient l'adversaire de Théodose, qui supprime la liberté des cultes païens à la fin de l'année 392 (P. Chuvin, *ibid.*). Leurs troupes s'affrontent dans la bataille de la Rivière Froide (ou bataille du Frigidus) les 5 et 6 septembre 394 (S. Ratti, *ibid.*). S. Ratti se refuse à réduire cet affrontement à une simple lutte pour le pouvoir : il s'agit, selon lui, d'une véritable guerre de religion (*ibid.*, p. 112-113). P. Chuvin écrit quant à lui que la bataille « donne l'image symbolique de l'affrontement des religions » (P. Chuvin, *ibid.*). Les étendards de Théodose sont ornés d'une Croix tandis que ceux d'Eugène représentent Hercule (*ibid.*). Eugène est défait : il est décapité et Arbogaste et Nicomaque Flavien se suicident (*ibid.* et S. Ratti, *ibid.*, p. 112). Le paganisme connaît dès lors un déclin irréversible : en 396, dans un édit destiné au préfet du prétoire pour l'Orient, les privilèges accordés aux prêtres païens sont révoqués, les fêtes disparaissent après 392, la liberté de conscience est supprimée par Justinien en 529 (P. Chuvin, *ibid.*, p. 76-77).

65 *Cf.* É. Demougeot, « Flavius Vopiscus est-il Nicomaque Flavien ? », *AC*, t. 22, fasc. 2, 1953, p. 361-382, ici p. 362.

66 *Ibid.*

67 A. Chastagnol, *op. cit.*, introduction générale, p. XXX.

68 S. Ratti, « Nicomaque Flavien senior auteur de l'*Histoire Auguste* », *H.A.C.BAM.*, *Atti dei Convegni sulla Historia Augusta* X, Bari, Edipuglia, 2007, p. 305-317.

69 S. Ratti, *L'*Histoire Auguste. *Les païens et les chrétiens dans l'Antiquité tardive*, p. 194.

70 *Cf.* le Commentaire à Zacharie : *Cornelius quoque Tacitus, qui post mortem Augusti usque ad mortem Domitiani uitas Caesarum triginta uoluminibus exarauit* (*in Zach.* 3,14). S. Ratti

outre, une inscription de 431 nous informe que Nicomaque Flavien aurait rédigé des Annales ; mais il serait en réalité question de biographies[71]. Pour l'Anonyme, Tite-Live et Salluste ont écrit des biographies (*uitae*[72]). Symmaque le Jeune s'inspirerait ainsi de son parent, Nicomaque Flavien Sénior, pour rédiger son *Histoire romaine*[73] . F. Paschoud a réfuté cette thèse (et il n'est d'ailleurs pas le seul), en avançant notamment que le texte présente des faits postérieurs à la mort de l'aristocrate lettré fidèle à Eugène, ce à quoi S. Ratti a répondu[74]. Le débat reste toutefois ouvert.

Quoi qu'il en soit, cette œuvre atypique qu'est l'*Histoire Auguste* soulève d'autres problèmes. Doit-on l'aborder comme un livre d'Histoire ou une œuvre de fiction ? N'est-elle pas un curieux mélange de ces deux genres ? Les recherches ont démontré que la quasi totalité des documents insérés étaient apocryphes[75]. Les discours, on l'a dit, ne sont que pure invention[76]. Un grand nombre de personnages évoqués semblent ne jamais avoir existé, comme l'avait déjà remarqué H. Dessau[77]. Rappelons

---

s'appuie également sur un extrait de la Vie d'Aurélien (XVII, 1) : *Extat epistula, quam ego, ut soleo, fidei causa, immo ut alios annalium scriptores fecisse uideo, inserendam putaui. Cf.* S. Ratti, *L'*Histoire Auguste. *Les païens et les chrétiens…*, p. 194, et A. Chastagnol, *Histoire Auguste*, introduction générale, p. XII. F. Paschoud note que les grammairiens tardifs, à l'instar d'Aulu-Gelle, font parfois entre les vocables des « distinctions subtiles que la réalité des emplois ne confirme nullement » comme *historia* et *annales* en 5, 18 (« Le tyran fantasmé : variations de l'*Histoire Auguste* sur le thème de l'usurpation », *Usurpationen in der Spätantike : Akten des Kolloquiums Staatsstreich und Staatlichkeit*, 6.-10 März 1966 Solothurn – Bern. Stuttgart, F. Steiner, 1997, Collection Historia. Einzelschriften, Wiesbaden, p. 87-98, ici p. 90).

71 S. Ratti, *L'*Histoire Auguste. *Les païens et les chrétiens dans l'Antiquité tardive*, p. 194.

72 S. Ratti relève cet exemple dans *Quadr. tyr.*, VI, 3 (*ibid.*, p. 195).

73 *Ibid.*, p. 198.

74 *Ibid.*, p. 203.

75 *Cf.* A. Chastagnol, *op. cit.*, introduction générale, p. XXXVI. Il existe toutefois de (rares) exceptions. A. Molinier-Arbo a souligné l'existence de deux documents d'archives « dont personne n'est encore jamais parvenu à démontrer sans appel le caractère fictif » dans la *Vita Commodi* (A. Molinier-Arbo, *La* Vie de Commode *dans l'Histoire Auguste*, Paris, Association pour la Diffusion de la Recherche sur l'Antiquité, 2012, Études Anciennes, n° 49, ici p. 53) : il s'agit de *Comm.*, 18, 3-20, 5 : *acclamationes senatus*, et de *Comm.*, 11, 13-12, 9. Pour le premier passage, J. Béranger écrit : « on ne saurait lui dénier une vraisemblance historique » (« Les sénatus-consultes dans l'*Histoire Auguste* », *B.H.A.C. 1984-1985*, Bonn, Rudolf Habelt Verlag GmbH, 1987, p. 25-53, ici p. 30). Les sénatus-consultes constituent un type de matière documentaire invoqué à plusieurs reprises par l'*Histoire Auguste* pour donner du crédit aux informations qu'elle avance ; mais la dimension fictive de nombreuses pièces est depuis longtemps largement admise (*ibid.*, p. 25).

76 A. Chastagnol, *ibid.*, p. XXXVII.

77 *Ibid.*, p. XVI.

enfin que le titre *Historia Augusta*, « Histoire impériale », fut donné en 1603 par le bibliothécaire protestant d'Henri IV, Isaac Casaubon[78]. Il convient donc, nous semble-t-il, de prendre, en abordant ce texte, toutes les précautions nécessaires.

Qui plus est, on a déjà relevé des irrégularités remettant en cause la valeur documentaire des biographies. La critique universitaire a en effet établi une classification des trente vies du recueil en fonction de la qualité des informations qu'elles fournissaient : les « Vies principales » ou *Hauptviten* (Hadrien, Antonin le Pieux, Marc Aurèle[79], Vérus, Commode, Pertinax, Didius Julianus, Sévère, Caracalla) sont réputées pour être fiables et travaillées à partir d'une même source de base, qu'A. Chastagnol identifie à l'œuvre de Marius Maximus[80]. Elles peuvent néanmoins contenir des ajouts fictionnels, des embellissements ou bien de pures inventions du rédacteur.

La fiction gagne nettement du terrain dans les « Vies secondaires » ou *Nebenviten* (Aelius, Avidius Cassius, Pescennius Niger, Clodius Albinus, Géta) qui concernent des « princes secondaires ou usurpateurs » et pour lesquels la source de base ne fournissait que peu ou pas de renseignements et qui ont donc nécessité, outre des répétitions

---

78 Ce choix est déterminé par une expression présente dans l'œuvre : dans la Vie de Tacite, le rédacteur désigne l'œuvre de l'historien Tacite par l'expression *historia augusta* (*Tac.*, X, 3 : *Cornelium Tacitum, scriptorem historiae Augustae, quod parentem suum eundem diceret…*). *Cf.* A. Chastagnol, *ibid.*, p. XI. – Selon J. R. Ballesteros, Isaac Casaubon a utilisé son travail d'édition de l'*Histoire Auguste* pour mener une réflexion sur les pratiques religieuses chrétiennes, réflexion qu'il n'aurait guère pu diffuser de son temps sous la forme d'une argumentation directe, compte tenu des tensions religieuses inhérentes aux Guerres de religion. Lire à ce sujet : J. R. Ballesteros, « *Casaubon en París : La anotación de la Historia Augusta (1603) de Isaac Casaubon en la polémica religiosa de tiempos de Enrique IV de Francia* », *Quaderni di storia* 84 (2016), p. 83-126, ici p. 111 : « *La* Historia Augusta *permitió a Casaubon situarse en la transición entre los tiempos evangélicos y los patrísticos, momento en el que prácticas rituales y modos de funcionamiento comunitario quedaron definidos en la primitiva Iglesia cristiana. Al convertir estos asuntos en el tema de sus notas, Casaubon hizo de la* Historia Augusta *una pieza en la controversia religiosa de su tiempo. Para hacerlo, Casaubon tomó como paralelos de la* Historia Augusta *autores bíblicos y patrísticos que, de otro modo, no hubiera podido utilizar abiertamente, autores que, como vamos a ver, se convirtieron en los verdaderos protagonistas del comentario. En manos de Casaubon, un ejercicio de erudición se transformó, por momentos, en un análisis de instituciones y principios del cristianismo originario.* »

79 Nous avons respecté, lorsque nous avons emprunté une traduction, la désignation de cet empereur choisie par le traducteur (Marc Aurèle est en effet souvent désigné par « Marc »).

80 *Cf.* A. Chastagnol, *op. cit.*, introduction générale, p. XXXVII. Les neuf Vies principales sont retenues par R. Syme (*ibid.*).

d'éléments déjà évoqués dans les Vies d'empereurs principaux[81], des morceaux de création[82].

Avec les « Vies intermédiaires » (Macrin, Diaduménien, Élagabal, Alexandre Sévère, les deux Maximins, les trois Gordiens, Maxime et Balbin), qui ne sont plus inspirées de la source de base, se déploie, comme le note toujours A. Chastagnol, ce que le rédacteur appelle la *mythistoria*[83], et les morceaux d'imagination constituent la majeure partie des biographies, même si l'on observe sporadiquement des emprunts à d'autres historiens, Hérodien notamment[84].

Les « Dernières Vies » (les deux Valériens, les deux Galliens, les Trente Tyrans, Claude, Aurélien, Tacite, Probus, le Quadrige des Tyrans, la Vie regroupant Carus, Carin et Numérien), enfin, sont également dominées par l'invention, qu'elles illustrent avec un art consommé[85].

L'*Histoire Auguste* pose ainsi un véritable problème d'identité ; il s'agit d'une source unique pour la période dont elle traite, mais les historiens ne peuvent se résoudre à accorder un crédit aveugle à l'auteur, qui joue en permanence avec son lecteur. L'homme de lettres, quant à lui, verra une unité au-delà des disparités inhérentes à la qualité des informations restituées ; cette unité repose précisément sur la présence des éléments fictionnels qui couvrent l'intégralité du recueil.

On sait qu'il était d'usage pour les historiens anciens, grecs comme romains, de s'inspirer de leurs prédécesseurs, de les citer volontiers, parfois *verbatim*, par souci de tradition[86]. Mais il est indéniable que cette pra-

---

81 J.-P. Callu, A. Gaden, O. Desbordes, *Histoire Auguste, introduction générale*, n. 88 p. XXXVII : « Exemplarité des *Nebenviten* : la Vie d'Aelius s'appuie sur celle d'Hadrien et de Marc Aurèle pour le contexte, sur celle d'Élagabal pour la mise en scène (Apicius) ; Vérus transpose Marc Aurèle ; Géta, Sévère et Caracalla ; Diaduménien, probablement, Macrin. La dépendance est moindre en ce qui concerne les usurpateurs. »

82 *Ibid.*, p. XXXIX : Dans ces *Vies*, « le roman, les anecdotes, les bons mots remplacent l'histoire ».

83 Nous revenons sur cet étonnant néologisme dans la suite de cette introduction.

84 *Ibid.*, p. XL.

85 *Ibid.*, p. XLVI : « Les dernières Vies marquent en effet le sommet, ou, à dire plus vrai, les sommets successifs de sa technique d'imposteur, dans laquelle son génie personnel se révèle à plein en faisant appel à des pastiches littéraires variés parmi lesquels son maître et rival en ce domaine, saint Jérôme, occupe une place de choix. »

86 Outre la référence de R. Martin et J. Gaillard que nous avons évoquée précédemment (*cf.* n.1), on peut également consulter à ce sujet P. Veyne, *Les Grecs ont-ils cru à leurs mythes ?*, Paris, Seuil, 1983, Points, n° 246, ici p. 19 : « Quand ils racontent la guerre du Péloponnèse ou les siècles légendaires de la plus ancienne histoire de Rome, les historiens anciens se recopient les uns les autres. Ce n'est pas seulement parce qu'ils en étaient réduits à cela,

tique que nous appelons aujourd'hui le « plagiat » a été utilisée avec une insistance toute particulière par l'*Histoire Auguste* : l'œuvre fait figure de véritable *patchwork* de textes, répercutés soit *in absentia* soit *in praesentia*. L'intertexte, puisqu'il est bien question ici d'intertextualité, qui plus est particulièrement féconde[87], se fonde sur deux types de source : d'une part les sources factuelles[88], citées ou non, dont le rédacteur s'inspire pour rédiger la trame de ses Vies – recours qui relève donc de la norme de la démarche d'écriture historiographique antique évoquée au début de cette introduction – d'autre part les emprunts ludiques, allusions, pastiches, parodies, employés dans le cadre d'un jeu littéraire qui crée une connivence entre l'Anonyme et son lectorat cultivé en l'invitant à reconnaître des références culturelles[89].

---

faute d'autres sources et de documents authentiques ; car nous-mêmes, qui disposons d'encore moins de documents et en sommes réduits aux affirmations de ces historiens, ne les croyons pas pour autant. Nous voyons en eux de simples sources, tandis qu'eux-mêmes considéraient la version transmise par leurs prédécesseurs comme une tradition. »

87 N. Piégay-Gros rappelle que l'intertextualité est un « élément constitutif » de la littérature. « Mais si toute œuvre est intertextuelle, des différences de degré ou d'infléchissement peuvent cependant être distinguées. » (N. Piégay-Gros, *Introduction à l'intertextualité*, Paris, Nathan/VUEF, 2002, ici p. 8). L'auteur rappelle les différentes conceptions de cette notion fondamentale : J. Kristeva voit dans le texte « une combinatoire, le lieu d'un échange constant entre des fragments que l'écriture redistribue en construisant un texte nouveau à partir de textes antérieurs, détruits, niés, repris. » (*ibid.*, p. 10-11). L'intertextualité, plus qu'une imitation est donc une « transposition » (*ibid.*, p. 11). *Cf.* aussi l'article de R. Barthes « Texte (théorie du) » pour l'Encyclopædia Universalis, cité par N. Piégay-Gros (*ibid.*). « L'intertextualité n'est donc conçue ni comme un phénomène d'imitation ni comme un phénomène de filiation : il s'agit moins d'emprunts [...] que de traces, souvent inconscientes, difficilement isolables. L'intertextualité ainsi définie ne renvoie ni à la reprise d'une œuvre du passé, ni à une référence contenue dans un texte, mais au mouvement essentiel à l'écriture, qui procède en transposant des énoncés antérieurs ou contemporains. » (*ibid.*, p. 12). G. Genette distingue quant à lui intertextualité (« relation de coprésence entre deux ou plusieurs textes », *Palimpsestes*, cité par N. Piégay-Gros, p. 13) et hypertextualité (un hypertexte dérive d'un hypotexte, selon une logique d'imitation ou de transformation, sur un ton donné, ludique, satirique, sérieux), *cf. ibid.*, p. 14. M. Riffaterre définit enfin l'intertextualité du point de vue du lecteur : « L'intertextualité est la perception par le lecteur de rapports entre une œuvre et d'autres, qui l'ont précédée ou suivie. » (M. Riffaterre, « La Trace de l'intertexte », *La Pensée*, n° 215, octobre 1980 ; cité par N. Piégay-Gros, *ibid.*, p. 16).

88 Nous reprenons le choix de vocabulaire d'A. Chastagnol.

89 Selon M. Riffaterre, « L'intertexte représente alors un outil de sélection qui fait le partage entre les lecteurs savants, qui seront aptes à reconnaître l'intertexte, et les lecteurs "ordinaires" qui ne percevront peut-être même plus la résistance qu'offre la présence d'une trace intertextuelle » (N. Piégay-Gros, *op. cit.*, p. 17). De façon plus globale, la reconnaissance d'une référence dans un énoncé repose sur ce que le linguiste D. Maingueneau appelle la « compétence encyclopédique » de l'interlocuteur (*Analyser les textes de communication*, Paris,

Les sources de l'*Histoire Auguste* sont multiples et difficiles à identifier dans leur intégralité, notamment dans la mesure où de nombreuses œuvres antiques n'ont pas eu la chance de parvenir jusqu'à nous. Avant 1967, on considérait que la source factuelle essentielle était, pour les Vies principales, le biographe Marius Maximus qui aurait rédigé les Vies de Nerva, Trajan, Hadrien, Antonin, Marc Aurèle, Commode, Pertinax, Didius Julianus, Septime Sévère, Caracalla, Macrin et Élagabal. G. Barbieri puis R. Syme ont évoqué une autre source principale, « plus sobre » (pour reprendre les mots d'A. Chastagnol) que ce premier biographe : R. Syme l'appelle « l'*ignotus* ». Il s'agit d'un écrivain qui aurait également composé un recueil de Vies sur le modèle de Suétone. Maximus n'aurait alors servi que pour des additions occasionnelles. Mais A. Chastagnol ne suit pas cette hypothèse et maintient que Marius Maximus demeure la source de base, comme nous l'avons dit, jusqu'en 217 pour être reprise éventuellement avec Élagabal.

On rencontre également, dans l'*Histoire Auguste*, des traces de Dion Cassius et Hérodien (qui devient source principale pour la période 235-238), tous deux contemporains des règnes de la fin du IIe siècle et du début du IIIe siècle, des œuvres de Dexippe[90], historien grec du IIIe siècle, ou encore des abréviateurs Aurélius Victor[91] et Eutrope, qui ont publié leurs

Dunod, 1998, ici p. 28). Sur la complicité entre le rédacteur de l'*Histoire Auguste* et son public, *cf.* É. Wolff, « L'*Histoire Auguste* : l'irruption de la fiction dans l'histoire », *Savoirs et fiction au Moyen Âge et à la Renaissance*, sous la direction de D. Boutet et J. Ducos, Paris, PUPS, 2015, ici p. 22. S. Ratti rappelle qu'A. Cameron voit l'*Histoire Auguste* comme « le fruit d'aimables divertissements d'intellectuels désœuvrés enfermés dans leur cabinet et sans prise avec la réalité du temps » (« Fiction, déconstruction et religion : l'effacement du sens dans *l'Histoire Auguste* », *H.A.C.N., Atti dei Convegni sulla Historia Augusta XII*, cité précédemment, p. 419-433, ici p. 423).

90 *Cf.* F. Paschoud, « L'*Histoire Auguste* et Dexippe », *H.A.C.P. 1990, Atti dei Convegni sulla Historia Augusta*, Macerata, Facoltà di lettere e filosofia, 1991, p. 217-269. F. Paschoud relève que, outre un passage de la Vie de Gallien, où l'historien grec est mentionné non comme source historique mais comme acteur, Dexippe est « allégué dix-sept fois comme source d'un renseignement dans six des huit *Vies* qui vont de la *Vita Alexandri* à la *Vita Claudii* » (*ibid.*, p. 230, les passages sont retranscrits p. 231).

91 A. Chastagnol s'interroge sur la possibilité d'une utilisation directe d'Aurélius Victor dans le recueil (*cf.* « L'utilisation des *Caesares* d'Aurelius Victor dans l'*Histoire Auguste* », *B.H.A.C. 1966-1967*, Bonn, Rudolf Habelt Verlag GmbH, 1968, p. 53-65). Plusieurs passages prouvent que le rédacteur a suivi cet abréviateur sans intermédiaire. Citons deux exemples : l'Anonyme attribue à Alexandre Sévère la mesure interdisant le « métier » d'exolète (l'interdiction aurait été décidée par Philippe l'Arabe, d'après les *Caesares*) et « la réflexion toute personnelle et la sentence morale que formulait Aurélius Victor » en

écrits à la fin du IVe siècle (respectivement 360 et 369/370). L'utilisation de ce qu'on appelle l'Histoire impériale d'Enmann (*Kaisergeschichte*, ou *EKG*[92]), datée des alentours de 350 et source latine commune des abréviateurs, est discutée[93]. Les influences de Salluste[94], du *Breuiarium*

rapportant cet événement (*ibid.*, p. 53). Par ailleurs, on sait que la Vie de Septime Sévère utilise directement les *Caesares* (*ibid.*, p. 55). Le rédacteur récupère un « mot » célèbre, qui était élogieux dans le texte de l'abréviateur, et altère sa signification. L'empereur défunt « n'aurait pas dû naître ou pas dû mourir » (*Velut Seuerum ipsum, quo praeclarior in republica fuit nemo ; quem quamquam aetate exacta mortuum iustitio elogioque lugendum sanxere, struentes illum iustum nasci aut emori minime conuenisse*, Aur.-Vict., XX, 6), « parce qu'il paraissait à la fois trop cruel et trop utile pour l'État », précise l'*Histoire Auguste* (*De hoc senatus ita iudicauit illum aut nasci non debuisse aut mori, quod et nimis crudelis et nimis utilis rei publicae uideretur*, *Sév.*, XVIII, 7), *cf. ibid.*, p. 56. A. Chastagnol démontre dans la suite de l'article que le rédacteur a utilisé tour à tour Aurélius Victor, Eutrope et leur source commune, l'*EKG* (sur cette dernière, *cf. infra*).

92 J.-P. Callu, A. Gaden, O. Desbordes, *Histoire Auguste*, *introduction générale*, p. XXXV : « Au total, cette *EKG*, plutôt que d'être une histoire, aurait, on l'a dit, la structure d'un corpus biographique qui engloberait Marius Maximus et la suite de ses successeurs pour trouver son *terminus* après 337. »

93 « A. Chastagnol, qui avait tendance à minimiser le rôle de l'*Histoire impériale* d'Enmann (*EKG*), mais sans en nier l'existence, estimait que l'*Histoire Auguste* faisait plutôt appel à Aurélius Victor, de même d'ailleurs qu'à Eutrope. À l'inverse, F. Paschoud, à partir de certains développements de l'*Histoire Auguste*, en particulier dans les Vies d'Aurélien et de Tacite, préfère les expliquer par un recours direct à l'*EKG*, et se réfère prudemment à la "tradition de l'*EKG*". Dans le même sens, F. Chausson [...] a mis en doute l'hypothèse d'H. Dessau ; selon lui, la *Vita Seueri* de l'*Histoire Auguste* et Aurélius Victor ont puisé à la même source, l'*EKG* [...] En fait, le plus probable est que l'*Histoire Auguste*, comme l'*Epitome*, consulte alternativement l'*EKG*, Victor et Eutrope. » (M. Festy, « Aurélius Victor, source de l'*Histoire Auguste* et de Nicomaque Flavien », *H.A.C.G.*, *Atti dei Convegni sulla Historia Augusta VII*, Bari, Edipuglia, 1999, p. 121-133, ici p. 121-122). Par exemple, F. Paschoud assure que « c'est l'*EKG* qui a [...] construit l'histoire de l'assassinat d'Aurélien, puisqu'un examen attentif révèle le même ordre de présentation [mention de l'assassinat suivie de l'indication de sa cause] dans l'*HA* et chez les deux abréviateurs [Aurélius Victor et Eutrope] » (F. Paschoud, « Les sources de la *Vita Taciti* », *H.A.C.M.*, *Atti dei Convegni sulla Historia Augusta III*, Bari, Edipuglia, 1995, p. 269-280, ici p. 272). Lire également F. Paschoud, « Aurélius Victor, Eutrope ou "*Kaisergeschichte*" d'Enmann ? », *H.A.C.A.*, *Atti dei Convegni sulla Historia Augusta VI*, Bari, Edipuglia, 1998, p. 269-270.

94 D. Burgersdijk note des parallèles entre Salluste et l'*Histoire Auguste* (art. cité, p. 120). « Salluste est utilisé par l'auteur de l'*HA* sous des aspects divers : il est en effet cité dans des considérations programmatiques comme historien et, dans certains passages, son œuvre est utilisée ou imitée. Puis Salluste est mentionné dans des contextes différents : comme exemple d'un homme qui n'a pas de fils (*Seu.* 21, 2) ou comme un auteur qu'Hadrien préfère à Coelius (*Hadr.* 16, 6). Dans d'autres extraits, il est évoqué plus indirectement par des allusions » (*ibid.*, p. 125). Un rapprochement entre un passage de la *Conjuration de Catilina* et la Vie de Macrin montre une proximité des deux auteurs concernant la méthodologie : « l'exemple montre que Salluste se sert d'une méthode semblable à celle que l'on retrouve dans l'*HA* quatre siècles plus tard : un portrait bref du protagoniste,

de Festus (vers 369), de la *Chronique* de saint Jérôme (environ 380), de l'œuvre d'Eunape de Sardes (fin du IVe siècle[95]), sont également évoquées. Par ailleurs, les allusions et pastiches littéraires se révèlent nombreux : Virgile, Cicéron, Suétone, Lactance, Apicius, Juvénal, Ausone, Ammien Marcellin, les Panégyriques latins[96], Végèce, saint Jérôme, Claudien[97], pour ne citer qu'eux, ont été reconnus à travers de nombreux emprunts. Les travaux philologiques sur l'*Histoire Auguste* ont engagé les chercheurs, par ailleurs, à établir des comparaisons avec Zosime, qui vécut à la fin du Ve siècle et au début du VIe siècle[98].

Dans cette étude, nous allons consacrer nos analyses à la rhétorique du blâme. La rhétorique, étymologiquement *rhêtorikê*, « art de la parole » et plus spécifiquement « art de persuader », ou « pouvoir de persuader[99] », *bene dicendi scientia* (« science du bien dire ») pour reprendre les mots de Quintilien[100], est, depuis la Grèce classique, une discipline enseignée dans les mondes grec et romain. Rappelons brièvement qu'elle est née de la chute des tyrannies de l'époque archaïque, qu'elle se développe grâce à Corax et Tisias, s'exporte à Athènes avec Gorgias, est condamnée par Platon qui la considère comme une arme de domination des plus forts sur les plus faibles[101] et une science qui ne connaît pas son véritable

voire du tyran, après une préface de nature générale. Dans les biographies de Suétone on ne retrouve pas cette structure, tandis que les biographies postérieures à l'*HA* montrent la même construction. » (*ibid.*, p. 119).

95 La datation fait débat : T. Barnes propose 380 environ, A. Baldini, 392, et F. Paschoud, 395-396 environ (A. Chastagnol, *Histoire Auguste*, introduction générale, p. LXXII).

96 Nous faisons référence sous ce nom aux onze panégyriques du recueil gaulois (probablement compilé par Drepanius Pacatus quelques années avant la rédaction de l'*Histoire Auguste*).

97 Selon A. Chastagnol, seul le livre I du *Contre Eutrope* aurait été utilisé dans l'*Histoire Auguste* (A. Chastagnol, « Le poète Claudien et l'*Histoire Auguste* », *Historia*, 19, 1970, p. 444-463, ici p. 458).

98 J. Schwartz note, par exemple, un parallélisme « frappant » entre Zosime I, 42-46 et la *Vita Claudii* 6, 1 et 12, 2, ce qui conduit à penser que le rédacteur et Zosime avaient une source commune (« L'*Histoire Auguste* et Palmyre », *B.H.A.C. 1964-1965*, cité précédemment, p. 185-195, ici p. 186).

99 Nous faisons état des étymologies rappelées par L. Pernot dans *La Rhétorique dans l'Antiquité*, Librairie Générale Française, 2000, Le Livre de poche, n° 553, p. 6-7.

100 La citation, extraite de Quint., *Institution oratoire*, II, 14, 5, est donnée par L. Pernot, *ibid.*, p. 6-7. L'adverbe « bien » peut recouvrir différents sens : il peut renvoyer à la grammaticalité du message (discours grammaticalement correct), son esthétique (beauté de la parole) ou son aspect moral (*ibid.*).

101 *Cf.* L. Pernot, *ibid.*, p. 70, à propos du *Gorgias* de Platon : « Gorgias ayant quitté le devant de la scène, les personnages qui lui succèdent pour s'entretenir avec Socrate – Pôlos et Calliclès –, pressés par les questions du philosophe, finissent par avouer qu'ils n'ont cure

objet, et qu'elle fut toutefois réhabilitée par les orateurs et philosophes de la période hellénistique[102]. Elle finit par être introduite à Rome[103] où elle est théorisée dans des manuels, le plus ancien rédigé en latin actuellement conservé étant sans doute la *Rhétorique à Herennius*.

La rhétorique mobilise donc l'étendue des ressources langagières disponibles afin d'étayer une thèse. Dans le monde romain, elle est à la fois théorique et pratique, des bancs de l'école des rhéteurs sur le Forum aux cadres festifs de la cour impériale et des espaces privés. Aristote, dans la *Rhétorique*, avait théorisé les trois grands genres oratoires, qui regroupent des textes rédigés selon des finalités distinctes : judiciaire (accuser ou défendre), délibératif (conseiller ou dissuader) et épidictique (louer ou blâmer). Ayant perdu son importance dans une société où s'est substituée aux débats et aux joutes argumentatives la toute puissance du verbe impérial, elle connaît, pour reprendre le mot de L. Pernot, un « redéploiement[104] ».

C'est le genre épidictique qui triomphe en fait à cette époque, essentiellement dans le monde grec. Théon dit avoir rangé l'éloge parmi les exercices préparatoires[105]. La nouveauté de cette classification, dont il n'est cependant pas certain qu'elle soit l'œuvre de cet auteur à proprement parler, apparaît toutefois au Iᵉʳ siècle ap. J.-C. comme « récente »

---

de la justice, sur laquelle ils ne possèdent d'ailleurs aucun savoir, et que l'art de persuader n'est pour eux que le moyen de dominer autrui et de lui imposer leur propre volonté. Par une série de révélations progressives, les masques tombent, et Calliclès dévoile avec brutalité ce qui se cachait en germe dans le discours respectable de Gorgias : la rhétorique est immorale, elle est le moyen de réussir dans la cité, de sauver sa vie, de conquérir une liberté qui n'est que licence et de prendre le pouvoir à tout prix. »

102 Notamment par Isocrate, qui a opéré une synthèse entre rhétorique et philosophie : « pour lui [...] l'éloquence [est] inséparable de l'intelligence et de la vertu [...] Adoptant une position en quelque sorte réaliste face à la rhétorique, Isocrate affirme en somme que la société humaine ne peut pas se passer de la parole et qu'elle doit au contraire profiter de cette chance dont elle dispose. Mais profiter ne veut pas dire mésuser. Au contraire, il faut faire bon usage du *logos*. Ce qui revient, pour Isocrate, à prôner une rhétorique soucieuse de vérité et de morale » (L. Pernot, *ibid.*, p. 79-80).

103 Après quelques rebondissements : en 161 av. J.-C., les rhéteurs et philosophes sont chassés de Rome par un sénatus-consulte. En effet, comme ils prétendaient apprendre à « bien parler » et à persuader les foules dans une société où seule la réputation de l'orateur comptait, ils avaient un caractère subversif et étaient considérés comme une menace pour l'ordre établi.

104 L. Pernot, *op. cit.*, p. 177.

105 Théon, 61, 20-28. Référence donnée par L. Pernot, *La Rhétorique de l'éloge dans le monde gréco-romain*, Paris, Institut d'Études Augustiniennes, 1993, Collection des Études augustiniennes, série Antiquité, ici n. 14 p. 58.

et « encore contestée[106] » ; elle révèle également que l'éloge est davantage pratiqué dans le cadre scolaire que durant la période hellénistique[107]. En outre, l'*enkômion* pénètre d'autres *progymnasmata*, telles que la chrie et la maxime[108]. Toutefois, le genre continue à manquer de grâce aux yeux des rhéteurs[109] : enseigné comme un simple exercice d'école, il ne bénéficie pas d'une place importante dans la formation de l'orateur qui devra se contenter, s'il souhaite entrer dans le domaine de la louange, de compter sur ses souvenirs scolaires et ses propres ressources[110]. Pourtant, les occasions de pratiquer l'éloge ne manquaient pas, que l'on songe aux concours d'éloquence réservés aux éphèbes[111], aux cérémonies en l'honneur des maîtres romains, des concitoyens, de la ville de Rome, ou d'autres objets divers[112].

La discrimination se retrouve dans le monde romain : si Quintilien consacre un chapitre à l'éloge, c'est bien parce qu'il est un « théoricien soigneux », pour reprendre les mots de L. Pernot, et qu'il procède ainsi par souci de traiter toutes les catégories aristotéliciennes[113]. Les sujets de l'éloge et du blâme concernent les personnes, les dieux, les cités, les monuments, les lieux et toutes sortes d'objets ; fait notable, le genre s'affirme comme une véritable composante de l'identité romaine[114]. Dans la pratique, la louange de personnes demeure la plus représentée ; elle donnera aux thuriféraires des tyrans et aux encomiastes des bons princes l'occasion d'exercer leurs talents d'orateurs[115]. La forme du discours de

106 L. Pernot, *ibid.*, p. 59.

107 *Ibid.*

108 *Ibid.*

109 Ce manque de faveur existait depuis Aristote.

110 *Ibid.*, p. 63.

111 À ce sujet, *cf. ibid.*, p. 64.

112 L. Pernot note que l'éloge est un « instrument de dialogue avec Rome », un moyen d'exprimer l'adhésion des Grecs à la suprématie romaine (*Éloges grecs de Rome*, texte traduit par L. Pernot, Paris, Les Belles Lettres, 2007, La Roue à livres / Documents, ici p. 7).

113 *Id.*, *La Rhétorique de l'éloge dans le monde gréco-romain*, p. 106.

114 *Ibid.*, p. 106-107 : « Quintilien ne considère plus l'éloge comme un genre grec ; il souligne au contraire que le *mos Romanus* l'admet, sous la forme des *funebres laudationes*, des éloges et des blâmes insérés dans des plaidoyers ou dans des discours au Sénat, et enfin des éloges de Jupiter au concours capitolin. Quintilien reconnaît donc l'existence d'une éloquence épidictique romaine, celle que le dernier Cicéron avait entrevue et commencé de pratiquer. Les formes traditionnelles, *laudatio funebris* et *laudatio iudicialis*, gardent pour lui un rôle essentiel, mais l'éloge agonistique vient d'être acclimaté par Domitien et aucun sujet n'est plus interdit à l'orateur romain, du moins en théorie. »

115 *Ibid.*, p. 108.

remerciement, qui s'incarne par exemple dans la *gratiarum actio* que prononcent les consuls le jour de leur entrée en charge pour l'empereur, et d'autres panégyriques connaissent du succès[116], succès à relativiser selon L. Pernot qui souligne que « les seuls éloges réguliers, hors des exercices préparatoires, sont les oraisons funèbres et les éloges de l'empereur » et que « plus encore que sous la République, l'éloquence épidictique romaine est en retrait par rapport à celle des provinces hellénophones[117] ».

La fortune du blâme ne fut pas aussi florissante. L. Pernot note que dans les traités de rhétorique tout comme dans ceux qui sont consacrés au genre épidictique, le blâme est toujours présenté comme le contraire de l'éloge ; la mention inverse n'a pas cours, ce qui dessine bien, derrière une symétrie apparente, une hiérarchie. Les auteurs restent laconiques, y consacrent parfois une phrase, parfois quelques développements ; Aphthonios le place au rang de *progymnasma* autonome, opposé à l'*enkômion*, mais il s'agit là d'une exception[118]. Un trait révélateur réside dans le défaut de variété des objets de blâme : la *uituperatio* ne cible que les personnes[119]. Dans le cadre scolaire, les élèves se livrent fréquemment à ce genre d'exercice[120] mais dans la pratique, ce dernier ne trouve pas souvent de prolongement. Il n'existe pas de « schéma rhétorique unificateur », tant le blâme se décline sous des formes diverses, comme par exemple l'invective et le pamphlet[121]. Les raisons de cette marginalisation[122] sont à chercher dans l'absence d'opportunités concrètes pour les orateurs de prononcer ce type de discours, au rebours des éloges qui s'illustraient au cours d'événements rituels nombreux. En outre, l'interdit religieux défend de s'en prendre aux

116 *Ibid.*, p. 108-109.

117 *Ibid.*, p. 111.

118 *Ibid.*, p. 482.

119 *Ibid.*, p. 483.

120 Cette pratique date de la Première Sophistique (Protagoras, Gorgias). À l'époque impériale, les élèves s'exerçaient à faire l'éloge et le blâme d'un même objet. Les sujets étaient tirés de l'histoire, de la mythologie ou des *apsukha* (*ibid.*, p. 484). Sur les Sophistiques, *cf.* également *id.*, « Les sophistiques réhabilitées », *Actualité de la rhétorique*, actes édités par L. Pernot sous la direction de M. Fumaroli, Paris, Klincksieck, p. 27-48.

121 *Id.*, *La Rhétorique de l'éloge…*, p. 483-487. « Les invectives et les pamphlets de l'époque impériale présentent la même souplesse de composition ; ils n'obéissent pas aux règles théoriques du *psogos* » (*ibid.*, p. 486).

122 À noter tout de même que « quelques textes, peu nombreux, s'inscrivent plus nettement dans la perspective épidictique en inversant sciemment des types d'éloge répertoriés » (*ibid.*, p. 487), notamment des épîtres, comme par exemple celle d'Hadrien qui s'attaque à l'incompétence de ses médecins (*ibid.*, p. 488).

dieux, aux morts ; la nature du régime du Principat implique la nécessité de la censure[123] ; enfin, le respect des convenances retient les auteurs de discours de stigmatiser les hôtes des fêtes ou des villes qui les accueillent. Les cibles sont ainsi généralement collectives ou anonymes[124].

Quels sont les liens entre rhétorique et histoire ? Quelle part la biographie de l'époque impériale fait-elle à l'héritage de la réflexion et de la pratique du discours épidictique[125] ? Les deux genres ont en partage de se concentrer sur la narration d'une vie et la peinture d'un caractère[126]. Cette similitude n'exclut pas, toutefois, des distinctions déterminantes. L. Pernot écrit que « la biographie est généralement plus narrative. Elle est plus proche des faits, plus attentive aux détails, aux particularités psychologiques, tandis que l'éloge, par comparaison, tend vers l'abstraction et la stylisation[127] ». En outre, la biographie se veut, en théorie, impartiale[128].

Mais il n'est pas déplacé de voir dans l'un comme dans l'autre une présentation ordonnée de *topoï*, au sens de rubriques déterminant le plan d'ensemble d'une œuvre[129]. Si la topique des discours encomiastiques se

123 C. Balandraud a rappelé les limites de la liberté de parole dans la Rome impériale dans la mesure où « la polémique ouverte est mal venue, tant au plan législatif et politique qu'au plan rhétorique et littéraire » (C. Tournier, « Claudien et la parole politique : de la délégation de parole dans l'invective à la *parrhêsia* », *Revue de linguistique latine du Centre Alfred Ernout – De lingua latina*, Université Paris Sorbonne, 2015, Le discours rapporté en latin, *cf.* p. 2). Claudien, dans ses invectives, *In Rufinum* – lu en deux temps devant la Cour à Milan, en 396 pour le livre I, et 397 pour le livre II (*cf. ibid.*, p. 1) –, et *In Eutropium* – le livre I a été lu en 399 (*ibid.*) –, emploie des stratégies de blâme indirect, notamment les figures de l'interlocution (« Nous définissons ici l'interlocution comme l'interaction mise en place entre un locuteur et un destinataire, où le destinataire est susceptible de devenir lui-même un locuteur (C. Kerbrat-Orecchioni 1980 : 26) », *cf. ibid.*, p. 2) que sont l'apostrophe et la question rhétorique (*ibid.*, p. 2).

124 L. Pernot, *La Rhétorique de l'éloge*..., p. 489-490.

125 Les points de contact entre le genre épidictique et la biographie ont dès l'époque classique été au centre de l'élaboration d'une réflexion. L. Pernot note que, dès Isocrate et Xénophon, est apparue une « formule de l'éloge », selon ses propres termes, qui repose sur la « fusion, de la biographie et du portrait, au moyen de l'éthique » (L. Pernot, *Éloges grecs de Rome*, p. 126.)

126 *Id.*, *La Rhétorique de l'éloge dans le monde*..., p. 143.

127 *Ibid.*

128 *Ibid.*

129 Sur le sens de *topos*, *cf. ibid.*, p. 129 : « les *topoi* de la rhétorique grecque ont un sens bien différent de l'acception courante aujourd'hui du mot "*topos*". Il ne s'agit pas de lieux communs, de développements tout prêts, de clichés, mais de rubriques ou de points de vue selon lesquels l'orateur examine son sujet. Pour que l'examen soit complet, les

polarise, pour simplifier, autour de la naissance, l'éducation, les vertus et les actions de la personne qui est célébrée[130], il faudrait ajouter les vices pour les mauvais princes de l'*Histoire Auguste*, mais sans ôter systématiquement les vertus, précisément au nom de ce souci d'objectivité précédemment évoqué. La tension entre récit chronologique et portrait moral concerne les deux genres[131] même si, dans l'éloge, « la perspective éthique l'emporte sur la perspective historique[132] ».

L'*inuentio* et la *dispositio* mises à part, il faut souligner que le rédacteur de l'*Histoire Auguste* bénéficiait d'un vaste héritage relatif à la réflexion sur l'*elocutio*. L'Antiquité hellénistique avait vu fleurir les traités fondateurs du style, ceux de Théophraste, de Démétrios de Phalère, de Cicéron, la *Rhétorique à Herennius*, la *Rhétorique à Alexandre*, pour ne citer qu'eux. Pourtant l'*Histoire Auguste* est concise, à la suite des Vies suétoniennes qui s'étaient illustrées par une *breuitas* à la force persuasive mémorable. C'est que l'auteur revendique explicitement le recours au style simple[133] comme canon d'écriture du genre biographique, car lui seul, à son goût, est à même de restituer la vérité des faits ; la prose de la grande Histoire, celle des annalistes, des Tite-Live, Salluste, Tacite, Trogue Pompée qu'il pointe du doigt[134], mais aussi la rhétorique pompeuse

topoi sont organisés en listes qui se veulent exhaustives. Une topique, c'est-à-dire une liste de *topoi*, est donc une grille d'analyse qui permet d'explorer tous les aspects d'un sujet. Chaque secteur de la rhétorique a la sienne, qu'il s'agisse de la topique du genre délibératif, de celles de la réfutation, de la narration, et de tant d'autres. »

130 *Ibid.*, p. 134.

131 Sur les problèmes posés par les antinomies entre ces composantes du genre épidictique, *cf. ibid.*, p. 134-143. Dès l'époque archaïque, narration et portrait sont étroitement mêlés dans les textes. Au IVᵉ siècle, il est admis que le début de l'éloge doit être biographique et, en ce qui concerne la partie concernant l'âge adulte, « toutes les combinaisons ont été tentées, sous forme de juxtaposition (Agathon dans le *Banquet*, *Agésilas*), d'alternance amébée (*Évagoras*) ou de fusion intime (Alcibiade dans le *Banquet*) » (*ibid.*, p. 138). Aristote a recouru à la fois à l'option du récit des actions dans un ordre chronologique et à celle du récit des actions organisé selon un principe de distribution des vertus illustrées par chaque action, avec une préférence pour la seconde solution (*ibid.*, p. 139). Aux époques hellénistique et impériale, la théorie et la pratique s'accordent avec la prédilection d'Aristote, même si la solution chronologique n'est pas complètement abandonnée (on la retrouve notamment dans les *Panégyriques latins*), *cf. ibid.* p. 151-152.

132 *Ibid.*, p. 143.

133 Sur les genres du style, voir : *Rhét. Her.*, IV, 11. Cic., *De or.*, III, 177, 199, 212 ; *Or.*, 20-21 ; D. Hal., *Dém.*, 1-3 ; Quint., XII, 10, 58-72 ; Gell., VI, 14. Nous bénéficions du relevé de L. Pernot, *La Rhétorique dans l'Antiquité*, p. 295.

134 *Aur.*, II, 1.

déployée par les biographes[135] ne sont synonymes que de mensonges et affabulations[136]. Il s'accorde par là avec la tradition qui associe ce genre de style avec la mission pédagogique de l'orateur ; *tenuis dictio* va de pair avec *docere*, comme l'écrivait Quintilien[137], avant Augustin[138] et Sulpice Sévère[139]. Mais les assertions de l'Anonyme en matière de méthodologie rédactionnelle ne sont que de la poudre aux yeux, elles s'inscrivent sur fond de jeu littéraire[140]. Le texte présente bien la majorité des qualités du style[141] : correction, clarté, ornementation et brièveté[142] ; quant à la convenance (« dire petitement les petites choses et les grandes choses avec grandeur » comme écrivait Démétrios[143]), elle demande, pour en comprendre la place, d'établir quelques nuances. Les effets rhétoriques sont discrets dans l'*Histoire Auguste*, mais ils n'en demeurent pas moins présents, même si ce n'est pas systématiquement dans les passages où on les attendrait, comme les récits des morts des princes.

Notre mémoire se donne ainsi pour objectif de repérer et analyser les ressources déployées par l'Anonyme pour construire une rhétorique du blâme. Cette démarche implique l'étude de procédés lexicaux, stylistiques,

---

135 J.-D. Berger, « Des principes littéraires et historiographiques en trompe-l'œil : à propos de quelques préfaces de l'*Histoire Auguste* », *Actes du Colloque international de Paris*, 23-24 mars 2007 édités par P. Galand-Hallyn et V. Zarini, Paris, Institut d'Études Augustiniennes, 2009, Collection des Études Augustiniennes, Série Antiquité – 188, ici p. 251. Le rédacteur critique violemment le biographe fictif Cordus et Marius Maximus, qui sont « prolixes » et « affabulateurs » (et donc responsables de ce que le rédacteur appelle la *mythistoria*). Nous reviendrons sur ce point ultérieurement.

136 Ces synthèses sont établies par J.-D. Berger dans son article « Des principes littéraires et historiographiques en trompe-l'œil : à propos de quelques préfaces de l'*Histoire Auguste* », ici notamment p. 255. – Sur cette opposition entre ceux qui développent une « rhétorique mensongère » et ceux qui privilégient la vérité, se reporter également à S. Ratti, *L'*Histoire Auguste. *Les païens et les chrétiens…*, p. 195.

137 Quint., XII, 10, 59 (*Institution oratoire*, t. VII, livre XII, index général, texte établi et traduit par J. Cousin, deuxième tirage, Paris, Les Belles Lettres, 2003).

138 « Notre docteur doit parler en style simple quand c'est un enseignement qu'il donne » (*De Doctrina Christiana*, 4, 19, 38, *Doctor iste… submisse, cum aliquid docetur (debet dicere)*. *Cf.* J.-D. Berger, art. cité, p. 256.

139 *Ibid.*, p. 257.

140 *Ibid.*, p. 252 et 258-259.

141 Sur les qualités du style, voir Cic., *Or.*, 79 (il cite Théophraste) ; Cic., *De or.*, I, 144 ; III, 37 ; Quint., I, 5, 1 ; VIII, 1, 1 ; XI, 1, 1. Références répertoriées par L. Pernot, *La Rhétorique dans l'Antiquité*, p. 295.

142 Cette qualité fut ajoutée par les stoïciens. *Cf.* Diog. L., VII, 59 (L. Pernot, *ibid.*).

143 Démétrios, *Du style*, 120 ; référence et traduction données par L. Pernot, *La Rhétorique dans l'Antiquité*, p. 85.

structurels et thématiques, l'identification de cibles bien précises ainsi que la mise en œuvre d'une réflexion plus large sur l'articulation, dans ce recueil ouvert à la fiction, de la rhétorique et de la poétique[144].

Dans un premier temps, nous étudierons la dimension morale de l'*Histoire Auguste* ; cette dernière joue en effet le rôle de miroir des princes, conformément à son statut générique de recueil de biographies. Au même titre que les autres ouvrages de la littérature latine, et tout particulièrement les ouvrages d'Histoire, le texte propose une partition du monde en deux catégories antinomiques. Les bons empereurs, *boni* ou *optimi principes*, s'opposent aux mauvais empereurs, *mali* ou *pessimi principes*, dans des développements taxinomiques qui reposent sur des classifications nominatives. Le texte use également d'un ton moraliste lorsque le rédacteur présente la mort des tyrans comme un reflet de la qualité de leur vie ou quand il cherche à créer des effets de contraste entre les différents empereurs.

Dans la continuité de la poétique suétonienne, il construit des réseaux de vices et de vertus qui définissent le caractère des princes et qui sont présentés dans des catalogues exhaustifs et mis en scène dans des anecdotes édifiantes. La culture littéraire des souverains constitue également un *topos* qui assume la fonction de miroir de leurs vices et vertus. Il nous paraît pertinent d'examiner par ailleurs le motif de la cruauté innée, dans la mesure où il traite un vice majeur du personnage du tyran, et les manifestations de cette même cruauté.

Nous relèverons enfin le fait que le recueil, à la différence des *Vies des douze Césars*, brosse des portraits ambigus de certains empereurs et dessine ainsi une troisième catégorie morale, qui regroupe des individus définis comme n'étant ni bons ni mauvais. Nous nous intéresserons à trois cas représentatifs de cette conception : Hadrien, Septime Sévère et Aurélien.

Nous nous pencherons, dans un deuxième temps, sur les figures, thèmes et motifs de la rhétorique du blâme. Le recueil met en scène une

---

144 Nous utiliserons ce terme dans le sens aristotélicien : « le titre même de *Poétique* indique que l'objet de ce traité sera la manière dont le langage peut être ou devenir un moyen de création, c'est-à-dire de production d'une œuvre. Tout se passe donc comme si Aristote avait établi un partage entre deux fonctions du langage : sa fonction ordinaire, qui est de parler (*légein*) pour informer, interroger, persuader, ordonner, promettre, etc., et sa fonction artistique, qui est de produire des œuvres (*poiein*). La première relève de la rhétorique [...], la seconde de la poétique » (G. Genette, *Fiction et diction*, Paris, Seuil, 2004, Collection Poétique, version numérique, ici chap. « Fiction et diction »).

galerie de personnages : l'expression originale de *princeps clausus* dépeint des princes isolés dans leur palais et manipulés par un entourage corrompu. Les ombres des délateurs, qui s'inséraient déjà dans le paysage tyrannique des *Vies des douze Césars*, apparaissent aussi dans l'*Histoire Auguste*. Nuisibles, ces délateurs sont les relais des tyrans ; *a contrario*, les tyrannicides, qui étaient parfois mis en valeur par Suétone, n'occupent aucun rôle de premier plan.

Le rédacteur reprend par ailleurs les clichés du mauvais prince qui permettent de souligner chez ce dernier une fascination pour l'Orient : délire mystique, pratique des cultes à mystères, proskynèse, goût du luxe, transgression de la nature, inceste et parricide constituent le répertoire des traits qui façonnent l'archétype du tyran.

Nous concentrerons ensuite notre attention sur trois procédés dont la présence dans le genre biographique suscite des interrogations. Nous tenterons de lever le doute sur un éventuel recours à la physiognomonie dans les portraits des princes, afin de savoir si le rédacteur marche sur les traces de Suétone. Le discours direct, par ailleurs, joue un rôle prépondérant dans le recueil, trait qui constitue une différence notable avec ce que l'on peut observer, sur ce point, dans les Vies suétoniennes ; nous essayerons de mesurer son importance dans le cadre de la stratégie du blâme déployée par l'Anonyme, en prenant pour appui un échantillonnage de biographies. Nous étudierons enfin la place d'un thème-clé de la tyrannie romaine, le crime de lèse-majesté, thème qui a pris une dimension toute particulière avec l'avènement du régime impérial.

Dans un dernier temps, nous nous interrogerons sur les enjeux des procédés rhétoriques mis en œuvre. Nous réfléchirons sur les cibles majeures de la critique en abordant le cas de l'usurpation, c'est-à-dire en commentant les différentes occurrences du vocable *tyrannus*. Nous verrons ensuite dans quelle mesure le rédacteur critique, derrière les figures des princes, le régime politique du Principat et affiche ses opinions pro-sénatoriales, en examinant notamment la place du principe de légitimité dynastique. Il nous semble que la Vie de Didius Julianus constitue, en outre, une illustration exemplaire de la « malédiction » que représente l'accession à la dignité suprême selon l'*Histoire Auguste*.

Nous nous concentrerons enfin sur les liens entre poétique et rhétorique. Il conviendra tout d'abord d'interroger le statut du texte : ce dernier doit-il être considéré comme un recueil de biographies ordinaire ou plutôt comme une œuvre de fiction ? Le relevé des procédés stylistiques d'une part, et l'analyse de leur portée à la lumière des conceptions antiques et modernes d'autre part, permettront d'ouvrir la réflexion sur les intentions du rédacteur. Deux figures, la répétition et l'ironie, qui se détachent de l'ensemble au point de dominer le recueil, méritent, nous semble-t-il, de faire l'objet d'un développement spécifique. Nous pensons que leur utilisation permet d'éclairer et de dépasser les nombreux paradoxes de l'*Histoire Auguste*, paradoxes qui enveloppent encore aujourd'hui cet ouvrage d'un voile de mystère.

Je remercie vivement Madame Christiane Veyrard-Cosme, Messieurs Philippe Heuzé, Bernard Mineo, François Ploton-Nicollet et Jean-Claude Marot pour leur relecture vigilante de ce travail et leurs précieuses suggestions.

PREMIÈRE PARTIE

LES CONSTRUCTIONS MORALES DE L'*HISTOIRE AUGUSTE*

LE PRISME MORAL DE L'*HISTOIRE AUGUSTE*

CONSIDÉRATIONS TAXINOMIQUES

Se démarquant en cela de manière notable de l'œuvre de Suétone, l'Anonyme, avec insistance, entend volontiers présenter ponctuellement la matière dont il traite sous la forme de synthèses identifiant les bons et les mauvais empereurs[1]. Dans les *Vies des douze Césars*, on le sait, le jugement de l'auteur était loin d'être absent, mais il avait tendance à apparaître en filigrane ou, du moins, à s'insérer d'une façon plus discrète[2]. L'*Histoire Auguste*, au contraire, n'hésite pas à livrer sans ambages, à plusieurs reprises, des listes des empereurs accompagnées de leur appréciation morale[3]. La rhétorique binaire de ces mentions, héritière dans une certaine mesure de Suétone qui adoptait une vision du monde fondée sur l'opposition entre le Bien et le Mal[4], trouve un écho dans les diverses dénominations éditoriales qui ont été attribuées

1 Y. Roman avait déjà relevé le goût des Romains pour la taxinomie des empereurs (Y. Roman, *op. cit.*, p. 38). *Cf. infra.*

2 Suétone veut toutefois s'assurer que son jugement apparaisse clairement : « Devant les Césars, il est rare [que Suétone] reste neutre ou indifférent et se borne à un simple constat des *res gestae* ou de la personnalité : même s'il ne se déclare pas ouvertement, le blâme ou l'éloge affleure et s'impose au lecteur familier des procédés de Suétone. Ce blâme ou cet éloge, il veut les faire partager et il entend bien qu'aucun doute ne subsiste sur le jugement bienveillant, nuancé ou accablant qu'il convient de porter sur chacun des Césars. » (J. Gascou, *Suétone historien*, p. 787).

3 Y. Roman note que, dans l'*Histoire Auguste*, « la présentation très négative de certains empereurs », comme Gallien, relève d'une « violence verbale jamais vue jusqu'ici. » (Y. Roman, *op. cit.*, p. 31).

4 J. Gascou parle d'« obsession morale » : « sa vision du monde et des êtres est structurée par la discrimination entre le bien et le mal, entre les *uirtutes* et les *uitia* » (*Suétone historien*, p. 787). Le but du biographe est d'édifier le lecteur (*ibid.*)

au texte : le *Codex Palatinus Latinus* 899 de la Bibliothèque Vaticane comporte en souscription *Vies des divers princes et tyrans du divin Hadrien à Numérien*, et le catalogue de l'abbaye de Murbach indique *Vie des Césars et tyrans d'Aelius Hadrien à Carus et Carin*[5].

La dernière biographie du recueil, la Vie de Carus, Carin et Numérien, propose non seulement une vue d'ensemble des principaux princes, mais réserve également un sort à ceux qui sont évoqués dans les *Vies des douze Césars* ainsi qu'à Nerva et Trajan. Le rédacteur commence par résumer les derniers événements marquants de la période républicaine puis souligne l'avènement du Principat :

> *Creuit deinde, uicta Carthagine, trans maria missis imperiis, sed socialibus adfecta discordiis, extenuato felicitatis sensu, usque ad Augustum bellis ciuilibus adfecta consenuit. Per Augustum deinde reparata, si reparata dici potest, libertate deposita.* (*Car.*, III, 1)
>
> « Rome crût ensuite, après sa victoire sur Carthage, en étendant outre mer son domaine impérial, mais, affaiblie par sa lutte contre les alliés, ayant perdu confiance en sa bonne étoile, elle connut jusqu'à Auguste, affaiblie par les guerres civiles, les atteintes de la vieillesse. Elle guérit ensuite grâce à Auguste, si l'on peut parler de guérison quand on a renoncé à la liberté[6]. »

Les trois premiers siècles de l'Empire sont ensuite présentés à travers l'énumération des princes les plus célèbres :

> *Tamen utcumque, etiamsi domi tristis fuit, apud exteras gentes effloruit ; passa deinceps tot Nerones per Vespasianum extulit caput. Nec omni Titi felicitate laetata, Domitiani uulnerata immanitate, per Neruam atque Traianum usque ad Marcum solito melior, Commodi uecordia et crudelitate lacerata est. Nihil post haec praeter Seueri diligentiam usque ad Alexandrum Mamaeae sensit bonum. Longum est quae sequuntur uniuersa conectere : uti enim principe Valeriano non potuit et Gallienum per annos quindecim passa est.* (*Ibid.*, III, 2-5)
>
> « Quoi qu'il en soit cependant de cela, même si la situation intérieure était peu réjouissante, elle connut une grande prospérité auprès des peuples étrangers ; ayant ensuite enduré tant de Néron, elle redressa la tête sous Vespasien. Sans avoir joui pleinement du bonheur dû à Titus, elle subit les plaies de la cruauté de Domitien, et profita d'un sort meilleur que de coutume grâce à Nerva et à Trajan jusqu'à Marc, avant d'être déchirée par la vésanie et la férocité

---

5 A. Chastagnol, *Histoire Auguste*, introduction générale, p. XI.

6 Pour ce passage et les deux qui suivent, nous utilisons le texte et la traduction de l'édition des Belles Lettres.

> de Commode. Elle ne connut ensuite aucun bien-être, mis à part le règne scrupuleux de Sévère, jusqu'à Alexandre fils de Mamaea. Il serait trop long de faire le détail de tout ce qui se passa ensuite : elle ne put en effet profiter du prince Valérien et endura Gallien pendant quinze ans. »

Le passage se termine enfin par la mention d'une série de bons souverains et la mise en avant du rôle de la Fortune :

> *Inuidit Claudio longinquitatem imperii amans uarietatum et prope semper inimica fortuna iustitiae. Sic enim Aurelianus occisus est, sic Tacitus absumptus, sic Probus caesus ut appareat nihil tam gratum esse fortunae quam ut ea quae sunt in publicis actibus euentuum uarietate mutentur.* (*Ibid.*, III, 6-7)
>
> « Le hasard, ami du changement, et presque toujours ennemi de la justice, refusa jalousement à Claude un long règne. Les circonstances dans lesquelles Aurélien fut tué, Tacite emporté, Probus massacré, montrent en effet que rien ne plaît autant au hasard que de modifier la situation politique par divers accidents. »

L'élaboration de ce type de synthèse historique se rencontre déjà chez d'autres historiens[7] mais le cas présent invite à formuler quelques remarques. En premier lieu, il faut relever sa position en fin de recueil qui lui donne un rôle conclusif et lui confère, sans doute, une dimension pédagogique d'une importance toute particulière[8]. La narration des

---

7 Songeons au début des *Annales* de Tacite (*cf. infra*) ou à ce passage d'Hérodien (I, 1, 4) : « De fait, si, par comparaison, l'on songeait à toute la période qui s'est écoulée depuis Auguste – époque à laquelle l'autorité romaine finit par n'être plus exercée que par un seul homme –jusqu'aux jours de Marc Aurèle, on ne saurait trouver, dans cet espace d'environ deux cents ans, ni d'aussi continuelles successions d'empereurs que depuis la mort de ce dernier, ni d'aussi fréquents retournements de fortune dans les guerres menées entre citoyens ou contre des étrangers, ni d'aussi nombreux mouvements de population et prises de villes dans notre territoire comme chez une foule de Barbares, ni autant de tremblements de terre, de pestilences ou – sujet qu'auparavant on évoquait rarement, voire pas du tout – de destins étonnants de tyrans et d'empereurs » (traduction de l'édition des Belles Lettres). On retrouve des traits communs avec l'extrait de l'*Histoire Auguste* : une énumération des événements, la rupture occasionnée par l'avènement d'Auguste, l'évocation des vicissitudes de la fortune, une distinction entre deux catégories de souverains, tyrans et empereurs.

8 Mais comment fallait-il lire l'*Histoire Auguste* ? Doit-on considérer que les lecteurs lisaient nécessairement toutes les biographies du recueil ? Pouvaient-ils procéder avec autant de facilité à des comparaisons entre des passages espacés ? On sait que les ouvrages d'Histoire faisaient l'objet de *recitationes*. « En effet, comme il est normal dans l'Antiquité grecque et romaine, une composition littéraire n'est pas destinée, initialement, à des lecteurs ni ne vise – sinon secondairement – à toucher un public éloigné, géographiquement ou

Vies laisse place au temps de la réflexion, de la prise de recul, et des leçons à tirer sur l'évolution de l'*Vrbs* et les vicissitudes qui l'ont frappée.

Nous retrouvons par ailleurs les reprises de matériaux littéraires auxquels recourent traditionnellement les auteurs romains : la figure de la *Fortuna*, invoquée dans d'autres parties du recueil[9], et sur laquelle nous reviendrons, ainsi que le *topos*[10] de l'État vieillissant et renaissant. En outre, cette synthèse présente un développement chronologique qui inscrit les biographies dans le mouvement transcendant de l'Histoire. Chaque Vie est indépendante au sein du recueil, mais elle prend finalement son sens dans un ensemble plus global, la galerie des grandes figures qui font l'histoire de Rome.

Ces points étant soulevés, nous nous garderons d'établir des conclusions trop hâtives sur la nature de la pensée du rédacteur. Relevons simplement que cette frise glosée d'appréciations ne ferme pas exactement le recueil, mais plutôt la préface de sa dernière biographie, l'ouvrage s'achevant

---

temporellement : sa vocation première est d'être récitée et déclamée, et devant un auditoire de lettrés, qui jugent en connaisseurs des qualités oratoires et littéraires de l'auteur. » (Her., *Histoire des empereurs romains…*, p. 12). Mais F. Paschoud formule une remarque très pertinente : l'Anonyme se rend coupable d'un crime d'État, dans la mesure où il fait l'éloge d'usurpateurs. *Cf. Histoire Auguste. t. IV, 3e partie : Vies des Trente tyrans et de Claude*, texte établi, traduit et commenté par F. Paschoud, Paris, Les Belles Lettres, 2011, CUF, introduction, p. XI : « Il convient en outre de ne pas taire une spécificité, certes présente ailleurs dans l'*HA*, mais particulièrement apparente dans les deux *Vies* contenues dans le présent volume : la multiplication d'affirmations dont la réalité violerait les règles les plus infrangibles de l'historiographie romaine d'époque impériale, qui constitueraient pour l'auteur des crimes de lèse-majesté et lui vaudraient une mise à mort brutale et immédiate. Les plus évidentes sont les nombreux éloges adressés tout au long des Trente Tyrans à une série de héros de cette biographie collective : faire l'éloge d'un usurpateur équivaut à se rebeller contre le souverain légitime ! » F. Paschoud fait une liste d'insertions relatives à cette caractéristique du texte (p. XI-XII). Les tonalités comiques et ironiques du recueil n'auraient pas suffi à apaiser les hautes sphères du pouvoir ; en outre, le degré de camouflage des critiques n'est pas toujours très poussé. L'ouvrage aurait-il circulé sous le manteau ? L'état du texte était-il celui dont nous disposons aujourd'hui ? Tous ces éléments ne sont pas négligeables et invitent à adopter une approche mesurée à l'égard de la question de la perception du texte.

9 P. Bruggisser remarque que l'*Histoire Auguste* est le premier document qui fait mention d'une statue en or de la Fortune, placée dans la chambre à coucher de l'empereur (« Septime Sévère et le projet de gémination de la statue de la Fortune (HA S 23, 5-7) », *B.H.A.C. 1986-1989*, Bonn, Rudolf Habelt Verlag GmbH, 1991, p. 13-20, ici p. 13). Elle est évoquée en *Sév.*, XXIII, 5-7 ; *Ant. Pius*, XII, 5 et *Marc.*, VII, 3 (*ibid.*). Le transfert de la statue de la chambre d'un prince à un autre constitue « la marque matérielle du passage du principat de l'un à l'autre » (J.-P. Martin cité par P. Bruggisser, *ibid.*).

10 Nous emploierons le terme de *topos* dans le sens de « lieu commun ».

en effet sur un commentaire réflexif sur les intentions d'écriture de l'Anonyme. Elle conserve un rôle fondamental pour comprendre le regard porté sur l'ambiance politique et sociale d'une époque. Une certaine nostalgie de l'époque républicaine, ou du moins, de l'époque où le régime impérial accordait au Sénat un rôle important dans la gestion du pouvoir, émerge (*si reparata dici potest libertate deposita*)[11] ; ces lignes reflètent l'opinion de cercles de toute évidence pro-sénatoriaux.

Suétone, dans une formule concise et puissamment porteuse de sens, achevait ses Vies sur une touche d'optimisme[12], non sans insérer quelques allusions élogieuses à Trajan et Hadrien : *Ipsum etiam Domitianum ferunt somniasse gibbam sibi pone ceruicem auream enatam, pro certoque habuisse beatiorem post se laetioremque portendi rei p. statum, sicut sane breui euenit abstinentia et moderatione insequentium principum*[13]. Le rédacteur offre une approche plus distante et son bilan laisse peut-être transparaître les angoisses, ou du moins les doutes, qui hantent la fin du IVe siècle. La perte de repères provoquée par les grandes mutations politico-religieuses n'a pu laisser indifférents les Romains attachés aux traditions ancestrales[14]. L'invocation de la figure de la Fortune, trait

11 Nous étudierons plus en détail, dans la partie III de ce mémoire, la vision du Principat qui est proposée par le rédacteur dans ses biographies. Contentons-nous de rappeler pour le moment qu'Auguste avait fondé, après la fin des guerres civiles, un « Principat républicain », dans lequel le Sénat participait activement au gouvernement de l'Empire. L'empereur a choisi, au cours de son règne, de donner une orientation plus autoritaire et dynastique à son pouvoir. Le système, s'il était par essence républicain, s'engagera, au cours des règnes qui suivront, plusieurs fois dans la voie de l'absolutisme et finira par affirmer définitivement son caractère monarchique. Le rédacteur, comme ses prédécesseurs historiens, sait que la République telle que l'a connue Caton ne pourra guère être rétablie ; il condamne dès lors la dérive despotique du Principat.

12 Et ce malgré un tableau globalement sombre des empereurs du Ier siècle : « les thèmes "pessimistes" ne manquent pas dans les Vies des douze Césars : les bons princes sont rares ; le pouvoir souverain a tendance à dégénérer en tyrannie ; les règnes qui ont le mieux commencé se sont révélés souvent être les plus abominables ; statistiquement, le mal l'emporte sur le bien » (J. Gascou, *Suétone historien*, p. 787).

13 Suet., *Dom.*, XXIII, 4 : « En outre, à ce qu'on rapporte, Domitien lui-même rêva qu'une loupe d'or lui venait sur la nuque et fut persuadé que cela présageait pour l'État une période plus heureuse et plus prospère après sa mort, ce qui fut bientôt réalisé, à coup sûr, grâce au désintéressement et à la modération des empereurs qui lui succédèrent » (Suétone, *Vies des douze Césars*, t. III, *Galba-Othon-Vitellius-Vespasien-Titus-Domitien*, texte établi et traduit par H. Ailloud, troisième tirage de la quatrième édition revue et corrigée, Paris, Les Belles Lettres, 2002).

14 Quelques dates marquantes peuvent être citées à titre de rappel : « la loi du 24 février 391 interdit les cérémonies païennes et institue des pénalités financières contre les fonctionnaires

topique de l'historiographie romaine, indique la vanité des ambitions humaines tout en révélant les incertitudes du rédacteur sur l'avenir. Était-il stoïcien ou, du moins, proche de la pensée stoïcienne ? S'il est difficile de tirer une conclusion ferme de ces quelques lignes, un autre extrait pourrait renvoyer à l'expression d'une certaine fatalité :

> *Sed quorsum talibus querellis et temporum casibus detinemur ? ueniamus ad Carum, medium, ut ita dixerim, uirum et inter bonos magis quam inter malos principes collocandum, et longe meliorem si Carinum non reliquisset heredem.* (*Car.*, III, 8)
>
> « Mais à quoi bon s'attarder à ces récriminations sur les aléas du passé ? Venons-en à Carus, un homme d'une valeur que je qualifierais de moyenne, à placer parmi les bons princes plutôt que parmi les mauvais, et qui eût été bien meilleur s'il n'avait laissé Carin comme héritier. »

Il faut se contenter d'écrire ; c'est-à-dire observer, rapporter et juger. Si le rédacteur possède un esprit partisan, comme l'ont à de nombreuses reprises affirmé les chercheurs, ces lignes n'invitent pas à l'action. Il ne fait aucun doute que la dénonciation par le moyen de l'écriture était effectivement la seule marge de liberté dont il disposait[15]. Mais il n'en reste pas moins que ce passage semble traduire une certaine lassitude : la prise de distance vis-à-vis de l'histoire de Rome se teinte d'un certain fatalisme.

Nous rappellerons également que W. Hartke a cru repérer une influence de Tacite dans le passage (*Car.*, II-III), opinion réfutée par J. Velaza[16]. Une telle synthèse évoque bien celle du début des *Annales*, qui résume l'histoire de Rome depuis la période monarchique jusqu'à la fin du règne d'Auguste, mais il y a une différence de « perspective » : « la succession de faits que l'Histoire Auguste nous offre est celle de Romulus, Numa, Tarquin le Superbe, la guerre contre les gaulois, les guerres puniques, et puis Auguste et les empereurs postérieurs. Par contre, Tacite nous parle

---

trop tolérants ; le culte païen est interdit en Égypte le 16 juin de la même année et le *Serapeum* d'Alexandrie est détruit à cette époque ; le 11 mai 391, les apostats se voient privés de leurs droits civils ; enfin l'édit du 8 novembre 392 interdit à quiconque, dans tout l'Empire, de sacrifier aux idoles, et ce même à titre privé » (S. Ratti, « Fiction, déconstruction et religion : l'effacement du sens dans l'*Histoire Auguste* », p. 427). L'auteur de l'article reporte les lois du *Code Théodosien* (dans l'ordre 16, 10, 10 ; 16, 10, 11 ; 11, 39, 11 ; 16, 7, 4-5 ; 16, 10, 12).

15 Sur cette liberté d'expression, sur laquelle nous reviendrons, *cf.* É. Wolff, art. cité, p. 25.

16 J. Velaza, « Tacite dans l'*Histoire Auguste* : vers une révision », *H.A.C.BON., Atti dei Convegni sulla Historia Augusta V*, Bari, Edipuglia, 1997, p. 241-253, ici p. 246.

de la monarchie, des institutions républicaines, des dictatures de Cinna et de Sylla, des deux triumvirats, enfin, du principat. Il n'envisage pas l'histoire des événements, mais celle des institutions[17]. »

Enfin – et c'est ce point qui retient toute notre attention – le passage met en avant des jugements de valeur sur les différents empereurs cités. La synthèse présente en effet les caractéristiques d'un prêt-à-penser : il est probable qu'elle se fait l'écho d'une idéologie dominante, d'un « classement moral » des empereurs romains amplement partagé par les contemporains du rédacteur appartenant au milieu sénatorial.

Plus en amont, dans la Vie d'Aurélien, apparaît une liste davantage détaillée[18]. Le rédacteur cite d'abord les noms de ceux qui, à ses yeux, occupent le statut de bons princes :

> *Quid hoc esse dicam, tam paucos bonos extitisse principes, cum iam tot Caesares fuerint ? nam ab Augusto in Diocletianum Maximianumque principes quae series purpuratorum sit index publicus tenet. Sed in his optimi ipse Augustus, Flauius Vespasianus, Flauius Titus, Cocceius Nerua, diuus Traianus, diuus Hadrianus, Pius et Marcus Antonini, Seuerus Afer, Alexander Mammaeae, diuus Claudius et diuus Aurelianus ; Valerianum enim, cum optimus fuerit, ab omnibus infelicitas separauit.* (*Aur.*, XLII, 3-4)

> « Comment pourrais-je expliquer qu'il y ait eu si peu de bons princes, alors que d'aussi nombreux Césars se sont déjà succédé ? les registres officiels

---

17 *Ibid.* Il est vrai que l'opinion sur Auguste, qui est dépeint comme le responsable de la fin de la liberté à Rome, évoque Tacite (*ibid.*, p. 247). J. Velaza rappelle que J. Schwartz pense également avoir repéré plusieurs passages inspirés par cet auteur (*Sév.*, XVII, 4 ; *Tr. tyr.*, XXII, 10 et 13 ; *Clod. Alb.*, IX, 2 et 7), *cf. ibid.*, p. 247-249. Toutefois, il conclut que, si l'Anonyme a probablement lu cet historien, des « imitations textuelles ou stylistiques » sont difficilement identifiables comme telles dans le recueil (*ibid.*, p. 253).

18 Sur cette liste, lire le commentaire de F. Paschoud (n. 6.2.6.2. p. 198-199), que nous résumons ici : les énumérations des princes dans le recueil s'ouvrent généralement avec Auguste, sauf dans quatre cas (*trig. tyr.* 6,6 ; *Claud.* 18,4 ; *Tac.* 16,6 ; *Prob.* 12,2). Par ailleurs, dans les listes citées au § 6.2.6.0. [*Aur.*, 28,10 ; *Ver.* 1,3 ; 4,6 ; *Auid.* 8, 4-6 ; *Comm.* 19,2 ; *Pesc.* 12,1 ; *Alb.* 13,5 ; *Opil.* 1,4 ; *Heliog.* 1, 1-3 ; 18, 4 ; 33, 1 ; 34,1 et 5 ; 35, 2-7 ; *Alex.* 9,4 ; 10, 2 ; 65, 1 et 5 ; *trig. tyr.* 6,6 ; *Claud.* 2,3 ; 18,4 ; *Tac.* 5,1 ; 6,4 ; 6,9 ; 16,6 ; *Prob.* 12,2 ; 22,4 ; *Car.* 1,3-4 ; 3, 1-8], « les bons empereurs les plus souvent mentionnés, même dans des énumérations brèves, sont les souverains du IIe siècle » (Trajan, Antonin le Pieux, Marc-Aurèle, Hadrien). Ceux du siècle antérieur sont Vespasien, Titus et Nerva. F. Paschoud rajoute que « les empereurs postérieurs aux Antonins ont un statut spécial, ils sont nommés plus rarement, les premiers d'entre eux apparaissent en *Heliog.* 35,2. Septime Sévère est nommé deux fois, *trig. tyr.* 6,6 et *Car.* 3,4 ; Pertinax, ici omis, est mentionné en *trig. tyr.* 6,6 ; Alexandre Sévère est nommé quatre fois, Claude le Gothique quatre fois ». Sur les listes de *Élag.*, I et XXXV, *cf.* Y. Roman, *op. cit.*, p. 42 et p. 42-43.

contiennent en effet la liste de ceux qui ont porté la pourpre d'Auguste aux princes Dioclétien et Maximien. Mais parmi eux, comme empereurs excellents, il y eut Auguste lui-même, Flavius Vespasien, Flavius Titus, Coccéius Nerva, le divin Trajan, le divin Hadrien, Antonin le Pieux et Marc Antonin, Sévère l'Africain, Alexandre fils de Mammaea, le divin Claude et le divin Aurélien ; quant à Valérien, bien qu'il ait été un excellent empereur, son malheur l'a mis à part de tous les autres[19]. »

Après avoir relevé que ces souverains étaient peu nombreux, il évoque le cas des mauvais princes :

Vides, quaeso, quam pauci sint principes boni, ut bene dictum sit a quodam mimico scurra Claudii huius temporibus in uno anulo bonos principes posse perscribi atque depingi. At contra quae series malorum ? ut enim omittamus Vitellios, Caligulas et Nerones, quis ferat Maximinos et Philippos atque illam inconditae multitudinis faecem ? tametsi Decios excerpere debeam, quorum et uita et mors ueteribus comparanda est. (*Aur.*, XLII, 5-6)

« Tu constates – n'est-ce pas ? – combien le nombre des bons princes est limité, au point qu'un bouffon dans un mime a pu dire à bon droit, à l'époque de l'empereur Claude que je viens de nommer, qu'on pouvait énumérer et représenter les bons princes sur un seul anneau. En revanche quelle série des mauvais princes ! Pour ne rien dire, en effet, des Vitellius, des Caligulas, des Nérons, qui supporterait les Maximins, et les Philippes, et cette lie d'une foule désordonnée ? Encore devrais-je en séparer les Dèces, dont la vie et la mort sont comparables à celles des anciens. »

Ce goût de la classification, s'il s'exprime ici sous la forme d'un bilan explicite, n'est pas un trait spécifique de l'écriture du rédacteur. Comme on le sait, la division du monde en deux catégories morales est une approche largement partagée par les historiens, philosophes et moralistes de l'histoire de Rome[20]. Y. Roman note à ce sujet que les

---

19 Pour ce passage et celui qui suit, nous utilisons le texte et la traduction de l'édition des Belles Lettres.

20 Il serait vain et fastidieux de recenser les ouvrages qui offrent des expressions génériques mettant en jeu des oppositions du type *boni et mali*. Le lecteur les rencontre fréquemment au gré de ses promenades dans la littérature latine. On les trouve, entre autres, chez Sénèque, Aurélius Victor, Dion Cassius, etc. Citons un exemple du *De beneficiis* : « *"Di quoque" inquit "multa ingratis tribuunt." Sed illa bonis parauerunt ; contingunt autem etiam malis, quia separari non possunt* », « "Les dieux tout les premiers, dit-on, accordent aux ingrats beaucoup de grâces." Seulement ils les ont préparées pour les bons ; si les méchants eux-mêmes y trouvent leur part, c'est qu'ils ne peuvent être séparés des autres » (Sénèque, *Des bienfaits*, t. I, texte établi et traduit par F. Préchac, Paris, Les Belles Lettres, 1961, ici IV, XXVIII).

empereurs considérés comme « bons » constituaient, au IVe siècle ap. J.-C, des « éléments de la culture traditionnelle[21] ». Sur les contorniates, ces « médaillons frappés (ou coulés) à l'occasion du nouvel an, à partir du 1er janvier 358 », l'on pouvait retrouver des représentations d'Auguste, Vespasien, Trajan, Antonin et, étonnamment, Néron[22]. Pour revenir à la littérature, les *Césars* ou *Saturnales* de Julien dressent également une liste de *boni principes* (Trajan, Hadrien, Marc Aurèle, Vérus, Pertinax, Septime Sévère, Alexandre Sévère, Claude II, Aurélien, Probus, Dioclétien, Constance Chlore) et condamnent Constantin[23].

Cette vision bipartite est une clé de la pensée romaine, mais il faut se garder d'y voir un moule rigide qui enfermerait la perception du réel dans un système. Comme le note le rédacteur, Vérus n'entre dans aucune des deux familles :

> *Igitur Lucius Ceionius Aelius Commodus Verus Antoninus, qui ex Hadriani uoluntate Aelius appellatus est, ex Antonini coniunctione Verus et Antoninus, neque inter bonos neque inter malos principes ponitur.* (*Vér.*, I, 3)
>
> « Donc Lucius Céionius Aelius Commodus Vérus Antoninus, qui prit le nom d'Aelius selon la volonté d'Hadrien et ceux de Vérus et Antoninus par suite de ses liens de parenté avec Antonin, ne se place ni parmi les bons ni parmi les mauvais princes[24]. »

Certains princes, comme Carus, malgré sa valeur moyenne, seront rangés dans le groupe des bons princes[25]. En revanche, il ne peut exister d'hésitation concernant des souverains comme Élagabal. Décrit comme un tyran notoire, ce dernier veut faire assassiner son cousin et fils adoptif Alexandre Sévère. Il emploie des individus pour ordonner à ses pédagogues, en échange d'honneurs et de bienfaits, de le tuer d'une manière ou d'une autre. Mais toutes ces menées échouent car *nihil agunt improbi contra innocentes*, « les méchants ne peuvent rien contre la vertu[26] ». Insérée

---

21 Y. Roman, *op. cit.*, p. 45-46.

22 *Ibid.*, p. 45-46.

23 *Ibid.*, p. 46.

24 Texte et traduction de l'édition d'A. Chastagnol. – Toutefois, le rédacteur attribue des caractéristiques tyranniques à cet empereur, dans la suite de la biographie. L'*Histoire Auguste* n'est pas exempte de contradictions ; nous détaillerons ce point ultérieurement.

25 *Car.*, III, 8.

26 *Élag.*, XIV, 1 (*Histoire Auguste, t. III, 1re partie : Vies de Macrin, Diaduménien et Héliogabale*, texte établi, traduit et commenté par R. Turcan, Paris, Les Belles Lettres, 1993, CUF). On retrouve un passage moralisateur mettant en scène un « méchant » dans le livre I du

au milieu du récit de la Vie, cette soudaine réflexion de l'auteur, portée par des accents universels, nous renvoie de nouveau à une conception binaire ; le jeune Alexandre, qui succèdera à Élagabal, sera en effet rangé dans la catégorie des bons empereurs, par contraste avec son ignoble cousin, comme on l'indique dans les listes précitées.

Il est donc remarquable de constater que la classification des princes, si elle ne réserve pas de place explicite à chaque empereur (certains, sans doute insignifiants, ne méritant pas d'y figurer, d'autres étant jugés moyens), apparaît dans différents passages de l'œuvre sous forme de juxtaposition d'« étiquettes » antithétiques. L'intérêt de ces raccourcis, qui décomplexifient la nature humaine en la réduisant à des termes simples et basiques, nous semble résider, pour le cas des biographies, dans l'élaboration d'un *memento* pour les souverains qui liront le recueil.

L'*Histoire Auguste* est un manuel d'*exempla* qui peut être en effet destiné à des hommes de pouvoir. Le genre se rattache à celui du miroir, qui connut un grand succès, notamment aux XIIe et XIIIe siècles[27]. Il partage avec lui deux fonctions décrites par Sénèque dans ses *Questions naturelles* et qui ont été explicitées par E. Már Jónsson[28]. Œuvre littéraire, c'est un « instrument de vision indirecte » au sens où il « permet à l'homme de voir ce qu'il ne peut pas observer directement[29] ». La valeur documentaire des Vies permet d'acquérir des informations sur une époque, de sentir un climat politique, d'appréhender la rhétorique

---

Contre Eutrope : Abundantius, qui est responsable de l'élévation de l'eunuque Eutrope, tombe en disgrâce. Claudien écrit : *quam bene dispositum terris, ut dignus iniqui / fructus consilii primis auctoribus instet !*, « tout est bien disposé sur terre : ainsi, le digne fruit / D'un inique conseil s'abat d'abord sur ses auteurs » (Claudien, *Œuvres*, t. III, « Poèmes politiques » (399-404), texte établi et traduit par J.-L. Charlet, Paris, Les Belles Lettres, 2017, *cf. Contre Eutrope*, I, v. 157-158).

27 « L'*HA*, ceci a été noté, a de la sympathie pour les usurpateurs [...] Non qu'elle se plaise à détruire l'autorité légitime, mais à cause des qualités de ces hommes. Ce qui prévaut est d'être un bon Empereur [...] L'auteur qui, ainsi, ne s'incline pas devant les sanctions de l'histoire, n'hésite pas non plus à la sublimer, quand il s'agit pour lui de tendre au lecteur un "Miroir des Princes". Avec hardiesse, il remodèle l'effigie d'Alexandre Sévère, lui attribuant la totalité des vertus requises : culte de la tradition, intérêt pour l'astrologie, formation de lettré, maintien d'une saine discipline militaire, défiance à l'égard des barbares, négation des largesses, référence constante au Sénat » (J.-P. Callu, A. Gaden, O. Desbordes, *Histoire Auguste, introduction générale*, p. XLIV-XLV).

28 E. Mar Jónsson, *Le Miroir. Naissance d'un genre littéraire*, Paris, Les Belles Lettres, 2004, Histoire, ici p. 35.

29 *Ibid.*

employée par le rédacteur et de se faire une idée de sa personnalité ; les récits donnent à voir des empereurs que l'on ne peut plus approcher physiquement, puisqu'ils appartiennent à un passé lointain.

Plus intéressant encore, le recueil est aussi miroir car il constitue un « instrument de la connaissance de soi[30] ». La portée morale, rappelée et cristallisée par des termes (adjectifs ou substantif) faisant office de modalisateurs (*bonus*, *malus*, *optimus*, *improbus*, *innocens*, *faex*...), est évidente. Cette dimension n'a pas échappé à l'abbé de Villeloin Michel de Marolles, auteur de la première traduction en français de l'*Histoire Auguste*, qui dans son *Epistre au Roy*, met en garde Louis XIV contre les dangers d'un comportement déviant. En effet, les pouvoirs de ce roi sont, en 1667, analogues à ceux des princes de la Rome impériale :

> Si V. M. a la curiosité de regarder ce Livre [...] elle y trouvera des fortunes bien diverses, parmy des troubles prodigieux. Il y a des aventures rares de Princes très sages et très vertueux, les exploits guerriers de quelques braves n'y sont pas mal dépeints ; mais il s'y voit aussi des emportements étranges et des licences effrenées de quelques autres, qui sont indignes que V. M. arreste ses yeux sur elles, si ce n'est pour les avoir en horreur[31]. (M. de Marolles, *Vie d'Adrien. Vie d'Héliogabale.*)

Le recueil assume donc le statut de « miroir-modèle » dans la mesure où il propose une vision idéale du bon souverain, qu'il faut imiter[32].

---

30 *Ibid.* Rappelons que le miroir est depuis l'Antiquité un objet de toilette. S'il a été, dès cette époque, déprécié par certains parce qu'il est un objet de Vanité et de Luxure, une autre tradition le considère comme un « moyen de connaissance de soi-même, fait pour que l'on puisse contempler son propre visage, mais en vue d'un embellissement moral et non pas physique. Cette idée a été attribuée à Bias de Priène, un des sept sages grecs, mais surtout, sous une forme très générale, à Socrate » (E. Már Jónsson, *op. cit.*, p. 47). Il faut se reporter aussi, pour le miroir tendu au prince, à ce passage du *De clementia* de Sénèque que retranscrit L. Pernot : « J'ai entrepris ce traité sur la clémence, Néron César, pour te faire en quelque sorte office de miroir et t'acheminer, en t'offrant ton image, à la volupté la plus grande qui soit au monde » (« Miroir d'un prince par lui-même : les *Pensées* de Marc Aurèle », *L'Éloge du prince de l'Antiquité au temps des Lumières*, sous la direction d'I. Cogitore et F. Goyet, Grenoble, ELLUG, Université Stendhal, 2003, p. 91-104, ici p. 92). « Le miroir tendu au Prince a une fonction morale et protreptique » (*ibid.*) L. Pernot, qui étudie le cas des *Pensées* de Marc Aurèle, note qu'elles constituent « un *Miroir du Prince* par lui-même » (*ibid.*)

31 Texte établi et présenté par P. Moreau, Vies tirées de l'*Histoire Auguste* et traduites par M. de Marolles, Gallimard, 1994, Le Promeneur, ici p. 18.

32 *Cf.* E. Már Jónsson, *ibid.*, p. 83 : « L'idée qui est à la base de l'autre série de *topoi* est tout à fait différente : elle consiste à qualifier des hommes vertueux de "miroirs" pour les autres. Par rapport à l'objet réel, cette utilisation du mot "miroir" comporte un double

Quels sont les éléments qui permettent d'affirmer qu'un empereur est bon ou mauvais ? Comme le relève Y. Roman, un des critères de jugement des « bons empereurs » repose sur la capacité du prince à assurer une bonne gestion de l'approvisionnement de l'*Vrbs*, permettant d'éviter de grandes famines[33]. Pour cette raison, Septime Sévère n'est pas mis au rang des *mali principes* dans l'*Histoire Auguste* : bien qu'il fût responsable d'une épuration sanglante du Sénat, les Romains disposaient de grandes provisions d'huile et de blé à sa mort[34]. En ce qui concerne les mauvais princes, « l'accusation la plus grave se révèle finalement être l'usage insupportable d'un arbitraire injustifié[35] ». Y. Roman soutient que l'archétype du mauvais empereur est représenté par des individus tels que Caligula, Néron, Gallien ou Constantin, mais non Tibère, contrairement à ce qu'affirmait Tacite, le personnage étant trop complexe[36].

Dans son ouvrage *Empereurs et sénateurs. Une histoire politique de l'Empire romain*, le chercheur a dressé une typologie des *mali principes*[37]. Il définit une première catégorie, représentée par l'empereur dit « sauteur » (*saltator*), regroupant des souverains artistes et efféminés, et dans laquelle Caligula, Néron et Gallien trouvent naturellement leur place[38]. La deuxième catégorie est incarnée par « l'homme fort, gladiateur ou baroudeur », tels que Commode[39], Caracalla ou Maximin le Thrace[40]. Le troisième groupe, celui de l'empereur « goinfre » et « noceur », comporte Claude, Vitellius et Vérus[41]. Enfin, on peut citer comme « détraqués sexuels », princes incestueux, homosexuels et débauchés, les cas de Néron, Galba, Hadrien, Vérus, Élagabal, ou encore Cériadès, Victorin et Maeonius, dans le groupe des Trente Tyrans[42]. Y. Roman précise que certains

---

changement : d'une part, ce "miroir" est un instrument d'embellissement moral [...] et, d'autre part, il reflète non pas l'image de la réalité qu'il faut corriger mais l'image idéale qui rend possible la correction. Le miroir est donc ici un modèle. »

33 Y. Roman, *op. cit.*, p. 376.

34 *Ibid.*, p. 376-377.

35 *Ibid.*, p. 80.

36 *Ibid.*, p. 20.

37 *Ibid.*, p. 55.

38 *Ibid.*, p. 55-67.

39 L'Empereur Julien, dans ses *Césars*, donne la parole à Marc Aurèle : l'empereur philosophe affirme que son fils n'était pas « méchant » lorsqu'il a reçu le trône mais a été corrompu par le pouvoir (*cf.* Julien, *Césars*, 35, référence empruntée à Y. Roman, *ibid.*, p. 380).

40 *Ibid.*, p. 67-72.

41 *Ibid.*, p. 73-76.

42 *Ibid.*, p. 76-80, *cf.* notamment n. 1 p. 79.

bons empereurs avaient des vices qui définissent traditionnellement le mauvais empereur : Trajan était par exemple connu pour son goût pour la boisson tandis qu'Auguste, qui aimait coucher avec de nombreuses femmes, jouait beaucoup aux dés[43].

Lactance avait lui aussi établi une distinction entre les princes et les tyrans. À ses yeux, les souverains appartenant à la seconde catégorie se définissent notamment par leur politique répressive envers les chrétiens[44]. Néron, considéré comme le premier persécuteur par l'auteur[45], est qualifié de « tyran exécrable et funeste[46] », et est suivi, au Ier siècle ap. J.-C., par Domitien[47]. Les cruautés de Dèce[48], Valérien[49], Aurélien[50] et leurs successeurs, les tétrarques – Dioclétien, Maximien, Galère, Maxence, Maximin Daïa –, sont soulignées par l'auteur. Constance, Constantin et Licinius ne rentrent pas, bien entendu, dans cette catégorie[51]. Dans ce pamphlet contre les païens, toutes les mesures prises par les empereurs

---

43 *Ibid.*, p. 79.

44 *Ecce, adtritis omnibus aduersariis, restitua per orbem tranquillitate, profligata nuper ecclesia rursus exurgit et maiore gloria templum dei, quod ab impiis fuerat euersum, misericordia domini fabricatur. Excitatuit enim deus principes qui tyrannorum nefaria et cruenta imperia resciderunt, humano generi prouiderunt, ut iam quasi discusso tristissimi temporis nubilo mentes omnium pax iucunda et serena laetificet.* « Voici tous nos adversaires écrasés, la paix rendue à l'univers, l'Église, naguère abattue, debout à nouveau : la miséricorde du Seigneur relève, plus glorieux que jamais, le temple de Dieu qu'avaient ruiné les impies. C'est que Dieu a suscité des princes qui ont aboli l'empire criminel et sanglant des tyrans et ont pourvu au salut du genre humain, en dissipant pour ainsi dire le nuage de cette sinistre époque et en accordant à tous les cœurs la joie et la douceur d'une paix sereine. » (Lactance, *op. cit.*, I, 2-3).

45 *Ibid.*, II, 6.

46 *Ut erat execrabilis ac nocens tyrannus* (*ibid.*, II, 6).

47 *<P>ost hun<c in>teriectis aliquot annis alter non minor tyrannus <Domitianus> ortus est.* « Quelques années après Néron, parut un autre tyran non moins cruel : Domitien. » (*ibid.*, III, 1).

48 *Ibid.*, IV.

49 *Ibid.*, V.

50 *Ibid.*, VI.

51 *Constantium praetereo, quoniam dissimilis ceterorum fuit dignusque qui solus orbem teneret.* « Je ne dis rien de Constance, qui, bien différent de ses collègues, était digne d'exercer seul l'empire du monde. » (*ibid.*, VIII, 7). Contrairement aux empereurs persécuteurs, Constance s'éteint paisiblement dans son lit, comme il le désirait (*ibid.*, XXIV, 8). Constantin est constamment présenté sous un jour positif, tel un farouche défenseur des chrétiens. *Cf.* par exemple le portrait élogieux qui est fait de lui lors de sa première évocation (*ibid.*, XVIII, 10). Licinius, allié de Constantin, reçoit la visite d'un ange dans la nuit qui précède une bataille contre Maximin pour l'inviter à prier Dieu (*ibid.*, XLVI, 3).

persécuteurs (et même celles qui ne concernent pas directement le domaine religieux) sont interprétées comme des marques de l'expression d'un tempérament vicié[52].

Dans le cadre d'une étude sur les stratégies du blâme déployées par le rédacteur de l'*Histoire Auguste*, il convient donc, en ce qui concerne la critique des tyrans, de relever ce premier procédé très explicite et présent chez d'autres auteurs du IVe siècle (Lactance, Julien), consistant à placer les empereurs sur un échiquier moral[53], même s'il ne s'applique pas systématiquement à tous les princes et se borne à traiter des figures les plus emblématiques. La philosophie était déjà présente chez Suétone, comme on l'a dit, mais le rédacteur ne s'encombre pas, dans ce cas précis, d'allusions et de paroles suggestives pour préciser une pensée, qui est peut-être également la sienne. Il se déclare ouvertement.

Outre le cas de ces considérations taxinomiques prenant la forme de listes nominatives des bons et des mauvais princes, les récits faisant état de la mort de certains d'entre eux constituent également des supports d'une réflexion morale.

---

52 *Cf. ibid.*, introduction, p. 52 : « Les mesures les plus simples de l'administration courante apparaissent comme autant de spoliations insupportables. » Maximien est un tyran parce qu'il est l'auteur de pressions fiscales : Lactance recourt aux procédés de l'exagération dramatique pour décrire les effets de cette politique (*ibid.*, XXXI).

53 Ce choix d'expression peut interpeller le lecteur d'aujourd'hui en raison de son caractère artificiel très marqué ; la réalité est simplifiée dans une construction de type manichéen. U. Eco parle de « bipartition manichéenne » à propos de la structure récurrente sur laquelle reposent les romans de James Bond de Ian Fleming (U. Eco, « James Bond : une combinatoire narrative », *Communications*, 8, 1966, Recherches sémiologiques : l'analyse structurale du récit, p. 77-93). Ils mettent en scène des « couples d'opposition » (*ibid.*, p. 79), les bons et les méchants. C'est peut-être cette description du monde qui procède par « schémas » qui permet de rapprocher l'*Histoire Auguste* du « roman historique » (*cf.* la synthèse qu'A. Chastagnol fait des travaux d'E. Hohl, *Histoire Auguste*, introduction générale, p. XXIV). U. Eco décrit avec précision ce prisme qui structure déjà les plus anciennes formes de fiction, comme les récits mythiques (*ibid.*, p. 92).

LE REFLET DE LA MORT DES TYRANS

Dans l'*Histoire Auguste*, le lecteur retrouve les codes qui caractérisent la littérature historique et notamment les manifestations du souci de l'historien de donner un sens aux événements[54]. Le rédacteur suit de prime abord la tradition. Il souligne, dans le cas des morts des tyrans[55], la marque d'un châtiment mérité[56], encore une fois à l'instar de Suétone[57]. L'assassinat sauvage devient un reflet de la vie ignoble de l'intéressé[58].

54 *Cf.* R. Martin, J. Gaillard, *op. cit.*, p. 110 : « Sur le postulat que l'histoire a un sens, il s'agit de bâtir un discours propre à exprimer ce sens. Au-delà de la curiosité s'ouvre le vaste domaine d'une philosophie de l'histoire, qui est recherche de lois stables enchaînant les événements selon une logique. »

55 Comme le fait remarquer J.-P. Callu, une mention de la date précise de la mort de l'empereur ne concerne que quatre cas dans le recueil : Hadrien, Aélius César, Pertinax et Caracalla (« Le jour où le prince mourut », *H.A.C.B., Atti dei Convegni sulla Historia Augusta IX*, Bari, Edipuglia, 2005, p. 83-97, ici p. 83). Suétone rapportait ce genre de précision (*ibid.*), contrairement à Aurélius Victor, Festus, Jérôme, l'Épitome, Orose (*ibid.*, p. 84) et donc l'*Histoire Auguste.*

56 *Cf.* M. Bats, « Mort violente et *damnatio memoriae* sous les Sévères dans les sources littéraires », *Cahiers du Centre Gustave Glotz*, 14, 2003, p. 281-298, ici p. 291 : « Les récits du décès de ces princes et usurpateurs tout en respectant les réalités historiques, relèvent d'un parti-pris idéologique : parce que leur mort violente est devenue synonyme de châtiment mérité, les sources littéraires économisent la mention de la *damnatio memoriae*, qui apporte une sanction légale et une justification morale à un assassinat privé de base juridique. »

57 « [Suétone] a le souci de démontrer que les tyrans ont été leurs propres victimes. Les actes dont ils se sont rendus coupables les ont conduits inévitablement au tourment intérieur et à une mort atroce. » (J. Gascou, *Suétone historien*, p. 787).

58 Le thème de l'accord entre la qualité de la mort et la qualité de la vie se retrouve dans les textes juridiques. *Cf.* notamment D. Briquel, « Sur le mode d'exécution en cas de parricide et en cas de *perduellio* », *MEFRA*, t. 92, n° 1, 1980, p. 87-107, ici p. 94 : « Le type d'exécution répond souvent à la loi du talion : le supplicié subit un traitement qui exprime un lien direct avec la manière dont il a fauté » et n. 32 p. 94 : « Le principe est posé dans la loi des XII tables, 8, 2 : *si membrum rupsit, ni cum eo pacit, talio esto* ». Le *topos* est déjà présent chez Suétone : « la mort prend un aspect symbolique : elle n'est pas seulement le terme, elle est le signe le plus chargé de sens de la valeur d'une existence » (J. Gascou, *Suétone historien*, p. 792). Les fins des empereurs prouvent ainsi que la justice existe (*ibid.*, p. 797). Dans le livre I du *Contre Rufin*, Claudien écrit : *Iam non ad culmina rerum / iniustos creuisse queror : tolluntur in altum / ut lapsu grauiore ruant*, « Et je ne me plains plus que des hommes injustes / Aient gravi les sommets : ils ne sont élevés que pour tomber / D'une chute plus lourde. » (Claudien, *Œuvres*, t. II, 1re partie, « Poèmes politiques » (395-398), texte établi et traduit par J.-L. Charlet, Paris, Les Belles Lettres, 2002, *cf. Contre Rufin*, I, v. 21-23). Dans le livre II, Rufin se fait lyncher par les légions d'orient immédiatement après avoir demandé à Arcadius de partager l'empire avec lui.

J. Scheid, étudiant les cas de Caligula, Néron, Vitellius et Galère, a démontré que les derniers instants de ces personnages reposaient, dans les récits, sur un lieu commun déterminé par des règles fixes : « D'abord le châtiment c'est toujours la mort, mais pas simplement la mort. Suicide, assassinat ou maladie monstrueuse, cette mort est toujours artificielle et se déroule devant une large assistance[59]. » Leur fin est « drame rituel » plutôt que « punition exemplaire[60] », artificielle[61] ; ces morts expriment, dans les narrations, l'ultime transgression du tyran, criminel et *monstrum* au même titre que les parricides ou les assassins de droit commun qu'il faut retrancher de la société afin de lui conserver sa pureté[62].

J. Scheid évoque la récurrence de la « figure du déplacement » qui peut s'incarner de différentes façons. Le déplacement peut être physique

---

Claudien décrit sur plusieurs vers la dispersion des membres et des organes du personnage (*ibid.*, *cf. Contre Rufin*, II, v. 404-417). Le thème du miroir se fait jour : le poète établit une correspondance entre les pièces du cadavre et les pays ravagés par le ministre (*ibid.*, v. 424). La plèbe jette des pierres contre sa tête, fichée au bout d'une pique (*ibid.*, v. 433-435) et joue avec sa main droite (*ibid.*, v. 436-439). Arrivé aux Enfers, Rufin se fait violemment interpeller par Minos, qui estime que tous les châtiments expiatoires des grandes figures mythologiques devraient s'additionner pour le frapper ; le criminel est finalement envoyé dans le barathre, sous le Tartare et le Chaos (*ibid.*, v. 494-527). Par ailleurs, Léon, compagnon du consul Eutrope décrit de façon peu flatteuse par Claudien (le poète souligne son ventre rebondi, sa vantardise et son ancien métier de tisseur de laine, *cf. Contre Eutrope*, II, v. 380-389), s'embourbe avec son cheval dans un marécage alors qu'il fuit ses ennemis et meurt de peur, aux dires de Claudien (v. 440-461 et n. 119 p. 94).

59 J. Scheid, « La mort du tyran. Chronique de quelques morts programmées », *Du châtiment dans la cité. Supplices corporels et peine de mort dans le monde antique*, Table ronde de Rome, 9-11 novembre 1982, Rome, École française de Rome, 1984, *Publications de l'École française de Rome*, 79, p. 177-193, ici p. 183.

60 *Ibid.*, p. 185.

61 *Ibid.*, p. 183.

62 *Ibid.*, p. 186 : « Se déplaçant à la marge, ou plutôt transgressant une dernière fois et spectaculairement la limite au moment de sa mort, le transgresseur symbolise dans son expulsion son statut, montre qu'il n'est pas à sa place, qu'il a franchi une ligne qu'il n'aurait pas dû franchir. Le châtiment (ou la fin) du tyran cristallise et transforme en mémorable le statut de celui qui a dépassé les normes et du coup n'appartient plus à l'ordre humain » et p. 189 : « Dans la mesure donc où la mort du tyran traduit symboliquement la transgression majeure, ou alors fixe une dernière fois une essence donnée dès la révélation du monstre, nous pouvons conclure que le tyran fait corps avec sa transgression. Signifiant et signifié à la fois, il est la transgression, il est la souillure. En même temps que le rituel de ces morts donne à la communauté la possibilité d'avoir prise sur sa structure, d'en tracer les limites et les zones marginales, il lui permet de se rassurer – au moins a posteriori – en expulsant la souillure elle-même sous les traits de celui qui l'incarne : cause et effet en même temps, l'être souillé permet de rétablir cet ordre qu'il aide à définir. »

ou topographique : Caligula quitte le théâtre dans lequel il assistait comme spectateur à des représentations pour aller dans une crypte[63], Néron, dans sa fuite, se réfugie aux « limites de l'*ager romanus*[64] », Vitellius est jeté dans le Tibre[65]. Les deux premiers, ainsi que Galère, qui finit par être dévoré par les vers, passent également de la condition d'homme à celle d'animal[66].

Il n'est pas difficile d'observer le déplacement de type topographique dans le châtiment d'Élagabal[67], châtiment qui, par son déroulement, rappelle celui de Vitellius, à la différence près que le premier est préalablement assassiné dans les latrines où il s'était retranché tandis que le second est directement lynché par la foule[68].

> *Solusque omnium principum et tractus est et in cloacam missus et in Tiberim praecipitatus. Quod odio communi omnium contigit, a quo speciatim cauere debent imperatores, si quidem nec sepulchra mereantur, qui amorem senatus, populi ac militum non merentur.* (*Élag.*, XVII, 6-7)
>
> « Seul de tous les princes, il fut traîné, jeté à l'égout et précipité dans le Tibre. Il subit ce sort en raison de la haine que tous lui vouaient unanimement et que les empereurs doivent spécialement se garder d'encourir, car on ne saurait mériter même une sépulture, quand on ne mérite pas l'affection du sénat, du peuple et des soldats[69]. »

---

63 *Ibid.*, p. 184.

64 *Ibid.*, p. 185.

65 *Ibid.*

66 *Ibid.*, p. 184-185. Pour le cas de Caligula, *cf.* également B. Chazal, art. cité, p. 61.

67 Des prêtres syriens avaient prédit à l'empereur qu'il périrait d'une mort violente (*Élag.*, XXXIII, 2). Le biographe énumère les différents instruments qu'il aurait mis au point pour prévenir cette fin (*ibid.*, XXXIII, 3-5). Le texte fait également état de la construction d'une tour, du sommet de laquelle il aurait pu se précipiter. À son pied, sur le sol, on aurait fait installer des plaques d'or et des pierreries, pour que sa mort soit magnifique et unique (*ibid.*, XXXIII, 6). On retrouve ici une élaboration littéraire du thème de la mort qui reflète la vie de l'individu. Ce passage, déjà étudié par la critique, ne se rencontre pas dans les œuvres d'Hérodien et de Dion Cassius (J.-M. Lassère, « La tour d'Élagabal (*S. H. A.*, *Ant. Heliog.* 33, 6) », *REA*, t. 77, 1975, n° 1-4, p. 131-136, ici p. 132). J.-M. Lassère s'interroge sur la possibilité d'une influence de Lucien de Samosate dans la rédaction de ces lignes, qui pourraient évoquer l'organisation éventuelle d'un sacrifice de l'empereur-prêtre lui-même aux dieux solaires syriens (*ibid.*, p. 134-135).

68 *Élag.*, XVII, 1. Sur la sanction d'évacuation dans le Tibre, *cf.* Suet., *Tib.*, 75, 1-2 ; *Vit.*, 17, 4 ; et dans l'*Histoire Auguste*, *Comm.*, XVII, 4 (élément indiqué par A. Chastagnol, *Histoire Auguste*, n. 2 p. 240). Les restes du cadavre d'Albinus sont jetés dans le Rhône (*Clod. Alb.*, IX, 7), les corps des Maximins également dans un fleuve (*Maxim.*, XXXI, 5).

69 Cet épisode est rappelé en XXXIII, 7.

Élagabal connut « une mort en rapport avec sa vie », *qui et ipse similem exitum uitae suae sortitus est*[70]. Les soldats qui tuent ses compagnons de débauche utilisent des moyens variés, *ut mors esset uitae consentiens*[71]. L'Anonyme assortit ses narrations de ce type de commentaire moralisateur dans d'autres biographies, avec toutefois moins d'insistance que pour le cas d'Élagabal. Maximin le Thrace se fait assassiner par des soldats alors qu'il se repose sous sa tente et sa tête est fichée au bout d'une pique, ce qui est « digne de [sa] cruauté[72] ». Auréolus, usurpateur intégré dans le groupe des Trente Tyrans, « en conséquence d'une décision de ses soldats, [...] connut près de Milan une fin digne de sa vie et de ses mœurs, et néanmoins certains historiens ont entrepris de faire son éloge, et assurément de manière ridicule[73] ». Quant au tyran Maeonius, « il fut bientôt mis à mort par les soldats en châtiment mérité de son luxe[74] ». On retrouve donc le procédé du miroir.

Il est hors de conteste que les récits de ces morts n'égalent pas les peintures d'un Tacite ou d'un Suétone[75]. Ils ne proposent pas de des-

70 *Macr.*, XV, 2. La traduction proposée est d'A. Chastagnol.

71 *Ibid.*, XVI, 5. A. Chastagnol précise que le passage est coupé de plusieurs lacunes (A. Chastagnol, *Histoire Auguste*, n. 3 p. 522). J.-L. Voisin note que la formule se retrouve souvent chez Tacite, notamment avec les exemples de Valerius Asiaticus (*Ann.*, 11, 3, 2), Pétrone (*Ann.*, 16, 19) et Sénèque (*Ann.*, 15, 63, 3). Ces personnages choisissent une mort qui reflète leur vie (J.-L. Voisin, « L'*Histoire Auguste* et la mort volontaire », *H.A.C.G., Atti dei Convegni sulla Historia Augusta VII*, cité précédemment, p. 301-316, ici p. 313). – L'Anonyme prend le soin de préciser que certains prostitués mâles de l'entourage d'Élagabal qu'Alexandre fait déporter se noient au cours d'un naufrage (*Alex. Sév.*, XXXIV, 4).

72 *Maxim.*, XXIV, 1 : *His finis Maximinorum fuit, dignus crudelitate patris, indignus bonitate filii*, « Telle fut la fin des Maximins, digne de la cruauté du père, indigne des qualités de cœur du fils » (texte et traduction de l'édition d'A. Chastagnol).

73 *Claud.*, V, 3 : *Denique iudicio suorum militum apud Mediolanum Aureolus dignum exitum uita ac moribus suis habuit. Et hunc tamen quidam historici laudare conati sunt, et ridicule quidem* (texte et traduction de l'édition des Belles Lettres).

74 *Tr. tyr.*, XVII, 3 : *Quare imperator appellatus per errorem, breui a militibus pro suae luxuriae meritis interemptus est*, « C'est pourquoi, après avoir été proclamé empereur par méprise, il fut bientôt mis à mort par les soldats en châtiment mérité de son luxe » (texte et traduction de l'édition des Belles Lettres).

75 Le récit des morts est en général très succinct : *cf. Clod. Alb.*, IX, 3-4 (l'extrait se concentre davantage sur l'identification des meurtriers que sur une description dramatique) ; *Maxim.*, XXIII, 6 et XXXII, 5 (version du suicide), *Gall.*, XIV, 8-9. Dans la Vie des Trente Tyrans, la plupart des princes sont massacrés par les soldats qui les ont élus : *Tr. tyr.*, II, 3 ; III, 7 ; IV, 1 ; V, 4 ; VI, 3 ; VII, 1 ; VIII, 2 ; IX, 3 ; X, 2 ; XI, 4 ; XII, 13-14 ; XIV, 1 ; XV, 5 ; XVII, 3 ; XVIII, 3 et 12 (circonstances qui rappellent l'assassinat de Maximin) ; XIX, 3 ; XX, 1 et 3 ; XXI, 1 et 3 ; XXII, 8 (bref mention d'un étranglement) ; XXIII, 4 ; XXVI, 4 ; XVII, 1-2 ;

siner, comme dans les développements consacrés à la conjuration de Chaerea, l'image d'un tyrannicide restaurateur de l'ordre républicain, et ne s'attachent pas non plus à théâtraliser les meurtres[76]. Néanmoins, il faut remarquer que l'Anonyme apprécie ponctuellement le détail scabreux, afin de rabaisser encore davantage les victimes[77]. Élagabal est

---

XXIX, 3 ; XXXI, 2 et 4 ; XXXII, 1 ; XXXIII, 3. *Cf.* également *Quadr. tyr.*, V, 2-3 ; XI, 3 ; XIII, 4 ; XV, 2. Pour Carin, *Car.*, XVIII, 2.

76 Ces analyses nous sont inspirées par I. Cogitore qui note, pour la conjuration de Chaerea contre Caligula, que les sources offrent « trois catégories de renseignements » : « tout d'abord, certaines sources jugent l'événement du point de vue moral [...] Une deuxième catégorie de textes s'attache à évaluer la portée de la conjuration, en la présentant comme une lutte victorieuse contre la tyrannie, comme une libération de Rome. [...] Dans la troisième catégorie de sources, se trouvent les détails qui permettent d'analyser l'événement [notamment les détails théâtraux] » (I. Cogitore, *La Légitimité dynastique d'Auguste à Néron à l'épreuve des conspirations*, Rome, École française de Rome, 2002, ici p. 63-65). Néanmoins, I. Cogitore précise que la conspiration est particulière pour trois raisons : les sources qui la rapportent sont nombreuses, puis elle constitue, sur toute la période julio-claudienne, la seule conspiration qui réussit, et enfin, malgré l'image de la République qui se dessine dans les discours la prenant pour objet, elle n'entraîne ni « changement de dynastie », ni « retour à la République » (*ibid.*, p. 63). Les sources concernant les tyrans des IIe et IIIe siècles ne présentent pas la même richesse en matière de renseignements ; par ailleurs, les tyrannicides sont plus éloignés, dans le temps, de la fin de la République. Les exemples traités se concentrent donc sur un aspect moral. Nous revenons sur la question du tyrannicide ultérieurement dans ce mémoire. En ce qui concerne le récit des assassinats dans l'*Histoire Auguste*, J.-L. Voisin écrit néanmoins que « les meurtres se transforment en exercices de style qui oscillent entre burlesque et drame » (J.-L. Voisin, « Un nihiliste antique ? Portrait de l'auteur de l'*Histoire Auguste* à travers les *omina mortis* », *REL*, t. 95, 2017, p. 205-221, ici p. 213). Cette dimension est, selon nous, conférée par le souci du détail (*cf. infra*). L'Anonyme se hisse difficilement à la hauteur de Suétone.

77 Ce trait serait-il emprunté à Lactance ? Dans le *De mortibus persecutorum*, le goût de la précision macabre dans les descriptions réalistes des morts des empereurs persécuteurs s'inscrit dans le cadre d'une démonstration qui vise à illustrer la puissance de Dieu et le sens de la justice et de la morale chrétiennes (Lactance, *op. cit.*, *cf.* introduction p. 55-56). La thèse de Lactance se résume en deux formules : « tous les empereurs persécuteurs sont de mauvais empereurs » et « tous ont connu une fin misérable ». Le corps de Dèce, dépouillé de ses vêtements, est laissé en proie aux charognards (*ibid.*, IV, 3) ; Valérien, réduit en esclavage et humilié par les Perses, est écorché (*ibid.*, V, 2-6) ; Maximien est contraint de se pendre (*ibid.*, XXX, 5-6) ; Galère, dont le corps entre dans un état de putréfaction suite à un ulcère des parties génitales, est dévoré par les vers (*ibid.*, XXXIII) ; Dioclétien se laisse mourir de faim et de chagrin (*ibid.*, XLII, 3) ; Maxence est précipité dans le Tibre (*ibid.*, XLIV, 9) ; Maximin Daïa tente de s'empoisonner, échoue et périt dans d'atroces souffrances (il est en proie à la folie, *cf. ibid.*, XLIX, 2-7). Les tableaux des derniers moments sont peints avec des couleurs vives : descriptions saisissantes, images fortes, recours à l'hypotypose (nombreux détails, discours direct, reformulations), amplification dramatique... Tous ces procédés rhétoriques veulent véritablement faire « voir » la scène au lecteur. Lactance adapte le *topos* fondé sur la correspondance entre

assassiné dans des latrines (*in latrina*)[78] et son prétendu père, Caracalla, est poignardé après avoir satisfait un besoin naturel[79].

Chez Plutarque et Tacite, le décor pouvait revêtir le rôle d'acteur du récit[80] ; ce n'est certes pas une caractéristique principale de l'*Histoire*

---

la qualité de la mort d'un homme et la qualité de sa vie à un prisme moral chrétien (*ibid.*, introduction, p. 60). L'auteur réactualise la « très ancienne idée selon laquelle les méchants et les impies sont punis dans leur vie terrestre ». Le « thème de la fin horrible des persécuteurs et des athées » est un lieu commun (*ibid.*, p. 61-64).

78 *Élag.*, XVII, 1.

79 *Carac.*, VII, 1-2.

80 En ce qui concerne Plutarque, se reporter au récit de la mort de Pompée dans la biographie éponyme (nous utilisons l'édition suivante : Plutarque, *Vies*, t. VIII, *Sertorius-Eumène – Agésilas – Pompée*, texte établi et traduit par R. Flacelière et É. Chambry, Paris, Les Belles Lettres, 1973). La peinture dramatique des derniers instants du général reste un modèle du genre. Le décor représente la dégradation morale du personnage : Pompée sera assassiné dans un bateau de pêcheur, moyen de transport sans éclat qui assure son transfert depuis son vaisseau jusqu'aux côtes égyptiennes, où il est venu se réfugier. Toute la progression de cet épisode est contée sur un ton pathétique. Plutarque colore d'abord son texte d'une touche tragique, en se demandant si un dieu n'a pas conduit Pompée en Égypte plutôt que chez les Parthes, où il comptait se rendre initialement (76, 6 et 9). L'absence d'une réception en grande pompe sur les côtes égyptiennes éveille des soupçons chez ses compagnons mais il ne peut plus s'échapper et le piège semble se refermer sur lui (78, 3-6). Avant de gagner la barque qui doit l'amener à terre, le général embrasse sa femme Cornelia qui « par avance pleurait sa mort » (78, 7). Les dernières paroles adressées à sa femme et son fils, empruntées à Sophocle, assimilent le pharaon Ptolémée à un tyran et évoquent la servitude vers laquelle lui-même se dirige (*ibid.*). Durant le trajet qui le conduit au rivage, aucun des hommes présents dans la barque ne se montre aimable et le silence est pesant (79, 1-2). Cornelia, très inquiète, est finalement soulagée de voir un cortège d'officiers du roi se rassembler sur le lieu du débarquement (79, 3). Mais au moment de débarquer sur la côte, Septimius, ancien officier de Pompée, que ce dernier a d'ailleurs reconnu (79,1), le frappe par derrière avec son épée, suivi par Salvius et Achillas (79, 4). Pompée, expirant avec dignité, couvre son visage de sa toge (79, 5). Les assassins lui coupent la tête et jettent son corps nu hors de la barque (80, 2). Telle fut la misérable fin du grand général. Un vers de Virgile, inséré dans un développement sur la déchéance du puissant Priam, assassiné par Pyrrhus dans Troie en flammes, pourrait faire référence à cette odieuse fin : *iacet ingens litore truncus, / auulsumque umeris caput et sine nomine corpus*, comme nous le fait remarquer P. Heuzé (Virg., *Énéide*, II, v. 557-558 et n. 64 p. 1208). Le récit de César, beaucoup plus succinct, dans la mesure où il ne décrit ni le décor ni le mode d'exécution de Pompée, relève toutefois l'absence de grandeur de cette mort, en précisant que le général est tué sur un « petit canot » (*paruulus nauiculus*), *cf.* Jules César, *La Guerre civile*, t. II, livre III, texte établi et traduit par P. Fabre, huitième tirage revu et corrigé par A. Balland, Paris, Les Belles Lettres, 1997, *cf.* CIV (nous remercions B. Mineo pour cette analyse). – En ce qui concerne Tacite, *cf.* notamment l'exemple du meurtre de Galba, commenté par B. Poulle dans « La mort de Galba et le Lacus Curtius », *BAGB : Lettres d'humanité*, n° 57, février 1998, p. 310-317, ici p. 313-314. Tacite évoque le Capitole dans son récit de l'assassinat : « La mention du Capitole ici n'est pas fortuite ; sans aucun doute, elle annonce l'incendie provoqué par Vitellius et rappelle celui qui suivit l'entrée de Sylla dans Rome : la guerre

Auguste, qui pousse parfois si loin l'esprit de résumé qu'elle ne mentionne pas le lieu de la mise à mort[81]. On pourrait éventuellement voir dans l'exemple d'Élagabal l'attribution d'un rôle au décor, décor qui, par sa mention, rappelle la vie d'un empereur célèbre pour ses débordements sexuels et ses pratiques scatologiques[82]. Mais excepté ce cas bien précis, les morts se résument à des évocations très vagues. Les détails donnés concernant la mort de Macrin, pourtant traitée à trois reprises dans la biographie de cet empereur, sont rares : on apprend simplement qu'il fut tué après une défaite contre les troupes d'Élagabal, dans sa fuite, en même temps que son fils, dans un village de Bithynie[83], et qu'on lui trancha la tête pour l'apporter au nouvel empereur[84].

Le rédacteur ne livre aucune indication relative à la fin d'Avidius Cassius[85], dont on sait seulement que la tête fut apportée à Marc Aurèle[86]. Pescennius Niger, blessé après une défaite contre l'armée de Sévère, dans sa fuite, près d'un marais des environs de Cyzique, mourut alors qu'il était amené devant le futur empereur[87] ; sa tête fut mise au bout d'une pique et envoyée à Rome[88]. Septime Sévère décèda à York, en Bretagne,

civile est bien l'auto-destruction de la puissance romaine, marquée par la profanation et la ruine de son symbole, le Capitole [...] quand Tacite signale que le Capitole a surplombé le meurtre de Galba, il nous transporte à l'époque républicaine et souligne l'atteinte à la légitimité de l'empereur, l'impiété criminelle de son assassinat et l'ironie tragique de l'histoire romaine, qui est sans cesse recommencée. » *Cf.* également la symbolique du Lacus Curtius, tout proche de l'endroit où fut mis à mort le prince (p. 314-317).

81 *Cf.* notamment le cas de la mort de Commode (*Comm.*, XVII, 1-2) qui repose sur une absence d'indication spatiale, contrairement au récit de Dion Cassius (LXXII, 22). Pour Dion, nous renvoyons à l'édition suivante : *Histoire romaine*, t. X (livres LXXI à LXXX), texte traduit par É. Gros, ouvrage continué par V. Boissée, Paris, Librairie de Firmin Didot Frères, Fils et Cie, 1870.

82 Il faut noter la prétérition *De huius uita multa in litteras missa sunt obscaena, quae quia digna memoratu non sunt*, « Sur la vie de cet homme la tradition littéraire est pleine d'obscénités qui sont indignes de mémoire » (*Élag.*, XVIII, 4). Sur les pratiques sexuelles du prince, *cf.* notamment X, 5-7 ; XXIV, 2 ; XXV, 4 ; XXX, 5 ; XXXIII, 1. Des indications scatologiques sont présentes en XXXII, 2.

83 Sur le débat concernant l'identification du lieu de mort de Macrin, *cf.* A. Chastagnol, *Histoire Auguste*, n. 2 p. 460. Les textes d'Hérodien et de Dion Cassius présentent des divergences à ce sujet.

84 *Macr.*, X, 3. Les doublons, qui ne comportent pas respectivement l'intégralité des informations fournies par ce premier passage, se rencontrent en *ibid.*, XIV, 1 et XV, 1.

85 Son exécution est annoncée en *Av. Cass.*, VII, 8.

86 *Cf. ibid.*, VIII, 1.

87 *Pesc. Nig.*, V, 8.

88 *Ibid.*, VI, 1.

âgé et gravement malade[89]. Les usurpateurs de la biographie des Trente Tyrans ne bénéficient guère de développements plus consistants ; il en va de même pour ceux du Quadrige. Certains affirment que Firmus se pendit alors qu'Aurélien prétend l'avoir fait torturer et exécuter[90]. Saturninus fut égorgé lors d'un siège par les hommes de Probus[91] et Proculus fut également tué par ce dernier, après avoir été trahi par les Francs[92]. Quant à Bonosus, il se donna la mort par pendaison[93].

Le lecteur, s'il connaît donc parfois la manière dont l'empereur périt et le responsable, direct ou indirect, de sa mort, ne peut pas savourer les *ultima uerba* qui donnaient un relief dramatique aux récits de Tacite et Suétone[94]. Notons toutefois que le rédacteur précise en quelques occasions le sort réservé aux cadavres.

Le traitement du corps d'Albinus est ainsi relaté à deux reprises[95]. La première occurrence se trouve dans la Vie de Septime Sévère. On apprend que la tête est coupée[96], le cadavre exposé devant la maison de Sévère, piétiné par un cheval et jeté dans le Rhône[97]. Dans la Vie de l'intéressé, le corps est exposé devant le prétoire de Sévère jusqu'à ce qu'il atteigne un état de putréfaction, puis il est abandonné aux chiens et jeté dans le fleuve susnommé[98]. On retrouve là encore la « figure du déplacement » évoquée précédemment. L'insistance à décrire la destruction

89 *Sév.*, XIX, 1.
90 *Quadr. tyr.*, V, 2-3.
91 *Ibid.*, XI, 3.
92 *Ibid.*, XIII, 4.
93 *Ibid.*, XV, 2.
94 Sur l'importance de cette forme de discours direct pour les Anciens, qui, en quelques mots, illustre, résume ou révèle la personnalité de l'homme qui les prononce, *cf.* B. Poulle, art. cité, p. 310. *Cf.* également Val.-Max., *Mém.*, 9, 12 (rapprochement établi par B. Poulle, *ibid.*, p. 310).
95 Sur la mort de Clodius Albinus, *cf.* J.-L. Voisin, « L'*Histoire Auguste* et la mort volontaire », p. 305-306. Dion Cassius est la seule autre source à signaler la mort volontaire du personnage ; Hérodien indique qu'il fut tué par les soldats de Sévère [Hérodien, III, 7, 7], tout comme l'*Histoire Auguste* dans une des versions qu'elle propose (*ibid.*, p. 306). « On peut donc retenir comme très vraisemblable le suicide d'autant que la remarque faite par l'*HA* sur le rôle des soldats ne contredit pas cette hypothèse mais suggère plutôt le rapport de la tête » (*ibid.*) – J.-L. Voisin relève seize cas de mort volontaire accomplie dans le recueil, ce qui constitue une proportion peu importante si l'on compare avec Suétone ou Tacite (*ibid.*, p. 303).
96 Sévère la fait exposer à Rome (Her., III, 8, 1).
97 *Sév.*, XI, 6-9.
98 *Clod. Alb.*, IX, 7.

du corps nous renvoie en effet à la procédure de la *damnatio memoriae* : le rédacteur propose une mise en forme littéraire de la mesure se fondant sur l'élimination systématique du souvenir du condamné. Par ailleurs, le sort des têtes des Maximins est évoqué à plusieurs reprises[99]. Quant au cadavre du tyran éphémère Celsus, il est également livré aux chiens[100].

Remarquons que si J. Scheid note que le tyran châtié constitue un pôle du système social qui s'oppose à celui du bon prince, qui dépasse lui aussi les limites, mais vers l'au-delà, le divin[101], peu nombreux sont les vertueux empereurs de l'*Histoire Auguste* qui connaissent une mort en accord avec leur vie. La mort du fils de Maximin le jeune est ainsi « indigne [de ses] qualités de cœur[102] ». Pour Probus, le rédacteur note *Dii boni, quid tantum uos offendit Romana res publica, cui talem principem sustulistis*[103] *?* Si la fin des tyrans est ainsi l'œuvre de la justice, celle des *boni principes*, faute d'explication rationnelle, ne peut s'expliquer que par les aléas de la *Fortuna*[104].

---

99 *Maxim.*, XXXI, 5 et XXXII, 1-2. Voir aussi XXIII, 6 et XXIV, 4.

100 *Tr. tyr.*, XXIX, 4. J. Schwartz note également le rapprochement avec les récits concernant Clodius Albinus (« L'*Histoire Auguste* et la fable de l'usurpateur Celsus », *AC*, t. 33, fasc. 2, 1964, p. 419-430, ici p. 426). Il rappelle que, pour Hérodien, Albinus fut décapité (3, 7, 7), *cf. ibid.*, p. 427. « Hérodien ne parle pas de chiens, mais celui qui rédigea la notice sur Celsus devait connaître pour Albinus deux récits, d'ailleurs, plus ou moins complémentaires : l'un disait que la tête d'Albinus avait été fichée sur un pieu, l'autre que le tronc fut déchiré par les chiens. » (*ibid.*)

101 J. Scheid, art. cité, p. 186.

102 *Maxim.*, XXIV, 1.

103 *Prob.*, XXIII, 4 : « Dieux bons, quel outrage si grave vous a fait l'État romain, à qui vous avez enlevé un tel prince ? » (texte et traduction de l'édition des Belles Lettres).

104 Afin de mieux appréhender le sens de l'invocation de la *Fortuna* dans le recueil, il nous paraît essentiel de rappeler quelques éléments concernant l'évolution de la fonction de cette figure dans l'histoire romaine. J. Champeaux a consacré deux ouvrages entiers à la question de sa perception dans la religion et la littérature des périodes royale et républicaine (J. Champeaux, *Fortuna. Le culte de la Fortune à Rome et dans le monde romain. I. Fortuna dans la religion archaïque*, Rome, École française de Rome, 1982, *Publications de l'École française de Rome*, 64, et *Fortuna. Le culte de la Fortune à Rome et dans le monde romain. II. Les transformations de Fortuna sous la République*, Rome, École française de Rome, 1987, *Publications de l'École française de Rome*, 64-2). Hésiode présentait Tyché comme une fille d'Océan et de Téthys : son étymologie renvoie à l'idée de hasard. Quelques siècles plus tard, Plutarque écrit que Servius Tullius s'était rapproché de la figure de la Fortune (*Fortuna. Le culte de la Fortune à Rome et dans le monde romain. II. Les transformations de Fortuna sous la République*, p. 219). Chez Ennius, *Fortuna* peut désigner « le principe moteur des événements et la cause efficiente de l'histoire » (*ibid.*, p. 179), « la puissance agissante des dieux, l'être unique et souverain en qui, ramenée à l'unité, se concentre la totalité du divin » (*ibid.*) L'accent est dès lors mis sur la dimension souveraine de cette entité. Une nouvelle conceptualisation

Le rédacteur évoque à plusieurs reprises cette figure pour lui attribuer explicitement la responsabilité de la mort prématurée des bons princes. C'est elle qui empêcha Claude[105] comme Valérien[106] de régner longtemps[107]. Comme on l'a dit, la mise en scène de cette figure constitue un moyen

---

se dessine néanmoins dans deux fragments tragiques du même auteur : *Fortuna* apparaît comme une force protectrice d'Achille et Hector (*ibid.*, p. 180). Elle ne concerne donc plus uniquement que les héros, des individus surhumains et proches du divin (*ibid.*, p. 181-182). Après Ennius, on assiste à une diversification des acceptions : pour Térence, la Fortune renvoie la plupart du temps au sens de « bonne Chance » (*ibid.*, p. 185 ; en une seule occurrence, chez cet auteur, le terme fait référence au Destin, *cf. ibid.*) tandis que dans les textes de Lucilius et d'Accius, la notion de Destin prévaut très nettement (*ibid.*, p. 189). Il faudra attendre une tragédie de Pacuvius pour l'assimiler définitivement à la Tyché grecque et donc au Hasard (*ibid.*, p. 190-191). Après cette évolution sémantique et conceptuelle conséquente qui a pris place tout au long du IIe siècle av. J.-C., la figure de la *Fortuna* occupe une place centrale dans un certain discours politique de propagande au Ier siècle av. J.-C. Sylla, qui se défie de la Fortune-Hasard, préfère se placer sous le patronage beaucoup plus stable et sécurisant de la *Felicitas* (*ibid.*, *cf.* notamment p. 235) ; mais la *Fortuna* finit par faire référence au « charisme monarchique » de Pompée, un don que les dieux ont octroyé à ce général victorieux, nous dit Cicéron (*ibid.*, p. 240), « une variante supérieure et aristocratique du *Genius* » (*ibid.*, p. 247, cette conception cicéronienne est également partagée par Lucain, *cf. ibid.*) Il faut constater ici, en quelque sorte, une actualisation du sens qu'Ennius proposait en décrivant la Fortune d'Hector et d'Achille (*ibid.*) L'année 67 av. J.-C., marquée par les victoires en Orient, constitue une date-clé pour l'évolution de la propagande pompéienne : le général rapporte à Rome une construction idéologique de la Fortune qui caractérise la « théologie hellénistique du pouvoir royal » et pose ainsi les bases de la théologie impériale, qui met en avant la Fortune, la Chance du *princeps* (*ibid.*, p. 257-259). César, quant à lui, ne se place pas véritablement sous la protection de cette *Fortuna* bienfaitrice : J. Champeaux écrit que, comme la royauté, « il la convoita toujours et ne s'en empara jamais » (*ibid.*, p. 290). S'approprier une composante par essence royale aurait révélé son intention de revêtir le titre de monarque, ce qu'il ne pouvait pas déclarer ouvertement (*ibid.*) P. Beguin, qui a passé en revue les différents emplois de *fortuitus* dans l'œuvre de Tacite, affirme que ce terme doit toujours se traduire par « imprévu » ou « involontaire » (P. Beguin, « Le positivisme de Tacite dans sa notion de "fors" », *AC*, t. 24, fasc. 2, 1955, p. 352-371, ici p. 354). L'évènement peut dans certains cas, ne pas avoir été intentionnel ou bien, dans d'autres cas, apparaître comme tel mais se dérouler de façon imprévue (*ibid.*, p. 368). L'historien romain, du reste, n'associe pas la Fortune au surnaturel (*ibid.*)

105 *Cf. supra*, *Car.*, III, 6 : *inimica fortuna iustitiae.*

106 *Tr. tyr.*, X, 17 : *Sed nimis sibi Fortuna indulgendum putauit, quae et cum Valeriano bonos principes tulit et Gallienum diutius quam oportebat rei publicae reseruauit.* « Mais la Fortune a estimé qu'il fallait accéder à toutes ses volontés, elle qui d'une part, outre Valérien, a éliminé de bons princes et, d'autre part, a conservé Gallien pour l'État plus longtemps qu'il ne convenait. » (texte et traduction de l'édition des Belles Lettres).

107 La Fortune est également évoquée en *Ant. Pius*, XII, 5 et *Sév.*, XXIII, 5, en référence à la statue d'or qui était habituellement placée dans la chambre à coucher des empereurs. En *Sév.*, XVIII, 11, elle préside la destinée de l'empereur ; en *Alex. Sév.*, IV, 6, la Fortune *Primigenia* est désignée par la périphrase « déesse de Préneste ».

commode pour les auteurs de donner du sens à l'Histoire[108], notamment quand la logique de succession des événements ne cadre pas avec le prisme idéologique et moral qui est le leur. Elle constitue un prétexte fort utile pour se livrer à des apologies ou déformer les réalités historiques[109].

M. Rambaud note que dans la littérature césarienne, la *Fortuna* (la « bonne chance ») peut recouvrir deux fonctions distinctes[110] : la première est celle de figure tutélaire de César, de caution divine. Elle appuie son *auctoritas* et lui porte secours dans les situations difficiles. César confessa lui-même en avoir fait un de ses thèmes de propagande[111]. La seconde est de l'ordre du motif d'excuse, que nous avons évoqué. Dans le *Bellum Gallicum*, le général romain échoue à capturer le chef gaulois Ambiorix. Il justifie ce revers en invoquant l'action surnaturelle, et donc imprévisible et incontrôlable, de la Fortune. Cette dernière sert bien à travestir la réalité. Elle s'insère dans un développement rhétorique, une stratégie de persuasion qui vise à détourner l'esprit du lecteur des éventuelles négligences qu'aurait pu commettre César. Technique oratoire, pis-aller de premier choix, c'est aussi un argument péremptoire ; on ne peut pas lutter contre son bien-fondé car il relève du divin.

Le rédacteur, de toute évidence gêné par les exemples des assassinats des excellents princes, neutralise les critiques que l'on pourrait émettre à l'encontre de son raisonnement, en reprenant à son compte une pratique rhétorique traditionnelle et astucieuse : la façon de mourir reflète *en*

108 *Cf.* par exemple Tite-Live, *Histoire romaine*, XLIV, 40 (A. Flobert, *op. cit.*, p. 242). Chez Salluste, « le hasard – *fortuna, casus* – n'explique rien, même s'il détermine, en dernière instance, les incidents moteurs où éclatent les contradictions profondes et latentes : son caprice trame des intrigues et compose des circonstances, mais le sens de l'histoire est inscrit ailleurs ». (R. Martin, J. Gaillard, *op. cit.*, p. 121).

109 Dans le cas de l'extrait de l'*Histoire romaine* de Tite-Live, cité précédemment, au sujet du sort qui provoque la bataille malgré la décision des généraux, il faut noter que « D'après Plutarque, le consul aurait un peu forcé la main du destin en détachant lui-même [un cheval] » (A. Flobert, *op. cit.*, n. 1 p. 242).

110 M. Rambaud, *op. cit.*, p. 264. J. Champeaux relève, comme M. Rambaud, le caractère janiforme de la *Fortuna* dans les *Commentaires* de César : cette figure est, dans la première partie du *Bellum Gallicum* (livres I à V), une « puissance juste et providentielle qui [accorde] la victoire en fonction du mérite » (J. Champeaux, *Fortuna. Le culte de la Fortune à Rome et dans le monde romain. II* ..., p. 264) qui possède un lien privilégié avec le général (*ibid.*) À partir du livre VI, *Fortuna* devient synonyme de *casus* : devant le soulèvement des Gaules, à l'automne de 54, César pouvait difficilement continuer de dépeindre la Fortune comme une entité bénéfique (*ibid.*, p. 265-266). Toutefois, le thème de la Fortune-Providence resurgit avec les premiers succès de la guerre civile en Italie (*ibid.*, p. 266-267).

111 M. Rambaud, *ibid.*, p. 256.

principe la qualité morale d'une vie, à condition que la Fortune s'abstienne d'intervenir. *Fortuna*, dans le recueil, quand elle ne désigne pas la statue que les princes transmettent à leur successeur, semble renvoyer à une puissance souveraine : c'est une actrice qui tient un rôle prépondérant sur la scène historique, mais à la différence de la figure protectrice d'Achille et d'Hector, chez Ennius[112], elle se révèle nuisible et ennemie des personnages positifs de la Rome impériale. Cette dimension morale et moralisatrice mise à part, on doit constater que l'Anonyme renonce à peindre des tableaux dramatiques pour représenter la mort des tyrans et privilégie une écriture assez dépouillée.

Nous percevons en d'autres occasions le ton moraliste du rédacteur dans des développements qui traduisent un souci de construire des oppositions entre des princes.

LA POÉTIQUE DU CONTRASTE

Le lecteur des *Vies des douze Césars* mesure, au fil des biographies, les efforts particuliers que chaque empereur déploie afin de créer une rupture avec le règne de son prédécesseur. Exil des délateurs, grâce des prisonniers politiques, mesures fiscales... Le désir d'incarner un renouveau politique lors de chaque début de règne est rapporté avec une certaine constance[113]. Si le contraste existe à l'échelle de l'action

112 *Cf. supra.*

113 Il faut se souvenir de l'exemple de Caligula. Tibère est décrit comme haineux envers les membres de sa famille (*Tib.*, L-LVI), insensible à la mort de sa mère et de son fils (*ibid.*, LI et LII) ; il persécute la famille de son fils adoptif Germanicus, qu'il est soupçonné d'avoir assassiné (*ibid.*, LII-LIV) et fait périr ses amis et collaborateurs (*ibid.*, LV-LVI). Caligula fait montre de piété, dès son accession au pouvoir, en se rendant sur les îles Pandatéria et Pontia pour recueillir les cendres de sa mère et de son frère, assassinés par Tibère (*Calig.*, XV). Il veut rétablir l'ordre moral, que les débauches de Capri avaient mis à mal, en bannissant les individus se vautrant dans le stupre, allant jusqu'au point de projeter de les noyer dans les mers, ce dont on le dissuada à grand peine (*ibid.*, XVI). Il restaure l'usage introduit par Auguste de publier les comptes de l'Empire (*ibid.*, XVI), réhabilite les condamnés et les bannis (*ibid.*, XV), supprime la censure appliquée aux ouvrages d'histoire de Labienus, Cordus et Cassius Severus (*ibid.*, XVI). Claude casse quant à lui tous les actes de son neveu (*Claud.*, XI) et Néron abolit ou diminue les impôts trop lourds (*Ner.*, X).

politique, il n'est pas rare de voir les historiens et les biographes souligner les différences (tout comme les rapprochements) entre les grands hommes qui peuplent l'Histoire de Rome[114]. Le récit des stratégies d'opposition placé au seuil des nouveaux règnes s'accompagne d'une mise en valeur des dissemblances au sein même des biographies[115].

L'*Histoire Auguste* se plaît à accentuer les différences entre les princes[116]. P. Lambrechts avait déjà noté les modalités de contraste entre Vérus et Marc Aurèle, dans chacune des Vies de ces empereurs[117]. Il rappelle que telle était déjà l'opinion de N. H. Baynes, qui voit dans cette mise en forme un reflet de l'opposition entre Julien et Gallus[118]. L'idée est de glorifier Marc Aurèle[119], qui correspond à un idéal de souverain aux yeux du rédacteur[120].

---

114 Le procédé dépasse le cadre de l'historiographie. On garde en mémoire la poétique du contraste mise en œuvre dans le *Panégyrique de Trajan*, qui illustre à un degré achevé la spécificité du genre épidictique. Ce dernier est en effet intrinsèquement anacyclique, dans la mesure où l'éloge d'un individu implique nécessairement le blâme des personnes qui possèdent les vices opposés à ses vertus, et *vice versa*. Pline met en valeur cette caractéristique en utilisant de multiples antithèses (ce qui n'est pas sans donner quelques accents gorgianiques à son texte) : l'éloge de Trajan souligne le blâme de Domitien, le blâme de Domitien accentue l'éloge de Trajan.

115 Les transitions entre les deux phases de règne, souvent formulées par une phrase, ont été relevées par J. Hellegouarc'h, « Histoire et biographie : le principat vu par Suétone (de Tibère à Néron) », p. 23. *Cf. supra.*

116 Dans la Vie de Caligula, la fille de l'empereur, Drusilla, apparaît comme une « extension » de son père ; la démarche de Suétone s'oppose à celle du rédacteur de l'*Histoire Auguste* que nous commentons ici, quand cette dernière concerne des pères et leur fils (B. Chazal, art. cité, p. 62).

117 P. Lambrechts, « L'empereur Lucius Verus. Essai de réhabilitation », *AC*, t. 3, fasc. 1, 1934, p. 173-201, ici p. 179. *Cf.* notamment *Vér.*, entre 8, 11 et 9, 1 (*ibid.*, p. 183). *Et haec uitae diuersitas atque alia multa inter Marcum ac Verum simultates fecisse non aperta ueritas indicabat, sed occultus rumor inseuerat*, « Que leur genre de vie opposé et beaucoup d'autres raisons aient créé des frictions entre Marc et Vérus, aucune preuve formelle n'en apparaissait, mais le bruit s'en était sournoisement implanté. » (*Vér.*, IX, 1). *Cf.* aussi P. Lambrechts, *ibid.*, p. 185 (« chaque fois que la *uita* rabaisse la valeur de Vérus en l'opposant à Marc, nous nous trouvons devant l'œuvre du Compilateur tardif qui a poursuivi des fins tendancieuses ») et A. Chastagnol, *Histoire Auguste*, introduction de la Vie de Vérus, p. 166 (« Le rédacteur [...] a entendu opposer ensuite les deux coempereurs en décrivant l'un, Marc, tout en blanc, et l'autre, Vérus, en noir. »).

118 P. Lambrechts, *ibid.*, n. 1 p. 180. "*The interest of this Vita lies, in my judgement, in the contrast drawn between Marcus and Verus*" (N. H. Baynes, *The Historia Augusta, its date and purpose*, Oxford, 1926, p. 83 ; citation indiquée par P. Lambrechts, *ibid.*, p. 180).

119 *Ibid.*, p. 201.

120 Y. Roman voit dans ces paroles de Marc Aurèle une expression du concept de bon empereur (Y. Roman, *op. cit.*, p. 39) : *denique cum quidam diceret reprehendendum Antoninum, quod*

Par ailleurs, le rédacteur entreprend de rapporter des rumeurs malveillantes sur la conception de Commode[121]. Une première version, circulant dans les milieux populaires et présentée comme digne de foi par le texte, fait de Commode un enfant adultérin :

> *Faustinam quondam, Pii filiam, Marci uxorem, cum gladiatores transire uidisset, unius ex his amore succensam, cum longa aegritudine laboraret, uiro de amore confessam. Quod cum ad Chaldaeos Marcus rettulisset, illorum fuisse consilium, ut occiso gladiatore sanguine illius sese Faustina sublauaret atque ita cum uiro concumberet. Quod cum esset factum, solutum quidem amorem, natum uero Commodum gladiatorem esse, non principem, qui mille prope pugnas publice populo inspectante gladiatorias imperator exhibuit.* (*Marc.*, XIX, 2-5)
>
> « la fille de Pius, Faustine, épouse de Marc, voyant un jour défiler des gladiateurs, se prit de passion pour l'un d'eux ; elle en conçut un long tourment et se décida à avouer son amour à son mari. Marc consulta des [astrologues] chaldéens qui furent d'avis qu'il fallait tuer le gladiateur, après quoi Faustine prendrait un bain de siège dans son sang et en cet état coucherait avec son mari. Ainsi fut fait ; la passion de Faustine s'évanouit, mais elle mit au monde Commode, qui fut moins un empereur qu'un gladiateur, puisqu'au cours de son règne il prit part sous les yeux du peuple à près de mille combats publics de gladiateurs[122]. »

E. Frézouls a déjà souligné la fonction explicative de ce passage : « Il faut expliquer qu'un père aussi parfait que Marc Aurèle ait pu engendrer un monstre : rien de plus facile si, tout en étant le père, il a été en

---

tam mitis esset in hostem suum eiusque liberos et adfectus atque omnes, quos conscios tyrannidis repperisset, addente illo qui reprehendebat "Quid si ille uicisset ?", dixisse dicitur : "Non sic deos coluimus nec sic uiuimus, ut ille nos uinceret". Enumerauit deinde omnes principes, qui occisi essent, habuisse causas, quibus mererentur occidi, nec quemquam facile bonum uel uictum a tyranno uel occisum, « d'autre part, un jour que quelqu'un le critiquait pour sa trop grande indulgence vis-à-vis de son ennemi, de ses fils, de ses proches et de tous ceux dont il avait appris la complicité lors du coup d'État et ajoutait : "Que serait-il arrivé si Cassius avait été vainqueur ?", Antonin, dit-on, répondit : "Notre respect des dieux et notre mode de vie ne permettaient pas qu'il pût nous vaincre." Puis il énuméra tous les empereurs qui avaient été assassinés, en montrant qu'il y avait eu des raisons pour justifier leur sort et que jamais un bon empereur n'avait été vaincu ou tué par un usurpateur » (*Av. Cass.*, VIII, 2-3, traduction d'A. Chastagnol). Lire également *ibid.*, VIII, 4-7.

121 L'opposition entre Marc Aurèle et Commode est fréquemment mise en avant dans les sources. Par exemple, *cf.* Aur.-Vict., XVII, 1 (opposition entre Commode et ses ancêtres).

122 Texte et traduction de l'édition d'A. Chastagnol. – Sur le bain de sang de Faustine, *cf.* Y. Roman, *op. cit.*, p. 68-69 et, de façon plus générale, au sujet des rumeurs concernant la conception de Commode, É. Teyssier, *Commode. L'empereur gladiateur*, Paris, Perrin, 2018, ici p. 28.

quelque sorte dépossédé de sa paternité par la passion de sa femme[123]. » Une autre version indique que Commode aurait été peut-être le fils d'un gladiateur, amant de Faustine[124].

À en croire A. Haggerty Krappe, deux facteurs sont intervenus dans la genèse de ces contes populaires : la différence de caractère entre Marc Aurèle et Commode[125] et la survivance d'une antique superstition dans les classes populaires qui repose sur l'idée que des enfants jumeaux sont issus d'un adultère[126] (on rappelle que le frère jumeau de Commode, Antoninus Geminus, est mort à l'âge de quatre ans, en 165[127]). Le choix de mettre en avant ces récits relève donc, dans une certaine mesure, de la poétique de contraste de l'œuvre.

L'opposition entre Élagabal, l'empereur débauché, et le pur Alexandre Sévère est longuement commentée par A. Chastagnol, qui rappelle qu'Hérodien la soulignait déjà dans son texte[128]. De nombreux passages de la Vie d'Alexandre marquent la rupture entre les deux règnes et insistent notamment sur les suppressions des mesures et des pratiques qu'avait instaurées Élagabal[129]. Le contraste apparaît clairement dans cet extrait d'Hérodien :

> Quand Alexandre eut été désigné comme César, Antoninus [Élagabal] voulut lui inculquer son propre style de vie, lui apprendre à danser et à évoluer en chœur, l'associer à son sacerdoce, lui faire endosser les mêmes vêtements et pratiquer les mêmes rites. Mais Mamaea, sa mère, le détourna de ces actions

---

123 E. Frézouls, « Le rôle politique des femmes dans l'*Histoire Auguste* », *H.A.C.G. 1991, Atti dei Convegni sulla Historia Augusta II*, Bari, Edipuglia, 1994, p. 121-136, ici p. 123.

124 *Comm.*, XIX, 7.

125 A. Haggerty Krappe, « La naissance de Commode dans l'*Histoire Auguste* », *REA*, t. 38, 1936, n° 3, p. 277-284, ici p. 278.

126 *Ibid.*, p. 279.

127 *Ibid.*

128 *Cf.* A. Chastagnol, *Histoire Auguste*, introduction de la Vie d'Alexandre Sévère, p. 557. Il faut se reporter à Hérodien, VI, 1, 2. « D'une certaine manière, la dichotomie allait de soi et sautait aux yeux du lecteur sans qu'il fût besoin de la souligner ouvertement : d'un bout à l'autre de la Vie [d'Alexandre Sévère], le prince le plus impur est remplacé par un pur, le débauché par le chaste, l'impudicité par la pudeur, l'extravagance par la simplicité, la prodigalité par la parcimonie. L'auteur n'en a pas moins, en maints endroits, mis les points sur les *i* pour que son intention n'échappe pas » (A. Chastagnol, *ibid.*, p. 558).

129 Lire les seize points de la Vie d'Alexandre et les cinq comparaisons établis par A. Chastagnol qui mettent en relief l'opposition (*ibid.*, p. 558-559). Par exemple, « les fonctionnaires indignes nommés par Élagabal ont été aussitôt remplacés », « les turpitudes du règne précédent doivent cesser », « les prostitués mâles intimes d'Élagabal sont déportés » (*ibid.*, p. 558), etc.

> honteuses et indécentes pour des empereurs, et, après avoir secrètement recruté des maîtres dans toutes les disciplines, elle lui donna une éducation raisonnable, l'habitua à la palestre et aux exercices physiques virils et lui apprit la culture des Grecs et des Romains. (Hérodien, V, 7, 4-5)

Mais arrêtons-nous un instant sur le texte de l'Anonyme. La préface de la Vie d'Élagabal ne laisse guère planer de doute sur l'opinion de l'écrivain concernant cet empereur ; il se range en fait à l'avis d'Hérodien, Dion Cassius et Marius Maximus[130]. Dès les premières lignes de la Vie, il recourt en effet à l'antonomase pour assimiler Élagabal à un tyran : le prince se situe dans la lignée des Caligulas, Nérons et Vitellius[131] et est comparé indirectement à un poison et à un serpent[132]. Sa destinée se règle sur celle de ses mauvais prédécesseurs : assassiné, son cadavre a été traîné à travers les rues ; il a reçu l'appellation de « tyran » (*tyrannus*) et l'on refuse de prononcer son nom[133], ce qui nous renvoie à des mesures inhérentes à la *damnatio memoriae*[134]. La biographie d'Alexandre Sévère, quant à elle, rentre directement dans le vif du sujet en évoquant les origines du nouvel empereur, ses rapports de filiation et les honneurs décernés lors de son avènement[135] ; le ton n'est toutefois pas neutre, car Élagabal est blâmé et son successeur loué au moyen de formules explicites[136].

Le portrait d'Élagabal comporte en fait tous les clichés du *pessimus princeps*[137]. Dépourvu de virilité[138], le prince apparaît comme un fantoche qui ne peut gouverner sans sa mère, et elle-même se trouve décrite comme une prostituée et une dépravée[139]. Il se livre à de nombreuses

130 *Cf.* A. Chastagnol, *Histoire Auguste*, introduction de la Vie d'Élagabal, p. 498.

131 L'empereur prétend d'ailleurs prendre pour modèles Néron, Othon et Vitellius (*Élag.*, XVIII, 4).

132 Il possède de petits serpents (*ibid.*, XXVIII, 3).

133 On lui donne après sa mort des surnoms injurieux (*ibid.*, XVII, 5).

134 Le martelage de son nom est évoqué (*ibid.*, XVIII, 1).

135 *Alex. Sév.*, I.

136 *Ibid.*, I, 1 : Élagabal est un « fléau » (*pestis*) / *ibid.*, I, 4 : Alexandre est un « bon prince » (*bonus princeps*).

137 Nous reviendrons sur certains d'entre eux ultérieurement.

138 Comme le rappelle A. Chastagnol, Dion appelle l'empereur « Sardanapale », nom d'un roi légendaire d'Assyrie efféminé (*Histoire Auguste*, introduction de la Vie d'Élagabal, p. 493).

139 *Élag.*, II, 1 ; XVIII, 2. Dans l'*Histoire Auguste*, l'opposition des cousins s'accompagne de celle de leur mère : « En face de la *meretrix* [Julia Soaemias, mère d'Élagabal], c'est une *mulier sancta* [Julia Mamaea], mère attentive qui fait donner à son fils une éducation

débauches, dont certaines mettent en jeu des relations homosexuelles[140], s'entoure d'individus infâmes[141] qu'il désire élever socialement[142]. Il méprise les différentes classes de la société, dont les sénateurs[143] et invite par ailleurs sa mère à assister aux séances du Sénat, puis crée un Sénat de femmes[144]. Son impiété se traduit également par des profanations de la religion traditionnelle[145]. L'empereur sait aussi se montrer cruel[146] et indécent[147]. Il ordonne le meurtre de son cousin Alexandre[148], ce qui en fait un parricide. Il réclame le diadème[149] et apparaît donc comme le promoteur d'une monarchie hellénistique ou orientale. Il apprécie les arts de la scène, théâtre, danse, chant, musique[150], ainsi que le luxe et les banquets[151], et veut transgresser les lois de la nature[152]. Comme Claude avant lui, il se dissimule derrière un rideau lorsque des soldats viennent le tuer, ce qui illustre son caractère pleutre et son manque de dignité[153].

Presque tous ces aspects (*species*) sont repris dans la Vie d'Alexandre, et traités de façon à construire un miroir inversé. Les passages louant les

parfaite, qu'illustrent d'abondants détails et une longue liste de ses maîtres. » (E. Frézouls, art. cité, p. 132).

140 *Élag.*, v, 1 et 3 ; VIII, 6-7 ; XXIV, 2 ; XXV, 4 ; XXIX, 2 ; XXX, 3 et 5 ; XXXII, 5-6 ; XXXIII, 1.

141 *Ibid.*, VI, 1 et 3-4 ; X, 2-3 ; XI, 7 ; XII, 4 ; XV, 2 et 4 ; XVI, 5 ; XXVI, 3-4 ; XXXI, 1 et 6.

142 *Ibid.*, XI, 1 ; XII, 1 ; XX, 3 ; XXV, 5 ; il donne de l'argent aux prostituées et aux gitons : XXVI, 5 ; XXXII, 9, ainsi que du blé : XXVII, 7. Comme nous le fait remarquer F. Ploton-Nicollet, les critiques relatives à l'hermaphrodisme et à l'homosexualité du prince d'une part, ainsi que le thème de l'élévation des individus infâmes de l'autre, ne sont pas sans rappeler le *Contre Eutrope* de Claudien, le poème attaquant sur un ton violent la nomination d'un eunuque consul.

143 *Ibid.*, XX, 1.

144 *Ibid.*, IV, 1-4. Sa grand-mère l'accompagne également à la Curie en XII, 3. La création du Sénat de femmes est une invention du rédacteur (A. Chastagnol, *Histoire Auguste*, introduction de la Vie d'Élagabal, p. 500).

145 *Cf. Élag.*, VI, 6-9 ; VII, 5. Le prince se travestit en Vénus (*ibid.*, V, 4), en la *Mater Magna* et en Bacchus (*ibid.*, XXVIII, 2). Il commet un inceste en violant une vestale (*ibid.*, VI, 5 ; *cf. infra*.). En tant que grand-prêtre du dieu Élagabal, il est naturellement fasciné par les religions orientales (*ibid.*, VII, 1-4 ; *cf. infra*.)

146 *Ibid.*, VIII, 1-2 ; XXI, 1 ; XXIII, 2 ; XXV, 1-2 et 6 et 9 ; XXVI, 6-8 ; XXVII, 1 et 4-5 ; XXIX, 3.

147 *Ibid.*, X, 7.

148 *Ibid.*, XIII, 4-8 ; XV, 4 ; XVI, 1 et 5.

149 *Ibid.*, XXIII, 5. Sur le luxe de ses vêtements et le rite de l'*adoratio*, *cf. infra*.

150 *Ibid.*, XXXII, 7-8. Il possède donc les traits du mauvais prince *saltator*, que nous avons évoqués précédemment.

151 Ce point sera développé ultérieurement.

152 Nous reviendrons également sur cet aspect.

153 *Élag.*, XIV, 6.

vertus du jeune homme foisonnent[154] et le rédacteur se plaît à travailler le rapprochement avec Alexandre le Grand, fondé sur l'homonymie des deux dirigeants[155]. Alexandre est clément[156] et n'ordonne que rarement des condamnations[157]. Il est un homme de guerre courageux et victorieux[158] et, s'il joue de la lyre, de la flûte, de l'orgue et de la trompette, il ne les pratique pas une fois qu'il a accédé à la dignité suprême[159]. Nous détaillerons ultérieurement les éléments relatifs à sa culture littéraire et à son affection pour ses illustres prédécesseurs. Par ailleurs, la constance avec laquelle le prince châtie les voleurs apparaît comme un *leitmotiv* de la Vie[160]. Contrairement à son vil cousin, il sait choisir les membres de son entourage[161] : il méprise les flagorneurs[162], ne permet pas aux affranchis d'accéder à l'ordre équestre[163], refuse de favoriser les acteurs, les chasseurs et les auriges[164], ne donne aux acteurs ni or ni argent[165], châtie les prostitués[166]. Il interdit aussi aux femmes de mauvaise réputation de venir saluer sa mère ou son épouse[167].

Le prince n'admet en fait que des sénateurs honnêtes et de bonne réputation dans sa compagnie[168]. Son règne repose sur une étroite

---

154 Par exemple, *cf. Alex. Sév.*, XIV, 6 ; on trouve aussi une expression laudative en LXIII, 6. *Cf.* A. Chastagnol, *Histoire Auguste*, introduction de la Vie d'Alexandre Sévère, p. 555. « [Alexandre] incarne pour l'auteur les quatre vertus cardinales des souverains recommandables d'après l'idéologie augustéenne : la clémence, la justice, la piété et le courage (*uirtus*) » (*ibid.*, p. 556). Le portrait idéalisé prend appui essentiellement sur la tradition latine (*ibid.*, p. 556-557).

155 Par exemple, le texte affirme que l'anniversaire d'Alexandre correspond au jour de la mort du monarque macédonien, *cf. Alex. Sév.*, V, 1-2 ; A. Chastagnol précise qu'il s'agit là d'une invention (*Histoire Auguste*, n. 4 p. 569). *Cf.* aussi *Alex. Sév.*, XXXI, 5 ; XXXV, 1 et 4.

156 *Alex. Sév.*, XXVIII, 5. *Cf.* également l'épisode de la conjuration du sénateur Camillus (*ibid.*, XLVIII, 1-6) : le prince ne châtie pas le comploteur mais lui propose de partager le pouvoir avec lui. Camillus se révèle inapte et se défait donc spontanément du pouvoir. Alexandre le fait escorter jusqu'à chez lui et il ne sera mis à mort que sous Maximin.

157 *Ibid.*, XXI, 1.

158 *Ibid.*, XXVII, 10 ; LV, 1-2.

159 *Ibid.*, XXVII, 9.

160 *Cf.* par exemple *ibid.*, XV, 4-5 ; XVII, 1-2 ; XX, 2 ; XXVIII, 2 ; XLIX, 1.

161 Sur le thème du *princeps clausus*, *cf. infra*.

162 *Alex. Sév.*, XVIII, 1.

163 *Ibid.*, XIX, 4.

164 *Ibid.*, XXXVII, 1.

165 *Ibid.*, XXXIII, 3.

166 *Ibid.*, XXXIV, 4.

167 *Ibid.*, XXV, 10.

168 *Ibid.*, XVIII, 2.

collaboration avec le Sénat, ce qui n'est pas sans rappeler le Principat républicain fondé par Auguste : les nominations des préfets du prétoire et du préfet de la Ville[169], des sénateurs[170], des consuls ordinaires ou suffects[171], des gouverneurs, des proconsuls et des légats[172] sont généralement subordonnées à l'avis du Sénat. Il accroît d'ailleurs le prestige de l'ordre[173] et n'a mis à mort aucun sénateur sous son règne[174]. Le rédacteur surenchérit quand il écrit qu'Alexandre prend conseil auprès de vingt jurisconsultes et d'au moins cinquante personnes sages[175], qu'il n'écoute que des personnes compétentes et s'appuie sur l'expérience des anciens[176].

Le message est donc dépourvu d'ambiguïté : si le règne d'Élagabal représentait un pouvoir autocrate, celui d'Alexandre se fonde sur un pouvoir aristocratique, une dyarchie inspirée par le modèle augustéen. La collaboration entre l'empereur et les Pères Conscrits s'illustre d'ailleurs dans un dialogue qui les met en jeu et couvre plusieurs chapitres : Alexandre refuse fermement et avec humilité les noms d'Antonin et de Grand lors d'une séance au Sénat, et ses prises de parole s'intercalent entre des séries d'acclamations[177]. De surcroît, le prince écarte le titre de *dominus*[178], réservé aux tyrans. C'est précisément ce modèle de gouvernement que soutient l'Anonyme : au sein de la Vie d'Élagabal, une tournure aux accents de protreptique rappelait déjà que le bon prince doit être aimé du Sénat, du peuple et des soldats[179]. Alexandre Sévère a précisément été aimé de ses sujets[180], et sa biographie s'achève sur une célébration de l'option politique qu'il a défendue et qui se résume

169 *Ibid.*, XIX, 1.
170 *Ibid.*, XIX, 2-3.
171 *Ibid.*, XLIII, 2.
172 *Ibid.*, XLVI, 5.
173 *Ibid.*, XLIII, 1.
174 *Ibid.*, LII, 2. *Cf.* Her., VI, 1, 7 ; 9, 8 (référence empruntée à A. Chastagnol, *Histoire Auguste*, n. 3 p. 620).
175 *Alex. Sév.*, XVI, 1. Hérodien parle de l'institution d'un Conseil de seize sénateurs (Her., VI, 1, 2). Dion l'évoque également (Dion, édition « Loeb », IX, p. 488). Ces références sont établies par A. Chastagnol, *ibid.*, introduction de la Vie d'Alexandre Sévère, p. 553. L'Anonyme a donc revu le nombre des membres de ce Conseil à la hausse (*ibid.*). Ulpien semble également avoir eu de l'influence sur le prince (*Alex. Sév.*, LI, 4).
176 *Alex. Sév.*, XVI, 3.
177 *Ibid.*, VI, 3 – XII, 1.
178 *Ibid.*, IV, 1.
179 *Élag.*, XVII, 7.
180 *Alex. Sév.*, IV, 5.

donc à un exercice du pouvoir à plusieurs, dans une élite composée d'hommes de bien[181].

Notons qu'un procédé révèle le rapport étroit qui unit les deux biographies : le lecteur peut rencontrer, dans chacun des deux textes, des mentions de la qualité morale de l'antagoniste du prince décrit, qui permettent de mieux faire ressortir la pureté ou la noirceur de ce dernier. Ainsi, des descriptions positives d'Alexandre sont insérées dans la Vie d'Élagabal[182], tandis que la Vie d'Alexandre regorge de périphrases dépréciatives faisant référence au tyran du règne précédent[183]. Ce dernier est blâmé par les sénateurs dans leurs acclamations[184] et un rappel de son complot contre son cousin est mentionné[185]. Une antithèse de superlatifs cristallise l'opposition entre les deux empereurs (*optimus*/*pessimus*)[186].

En ce qui concerne Élagabal, enfin, le rédacteur amplifie sa critique : il s'excuse d'avoir été aussi descriptif, prétend ne pas avoir épuisé le sujet car le prince aurait commis encore d'autres actions honteuses, et affirme avoir édulcoré son récit[187] ; la rédaction de cette Vie lui a suscité un profond dégoût, comme il l'écrit dans l'épilogue[188]. Ces propos tranchent nettement avec le plaisir de la narration qui transparaît dans la Vie d'Alexandre.

Il est donc incontestable que ces deux biographies, positionnées au centre approximatif du recueil (place de choix dans l'Antiquité tardive, selon le principe de la « composition en amande[189] »), revêtent un caractère artificiel et exemplaire[190]. Elles pourraient constituer un diptyque, dans la mesure où elles opposent à la fois deux princes et deux modèles de gouvernement. Leur protagoniste sont des « symboles

181 *Ibid.*, LXVIII.

182 *Élag.*, XIII, 2 ; XXXV, 2.

183 On a l'impression que le rédacteur met en application la procédure de la *damnatio memoriae*, en refusant de prononcer le nom du *damnatus* (*cf.* par exemple *Alex. Sév.*, I, 1 ; II, 2 ; V, 3 ; VI, 3-5 ; IX, 4 ; XV, 1 ; XXII, 3 ; XXXIV, 4 ; LIII, 6 ; LVI, 6). Élagabal reste néanmoins parfois nommé. Sur le vocabulaire orienté désignant le tyran, *cf. infra*.

184 *Ibid.*, VI, 3 – VII, 6.

185 *Ibid.*, II, 4.

186 *Ibid.*, LXV, 2.

187 *Élag.*, XVIII, 4 ; XXXIV, 2-3.

188 *Ibid.*, XXXV, 1.

189 Nous remercions F. Ploton-Nicollet pour cette précision.

190 Rappelons que la Vie d'Alexandre Sévère comporte soixante-huit chapitres, ce qui en fait la biographie la plus longue du recueil. Cela prouve encore que l'Anonyme a particulièrement travaillé ce portrait.

politiques et idéologiques[191] » : Alexandre incarne l'empereur idéal aux yeux de l'aristocratie sénatoriale, empereur modéré et gouvernant en étroite collaboration avec les Pères Conscrits, tandis qu'Élagabal est l'archétype du prince autocrate inspiré, dans l'exercice de son pouvoir, par les monarchies orientales. Deux conceptions du régime politique qu'est le Principat s'affrontent : le modèle défini par Auguste et la perversion de ce modèle[192]. Riches en procédés lexicaux, thématiques et stylistiques, ces Vies comportent de nombreuses répétitions (que nous qualifierons d'« exogènes » et d'« endogènes » et étudierons plus loin dans ce mémoire). L'Anonyme ressasse en effet des thèmes[193], décline parfois un même schéma narratif en différents épisodes. Tout particulièrement pour la Vie d'Élagabal, il puise abondamment aux Vies suétoniennes pour se livrer à de véritables exercices de réécriture. Dans les deux textes, il utilise la fiction, invente et amplifie des faits[194] ; ce faisant, il s'amuse lui-même, divertit son lecteur et construit un discours épidictique[195].

Il faut également faire mention, dans le cadre de notre étude, du cas des Trente Tyrans qui servent de repoussoir à Gallien[196], dépeint par l'*Histoire Auguste* comme un *pessimus princeps* (nous reviendrons sur ce point) et de celui de Maxime et Balbin. F. Paschoud écrit pour ce dernier exemple que l'Anonyme « oppose les empereurs issus du Sénat en exagérant artificiellement le contraste entre eux, et en faisant de Maxime un homme ferme, courageux et austère, de Balbin un doux et

191 A. Chastagnol, *Histoire Auguste*, introduction générale, p. XLI.

192 H.-G. Pflaum défend également l'idée que l'auteur insiste sur le comportement débauché d'Élagabal pour que sa vie constitue un « repoussoir à la vie pure et vertueuse » d'Alexandre Sévère ; une telle stratégie discursive ne se rencontre pas dans les récits d'Hérodien et de Dion Cassius (H.-G. Pflaum, « Les amours des empereurs dans l'*Histoire Auguste* », *B.H.A.C. 1975-1976*, Bonn, Rudolf Habelt Verlag GmbH, 1978, p. 157-166, ici p. 161).

193 Par exemple, dans la Vie d'Élagabal, on retrouve le motif des animaux sauvages lâchés sur des Romains pour susciter leur frayeur en XXI, 1 ; XXIII, 2 et XXV, 1, ou encore celui des faux mets servis aux parasites en XXV, 9 et XXVII, 4-5. Dans la Vie d'Alexandre Sévère, on peut citer les thèmes des nominations approuvées par le Sénat, de la haine des voleurs etc.

194 *Cf.* A. Chastagnol, *Histoire Auguste*, introduction de la Vie d'Élagabal, p. 498-500 et introduction de la Vie d'Alexandre Sévère, p. 559-561.

195 Sur les perspectives ludique et polémique de l'*Histoire Auguste*, *cf. infra*.

196 *Cf.* notamment l'exemple de Zénobie, reine de Palmyre, intégrée dans la série des usurpateurs. « Zénobie a tout ce qui a manqué à Gallien. Son portrait physique même est plein de traits masculins » (E. Frézouls, art. cité, p. 134).

un faible ; chez Hérodien, cette même opposition existe aussi, mais elle est beaucoup moins marquée[197] ».

Pour conclure cette partie consacrée à la poétique du contraste, il est à noter que les empereurs concernés par ce procédé de composition sont souvent des pères et fils, ou des frères : Marc Aurèle et Commode, Septime Sévère et Caracalla[198], Caracalla et Géta[199], Macrin et Diaduménien[200], Maximin et son fils, Carus/Numérien et Carin. Élagabal et Alexandre sont cousins.

Il nous faut maintenant nous intéresser aux éléments moraux qui sont constitutifs d'un portrait, et qui forment donc un passage obligé dans une biographie : les vices et les vertus.

197 F. Paschoud, « L'Histoire Auguste et Dexippe », p. 241.

198 *Sév.*, XXI, 9, *cf. infra.*

199 L'antagonisme est déjà souligné par Hérodien : « Leurs goûts différents en matière de spectacles ou d'auditions les amenaient chaque fois à se diviser. Il n'y avait rien qui plût également à tous deux, et tout ce qu'admirait l'un déplaisait à l'autre. Des deux côtés adulateurs et courtisans contribuaient à les opposer mutuellement, en les flattant au gré des plaisirs de leur âge et en favorisant leur antagonisme. » (III, 10, 4). Lire aussi III, 13, 2 ou IV, 3, 3-4 : « Son honnêteté et la bienveillance qu'il manifestait à ses amis lui avaient donné une renommée et une réputation excellentes et incitaient la majorité des gens à lui accorder leur sympathie et leur amitié. Antoninus, au contraire, agissait toujours avec dureté et emportement, se dérobait vivement aux occupations qu'on vient de mentionner à propos de son frère et affectait d'être épris de la vie militaire et des activités guerrières. C'était l'irascibilité qui le guidait toujours dans son action. Il préférait la menace à la persusasion et comptait plus sur la cruauté que sur la sympathie pour s'acquérir des amis. » Dans l'*Histoire Auguste*, *cf.* par exemple *Gét.*, VII, 6 : *Varietas autem tanta fuit Antonini Bassiani, immo tanta sitis caedis, ut modo fautores Getae, modo inimicos occideret, quos fors obtulisset. Quo facto magis Geta desiderabatur*, « Antonin Bassianus était si versatile, ou plutôt si assoiffé de sang, qu'il tuait au petit bonheur les partisans aussi bien que les ennemis de son frère. Et c'est pourquoi Géta en était d'autant plus regretté. » (texte et traduction de l'édition d'A. Chastagnol).

200 « Le tyran, en tant que monstre politique, se comprend dans une lignée qui n'est pas celle de sa famille mais qui commence dans le mythe et se poursuit dans l'histoire. » (N. Cros, « La contagion monstrueuse : à propos du *De ira* de Sénèque », *Le Monstre et sa lignée. Filiations et générations monstrueuses dans la littérature latine et sa postérité*, textes réunis par J.-P. De Giorgio et F. Galtier, Paris, L'Harmattan, 2012, Collection Kubaba, série Antiquité, p. 189-206, ici p. 202).

LA PLACE DES VICES ET DES VERTUS

VICES ET VERTUS

J. Gascou a rappelé que Suétone adoptait une conception « essentialiste » de l'homme, dans la mesure où ses princes sont déterminés dès l'enfance par des vices et des vertus, amplifiés avec le temps, mais qui restent globalement intangibles tout au long de la Vie[1]. « Un César, c'est d'abord une nature : les vices, les vertus qui forment les différents aspects de cette nature, expliquent et déterminent ses actes (exception faite pour ceux qui résultent de l'hypocrisie, du désir de dissimuler la nature authentique, de faire illusion), et inversement ses actes révèlent à leur tour ses vices ou ses vertus : d'où la valeur exemplaire des actes des Césars et la tendance du biographe à transformer en *exempla* certains faits destinés à illustrer les *uirtutes* et les *uitia*[2]. » Ce sont précisément ces caractères qui engendrent des événements, et non la logique propre à une situation[3].

Sur ce point, on peut dire que l'Anonyme s'est érigé en fidèle imitateur de Suétone : les Césars de l'*Histoire Auguste* sont déterminés, eux aussi dès leur enfance, par un ensemble de valeurs. On retrouve ainsi dans la biographie des tyrans des marques d'une cruauté innée (nous y reviendrons ultérieurement) tandis que les bons princes, souvent définis par une beauté physique remarquable, font montre très jeunes d'affabilité et de capacités militaires et intellectuelles qui les prédisposent à gouverner.

La présentation de ces qualités morales prend deux formes : elle revêt l'aspect d'un catalogue de valeurs (vertus ou vices, voire les deux), ou bien s'incarne dans des anecdotes illustratives du caractère physique et moral. Il apparaît donc que nous avons affaire à une dynamique similaire

1 J. Gascou, *Suétone historien*, p. 430-432.
2 *Ibid.*, p. 433.
3 *Ibid.*

à celle qui est identifiable dans les *Vies des douze Césars* : les vices et les vertus expliquent les actions de l'empereur, tout comme ses actions dévoilent les vices et les vertus.

Le rapport entre ces deux données (action et valeurs morales) s'est longtemps trouvé au centre de la réflexion des théoriciens du genre épidictique. L. Pernot note que la notion de « biens » (*ta agatha*), qualités de l'objet est « au cœur de l'éloge[4] ». Platon est le premier à organiser une tripartition des biens : il distingue les biens de l'âme, du corps et les biens extérieurs. Dans la perspective socratique, il apparaît que ceux qui relèvent de la première catégorie demeurent les plus importants. Si Aristote s'attache toutefois à reconnaître un rôle aux deux autres dans la poursuite du bonheur, il n'en reste pas moins que les qualités morales prévaudront longtemps. Dion de Pruse et Lucien considèrent la vertu comme étant le seul bien unique. Il faut noter que chez les rhétoriciens, on peut célébrer les trois types de bien. Cet état de fait ne signifie pas que la dimension hiérarchique héritée de la philosophie grecque s'estompe ; bien au contraire, elle reste officiellement admise, et les penseurs présentent astucieusement leurs louanges en précisant que les biens du corps et les biens extérieurs ne sont pas célébrés pour leur essence mais pour leur usage. En quelque sorte, ils sont un moyen d'illustrer des qualités de l'âme.

Aristote, dans le cadre de sa réflexion sur la constitution du plan de l'éloge, préfère célébrer les actions en les distribuant suivant les vertus, plutôt que d'adopter un plan chronologique[5]. Ce choix est approuvé par Cicéron (*De oratore*), Théon, l'auteur de la *Rhétorique à Alexandre*, l'auteur de la *Rhétorique à Herennius*, le Pseudo-Denys et Ménandros ; quant à Quintilien, il n'accorde de préférence à aucune méthode en particulier[6]. Les auteurs de la Seconde Sophistique privilégient donc un plan dont les rubriques se fondent sur les principales vertus ou qualités de leur objet[7]. Mais L. Pernot rappelle que l'ordre chronologique

4 L. Pernot, *La Rhétorique de l'éloge*..., p. 145.
5 *Ibid.*, p. 151.
6 *Ibid.*
7 La structure du discours devait reposer sur un catalogue de vertus, qui étaient illustrées, étayées par des actions (*Éloges grecs de Rome*, p. 126). *Cf.* également *id.*, *La Rhétorique de l'éloge*..., p. 153 : « les actions sont constamment présentées, dans la rhétorique grecque de l'époque impériale, comme la manifestation des vertus du *laudandus*. » Un tel plan, dont les rubriques sont des vertus, se rencontre dans le discours *En l'honneur de l'empereur* du

ne tombe pas pour autant complètement en désuétude ; les Romains y recourent, et il domine dans les *Panégyriques latins*[8].

Quoi qu'il en soit, la topique, qui prend pour point de départ la naissance du personnage célébré et s'achève avec sa mort, suit un ordre biographique[9]. Finalement, biographie impériale et éloge présentent donc une grande affinité de structure : le premier genre suit simplement un principe de distribution moins orienté et réducteur que le second. Il découpe son exposé en rubriques-tiroirs thématiques, qui peuvent reposer sur des mentions et des illustrations de vertus et de vices. La naissance et la mort du prince encadrent bien l'ensemble du texte, dont la construction suit une logique *per tempora* jusqu'à l'avènement au pouvoir et *per species* pour décrire le règne du prince. Il est vrai, toutefois, que le rédacteur de l'*Histoire Auguste* n'hésite pas, après la description de la fin de son personnage, à revenir sur des aspects de sa vie ou à entrer dans des commentaires divers, dans des développements qui peuvent être parfois amples.

Le catalogue de vertus ou de vices trouvait déjà sa place dans la rhétorique suétonienne[10]. L'auteur présentait Néron de la façon suivante :

> *Petulantiam, libidinem, luxuriam, auaritiam, crudelitatem sensim quidem primo et occulte et uelut iuuenili errore exercuit, sed ut tunc quoque dubium nemini foret naturae illa uitia, non aetatis esse.* (*Ner.*, XXVI, 1)
>
> « Son libertinage, sa lubricité, sa profusion, sa cupidité et sa cruauté se manifestèrent d'abord graduellement et d'une façon clandestine, comme dans l'égarement de la jeunesse, et pourtant, même alors, personne ne put douter que ces vices n'appartinssent à son caractère plutôt qu'à son âge[11]. »

Dans l'*Histoire Auguste*, les catalogues sont nombreux, aussi nous contenterons-nous de relever quelques exemples. Les deux premiers cas concernent Pescennius Niger tandis que le troisième se rapporte à Géta :

Pseudo-Aelius Aristide. Force est de constater que les actions évoquées par l'encomiaste, si elles sont précises, ne sont guère plus qu'esquissées : l'auteur ne donne pas de détails, il refuse la relation et sa finalité de « faire voir » les événements (*Éloges grecs de Rome*, p. 129-130).

8 *Id.*, *La Rhétorique de l'éloge…*, p. 152.

9 *Ibid.*, p. 177.

10 On retrouve également ce type de procédé dans la littérature hagiographique.

11 Texte et traduction issus de l'édition suivante : Suétone, *Vies des douze Césars*, t. II, *Tibère-Caligula-Claude-Néron*, texte établi et traduit par H. Ailloud, neuvième tirage, Paris, Les Belles Lettres, 2002.

> *Hic eruditus mediocriter litteris, moribus ferox, diuitiis inmodicus, uita parcus, libidinis effrenatae ad omne genus cupiditatum.* (*Pesc. Nig.*, I, 4)
>
> « Il était peu cultivé, d'un naturel fougueux, manifestait un goût excessif pour les richesses, vivait chichement et se livrait sans frein aux excès des passions de toute nature[12]. »

> *Si Seuero credimus, fuit gloriae cupidus Niger, uita fictus, moribus turpis, aetatis prouectae, cum in imperium inuasit.* (*Ibid.*, V, 1)
>
> « À en croire Sévère, Niger était avide de gloire, hypocrite dans son comportement, bassement immoral et déjà vieux lorsqu'il s'empara du pouvoir. »

> *Fuit adulescens decorus, moribus asperis, sed non impius, gulosus, cupidus ciborum et uini uarie conditi.* (*Gét.*, IV, 1)
>
> « C'était un beau jeune homme, d'un caractère violent sans être immoral, glouton, très porté sur la nourriture et les vins diversement aromatisés. »

Ce type d'énumération inscrit donc l'*Histoire Auguste* dans une tradition héritée des *Vies des douze Césars* ; dans une certaine mesure, on peut parler d'*imitatio*. Les qualificatifs proposés sont parfois présentés comme des retranscriptions de l'opinion d'un autre empereur. Sévère émet par exemple ce jugement à l'égard d'Albinus :

> *De moribus eius uaria dicuntur. Et Seuerus quidem ipse haec de eodem loquitur, ut eum dicat turpem, malitiosum, improbum, inhonestum, cupidum, luxuoriosum.* (*Clod. Alb.*, X, 1)
>
> « Sur son caractère, les opinions divergent. Sévère pour sa part, le présente comme un homme ignoble, fourbe, pervers, méprisable, cupide et dépravé[13]. »

Mais le rédacteur peut aussi discuter des jugements établis. C'est le cas avec Didius Julianus :

> *Obiecta sane sunt Iuliano haec : quod gulosus fuisset, quod aleator, quod armis gladiatoriis exercitus esset, eaque omnia senex fecerit, cum antea numquam adulescens his esset uitiis infamatus. Obiecta est etiam superbia, cum ille etiam in imperio fuisset humillimus. Fuit autem contra humanissimus ad conuiuia, benignissimus ad suscriptiones, moderatissimus ad libertatem.* (*Did. Jul.*, IX, 1)
>
> « Voici ce qu'on reprochait à Julianus : il aurait été goinfre, passionné de jeux de dés, se serait exercé aux armes de gladiateurs, et tout cela pendant

12 Texte et traduction de l'édition d'A. Chastagnol.
13 Texte et traduction de l'édition d'A. Chastagnol.

> sa vieillesse, alors qu'auparavant, quand il était jeune, on ne lui reprochait aucun de ces vices. On le taxait aussi d'orgueil, alors que, même au pouvoir, il s'était montré plein de modestie. Il était au contraire très cordial au cours des banquets, très bienveillant pour examiner les pétitions et très raisonnable pour accorder la liberté[14]. »

L'introduction de ce catalogue par l'expression *Obiecta sane sunt Iuliano haec* (« Voici ce qu'on reprochait à Julianus ») témoigne de l'usage du procédé linguistique que D. Maingueneau appelle « modalisation en discours second » : l'auteur présente un point de vue qui n'est pas le sien mais est assumé par un tiers[15].

Le catalogue présente l'avantage d'offrir au lecteur un bref aperçu de la personnalité du prince. Il constitue finalement une courte notice biographique, synthétique et pédagogique, qui, d'une certaine façon, dispenserait de lire la Vie dans son intégralité. Ainsi, à la fin de la Vie de Macrin, un véritable résumé de la vie de son jeune successeur est proposé au lecteur :

> *Ita Heliogabalus clarus creditus est, quod uideretur patris uindicasse mortem, atque inde in imperium uenit, quod dedecorauit uitiis ingentibus, luxurie, turpitudine, abligurritione, superbia, inmanitate. Qui et ipse similem exitum uitae suae sortitus est.* (*Macr.*, XV, 2)
>
> « Ainsi Héliogabale fut crédité de la gloire de paraître avoir vengé la mort d'un père. Dès lors il accéda au pouvoir impérial qu'il déshonora par ses vices monstrueux, son luxe, son ignominie, sa gabegie, son despotisme, sa cruauté. Et il eut en partage une fin comparable à sa vie[16]. »

Les différents vices énumérés seront en effet développés dans sa biographie. Le procédé du catalogue détient donc bien une vertu pédagogique : il permet de saisir le caractère global d'un empereur au moyen de quelques expressions que la postérité pourra aisément retenir. En quelque sorte, la biographie fournie au lecteur, qui constitue un texte

---

14 Texte et traduction de l'édition d'A. Chastagnol.

15 Sur la modalisation en discours second, lire D. Maingueneau, *Analyser les textes de communication*, p. 117 : « Le discours rapporté constitue *une énonciation sur une autre énonciation* ; il y a mise en relation de deux événements énonciatifs, l'énonciation citée étant l'objet de l'énonciation citante. Mais il existe un moyen plus simple et plus discret pour un énonciateur d'indiquer qu'il n'est pas le responsable d'un énoncé : il lui suffit d'indiquer qu'il s'appuie sur un autre discours ; on parle alors de modalisation en discours second. »

16 Texte et traduction de l'édition des Belles Lettres.

développé avec de nombreux détails, des anecdotes, et une dimension chronologique, sert à satisfaire sa curiosité. Le catalogue suffit à se faire une idée instantanée de la nature d'un prince[17].

Les anecdotes, par ailleurs, illustrent les vices et les vertus du souverain. Cette forme permet au rédacteur de recourir à son imagination. Un récit aux accents d'apologue, dans la Vie de Commode, illustre le catalogue de vices qu'il suit de près :

> *Nam a prima statim pueritia turpis, improbus, crudelis, libidinosus, ore quoque pollutus et constupratus fuit, iam in his artifex, quae stationis imperatoriae non erant, ut calices frangeret, saltaret, cantaret, sibilaret, scurram denique et gladiatorem perfectum ostenderet. Auspicium crudelitatis apud Centumcellas dedit anno aetatis duodecimo ; nam cum tepidius forte lotus esset, balneatorem in fornacem conici iussit ; quando a paedagogo, cui hoc iussum fuerat, ueruecina pellis in fornace consumpta est, ut fidem poenae de fetore nidoris impleret.* (*Comm.*, I, 7-9.)
>
> « Car depuis sa plus tendre enfance il fut dépravé, pervers, cruel, débauché ; même sa bouche connaissait les souillures et le stupre ; il montrait déjà son habileté dans des activités peu en rapport avec la dignité impériale, comme de briser des coupes, danser, chanter, siffler, jouer enfin à la perfection au bouffon et au gladiateur. Il avait douze ans lorsqu'à Centumcellae il commença à manifester sa cruauté. Ayant en effet trouvé un jour son bain trop tiède, il ordonna qu'on jette le garçon de bain dans la chaudière ; mais le pédagogue qui en avait reçu l'ordre fit brûler dans la chaudière une peau de mouton, pour que la fumée nauséabonde lui fasse croire à la réalité du châtiment. »

Ce fragment annonce un véritable programme de règne. Il est tout particulièrement intéressant de voir succéder à l'énumération topique des vices du tyran une anecdote aux accents de conte (la vigilance d'un impitoyable et terrifiant méchant est trompée par la ruse d'une bonne âme, en l'occurrence un pédagogue de Commode) qui met en relief les adjectifs précités. Le rédacteur, dans le même temps, fait montre d'un goût prononcé et déjà ancien pour le récit à sensation, qui était toujours en vogue dans la littérature du IVe siècle[18].

---

17 Nous voudrions préciser toutefois que le catalogue n'est pas nécessairement une version abrégée complète de tous les traits présentés dans la Vie du prince. Cette dernière contient en général des *exempla* qui illustrent un vice ou une vertu absent de l'énumération.

18 À la suite d'H. Ménard (« Un exercice déviant de la justice : figures de la cruauté dans les sources de l'Antiquité tardive », *La Pathologie du pouvoir : vices, crimes et délits des gouvernants. Antiquité, Moyen Âge, époque moderne*, sous la direction de P. Gilli, Leiden, Boston, Brill, 2016, p. 108-128, ici p. 118), citons le passage d'Ammien qui traite des

Il faut rappeler que cette forme brève, qui s'insère tout naturellement dans le genre de la biographie impériale, constitue un moyen efficace de blâmer un prince. En effet, une anecdote possède toutes les qualités pour s'inscrire dans une démarche argumentative fondée sur la persuasion. Le caractère plaisant suggéré par sa définition générique[19] éveille la *curiositas* du lecteur et le place dans de bonnes dispositions pour se laisser pénétrer par les effets déployés par l'anecdotier. Il lit en effet les *Vies* de Suétone et de l'*Histoire Auguste* pour satisfaire sa curiosité, connaître des détails mis de côté par la Grande Histoire[20] et qui sont relativement mordants.

L'anecdote, au même titre que d'autres formes brèves telles que l'épigramme ou les structures épigrammatiques, comporte souvent une pointe[21] qui clôt son récit d'une façon particulièrement savoureuse.

---

deux ourses mangeuses d'homme de Valentinien : *Illud tamen nec praeteriri est aequum nec sileri quod, cum duas haberet ursas saeuas hominum ambestrices, Micam auream et Innocentiam, cultu ita curabat enixo ut earum caueas prope cubiculum suum locaret custodesque adderet fidos, uisuros sollicite nequo casu ferarum deleretur luctificus calor. Innocentiam denique, post multas quas eius laniatu cadauerum uiderat sepulturas, ut bene meritam in siluas abire dimisit innoxiam, exoptans similes edituram.* (Amm., 29, 3, 9). Un exemple de même ordre se rencontre chez Lactance, qui relate comment Galère jette ses victimes à un ours, non pas pour qu'il les « [dévore] » mais pour qu'il les « [absorbe] lentement » (*De la mort des persécuteurs*, XXI, 5).

19 « L'anecdote est un *récit* (genre narratif) *bref* (genre narratif bref, comme la fable, l'histoire drôle…) relatant *un fait ou un propos peu connu* (étymologie d'"anecdote", en grec "non publié", "inédit") *curieux* (amusant, surprenant, horrible, émouvant…) *raconté comme vrai* (et qui peut être vrai, faux ou douteux) et *exemplaire* (c'est-à-dire illustrant un trait de caractère d'un personnage ou les mœurs d'une catégorie de gens ou d'une époque, pour les réprouver ou pour les admirer). » *Cf.* J.-B. Renard, « De l'intérêt des anecdotes », *Sociétés*, 2011/4 (nº 114), p. 33-40, ici § 7.

20 « L'anecdote est perçue comme une petite histoire plaisante mais qui n'atteint pas la hauteur et le sérieux de l'Histoire avec un grand H. » (*ibid.*, 1)

21 La pointe, « clé » et « principe organisateur » de l'épigramme, est « l'âme du poème » et non pas un « simple ornement » (B. Roukhomovsky, *Lire les formes brèves*, Paris, Armand Colin, 2005, Lettres Sup, version numérique, chap. « Éléments pour une poétique des formes brèves », III, 1). Suétone soigne les pointes de ses anecdotes. Deux exemples suffisent à s'en rendre compte : *Caesoniam neque facie insigni neque aetate integra matremque iam ex alio uiro trium filiarum, sed luxuriae ac lasciuiae perditae, et ardentius et constantius amauit, ut saepe chlamyde peltaque et galea ornatam ac iuxta adequitantem militibus ostenderit, amicis uero etiam nudam*, « Caesonia n'était pas d'une beauté remarquable ni dans la fleur de l'âge ; de plus, elle avait déjà eu trois filles d'un autre mari, mais elle était perdue de débauche et de vices : il eut pour elle une passion si ardente et si durable que souvent il la présenta à ses soldats chevauchant à ses côtés avec une chlamyde, un bouclier et un casque, et même toute nue à ses amis. » (Suétone, *Vies des douze Césars*, t. II, *Tibère-Caligula-Claude-Néron*, texte établi et traduit par H. Ailloud, ici *Calig.*, XXV, 5). *Equitem R. obiectum feris, cum se*

Dans le cas de la Vie de Commode évoqué ci-dessus, le stratagème qui sauve l'enfant se révèle être un rebondissement qui provoque un net soulagement.

Par ailleurs, tout en se proposant comme une voie d'accès efficace à la personnalité d'un individu[22], elle met en valeur la dimension foncièrement singulière de ce dernier[23]. Elle est « emblématique[24] », dans le sens où elle représente un trait spécifique qui « résume » un caractère, dans un discours résonnant comme une parole absolue[25].

L'*exemplum*[26] (on peut également l'appeler ainsi), dans le cadre d'une biographie qui remplit nécessairement la fonction de miroir des princes,

---

innocentem proclamasset, reduxit abscisaque lingua rursus induxit, « Un chevalier romain que l'on jetait aux bêtes ayant crié son innocence, il ordonna de l'emmener, de lui couper la langue et de le ramener au supplice. » (*ibid.*, XXVII, 9).

22 L'intérêt de l'anecdote, chez Montesquieu, est de « susciter une réaction vive chez le lecteur » (C. Volpilhac-Auger, « Sens et fonction de l'anecdote chez Montesquieu », *Cahiers Saint Simon*, n° 23, 1995, Anecdotes et historiettes, p. 33-39, ici p. 34). L'auteur de l'article rappelle l'exemple de l'Aréopage faisant mourir un enfant qui a crevé les yeux à son oiseau. « C'est même l'intérêt principal de ces "faits curieux" que de nous inciter à nous demander pourquoi ils sont devenus tels : ce qui était, dans une Athènes républicaine, un fait comme un autre, dont le sens était clair à tous, acquiert le statut d'*anecdote* du fait de l'éloignement temporel et de l'évolution des esprits. L'anecdote semble ainsi être un moyen d'accès privilégié à l'"esprit général" d'une nation, et aucun livre d'histoire ne sera plus instructif que celui qui livrera sur le mode narratif le plus plat *tous* les faits, grands et petits, qui marquent un règne. » (*ibid.*, p. 35).

23 « Mais quand elle porte sur le "domestique" d'un prince, elle acquiert une valeur supplémentaire [...] : elle est ce qui permet de vérifier qu'un grand de ce monde est authentiquement grand » (*ibid.*, p. 35). Par exemple, Montesquieu compare le général Starhemberg aux Curius et aux Cincinnatus. L'anecdote constitue bien un argument, qui souligne le caractère exceptionnel d'un personnage ; dans le cas du tyran, cette singularité se caractérise par une démesure monstrueuse sur le plan moral.

24 « Le folklore narratif navigue constamment entre le vrai et le faux. Même les anecdotes biographiques historiquement attestées n'offrent qu'une vérité partielle et partiale : l'anecdote a été sélectionnée parmi de multiples petits évènements parce qu'elle est considérée comme emblématique d'un trait de caractère que l'on veut souligner, au détriment de petits faits biographiques tout aussi exacts mais qui prouveraient un autre trait de caractère, voire même un trait de caractère opposé. » *Cf.* J.-B. Renard, « La construction de l'image des hommes politiques par le folklore narratif. Anecdotes, rumeurs, légendes, histoires drôles », *Mots. Les langages du politique* [En ligne], 92 | 2010, mis en ligne le 4 mai 2012, ici § 11.

25 « Ces "petites histoires" circulent non pas tant parce qu'elles sont crues vraies que parce qu'elles sont "exemplaires" (Campion-Vincent, 1976), c'est-à-dire qu'elles expriment en peu de mots, à travers une situation concrète – et peu importe si celle-ci est fausse – une idée à laquelle on adhère et que l'on veut partager. » (*ibid.*, § 14).

26 « La seule définition de l'*exemplum* en tant que genre distinct suscite d'importantes difficultés : chaque chercheur, en effet, propose une définition différente. Le champ

instaure un rapport d'identification positive (le prince décrit est un modèle) ou négative (contre-modèle) avec un lecteur de rang royal[27]. Dans le cas d'un *pessimus princeps*, il montre le chemin qu'il faut absolument éviter, par le biais d'un récit édifiant.

Enfin, l'anecdote possède des qualités pragmatiques indéniables, dans la mesure où elle peut former un support pour construire la réputation d'un empereur. Certes, elle est enchâssée dans une unité macrostructurale qui est la biographie. Elle prend sens dans cet ensemble complexe, fondé sur la juxtaposition d'éléments hétéroclites (sentences, discours reconstitués, lettres, commentaires de l'auteur, informations d'ordre généalogique, catalogues, portraits…) pour donner à voir, avec l'appui de tous les éléments constitutifs précités, une image du personnage.

---

notionnel du mot a été le plus largement défini par Welter qui considère l'*exemplum* comme un récit ou une historiette, une fable ou une parabole, une moralité ou une description pouvant servir de preuve à l'appui d'un exposé doctrinal, religieux ou moral » (B. Geremek, « *L'exemplum* et la circulation de la culture au Moyen Âge », *Mélanges de l'École française de Rome. Moyen Âge, Temps modernes*, t. 92, n° 1, 1980, p. 153-179, ici p. 156). La proximité entre l'*exemplum* et l'apologue, nous l'avons vu ci-dessus, est particulièrement perceptible dans l'anecdote de la chaudière extraite de la Vie de Commode. Érasme établit toutefois des distinctions : « l'examen des procédés apparentés à l'*exemplum* commence par la comparaison ou parabole que "seul un esprit pointilleux distinguera de l'*exemplum* en disant que l'exemple est un fait historique certain, la parabole une comparaison tirée des phénomènes habituels ou de ce qui accompagne naturellement ou fortuitement les phénomènes" » (F. Bierlaire, « L'*exemplum* chez Érasme : théorie et pratique », *Mélanges de l'École française de Rome. Italie et Méditerranée*, t. 107, n° 2, 1995, p. 525-549, ici p. 528) ; « autre procédé voisin de l'*exemplum*, l'image, qui est une brève comparaison ; elle sert moins à prouver qu'à peindre (*ad euidentiam*) et à donner au discours de la gravité ou de l'agrément, alors que les *exempla* et les similitudes ont force d'argument, surtout, insiste Érasme, quand sur eux se fonde le raisonnement inductif (*inductio*) qui, d'un ou plusieurs exemples, tire une règle générale, procédé constamment utilisé par le Socrate de Platon » (*ibid.*) Il faut également consulter les définitions que donne Cicéron : « le passage du *De Inuentione* appartient au chapitre qui traite de la *confirmatio* et l'*exemplum* y est une partie du *comparabile*. Celui des Topiques porte, comme la quasi totalité de l'ouvrage, sur les lieux de l'argumentation et fait de l'*exemplum* une partie de la *similitudo*. L'*exemplum* appartient donc au champ du *probare*. Mais pas seulement : Cicéron le cite aussi parmi les moyens du pathétique et de l'émotion. » (J.-M. David, « *Maiorum exempla sequi* : l'*exemplum* historique dans les discours judiciaires de Cicéron », *Mélanges de l'École française de Rome. Moyen Âge, Temps modernes*, t. 92, n° 1, 1980, p. 67-86, ici p. 69).

27 Dans les plaidoyers de Cicéron, « [l'*exemplum*] peut […] être le moment d'une identification entre les deux personnalités du héros et de celui que l'on met en cause. C'est alors que l'anecdote devient modèle et qu'il convient de s'interroger sur son fonctionnement paradigmatique. » (*ibid.*, p. 67-68).

Elle s'inscrit donc dans un discours qui, d'une certaine façon, est continu, car il se présente comme un tout. Mais ce même discours peut être considéré, en raison de son hybridité, comme marqué par une certaine forme de discontinuité. L'anecdote apparaît dès lors comme une unité autonome (elle « résume » la personnalité d'un prince par le récit d'un fait emblématique, on l'a dit), aisément mémorisable, détachable du texte-source pour être produite dans de nouvelles situations de communication[28]. Cette propension à être diffusée lui permet de construire la *fama* d'un prince.

Pour en revenir aux vices et aux vertus des princes, J. Gascou écrit que « certaines actions des "mauvais" empereurs sont positives[29] ; inversement, il arrive que de "bons" empereurs aient mal agi : Suétone le reconnaît volontiers[30]. » Mais le biographe ne veut pas que son lecteur adopte une opinion nuancée, « d'où un procédé commode, et qu'il emploie couramment, consistant à montrer que chez le mauvais empereur, le bien n'est qu'apparence ; ou que chez le bon empereur, le mal est illusoire[31]. »

Le rédacteur de l'*Histoire Auguste* s'inscrit encore une fois dans la droite ligne de son prédécesseur : il a tendance à gommer toute trace de nuance dans les portraits pour lesquels son opinion est explicite.

28 Il nous semble que le développement suivant, qui a inspiré notre analyse, se révèle particulièrement éclairant pour une réflexion sur le fonctionnement de l'anecdote : « Tel est précisément le statut *spécifique*, et foncièrement ambivalent, de la forme brève dans le discours discontinu : elle est à la fois tout et partie, et par là se donne à lire *concurremment* de deux manières – comme parole absolue, indépendante et se suffisant à elle-même, *mais aussi* comme élément d'une série dans laquelle elle est prise et dans laquelle elle est susceptible de faire entendre un autre sens, un autre son. » (B. Roukhomovsky, *op. cit.*, introduction, 2). L'auteur prend pour exemple de « livre discontinu » les *Petits poèmes en prose* de Baudelaire (*ibid.*). Un recueil de biographies pourrait constituer ce qu'on appelle « un montage en série », dans la mesure où se superposent des Vies qui sont finalement des unités indépendantes, même si des résonances les rendent solidaires.

29 *Cf.* Plin., *Panégyrique de Trajan*, LVI, 1 : *Nam laudabilia multa etiam mali faciunt, ipse laudari nisi optimus non potest*, « Des actes dignes de louanges, les mauvais souverains en accomplissent aussi ; de louable en soi il n'y a que le souverain le plus vertueux » (Pline le Jeune, t. IV, *Lettres, livre X. Panégyrique de Trajan*, texte établi et traduit par M. Durry, Paris, Les Belles Lettres, 1972).

30 J. Gascou, *Suétone historien*, p. 700. On rappelle, à titre d'exemples, les cas de Jules César (dont Suétone a une opinion favorable), qui se livre à des rapines (*Cés.*, LIV) ou de Vespasien, réputé pour être avare (*Vesp.*, XVI).

31 J. Gascou, *ibid.*

L'édit de Caracalla, mesure majeure à nos yeux, aurait pu faire l'objet de développements dans sa biographie[32] : il est seulement évoqué, et ce point même fait encore débat[33], dans une phrase qui présente la mesure sous un jour défavorable (*Et cum multa contra homines et contra iura ciuitatum fecisset*)[34].

En ce qui concerne Commode, le rédacteur écrit, dans la première partie de la biographie, qu'il abandonna la guerre victorieuse menée par Marc Aurèle (guerre contre les Marcomans, les Quades et les Bures) « en se pliant aux exigences de l'ennemi[35] » : *Bellum etiam, quod pater paene confecerat, legibus hostium addictus remisit ac Romam reuersus est*[36]. Dion Cassius se montre plus loquace : s'il ne nie pas le désir de l'empereur de rentrer vivement à Rome pour mener une vie de plaisirs,

---

32 Notons que cette référence à la constitution antoninienne est également absente du texte d'Hérodien.

33 Sur l'interprétation de cette phrase, *cf.* A. Chastagnol, *Histoire Auguste*, introduction de la Vie de Caracalla, p. 400-401 : « L'événement intérieur le plus important du règne est sans nul doute la constitution "antonine" de 212 : cet édit impérial accorda le droit de cité romaine à tous les habitants libres de l'Empire qui n'en disposaient pas jusque-là et, par voie de conséquence, fit des cités pérégrines et "latines" des cités de statut romain ; il n'est évoqué par l'H.A. – encore peut-on en discuter – que dans une phrase plutôt sibylline et tendancieuse, selon laquelle Caracalla, par cette mesure, intervenait contre les droits des individus et des cités, ces dernières perdant ainsi leur autonomie (V, 3). » L. Canfora note que ni Hérodien ni Dion Cassius (LXXVII, 9-5) ne mettent en valeur la promulgation de l'édit (Her., *Histoire des empereurs romains…*, postface, p. 307). « Mais un tel silence est, selon toute probabilité, un jugement sur le peu de portée de l'événement, non pas un oubli. Dans sa polémique contre Van Scala, Rostovtseff observa, à ce sujet, que "au IIIe siècle, la citoyenneté romaine ne voulait plus dire grand chose", que – comme c'est du reste désormais une conviction largement répandue – "elle ne fut sans doute pas étendue à tout le monde", et surtout que "son extension n'eut aucune influence sur le problème social" » (*ibid.*) Toutefois, Dion souligne que cette mesure qui, en apparence, comblait d'honneurs les étrangers, n'avait d'autre fin que d'augmenter les revenus de l'empereur (LXXVII, 9) ; l'historien se saisit donc de l'événement pour blâmer Caracalla. La constitution antoninienne est également évoquée, après Dion, par Saint Augustin (Y. Roman, *op. cit.*, p. 194). Y. Roman remarque pour sa part que les empereurs qui ont œuvré en faveur de mesures d'élargissement de la citoyenneté romaine – mesures qui n'étaient approuvées ni par le Sénat ni par la plèbe –, sont considérés par la tradition comme des mauvais princes (*ibid.*, p. 188-189).

34 *Carac.*, V, 3 : « Il prit maintes mesures contre les particuliers et les droits des cités » (texte et traduction de l'édition d'A. Chastagnol).

35 La traduction est celle d'A. Chastagnol.

36 *Comm.*, III, 5 : « D'autre part il abandonna, en se pliant aux exigences de l'ennemi, la guerre que son père avait presque menée à bien et revint à Rome. »

il reconnaît pourtant qu'il imposa ses conditions aux ennemis, qui étaient décimés et affaiblis[37]. Aurélius Victor écrit : *Bello plane impiger*, « À la guerre il se montra très actif[38] » et Eutrope rapporte aussi son succès contre les Germains, qu'il a combattus en personne[39]. Le ton d'Hérodien ne se veut guère apologétique : Commode laisse le front à ses lieutenants, qui parviennent à dominer les Barbares ou à les acheter[40]. L'*Histoire Auguste* suit donc une version défavorable qui associe Commode à un lâche[41].

Les exploits de Maximin – qui poursuit les Germains dans les marais au péril de sa vie – décrits sur un ton élogieux par Hérodien[42], ne rencontrent pas la même faveur dans le texte de l'Anonyme ; s'il reconnaît son investissement dans les combats, il utilise le mot *temeritas* pour décrire son attitude[43]. L'idée d'action inconsidérée, irréfléchie invite le lecteur à conclure qu'on ne peut accorder des louanges à un empereur si peu maître de lui.

---

37 Dion, LXXII, 2-3.

38 Aur.-Vict., XVII, 2 (*Livre des Césars*, texte établi et traduit par P. Dufraigne, Paris, Les Belles Lettres, 1975).

39 Eutrope, VIII, 15 (*Abrégé d'histoire romaine*, texte établi et traduit par J. Hellegouarc'h, Paris, Les Belles Lettres, 1999).

40 Her., I, 6, 8-9. « Il [Commode] acheta sa tranquillité en leur donnant de l'argent sans compter et en satisfaisant toutes leurs demandes. » (*ibid.*, I, 6, 9).

41 L'épitome du Pseudo-Aurélius Victor dépeint également Commode comme un lâche (Pseudo-Aurélius Victor, *Abrégé des Césars*, texte établi, traduit et commenté par M. Festy, Paris, Les Belles Lettres, 1999, ici XVII). Pour revenir à l'*Histoire Auguste*, des victoires militaires sur les Maures et les Daces, et contre les troubles qui sévirent dans les Pannonies, en Bretagne, en Germanie et en Dacie sont évoquées en *Comm.*, XIII, 5-6. Mais il est bien précisé que les auteurs de ces succès sont ses légats et généraux (*legati* et *duces*). A. Molinier-Arbo avait déjà noté la mauvaise foi de l'*Histoire Auguste* : « L'*Histoire Auguste* prétend ainsi que l'empereur mit fin à la guerre que son père avait presque achevée en souscrivant aux conditions de l'ennemi pour rentrer le plus tôt possible à Rome. Cette affirmation est calomnieuse puisque le jeune prince ne quitta pas les frontières du Danube avant septembre 180 et remporta entre la mort de Marc Aurèle et son départ pour la capitale une victoire décisive qui lui valut sans doute sa quatrième salutation impériale. » (A. Molinier-Arbo, *La* Vie de Commode *dans*..., p. 76-77). *Cf.* également n. 12 p. 77.

42 Her., VII, 2, 6-8.

43 *Maxim.*, XII, 3 : *Habuit enim hoc barbaricae temeritatis, ut putaret imperatorem manu etiam sua semper <uti> debere*, « il était en effet imbu de cette témérité, habituelle chez les Barbares, qui le persuadait qu'un empereur devait toujours payer de sa personne. » La vanité propre à l'origine ethnique du prince, que l'Anonyme méprise, est de nouveau évoquée plus bas (*ibid.*, XII, 8-9).

Gallien[44], quant à lui, remplit la charge d'archonte d'Athènes, prend la citoyenneté et participe aux mystères[45], ce que n'avaient fait ni Hadrien ni Antonin en temps de paix. En d'autres termes, il se livre à des occupations complètement inadéquates compte tenu de la crise qui frappe de plein fouet l'Empire durant cette période et sur laquelle le rédacteur insiste. De nombreuses études, comme celle de M. Christol, analysent la manière dont le recueil construit une image négative de cet empereur[46]. Si le rédacteur lui reconnaît toutefois des talents littéraires et rapporte qu'il gagna un concours de poésie[47], il ne cite pas plus de quatre vers et conclut en écrivant :

---

44 Sur la déformation de la source de base (sans doute grecque) du rédacteur, *cf. Histoire Auguste. t. IV, 2ᵉ partie : Vies des deux Valériens et des deux Galliens*, texte établi par O. Desbordes et S. Ratti, traduit et commenté par S. Ratti, Paris, Les Belles Lettres, 2000, CUF, p. LXIX-LXXIV. « Si l'on prend le problème plus largement, il faut insister sur le fait que l'image résolument négative que donne de Gallien l'auteur de l'*Histoire Auguste* – dont j'ai retracé les grands traits plus haut – ne se retrouve nullement dans les sources grecques postérieures conservées et doit donc remonter à la *KG*, comme le laisse supposer la parenté des notices d'Eutrope et d'Aurélius Victor avec les jugements moraux de la *Vita Gallieni.* » (p. LXIX). Toutes les sources grecques donnent un portrait favorable sinon neutre de l'empereur (Zonaras, *Leoquelle*, Léon le Grammairien, Cédrénos, Malalas, Dexippe, p. LXIX-LXX). « Les traits positifs qui apparaissent dans le portrait de Gallien [de XI, 3 à XII, 5 (années 264-265)] peuvent ainsi être compris comme les traces de la source grecque utilisée [...] Il est dès lors intéressant de montrer comment le biographe intervient pour atténuer ou infirmer ces remarques intrinsèquement positives. L'exercice de l'archontat est à ses yeux de Romain la preuve de la *uanitas* de Gallien (*Gall.*, 11, 3) [...] le souhait de faire partie de l'Aréopage révèle le mépris de Gallien pour la *res publica* (*Gall.*, 11, 5). » (p. LXX-LXXI).

45 *Gall.*, XI, 3.

46 M. Christol, « Auréolus et l'*Histoire Auguste* », *H.A.C.A., Atti dei Convegni sulla Historia Augusta VI*, cité précédemment, p. 115-135. Par exemple, p. 129 : « L'auteur de l'*Epitome* n'a pas composé de lui-même la liste qu'il cite, car il est très bref dans son énumération [on parle d'une liste d'usurpateurs de l'époque de Gallien]. Il l'a vraisemblablement puisée ailleurs, et il l'a simplifiée. J. Schlumberger remarque qu'il ne l'accroche pas au seul nom de Gallien, mais qu'il l'associe à la fois à Valérien et à Gallien (*his imperantibus*), comme s'il souhaitait ne pas noircir la personne de Gallien, par excès de partialité. Mais quand ce thème reparaît dans l'*HA*, la personnalité de Gallien, mauvais prince s'il en est, est volontairement noircie. » *Cf.* également *ibid.*, p. 132 : « Cette déformation, qui fait d'Auréolus l'usurpateur établi en Illyricum, n'est pas seulement le fruit d'une inattention de l'auteur ou d'une maladresse née de la nécéssité d'imaginer un récit. Elle résulte aussi de sa partialité et de sa volonté de noircir le trait contre Gallien, comme si la tradition historique n'était pas déjà suffisamment malveillante. Le fait même d'attribuer à Auréolus la qualité d'*imperator* au sein de la *Vita Gallieni*, et sans attendre les Trente Tyrans, montre qu'il s'agit d'une déformation volontairement assumée par l'auteur. Il a systématisé ce que lui suggérait une lecture rapide de sa source, en grossissant le trait, au risque de l'erreur. »

47 *Gall.*, XI, 6-7.

> *Longum est eius uersus orationesque conectere quibus suo tempore tam inter poetas quam inter rhetores emicuit. Sed aliud in imperatore quaeritur, aliud in oratore uel poeta flagitatur.* (*Gall.*, XI, 9)
>
> « Il serait trop long de rassembler ses vers et ses discours, grâce auxquels il brilla à son époque tant parmi les poètes que parmi les rhéteurs. Mais on requiert d'autres qualités chez un empereur, on demande autre chose à un orateur ou à un poète[48]. »

Dans ce genre d'exemple, on perçoit la mauvaise foi de l'Anonyme, qui infléchit le sens des événements pour leur donner une orientation qui correspond à ses vues. Il ne donne en réalité qu'une vision parcellaire et partiale de cet empereur qui dut faire face à la période d'« anarchie militaire[49] » qui a suivi la capture de son père Valérien par les Perses. Après avoir fait un récit détaillé des multiples *pronunciamientos* qui ont éclaté dans les divers endroits de l'Empire, l'*Histoire Auguste* indique à titre de conclusion :

> *Et haec omnia Gallieni contemptu fiebant ; neque enim quicquam est ad audaciam malis, ad spem honorum bonis promptius quam cum uel malus timetur uel dissolutus contemnitur imperator.* (*Gall.*, V, 1)
>
> « Or tous ces événements étaient dus au mépris qu'inspirait Gallien. Rien, en effet, ne pousse autant les méchants à l'audace, rien autant les bons à espérer les honneurs que la crainte suscitée par un mauvais empereur ou le mépris qu'inspire un empereur débauché. »

Le caractère tyrannique et débauché du fils de Valérien, qui « [administre] l'État de lat même manière que les enfants lorsqu'ils jouent à commander[50] », est présenté comme la cause de l'ébranlement de la relative stabilité de l'Empire à cette période[51].

De nombreux spécialistes ont déjà souligné le caractère factice de ce raisonnement. A. Chastagnol rappelle les différentes thèses traitant de la diabolisation de Gallien. L. Homo relève l'intérêt de la création d'un bouc émissaire : il correspond au besoin de « trouver un responsable au

48 Texte et traduction de l'édition des Belles Lettres.

49 Il s'agit de l'appellation retenue par les historiens modernes ; *cf.* A. Chastagnol, *Histoire Auguste*, introduction de la *Vie des deux Galliens*, p. 797.

50 *Ibid.*, IV, 3, traduction d'A. Chastagnol.

51 Sur cette thèse de l'*Histoire Auguste*, affirmant que le caractère de Gallien est à l'origine des nombreuses usurpations de la période, *cf.* Y. Roman, *op. cit.*, p. 33.

déclin de la puissance romaine[52] ». C. Bonnet et B. Lançon rappellent quant à eux que le dénigrement trouve son fondement dans la tendance pro-sénatoriale de l'œuvre et que cet empereur avait précisément limité les prérogatives des sénateurs par un ensemble de réformes (commandement des légions, et peut-être responsabilités dans l'administration des provinces[53]...). A. Alföldi souligne l'unanimité avec laquelle toutes les sources latines dessinent une vision négative du prince[54]. Les sources grecques et chrétiennes ne sont pas si sévères ; cette différence de traitement s'explique, au moins pour ces dernières, sans doute par le fait que Gallien avait mis fin aux persécutions initiées par Valérien. Les tyrans-usurpateurs de cette période ne sont donc pas nécessairement, aux yeux de l'*Histoire Auguste*, associés à des portraits sombres, puisqu'ils se révoltent contre un individu qui incarne le rôle du mauvais prince[55].

Par ailleurs, la figure de Gallien occupe une fonction plus ou moins analogue à celle de la *Fortuna* décrite précédemment, dans la mesure où elle constitue un outil commode pour expliquer des situations complexes. Alors que l'historien moderne verrait dans la situation politique, religieuse, militaire et sociale (affaiblissement des institutions, pression des Barbares...) la véritable cause du chaos de l'année 260, l'historien ancien préfère s'appuyer sur un fondement moral, en l'occurrence la décadence de la moralité politique[56]. Il faut noter que le rédacteur s'inscrit donc

---

52 A. Chastagnol, *Histoire Auguste*, introduction de la *Vie des deux Galliens*, p. 800.

53 *Cf.* C. Bonnet, B. Lançon, *L'Empire romain de 192 à 325, Du Haut-Empire à l'Antiquité tardive*, Ophrys, 1997, Documents Σ Histoire, ici p. 109. Ces auteurs rappellent l'attitude critique d'Aurélius Victor envers Gallien, attitude partagée par l'*Histoire Auguste*.

54 *Cf.* A. Chastagnol, *Histoire Auguste*, introduction de la *Vie des deux Galliens*, p. 800.

55 M. Christol, « Gallien, Claude et Aurélien », *H.A.C.N., Atti dei Convegni sulla Historia Augusta XII*, cité précédemment, p. 159-183, ici p. 174 : « Les notions d'attachement à l'intérêt général, de dévouement à la *res publica* pouvant provoquer la compétition pour le pouvoir et l'usurpation, sont, pour ce qui touche à la *Vie de Gallien*, un thème récurrent de l'historiographie latine. » Pour Eutrope, l'Empire a été « sauvé » par Postume et Odénath (9, 11, 1). Pour l'*Histoire Auguste*, *cf. Gall.*, III, 1 ; IV, 3 ; XI, 3 mais la légitimité des soulèvements apparaît dès I, 1. *Cf.* aussi Aur.-Vict., XXXIII, 17 (relevé établi par M. Christol, *ibid.*).

56 Ce type de raisonnement avait déjà été mis en avant pour expliquer la chute de la République. « Nous, modernes, dirions que la réussite relativement rapide de l'impérialisme romain a rendu caduc l'ordre économique fondé sur l'exploitation italienne, et condamné, du même coup, un ordre politique républicain incapable de s'adapter à la dilatation du pouvoir dans un espace géographique et économique nouveau : les Anciens interprètent l'afflux des richesses procuré par la conquête orientale et hispanique – ce qui est une réalité économique – comme la source d'une décomposition morale due

une nouvelle fois dans une tradition littéraire[57]. Citons encore ce dernier extrait, qui dessine avec force le prisme moral des Anciens :

> *Cum Gallienus in luxuria et inprobitate persisteret cumque ludibriis et helluationi uacaret neque aliter rem publicam gereret quam cum pueri fingunt per ludibria potestates, Galli, quibus insitum est leues ac degenerantes a uirtute Romana et luxuriosos principes ferre non posse, Postumum ad imperium uocarunt, exercitibus consentientibus, qui occupatum imperatorem libidinibus querebantur.* (*Gall.*, IV, 3)
>
> « Comme Gallien se vautrait dans la débauche et le vice, qu'il s'abandonnait à ses fantaisies et à sa voracité et gouvernait l'État exactement comme des enfants s'imaginent, dans leurs fantaisies, exercer le pouvoir, les Gaulois, dont la nature ne supporte pas les empereurs sans autorité, dérogeant à la vertu romaine et débauchés, appelèrent Postumus au pouvoir, avec l'adhésion des armées qui se plaignaient que l'empereur ne fût préoccupé que de sa sensualité. »

Le recueil reconnaît donc, quand il ne les élude pas, des éléments positifs aux tyrans, mais il s'en sert pour mieux noircir ses personnages.

Toutefois, l'*Histoire Auguste* se démarque des *Vies des douze Césars* sur un point capital. Suétone, malgré une narration froide des événements,

---

à l'accoutumance au luxe. L'affaiblissement du pouvoir républicain est ainsi formulé comme un oubli des vertus ancestrales. » (R. Martin, J. Gaillard, *op. cit.*, p. 111-112.). Salluste et Tite-Live présentent également la décadence morale comme l'origine du déclin de la République (*ibid.*, p. 120 et 124). Pour Tite-Live, l'Empire n'a pas résorbé la corruption des mœurs (*ibid.*).

57 La mise en avant d'un facteur moral dans la logique d'explication des faits historiques remonte déjà aux Grecs. À propos du meurtre d'Hipparque, *cf.* M. Turchetti, *Tyrannie et tyrannicide de l'Antiquité à nos jours*, Paris, Presses Universitaires de France, 2001, Fondements de la politique, *cf.* p. 101 : « La tradition démocratique, portée à exalter cet exemple historique, élabora une version des faits d'après laquelle les deux tyrannicides auraient ourdi un complot parce qu'ils étaient animés de sentiments patriotiques jaillissant de l'amour de la liberté le plus pur [...] Mais [Aristote] et, avant lui, Thucydide (et déjà Platon [...]) ont fait justice de la "version démocratique", en attribuant aux deux meurtriers des passions tout autres que la haine contre la tyrannie. Il s'agissait, en réalité, d'une histoire d'amour : Hipparque épris du jeune Harmodios, avait suscité la jalousie d'Aristogiton. » William Shakespeare a analysé les causes de l'assassinat de Jules César dans la pièce consacrée à ce personnage : les patriciens n'ont pas agi au nom de la *Libertas* mais parce que le dictateur leur avait retiré leurs prérogatives. Cassius est notamment présenté comme un être jaloux, qui manipule Brutus pour monter la conjuration. *Cf.* notamment acte I, scène 2 : « Brutus, César. Qu'y aurait-il dans ce "César" ? / Pourquoi ce nom retiendrait-il plus que le vôtre ? / Écrivez-les ensemble : le vôtre est aussi beau ; / Prononcez-les, il résonne aussi bien, / Et pesez-les, il est aussi lourd, et chargez-les / D'invoquer les démons : Brutus vaudra César. / Alors ! Au nom de tous les dieux ! / De quelle viande a donc mangé César / Qu'il devienne si grand ? Ô siècle, siècle vil ! » (W. Shakespeare, *Jules César*, texte traduit par Y. Bonnefoy, Gallimard, 1995, Mercure de France, p. 74).

émettait systématiquement un point de vue assez tranché sur le César qu'il décrivait. L'empereur apparaissait foncièrement comme bon ou mauvais, une impression globale s'imposait, même si le biographe ne se privait pas de rapporter les vices du grand général Jules César ou les vertus du tyrannique Tibère[58]. Or l'Anonyme, s'il reprend cette dimension taxinomique, fait, nous semble-t-il, émerger une troisième catégorie d'empereurs, pour laquelle un jugement moral ne se dessine pas clairement.

Il apparaît nettement que Vérus, Commode, Caracalla, Macrin, Élagabal, Maximin, Gallien, Firmus (brigand égyptien au physique repoussant) et Carin sont des *pessimi principes*. À l'opposé, le texte décrit, avec des tournures laudatives plus ou moins appuyées, Aelius[59], Antonin, Marc Aurèle, Géta, Alexandre Sévère, Maxime et Balbin, les Gordiens, les Valériens, Claude, Tacite, Probus, Saturninus (du Quadrige des Tyrans), Carus et Numérien comme des bons princes. Le rédacteur vante également les mérites d'une partie des Trente Tyrans, mérites qui reposent essentiellement sur des manifestations de grande valeur militaire dans un empire exsangue, pour renforcer le contraste avec Gallien et souligner son incompétence[60] : Postumus, Lollianus, Victorinus[61], Marius[62], Ingénuus, Régilianus, Auréolus, Macrien et ses fils (Macrien le Jeune et Quiétus[63]), Odénath, Ballista, Valens le jeune, Pison, Saturninus, les deux Tétricus, Aemilianus, Timolaus, qui « aurait même pu devenir le plus grand rhéteur latin[64] », Celsus, Zénobie, Titus, Censorinus[65] sont

58 *Cf. supra.*

59 Aelius n'est pas foncièrement mauvais, il est un empereur « moyen ». *Cf. Ael.*, v, 2 : *In aula diu non fuit, in uita priuata etsi minus probabilis, minus tamen reprehendendus…*, « Il ne demeura pas longtemps à la cour et, s'il y avait peu à louer dans sa vie privée, il y avait aussi peu à blâmer » (texte et traduction de l'édition des Belles Lettres).

60 Sur le portrait de Gallien, *cf.* A. Chastagnol, *Histoire Auguste*, introduction de la Vie des deux Galliens, p. 798-801.

61 *Tr. tyr.*, VI. Le personnage est toutefois décrit comme lubrique.

62 A. Chastagnol note qu'Aurélius Victor situe l'avènement de Marius en 269 et l'élévation de Victorin après le meurtre de ce dernier ; Eutrope fait de même (« L'empereur gaulois Marius dans l'*Histoire Auguste* », *B.H.A.C. 1971*, Bonn, Rudolf Habelt Verlag GmbH, 1974, p. 51-58, ici p. 51). L'Anonyme déforme donc la réalité historique dans la mesure où il décrit Victorin comme un prédécesseur immédiat de Marius (*ibid.*, p. 52). Une autre erreur de l'*Histoire Auguste* concerne la durée de règne de Marius, réduite à trois jours (*ibid.*, p. 53).

63 *Tr. tyr.*, XII, 10.

64 *Ibid.*, XXVIII, 2 (traduction d'A. Chastagnol).

65 Sa valeur militaire est reconnue mais elle fut toutefois un peu trop rigoureuse.

présentés comme dignes de louanges. Tel n'est pas le cas de Cyriadès, parricide et traître qui se range du côté des Perses, Hérodès, qui apprécie le luxe perse[66] ou Maeonius, *spurcissimus*[67].

Le troisième groupe d'empereurs se caractérise par une indigence d'informations. La brièveté de leur règne – certains étant tués en même temps que leur père à cause de sa tyrannie – explique aussi le manque de matière suffisante pour pouvoir se faire une opinion. Le rédacteur refuse aussi, parfois, d'adopter un discours trop radical. Les qualités et les défauts du prince s'équilibrent à tel point que l'on ne peut adopter de jugement moral bien tranché ; le lecteur reste sur un sentiment ambigu. On peut rencontrer dans cet ensemble hétérogène des usurpateurs ou des princes secondaires : Postumus le Jeune, Victorinus le Jeune, Valens l'Ancien, Trébellianus – chef des pirates, il est vrai, mais peu blâmé – Hérennianus et Victoria, Clodius Albinus[68], Pescennius Niger[69], et enfin Diadumène, dont le portrait physique élogieux[70] en vient certes à faire regretter qu'il ait été assassiné à cause de la tyrannie de son père[71], mais qui a manifesté, néanmoins, selon le rédacteur, une nature cruelle. Il écrivit en effet, dans une lettre à son père (missive fictive), qu'il avait eu tort de grâcier les complices d'un groupe de conjurés, et qu'il fallait les châtier[72]. On peut aussi placer dans cette catégorie Maximin le

---

66 *Tr. tyr.*, XVI, 1.

67 *Ibid.*, XVII, 2.

68 *Cf.* A. Chastagnol, *Histoire Auguste*, introduction de la Vie de Clodius Albinus, p. 375 : « Albinus est présenté comme inculte, belliqueux et arrogant, ignoble, pervers et dépravé, fourbe, cupide, cruel et coléreux, goinfre, odieux envers son épouse, porté sur le sexe ; une haute taille, des cheveux crépus, une voix d'eunuque, un comportement d'ivrogne ; non sans quelques contradictions, puisque, en se référant à Cordus, l'auteur le dépeint au contraire sobre de vin tandis qu'une lettre fabriquée et soi-disant écrite par Marc Aurèle vante son expérience, son austérité et la rigueur de son caractère (X, 7). Autant de notations suspectes qui enlèvent toute crédibilité à l'image que l'on prétend imposer, surtout lorsque le rédacteur reconnaît que "beaucoup de gens ont pensé de lui le plus grand bien." » Ainsi, le lecteur ne sait plus « si le portrait brossé est favorable ou défavorable. » (*ibid.*)

69 A. Chastagnol, *ibid.*, introduction de la Vie de Pescennius Niger, p. 346 : « Le portrait est au total équilibré : si Pescennius Niger était, selon l'auteur, peu cultivé, fougueux, avide de gloire et de richesses, hypocrite, cruel, immoral, il bénéficie de qualités administratives et surtout militaires qui sont bien dignes d'un empereur ; sans doute ne faut-il pas prendre à la lettre cette belle construction contrastée. L'insistance est mise sur la rigueur dans le domaine militaire, qui devient vite un leitmotiv de la Vie. »

70 *Diad.*, III, 2-3.

71 *Ibid.*, VIII, 2.

72 *Ibid.*, VIII, 3-9.

Jeune, – d'une beauté physique considérable, cultivé mais orgueilleux et adepte de l'*adoratio* –, Salonin Gallien, pour lequel l'*Histoire Auguste* fournit très peu d'informations (mais il est lui aussi assassiné à cause de son père[73]) ou encore Proculus (*Hic tamen cum etiam post honores militares se improbe, libidinose, tamen fortiter gereret*[74]). Il faut aussi citer les noms d'Hadrien, Avidius Cassius[75], Pertinax[76], Septime Sévère et Aurélien. Nous reviendrons sur le cas de trois d'entre eux ultérieurement.

Mais quels sont au juste les vertus et les vices mis en scène par l'*Histoire Auguste* ? Le thème de la morale au pouvoir remonte à la Grèce classique. Platon établit ce que l'on nomme la « tétrade des vertus » : prudence (ou intelligence), tempérance, justice, courage ; les rhétoriciens les adoptent pour élaborer leur topique[77].

73 *Gall.*, XIX, 1.

74 *Quadr. tyr.*, XIII, 1 : « Comme cependant ce personnage, même après une brillante carrière militaire, menait une vie improbe, de débauche, et pourtant se montrait courageux… » (texte et traduction de l'édition des Belles Lettres).

75 *Fuit his moribus, ut nonnumquam trux et asper uideretur, aliquando mitis et lenis, saepe religiosus, alias contemptor sacrorum, auidus uini item abstinens, cibi adpetens et inediae patiens, Veneris cupidus et castitatis amator*, « Son caractère le poussait à se montrer tantôt farouche et intraitable, tantôt doux et aimable, souvent respectueux à l'égard de la religion, mais d'autres fois plein de mépris pour les cérémonies sacrées, porté à la boisson comme à la tempérance, amateur de bonne chère et capable de supporter le jeûne, attiré par l'amour et épris de chasteté » (*Av. Cass.*, III, 4, texte et traduction de l'édition d'A. Chastagnol). Marc Aurèle en donne un portrait favorable (*ibid.*, II, 7 : *maxime cum bonus dux sit et seuerus et fortis et rei p. necessarius*).

76 A. Chastagnol, *ibid.*, introduction de la Vie de Pertinax, p. 252 : « L'auteur de la biographie insiste donc sur les qualités militaires et administratives que Pertinax avait démontrées tout au long de sa carrière antérieure, sur sa valeur personnelle, sa compétence et son honnêteté. Cependant, il aurait dérogé à cette dernière vertu pendant son passage à l'Empire : il dépensa beaucoup d'argent pour obtenir, au départ, l'appui des prétoriens et de la garde, vendit ensuite les biens et objets acquis par Commode et voulut alors se montrer économe, en adoptant une politique de rigueur qui fit, comme toujours, des mécontents. On lui reprocha aussi d'être arrivé pauvre au pouvoir et de s'être enrichi lui-même rapidement. Enfin et surtout, il fit preuve de sévérité et imposa une stricte discipline aux soldats, comme il avait toujours fait. » Sur son portrait contrasté (l'empereur a un physique empreint de majesté mais est un médiocre orateur et possède un caractère mesquin, voire hypocrite), se reporter à *Pert.*, XII, 1-2.

77 *Éloges grecs de Rome*, p. 132. L'auteur du discours *En l'honneur de l'empereur*, qui loue vraisemblablement Philippe l'Arabe, reprend ces vertus, auxquelles il ajoute la piété et l'humanité (*ibid.*). Sur les vertus platoniciennes, *cf. id.*, *La Rhétorique de l'éloge…*, p. 165-166. Aristote avait ajouté d'autres vertus (*ibid.*, p. 166). Mais la liste de Platon, déjà récupérée par la *Rhétorique à Herennius* et le *De inuentione*, s'impose, à partir du IIe siècle ap. J.-C., chez les théoriciens de l'éloge (*ibid.*, p. 167). Elle est également fréquemment utilisée par les encomiastes.

Comme on le sait, les Romains placent le moralisme au cœur de leur démarche intellectuelle. B. Poulle écrit que Cicéron avait déjà fourni la « liste des vices qui ressemblent à des vertus[78] » : *malitia/prudentia, immanitas/temperantia, superbia/magnitudo, effusio/liberalitas, audacia/fortitudo, duritia/patientia, acerbitas/iustitia, superstitio/religio, mollitia/lenitas, timiditas/uerecundia*. Les vertus célébrées par ce même auteur dans le *De inuentione* et les *Tusculanes* sont la *magnanimitas*, la *patientia*, la *constantia*, la *temperantia*, la *pietas*, la *felicitas*, la *liberalitas*[79]. Les vertus qui garantissent la paix publique sont énumérées dans le *De oratore* : *clementia, iustitia, benignitas, fides, fortitudo in periculis communibus*[80].

En ce qui concerne la fonction impériale, V. Allard rappelle que les vertus de l'*optimus princeps* sont inscrites sur le *clipeus uirtutis*, exposé dans la Curie en 27 av. J.-C., en l'honneur d'Auguste : *uirtus*, *clementia*[81], *iustitia* et *pietas*[82]. Marc Aurèle attribue à Antonin la justice, la vertu, la tempérance, et des qualités stoïciennes comme « la persévérance dans les décisions prises (privilégiant l'intention droite même si le but n'est pas atteint), la justice distributive, la sociabilité, l'amour des dieux et du destin[83] ». La clémence (*clementia*) et la douceur (*mansuetudo*) sont des qualités essentielles du dirigeant politique[84].

On sait que les rhéteurs se plaisaient à recourir à ces valeurs, quand ils s'entraînaient à prononcer des éloges et des blâmes sur un même

78 B. Poulle, « À quoi servent les éloges et les blâmes dans les biographies de Tacite et Suétone ? », *REL*, t. 94, 2016, p. 141-150, ici p. 149. L'ouvrage de Cicéron est *Divisions de l'art oratoire*, 86.

79 Éginhard, *Vie de Charlemagne*, texte, traduction et notes sous la direction de M. Sot et C. Veyrard-Cosme, Paris, Les Belles Lettres, 2014, Les Classiques de l'histoire au Moyen Âge, introduction, p. XXXV.

80 Cic., *De or.*, II, 344.

81 La « clémence », la « douceur », la « bienfaisance », l'humanité du prince sont des valeurs de première importance quand il s'agit de caractériser un bon souverain à l'époque impériale (*Éloges grecs de Rome*, p. 136).

82 V. Allard, « La *Vita Aureliani*. Approche critique d'une source biographique de la fin du IVe siècle », *Hypothèses*, 2001/1 (4), p. 25-32, n. 9. *Cf.* également Sénèque, *De la clémence*, texte établi et traduit par F.-R. Chaumartin, Paris, Les Belles Lettres, 2005, CUF, introduction, p. XXVIII. – La piété a un rôle réduit dans les éloges : « Ce phénomène paraît dû au statut spécial de la piété dans la théorie morale. En un sens, la piété est plus qu'une vertu : les devoirs que nous avons envers les dieux sont d'un ordre supérieur à ceux que nous avons envers notre âme. » (L. Pernot, *La Rhétorique de l'éloge*…, p. 171).

83 L. Pernot, « Miroir d'un prince par lui-même… », p. 100.

84 Cic., *Marc.*, 1. *Cf.* Sen., *De la clémence*, introduction, p. XXIV-XXV.

sujet[85]. Les *Panégyriques latins* célèbrent par ailleurs ces différentes valeurs : on pense à la *pietas* de Maximien et Dioclétien envers les dieux et la concorde qui existe entre eux[86], à leur *felicitas*[87], au courage (*uirtus*) et à la fortune (*felicitas*) de Constance[88] .

Les vertus du prince idéal, pour Suétone, sont la *moderatio* et l'*abstinentia*[89]. Le premier terme est très étroitement associé aux concepts de *clementia* et de *ciuilitas*[90]. On peut rajouter la *pietas*[91], la majesté « associée à l'autorité et au rayonnement personnel[92] ». Les vices qui caractérisent le *pessimus princeps* sont l'« esprit tyrannique » (« inverse de la *ciuilitas* »), traduits tour à tour par les termes *arrogantia, superbia, impotentia* (le comportement du tyran est défini par *abuti dominatione*), et la cruauté, exprimée essentiellement par le terme *saeuitia*, et quelquefois, plus rarement, par *crudelitas*[93].

L'*Histoire Auguste* semble là encore marquer une continuité avec l'auteur des *Vies des douze Césars* : la caractéristique essentielle du bon prince est la *moderatio*. Il doit, comme les empereurs sénatoriaux, Claude, Tacite ou encore Probus, respecter les Pères Conscrits et reconnaître leur *auctoritas*. Il est versé dans la littérature, la rhétorique, la philosophie, fait preuve de courage sur le champ de bataille. Au contraire, les tyrans se caractérisent par toutes formes de démesure,

85 B. Poulle, « À quoi servent les éloges et les blâmes dans les biographies de Tacite et Suétone ? », p. 149 et L. Pernot, *La Rhétorique de l'éloge dans le monde gréco-romain*, p. 483.

86 *Pan.*, III, VI-XII.

87 *Ibid.*, XIII-XVIII.

88 *Pan.*, IV, VII, 2 : *Potuisset enim, Caesar inuicte, illo uirtutis ac felicitatis tuae impetu totum peragi continuo bellum*... « Tu aurais pu, invincible César, emporté par l'élan de ton courage et de ta fortune, achever la guerre tout d'une traite... » (*Panégyriques latins*, t. I, I-V, texte établi et traduit par É. Galletier, Paris, Les Belles Lettres, 1949).

89 J. Gascou, *Suétone historien*, p. 722. « La *moderatio* est la vertu du prince qui sait ne pas abuser de son pouvoir. C'est le régulateur de l'absolutisme. Aucune n'est plus essentielle : sans *moderatio*, le prince se laisse dégrader par l'exercice de sa puissance, il glisse vers la folie d'un Caligula, la démesure d'un Néron ou la violence d'un Domitien. » Quant à l'*abstinentia*, « elle témoigne de l'aptitude d'un César à réfréner des désirs à l'exercice desquels le pouvoir absolu offre une libre carrière. Elle est signe de maîtrise de soi et de respect d'autrui » (*ibid.*, p. 725).

90 *Ibid.*, p. 722-724.

91 « Cette vertu, complexe et spécifiquement romaine, englobe l'exercice de trois sortes de devoirs : les devoirs à l'égard des proches, à l'égard de l'État et de la patrie, à l'égard des dieux » (*ibid.*, p. 727).

92 *Ibid.*, p. 733.

93 *Ibid.*, p. 724-725.

qui sont vivement condamnées : excès de la table et de la boisson, excès dans les plaisirs sexuels, goût pour le luxe et pour le faste des monarchies orientales, cruauté (qui est une forme de dégénérescence de la sévérité du *bonus princeps*), exercice absolu du pouvoir. Ces traits s'accompagnent d'actes impies (incestes, parricides, auto-déification), souvent d'absence ou de manque de culture et éventuellement de manifestation de couardise.

Le motif de la culture littéraire des empereurs apparaît précisément comme un indice de leur qualité morale et mérite l'objet d'un développement particulier.

LA CULTURE LITTÉRAIRE DES EMPEREURS, MIROIR DE LEURS VICES ET DE LEURS VERTUS

J. Gascou note que Suétone accordait déjà une place importante à la « relation des Césars avec la culture » : « la description de leurs goûts intellectuels, de leur style, de leurs aptitudes littéraires, de leurs écrits, de leur langage parlé ou épistolaire, fait partie à ses yeux des éléments qui permettent de caractériser leur personnalité[94]. »

Le biographe se plaît ainsi à rappeler que Caligula avait voulu retirer des bibliothèques les ouvrages et les portraits de Virgile et de Tite-Live[95] et avait rédigé *Le Glaive* et *Le Poignard*, deux listes de personnes à abattre[96]. Certes doué pour l'éloquence, il se faisait tout particulièrement remarquer dans ce domaine quand il était dominé par la colère et devait recourir à l'invective[97].

Quid de l'*Histoire Auguste* concernant ce motif de l'érudition littéraire et des talents oratoires ? L'Anonyme insiste sur ce genre d'information de manière assez systématique et force est de constater que le rapport des empereurs avec les belles-lettres et la rhétorique reflète leur caractère moral. Le bon prince est cultivé, contrairement au mauvais prince.

94 J. Gascou, « Histoire et historiographie : Suétone », p. 164.
95 *Calig.*, XXXIV, 4.
96 *Ibid.*, XLIX, 5.
97 *Ibid.*, LIII, 1-2.

Hadrien compose des poèmes lyriques[98], un libelle diffamatoire contre Héliodore[99], une autobiographie[100] et un ouvrage mystérieux, les *Catacannae*[101]. Il écrit également quelques vers de piètre qualité avant de mourir[102]. Le rédacteur cite aussi quatre vers de réponse au poète Florus[103]. Aélius possède des talents littéraires[104], il est doué pour l'éloquence et la poésie[105] et lit Apicius et les *Amours* d'Ovide ; il connaît Martial par cœur[106]. Antonin a de la considération pour les rhéteurs et les philosophes[107].

L'*Histoire Auguste* détaille encore l'éducation de Marc Aurèle et donne le nom de ses différents maîtres[108]. Ce prince développe ses *paranesea*[109]. Vérus n'a pas de grandes qualités littéraires[110], *peior poeta quam rhetor*[111] ; la rumeur prétend même que ce sont ses amis qui composent ses œuvres sous son nom[112]. Septime Sévère a écrit une autobiographie[113] et affectionne la pratique de la philosophie, de l'éloquence et de la culture générale[114]. Niger est peu cultivé[115] et Albinus, pourtant présenté comme inculte[116], aurait composé des *Géorgiques* et des contes érotiques milésiens, d'une médiocre valeur littéraire[117]. Géta apprécie les études littéraires et tout particulièrement les auteurs anciens[118], et lit les ouvrages de Sérénus Sammonicus[119]. Macrin écrit des vers de piètre qualité en réponse à une

98 *Hadr.*, XIV, 9.
99 *Ibid.*, XV, 5.
100 *Ibid.*, XVI, 1.
101 *Ibid.*, XVI, 2. Sur ce terme, *cf.* A. Chastagnol, *Histoire Auguste*, n. 2 p. 40.
102 *Ibid.*, XXV, 9-10.
103 *Hadr.*, XVI, 4.
104 *Ael.*, V, 1.
105 *Ibid.*, V, 2.
106 *Ibid.*, V, 9.
107 *Ant.*, XI, 3.
108 *Marc*, II-III.
109 *Av. Cass.*, III, 7. Il s'agit des « préceptes moraux » de Marc Aurèle (*ibid.*). A. Chastagnol pense que le texte fait allusion, avec ce terme, aux *Pensées*, divisées en douze livres (n. 4 p. 194).
110 *Vér.*, II, 6.
111 *Ibid.*, II, 7.
112 *Ibid.*, II, 8.
113 *Sév.*, III, 2 et XVIII, 5 ; *Pesc. Nig.*, IV, 7.
114 *Ibid.*, XVIII, 5.
115 *Pesc. Nig.*, I, 4.
116 *Clod. Alb.*, V, 1.
117 *Ibid.*, XI, 7-8.
118 *Gét.*, V, 1.
119 *Ibid.*, V, 6.

épigramme satirique composée à son encontre[120] ; il aurait également rédigé, dans des circonstances analogues, des iambes mieux réussies, selon l'Anonyme[121].

Gordien Ier compose, adolescent, des poèmes dans un style à la mode de son temps sur des thèmes traités par Cicéron[122] ; il s'inspire en outre de l'*Énéide* de Virgile, de l'*Achilléide* de Stace, et d'*Alexandréides*, pour rédiger une *Antoninéade*, poème sur Antonin le Pieux et Marc Aurèle[123]. Sérénus Sammonicus lègue à Gordien le Jeune tous les livres de son père homonyme, soit environ soixante-deux mille ouvrages, don qui fait passer l'empereur pour un « fin lettré[124] ». Ses écrits en vers et en prose sont de médiocre valeur, en raison d'une certaine négligence[125]. Gordien III aurait eu une solide culture littéraire[126]. Balbin est poète[127] et Gallien s'est illustré dans les domaines de l'éloquence, de la poésie et de tous les arts[128]. Numérien, qui a des qualités oratoires[129], est aussi un brillant poète : *Versu autem talis fuisse praedicatur ut omnes poetas sui temporis uicerit*[130]. Il est en compétition avec Olympius Némésien, publie ses œuvres et surpasse le poète iambique Aurélius Apollinaris[131].

Le cas d'Alexandre Sévère mérite tout particulièrement que l'on s'y arrête. Parmi les lectures du jeune empereur, on trouve des ouvrages de réflexion politique : la *République* de Platon, les *Devoirs* et la *République* de Cicéron[132]. Le point le plus intéressant, à nos yeux, tient à la lecture, par Alexandre Sévère, de la Vie d'Alexandre[133]. Cette anecdote évoque Domitien lisant la Vie de Tibère dans l'œuvre de Suétone. Ce genre d'épisode offre en réalité l'avantage de rappeler à la conscience du

120 *Macr.*, XI, 6-7.
121 *Ibid.*, XIV, 4.
122 *Gord.*, III, 2.
123 *Ibid.*, III, 3.
124 *Ibid.*, XVIII, 2-3. Traduction d'A. Chastagnol.
125 *Ibid.*, XX, 6.
126 *Ibid.*, XXXI, 4.
127 *Max. et Balb.*, VII, 5.
128 *Gall.*, XI, 6. Quatre vers sont cités (*ibid.*, XI, 8). Sur la manière dont l'*Histoire Auguste* déprécie les talents littéraires de Gallien, *cf. supra*.
129 *Car.*, XI, 1.
130 *Ibid.*, XI, 2 : « Pour la poésie cependant, il avait, dit-on, un si grand don qu'il l'emporta sur tous les poètes de son époque. »
131 *Ibid.*
132 *Alex. Sév.*, XXX, 1-2.
133 *Ibid.*, XXX, 3.

lecteur la fonction du genre biographique et donc du livre qu'il tient entre les mains : ce dernier entend proposer un miroir-modèle, un outil introspectif, un instrument de connaissance de soi. Cette idée de reflet est accentuée ici par le rapport d'homonymie qui unit le jeune Sévère au célèbre monarque macédonien.

Mais les fins d'Alexandre et de Domitien diffèrent. Les deux empereurs cherchent à tirer sans aucun doute un enseignement moral de l'expérience politique de leurs prédécesseurs : mais alors qu'Alexandre se concentre sur l'apprentissage des vertus, on peut imaginer que le tyran cherche des indices sur les moyens de prévenir sa propre chute. Il est en effet peu probable que Domitien veuille améliorer sa manière de gouverner. Le choix de la lecture d'une Vie de l'empereur Tibère pourrait être lié au caractère solitaire qui définit ces deux empereurs. L'appropriation de l'*exemplum* ne s'insère donc pas dans des logiques de lecture similaires. Alexandre ne trouve pas les vices du tyran et ses débordements dans la biographie d'un mauvais empereur ; il les rencontre chez les philosophes grecs et latins. Si la matière demeure ignoble, il faut adoucir son contact en choisissant un ouvrage qui la circonscrit au sein d'un cadre plus global, théorique et général, et qui ne la traite pas comme un thème principal. Alexandre compose en outre les Vies des bons empereurs en vers[134] .

Il apparaît donc très clairement que les *boni principes* – ainsi que certains princes ni bons ni mauvais – sont versés dans les arts littéraires et rhétoriques. Quand un tyran possède des qualités dans ces domaines, comme Gallien, le rédacteur déprécie ses mérites.

La notion de culture et de finesse d'esprit appartient donc à la définition du prince idéal selon l'Anonyme, tout comme celle de cruauté innée, que nous allons à présent étudier, relève du tyran.

134 *Ibid.*, XXVII, 8. *Cf.* également *ibid.*, XXVII, 5.

LE MOTIF DE LA CRUAUTÉ INNÉE

La notion de cruauté[135], représentée en latin par deux substantifs, *crudelitas* et *saeuitia*[136], est étroitement associée à la figure du tyran.

L'abrégé de Justin des *Histoires Philippiques* de Trogue Pompée la met en scène pour illustrer le comportement déviant d'Alexandre le Grand : le monarque fait mettre à mort un proche, Parménion, ainsi que son fils, après les avoir tous deux soumis à la torture, parce qu'ils le blâmaient d'avoir abandonné les mœurs de sa patrie pour adopter celles des Perses[137]. Lactance, quant à lui, se complaît à décrire les supplices raffinés de Galère : ce dernier aimait à voir les condamnés périr lentement dévorés par les ours[138] ou être progressivement consumés par des flammes appliquées sur toutes les parties de leur corps[139]. Il précise également la correspondance entre les catégories de supplices et le rang social (esclaves, fonctionnaires du palais) ou le statut (païens, personnalités politiques) de chacun[140]. Maximin, caractérisé par une « fureur lubrique[141] », fait

135 Sur cette notion, *cf.* l'article d'H. Ménard, art. cité.

136 Sur la composition du mot *crudelitas*, formé sur *cruor*, « le sang répandu, la chair sanglante » et l'adjectif *crudus* désignant « celui qui aime le sang », *cf.* H. Ménard, *ibid.*, p. 108. Le terme de *saeuitia* renvoie quant à lui à la violence sauvage. La notion apparaît peu dans les sources juridiques : *saeuitia* est repérable dans des contextes sur les rapports entre maîtres et esclaves et sur la folie, tandis que *crudelitas* est liée, en quelques occasions, à l'idée de pouvoir, notamment de pouvoir tyrannique (*ibid.*, p. 110).

137 Justin, *Abrégé des* Histoires Philippiques *de Trogue Pompée*, t. II, livres XI-XXIII, texte établi, traduit et commenté par B. Mineo, notes historiques par G. Zecchini, Paris, Les Belles Lettres, 2018, *cf.* XII, v, 3. Globalement, le texte emploie tantôt le terme de *saeuitia* pour décrire le comportement d'Alexandre (par exemple, *cf. ibid.*, XII, v, 5), tantôt celui de *crudelitas* (par exemple, *cf. ibid.*, XIII, v, 9). La répression exercée sur l'entourage du monarque apparaît comme un *leitmotiv* (*ibid.*, XI, v, 1-2 ; XII, v, 1 ; XII, vi ; XII, x, 8 ; *ibid.*, t. I, IX, viii, 15). Ce procédé légitime aux yeux du lecteur son assassinat par Antipater, qui craint pour sa propre vie (*ibid.*, t. II, XIV, 1-5). L'auteur rajoute que sa mort, si elle a suscité la tristesse des nations vaincues, a réjoui les Macédoniens (*ibid.*, XIII, I, 1-7). Par ailleurs, la *saeuitia* de Denys le Jeune est également soulignée dans l'ouvrage (par exemple, *cf. ibid.*, XXI, II, 2).

138 Lactance, *op. cit.*, XXI, 6 : *His homines non plane comedendi, sed obsorbendi obiectabantur*, « On jetait au monstre des hommes, non point exactement à dévorer, mais à absorber lentement. »

139 *Ibid.*, XXI, 7-11.

140 *Ibid.*, XXII, 1-3.

141 *Corrumpendi cupiditas* (*ibid.*, XXXVIII, 1). Les mots sont de J. Moreau.

noyer les filles qui lui résistent[142] et fait périr de nombreuses personnes, à l'aide de fausses accusations, suite au refus de Valéria, la veuve de son père, de se marier avec lui[143]. Par ailleurs, comme le remarque F. Ploton-Nicollet, les deux principaux vices de Rufin dénoncés par Claudien dans l'*In Rufinum* sont l'avarice et la cruauté[144].

La notion de cruauté entretient un rapport tout particulier avec la colère[145], une passion que Sénèque associe aux pires monstres mythologiques[146]. Absence de contrôle de soi, supplice[147], elle est un point de non-retour[148] qui

142 *Ibid.*, XXXVIII, 2.

143 *Ibid.*, XXXIX-XL.

144 F. Ploton-Nicollet, « La topique de la "nourrice divine" : un motif récurrent dans la poésie d'éloge depuis Stace jusqu'à Sidoine Apollinaire », *La Lyre et la Pourpre ; poésie et politique de l'Antiquité tardive à la Renaissance*, sous la direction de N. Catellani-Dufrêne et M. Perrin, Rennes, Presses Universitaires de Rennes, 2012, p. 3357, *cf.* p. 47. – Rappelons que Rufin, consul en 392, devient préfet du prétoire d'Orient de 392 à 395, date à laquelle il meurt à Constantinople (*ibid.*, n. 34 p. 41 et n. 53 p. 47). L'*In Rufinum* a été rédigé entre le début de 396 et le milieu de 397 (*ibid.*, n. 53 p. 47). – La soif de crime du personnage, ainsi que son plaisir à faire souffrir autrui sont notamment mis en scène dans le livre I, v. 230-250, et dans le livre II, v. 68-71.

145 H. Ménard, art. cité, p. 111 : « Dans l'économie des vices, la *crudelitas* se situe entre la luxure et la débauche (*de luxuria et libidine*) d'une part, la colère et la haine (*de ira et odio*) d'autre part, d'après les *Faits et dits mémorables* de Valère Maxime. »

146 Sen., *De ira*, II, 35, 3-5 : *Qualem intus putas esse animum cuius extra imago tam foeda est ? Quanto illi intra pectus terribilior uultus est, acrior spiritus, intentior impetus, rupturus se nisi eruperit ! Quales sunt hostium uel ferarum caede madentium aut ad caedem euntium aspectus, qualia poetae inferna monstra finxerunt succincta serpentibus et igneo flatu, quales ad bella excitanda discordiamque in populos diuidendam pacemque lacerandam deterrimae inferum exeunt : talem nobis iram figuremus*, « Quelle est à l'intérieur, dis-moi, l'âme de celui dont l'aspect extérieur est si laid ? Combien, dans sa poitrine, la physionomie doit être plus terrible, le souffle plus impétueux, la tension plus forte ; l'âme va se rompre, si elle n'éclate au dehors. Comme est l'aspect des ennemis ou des bêtes sauvages dégouttants de sang ou allant en verser ; comme les poètes ont dépeint les monstres infernaux, ceints de serpents et soufflant du feu, comme les pires dieux de l'enfer sortent pour susciter la guerre, semer la discorde entre les peuples et déchirer la paix ; telle il nous faut figurer la colère » (Sénèque, *Dialogues, t. I, De ira*, texte établi et traduit par A. Bourgery, Paris, Les Belles Lettres, 1942 et 1951). *Cf.* B. Chazal, art. cité, p. 61.

147 Sen., *ibid.*, III, 4.

148 *Ibid.*, I, VII, 4 : *Quarundam rerum initia in nostra potestate sunt, ulteriora nos ui sua rapiunt nec regressum relinquunt. Vt in praeceps datis corporibus nullum sui arbitrium est nec resistere morariue deiecta potuerunt, sed consilium omne et paenitentiam irreuocabilis praecipitatio abscidit et non licet eo non peruenire quo non ire licuisset, ita animus, si in iram, amorem aliosque se proiecit affectus, non permittitur reprimere impetum ; rapiat illum oportet et ad imum agat pondus suum et uitiorum natura procliuis.* « Certaines choses au début sont en notre pouvoir ; plus tard leur force nous entraîne et ne nous permet plus de rétrograder. L'homme précipité dans un abîme n'est plus maître de ses mouvements, et il ne peut ni arrêter ni retarder sa

peut conduire à la folie[149]. Colère et cruauté constituent bien les attributs du tyran[150] et c'est le premier état qui, dans ses manifestations régulières, entraîne le second[151] : les cas de Caligula chez Sénèque et Valentinien Ier chez Ammien illustrent cette dynamique[152]. Le *furor* transforme hideusement l'apparence physique[153], comme on l'observe à propos de Valentinien : *per*

chute ; mais cette impulsion irrévocable supprime en lui toute réflexion, tout regret et il ne peut plus ne pas parvenir là où il aurait pu ne pas aller. Il en est de même de l'esprit : s'il s'est jeté dans la colère, l'amour ou d'autres passions, il ne lui est plus permis d'en arrêter l'élan ; il lui faudra se laisser entraîner et rouler de tout son poids jusqu'au fond de l'abîme par la pente naturelle du vice. »

149 *Ibid.*, II, 36.

150 *Cf.* livre III du *De ira*, avec notamment les exemples de Caligula, de Sylla, et d'autres tyrans perses, grecs et romains. Philippe et Auguste ne se sont pas laissés dominer par leurs passions quand ils ont entendu les outrages de leurs détracteurs (III, 24). Dans l'*Abrégé des* Histoires Philippiques *de Trogue Pompée*, un épisode de colère conduit Alexandre à accomplir un acte cruel : au cours d'un banquet, le monarque, offensé par l'éloge de Philippe que fait Clitos, transperce ce dernier avec un javelot (Just., *op. cit.*, t. II, *cf.* XII, VI). L'édition des Belles Lettres note que Trogue Pompée a recouru dans ce passage aux procédés de l'« exagération dramatique » dans le but de « souligner les progrès de la dégénérescence du prince au contact de cet Orient dont il imite les mœurs despotiques » (*ibid.*, n. 5 p. 32). *Cf.* également P. Vesperini, « Comment les philosophes ont légitimé la tyrannie », *Le Tyran et sa postérité dans la littérature latine de l'Antiquité à la Renaissance*, sous la direction de L. Boulègue, H. Casanova-Robin et C. Lévy, Paris, Classiques Garnier, 2013, p. 35-56, ici p. 47. « L'empereur sage est maître de lui-même, trait qui le distingue immédiatement du tyran, esclave de ses passions. Une passion qui caractérise le tyran, c'est la rage, *ira* [...] Mais il y a aussi des empereurs qui savent très mal mettre en scène leur maîtrise d'eux-mêmes. Ainsi, Claude, dont les colères étaient particulièrement abjectes, s'est ridiculisé en proclamant dans un édit que ses colères seraient toujours courtes et ne feraient de mal à personne, et que son irascibilité ne serait jamais injuste. Il faisait là une distinction entre *ira* et *iracundia*, typique des discours philosophiques sur la colère. » On peut lire enfin l'article de N. Cros, « La contagion monstrueuse : à propos du *De ira* de Sénèque », cité précédemment. « Le *De ira* de Sénèque fait de la colère un élément constitutif de la monstruosité [...] L'homme en colère, tel que Sénèque le présente à son destinataire, apparaît bien comme un mélange monstrueux entre un homme et une bête sauvage, et est soumis à un mécanisme d'inversion de l'humain en inhumain. Plus précisément, hybridation et inversion sont les deux faces d'un même phénomène : l'homme acquiert certains traits de sauvagerie lorsque la colère le rend contraire à lui-même » (*ibid.*, p. 191).

151 Sen., *ibid.*, II, 5.

152 En ce qui concerne Caïus, *cf. ibid.*, III, 19. Pour Valentinien, *cf.* H. Ménard, art. cité, p. 117, qui fait référence à l'exemple d'Ammien, 29, 3, 2.

153 Sur cette thématique de l'altération des traits physiques par la colère, *cf.* Sen., *ibid.*, II, 35, 1-2 : *nihil tamen aeque profuerit quam primum intueri deformitatem rei, deinde periculum. Non est ullius affectus facies turbatior : pulcherrima ora foedauit, toruos uultus ex tranquillissimis reddit ; linquit decor omnis iratos, et siue amictus illis compositus est ad legem, trahent uestem*

asperos actus uelut aestu quodam fluctuum ferebatur et procellarum, adeo ut in irascente saepe uox et uultus, incessus mutaretur et color[154]. Parce qu'il fait preuve de cruauté, le tyran est un mauvais prince, car, comme le note L. Guitton à propos de Maximien, il perd la maîtrise de la tempérance[155].

Dans les vies suétoniennes, il est fréquent de rencontrer le motif de la cruauté innée des tyrans. Les empereurs se trouvent en effet, dès leur naissance, caractérisés par des traits stables et immuables. En ce qui concerne Tibère, « sa nature cruelle et sans pitié se révéla dès son enfance » (*saeua ac lenta natura ne in puero quidem latuit*[156]). Le jeune Caïus « ne pouvait contenir sa nature cruelle et vicieuse » (*naturam tamen saeuam atque probrosam ne tunc quidem inhibere poterat*)[157], et Tibère parle d'un serpent qu'il élève pour le peuple romain[158]. Claude, que sa mère Antonia « appelait couramment "une caricature d'homme, un avorton simplement ébauché

---

omnemque curam sui effundent, siue capillorum natura uel arte iacentium non informis habitus, cum animo inhorrescunt ; tumescunt uenae ; concutietur crebro spiritu pectus, rabida uocis eruptio colla distendet ; tum artus trepidi, inquietae manus, totius corporis fluctuatio, « Rien pourtant n'est si utile que de regarder d'abord la laideur, ensuite le danger de la chose. Aucune passion ne bouleverse davantage la physionomie : elle enlaidit les plus beaux visages, elle donne aux figures les plus tranquilles un air farouche ; toute grâce abandonne les gens en colère : si leur vêtement est drapé selon les règles, ils laisseront traîner l'étoffe et perdront tout soin d'eux-mêmes ; si leur chevelure, soit par nature, soit par artifice est disposée avec quelque agrément, elle se hérisse avec l'âme ; les veines se gonflent, la poitrine est secouée par une respiration haletante : les éclats furieux de la voix distendent le cou ; puis les membres tremblent, les mains s'agitent, tout le corps est en trépidation. » *Cf.* également, comme le note H. Ménard (*ibid.*, p. 120), Prudence, *Peristephanon, Hymne V*, 201-204 ; Jérôme, *Ep.*, I, 4 ; Val.-Max., IX, 2.

154 Amm., 29, 3, 3 : « Il se laissait emporter, comme par une sorte de bouillonnement des flots et des tempêtes, à des actes impitoyables, au point que, lorsqu'il se mettait en colère, souvent sa voix, son air, sa démarche en étaient altérés ainsi que son teint. » Citation d'H. Ménard, *ibid.*, p. 120.

155 L. Guitton, « Les vices des princes de Caligula à Louis XI : la construction d'un anti-modèle de souverain par les lettrés de la cour de Bretagne à la fin du Moyen Âge », *La Pathologie du pouvoir : vices, crimes et délits des gouvernants. Antiquité, Moyen Âge, époque moderne*, cité précédemment, ici p. 450-484, 2.1, p. 457.

156 *Tib.*, LVII, 1 (*Vies des douze Césars*, t. II, *Tibère-Caligula-Claude-Néron*, texte établi et traduit par H. Ailloud).

157 *Calig.*, XI, 1.

158 *Ibid.*, XI, 2 : *Quod sagacissimus senex ita prorsus perspexerat, ut aliquotiens praedicaret exitio suo omniumque Gaium uiuere et se natricem [serpentis id genus] P. R., Phaethontem orbi terrarum educare*, « car le perspicace vieillard l'avait pénétré à fond et bien des fois il déclara hautement : "que Gaius vivait pour sa propre perte et pour celle de tous, qu'il élevait une hydre pour le peuple romain, un Phaéton, pour l'univers." » Sur la figure du serpent dans la Vie de Caligula, *cf.* B. Chazal, art. cité, p. 61.

par la nature[159]" », « était d'un naturel féroce et sanguinaire qui se trahissait dans les moindres choses comme dans les grandes[160] ».

Quant à Néron, Suétone rapporte des informations d'ordre généalogique, « afin de pouvoir mieux montrer que s'[il] dégénéra des vertus de ses ancêtres, inversement les vices de chacun d'eux se retrouvèrent en lui, comme s'ils lui avaient été transmis avec le sang[161] ». Les présages sont nombreux à annoncer l'avènement d'un futur tyran : son père affirme que, de son union avec Agrippine, il ne peut naître « rien que de détestable et de funeste à l'État[162] », et Sénèque, à qui Claude vient de donner la charge de l'éducation de Néron, rêve la nuit suivante qu'il a Caligula pour élève[163]. Enfin, il est intéressant de mentionner la présentation de Domitien qui est donnée :

> *Circa administrationem autem imperii aliquamdiu se uarium praestitit, mixtura quoque aequabili uitiorum atque uirtutum, donec uirtutes quoque in uitia deflexit : quantum coniectare licet, super ingenii naturam inopia rapax, metu saeuus.* (*Dom.*, III, 3)
>
> « Par ailleurs, dans l'exercice du pouvoir, il se montra pendant assez longtemps d'humeur variable, mêlant aussi à proportion égale les vices et les vertus, jusqu'au moment où ses vertus elles-mêmes dégénérèrent en vices : autant qu'on peut le présumer, outre son penchant naturel, le besoin le rendit rapace, et la crainte, féroce. »

R. F. Martin, dans *Les Douze Césars*, n'hésite pas à préciser que ces portraits sont en général assombris à souhait pour enrichir le mythe des « empereurs fous ».

Les abréviateurs ne mettent pas en avant un caractère inné de la cruauté des mauvais princes des IIe et IIIe siècles : seul Aurélius Victor évoque le naturel féroce de Commode à deux reprises[164] et précise que

---

159 *Claud.*, III, 3 : *Mater Antonia "portentum eum hominis" dictitabat, "nec absolutum a natura, sed tantum incohatum"* (*Vies des douze Césars*, t. II, *Tibère-Caligula-Claude-Néron*, texte établi et traduit par H. Ailloud).

160 *Ibid.*, XXXIV, 1 : *saeuum ac sanguinarium natura fuisse, magnis minimisque apparuit rebus.*

161 *Ner.*, I, 6 : *pluris e familia cognosci referre arbitror, quo facilius appareat ita degenerasse a suorum uirtutibus Nero, ut tamen uitia cuiusque quasi tradita et ingenita rettulerit.*

162 *Ibid.*, VI, 2 : *quicquam ex se et Agrippina nisi detestabile et malo publico nasci potuisse.*

163 *Ner.*, VII, 3.

164 Aur.-Vict., XVII, 4 : *immiti prorsus feroque ingenio*, « il était d'un naturel franchement sauvage et cruel » ; *ipsique satellites, dum incestam mentem pronamque in saeuitiam cauent*, « les gardes eux-mêmes [...], parce qu'ils se méfiaient de son naturel impur et porté à la cruauté... » (*ibid.*, XVII, 7).

sa tyrannie fut redoutable dès le début de son règne[165], ce que souligne également l'Épitome[166].

L'*Histoire Auguste* emploie quant à elle le motif de la cruauté innée, en s'inspirant sans doute de Suétone. Maximin, sur lequel nous reviendrons, est ainsi présenté comme naturellement porté à la méchanceté :

> *senatus Maximini et naturalem et iam necessariam crudelitatem timens mortuis duobus Gordianis...* (*Maxim.*, XX, 1)
>
> « le Sénat redoutant la cruauté de Maximin, qui lui était naturelle et devenait maintenant inéluctable après la mort des deux Gordiens[167]... »

Le rédacteur construit un portrait conforme à une image traditionnelle que les Anciens avaient des Thraces, peuple belliqueux et sauvage[168]. L'empereur, par ses origines, était donc prédestiné à être cruel, mais la résurgence du motif de la cruauté innée dans d'autres parties du recueil prouve que cette dernière n'est pas uniquement déterminée par une origine ethnique. Le rédacteur recourt au thème de l'absence d'intelligence, et donc de jugement, pour décrire Élagabal :

---

165 *Ibid.*, XVII, 1 : *at filius saeua a principio dominatione detestabilior habebatur*, « Mais son fils dont la tyrannie dès le début se montra cruelle était tenu pour un homme particulièrement détestable. »

166 Ps. Aur.-Vict., XVII, 2 : *hic qualis futurus esset in ipso primordio ostendit*, « ce qu'il serait, il le montra dès le début. »

167 Sur la *saeuitia* de Maximin et les procédés d'animalisation déployés par l'Anonyme, nous renvoyons à la partie de ce travail consacrée à ce sujet.

168 *Cf.* Virg., *Énéide*, n. 7 p. 1213 : « la Thrace passait pour être une résidence de Mars, du fait de son peuple belliqueux » et note 14 p. 1308 : « Le lecteur est entraîné, par une comparaison, en Thrace, terre sauvage où, selon certaines traditions, résident les plus cruels des humains. C'est le royaume de Mars dont la fureur sanglante peut se déchaîner sans retenue » *Cf.* également ce que les physiognomonistes antiques disent à leur sujet : *Denique tria genera ueteres instituerunt quibus physiognomoniam exercuerunt. Nam primo gentium uel prouinciarum propositis moribus ad similitudinem singulos quosque homines referebant, ut dicerent : "Hic Aegyptio est similis, Aegyptii autem sunt callidi, dociles, leues, temerarii, in uenerem proni [...] hic Thraci est similis, Thraces autem sunt iniqui, pigri, temulenti."*, « Ainsi les anciens ont établi trois sortes de principes dans la pratique de la physiognomonie. Prenant d'abord pour modèles les caractères des nations ou des provinces, ils y comparaient chaque individu, disant : "Un tel ressemble à un Égyptien ; or, les Égyptiens sont rusés, portés à s'instruire, légers, téméraires et portés à faire l'amour [...] un tel ressemble à un Thrace ; or, les Thraces sont injustes, paresseux et ivrognes" » (*Traité de physiognomonie*, texte traduit par J. André, Paris, Les Belles Lettres, 2003, CUF, ici 9). De telles précisions caractérologiques sur les Thraces se rencontrent chez Hérodien (VII, 1, 2). L'historien grec précise en outre que Maximin est, par nature, cruel (VII, 1, 12).

Remoti sunt denique ab eo Hierocles, Cordius et Myrismus et duo improbi familiares, qui eum ex stulto stultiorem faciebant. (*Élag.*, XV, 2)

« Finalement, Héliogabale se sépara de Hiéroclès, de Cordius, de Myrismus et de deux favoris dépravés qui de sot qu'il était le rendaient encore plus sot. »

Dans la Vie de Commode[169], un songe prémonitoire, comme pour Néron, fait office de présage :

Faustina cum esset Commodum cum fratre praegnans, uisa est in somnis serpentes parere, sed ex his unum ferociorem. (*Comm.*, I, 3)

« Pendant que Faustine était enceinte de Commode et de son frère, elle rêva qu'elle donnait naissance à des serpents dont l'un était particulièrement féroce. »

Le cas de Caracalla pourrait sembler exceptionnel, dans la mesure où l'enfance de cet empereur est décrite sous un jour positif[170] :

Huius igitur pueritia blanda, ingeniosa, parentibus adfabilis, amicis parentum iucunda, populo accepta, grata senatui, ipsi etiam ad amorem conciliandum salutaris fuit. (*Carac.*, I, 3)

« Ce fut donc un enfant charmant, aimable envers ses parents, prévenant envers leurs amis, bien accepté par le peuple, bien vu du Sénat, ce qui lui permit de se concilier la sympathie générale[171]. »

Le jeune prince semble être apprécié aussi bien dans la sphère privée que dans la sphère publique. Il est admis aujourd'hui que le préjugé positif des Pères Conscrits à l'égard d'un de leurs pairs doit constituer, aux yeux du rédacteur, une condition indispensable pour procéder à son investiture[172]. Caracalla satisfaisait donc bien à ce critère. La suite de la biographie poursuit l'énumération de ses qualités :

Non ille in litteris tardus, non in beniuolentis segnis, non tenax in largitate, non lentus in clementia, sed sub parentibus, uisus. (*Carac.*, I, 4)

169 Comme le note A. Molinier-Arbo (*La* Vie de Commode *dans*…, p. 75 et n. 3 p. 75), le témoignage de Dion Cassius est contradictoire ; l'empereur n'est pas méchant par nature, il se fait corrompre par son entourage (*cf.* Dion, 73 [72], 1, 1).

170 Nous discutons de ce point de vue ultérieurement.

171 Hérodien le décrit étant jeune homme comme « violent et agressif » (III, 11, 1). *Cf.* également III, 12, 10.

172 Comme nous l'avons signalé précédemment au sujet de l'idéologie pro-sénatoriale du rédacteur. *Cf.* notamment Vie de Tacite.

« Il ne se montra ni paresseux dans ses études, ni avare de bienfaits, ni parcimonieux dans ses largesses, ni insensible à la clémence, du moins tant qu'il fut sous l'autorité parentale »

La série de litotes exprimée ici correspond à l'image du *bonus princeps* que véhicule l'*Histoire Auguste* : l'éducation, la bienveillance, la modération dans les libéralités et la clémence font de Caracalla, pendant un temps, un bon empereur en puissance, ou du moins un individu digne de régner. Le texte se propose même d'illustrer le catalogue de vertus par quelques anecdotes.

Mais le point le plus intéressant reste à venir : dans le même esprit que Suétone, qui, en une phrase célèbre à propos de Caligula, précisait qu'il avait parlé d'un prince et allait désormais parler d'un monstre[173], le rédacteur clôt cette partie consacrée à la face positive de Caracalla par une formule de transition : *Sed haec puer*[174].

Egressus uero pueritiam seu patris monitis seu calliditate ingenii siue quod se Alexandro Magno Macedoni aequandum putabat, restrictior, grauior, uultu etiam truculentior factus est, prorsus ut eum, quem puerum scierant, multi esse non crederent. Alexandrum Magnum eiusque gesta in ore semper habuit. Tiberium et Syllam in conuentu plerumque laudauit. Patris superbior fuit ; fratrem magna eius humilitate despexit. (*Carac.*, II, 1-3)

« Mais quand il en fut sorti, les conseils paternels, sa rouerie naturelle ou son désir d'égaler Alexandre de Macédoine le rendirent plus réservé, plus sérieux et même plus dur de visage, si bien que beaucoup ne retrouvaient plus en lui l'enfant qu'ils avaient connu. Il ne cessait de parler d'Alexandre le Grand et de ses exploits et faisait dans les réunions publiques de fréquents éloges de Tibère et de Sylla. Il était plus orgueilleux que son père et méprisait l'extrême modestie de son frère. »

La rupture est radicale et met en scène la métamorphose en tyran : la « rouerie naturelle » invite à relire le chapitre I avec un autre regard et laisse entendre que ce caractère charmant et appréciable n'était en réalité qu'un masque construit de toute pièce. Tout comme Domitien[175], Caracalla admire Tibère, un empereur qui est caractérisé par son penchant

---

173 *Hactenus quasi de principe, reliqua ut de monstro narranda sunt.* « Jusqu'ici nous avons parlé d'un prince ; il nous reste à parler d'un monstre. » (*Calig.*, XXII, 1).

174 *Carac.*, I, 8 : « Telle fut son enfance. »

175 *Dom.*, XX, 3 : *praeter commentarios et acta Tiberi Caesaris nihil lectitabat*, « en dehors des mémoires et des actes de Tibère, il ne lisait rien. »

pour la dissimulation[176]. Quant à Sylla, il reste associé dans la conscience collective à l'invention des proscriptions et, de ce fait, constitue une figure cruelle.

Un passage célèbre de la Vie de Tacite, abondamment commenté par les critiques, pourrait expliquer le comportement de Caracalla. Dans un discours devant l'auguste assemblée, un certain Nicomachus, favorable à l'élection de Tacite à la dignité impériale, explique le problème de la tyrannie par un manque d'expérience de la vie politique[177].

> *Enimuero si recolere uelitis uetusta illa prodigia, Nerones dico et Heliogabalos et Commodos, seu potius semper Incommodos, certe non hominum magis uitia illa quam aetatum fuerunt. Dii auertant principes pueros, et patres patriae dici impuberes, et quibus ad suscribendum magistri litterarii manus teneant, quos ad consulatus dandos dulcia et circuli et quaecumque uoluptas puerilis inuitet.* (*Tac.*, VI, 4-5)
>
> « Si en effet vous voulez bien vous souvenir de ces monstres du temps jadis – je pense aux Néron, aux Héliogabale et aux Commode, qui furent plutôt toujours malcommodes-, assurément leurs défauts ne résultèrent pas plus de

176 *Cf.* notamment *Tib.*, LVII et *infra*.

177 Le rédacteur aborde le thème du *princeps puer*. Hérodien écrit à propos de Marc Aurèle, sur le point de mourir et inquiet de voir lui succéder le jeune Commode : « Homme de grande instruction, l'Empereur était vivement impressionné par le souvenir des souverains qui avaient reçu jeunes le pouvoir royal, qu'il s'agît du tyran Denys de Sicile, qui, effet d'une intempérance extrême, cherchait à prix d'or de nouveaux plaisirs, ou des successeurs d'Alexandre, qui, par leurs excès et leurs violences sur leurs sujets, avaient déshonoré son Empire » (I, 3, 2). F. Paschoud remarque que le thème du *princeps puer* apparaît dans d'autres passages du recueil, de façon moins marquée : *cf. Aur.*, V, 1 et XVI, 6 ; *Pesc. Nig.*, IV, 7 ; *Clod. Alb.*, III, 4 ; *Car.*, VII, 2. Il est en corrélation avec celui des descendants légitimes : *cf. Aur.*, XVIII, 4 et XXVII, 11-12 et XXVIII, 10 ; *Av. Cass.*, II, 8 ; *Pert.*, VI, 9 ; *Sév.*, XX, 4 à XXI, 6 ; *Carac.*, XI, 3 ; *Prob.*, XXIV, 4-5 ; *Car.*, VII, 3 et XVII, 6. Il s'agit d'une tradition de pensée politique que l'on retrouve chez Tacite (*Histoires*, I, 15-16), Pline le Jeune (*Panégyrique de Trajan*, VII, 5-6), Stace (*Silves*, II, 1, 87-88). La maxime de Vopiscus trouve également des points de rencontre avec l'Ancien Testament (*eccles.*, X, 16 ; Is., III, 4). Pour plus de détails, *cf. Vie de Tacite*, Les Belles Lettres, n. 2.5.4 p. 269-270. *Cf.* également A. Molinier-Arbo, *La* Vie de Commode *dans*..., p. 167-169, qui rappelle que W. Hartke voit une critique des empereurs enfants de la fin du IVe siècle, tels que Gratien, en 375 (17 ans), Valentinien II en 383 (12 ans), Arcadius (18 ans) et Honorius (11 ans) en 395 (*ibid.*, p. 168 et A. Chastagnol, *Histoire Auguste*, p. CLXI). La description de la tirade laisse apparaître que Commode détient un certain nombre des défauts du *princeps puer* (ne pas avoir cure de sa réputation, être le jouet de ses mentors et de ses domestiques, ne pas attribuer correctement les charges publiques). *Cf.* également A. Chastagnol, *ibid.*, introduction générale, p. CLXI-CLXII. Ambroise dénonce le roi enfant (*rex puer*) en 387 et son entourage d'eunuques (Ambroise, *Homélies sur l'Hexaméron*, 68). Augustin écrit la même année que Valentinien II est un *rex puer* (Augustin, *Confessions*, IX, 7, 15, 5) : ces références sont fournies par A. Chastagnol, *ibid.*, p. CLXII.

leur caractère que de leur âge. Puissent les dieux nous épargner qu'on nomme princes des enfants, Pères de la patrie de petits garçons, à qui leurs maîtres d'école doivent tenir la main quand ils signent, que des sucreries, des cerceaux et tout ce qui enchante les bambins poussent à accorder des consulats[178]. »

Les lignes suivantes expriment la même idée. Le sénateur, qui loue l'âge avancé de Tacite, termine son discours en priant ce dernier de ne pas désigner, s'il venait à mourir, ses enfants encore en bas âge et l'invite à préférer le procédé de l'adoption comme le firent Nerva, Trajan ou Hadrien, par souci de l'État[179].

A. Molinier-Arbo voit ici une affirmation de la tendance pro-sénatoriale de l'Anonyme[180]. Ce dernier blâme en effet le principe de légitimité dynastique, un principe qui est apprécié par le peuple, comme en témoigne la pression que ce dernier exerça sur le Sénat pour qu'il fît empereur, aux côtés des princes sénatoriaux Maxime et Balbin, le tout jeune Gordien III. Cette continuité dynastique est garante d'une certaine stabilité dans une période profondément bouleversée politiquement[181]. Mais le rédacteur paraît préférer revenir à un principe d'élection de l'empereur par le Sénat, selon un modèle analogue au choix des consuls du temps de la République. Les compétences que procurent l'âge et l'expérience sont préférées à la jeunesse de l'héritier d'une dynastie. Toujours d'après l'exemple des consuls, l'idéal politique d'une co-régence se fait jour, même si les exemples relatés par l'*Histoire Auguste* ne connurent guère de succès (Marc Aurèle/Vérus, Maxime/Balbin...)[182].

---

178 Texte et traduction de l'édition des Belles Lettres.

179 *Cf. Tac.*, VI, 8-9.

180 A. Molinier-Arbo, « Père et fils au pouvoir à la fin de l'Empire romain : réflexions sur un thème de l'*Histoire Auguste* », *Pouvoir des hommes, signes des dieux dans le monde antique*, Actes des rencontres de Besançon, 1999-2000, Besançon, Institut des Sciences et Techniques de l'Antiquité, 2002, Collection « ISTA », 852, p. 173-190, ici p. 175. « Les opinions politiques exprimées par l'*Histoire Auguste* ne s'écartent pas de la position traditionnelle de l'historiographie impériale : elles sont résolument passéistes et prosénatoriales. »

181 *Ibid.*, p. 178-180.

182 *Ibid.*, p. 186-187 : « l'une des idées maîtresses de l'*Histoire Auguste* est que l'immensité de l'Empire rend nécessaire la présence à la tête de l'État d'au moins deux dirigeants, chargés l'un des affaires intérieures, l'autre de la défense des provinces. L'antique principe de la collégialité du pouvoir suprême, qui n'avait guère été respecté à l'époque impériale, se voit ici investi d'un rôle nouveau, adapté aux besoins politiques contemporains. Cependant, aucune des formes de corégence décrites par l'*Histoire Auguste* [...] ne s'étaient révélées viables. » La configuration idéale reposerait, selon le recueil, sur une association entre un père et son fils, dans le respect de la piété familiale (*ibid.*, p. 187-190).

D'un point de vue stylistique, on remarquera l'antithèse opposant *patres* et *impuberes*, les images illustrant le *princeps puer*, l'accumulation dans laquelle se déploient les arguments. Pour transmettre une idée qui lui est chère, l'Anonyme s'autorise à renoncer au style simple et à recourir aux ressources qu'offre la rhétorique.

Le motif de la cruauté innée sert enfin à construire le portrait en demi-teinte d'Hadrien, tandis que Septime Sévère et Aurélien sont décrits comme des empereurs cruels ; nous y reviendrons ultérieurement, mais nous pouvons déjà affirmer, avec ces exemples, que les notions de *crudelitas* ou de *saeuitia*, selon les cas, concernent des empereurs réputés comme « bons », si l'on en croit les classifications qui émaillent l'œuvre. Il convient à présent d'étudier les manifestations de la cruauté dans le recueil.

LES MANIFESTATIONS DE LA CRUAUTÉ DES TYRANS

La cruauté du tyran se manifeste généralement dans deux formes de répression : la torture et le châtiment[183]. La plupart du temps, les sources littéraires ne remettent pas en cause la rudesse des châtiments exemplaires proposés par le système judiciaire, mais stigmatisent la disproportion entre le crime et la peine, qui révèle un comportement excessif de l'empereur-juge[184].

Dans la continuité de Suétone, la cruauté trouve de nombreuses illustrations dans l'*Histoire Auguste*. J.-P. Callu note que « les allusions aux supplices sont aussi nombreuses que dans les *Vies des douze Césars*[185] » et consacre une étude aux châtiments de criminels réels ou supposés, ayant abouti à la mort, et ayant été menés avec des instruments spécifiques[186]. Chez Suétone, ces références concernent pratiquement tous les règnes, sauf ceux des années 69 à 81[187]. Les supplices illustrent deux notions : la

183 H. Ménard, art. cité, p. 110.

184 *Cf. ibid.*, p. 119.

185 J.-P. Callu, « Le Jardin des supplices au Bas-Empire », *Publications de l'École française de Rome*, 1984, vol. 79, n° 1, p. 313-359, ici p. 315 et 327.

186 *Ibid.*

187 *Ibid.*, p. 327.

seueritas, caractéristique des *optimi principes*, et la *crudelitas*, associée aux *pessimi principes*[188]. Sous la bannière de la *crudelitas* apparaissent Macrin et Maximin (les plus cruels), aux côtés d'Avidius Cassius[189], Commode, Albinus, Caracalla et Gallien, alors que chez Suétone, la *crudelitas* concerne Auguste, Tibère, Claude, Galba, et bien sûr Caligula et Domitien, qui constituent de parfaites incarnations de souverains cruels[190]. Les catégories des châtiments comme leurs motifs sont semblables entre les deux recueils, malgré quelques différences[191].

Nous nous proposons de reporter ci-après une série de conclusions de J.-P. Callu en rapport avec notre étude des moyens mis en œuvre par l'Anonyme pour assombrir la figure des mauvais princes. Tout d'abord, il faut relever que l'*Histoire Auguste* accorde moins de place au parricide et à l'inceste[192]. Le délit de lèse-majesté domine chez Suétone alors que l'*Histoire Auguste* insiste sur le vol[193]. En ce qui concerne le cercle des coupables, il s'élargit toujours plus, des membres de la haute société (*honestiores*) vers les classes plus modestes (petit peuple, affranchis, esclaves…) et surtout l'armée[194]. Quant aux châtiments, « l'arsenal pénal

188 *Ibid.* : « Il ne faut pas toutefois se hâter d'assimiler la notion de supplice à celle de cruauté. Chez les Anciens […] le châtiment se place sous le double vocable de la *seueritas* et de la *crudelitas*. Les bons princes, en principe, se contentent de la première, les mauvais ne connaissent que la deuxième, certains enfin les font alterner. » Nous verrons que le rédacteur joue sur cette alternance pour offrir des portraits ambigus de certains empereurs.

189 A. Chastagnol relève, dans un développement fantaisiste énumérant des supplices qu'infligeait Cassius aux soldats (*Av. Cass.*, IV-V), des inspirations cicéroniennes, notamment des *Verrines* et du *De suppliciis* (« Le supplice inventé par Avidius Cassius : remarques sur l'*Histoire Auguste* et la lettre 1 de Saint Jérôme », *B.H.A.C. 1970*, Bonn, Rudolf Habelt Verlag GmbH, 1972, p. 95-107, ici p. 98-99). Il évoque également une réminiscence d'Aurélius Victor (*ibid.*, p. 100) et d'autres emprunts. Le supplice du grand mât serait inspiré d'un passage de la lettre 1 de saint Jérôme (*ibid.*, p. 103).

190 Pour ces classements, *cf.* J.-P. Callu, *ibid.*, p. 328.

191 *Ibid.*, p. 329 : « L'*Histoire Auguste*, on le sait, reconnaît pour modèle la *Vie des Césars*. Que ses catégories soient suétoniennes est par conséquent dans la norme. Il y aura donc dans chacune des deux séries décimations, pillages des provinciaux, noyades pour les crimes sexuels, manipulation de l'annone et le bûcher pour les impertinents. »

192 *Ibid.*, p. 329.

193 *Ibid.*, p. 330 : « Dans le premier groupe on châtie ce qui porte atteinte à la dignité de l'empereur, dans le second, ce qui enfreint le droit de propriété […] Les Sénateurs qui inspirent l'*Histoire Auguste*, à leur insu même, sont sensibles à la sauvegarde des biens acquis. » *Cf.* également n. 80 p. 330 : « La haine des voleurs anime la biographie exemplaire de Sévère Alexandre. »

194 *Ibid.*, p. 331 : « Le "crime" se démocratise, ou plutôt, touchant moins les hautes sphères politiques, la répression, encore un peu plus sensible dans les basses couches de la

est constitué d'un nombre défini de peines auxquelles on se tient[195] », mis à part quelques cas exceptionnels d'inventions cruelles. Les deux auteurs restent discrets sur la mention de la peine de mort traditionnelle et privilégient tous deux l'anecdote « à sensation[196] ».

Concernant les *summa supplicia* : « les supplices de la tradition la plus ancienne sont en régression[197] ». Rappelons que les trois *summa supplicia* (crucifixion, bûcher, arènes) partagent des points communs. Ils aboutissent d'abord à des morts particulièrement douloureuses[198] ; de plus, ils ne prévoient pas l'ensevelissement des cadavres, faisant fi du souci religieux[199]. Enfin, ils « traduisent un déclassement social[200] ». À l'origine, ces peines sont réservées aux esclaves et aux *humiliores* (« ceux d'un rang inférieur au décurionat[201] »). Il y a une « prééminence de la crucifixion » dans l'*Histoire Auguste*[202]. Enfin, le recueil de l'Anonyme « porte sur une *seueritas* qui, aux confins de la cruauté, serait parfois commune aux bons et aux mauvais empereurs[203] ». « Les peines [sont souvent] majorées et rarement selon des caprices de fous comme dans les condamnations arbitraires effectuées par Caligula ou Domitien[204] », comme si « un code militaire renforcé [s'appliquait] désormais à l'ensemble de la population[205] ».

---

population, s'exerce en priorité dans le monde qui devient le modèle disciplinaire de la société tout entière, c'est-à-dire, dans l'armée. »

195 *Ibid.*, p. 333.

196 *Ibid.*, p. 334 : « aussi bien Suétone que l'*Histoire Auguste*, par souci du spectaculaire, n'ont pas insisté sur ce qui restait la règle : la peine de mort légalement encourue par un citoyen romain est la décapitation et Eusèbe est précisément là pour nous le rappeler. »

197 *Ibid.*, p. 334-335 : « trois châtiments sont placés au premier plan dans *l'Histoire Auguste* : d'abord la crucifixion, puis le bûcher, enfin les arènes. C'est une situation qui, en proportion relative, a basculé depuis Suétone : chez celui-ci mises en croix et condamnations aux bêtes ont beau être les plus nombreuses, la rareté du bûcher inverse le résultat global. » L'auteur note aussi que « Qu'il s'agisse de Callistrate, d'Ulpien ou du Pseudo-Paul, les spécialistes du droit s'accordent pour classer les trois peines selon un ordre ascendant où le châtiment des arènes occuperait la troisième place, tandis que *crux* et *ignis* se disputeraient le titre macabre de *summum supplicium* » (*ibid.*, p. 339).

198 Des morts plus douloureuses que le *summum supplicium* archaïque du *culleus*. *Cf. ibid.*, p. 336.

199 *Ibid.*, p. 337.

200 *Ibid.*, p. 338.

201 *Ibid.*, p. 338.

202 *Ibid.*, p. 348.

203 *Ibid.*, p. 349.

204 *Ibid.*

205 *Ibid.*, p. 350.

Le recueil souligne ainsi très explicitement l'absolutisation du régime[206]. J.-P. Callu entérine toutefois la médiocrité littéraire de l'œuvre en soulignant que les développements concernant les supplices restent « secs » et « allusifs[207] ».

Ces conclusions incitent le lecteur à se poser plusieurs questions : le rédacteur souhaite-t-il un retour à la République ? Considère-t-il le régime sous lequel il vit comme une monarchie ou une tyrannie ? Pourquoi n'embellit-il pas ses développements sur les supplices avec des effets dramatiques ? Ce manque d'expressivité a-t-il un sens ? Il n'est pas aisé de répondre et nous reviendrons ultérieurement sur les opinions de l'Anonyme.

Nous souhaiterions, pour l'heure, clore ce premier grand axe traitant de la dimension morale du recueil en analysant trois cas d'empereurs dont le portrait brossé par le texte ne s'accompagne pas d'un jugement moral catégorique.

---

206 *Ibid.*, p. 351 : « Cette stylisation dramatisante est encore accentuée par une simplification du paysage social. Non seulement les peines y sont alourdies mais encore elles produisent le nivellement, creusant le fossé qui sépare maintenant l'autocrate de la masse de ses *subditi* [...] Les Empereurs de Suétone avaient ouvert la route en livrant des civils à des supplices indignes du citoyen romain, mais on n'avait pas touché aux soldats. Il n'en est plus ainsi. Le déclassement dans la mort atteint aussi bien les hautes classes de la politique et de l'administration que les différents échelons de l'armée. »

207 *Ibid.*, p. 357.

TROIS EXEMPLES DE PORTRAITS AMBIVALENTS D'EMPEREURS

HADRIEN

Le portrait que dresse l'*Histoire Auguste* d'Hadrien, Septime Sévère et Aurélien se révèle tant contrasté qu'il est difficile, pour le lecteur, de prononcer un jugement sans appel de la valeur morale de ces princes[1]. Comme nous le fait remarquer F. Ploton-Nicollet, les trois hommes relèvent du même modèle : ils sont à la fois autoritaires (et pour cette raison ne peuvent être considérés comme des bons princes) et grands hommes d'État (on ne peut donc pas les réduire non plus au statut de mauvais empereurs)[2].

---

1 Rappelons que Suétone présentait à la fois les vices et les vertus de ses personnages. Néanmoins, le jugement de l'auteur s'impose pour chaque biographie, ce qui autorise une classification plus tranchée que pour les Vies de l'*Histoire Auguste* que nous allons étudier dans cette partie. *Cf. supra.*

2 Hadrien s'est révélé être un « bon chef de guerre » durant sa carrière militaire (A. Chastagnol, *Histoire Auguste*, introduction de la Vie d'Hadrien, p. 5) mais il réprime dans le sang la conspiration des sénateurs lors de son accession au trône et les rébellions qui éclatent sous son règne en Palestine, en Maurétanie et en Bretagne (*ibid.*, p. 5-6). C'est néanmoins un « empereur pacifique », ami des arts et de l'éloquence, curieux et philhéllène (*ibid.*, p. 8) mais aussi d'humeur changeante et parfois cruel (*cf. infra.*) – Septime Sévère est célèbre pour ses victoires militaires : il triomphe des Parthes et de leurs alliés, ainsi que des Calédoniens (*ibid.*, introduction de la Vie de Septime Sévère, p. 304-305) mais se trouve également responsable de l'épuration du Sénat dans le contexte des guerres fratricides qui suivirent la mort de Pertinax (*cf. infra.*). – Quant à Aurélien, il est également un valeureux général, remportant de nombreuses victoires contre les Barbares (Goths, Alamans, Juthunges...) et restaurant l'unité de l'Empire qui avait été déchirée par les usurpateurs sous le règne de Gallien (*ibid.*, introduction de la Vie d'Aurélien, p. 958-960). Il aurait précisément été impliqué dans le meurtre de ce dernier, d'après Aurélius Victor (Aur.-Vict., 33, 21, *cf.* A. Chastagnol, *ibid.*, p. 958). C'est un homme beau, soucieux de discipline, intègre (Aur.-Vict., 35, 12, *cf.* A. Chastagnol, *ibid.*, p. 958). Toutefois, à en croire Eutrope, il était « sans mesure dans ses réactions et dans ses colères, cruel et sanguinaire : il aurait

Bien qu'Hadrien occupe la place de « bon empereur » dans l'énumération des souverains de l'histoire de l'Empire, comme nous avons pu le constater dans différentes parties du recueil[3], il bénéficie d'un portrait moral qui n'est pas exempt de nuances[4]. Une énumération de vices et de vertus, en balancement, proposée dans le corps de la biographie, révèle une intention de contraster l'image de l'empereur.

> *Idem seuerus laetus, comis grauis, lasciuus cunctator, tenax liberalis, <simplex> simulator, saeuus clemens et semper in omnibus uarius.* (*Hadr.*, XIV, 11)
>
> « Il était tour à tour sévère et enjoué, aimable et austère, impulsif et circonspect, avare et généreux, naïf et dissimulé, cruel et clément, et toujours changeant en toutes choses[5]. »

Le dernier mot de cet extrait synthétise la série d'antithèses : Hadrien était *uarius*. On retrouve d'ailleurs le même adjectif dans le texte du Pseudo-Aurélius Victor, dans un rythme ternaire qui met en valeur le caractère versatile du prince : *uarius, multiplex, multiformis*[6].

Il est également frappant de repérer dans cette succession d'adjectifs le terme de *saeuus*, qui est lourd de sens dans la tradition historiographique latine. D'autres tyrans notoires de l'*Histoire Auguste* sont assimilés

---

même tué sa propre nièce » (Eutr., IX, 13 et 14, *cf.* A. Chastagnol, *ibid.*, p. 958-959). Il réprime sévèrement les révoltes du procurateur fiscal Félicissimus, du tyran palmyrénien Antiochus et de Firmus en Égypte (A. Chastagnol, *ibid.*, p. 962-963).

3 *Cf. Aur.*, XLII, 3-6 ; *Car.*, III, 1-7. Dans le premier passage, le rédacteur prend la peine d'adjoindre à son nom l'adjectif *diuus*, comme pour Trajan, Claude et Aurélien. Le titre de la biographie dans laquelle s'insère cet extrait, est « Vie du divin Aurélien ». D'autres *optimi principes* tels Auguste, Vespasien, Antonin et Marc Aurèle, pourtant divinisés eux-aussi, ne bénéficient pas de cette ornementation de leur patronyme, aussi les critères de sélection de l'auteur nous questionnent. Les panégyristes du IVe siècle ayant établi un lien de parenté entre Claude et Constantin, lecteur supposé des dernières Vies de l'*Histoire Auguste* dont certaines lui sont destinées, on pourrait interpréter le cas de Claude comme une marque de courtisanerie. Mais que penser de ceux de Trajan, Hadrien et Aurélien ?

4 Si la Vie d'Hadrien, première biographie du recueil, fait partie des Vies principales et présente des informations fiables, elle n'est pas exempte de rajouts et de déformations : *cf.* par exemple *Hadr.*, XIV, 1 (le passage évoque la haine de l'empereur envers les habitants d'Antioche) qui rappelle Ammien Marcellin, XXII, 14 (qui décrit la haine de Julien envers les mêmes habitants). Ce rapprochement est traité dans l'article de J. Schwartz, « Remarques sur les voyages d'Hadrien », *B.H.A.C. 1979-1981*, Bonn, Rudolf Habelt Verlag GmbH, 1983, p. 291-301, ici p. 299.

5 Texte et traduction de l'édition des Belles Lettres.

6 Ps. Aur.-Vict., XIV, 6 : « inconstant, complexe, protéiforme ».

à des bêtes sauvages : le rédacteur écrit à propos d'Élagabal « on ne le supporterait même pas chez une bête[7] » et Maximin est qualifié à plusieurs reprises de *belua* ou *fera*[8]. La *saeuitia* du tyran constitue en réalité un trait topique[9].

La juxtaposition de l'adjectif avec *clemens* nous rappelle le traitement que Sénèque réserve à ces notions-clé de la morale politique dans son *De clementia*. Le philosophe distingue en un passage *saeuitia* et *crudelitas*[10] ; de fait, le premier terme désigne une réalité bien pire que la seconde. La cruauté (*crudelitas*), caractère opposé à la clémence, « n'est rien d'autre que la dureté du cœur dans la fixation des peines[11] ». Mais les assassins, Busiris et Procruste, les pirates, font montre d'une conduite qui relève de la sauvagerie : *Possumus dicere non esse hanc crudelitatem, sed feritatem cui uoluptati saeuitia est*[12]. Toutefois, comme le remarque F.-R. Chaumartin,

7 *Élag.*, v, 2. Traduction d'A. Chastagnol.

8 *Maxim.*, IX, 2 / X, 1 / XI, 6 / XV, 6 / XV, 8 / XVII, 1-2 et *Gord.*, IX, 5.

9 Chez Suétone, *cf. Tib.*, 57-62 ; *Calig.*, 27-33 ; *Ner.*, 33-38 ; *Dom.*, 10-11. Nous bénéficions du relevé de J. Gascou, *Suétone historien*, n. 49 p. 725. « Suétone s'étend particulièrement sur [la *saeuitia*]. C'est le "vice" le plus monstrueux des mauvais empereurs, celui qu'il flétrit le plus durement et qu'il dépeint avec les couleurs les plus noires » (*ibid.*, p. 725).

10 Sen., *De la clémence*, II, 4, 2.

11 *Ibid.*, II, 4, 1 : *Crudelitas quae nihil aliud est quam atrocitas animi in exigendis poenis.* Traduction F.-R. Chaumartin. *Clementia* et *crudelitas* sont mises en opposition dans l'*Histoire Auguste*, dans la Vie de Septime Sévère, en *Sév.*, XII, 9 : *Post hoc de sua clementia disseruit, cum crudelissimus fuerit et senatores infra scriptos occiderit.* « Il évoqua ensuite sa propre clémence, bien qu'il se fût montré de la plus grande cruauté en mettant à mort les sénateurs dont voici la liste » (texte et traduction de l'édition d'A. Chastagnol). Les deux termes sont également rapprochés dans la Vie d'Avidius Cassius, présentant aux yeux du lecteur un curieux paradoxe : *Haec sunt quae de Cassio Auidio conperimus. Cuius ipsius mores, ut supra diximus, uarii semper fuerunt, sed ad censuram crudelitatemque propensiores. Qui si optinuisset imperium, fuisset non modo clemens sed bonus, sed utilis et optimus imperator*, « voici donc ce que nous avons appris sur Avidius Cassius. Quant à son caractère, comme nous l'avons dit plus haut, il était assez changeant, mais plutôt enclin à la sévérité et à la cruauté. Toutefois, s'il avait obtenu le pouvoir, il eût fait un empereur non seulement clément, mais probe, efficace, en un mot excellent. » (*Av. Cass.*, XIII, 8-10). On observe ici le renversement d'un phénomène observé chez différents empereurs dans la pratique des vices et des vertus. Tibère, Caius et Néron avaient inauguré leur règne par des marques de clémence (nous en parlerons ultérieurement) mais le pouvoir a corrompu leur bonté. Ici, l'exercice du pouvoir est présenté comme un outil d'assainissement moral. S'agirait-il d'une lointaine réminiscence de l'expérience d'Auguste telle qu'elle est rapportée par Suétone ? L'homme était en effet réputé cruel durant les guerres civiles, puis sage durant son règne.

12 Sen., *De la clémence*, II, 4, 2 : « Nous pouvons dire que ce n'est pas de la cruauté, mais une sauvagerie se complaisant dans la férocité. » Tout comme dans le *De ira* (II, 5), Sénèque caractérise la *saeuitia* par le plaisir gratuit de faire le mal, sans que cette conduite ne réponde à aucune offense.

en I, 25, 1 et 26, 1 ainsi que dans le traité *De ira*, II, 5, *crudelitas* et *feritas* ne sont pas distinguées[13]. La *saeuitia* est associée au tyran en I, 12, 1 (*tyrannis saeuitia cordi est*)[14]. L'attribution de l'adjectif *saeuus* noircit ainsi sévèrement l'image d'Hadrien ; elle ponctue en outre l'énumération, qui avait commencé avec des couples d'opposition relativement peu offensifs[15].

Hadrien se montre « d'emblée enclin à la clémence[16] » (*Tantum autem statim clementiae studium habuit*[17]). Il n'est pas certain que cette remarque valorise l'empereur. L'histoire du Principat comprend, en effet, un certain nombre de tyrans qui se sont, au début de leur règne, montrés cléments[18] : Tibère, s'il a rétabli la loi de majesté dès l'année 15, décharge Granius Marcellus et Appuléia Varilla de ce crime et adoucit la peine de Silanus[19]. Caligula, d'après Suétone, réhabilite les condamnés et les bannis et met fin à toutes les poursuites du règne antérieur[20]. Il laisse le

13 *Cf. id.*, *De la clémence*, n. 9 p. 47.

14 *Cf. ibid.*, notes 9 et 10 p. 47. Pour la sauvagerie du tyran (désignée par *crudelitas* et *feritas*), il faut se reporter également à I, 25, 1 avec l'exemple du sanguinaire Alexandre.

15 Rappelons que la *seueritas* est une vertu aux yeux de Sénèque (*ibid.*, II, 4, 1).

16 La traduction est d'A. Chastagnol.

17 *Hadr.*, V, 5 : « Par ailleurs, il eut aussitôt un tel désir de se montrer clément… » Sur les différentes nuances de sens de *clementia* depuis les origines jusqu'à l'avènement de Néron, *cf.* Sen., *De la clémence*, introduction, p. XVI-XXXIV. Il faut également mentionner les travaux de G. Flamerie de Lachapelle : « Les *principes* successifs ont été confrontés à ce choix : donner à leur *clementia* une forme républicaine ou bien royale. César, après avoir opté pour le premier terme de l'alternative, la transforme de plus en plus nettement en trait monarchique ; Auguste est au contraire soucieux de maintenir les formes et de ne pas donner l'impression que sa clémence est le signe d'une puissance sans bornes. Tibère se montre longtemps fidèle à l'héritage augustéen, avant de développer une forme de *clementia* d'essence despotique ; Caligula et Claude feront de même. Le *De Clementia*, s'il opère en partie une synthèse de ces deux grands courants, consacre définitivement l'avènement d'une clémence propre au souverain. » (G. Flamerie de Lachapelle, « *Clementia*. Recherches sur la notion de clémence à Rome, des origines à la fin des Julio-Claudiens », *L'Information littéraire*, 2007/1, vol. 59, p. 33-36, *cf.* § 24). La clémence reste une vertu célébrée au IVe siècle : Mamertin, même s'il n'insiste pas sur la victoire de Maximien sur les Bagaudes (qui ne sont d'ailleurs point nommés explicitement), paysans dont l'état de grande misère a poussé à prendre les armes en 285-286, loue un usage de la *clementia* en cette occasion (*Pan.*, II, IV, 3). On retrouve cette vertu mise en avant par le même auteur, pour le même personnage, en III, V, 3. Ces rapprochements sont indiqués dans l'introduction du Panégyrique de 289, n. 2 p. 14.

18 Les exemples qui suivent relatifs à Tibère et Caïus sont énoncés dans Sen., *De la clémence*, introduction, p. XXXI-XXXII.

19 Pour ces trois cas d'accusation de lèse-majesté, *cf.* respectivement Tac., I, 74 ; II, 50 ; III, 66-69.

20 *Calig.*, XV, 6.

pouvoir de rendre justice aux magistrats[21]. Néron, lui aussi, fait preuve de clémence au début de son règne[22].

Nous pensons que le rédacteur connaît ce *topos*, car il se dit imitateur de Suétone : il n'hésite pas, dans la Vie de Caracalla, à dessiner l'image d'un prince qui, dans sa jeunesse, était bon et clément. Les propos sont d'ailleurs illustrés par une anecdote dont le vocabulaire est emprunté à Suétone[23] :

> *Non ille in litteris tardus, non in beniuolentis segnis, non tenax in largitate, non lentus in clementia, sed sub parentibus, uisus. Denique, si quando feris obiectos damnatos uidit, fleuit aut oculos auertit. Quod populo plus quam amabile fuit.* (*Carac.*, I, 4-5)
>
> « Il ne se montra ni paresseux dans ses études, ni avare de bienfaits, ni parcimonieux dans ses largesses, ni insensible à la clémence, du moins tant qu'il fut sous l'autorité parentale. C'est ainsi que, lorsqu'il voyait des condamnés livrés aux bêtes sauvages, il pleurait et détournait le regard, ce qui lui valut de la part du peuple plus que de l'affection. »

Aussi, bien que le terme de *clementia* s'applique dans l'*Histoire Auguste* à des bons empereurs[24] (il sert à décrire la politique d'Alexandre[25], caractérise Antonin[26],

---

21 *Ibid.*, XVI, 4.

22 *Ner.*, X, 1 : *Atque ut certiorem adhuc indolem ostenderet, ex Augusti praescripto imperaturum se professus, neque liberalitatis neque clementiae, ne comitatis quidem exhibendae ullam occasionem omisit*, « Pour mieux prouver encore ses bonnes dispositions, il déclara qu'il gouvernerait suivant les principes d'Auguste, et ne laissa passer aucune occasion de manifester sa générosité et sa clémence, voire même son amabilité. » La tradition garde en mémoire sa célèbre phrase *"Quam uellem", inquit, "nescire litteras !"*, « Comme je voudrais ne pas savoir écrire ! » (*ibid.*, X, 3), prononcée alors qu'il doit signer l'arrêt de mort d'un condamné.

23 *Cf.* A. Chastagnol, *Histoire Auguste*, n. 3 p. 406.

24 La clémence sert à caractériser Victorinus (*Tr. tyr.*, VI, 6) et Zénobie (*ibid.*, XXX, 16).

25 *Alex. Sév.*, XXVIII, 5 : *Ita et patronis auctoribus damnatus ambitor est et Alexandri, quam praecipue tuebatur, seruata clementia est*, « Ainsi, l'intrigant fut condamné sous la responsabilité de ses protecteurs et la clémence d'Alexandre, à laquelle il veillait par-dessus tout, fut préservée » (texte et traduction de l'édition des Belles Lettres : *Histoire Auguste. t. III, 2e partie : Vie d'Alexandre Sévère*, introduction, texte, traduction, et commentaire par C. Bertrand-Dagenbach, Paris, Les Belles Lettres, 2014, CUF).

26 *Ant. Pius*, II, 1 : *Fuit uir forma conspicuus, [ingenio] clarus moribus, clemens, nobilis…*, « C'était un homme d'une beauté remarquable, à la brillante conduite ; il avait indulgence et noblesse… » (texte et traduction de l'édition des Belles Lettres) ; *ibid.*, II, 7 : *natura clementissimus*, « il était par nature extrêmement clément » ; *ibid.*, XIII, 3 : *A senatu diuus est appellatus cunctis certatim adnitentibus, cum omnes eius pietatem, clementiam, ingenium, sanctimoniam laudarent*, « Le Sénat le déclara divin et tous y poussèrent à l'envi, chacun louant sa piété, sa clémence, son intelligence, sa probité. »

Marc Aurèle[27], Maxime et Balbin[28], Claude[29], Probus[30]) et bien que cette vertu soit définie comme la qualité première dont tout prince doit faire preuve[31], il semble que ce passage ne serve pas pleinement la valorisation

27 *Marc*, XIII, 6 : *Tantaque clementia fuit,* « Si grande était sa bonté » (texte et traduction de l'édition d'A. Chastagnol) ; *ibid.*, XIX, 12 : *deusque etiam nunc habetur, ut uobis ipsis, sacratissime imperator Diocletiane, et semper uisum est et uidetur, qui eum inter numina uestra non ut ceteros sed specialiter ueneramini ac saepe dicitis uos uita et clementia tales esse cupere, qualis fuit Marcus,...* « Car aujourd'hui encore on le met au rang des dieux ; vous l'avez toujours fait et continuez à le faire, très vénérable empereur Dioclétien, vous qui, parmi vos divinités, l'honorez non pas comme les autres mais d'une façon toute spéciale, et qui dites souvent que vous voudriez ressembler à Marc pour les mœurs et la clémence... » ; *ibid.*, XXVI, 10 : *Ipsum Cassium pro clementia occisum passus est, non occidi iussit.* « En raison de sa bonté il accepta le fait accompli de l'exécution de Cassius, mais, précisait-il, sans qu'il en ait lui-même donné l'ordre. » *Cf.* également *Av. Cass.*, XI, 1 ; XIII, 1 et 2.

28 *Max. et Balb.*, VII, 7 : *Denique nonnulli, quemadmodum Catonem et Caesarem Sallustius comparat, ita hunc quoque conparandum putarunt, ut alterum seuerum, clementem alterum, bonum illum, istum constantem, illum nihil largientem, hunc afluentem copiis omnibus dicerent,* « Certains enfin, pour imiter Salluste qui compare Caton et César, ont pensé à faire également un parallèle entre eux en disant que l'un était sévère, l'autre clément, l'un bon, l'autre ferme, l'un peu enclin aux largesses, l'autre regorgeant d'une profusion de richesses » (texte et traduction de l'édition d'A. Chastagnol) ; *ibid.*, XVII, 4 : *Quae quanta et cuius modi sit, iam in ipso exordio principatus uestri cognoscere potuimus, qui leges Romanas aequitatemque abolitam et clementiam, quae iam nulla erat, et uitam et mores et libertatem et spem successionum atque heredum reduxistis,* « Son intensité et ses caractéristiques, nous avons déjà pu les apprécier depuis le début de votre principat ; vous avez en effet remis en honneur les lois romaines, la justice auparavant bafouée, la clémence qui n'existait plus, la vie, la moralité, la liberté, l'espérance de successeurs et d'héritiers. »

29 *Tr. tyr.*, XI, 5 : *Ille tamen clemens qui, corporis ultima seruans, / et pontem Aureolo dedicat et tumulum,* « Claude néanmoins se montre clément qui, conservant les ultimes restes de son corps, dédie à Auréolus et un pont et une tombe. »

30 *Prob.*, XII, 2 : *animus clemens,* « esprit bienveillant » ; *ibid.*, XXII, 1 : *Conferenti mihi cum aliis imperatoribus principem Probum, omnibus prope Romanis ducibus, qua fortes, clementes, qua prudentes, qua mirabiles extiterunt, intellego hunc uirum aut parem fuisse aut, si non repugnat inuidia furiosa, meliorem,* « Si je compare le prince Probus avec les autres empereurs, je constate que cet homme a été ou égal, ou, si une jalousie délirante ne me vient pas contredire, supérieur à tous les généraux romains pour ainsi dire, dans la mesure où ils se montrèrent courageux, bienveillants, avisés, dignes d'admiration » ; *Quadr. tyr.*, XI, 2 : *Fertur autem Probus et clementes ad eum litteras saepe misisse, et ueniam esse pollicitum, sed milites qui cum eo fuerant non credidisse,* « On rapporte en effet que, d'une part, Probus lui adressa fréquemment des lettres bienveillantes, et d'autre part lui promit son pardon, mais que les soldats qui avaient embrassé son parti ne s'y fièrent pas. »

31 *Av. Cass.*, XI, 5 : *Non enim quicquam est, quod imperatorem Romanum melius commendet gentibus quam clementia,* « Il n'y a en effet rien de tel pour grandir un empereur romain aux yeux des peuples que la clémence » ; *Aur.*, XLIV, 1 ; *Prob.*, X, 4 (la clémence apparaît parmi les vertus que devra posséder celui que les militaires vont élire). « Ta Clémence » (*tua*

d'Hadrien. Il pourrait s'inscrire dans le cadre d'un jeu littéraire, fondé sur la reprise d'un motif suétonien : la rupture dans l'évolution morale de certains tyrans du Ier siècle ap. J.-C. Si Hadrien se montre d'emblée clément envers des notables, comme l'indique le texte, il n'hésitera pas à provoquer leur mort ultérieurement. Par ailleurs, il faut noter que, selon le Pseudo-Aurélius Victor, Hadrien simule sa propension à être clément (*continentiam, facilitatem, clementiam simulans*, « il simulait la maîtrise de soi, l'affabilité, la clémence[32] »). Eutrope écrivait déjà *non magnam clementiae gloriam habuit*, « il n'eut pas une grande réputation de clémence[33] ».

Il nous a paru bon de dresser le tableau ci-dessous pour résumer les différents chapitres de la biographie (numéros de chapitre dans la colonne de gauche, en chiffres romains)[34]. Chaque chapitre est accompagné d'un indicateur dans la seconde colonne qui apprécie les traits d'Hadrien décrits : moralement positifs (+), négatifs (-), les deux à la fois (+/-) ou aucune appréciation morale particulière (N). Dans la colonne de droite, les numéros de notices sont indiqués entre parenthèses.

I	N	Origines
II	N	Carrière. On apprend que Servien, détesté de Trajan, a tenté de retarder Hadrien qui devait annoncer à Trajan son accession au trône après la mort de Nerva (6).
III	+	Il se met à étudier le latin pour le pratiquer avec « beaucoup de maîtrise et d'aisance » (1). Exploits militaires (6). Alors qu'il n'est pas encore empereur mais légat prétorien, il « maintint la discipline dans l'armée et sévit contre les procurateurs qui abusaient de leurs pouvoirs » (9). L'auteur présente ces actions comme la motivation de sa nomination au consulat (10).

clementia / uestra clementia) est une formule ressassée dans le recueil, pour désigner à la fois les princes des biographies mais aussi leur dédicataire (Dioclétien : *Ael.*, II, 2 ; *Vér.*, XI, 4 ; le Sénat : *Macr.*, VI, 1 ; *Alex. Sév.*, IX, 1 ; *Prob.*, XI, 2 ; XI, 4 ; XV, 4 ; Constantin : *Gét.*, I, 1 ; *Élag.*, XXXIV, 4 ; XXXV, 3, *Alex. Sév.*, LXV, 3 ; *Maxim.*, I, 1 ; *Gord.*, I, 1 ; XII, 2). Les deux institutions, Sénat comme césarat, bénéficient de la même formule honorifique. De façon générale, ce sont des « bons empereurs » (exception faite de Macrin) qui s'adressent de la sorte aux Pères Conscrits, dans des lettres.

32 Ps. Aur.-Vict., XIV, 6.

33 Eutr., VIII, 7, 2.

34 Les segments traduits qui figurent dans le tableau sont tirés de l'édition d'A. Chastagnol.

IV	+/-	L'*Histoire Auguste* est la seule source à mentionner le complot des consulaires Palma et Celsus, « soupçonnés d'aspirer à la tyrannie », qui tombèrent en disgrâce et qu'Hadrien poursuivit ensuite (3). Rumeur publique : il aurait corrompu des affranchis de Trajan et courtisé des mignons de l'empereur (5). Mort de Trajan, Hadrien accède au pouvoir.
V	+ (?)	Hadrien a obtenu le pouvoir : « Il se montra d'emblée enclin à la clémence » : il ne sévit pas contre deux dignitaires soupçonnés d'aspirer à l'Empire. (5) L'un d'eux se fait tuer mais ce n'est pas Hadrien qui en a donné l'ordre (6). Il réprime une révolte (8). Il salue la dépouille de Trajan (9). Il la fait acheminer à Rome (10).
VI	+	Il demande la divinisation de Trajan au Sénat (1). Il témoigne de la déférence envers le Sénat (2). Il organise le triomphe posthume de Trajan en refusant qu'on le lui accorde pour lui-même (3).
VII	+	Il déjoue un complot ourdi par des consulaires. Le Sénat les fait mettre à mort, notamment Palma et Celsus. D'après son *Autobiographie*, Hadrien jure ne pas avoir voulu ces exécutions (1-2). Distribution d'argent au peuple pour faire oublier le meurtre des consulaires (3). Propos ambigu : il s'excuse au Sénat pour « [ce qui s'est passé] » et « [jure] qu'il ne [punira] jamais un sénateur, sinon sur décision expresse de l'Assemblée » (4). Mesures fiscales pour gagner la faveur du peuple (6). « Il interdit que les biens des condamnés alimentent le patrimoine privé de l'empereur » (7). Largesses (9-11). Évergétisme (12).
VIII	+	Il répète souvent que l'État appartient au peuple et non à lui. Marques de déférence envers le Sénat. Respect qu'il témoigne envers Servien ; bienfait qu'il lui octroie (troisième consulat) (11).
IX	+/-	Il fait détruire le théâtre de Trajan (1), cherche à faire tuer son préfet et ancien tuteur Attianus (« il ne pouvait supporter [son] influence ») puis renonce à ce projet (3). Il le destitue (4). Largesses envers des provinciaux (6). Marques de bonté (7,9).
X	+	Libéralités en Gaule (1). Mesures militaires : rétablissement de la discipline, suppression du luxe dans les camps, gratifications en fonction du juste mérite.
XI	-	Espionnage de ses amis par des frumentaires (centurions détachés). Cette attitude est jugée « perverse ». Affirmations faisant état de relations sexuelles de l'empereur avec des hommes adultes et d'adultère avec des femmes mariées. On l'accuse de déloyauté, « même envers ses amis » (7).

XII	+	Évergétisme, marques de prudence. Il déjoue lui-même une tentative d'assassinat en Espagne : l'agresseur s'avère fou, il l'envoie se faire soigner par des médecins (5). Mesures de protection des frontières. Il réprime la rébellion des Maures (7).
XIII	N/+	Voyages. Bienfaits envers les provinces africaines (4). Il punit les gouverneurs et les procurateurs coupables de « méfaits » (10).
XIV	+/-	Talents littéraires, artistiques, militaires d'Hadrien. Énumération de vices et de vertus en balancement (11).
XV	-	Bienfaits qu'il accorde à ses amis (1). Énumération des personnes qu'il disgrâcie, fait mettre à mort ou dont il autorise le meurtre. Marques de condescendance à l'égard des savants.
XVI	+	Honneurs qu'il confère aux savants. Rapports d'amitié qu'il entretient avec eux.
XVII	+	Il ne se soucie plus des ennemis qu'il avait quand il était un simple particulier (1). Marques de générosité, amour de la plèbe.
XVIII	+	Il n'admet pas les accusations de lèse-majesté (4). Il n'accepte pas les héritages venant d'inconnus, ni de ceux qu'il connaît et qui ont des fils (5). Mesures liées aux esclaves.
XIX	+	Marques d'évergétisme.
XX	+/-	Il est courtois dans ses conversations (1) puis « Marius Maximus affirme qu'il [est] d'une nature cruelle et que, s'il faisait souvent preuve de bonté, c'était par crainte de subir le même sort que Domitien » (3). Énumération de quelques qualités.
XXI	+	Enquêtes qu'il mène personnellement lors des procès (1). Il ne veut pas que « ses affranchis jouent un rôle public et exercent une emprise sur lui », condamne « tous ceux qui s'étaient vantés d'avoir de l'influence sur lui » (2). Mesures qu'il prend pour les catastrophes qui ont eu lieu sous son règne. Amour que les soldats lui portent. Bonnes relations qu'il entretient avec les autres nations.
XXII	+	Attachement aux traditions. Haine qu'il porte envers ceux qui se sont enrichis malhonnêtement (9).
XXIII	-	Il tombe malade et s'inquiète de sa succession. Pense à Servien. Il déteste ses éventuels successeurs. Alors qu'il a failli mourir d'une hémorragie, toute la « violence de sa cruauté innée » se manifeste. (7-8) Il fait périr différentes personnes. Rumeur qui l'accuse d'avoir empoisonné son épouse. Il adopte Aelius Vérus César, qui meurt peu de temps après.
XXIV	N/-	Adoption d'Antonin le Pieux. Hadrien cherche à se donner la mort plusieurs fois mais Antonin l'en empêche.

XXV	-	Il meurt, « détesté de tous » et est enseveli. (8) : rappel qu'il oblige Servien à se donner la mort, afin qu'il ne lui survive pas et ne puisse pas prendre le pouvoir. Il ordonne aussi le meurtre de « nombreuses personnes » mais qui sont toutes sauvées par Antonin.
XXVI	+	Portrait physique et moral globalement positif. Rappel des qualités. *Omina mortis*.
XXVII	-	« Après sa mort, beaucoup répandirent contre lui des flots de critiques. Le Sénat voulait qu'on annulât ses actes. » (1). Il est proclamé divin grâce à Antonin qui lui élève un temple.

On constate à la lecture de ce tableau que le portrait d'Hadrien est, pour l'essentiel, bienveillant, mais que quelques dissonances transparaissent. Ce clair-obscur donne un certain relief à la Vie et dépeint le *princeps* comme un être complexe.

Le règne est en effet entaché de marques de cruauté : le chapitre XV (2-9) présente une énumération de disgrâces et de mises à mort sans indications temporelles précises[35]. Des accès de violence sont également men-

35 Polyen, contraint à une mort volontaire, n'est pas identifié à un individu connu (*Histoire Auguste, Vie d'Hadrien*, dans l'édition des Belles Lettres, n. 146 p. 115 ; H.-G. Pflaum, « La valeur de la source inspiratrice de la *Vita Hadriani* et de la *Vita Marci Antonini* à la lumière des personnalités contemporaines nommément citées », *B.H.A.C. 1968-1969*, Bonn, Rudolf Habelt Verlag GmbH, 1970, p. 173-232, ici p. 180) contrairement à Marcellus, duquel il est rapproché (*Hadr.*, XV, 4). Sur Marcellus, *cf.* H.-G. Pflaum, *ibid.*, p. 180-181. Titianus, consul ordinaire en 127, est accusé d'être mêlé à une tentative d'usurpation. Comme le fait remarquer l'édition des Belles Lettres, il récidive sous Antonin (*Ant. Pius*, VII, 3, *cf.* n. 148 p. 115). Il ne faut donc pas voir dans ce cas précis une marque de la cruauté d'Hadrien (*ibid.*, n. 148 p. 116). Umidius Quadratus et Catilius Severus tombent en disgrâce à cause d'alliances avec la famille du futur Marc Aurèle (*ibid.*, n. 149 p. 116). Le rédacteur note auparavant : *Idem tamen facile de amicis, quidquid insusurrabatur, audiuit atque ideo prope cunctos uel amicissimos uel eos quos summis honoribus euexit postea ut hostium loco habuit, ut Attianum et Nepotem et Septicium Clarum*, « En même temps, toutefois, il prêtait facilement l'oreille à ce qu'on chuchotait sur le compte de ses amis et c'est pourquoi il les traita par la suite presque tous comme des ennemis, même ceux qui lui étaient les plus amis, même ceux qu'il éleva au faîte des honneurs, comme Attianus, Nepos et Septicius Clarus. » (*Hadr.*, XV, 2). « En 119, comprenant qu'on ne lui a pas encore totalement pardonné le meurtre des quatre hauts dignitaires de l'État, Hadrien remplace Attianus à la préfecture du prétoire par Marcius Turbo et par Septicius Clarus, ami de Pline le Jeune et de Suétone. Attianus devient sénateur en dédommagement. » (J. Schmidt, *Hadrien*, Paris, Perrin, 2014, p. 80). Turbo fait partie des personnages nommés et qui tombent en disgrâce (*Hadr.*, XV, 7). J. Schmidt rapporte, en ce qui concerne les meurtres de fin de vie et la rumeur d'empoisonnement de l'impératrice Sabine, les récits de Dion Cassius

tionnés au chapitre XXIII (2-9) et semblent s'expliquer par l'hémorragie qui faillit coûter la vie à Hadrien[36]. Le lecteur a ainsi l'impression d'une continuité et d'une évolution dans cette violence, illusion que le genre biographique produit à merveille, par sa déconstruction de la chronologie à travers le classement des événements en rubriques-tiroirs : en réalité, les mises à mort énumérées en XV peuvent très bien recouper celles de XXIII, évoquées par une formule vague (*mori coegit multis aliis interfectis uel aperte uel per insidias*, « il en fit périr beaucoup d'autres, ouvertement ou insidieusement[37] »). Par ailleurs, l'amplification de la prétendue cruauté d'Hadrien pourrait reposer, en réalité, sur des erreurs chronologiques. L'auteur prétend en effet que l'empereur « laissa successivement accuser et proscrire Titianus comme complice d'une tentative d'usurpation[38] », alors qu'A. Chastagnol précise que Titianus ne tenta de prendre le pouvoir que sous Antonin le Pieux[39]. L'erreur est-elle volontaire ? Quoi qu'il en soit, elle est commode dans la mesure où elle permet au rédacteur d'étoffer la dimension cruelle du personnage.

Une autre indication importante est la mention du point de vue de Marius Maximus au chapitre XX, qui affirme que le *princeps* est naturellement cruel mais qu'il sait dissimuler ses sentiments. On retrouve là une attitude caractéristique des tyrans suétoniens[40] et un écho au

---

et de l'*Histoire Auguste* (*ibid.*, p. 305-306). Le Pseudo-Aurélius Victor affirme que Sabine, que son mari insultait comme une esclave, fut poussée au suicide (XIV, 8).

36 Aurélius Victor rapporte qu'Hadrien fit massacrer de nombreux sénateurs parce qu'ils s'étaient moqués d'Antonin, qu'il venait d'adopter comme César (XIV, 11). Dans l'Épitome, les éliminations sont mises sur le compte d'une maladie sous-cutanée qui faisait terriblement souffrir l'empereur et qui le rendit cruel (XIV, 9). Eutrope, quant à lui, ne fait pas référence aux meurtres.

37 *Hadr.*, XXIII, 8 (traduction d'A. Chastagnol).

38 *Ibid.*, XV, 6.

39 *Cf.* A. Chastagnol, *Histoire Auguste*, n. 4 p. 38. L'identification du personnage a été discutée, comme le rappelle l'article d'H.-G. Pflaum : « Bien qu'E. Groag, PIR I, 1933, p. 266, n° 1305 se refuse à supposer qu'il puisse s'agir ici d'une doublette de l'usurpateur T. Atilius Rufus Titianus, consul ordinaire en 127 (Trans. Amer. Phil. Assoc. 1923, 189 = AE, 1926, 151), qui a tenté d'usurper le trône sous Antonin le Pieux (v. Pii, 7, 3), nous estimons une telle insertion tout à fait vraisemblable et optons donc d'après ce que nous savons des coutumes de l'auteur de l'Histoire Auguste résolument pour cette solution » (« La valeur de la source inspiratrice de la *Vita Hadriani...* », ici p. 181).

40 La dissimulation est un trait caractéristique du mauvais prince chez Suétone. *Cf.* notamment *Tib.*, XXIV, 1 : *Principatum, quamuis neque occupare confestim neque agere dubitasset, et statione militum hoc est ui et specie dominationis assumpta, diu tamen recusauit, impudentissimo mimo nunc adhortantis amicos increpans ut "ignaros, quanta belua esset imperium", nunc precantem*

terme de *simulator* employé dans l'énumération précitée en XIV, 11. Ce point de vue est adopté par l'Anonyme en XXIII, 7. Le lecteur, surpris par un tel jugement moral au milieu d'un récit de vie plutôt porté vers l'éloge, se sent quelque peu décontenancé.

---

senatum et procumbentem sibi ad genua ambiguis responsis et callida cunctatione suspendens..., « Quoiqu'il n'eût hésité ni à s'emparer aussitôt du pouvoir ni à l'exercer, car il se donna même une garde, c'est-à-dire la force et les dehors de la souveraineté, il le refusa longtemps ; jouant la comédie la plus impudente, tantôt il répondait aux exhortations de ses amis en leur reprochant "de ne pas savoir quel monstre était l'empire", tantôt, comme le sénat le suppliait en se jetant à ses genoux, il le tenait en suspens par ses réponses équivoques et son hésitation astucieuse... » *Ibid.*, XXV, 6 : *Simulauit et ualitudinem, quo aequiore animo Germanicus celerem successionem uel certe societatem principatus opperiretur*, « Il feignit même d'être malade, pour que Germanicus attendît avec plus de patience une succession prochaine ou du moins une association à l'empire. » *Ibid.*, XLII, 1 : *Ceterum secreti licentiam nanctus et quasi ciuitatis oculis remotis, cuncta simul uitia male diu dissimulata tandem profudit*, « Mais, à la faveur de la solitude et, pour ainsi dire, loin des regards de la cité, il laissa enfin déborder à la fois tous ses vices qu'il avait longtemps mal dissimulés. » Domitien est également un homme dissimulateur, *cf. Dom.*, II, 4 : *Simulauit et ipse mire modestiam in primisque poeticae studium, tam insuetum antea sibi quam postea spretum et abiectum*, « De son côté, il joua merveilleusement la modération et feignit en particulier pour la poésie un goût qu'on ne lui connaissait pas auparavant et qu'il rejeta plus tard avec mépris. » *Ibid.*, XI, 1-2 : *Erat autem non solum magnae, sed etiam callidae inopinataeque saeuitiae. Actorem summarum pridie quam cruci figeret in cubiculum uocauit, assidere in toro iuxta coegit, securum hilaremque dimisit, partibus etiam de cena dignatus est*, « Sa barbarie était non seulement grande, mais encore astucieuse et imprévue. La veille du jour où il fit crucifier son trésorier, il le convoqua dans sa chambre, le contraignit à s'asseoir sur son lit, à côté de lui, le laissa partir tout rassuré et joyeux, et lui fit même l'honneur de lui envoyer une part de son dîner. » – Hérodien met également en valeur la fourberie de Caracalla, qui attire les Alexandrins, puis Artaban, le roi des Parthes, dans des guets-apens (*cf.* respectivement IV, 9 et IV, 10-11). Il est remarquable que l'*Histoire Auguste* ne traite pas de ces événements plus en détails. Elle ne porte pas à la connaissance du lecteur les machinations de l'empereur, préférant se contenter de mentionner les massacres qui ont eu lieu à ces occasions (*Carac.*, VI, 3-4). – La dissimulation caractérise également les tyrans des périodes classique et hellénistique : il faut se reporter au cas de Denys le Jeune dans l'*Abrégé des* Histoires Philippiques *de Trogue Pompée* (Just., *op. cit.*, t. II, *cf.* XXI, I ; XXI, II, 6-7 ; XXI, V). Philippe de Macédoine est dépeint par ailleurs comme un souverain cruel et fourbe : il n'hésite pas à massacrer ses alliés et à envahir leurs terres après que ces derniers lui aient demandé de l'aide dans leur lutte contre leurs ennemis (*ibid.*, t. I, VIII, III, 1-5). Il trahit également les Phocéens, à qui il avait promis la vie sauve contre leur reddition, et les décime et les pille sans scrupules (*ibid.*, VIII, V, 1-5). Les allusions à son caractère dissimulateur sont nombreuses. Alexandre recourt lui aussi à des manœuvres insidieuses : il feint d'être affligé par le massacre de Zopyrion, qui gouvernait le Pont, et de ses troupes (*ibid.*, t. II, XII, III, 1), d'une part, et lit secrètement les lettres de ses soldats, adressées à leur famille, pour connaître les jugements de chacun sur son compte et prendre des mesures qui empêchent d'entacher sa glorieuse réputation, de l'autre (*ibid.*, XII, V, 1-8). – Pour le IVe siècle, nous pouvons enfin citer le cas de Rufin, qui a appris de Mégère l'art de la dissimulation (Claud., *Contre Rufin*, I, v. 97-99).

Un autre motif déterminant dans cette amplification de la cruauté réside dans le cas de Servien, le beau-frère de l'empereur. Nous reviendrons sur le rôle que joue la répétition dans l'*Histoire Auguste*, mais il faut déjà souligner ici l'importance d'un tel artifice littéraire. Un même événement – Servien contraint de se donner la mort sous la pression d'Hadrien – est décliné quatre fois : aux chapitres xv, 8 / xxiii, 2 et 8 / xxv, 8[41]. Les conditions de cette mise à mort demeurent mystérieuses, dans la biographie. Servien est présenté pour la première fois au tout début de la Vie (chapitre ii). La haine qu'il suscite chez Trajan, en raison de sa tendance à dissiper tous ses biens, le présente d'emblée comme un personnage négatif, d'autant plus que, pour des raisons obscures, il tente d'empêcher Hadrien d'être le premier à annoncer au nouvel empereur la mort de Nerva, allant même jusqu'à mettre au point un stratagème élaboré pour arriver à ses fins (la « mise hors d'usage intentionnelle » de la voiture d'Hadrien[42]). Le même personnage réapparaît pourtant plus tard, sous son règne, comme un homme que l'empereur semble estimer particulièrement :

> *Seruiano, sororis uiro, cui tantum detulit ut ei uenienti de cubiculo semper occurrerit, tertium consulatum, nec secum tamen, cum ille bis ante Hadrianum fuisset, ne esset secundae sententiae, non petenti ac sine precatione concessit.* (*Hadr.*, viii, 11)
>
> « À Servianus, le mari de sa sœur, pour lequel il avait tant de déférence qu'il sortait toujours de sa chambre pour aller à sa rencontre quand celui-ci venait le voir, il accorda un troisième consulat sans qu'il lui en fît la demande et sans qu'on l'en priât, mais pas en même temps que le sien – Servianus avait été deux fois consul avant Hadrien – pour n'avoir pas à donner son avis en second. »

41 « Le suicide de Servianus est, à la fin de la biographie, deux fois signalé (*cf.* encore 25,8) : dans chaque occurrence, Spartien reconnaît volontiers en avoir déjà parlé. L'ultime mention indique l'événement au moment même, le premier semestre de 138, où il s'est produit ; les précédentes avaient valeur d'exemple : en 15,8, sur le caractère contradictoire d'Hadrien, les deux du chapitre 23, sur la purge de la fin du règne » (*Histoire Auguste, Vie d'Hadrien*, dans l'édition des Belles Lettres, n. 237 p. 130). « L'élimination de ces collatéraux [Servianus et son petit-fils Fuscus] était la conséquence d'une seconde adoption réaffirmant les chances de Marc Aurèle » (*ibid.*, n. 262 p. 136). H.-G. Pflaum note également que les suicides forcés de Servianus et son petit-fils traduisent une volonté de museler l'opposition, dans le cadre de ses projets de succession (« Le règlement successoral d'Hadrien », *B.H.A.C. 1963*, Bonn, Rudolf Habelt Verlag GmbH, 1964, p. 95-122, ici p. 102). – Sur la fausse lettre d'Hadrien à Servianus (*Quadr. tyr.*, viii, 1-10), riche en anachronismes, *cf.* Y. Roman, *Hadrien. L'empereur virtuose*, Paris, Payot, 2008, p. 476-480.

42 *Hadr.*, ii, 6.

Les quatre allusions à son suicide forcé, enfin, semblent indiquer qu'Hadrien craint qu'il n'aspire au pouvoir, alors qu'il est pourtant nonagénaire. Les raisons de cette mort, dans l'*Histoire Auguste*, ne sont pas précisées. Hadrien a-t-il gardé de la rancœur vis-à-vis de l'incident lors de l'avènement de Trajan ? Ou bien Servien préparait-il réellement un complot ? Pour Dion Cassius, il aurait été tué parce qu'il aurait désapprouvé l'adoption d'Aelius en 136[43]. L'épisode n'est pourtant pas précisément daté. Au chapitre XV, il n'est pas accompagné d'indicateur temporel précis. Au chapitre XXIII, on a l'impression que Servien meurt immédiatement après que l'hémorragie dont est victime Hadrien a manqué de peu de lui faire perdre la vie (l'adverbe *tunc*, qui introduit l'information, reste très vague[44]). L'annonce quelques lignes plus bas du choix d'adopter Aelius César (de nouveau introduite par *tunc*) nous conduirait à penser que cette adoption est postérieure ; un tel discours contredit Dion Cassius. On a par ailleurs l'impression qu'il se produit plusieurs événements entre la mort de Servien et l'adoption d'Aelius : les multiples exécutions exprimées par la formule *mori coegit multis aliis interfectis uel aperte uel per insidias*[45], et la mort de l'impératrice Sabine. Pourtant, le chapitre XXV indique qu'Hadrien oblige son beau-frère à mourir « au moment de s'éteindre[46] » (*Sub ipso mortis tempore*[47]). Or le prince est mort en 138, soit deux ans après l'adoption d'Aelius.

Cette perte de repère chronologique (on pourrait parler, comme J. Gascou à propos de Suétone, d'« écrasement de la perspective ») a pour effet de désincarner l'événement, qui n'a plus de matérialité précise sur un axe chronologique. Elle pourrait indiquer une volonté de donner

---

43 *Cf.* A. Chastagnol, *Histoire Auguste*, n. 6 p. 38.

44 *Hadr.*, XXIII, 7-8 : *Et omnem quidem uim crudelitatis ingenitae usque eo repressit, donec in uilla Tiburtina profluuio sanguinis paene ad exitum uenit. Tunc libere Seruianum quasi affectatorem imperii, quod seruis regiis cenam misisset, quod in sedili regio iuxta lectum posito sedisset, quod erectus ad stationes militum senex nonagenarius processisset, mori coegit multis aliis interfectis uel aperte uel per insidias*, « Néanmoins, il contint toute la violence de sa cruauté naturelle jusqu'au moment où il faillit trépasser d'une hémorragie dans sa villa de Tibur. Alors, se donnant libre cours, il força Servianus à mourir comme coupable d'avoir aspiré à l'Empire, sous prétexte qu'il avait envoyé un repas aux esclaves du palais, qu'il s'était assis sur le siège princier placé près de son lit et que, vieillard nonagénaire, il s'était avancé, bien droit, vers les soldats en faction ; beaucoup d'autres furent mis à mort soit ouvertement, soit par guet-apens. »

45 *Ibid.*, XXIII, 8.

46 Traduction d'A. Chastagnol.

47 *Ibid.*, XXV, 8.

aux manifestations de la cruauté de l'empereur un rôle de toile de fond de la biographie, rôle qui est déjà proposé par la mention de la cruauté innée du prince.

Un seul et même événement ponctuel, isolé, gagne ainsi une importance exceptionnelle. En outre, la répétition de l'information lui donne un aspect traumatique et familier : en présentant si souvent le suicide forcé aux yeux du lecteur, l'*Histoire Auguste* lui rend la cruauté d'Hadrien *familière*. Il en ressort donc que ce trait moral négatif est considérablement grossi de façon artificielle, et relève d'une stratégie rhétorique d'amplification.

On peut même remettre ce trait de caractère en question et se demander si Hadrien fut réellement cruel : le texte reste extrêmement évasif sur les autres mises à mort, présentées de façon sommaire, et le lecteur n'en connaît pas réellement le contexte. Si, au cours d'une première lecture, on reste frappé par leur énumération offerte en un bloc (XV) et l'importance donnée au cas de Servien, force est de constater qu'on ne peut réellement apprécier leur légitimité. Et, comme nous l'avons vu, un mystère entoure le mobile du suicide contraint de Servien.

On peut également remarquer qu'Hadrien semble se contenter d'ordonner des exécutions. Il n'est pas décrit comme un bourreau prenant plaisir à voir mourir ses victimes ou inventant des supplices raffinés ; ce type de comportement caractérisait les plus grands tyrans suétoniens[48]. En d'autres termes, si tant est qu'Hadrien ait jamais été cruel, il ne franchit pas un certain stade dans cette cruauté. Enfin, dans d'autres passages de la biographie, le rédacteur souligne des traits positifs qui

---

48 *Cf.* notamment, *Tib.*, LXII. La Vie de Caligula est également riche en exemples : on citera seulement cette célèbre anecdote, en *Calig.*, XXX, 1 : *Non temere in quemquam nisi crebris et minutis ictibus animaduerti passus est, perpetuo notoque iam praecepto : "Ita feri ut se mori sentiat."*, « Il n'admit pour ainsi dire jamais que l'on exécutât quelqu'un autrement qu'à petits coups multipliés, et l'on connaissait bien son éternelle recommandation : "Frappe-le de telle façon qu'il se sente mourir." » Suétone, par ailleurs, ne manque jamais de détailler avec précision les différents supplices de ses tyrans. Sénèque écrit : *Hoc est, quare uel maxime abominanda sit saeuitia, quod excedit fines primum solitos, deinde humanos, noua supplicia conquirit, ingenium aduocat, ut instrumenta excogitet, per quae uarietur atque extendatur dolor*, « La principale raison qui rend la cruauté détestable, c'est qu'elle passe les bornes ordinaires d'abord, ensuite les bornes humaines : elle recherche des supplices nouveaux, elle fait appel à l'imagination créatrice pour inventer les instruments propres à diversifier et à prolonger la douleur. » (Sen., *De la clémence*, I, 25, cité par N. Cros, art. cité, p. 204).

viennent atténuer la dimension cruelle. P. Bruggisser remarque que l'*Histoire Auguste* attribue à Hadrien une loi qui interdit aux maîtres de tuer leurs esclaves[49]. Mais la tradition juridique ne fait pas état de cette mesure, ce qui ne manque pas de surprendre[50]. Aussi, « il paraît plus vraisemblable de postuler que l'*Histoire Auguste*, partant d'une mesure qui revient à Antonin le Pieux[51], en rapporte l'initiative à la personne d'Hadrien, en même temps qu'elle en amplifie la portée[52] ».

SEPTIME SÉVÈRE

Le tableau de Septime Sévère se révèle également contrasté et il reste difficile d'établir un jugement moral pleinement satisfaisant au terme de la lecture de cette biographie.

Comme dans la Vie d'Hadrien, un passage met en exergue une tension entre des traits de caractère opposés. Pour Hadrien, l'auteur choisissait la forme de l'énumération de vices et de vertus[53]. Pour Septime Sévère, il préfère une sentence du Sénat au discours direct, qui fait office de verdict (rappelons que l'auteur, s'il est de tendance pro-sénatoriale, accorde une importance toute particulière à la parole de l'auguste assemblée) :

> *De hoc senatus ita iudicauit illum aut nasci non debuisse aut mori, quod et nimis crudelis et nimis utilis rei publicae uideretur.* (*Sév.*, XVIII, 7)
>
> « Voici le jugement que porta sur lui le Sénat : "Il aurait dû ne jamais naître ni mourir, car il paraissait à la fois trop cruel et trop utile à l'État." »

---

49 *Hadr.*, XVIII, 7 : *Seruos a dominis occidi uetuit eosque iussit damnari per iudices, si digni essent*, « Il défendit aux maîtres de tuer leurs esclaves et ordonna que, s'ils le méritaient, ceux-ci fussent condamnés par des juges. » *Cf.* P. Bruggisser, « Hadrien et le sang des esclaves », *H.A.C.B.*, *Atti dei Convegni sulla Historia Augusta IX*, cité précédemment, p. 67-82, ici p. 67. « Spartien doit se tromper, car, sous Antonin, il ressort des *Institutes* de Gaius 1,52-53, que le maître, s'il avait de bonnes raisons, pouvait tuer son esclave. On a pensé que l'intervention des juges devait se borner aux crimes menaçant l'ordre public ; en tout cas, Hadrien a voulu donner aux tortures de la question un caractère seulement confirmatoire, *Dig.* 48, 18, 1, 1. » (*Histoire Auguste, Vie d'Hadrien*, Les Belles Lettres, n. 178 p. 120).

50 P. Bruggisser, *ibid.*, p. 73.

51 *Ibid.*, p. 71-72.

52 *Ibid.*, p. 73.

53 *Cf. Hadr.*, XIV, 11.

Une grande partie de l'exposé se trouve en effet dédiée à ses persécutions : la plupart d'entre elles est motivée par les répressions inhérentes aux guerres civiles auxquelles il dut faire face (mises à mort des partisans de Didius Julianus, Pescennius Niger, Clodius Albinus, ses trois rivaux dans l'accession à l'Empire après la chute de Pertinax). Toutefois, quelques cas ne sont pas présentés comme des conséquences de cette politique, et suggèrent un comportement tyrannique :

> *Cincium Seuerum calumniatus est, quod se ueneno adpetisset, atque ita interfecit.* (*Sév.*, XIII, 9)
>
> « Il accusa faussement Cincius Sévérus[54] d'avoir tenté de l'empoisonner et en conséquence le fit exécuter. »

> *Multos inter haec causis uel ueris uel simulatis occidit.* (*Ibid.*, XIV, 12)
>
> « Entretemps, il mit à mort un grand nombre de gens, pour des motifs soit réels soit fictifs. »

Sévère fit également exécuter le tyrannicide Narcisse, qui avait assassiné Commode, ainsi que de nombreuses personnes[55] sous différents prétextes. La première mise à mort s'explique par le désir de l'empereur de s'associer à la dynastie des Antonins et de réhabiliter la mémoire du fils de Marc Aurèle. D'autres meurtres, toutefois, n'apparaissent pas comme étant légitimes :

> *Damnabantur autem plerique, cur iocati essent, alii, cur tacuissent, alii, cur pleraque figurata dixissent, ut "Ecce imperator uere nominis sui, uere Pertinax, uere Seuerus".* (*Sév.*, XIV, 13)
>
> « La plupart étaient condamnés pour avoir plaisanté, d'autres pour n'avoir rien dit du tout, d'autres encore pour avoir fait des jeux de mots du genre : "Voilà un empereur vraiment digne des noms qu'il porte : il est vraiment Pertinax [opiniâtre], il est vraiment Sévère[56]." »

---

54 Cincius Sévérus était un pontife.

55 *Sév.*, XIV, 1 : *Narcissum dein, Commodi strangulatorem, leonibus obiecit. Multos praeterea obscuri loci homines interemit praeter eos, quos uis proelii absumpsit.* « Puis il livra aux lions Narcisse, l'homme qui avait étranglé Commode. Il fit également tuer un grand nombre de gens d'origine modeste, sans parler de ceux qui succombèrent au cours des violents combats. »

56 Ces condamnations sont des crimes de lèse-majesté. Ces derniers, qui concernaient essentiellement des actes (*facta*) ont vu leur champ d'application s'élargir aux paroles (*dicta*) sous Auguste et Tibère. *Cf.* Tac., *Annales*, I, 72, 2-4 : « Il [Tibère] avait remis en vigueur la loi de majesté, une loi qui, chez les Anciens, portait le même nom, mais qui

Il convient de remarquer également que la haine du prince envers le Sénat, qui a entraîné une épuration traumatique de l'ordre (une énumération de quarante et une victimes exécutées sans procès figure dans le chapitre XIII à la manière d'une épitaphe) et la divinisation de Commode, sont présentées comme étant les conséquences d'un événement fictif : le Sénat aurait loué, lors d'une session, un parent d'Albinus, Clodius Celsinus, pendant que Sévère était en guerre contre lui, point que le futur souverain interpréta comme une offense[57]. Or ce Clodius Celsinus est un personnage inventé, comme le remarque A. Chastagnol[58]. Dans l'*Histoire Auguste*, le mystère demeure donc entier autour de ces nombreuses exécutions que le rédacteur a tenté d'expliquer.

À la différence d'Hadrien, Septime Sévère fait preuve de rage :

> *Senatorum deinde, qui in bello erant interempti, cadauera dissipari iussit. Deinde Albini corpore adlato paene seminecis caput abscidi iussit Romamque deferri idque litteris prosecutus est. [...] Reliquum autem cadauer eius ante domum propriam exponi ac diu ia<c>ere iussit. Equum praeterea ipse residens supra cadauer Albini egit expauescentemque admonuit, ut et effrenatus audacter protereret. Addunt alii, quod idem cadauer in Rhodanum abici praecepit, simul etiam uxoris liberorumque eius.* (*Sév.*, XI, 5-9)
>
> « Par ailleurs il fit déchiqueter les cadavres des sénateurs qui avaient été tués au cours de la guerre. Puis, quand on lui apporta le corps d'Albinus, qui était à peine mort, il lui fit couper la tête et ordonna qu'on la porte à Rome accompagnée d'une lettre [...] Quant au reste du cadavre, il le fit placer devant sa propre maison et l'y laissa longtemps exposé. Puis il monta sur un cheval qu'il poussa sur le cadavre d'Albinus, et, comme l'animal s'effrayait, il l'encouragea et lui lâcha les rênes pour qu'il pût librement piétiner le corps. D'autres ajoutent qu'il donna l'ordre de jeter dans le Rhône le cadavre d'Albinus en même temps que ceux de sa femme et de ses enfants. »

---

déférait en justice des actes différents... les actions seules étaient l'objet de poursuite, les paroles étaient impunies. Auguste le premier poursuivit en justice, sous le couvert de cette loi [de lèse-majesté], des écrits diffamatoires... ensuite Tibère... lui aussi avait été exaspéré par des épigrammes, répandues sans nom d'auteur, sur sa cruauté, son orgueil et ses dissensions avec sa mère. » (M. Turchetti, *op. cit.*, p. 176). L'*optimus princeps* de l'*Histoire Auguste* ignore les plaisanteries et les moqueries des poètes, alors que le *pessimus princeps* se vexe.

57 Des membres du Sénat ont en effet trahi Sévère pendant qu'il luttait contre Niger en Orient, en incitant Albinus à venir à Rome pour prendre le pouvoir, selon Hérodien (III, 5, 2). L'élimination des partisans d'Albinus est également rapportée (III, 8, 1-3 et 6-7) pour illustrer le caractère irascible, la cupidité et la cruauté de l'empereur (III, 8, 8), mais sans aucune mention d'une liste d'individus comme dans l'*Histoire Auguste*.

58 A. Chastagnol, *Histoire Auguste*, n. 6 p. 322 : « Il s'agit d'un personnage inventé, censé être frère de Clodius Albinus. »

Il faut remarquer que le rédacteur insiste tout particulièrement sur le sort réservé au cadavre d'Albinus ; cette volonté de destruction physique totale apparaît, nous l'avons déjà signalé, comme un reflet de la *damnatio memoriae* qui fut engagée contre le défunt. Il n'en reste pas moins que le texte donne à Sévère l'apparence d'une bête furieuse. Si faire exposer le cadavre de son ennemi était une pratique courante dans la Rome antique, notamment en période de guerre civile[59], le soin particulier apporté à la précision de cette destruction rappelle d'autres extraits de la littérature historiographique dans lesquels la fureur de la destruction de cadavre est mise en avant : on peut se référer aux chiens qui, chez Suétone, déchirent le cadavre de l'astrologue Asclétarion sous Domitien[60], ou encore à la foule monstrueuse qui lynche Vitellius vivant et le traîne jusque dans le Tibre[61]. Dans le cas de l'*Histoire Auguste*, l'autre version indique d'ailleurs la volonté de jeter les corps de la famille d'Albinus dans le Rhône.

Il faut noter toutefois que des qualités émaillent la biographie du prince : alors qu'il n'est pas encore empereur, « sa rigueur, sa courtoisie et son désintéressement lui valurent, plus qu'à aucun autre, la sympathie des Gaulois[62] ». Une fois au pouvoir, il punit avec sa sévérité coutumière les gouverneurs coupables de méfaits, comme le fit Hadrien[63] et s'occupa « efficacement » de l'approvisionnement en blé ; cette idée est d'ailleurs reprise à la fin de la *Vita* dans les « chapitres-bilans » du règne[64]. Son

59 On se souvient notamment de la tête et des mains coupées de Cicéron exposées par Antoine sur les rostres.

60 *Dom.*, XV.

61 *Vit.*, XVII.

62 *Sév.*, IV, 1 : *A Gallis ob seueritatem et honorificentiam et abstinentiam tantum quantum nemo dilectus est.*

63 *Ibid.*, VIII, 4 : *Causas plurimas audiuit. Accusatos a prouincialibus iudices probatis rebus grauiter puniuit.* « Il prit part à de nombreux procès et punit très sévèrement les gouverneurs accusés par des provinciaux, lorsque les griefs qu'on leur imputait étaient avérés. »

64 *Ibid.*, VIII, 5 : *Rei frumentariae, quam minimam reppererat, ita consuluit, ut excedens uita septem annorum canonem p. R. relinqueret.* « Il s'occupa si efficacement de l'approvisionnement en blé – qu'il avait trouvé très déficient – qu'à sa mort il laissait dans les greniers du peuple romain un contingent correspondant à l'apport fiscal de sept années. » *Cf.* également *ibid.*, XXIII, 2 : *Moriens septem annorum canonem, ita ut cottidiana septuaginta quinque milia modium expendi possent, reliquit ; olei uero tantum, ut per quinquennium non solum <urbis> usibus, sed et totius Italiae, quae oleo eget, sufficeret.* « À sa mort, il laissait un excédent de blé correspondant à sept ans du contingent fiscal annuel et suffisant pour pouvoir distribuer quotidiennement soixante-quinze mille boisseaux. Quant à l'huile, il en laissait de quoi subvenir aux besoins non seulement de Rome mais même de toute l'Italie qui en manquait. »

portrait physique[65], en fin de biographie, comporte des traits positifs[66] et l'Anonyme lui reconnaît de nouvelles vertus comme la frugalité et l'absence de faste[67].

Toutefois, ces indications demeurent anecdotiques. Les changements d'attitude à l'égard de Plautien semblent refléter le manque de confiance du rédacteur envers le prince : ce dernier fit tout d'abord déclarer ennemi public son ami, « lorsqu'il apprit quelle vie il menait[68] ». Mais il se réconcilia finalement avec lui et ordonna de déporter ceux qui l'avaient déclaré ennemi public[69]. Enfin, il décida de le faire exécuter[70]. L'Anonyme livre alors un commentaire bref et désabusé : « C'est ainsi que tout change continuellement, comme par une loi de la nature[71]. » Il semble donc vouloir renoncer à comprendre : la responsabilité des actions humaines est attribuée à une cause transcendante. Cette technique est fréquemment employée par les historiographes, on l'a vu, et présente l'avantage de laisser au lecteur la liberté d'établir son propre jugement moral sur ce prince.

La fin de la biographie apporte une fausse réponse à la question de savoir si Sévère faisait partie des bons ou des mauvais empereurs : on comprend en effet qu'il fut considéré comme un *bonus princeps* par dépit[72].

> *Iudicium de eo post mortem magnum omnium fuit, maxime quod diu nec a filiis eius boni aliquid rei p. uenit et postea inuadentibus multis rem p. res Romana praedonibus direptui fuit.* (*Sév.*, XIX, 6)
>
> « Après sa mort, le jugement que l'on porta sur lui fut unanimement laudatif, d'autant plus que, pendant une longue période, ses fils ne firent rien de bien pour l'État et qu'après eux l'Empire romain, sous la pression de multiples envahisseurs, devint la proie des brigands. »

---

65 Le portrait constitue le passage chez Suétone qui confirme l'opinion du biographe sur l'empereur dont il traite.

66 *Ibid.*, XIX, 9 : *Ipse decorus, ingens, promissa barba, cano capite et crispo, uultu reuerendus, canorus uoce, sed Afrum quiddam usque ad senectutem sonans.* « C'était un bel homme, de taille imposante. Il avait une longue barbe, des cheveux blancs et frisés, un visage noble, une voix agréable, mais avec une pointe d'accent africain qu'il conserva jusque dans sa vieillesse. »

67 *Cf. ibid.* XIX, 8 et IV, 6 pour la frugalité et XIX, 7, pour la simplicité de son habillement.

68 *Sév.*, XIV, 5.

69 *Ibid.*, XIV, 7-8.

70 *Ibid.*, XIV, 7.

71 *Ibid.*, XIV, 9 : *ita omnium rerum semper quasi naturali lege mutatio est.*

72 Il faut rappeler que Septime Sévère est rangé dans la catégorie des « bons empereurs » dans le classement de la Vie d'Aurélien (*Aur.*, XLII, 3-6).

> *Ac multum post mortem amatus uel inuidia deposita uel crudelitas metu.* (*Ibid.*, XIX, 10)
>
> « Il inspira, après sa mort, beaucoup d'affection, car on n'éprouvait plus pour lui de haine et on ne redoutait plus sa cruauté. »

Des nuances apparaissaient déjà dans le récit d'Hérodien : l'homme y est présenté d'emblée comme fourbe[73] et ce trait de caractère est rappelé dans différents passages[74]. L'historien signale toutefois l'aura qui se dégage du personnage et les qualités qui lui sont reconnues, alors qu'il rentre dans Rome après s'être débarrassé de Julianus :

> On admirait tout en lui, mais surtout sa pénétration d'esprit, sa vaillance à la tâche, la confiance et la hardiesse avec lesquelles il se lançait dans ses audacieuses entreprises[75]. (Hérodien, II, 14, 2.)

L'*Épitome* dépeint Sévère comme belliqueux mais bienveillant ; ses recherches de richesses ne sont pas décrites comme un trait de cupidité mais relèvent d'une volonté de faire preuve de libéralité[76]. Eutrope emploie les adjectifs *parcus* et *saeuus*[77]. Le portrait d'Aurélius Victor est, quant à lui, franchement positif et apologétique[78]. L'abréviateur explique pourquoi le prince a la réputation d'être cruel[79] : il a fait tuer tous ses adversaires, dont Niger et Albinus[80]. Mais le texte n'hésite pas à justifier la mise à mort d'un partisan de ce même Albinus en arguant qu'il fallait mettre fin aux factions et ne pas laisser l'opportunité à des conjurations de se développer[81]. L'auteur intervient même dans le récit

73 Her., II, 9, 13.

74 *Cf.* par exemple, *ibid.*, II, 13. Sévère monte un stratagème pour désarmer les prétoriens, meurtriers de Pertinax, et les exiler. *Cf.* également III, 2, 3 (il fait arrêter et emprisonner les enfants d'Aemilianus) ; III, 5, 3-5 (il échafaude des plans pour éliminer Albinus).

75 *Cf.* également le commentaire de l'historien grec, en III, 8, 8 : « autant Sévère se montrait, par sa fermeté d'âme, son endurance dans les fatigues, ses capacités d'organisateur en matière militaire, supérieur à tous les généraux dont on fait l'éloge, autant il se diminuait par sa cupidité. Elle était d'ailleurs nourrie par son injustice, car il faisait tuer les gens pour la moindre cause. Mais s'il compta plus sur la cruauté que sur la sympathie pour gouverner ses sujets, il s'efforça néanmoins d'accorder au peuple des faveurs. »

76 Ps. Aur.-Vict., XX.

77 Eutr., VIII, 18, 3.

78 Aur.-Vict., XX.

79 *Ibid.*, XX, 10.

80 *Ibid.*, XX, 9.

81 *Ibid.*, XX, 11-13.

pour exprimer son soutien à cette politique[82]. En outre, il faut remarquer que le chapitre qui est dédié à l'empereur est particulièrement long (un peu plus de quatre pages !)

L'existence de cette dernière tradition peut expliquer pourquoi Sévère est considéré comme un bon prince dans les catalogues du recueil[83]. L'*Histoire Auguste* confesse d'elle-même, en réalité, que Sévère ne conserva une bonne réputation que parce que son fils Caracalla fut bien pire[84].

AURÉLIEN

Aurélien[85], qualifié de *diuus*, compte parmi les bons empereurs énumérés dans sa propre biographie[86] mais aussi en *Élag.*, XXXV, 2 ; *Tac.*, XVI, 6 ; *Prob.*, XII, 2 ; *Car.*, III, 7. De fait, il est décrit de façon positive par Aurélius Victor[87]. L'Épitome, qui hisse ses exploits (la reconquête du monde romain sur les barbares) au-dessus de ceux d'Alexandre le Grand et de Jules César, souligne pourtant son caractère cruel : l'auteur recourt aux notions de *crudelitas* et de *saeuitia* pour décrire ce prince parricide[88].

---

82 *Ibid.*, 13.

83 *Aur.*, XLII, 4 ; *Car.*, III, 4.

84 *Sév.*, XXI, 9 : *Denique, ut alia omittam, ex huius moribus factum puto, <ut> Seuerus tristior uir ad omnia, immo etiam crudelior pius et dignus deorum altaribus duceretur*, « En bref et pour ne pas parler du reste, je pense que c'est en comparaison avec le comportement de son fils que Sévère, qui était pourtant un homme assez dur dans tous les domaines – on pourrait même dire assez cruel –, fut considéré comme pieux et digne des autels des dieux. »

85 J. Schwartz remarque des similitudes entre la Vie d'Aurélien et la Vie d'Hadrien. *Cf.* « Autour du chapitre 3 de la *Vita Hadriani* », *B.H.A.C. 1986-1989*, cité précédemment, p. 183-188. Par exemple, p. 185 : « H 3,8 montre que, même pour des faits pour lesquels il n'y aurait qu'à copier le modèle, l'Histoire Auguste se permet de modifier. C'est dire les libertés que prend l'auteur, au point, par exemple, de s'inspirer de la Vita Hadriani pour imaginer la Vita Aureliani, car les parallèles entre les deux Vitae sont trop nombreux pour être fortuits. L'adoption d'Hadrien par Trajan occupe une place démesurée dans les premiers chapitres de la Vita Hadriani ; celle d'Aurélien par un soit-disant descendant de Trajan (Ulpius Crinitus) est le prétexte dans la *Vita Aureliani* d'un certain nombre de fariboles où l'*adrogatio* (ou *adoptio*) joue un rôle. » D'autres rapprochements sont présentés dans la suite de l'article.

86 *Aur.*, XLII, 4.

87 Aur.-Vict., XXXV.

88 Ps. Aur.-Vict., XXXV, 4 et 9.

Même coexistence des deux termes chez Eutrope, qui évoque lui aussi l'assassinat d'un neveu[89]. Lactance, dont on connaît le ton violent de son *De mortibus persecutorum*, se contente d'employer la notion de *crudelitas*[90].

L'*Histoire Auguste*, qui le compare également à de grands héros de l'histoire militaire de Rome par le truchement de propos attribués à Valérien[91], rapporte en de multiples occasions sa propension à la cruauté. L'Anonyme se plaît à créer des effets de contraste, en mettant en avant la dualité de son caractère. Citons à titre d'exemple ces deux extraits[92] :

> *Finito proelio Marcomannico, Aurelianus, ut erat natura ferocior, plenus irarum Romam petiit uindictae cupidus quam seditionum asperitas suggerebat ; inciuilius denique usus imperio, uir alias optimus, seditionum auctoribus interemptis, cruentius ea quae mollius fuerant curanda compescuit.* (*Aur.*, XXI, 5)
>
> « La campagne contre les Marcomans une fois terminée, Aurélien, avec la grande impétuosité qui lui était propre, se rendit à Rome plein de ressentiment, animé d'un désir de vengeance qu'attisait la gravité des désordres ; finalement, ce prince par ailleurs remarquable usa de son pouvoir de manière fort brutale et, ayant fait exécuter les responsables des désordres, c'est en répandant trop de sang qu'il réprima des troubles qu'il eût fallu plutôt calmer avec bénignité[93]. »

> *Timeri coepit princeps optimus, non amari, cum alii dicerent perodiendum talem principem, non optandum, alii bonum quidem medicum sed mala ratione curantem.* (*Ibid.*, XXI, 8)

---

89 Eutr., IX, 14. *Cf.* également A. Chastagnol, *Histoire Auguste*, p. 959.

90 Lactance, *op. cit.*, t. I, ici VI, 1.

91 *Aur.*, IX, 4. Valérien aurait écrit une lettre au préfet de la Ville Céionius Albinus. *Quid enim in illo non clarum ? quid non Coruinis et Scipionibus conferendum ?* « Qu'y a-t-il en effet en lui qui soit sans éclat ? Qu'y a-t-il qu'on ne doive comparer aux Corvinus et aux Scipions ? » Comme le note F. Paschoud, ces propos élogieux sont à rapprocher de *Claud.*, 1, 3 et 2, 2. Les Scipions sont utilisés comme exemples en *Claud.* 1, 3 et *Prob.*, 2, 4. (*Vie d'Aurélien*, Les Belles Lettres, n. 2.2.6.1. p. 82).

92 D'autres manifestations de sa cruauté sont mentionnées en *Aur.*, XXII, 5 (il lance aux habitants de la ville de Tyane « *Canem in hoc oppido non relinquam* », « Je ne laisserai pas un chien dans cette place ! »), XXXI, 5 (lettre dans laquelle il précise qu'il a exterminé les Palmyréniens de tout ordre, femmes, enfants, vieillards, paysans), XXXII, 3 (Aurélien reprend l'Égypte avec brutalité), XXXVIII, 2 (il réprime une guerre des ouvriers de la monnaie), XLIX, 3 (il fait punir ses esclaves en sa présence, selon certains par « goût pour les traitements cruels », traduction de F. Paschoud).

93 F. Paschoud relève que le motif de la cruauté dans un tel contexte est à mettre en lien avec Eutrope (*Vie d'Aurélien*, Les Belles Lettres, n. 3.8.1. p. 130).

> « On se mit à craindre cet excellent prince plutôt qu'à l'aimer, les uns disant qu'un tel prince était plus détestable que souhaitable, d'autres que le médecin certes était bon, mais que la thérapie qu'il appliquait était mauvaise. »

Valérien lui-même le redoutait[94]. Ce thème des affects des gouvernés à l'égard de leur empereur, crainte plutôt qu'amour, est repris dans la conclusion de la biographie : *Populus eum Romanus amauit, senatus et timuit*[95].

Notons qu'il s'agit d'un trait qui caractérise évidemment le tyran antique. Dans un développement centré sur la comparaison entre Philippe II de Macédoine et son fils Alexandre, l'*Abrégé des* Histoires Philippiques *de Trogue Pompée* indique *amari pater malle, hic metui*, « Le père préférait être aimé, le fils être craint[96] ». L'auteur avait déjà néanmoins souligné que les sujets de Philippe vivaient en proie à la terreur, n'osant pas même verser des larmes devant sa politique autoritaire car elles auraient pu être perçues comme une « marque de résistance[97] ». En ce qui concerne le monde romain, on se souvient que Caligula répétait, aux dires de Suétone, le fameux vers d'Accius, *Oderint dum metuant !*, tandis que Pline le Jeune décrit avec force l'angoisse dont étaient saisis les sénateurs qui se rendaient à l'audience impériale sous Domitien[98]. Hérodien écrit quant à lui :

> Les maîtres du pouvoir qui sont parvenus à le rester longtemps sans courir de danger, ce sont principalement ceux qui ont instillé dans le cœur de leurs administrés non la crainte que produit la cruauté, mais le désir d'éprouver la bonté de leurs gouvernants. (Hérodien, I, 4, 5)

Derrière les lignes de l'*Histoire Auguste*, on retrouve donc les traces d'une réflexion politique ancienne. À deux reprises est évoqué le meurtre

94 *Ibid.*, VIII, 5 : *Haec epistula indicat quantae fuerit seueritatis, ut illum Valerianus etiam timuisse se dicat.* « Cette lettre révèle quelle fut sa sévérité, au point que même Valérien prétend l'avoir redouté. »

95 *Ibid.*, L, 5 : « Le peuple romain l'aima, le Sénat, en outre, le craignit. » A. Chastagnol propose la traduction suivante : « Le peuple romain l'aimait, le Sénat le craignait. » Cette conclusion est à mettre en lien notamment avec XXXVII, 3 (*Vie d'Aurélien*, Les Belles Lettres, n. 6.4.10, p. 224.)

96 Justin, *Abrégé des* Histoires Philippiques *de Trogue Pompée*, t. I, livres I-X, texte établi, traduit et commenté par B. Mineo, notes historiques par G. Zecchini, Paris, Les Belles Lettres, 2016, *cf.* IX, VIII, 17.

97 Les mots sont de la traduction de l'édition des Belles Lettres, *cf. ibid.*, VIII, V, 10.

98 Plin., *Panégyrique de Trajan*, XLVIII.

de parents[99]. Si Aurélien réprime les délateurs[100], il aurait recouru à de fausses accusations de conjurations pour éliminer plus facilement des sénateurs[101]. Toutefois, dans l'ensemble de la Vie, le terme *saeuitia* (ou des mots ayant la même racine) n'est jamais employé. Le texte joue sur la confusion du prince entre la *seueritas* et la *crudelitas*[102] : les deux mots sont en concurrence. Le rédacteur affirme : *Aurelianus, quod negari non potest, seuerus, truculentus, sanguinarius fuit princeps*[103]. L'*Histoire Auguste* refuse donc à plusieurs reprises de classer Aurélien dans la famille des bons ou des mauvais princes :

> *Hic finis Aureliano fuit, principi necessario magis quam bono.* (*Aur.*, XXXVII, 1)
>
> « Telle fut la fin d'Aurélien, un prince indispensable plus que bon. »

---

99 *Aur.*, XXXVI, 3 ; XXXIX, 9. Le dernier extrait pointe la divergence des sources sur le sexe de la personne assassinée : s'agissait-il de son neveu ou de sa nièce ? Le rédacteur conclut en affirmant que, d'après la version dominante, il fit exécuter à la fois le fils et la fille de sa sœur. Au sujet de ce débat qui oppose les versions d'Eutrope (IX, 14) et l'Épitome (XXXV, 9) d'une part, l'*Histoire Auguste* d'autre part, lire le commentaire de F. Paschoud (*Vie d'Aurélien*, Les Belles Lettres, n. 5.4.2. p. 175) : « Il n'y a rien à tirer de cette petite contradiction contre l'hypothèse de l'utilisation commune pour ces données de l'EKG. Il peut y avoir eu un accident dans la tradition entre *filiam* et *filium*, ou bien, cela est plus vraisemblable, bévue de la part de "Vopiscus", qui rattrape son erreur de 36,3 en 39,9, ou bien encore embrouille volontaire. »

100 *Ibid.*, XXXIX, 3. On trouve également cette information chez Aurélius Victor, XXXV, 7.

101 *Aur.*, XXXIX, 8. Comme le note F. Paschoud, le même reproche se rencontre en *Comm.*, VIII, 2 et *Maxim.*, X, 5, ce qui plaide en faveur d'une invention du rédacteur (*Vie d'Aurélien*, Les Belles Lettres, n. 6.1.9 p. 189).

102 *Aur.*, XXXI, 4 : *Crudelitas denique Aureliani uel, ut quidam dicunt, seueritas eatenus extitit...*, « Finalement, sa cruauté, ou bien, comme disent certains, sa sévérité, alla si loin... » Sur le lien entre ces deux notions, *cf.* la conclusion d'H. Ménard, art. cité, p. 125 : « C'est plutôt dans l'écart entre la norme admise et un comportement excessif que se situe la cruauté, une sévérité extrême, qui n'est plus contrôlée. » F. Paschoud note que « le binôme *seueritas-crudelitas* [...], objet d'infinies variations de la part de "Vopiscus", lui a été fourni par la tradition [Aurélius Victor parlant uniquement de *seueritas*, et Eutrope de la *crudelitas*] » (*Vie d'Aurélien*, Les Belles Lettres, n. 2.2.1 p. 74-75). On retrouve le même rapprochement de valeurs au sujet d'Avidius Cassius : *quoniam de seueritate illius dicere coepimus, multa extant crudelitatis potius quam seueritatis eius indicia*, « Nous venons de parler de sa rigueur ; mais beaucoup de témoignages montrent qu'il faisait preuve de cruauté plutôt que de rigueur » (*Av. Cass.*, IV, 1).

103 *Aur.*, XXXVI, 2 : « Aurélien – on ne saurait le nier – fut un prince sévère, sauvage, sanguinaire. » *Sanguinarius* apparaît également chez Eutrope (IX, 14) et dans l'Épitome (XXXV, 9) dans deux formules identiques l'une par rapport à l'autre (*saeuus et sanguinarius*). F. Ploton-Nicollet nous fait remarquer que l'expression se trouve également chez Suétone (*Claud.*, XXXIV, 1) et Jérôme (*Zach.*, I, 5).

> *Et Aurelianum quidem multi neque inter bonos neque inter malos principes ponunt idcirco quod ei clementia, imperatorum dos prima, defuerit.* (*Aur.*, XLIV, 1.)
>
> « Et en ce qui concerne précisément Aurélien, nombreux sont ceux qui ne le classent ni parmi les bons, ni parmi les mauvais princes, parce que l'indulgence, qui est la qualité primordiale des empereurs, lui a fait défaut. »

La présence d'humour, comme le note A. Cascón, révèle la position critique du rédacteur à son égard[104]. Certains traits montrent en effet qu'il était démagogique, manquant de finesse d'esprit, d'origine humble et amateur de plaisirs simples, comme celui de voir un grand mangeur réaliser l'exploit d'ingérer une grande quantité de nourriture[105]. Aurélien, par ailleurs loué pour ses talents guerriers et la discipline qu'il sut imposer aux troupes, est peut-être blâmé, nous dit A. Cascón, pour le manque d'égard qu'il manifesta envers les sénateurs[106].

Il est temps de dresser ici une première conclusion générale. Dans la première partie de ce mémoire, nous avons pu constater que l'*Histoire Auguste*, à l'instar d'autres textes latins, trace une délimitation entre des bons et des mauvais individus, des bonnes et des mauvaises pratiques. L'établissement de listes nominatives des souverains, la reprise du *topos* qui suggère que les conditions de disparition d'un prince reflètent l'état de sa vie, la poétique du contraste qui gouverne le recueil sont les éléments constitutifs du discours de l'Anonyme qui prennent appui sur des aspects moraux. Le rédacteur utilise, dans la continuité de Suétone, les microformes de l'anecdote et du catalogue, le thème de la culture littéraire des empereurs, pour révéler leurs vices et leurs vertus. Le motif de la cruauté innée caractérise la description des *mali principes*. Les exemples d'Hadrien, de Septime Sévère et d'Aurélien nous ont enfin permis de mesurer la distance que l'Anonyme prend avec une rhétorique binaire traditionnelle. Le texte sait produire des effets de clair-obscur et propose finalement d'ouvrir une nouvelle catégorie, intermédiaire, qui regroupe des princes qui ne sont ni bons ni mauvais.

---

104 A. Cascón, « *El humor en la* Historia Augusta *: características literarias y función crítica* », *H.A.C.B., Atti dei Convegni sulla Historia Augusta IV*, Bari, Edipuglia, 1996, p. 147-163, ici p. 161 : « *Aureliano es un emperador aparentemente bien considerado por su biógrafo Vopisco ; sin embargo, un análisis detenido de algunos lugares humorísticos de esta vida pone de manifiesto la dudosa estima en que el historiador tiene a Aureliano…* ».

105 *Ibid.*

106 *Ibid.*

Il convient à présent de poursuivre notre analyse en étudiant les composantes de la rhétorique du blâme propres au recueil. Quels personnages met-elle en scène ? Sur quels thèmes et motifs s'appuie-t-elle pour arriver à ses fins ? Telles sont les questions auxquelles nous tenterons de répondre.

DEUXIÈME PARTIE

FIGURES, THÈMES ET MOTIFS EMBLÉMATIQUES DE LA RHÉTORIQUE DU BLÂME

LA GALERIE DES PERSONNAGES DE L'*HISTOIRE AUGUSTE*

LE *PRINCEPS CLAUSUS*

Le recueil présente au lecteur une série de personnages dont la nature, le rôle et la portée sont étroitement liés à la qualité morale de l'empereur. Les premières figures sur lesquelles nous voudrions nous arrêter sont celles du *princeps clausus* et de ses satellites.

Comme le rappelle A. Chastagnol, K. F. Stroheker a relevé deux occurrences d'une expression originale, celle d'« empereur enfermé » dans son palais (*princeps* ou *imperator clausus*)[1]. La première se rencontre dans la Vie d'Alexandre Sévère, la seconde dans la Vie d'Aurélien. Ces passages indiquent, aux yeux du rédacteur, le gouvernement d'un mauvais souverain[2]. L'extrait de la Vie d'Alexandre Sévère s'ouvre par une énumération d'adjectifs destinés à caractériser les proches de ce souverain :

> *At tamen amicos sanctos et uenerabiles habuit, non malitiosos, non furaces, non factiosos, non callidos, non ad malum consentientes, non bonorum inimicos, non libidinosos, non crudeles, non circumuentores sui, non inrisores, non qui illum quasi fatuum circumducerent, sed sanctos, uenerabiles, continentes, religiosos, amantes principis sui et qui de illo nec ipsi riderent nec risui esse uellent, qui nihil uenderent, nihil mentirentur, nihil fingerent, numquam deciperent existimationem principis sui, sed amarent.* (*Alex. Sév.*, LXVI, 2)

---

1 *Cf.* A. Chastagnol, *Histoire Auguste*, introduction générale, p. CLXII.

2 Rappelons que Pline célèbre Trajan car il est accessible (Plin., *Panégyrique de Trajan*, XXIV, 3) : *Liberum est ingrediente per publicum principe subsistere, occurrere, comitari, praeterire : ambulas inter nos, non quasi contingas, et copiam tui, non ut imputes, facis. Haeret lateri tuo quisquis accessit finemque sermoni suus cuique pudor, non tua superbia facit.* « On est libre, quand le prince s'avance dans la foule, de s'arrêter, d'aller à sa rencontre, de l'accompagner, de passer outre. Tu te promènes parmi nous sans penser que ce soit pour nous une aubaine et tu laisses jouir de toi sans nous le porter en compte. Quiconque t'a abordé peut rester près de toi ; sa discrétion marque le terme de l'entretien, et non pas ta morgue. »

« Il eut cependant pour amis des gens à l'âme élevée, respectables, et non des êtres mal intentionnés, rapaces, factieux, fourbes, enclins au mal, hostiles aux gens honnêtes, débauchés, cruels, prêts à le berner, à se moquer de lui et à le duper comme un benêt. C'étaient au contraire des gens à l'âme élevée, respectables, tempérants, scrupuleux, qui aimaient leur prince, qui ne se moquaient pas eux-mêmes de sa personne et qui ne voulaient pas qu'il fût un objet de railleries, des gens qui ne vendaient rien, ne mentaient jamais, n'inventaient rien, ne trompaient jamais l'estime de leur prince, mais qui l'aimaient. »

Le rédacteur blâme ensuite explicitement les eunuques en pointant leur responsabilité dans la dérive despotique d'un gouvernement[3] :

> *Huc accedit quod eunuchos nec in consiliis nec in ministeriis habuit, qui soli principes perdunt, dum eos more gentium aut regum Persarum uolunt uiuere, qui eos a populo et amicis summouent ; qui internuntii sunt aliud quam respondetur saepe referentes, claudentes principem suum et agentes ante omnia ne quid sciat. Qui cum empti sint et semper serui fuerint, quid tandem possunt boni sapere ?* (*Ibid.*, LXVI, 3)

« À cela s'ajoute qu'il n'y eut d'eunuques ni dans les conseils ni parmi ses domestiques ; ce sont ceux-là seuls qui perdent les princes en les incitant à vivre à la manière des nations ou des rois perses, qui les éloignent de leur peuple et de leurs amis ; ce sont eux qui se font les porte-parole du prince et rapportent des réponses autres que celles qu'il a données, qui enferment leur prince et font en sorte avant tout qu'il ne soit au courant de rien. Ces gens, qui ont été achetés et ont toujours été esclaves, comment peuvent-ils en définitive avoir quelque notion du bien ? »

Le rédacteur aborde donc le thème de l'entourage du prince. La qualité morale des satellites va naturellement de pair avec celle de leur empereur. Fait remarquable, la syntaxe de la première phrase du premier extrait, quelque peu compliquée, se fonde sur une alternance de termes positifs, mentionnés à deux reprises après la conjonction oppositive *sed* marquant un fort contraste (*sanctos et uenerabiles [...] sed sanctos, uenerabiles, continentes, religiosos, amantes principis sui [...] sed amarent*) et de formules introduites par diverses formes de négation (*non, nec, nihil, numquam*) qui donnent à la définition de l'entourage du bon empereur une tournure apophatique. Avec l'exemple d'Alexandre, on comprend que le choix des amis du prince reflète sa vertu. Et de fait, à la lecture du recueil, on se rend compte que, par opposition, les subordonnés du tyran ne sont

3 Les eunuques sont également dépeints comme de mauvais conseillers en *Aur.*, XLIII, 1 (*cf. infra*).

autres que des hommes vils. L'*Histoire Auguste* décrit en effet avec une certaine constance la manière avec laquelle les mauvais princes se défont des gens de bien pour s'entourer d'affranchis, d'histrions, de mimes, de proxénètes, de courtisanes ou d'eunuques, première catégorie d'individus précisément citée dans l'extrait pour expliquer le fléau de la corruption et de la manipulation politiques.

Citons quelques exemples. Carin envoie en exil ses conseillers vertueux pour ne garder que des individus infâmes[4] et nomme préfet de la Ville un greffier[5] et préfet du prétoire un ancien proxénète (le précédent ayant été éliminé par ses soins)[6]. Élagabal vend les magistratures et les dignités lui-même ou par l'intermédiaire de ses esclaves et de ses agents de plaisir[7]. Il s'attache à des auriges, sportifs et artistes[8]. Les affranchis sont faits gouverneurs, légats, consuls, généraux ; toute fonction honorable est remplie par des hommes de basse condition[9]. Il nomme préfet du prétoire un danseur qui avait été histrion, préfet des vigiles l'aurige Gordius et préfet de l'annone le coiffeur Claudius[10]. Le rédacteur révèle même qu'il aurait eu le dessein de créer quatorze postes de préfet urbain (correspondant au nombre de régions de l'*Vrbs*) pour permettre d'offrir des nouvelles promotions à des individus ignobles[11].

4 *Car.*, XVI, 3 et 7.
5 *Ibid.*, XVI, 3.
6 *Ibid.*, XVI, 4-5.
7 *Élag.*, VI, 1. Cette pratique du monnayage des dignités se développe sous Constantin. A. Molinier-Arbo relève la vente des charges comme un élément essentiel du règne de Commode : « […] Ces fortes paroles trouvent un écho saisissant chez certains contemporains du biographe, tel Synésios de Cyrène, qui souligne lui aussi qu'un fonctionnaire qui a payé pour son poste ne pourra jamais être insensible à l'argent de ses administrés. L'allusion est transparente : depuis l'époque de Constantin, les hauts agents de l'État, et notamment les gouverneurs de province, étaient de plus en plus tenus, par le biais du suffragium partiellement légalisé, de payer pour obtenir leur charge. L'auteur [de l'*Histoire Auguste*] se plaît sans doute à vilipender un trait du règne de Commode qui anticipait sur des pratiques qui, tout en étant jugées néfastes par lui, étaient devenues courantes à son époque » (A. Molinier-Arbo, *La* Vie de Commode *dans l'*Histoire Auguste, p. 186). Par ailleurs, Rufin est dépeint par Claudien comme une créature cupide (*Contre Rufin*, I, v. 100) qui n'hésite pas à vendre les honneurs qu'il a obtenus de l'empereur (*ibid.*, v. 179-180). Sur la cupidité du consul Eutrope et la vente des charges dont il est l'auteur : *cf. Contre Eutrope*, I, v. 190-212. Claudien utilise un procédé d'inversion plaisant : *uenditus ipse / uendere cuncta cupit*, « lui-même vendu, / Il désire tout vendre. » (*ibid.*, v. 206-207).
8 *Élag.*, VI, 3-4.
9 *Ibid.*, XI, 1.
10 *Ibid.*, XII, 1.
11 *Ibid.*, XX, 3.

Alexandre procède d'ailleurs à une large épuration une fois parvenu au pouvoir[12]. Sa biographie rappelle que la préfecture de l'annone était occupée par des gens vils[13]. Les eunuques qu'Élagabal avait élevés à de hautes responsabilités sont déchus et retrouvent la place qui est habituellement la leur ; en d'autres termes, ils sont affectés à des tâches domestiques[14] et certains sont offerts à ses amis[15]. Le rédacteur affirme qu'Alexandre reste publiquement discret sur ses projets afin d'éviter la « vente de fumée » ; une nouvelle pointe contre les eunuques dénonce leur aspiration à vouloir vendre des informations[16]. Hadrien adopte également une position sage à l'égard des affranchis :

> *Libertos suos nec sciri uoluit in publico nec aliquid apud se posse, dicto suo omnibus superioribus principibus uitia imputans libertorum, damnatis omnibus libertis suis quicumque se de eo iactauerant.* (*Hadr.*, XXI, 2)
>
> « Il ne voulait pas que ses affranchis fussent connus au dehors ou eussent une quelconque influence sur lui ; il imputait à tous les princes qui l'avaient précédé – ce sont là ses propres paroles – les défauts de leurs affranchis, et il condamna tous ceux de ses affranchis qui s'étaient vantés à son sujet. »

Antonin les traite avec la plus grande sévérité et son règne ne connaît pas les problématiques liées à la pratique de la « vente de fumée[17] ». Les affranchis Géminus et Agaclytus ont beaucoup de pouvoir sous le Principat de Marc Aurèle et Vérus[18] mais comme le précise A. Chastagnol, ces deux personnages sont en réalité des amis de Vérus et non de Marc Aurèle[19]. Commode écarte les gens de bien et s'entoure de corrompus[20] ; il confie d'ailleurs le pouvoir, après Pérennis, à son cubiculaire Cléandre, ancien esclave[21], qui fait admettre des affranchis dans le Sénat et parmi les patriciens[22]. Vérus apprécie lui

12 *Alex. Sév.*, XV, 1.
13 *Ibid.*, XXII, 2.
14 *Ibid.*, XXIII, 5-6.
15 *Ibid.*, XXXIV, 3.
16 *Ibid.*, XLV, 4-5.
17 *Ant. Pius*, XI, 1.
18 *Marc*, XV, 2 et *Vér.*, IX, 3.
19 A. Chastagnol, *Histoire Auguste*, n. 2 p. 140.
20 *Comm.*, II, 6 ; III, 3. Sur le thème de Commode *princeps clausus*, *cf.* A. Molinier-Arbo, *La* Vie de Commode *dans...*, p. 170-171.
21 *Comm.*, VI, 3.
22 *Ibid.*, VI, 9.

aussi les affranchis[23]. Pertinax, fils d'affranchi[24], durcit la discipline à leur égard[25] mais rappelle les gitons et concubines de Commode qu'il avait vendus, afin de satisfaire ses propres désirs[26]. Nous avons donc tout lieu de penser que le thème des satellites miroirs de la qualité morale du prince constitue un *leitmotiv* du recueil.

Suétone signalait déjà la compagnie infâme qu'affectionnaient Caligula, Claude, Néron ou Domitien[27]. Lactance, pour sa part, écrit que l'entourage de Maximin Daïa imite ses débauches : *sed et comites eius sub tali principe imitabantur s<tupra et hospit>um suorum cubilia inpune uiolabant*[28]. L'*Histoire Auguste* ne demeure pas moins choquée par la présence d'individus malsains au côté de l'empereur, mais elle introduit une nouveauté en élaborant le concept du *princeps clausus* : elle théorise en effet l'idée que le bon prince doit rester facile d'accès[29].

23 *Vér.*, VIII, 6.

24 *Pert.*, I, 1.

25 *Ibid.*, XIII, 9.

26 *Ibid.*, VII, 9.

27 Y. Roman rappelle que Licinus, affranchi sous Auguste et dont les compétences financières étaient incontestées, avait pillé les Gaules dont il était le procurateur (Y. Roman, *Empereurs et sénateurs…*, p. 206). « De grands bureaux (correspondance, finances, enquêtes) furent gérés par des affranchis du Prince. » (*ibid.*, p. 210). Mais les affranchis commencent à occuper un rôle important dans le gouvernement de l'Empire sous le règne de Caligula, après la répression de la première conspiration contre cet empereur : « La conspiration de Gaetulicus et Lepidus allait avoir […] deux conséquences majeures. D'une part, elle allait contraindre Caligula à s'appuyer de plus en plus sur ses affranchis. Revanche du peuple, et même du bas peuple, en quelque sorte, sur les ordres privilégiés. Mais au profit d'une poignée d'hommes et non du peuple dans son ensemble […] La substitution des affranchis au Sénat et à l'ordre équestre comme courroie de transmission entre l'empereur et son empire deviendra d'ailleurs manifeste sous le règne de Claude. C'est là une des révolutions du règne de Caligula en matière de structures impériales, à peine esquissée sous Tibère et qui marque la faillite des espérances mises dans l'ordre équestre par Auguste » (J.-P. Faur, « La première conspiration contre Caligula », *RBPh*, t. 51, fasc. 1, 1973, Antiquité – Oudheid, p. 13-50, ici p. 49).

28 « Mais ses compagnons eux aussi imitaient ses désordres, comme il est naturel sous un tel prince, et souillaient en toute impunité la couche de leurs hôtes. » (Lactance, *op. cit.*, XXXVIII,5).

29 *Cf.* Pseudo-Aelius Aristide, *En l'honneur de l'empereur*, 23-24 : « Dans la douceur de son aspect, combien d'humanité ! La modération de son langage, le fait qu'il n'est nul besoin de se donner de la peine pour l'approcher et qu'on a la possibilité de s'avancer, comme à l'intérieur d'un périmètre de lustration, du moment qu'on a si peu que ce soit bonne conscience, comment cela n'est-il pas au-delà de toute douceur et de toute humanité ? Car il considère que ce n'est pas en se montrant distant et difficile à approcher qu'il gagnera la réputation d'être un empereur grand, admirable et supérieur à tous ses prédécesseurs, mais qu'au contraire le meilleur moyen d'affermir une telle appellation sera de procurer

Il nous semble que les cas de Tibère et Domitien, dépeints comme des empereurs à l'écart et stigmatisés par les auteurs anciens, ne correspondent pas tout à fait à l'idée que l'*Histoire Auguste* propose. R. F. Martin parle de « tendance misanthropique » pour décrire le profil de ces deux empereurs[30]. Le premier s'était retiré sept ans à Rhodes (de 6 av. J.-C. à 2 ap. J.-C.), plus d'un an en Campanie (de janvier 21 au printemps 22) et onze ans à Capri (de 26 à 37). Le chercheur pense que le soudain départ pour Rhodes est dû à une « crise émotionnelle » de Tibère, qui rencontrait des difficultés dans sa relation conjugale avec Julie[31] : « L'importance de l'éloignement, le choix d'une île sont révélateurs du désir de solitude[32]. » Le second retrait, en Campanie, serait à mettre sur le compte d'un besoin de prendre du repos[33] ; quant à l'exil à Capri, il faudrait chercher une explication dans les troubles psychologiques de l'empereur et son besoin de fuir les intrigues du palais[34].

Eutrope avait déjà comparé Domitien à Tibère[35] et le témoignage de Pline évoque ses phobies dans les derniers mois du règne[36]. Les symptômes de la misanthropie demeurent néanmoins moins prégnants que ceux de l'empereur julio-claudien. Domitien ne s'est pas exilé loin de Rome sur de longues périodes[37]. Suétone relate comment il passait son temps à attraper des mouches pour les transpercer avec un poinçon au début de son règne. Nul doute qu'il aimait l'isolement ; c'est notamment pour cette raison qu'il se retirait dans l'*Albanum*, son domaine des monts Albains. À Rome, il sortait peu du palais ou, lorsque c'était le cas, transporté en litière et en profitant de l'ombre de cette dernière. Suétone souligne tout particulièrement ce goût pour les promenades solitaires[38].

On peut donc conclure que si les situations des Césars du Iᵉʳ siècle ap. J.-C. évoquent un isolement du prince, les causes de cet isolement ne sont pas analogues à celle du *princeps clausus*. Le rédacteur tient à

sa bienveillance et son humanité de manière partagée à tous ceux qui en ont besoin… » (texte extrait des *Éloges grecs de Rome*).

30 R. F. Martin, *op. cit.*, p. 289.

31 *Ibid.*, p. 290.

32 *Ibid.*

33 *Ibid.*

34 *Ibid.*, p. 291.

35 Eutr., VII, 23, 1. Donnée rappelée par R. F. Martin, *op. cit.*, p. 293.

36 *Ibid.*, p. 295.

37 *Ibid.*, p. 293.

38 Tous ces éléments sont précisés dans *ibid.*, p. 129.

établir la responsabilité d'un mauvais agent de contrôle du pouvoir, qui est d'ailleurs présenté comme un facteur influent dans l'émergence de gouvernements inspirés des monarchies orientales : l'eunuque, individu foncièrement néfaste. Sa condition se confond avec son essence[39] ; il ne peut occuper de rôle politique car il n'est pas destiné à une telle mission. De plus, le rédacteur blâme, d'une certaine manière, l'introduction du désordre dans une société romaine fondée précisément sur l'ordre[40].

Le second extrait dans lequel apparaît l'expression de *princeps clausus*, extrait emprunté à la Vie d'Aurélien, s'insère après une réflexion sur la nature du mauvais empereur ; le passage confirme le caractère néfaste d'un entourage composé d'eunuques et d'individus détestables[41]. Le rédacteur rapporte des propos attribués à Dioclétien, qui mettent en avant les périls auxquels s'expose le détenteur du pouvoir :

> *Colligunt se quatuor uel quinque atque unum consilium ad decipiendum imperatorem capiunt, dicunt quid probandum sit. Imperator, qui domi clausus est, uera non nouit ; cogitur hoc tantum scire quod illi loquuntur, facit iudices quos fieri non oportet, amouet a re publica quos debeat obtinere ; quid multa ? ut Diocletianus ipse dicebat, bonus, cautus, optimus uenditur imperator.* (*Aur.*, XLIII, 3-4)

---

39 Pour Sénèque, tous les hommes sont égaux par nature. « La nature ne nous prédispose au vice en nulle manière ; oui, elle nous fait naître innocents et libres (*integros ac liberos*) » (*Ad Lucilium*, 94, 56). La différence de condition entre l'esclave et le maître résulte de la *fortuna*, du souverain destin, sur lequel l'homme n'a aucune prise. *Cf.* M. Turchetti, *op. cit.*, p. 169 : « Comme Cicéron, il [Sénèque] affirme que l'esclave a la même nature que le patron, leur différence ne découle que du sort (*fortuna*). » Mais quand bien même est-on esclave, seul le corps l'est en réalité, car l'âme reste libre. *Ibid.*, p. 170 : « Le corps peut être esclave, non pas l'âme. » Aux yeux du rédacteur, il semble que cette âme doit rester prisonnière du vice, compte tenu de la condition précaire de l'esclave : *Qui cum empti sint et semper serui fuerint, quid tandem possunt boni sapere ?*, « Ces gens, qui ont été achetés et ont toujours été esclaves, comment peuvent-ils en définitive avoir quelque notion du bien ? » (*Alex. Sév.*, LXVI, 3).

40 Cette stratégie rhétorique rappelle la prosopopée de l'*In Eutropium* : quand l'*Vrbs* personnifiée prend à témoin Honorius, elle insiste sur l'aspect monstrueux de la nomination de l'eunuque au consulat de l'Empire d'orient, dans la mesure où elle introduit précisément le désordre dans un monde romain fondé sur l'ordre (*Eunuchi si iura dabunt legesque tenebunt, / ducant pensa uiri mutatoque ordine rerum / uiuat Amazonio confusa licentia ritu*, « Si les eunuques rendent la justice et sont maîtres des lois, que les hommes manient la quenouille, que, dans un monde dont l'ordre est renversé, ils vivent à la manière des Amazones et que l'on laisse libre cours à la confusion et à la licence ! », vers cités par C. Tournier, art. cité, p. 20). Les thèmes évoqués dans cette prosopopée sont : « le consulat d'un eunuque indigne de l'honneur de Rome et de son passé, la stérilité des eunuques et de toutes leurs actions, l'inversion des valeurs provoquée par l'accession d'un eunuque au consulat » (*ibid.*, p. 21).

41 *Aur.*, XLIII, 1.

> « Quatre ou cinq personnages se mettent ensemble et forment d'un commun accord un plan pour tromper l'empereur, ils lui disent ce qu'il doit approuver. L'empereur, qui est enfermé dans sa résidence, ne connaît pas la vérité ; il en est réduit à ne savoir que ce que lui disent ces gens, il nomme gouverneurs ceux qu'il ne faudrait pas nommer, il écarte du service de l'État ceux qu'il devrait garder ; qu'ajouter ? comme Dioclétien lui-même le disait, un empereur, fût-il bon, précautionneux, excellent, est mis à l'encan. »

Le tableau est similaire : un entourage immoral isole le prince et s'accapare la réalité du pouvoir. Doit-on déduire, au vu de ces deux passages, que le *princeps clausus* est nécessairement un mauvais prince ? Il semble que oui, si l'on considère que ce dernier fait l'erreur d'admettre dans son environnement des conseillers pernicieux. Pérennis a manipulé Commode pour augmenter son pouvoir[42], néanmoins Commode était naturellement porté à la débauche et insensible à une quelconque morale politique. C'est lui qui choisit précisément Cléandre pour lui succéder, un individu qui ne fut pas moins nuisible[43].

Quand le rédacteur se livre à de pareilles descriptions, le message se veut sans doute prescriptif. La fonction de miroir du genre biographique s'affirme. Cette hypothèse se trouve, à notre avis, confirmée par un extrait de la Vie des Trois Gordiens. Le texte décrit d'abord rapidement l'avènement de Gordien III, qui succède à son oncle (ou père) Gordien II et grand-père Gordien Ier, tous deux considérés comme des bons princes, repoussoirs du tyran Maximin le Thrace qui a régné jusqu'alors. Il fait du mariage du jeune empereur une étape déterminante du règne comme période de basculement :

> *Post quod non puerile iam et contemptibile uidebatur imperium, si quidem et optimi soceri consiliis adiuuaretur et ipse pro pietate aliquantulum saperet nec per spadones ac ministros aulicos matris uel ignorantia* <*uel*> *coniuentia uenderetur.* (*Gord.*, XXIII, 7)

---

42 *Cf. Comm.*, V, 2-3 : *Perennis autem Commodi persciens inuenit, quemadmodum ipse potens esset. Nam persuasit Commodo, ut ipse deliciis uacaret, idem uero Perennis curis incumberet ; quod Commodus laetanter accepit.* « Celui-ci [Pérennis], qui connaissait bien le caractère de Commode, trouva un moyen pour devenir puissant : il persuada Commode de se laisser aller aux plaisirs, tandis que lui, Pérennis, assumerait les charges du gouvernement, ce que Commode accepta avec enthousiasme. » Le caractère manipulateur de Pérennis est suggéré mais Commode, conformément à son caractère, se laisse persuader facilement.

43 *Ibid.*, VI, 3 : *In cuius potentiae locum Cleandrum ex cubiculariis subrogauit.* « Pour exercer le pouvoir à sa place [on parle de Pérennis], Commode choisit Cléandre, un ancien chambellan. »

« À partir de ce moment, son règne n'apparaît plus comme empreint de puérilité, car son remarquable beau-père l'aidait de ses conseils tandis que, par affection pour lui, il faisait de son côté davantage preuve de bon sens et ne laissait plus mettre en vente ses faveurs par les eunuques et les serviteurs de la cour qui profitaient en cela de l'inexpérience ou de la connivence de sa mère[44]. »

Une brève correspondance épistolaire apocryphe entre Misithée, le beau-père dont il est question, et Gordien III est ensuite rapportée. Ces lettres présentent des dispositions et une substance similaires, et mettent en scène des personnages inventés[45], caractéristique qui semble traduire leur caractère artificiel[46]. Nous les retranscrivons ci-dessous, en leur adjoignant des commentaires :

1/ En-tête épistolaire traditionnel, avec mentions du destinataire et de l'expéditeur :

Lettre n° 1 : *Domino filio et Augusto Misitheus socer et praefectus.* (« À son fils, seigneur et Auguste, de la part de Misithée, son beau-père et préfet. »)

Lettre n° 2 : *Imperator Gordianus Augustus Misitheo patri et praefecto.* (« L'empereur Gordien Auguste à Misithée, son beau-père et préfet. »)

2/ Les expéditeurs se félicitent de la fin du « règne » des eunuques :

Lettre n° 1 : *Euasisse nos grauem temporum maculam, qua per spadones et per illos, qui amici tibi uidebantur – erant autem uehementes inimici – omnia uendebantur, uoluptati est eo magis, quo tibi gratior emendatio est, ut, si qua uitia fuerunt, tua non fuisse satis constet, mi fili uenerabilis.* « Nous nous sommes débarrassés de cette insupportable ignominie de notre époque qui voyait des eunuques et des gens qui se prétendaient tes amis – alors qu'ils étaient tes pires ennemis – faire commerce de tout ; c'est une satisfaction d'autant plus grande que l'élimination de ce scandale t'est particulièrement agréable, car si ces vices ont bien existé, d'évidence ils n'ont pas été tiens, mon vénéré fils. »

Lettre n° 2 : *Nisi dii omnipotentes Romanum tuerentur imperium, etiam nunc per emptos spadones uelut in hasta positi uenderemur.* « Si les dieux immortels

44 Texte et traduction de l'édition d'A. Chastagnol. On retrouve ici le rôle-clé joué par les eunuques.

45 Felicio, Sérapammon, Gaudianus, Révérendus, Montanus. *Cf.* A. Chastagnol, *Histoire Auguste*, n. 3 et 4, p. 730.

46 *Gord.*, XXIV-XXV.

ne protégeaient pas l'Empire romain, nous continuerions à être en quelque sorte vendus à l'encan par des eunuques qui ont été eux-mêmes achetés. »

3/ Récit des faits passés, assorti d'une condamnation morale. La première lettre prend des accents de réquisitoire tandis que la seconde est de l'ordre de la repentance.

Lettre n° 1 : *Neque enim quisquam ferre potuit datas eunuchis suffragantibus militum praepositura, negatum laboribus praemium, aut interemptos aut liberatos pro libidine atque mercede, quos non decebat, uacuatum aerarium, per eos, qui cottidie <te> insidiosissime frequentabant, initas factiones, ut tu deciperers, cum inter se de bonis pessimi quique haberent ante consilia tibimet suggerenda, bonos pellerent, detestandos insinuarent, omnes postremo tuas fabulas uenderent.* « Personne ne pouvait supporter en effet que les commandements militaires soient distribués sur recommandation des eunuques, que le labeur ne soit pas rétribué par de justes récompenses, que soient exécutés ou libérés par caprice ou contre paiement des hommes qui n'auraient pas dû l'être, que le Trésor soit vide, et cela du fait de gens qui, jour après jour, tournaient insidieusement autour de toi et tissaient des intrigues pour te tromper ; les plus mauvais se consultaient préalablement entre eux pour te suggérer des conseils à l'égard des personnes honnêtes ; ils éloignaient les hommes de valeur, recrutaient [à leur place] des individus détestables, faisaient commerce enfin de tous tes propos. »

Lettre n° 2 : *Denique nunc demum intellego neque Feliciones praetorianis cohortibus praeponi debuisse, neque Serapammoni quartam legionem credendam fuisse, et, ut omnia dinumerare m<ittam>, multa non esse facienda quae feci,* « Je me rends compte maintenant qu'il n'aurait pas fallu placer des gens comme Felicio à la tête des cohortes prétoriennes ni confier la quatrième légion à Sérapammon et que, sans vouloir les énumérer toutes, je n'aurais pas dû faire bien des choses que j'ai faites. »

4/ Expression de gratitude à l'égard du destinataire et des dieux :

Lettre n° 1 : *Diis igitur gratias, quod uolente te ipso emendata res p. est.* « Remercions donc les dieux d'avoir permis que, grâce à ton énergie, l'ordre ait été rétabli dans l'État. »

Lettre n° 2 : *sed diis gratias, quod te insinuante, qui nihil uendis, didici ea, quae inclusus scire non poteram.* « Mais, grâce aux dieux, tu m'as appris, toi qui n'es pas vénal, à connaître ce que, dans mon isolement, il m'était impossible de savoir. »

5/ Clôture de la lettre avec une proposition de définition du bon prince :

Lettre n° 1 : *Delectat sane boni esse principis socerum et eius, qui omnia requirat et omnia uelit scire et qui pepulerit homines, per quos antea uelut in auctione positus nundinatus est.* « C'est un plaisir pour moi d'être le beau-père d'un bon prince et spécialement d'un prince qui s'enquiert de tout, qui veut tout savoir et qui a chassé ces gens qui auparavant l'avaient pour ainsi dire mis aux enchères et vendu. »

Lettre n° 2 : (l'expéditeur revient sur son ancienne situation dans une digression) *Quid enim facerem, quod et mater nos uenderet et consilio cum Gaudiano et Reuerendo et Montano habito uel laudaret aliquos uel uituperaret, et illorum consensu quasi testium, quod dixerat, adprobarem ?* (description du mauvais prince et donc définition du bon prince, en filigrane) *Mi pater, uerum audias uelim : miser est imperator, apud quem uera reticentur, qui cum ipse publice ambulare non possit, necesse est, ut audiat et uel audita uel a pluri-mis roborata confirmet.* « Que pouvais-je faire en effet puisque [[ma mère même]] nous vendait et, en complicité avec Gaudianus, Révérendus et Montanus, me recommandait ou décriait tel ou tel personnage, tandis que moi, m'imaginant que leur unanimité était un témoignage digne de foi, j'approuvais ce qu'elle m'avait dit. Mon cher père, ce que je voudrais te dire est vrai : malheureux l'empereur qui est tenu à l'écart de la vérité et qui, ne pouvant se promener en public à sa guise, doit se contenter d'écouter et d'ajouter foi à ce qu'il a entendu dire ou à ce que la majorité a affirmé. »

Comme l'indique le passage précité[47], c'est grâce à l'influence de son beau-père que l'empereur put se débarrasser de cet entourage vicieux. Misithée est « un homme très érudit qu'il [Gordien III] considérait, du fait de son éloquence, comme digne d'entrer dans sa famille », *doctissimi uiri, quem causa eloquentiae dignum parentela sua putauit*[48]. La morale est sauve ! Le cas de Gordien III a correspondu objectivement à la définition de l'*Histoire Auguste* de « prince cloîtré ». Néanmoins, le prince a choisi de son propre chef de tendre l'oreille aux conseils de Misithée ; voilà une autre façon de dire que Gordien III n'est pas insensible à la vertu.

47 *Gord.*, XXIII, 7.

48 *Ibid.*, XXIII, 6. L'*eloquentia* qui, aux yeux de l'auteur, apparaît ici comme indissociable de la vertu, s'oppose aux *consilia* des eunuques : *cum inter se de bonis pessimi quique haberent ante consilia tibimet suggerenda* (*ibid.*, XXIV, 3).

Finalement, le personnage nous apparaît comme étant naturellement bon mais victime d'un égarement momentané.

La fable, si l'on peut dire, se termine au chapitre XXV, après la fin de la lettre de Gordien III :

> *Tantum autem ualuit eius grauitas et sanctimonia, ut ex obscurissimo praeter nobilitatem gestis etiam Gordianum clarum principem fecerit.* (*Gord.*, XXV, 7)
>
> « Sa sagesse et sa rectitude [on parle de Misithée] eurent une telle influence qu'elles firent de Gordien, personnage très obscur malgré sa naissance noble, un prince fameux même par l'éclat de ses actes. »

Gordien, certes *obscurus* mais néanmoins membre de la *nobilitas*, est un bon prince parce qu'il a choisi de suivre la voie de la vertu[49]. Son statut de *princeps clausus* semble en réalité constituer un état accidentel. Alexandre Sévère parvient lui aussi à se débarrasser d'un vendeur de fumée connu sous le nom de Verconius Turinus, personnage inventé par le rédacteur[50]. La qualité de l'empereur se mesure donc à sa façon d'appréhender son environnement, une donnée qui est, par nature, soumise à de constantes modifications.

Mais peut-on identifier des souverains derrière ces descriptions du *princeps clausus* ? A. Chastagnol écrit que l'expression est née à la fin du IVe siècle et remarque que la première occurrence que nous connaissons est celle de l'*Histoire Auguste*[51]. On la retrouve au siècle suivant : elle désigne Valentinien II, isolé dans son palais de Vienne par Arbogast dans les années 389-392, chez l'historien Sulpicius Alexander, et se réfère aux successeurs de cet empereur (Honorius, Valentinien III...) dans le Panégyrique de Majorien composé par Sidoine Apollinaire[52]. Le Panégyrique de Pacatus pour Théodose propose une idée similaire mais le verbe *claudere* est remplacé par *occultare*[53]. « Il s'agit évidemment d'une

---

49 L'*Histoire Auguste* retient de Gordien III l'image d'un *optimus princeps* : *cf.* notamment son portrait physique positif (*ibid.*, XXXI, 4). *Cf.* également *ibid.*, XXXI, 5 : *Amatus est a populo et senatu et militibus ante Philippi factionem ita ut nemo principum*, « Avant la conspiration de Philippe, il était aimé du peuple, du Sénat et des soldats comme aucun prince ne l'avait été. »

50 *Alex Sév.*, XXXV, 6 et XXXVI.

51 A. Chastagnol, « Autour du thème du *princeps clausus* », *B.H.A.C. 1982-1983*, Bonn, Rudolf Habelt Verlag GmbH, 1985, p. 149-161, ici p. 152.

52 *Ibid.*

53 *Pan.*, XII (2), XXI, 2-4. *Cf. ibid.*, p. 152-153.

censure de l'étiquette orientale introduite par Dioclétien, et qui avait déjà bien des siècles auparavant étonné Hérodote (1, 99) et Xénophon (*Cyropédie*, 7, 5, 37-69)[54]. » Pacatus, quand il emploie l'expression *princeps clausus*, peut penser à Dioclétien, au Constantin des dernières années et à Constance II[55].

L'*Histoire Auguste*, quant à elle, peut désigner Valentinien II, Honorius et Arcadius[56]. On sait que Claudien blâme le consul eunuque Eutrope de mal choisir les fonctionnaires en 398-399[57] et A. Chastagnol en déduit que le *princeps clausus* des Vies d'Alexandre Sévère et Aurélien pourrait être Arcadius[58]. Synésios de Cyrène adresse à cet empereur, en 399, un discours après la chute d'Eutrope dans lequel il traite du *princeps clausus*[59]. Quoi qu'il en soit, il faut donc noter, avec A. Chastagnol et l'édition des Belles Lettres, qu'un cliché émerge dans la littérature pour distinguer le bon prince du mauvais prince[60].

Un empereur correspondant à la définition de *princeps clausus* semble donc se révéler être un *malus princeps* aux yeux de l'*Histoire Auguste.* Mais un autre indicateur s'avère pertinent pour apprécier la qualité morale du souverain : il s'agit de la figure du délateur.

54 *Cf. Vie d'Aurélien*, Les Belles Lettres, n. 6.2.7.3. p. 204.

55 A. Chastagnol, *ibid.*, p. 154 et *Vie d'Aurélien*, Les Belles Lettres, n. 6.2.7.3. p. 204.

56 *Ibid.*

57 A. Chastagnol, *ibid.*, p. 155.

58 *Ibid. Cf.* également A. Chastagnol, *Histoire Auguste*, introduction générale, p. CLXIV. Le chercheur rappelle ce que disait J. Straub : le lecteur peut observer un parallèle entre la position de Timésithée dans la *Vie des Gordiens* et la situation de Stilicon après la mort de Théodose (*ibid.*) Par conséquent, on peut voir dans la représentation de l'influence des eunuques de l'entourage du jeune Gordien III une transposition de celle d'Eutrope en Orient depuis 395 (*ibid.*) A. Chastagnol justifie sa thèse en remarquant que le thème de la vénalité des charges, dont les eunuques assurent le commerce, se dessine à la fois dans la biographie impériale et la poésie de Claudien (*ibid.*, p. 459). S. Ratti a rappelé que l'idée d'une dépendance du recueil de l'Anonyme par rapport à Claudien a suscité beaucoup de scepticisme (S. Ratti, « La date et la diffusion de l'*Histoire Auguste* », *REA*, t. 114, 2012, n° 2, p. 567-580, ici p. 572).

59 *Cf.* également Vie d'Alexandre Sévère, Les Belles Lettres, n. 452 p. 180 et A. Chastagnol, « Autour du thème… » p. 160-161.

60 A. Chastagnol, *ibid.*, p. 161.

LE RÔLE DES DÉLATEURS

Le tyran n'est pas le seul acteur qui nuit à la société qu'il dirige[61]. La présence d'individus exécutant ses ordres et l'accompagnant sur son chemin de crimes et de cruautés participe à la construction d'un « paysage tyrannique », cadre qu'un biographe comme Suétone n'a pas manqué d'évoquer. Nous avons souligné plus haut l'influence néfaste des affranchis ; nous pourrions encore citer celle des histrions, des auriges, des mignons, des prostitué(e)s... Ces personnages, parfois nommés dans les textes, sont, en général, caractérisés par leur fonction ou leur profession.

Le délateur[62] est un personnage régulièrement évoqué dans les sources historiographiques latines[63]. Y. Rivière a établi un relevé de toutes les occurrences de *delator*[64] dans la littérature du Haut-

61 C. Lévy remarque que Cicéron, pour Catilina, Clodius et Marc Antoine, traite déjà le thème de l'entourage du monstre : « la description de l'antisociété qui gravite autour du personnage monstrueux présente des caractéristiques générales et des différences de détail, selon que Cicéron présente le monstre comme un pôle vers lequel se dirigent [...] tous les personnages tarés de la cité, ou qu'il privilégie sa capacité à manipuler ceux qui peuvent lui être utiles. » (art. cité, p. 151-152). Rufin et ses hommes partagent le goût de la rapine : *talibus adclamat dictis infame nocentum / concilium, qui perpetuis creuere rapinis / et quos una facit Rufino causa sodales, / inlicitum duxisse nihil*, « L'infâme assemblée de brigands acclame ces propos : / Ceux qui se sont gavés d'incessantes rapines / Et ne sont devenus compagnons de Rufin que pour cette raison : / N'avoir rien d'interdit. » (*Contre Rufin*, livre II, v. 317-320).

62 Comme on le sait, l'utilisation des délateurs comme instrument de répression par le pouvoir politique n'est pas chose nouvelle dans l'Antiquité. Lysias évoque les dénonciations calomnieuses de Batrachos et Æschylidès durant la période de gouvernement des Trente Tyrans d'Athènes, en 404-403 av. J.C (*Contre Ératosthène*, texte établi et traduit par L. Gernet et M. Bizos, introduction et notes de C. Orfanos, Paris, Les Belles Lettres, 2010, Classiques en poche, n° 101, ici 48).

63 Le personnage du délateur est toutefois discret, voire absent dans les abrégés d'Aurélius Victor, d'Eutrope et du Pseudo-Aurélius Victor, en ce qui concerne les chapitres relatifs aux empereurs mis en scène par l'*Histoire Auguste*.

64 Sur le sens du mot *delator*, *cf.* Y. Rivière, *Les Délateurs sous l'Empire romain*, École française de Rome, 2002, p. 26. Dans les premiers temps de l'Empire, le terme est employé dans un contexte de délation fiscale, qui met en jeu les *leges caducariae* promulguées par Auguste et qui seront seulement abrogées sous Constantin. Rappelons que ces lois (la *Lex Iulia de maritandis ordinibus*, entre 28 av. J.-C. et 4 ap. J.-C., et la *Lex Papia Poppaea*, en 9 ap. J.-C.) incitaient les citoyens, et tout particulièrement ceux issus des rangs équestre et sénatorial, à se marier ; elles réprimaient l'adultère, *cf. id.*, « Encouragement, contrôle, lâchage et

Empire[65]. Nous nous contenterons de rappeler celles qui concernent uniquement les ouvrages d'histoire.

Les auteurs ont eu tendance à utiliser *delator* dans des contextes recouvrant deux réalités juridiques distinctes, la *delatio fisci* d'une part, et la *delatio* inhérente aux procès criminels jugés par le Sénat ou l'empereur d'autre part (motivée notamment par les accusations de lèse-majesté et de concussion)[66]. Il nous paraît commode d'adopter le système de notation de Y. Rivière dans les résultats que nous retranscrivons ci-dessous : les accusateurs se rapportant à la première activité sont désignés par (F), ceux de la seconde catégorie par (C).

Les délateurs sont donc mentionnés dans les sources suivantes : Tacite, *Ann.*, 2, 50, 1 (C); 3, 25 (F); 3, 49, 1 et 3, 49, 2 (C); 4, 30, 3 (C); 6, 40, 3 (C); 12, 59, 2 (C); 13, 21, 6 (C), *Hist.*, 1, 2, 5 (C); 2, 10, 4 (C); 4, 6, 2 (C); 4, 42 (C). Suétone : *Tib.*, 45 (C); 61 (C); *Calig.*, 15 (C); 30 (C); *Claud.*, 44 (C); *Ner.*, 10 (F); 32 (C); 44 (F); *Tit.*, 8 (F); *Dom.*, 9 (F); 11 (C).

Il faut souligner, avec Y. Rivière, le faible emploi du mot chez les historiens. Le phénomène peut paraître surprenant quand on examine la manière dont ces personnages sont dépeints dans les textes : ils apparaissent en effet comme des fléaux omniprésents, faisant régner un climat de terreur[67].

---

lynchage des agents du fisc impérial (Ier-IVe siècle ap. J.-C.) », *Contrôler les agents du pouvoir*, Actes du Colloque organisé par l'Équipe d'accueil « Histoire Comparée des Pouvoirs » (EA 3350) à l'Université de Marne-la-Vallée, 30, 31 mai et 1er juin 2002, textes réunis par L. Feller, Limoges, Pulim, 2004, p. 329-341, ici p. 331. Les célibataires et les gens mariés sans enfants ne pouvaient pas recevoir d'héritage : dans le cas où un citoyen n'avait pas d'héritier légitime, l'ensemble de ses biens revenait au Trésor impérial (*fiscus*), *cf. ibid.* Dans la mesure où l'État ne disposait pas nécessairement des ressources financières pour contrôler l'application de ces lois, il promettait à l'individu qui dénoncerait les infracteurs, un quart des biens du condamné. *Delator* revêt un sens péjoratif dans les sources littéraires postérieures (*id.*, *Les Délateurs sous l'Empire romain*, p. 26). Les délateurs étaient en effet marginalisés. À ce sujet, *cf. id.*, « Encouragement, contrôle… », p. 333 : « [Sous Gordien III], Comme à l'époque antérieure [époques antonine et sévérienne], celui qui est désigné comme *delator* subit une atteinte à sa personne (*iniuria*), parce qu'en recevant ce nom il risque l'infamie (cette dégradation se traduit notamment par l'exclusion de la représentation judiciaire) ». Le mot n'est jamais employé dans les sources littéraires de l'époque républicaine (*id.*, « Les *quadruplatores* : la répression du jeu, de l'usure et de quelques autres délits sous la République romaine », *MEFRA*, t. 109, n° 2, 1997, p. 577-631, ici p. 581).

65 *Id.*, *Les Délateurs sous l'Empire romain*, n. 28 p. 26.

66 *Ibid.*, p. 27. « Le mot conserve par ailleurs le sens plus général d'"indicateur" ou de "mouchard" » (*ibid.*).

67 *Ibid.*, p. 26-27. La liste susmentionnée a été établie par Y. Rivière.

Le lien entre les personnages de délateur et le régime tyrannique est étroit : « Au cours des deux premiers siècles de l'Empire, les dénonciations faites par des esclaves semblent liées aux dérèglements propres aux règnes tyranniques. Tibère et Caligula ont utilisé cet instrument contre l'aristocratie, Domitien de même, ou encore Commode et Caracalla. À l'opposé, Claude, Pertinax et Macrin ont procédé à des exécutions massives d'esclaves qui s'étaient rendus coupables de dénonciations, aussi bien dans le domaine fiscal, que dans le domaine criminel[68]. » Dans l'*Histoire Auguste*, on peut remarquer, en général, que les mauvais princes encouragent les dénonciateurs, contrairement aux bons princes qui les répriment. Nous répertorions ci-dessous les différentes occurrences de *delator* dans le recueil et leur interprétation par Y. Rivière.

1/ *Ant. Pius*, VII, 2 : *Quadruplatores exstincti sunt*, « Les délateurs disparurent[69]. » Type de délateur évoqué : C[70].

---

68 *Ibid.*, p. 315.

69 Sur la difficulté d'établir le sens du mot *quadruplator*, *cf. id.*, « Les *quadruplatores* : la répression du jeu… », tout particulièrement p. 579-595. Deux définitions se font jour dans les textes des scoliastes de Cicéron (Asconius Pédianus, *Scolia Gronouiana*, Pseudo-Asconius) : « Ou bien les *quadruplatores* sont des *delatores criminum publicorum* qui agissent dans des procès pour obtenir en récompense le quart des biens du condamné, ou bien les *quadruplatores* sont des *accusatores* qui lancent des procès dans lesquels le montant de la condamnation s'élève au quadruple des sommes extorquées, en matière d'usure, de jeu ou dans d'autres cas passés sous silence par l'auteur [Pseudo-Asconius] » (*ibid.*, p. 581). Y. Rivière finit par conclure à une évolution sémantique du terme : « Chez Plaute l'expression de la réprobation suscitée par les *quadruplatores* n'occulte pas la référence technique à l'*actio quadrupli* mentionnée dans d'autres comédies du même auteur […] Au dernier siècle de la République, dans la *Rhétorique à Herennius* et les *Verrines*, l'utilisation de *quadruplator* est devenue un *topos* de l'éloquence, la désignation courante de spécialistes de l'accusation, prêts à s'enrichir par des pratiques calomnieuses » (*ibid.*, p. 595). Dans la littérature du Haut-Empire, deux tendances se font jour : certains auteurs « se proposent de retrouver le sens originel du terme » tandis que Tite-Live, Sénèque et Apulée « utilisent le terme à la fois pour sa connotation péjorative dans le contexte d'un tribunal et dans le sens premier de "celui qui quadruple." » (*ibid.*) Y. Rivière rajoute que « au IVe siècle, les *quadruplatores* sont cités en même temps que les *delatores* à l'occasion des répressions menées contre eux par Marc Aurèle et Aurélien, sans que l'on puisse décider s'il s'agit d'une redondance qui s'explique par la double influence de la littérature républicaine et impériale, ou d'une opposition entre les accusateurs des procès criminels et ceux qui travaillent pour le fisc. » (*ibid.*). Le terme de *quadruplator*, que l'on ne rencontre dans aucune source de nature juridique, est mal interprété par les auteurs anciens sous l'Empire (*ibid.*, p. 579).

70 *Id.*, *Les Délateurs…*, n. 20 p. 144 (il faut mentionner les réserves de Y. Rivière sur l'interprétation reportée car la mention est trop brève pour décider du contexte).

2/ *Marc*, XI, 1 : *Cauit et sumptibus publicis et calumniis quadruplatorum intercessit adposita falsis delatoribus nota. Delationes, quibus fiscus augeretur, contempsit*, « Il surveilla les dépenses publiques et sévit contre les calomnies des délateurs, en faisant apposer la marque d'infamie aux auteurs de fausses déclarations [faites pour recevoir le quart des biens de l'accusé] et en ne tenant aucun compte des délations qui enrichiraient le fisc. » Type de délateur évoqué : C (*calumniis*[71] *quadruplatorum*) et F (*falsis delatoribus nota) / (Delationes)*[72].

3/ *Comm.*, XVIII, 10 / XVIII, 15-16 / XIX, 7 : *Parricida trahatur. Rogamus, Auguste, parricida trahatur. Hoc rogamus, parricida trahatur. Exaudi Caesar : delatores ad leonem. Exaudi Caesar : Speratum ad leonem*, « Que le parricide soit traîné ! Nous t'en supplions, Auguste, que le parricide soit traîné ! Exauce-nous, César ! Aux lions, les délateurs. Exauce-nous, César : aux lions Spératus ! » / *Nunc securi sumus : delatoribus metum. Ut securi simus, delatoribus metum. <Ut> salui simus, delatores de senatu, delatoribus fustem.*

---

71 « Les occurrences de *calumnia, calumniator, calumniari* renvoient toujours dans l'Histoire Auguste à un contexte criminel » (*ibid.*, n. 19 p. 144). *Calumniari, est falsa crimina intendere*, « Calomnier, c'est intenter de fausses accusations » (*Les Cinquante Livres du Digeste ou des Pandectes de l'Empereur Justinien*, t. VII, texte traduit par M. Berthelot, Metz, chez Behmer et Lamort, et Paris, Rondonneau, 1805, ici 48, 16, 1). Les calomniateurs, selon la disposition de la *Lex Remmia* (*ibid.*, 48, 16, 2), étaient signalés par un stigmate physique, l'apposition d'un « K » sur le front, tatoué ou marqué au fer rouge. À ce sujet, *cf.* P. Martin, « "La Forge des Trois C" ou le calomniateur stigmatisé », *Albineana*, 23, Niort, Cahiers d'Aubigné, 2011, Calomnie, rumeur et désinformation : l'Histoire du Père Henri, jésuite et sodomite, sous la direction de P. Martin et M.-H. Servet, p. 331-363, spécifiquement p. 360-361 : « c'est par interpolation avec d'autres textes [que celui du *Digeste*, 48, 16, 2] que l'on a pu se faire une idée du châtiment qu'elle [la loi Remmia] prescrivait » (*ibid.*, p. 360). Il faut se reporter à un autre extrait du *Digeste* (22, 5, 13) où l'homme probe, *integrae frontis homo*, « un homme au front intègre », est opposé à l'homme condamné pour calomnie (*ibid.*, p. 360-361). *Cf.* également Plin., *Panégyrique de Trajan* (XXXV), comme signalé dans *ibid.*, p. 361. Cicéron évoque cette peine dans le plaidoyer pour Sextus Roscius d'Amérie, (*Rosc.*, XIX et XX). Ce genre de châtiment remonte à des temps plus anciens. À ce sujet, *cf.* C. K. Doganis, « La sycophantie dans la démocratie athénienne d'après les comédies d'Aristophane », *Journal des savants*, 2001, n° 2, p. 225-248, ici p. 236 : « il semble qu'à l'époque où ont été écrites *Les Guêpes* les sycophantes encouraient bien une peine spécifique. Il s'agit toutefois d'une peine symbolique : porté comme un collier de chien, le carcan de figuier vise avant tout à stigmatiser le coupable. Ce genre de sanction est le reflet d'une citoyenneté de type communautaire où l'exclusion du corps social par stigmatisation représente une condamnation radicale. » *Cf.* également *ibid.*, n. 39 p. 236 : « La stigmatisation des sycophantes est attestée dans la cité de Thourioi, où ceux-ci étaient condamnés à porter une couronne de tamaris. »

72 Y. Rivière, *Les Délateurs…*, n. 19 p. 143.

Te saluo delatores ad leonem. Te imperante delatoribus fustem, « Maintenant nous sommes tranquilles : aux délateurs la crainte ! Pour que nous soyons tranquilles, aux délateurs la crainte ! Pour que nous soyons tranquilles, hors du Sénat les délateurs ! Aux délateurs la bastonnade ! Puisque tu es sauf, aux lions les délateurs ! Puisque tu es empereur, aux délateurs le bâton ! » / *Indices de senatu. Delatores de senatu. Seruorum subornatores de senatu*, « Hors du Sénat les indicateurs ! Hors du Sénat, les délateurs ! Hors du Sénat les suborneurs d'esclaves ! » Type de délateur évoqué : F (*delatores*)[73].

4/ *Pert.*, VII, 1 / IX, 10 : *Delatores cunctos grauiter puniri iussit et tamen mollius quam priores imperatores, unicuique dignitati, si delationis crimen incurreret, poenam statuens*, « Il édicta des peines sévères contre tous les délateurs, avec plus de souplesse, néanmoins, que les empereurs précédents, déterminant le châtiment en fonction du rang de chacun de ceux qui avaient été convaincus du crime de délation[74] » / *Eos, qui calumniis adpetiti per seruos fuerant, damnatis [seruis] delatoribus liberauit in crucem sublatis talibus seruis, aliquos etiam mortuos uindicauit*, « Ceux qui avaient été victimes de dénonciations calomnieuses d'esclaves furent libérés tandis que ces esclaves délateurs étaient mis en croix, et il réhabilita même la mémoire de quelques-uns de ces maîtres qui étaient [déjà] morts. » Type de délateur évoqué : F[75] / *[76].

---

73 *Cf. ibid.*, p. 145-146 : « Rien ne permet apparemment d'affirmer qu'il s'agit ici seulement des délateurs du fisc et toutes les catégories de dénonciateurs pourraient être désignées par ce mot devenu une insulte (malgré la série de la dernière phrase *indices – delatores – seruorum subornatores* où la foule ne stigmatise pas forcément plusieurs catégories d'individus, mais multiplie les insultes à l'égard des mêmes). Néanmoins, la violence du châtiment réclamé – la bastonnade et les lions – rappelle, par exemple, le défilé des *delatores* du fisc dans l'amphithéâtre sous Trajan, mentionné par Pline dans le *Panégyrique*. Il me semble que les hurlements de la foule ne visent pas nécessairement les sénateurs, malgré l'expression *[de] senatu*. » Le chapitre de la Vie de Pertinax sur les mesures prises à l'encontre des délateurs semble confirmer cette hypothèse (*cf. ibid.*, p. 146).

74 Texte et traduction de l'édition d'A. Chastagnol.

75 Y. Rivière, *Les Délateurs…*, p. 146.

76 *Ibid.*, p. 146-147 : « Comme le souligne J.-P. Callu, l'interprétation de ce passage dépend du choix d'édition adopté selon le manuscrit : "Si l'on accepte la conjecture *seuerius* au lieu du *seruis* transmis par le manuscrit *P*, une distinction serait faite entre les esclaves *calumniatores* qui sont crucifiés et les délateurs *stricto sensu*, dont la peine sévère n'est pas précisée". Une telle distinction s'intégrerait évidemment parfaitement à notre démonstration. A. Chastagnol fait un autre choix en gardant *seruis* au lieu de *seuerius* et en proposant la traduction citée ci-dessus. Cette répression viserait donc tous les esclaves aussi bien les dénonciateurs du fisc que ceux qui ont permis une poursuite criminelle. »

5/ *Macr.*, XII, 11 : *Delatores, si non probarent, capite adfecit ; si probarent, delato pecuniae praemio infames dimisit*, « Quand les délateurs ne faisaient pas la preuve de leur dénonciation, il leur infligeait la peine capitale. S'ils en faisaient la preuve, il leur en versait la récompense en argent et les renvoyait déshonorés[77]. » Type de délateur évoqué : F[78].

6/ *Maxim.*, XIII, 5 / XV, 1 : *Sed cum Romani eius crudelitatem ferre non possent, quod delatores euocaret, accusatores inmitteret, crimina fingeret, innocentes occideret, damnaret omnes, quicumque in iudicium uenissent*, « Mais les Romains ne pouvaient plus supporter sa cruauté : il faisait en effet appel à des délateurs, laissait libre cours aux accusateurs, inventait des crimes, massacrait des innocents, condamnait tous ceux qui étaient passés en jugement[79] » / *Interfecti deinde omnes delatores, omnes accusatores, omnes amici Maximini*, « On mit alors à mort tous les délateurs, tous les accusateurs, tous les amis de Maximin[80]. » Type de délateur évoqué : F (*delatores*) et C (*accusatores*) / F (*delatores*) et C (*accusatores*).

7/ *Gord.*, XIII, 7 : *Nam delatores, calumniatores, procuratores et omnem illam faecem Maximinianae tyrannidis occidi iussit*, « il [le Sénat] fit en effet mettre à mort les délateurs, calomniateurs, agents personnels, et toute cette lie qui servait le despotisme de Maximin[81]. » Type de délateur évoqué : F (*delatores*) et C (*calumniatores*).

8/ *Aur.*, XXXIX, 3-4[82] : *Idem quadruplatores ac delatores ingenti seueritate persecutus est. Tabulas publicas ad priuatorum securitatem exuri in foro Traiani semel iussit. Amnestia etiam sub eo delictorum publicorum decreta est [te] exemplo Atheniensium, cuius rei etiam Tullius in Philippicis meminit*, « Il pourchassa avec une sévérité extrême les indicateurs et les dénonciateurs, il ordonna de brûler une fois pour toutes les registres publics des dettes sur le forum de Trajan pour garantir la sécurité des particuliers. Sous

77 Hérodien évoque une répression des délateurs lors de l'avènement de Macrin : « Les délateurs et les esclaves, tous ceux du moins qui avaient dénoncé leurs maîtres, furent empalés » (V, 2, 2).

78 Y. Rivière, *Les Délateurs…*, p. 147.

79 On retrouve le même renseignement chez Hérodien (VII, 3, 2).

80 Hérodien dit la même chose (VII, 7, 3).

81 Hérodien rapporte que Gordien bannit les délateurs (VII, 6, 4).

82 Sur l'étude de ce passage et celui de la Vie de Marc Aurèle mentionné plus haut, *cf.* également Y. Rivière, « Les *quadruplatores* : la répression du jeu… », p. 594.

son règne fut aussi décrétée une amnistie pour les délits contre l'État, suivant l'exemple des Athéniens, une circonstance qu'évoque également Cicéron dans ses *Philippiques.* » Type de délateur évoqué : F (*delatores*) et C (*quadruplatores*)[83].

Y. Rivière note que « dans les constitutions impériales de la deuxième moitié du IVe siècle *delator* désigne toujours (parfois indirectement) l'auteur d'une dénonciation fiscale et qu'il n'a un sens plus général, qu'exceptionnellement, lorsqu'il s'agit de *serui* délateurs de leurs maîtres : l'ensemble des occurrences rencontrées dans l'*Histoire Auguste* obéirait donc à la même règle[84] ».

À notre tour, nous pouvons formuler plusieurs observations en conclusion de cette étude. Tout d'abord, nous pouvons dire que le rédacteur, à l'instar de son prédécesseur Suétone, mentionne l'attitude des princes – du moins certains – à l'égard des délateurs, qu'ils soient liés aux dénonciations fiscales ou instigateurs de poursuites criminelles. Pour cette dernière catégorie d'affaires, le rédacteur traite parfois directement le thème du crime de lèse-majesté sous le règne d'un empereur, comme nous le verrons ultérieurement, sans nommer les acteurs qui se servent de ce motif pour entraîner la perte de différents individus. Ensuite, il faut constater que, globalement, encore une fois de la même façon que dans les *Vies des douze Césars*, les bons empereurs répriment tout type de délateur, alors que les mauvais princes les appuient. S'il ne s'agit pas d'inventions[85], le rédacteur est tributaire de la réalité historique : il rapporte des faits. Doit-on donc conclure que ce type de mention s'inscrit dans une rhétorique de blâme ?

Il est évident que le seul fait d'encourager les délateurs, des personnages à la réputation infâme, ne contribue pas à donner une image positive de soi-même, lorsque l'on exerce le pouvoir suprême[86]. Les répressions

---

83 *Id.*, *Les Délateurs...*, p. 143.

84 *Ibid.*, p. 147.

85 On retrouve des traces des passages cités de l'*Histoire Auguste* chez Hérodien et Aurélius Victor. *Cf. ibid.*, p. 141-142. Pour Aurélien, se reporter à Aur.-Vict., 35,7. Pour Pertinax, Macrin et Maximin, *cf.* Her. : respectivement, 2, 4, 8 ; 5, 2, 2 ; 7, 3, 2. Gordien III les exile, chez Hérodien (*cf.* Y. Rivière, *ibid.*, p. 141). En ce qui concerne Commode, A. Molinier-Arbo défend l'idée que les imprécations finales de l'*Histoire Auguste* constituent un document authentique (*cf. supra*).

86 Y. Rivière affirme que la propension du prince à donner du crédit aux calomnies constitue un trait topique du tyran : « En particulier, lorsque les victimes ne sont pas désignées,

semblent être la garantie d'un ordre moral serein ; elles traduisent un apaisement des relations entre le prince et les aristocrates de la Curie. Leur suppression traduit une volonté de rupture politique avec le règne précédent. En outre, ce genre de personnage, bien qu'il n'apparaisse pas souvent dans les sources historiques, paraît avoir particulièrement touché la sensibilité des auteurs qui en dressent une image sombre. Ainsi, dans la Vie de Titus, on peut lire, au sujet des délateurs fiscaux, comme Y. Rivière l'a noté :

> *Inter aduersa temporum et delatores mandatoresque erant ex licentia ueteri. Hos assidue in foro flagellis ac fustibus caesos ac nouissime traductos per amphitheatri harenam partim subici ac uenire imperauit, partim in asperrimas insularum auehi. Vtque etiam similia quandoque ausuros perpetuo coerceret, uetuit inter cetera de eadem re pluribus legibus agi quaeriue de cuiusquam defunctorum statu ultra certos annos.* (Suét., *Tit.*, VIII, 12)
>
> « Parmi les fléaux du temps, on comptait aussi les délateurs et les fauteurs de délation, encouragés par une longue tolérance. Après les avoir, sans se lasser, fait battre de verges et bâtonner dans le forum, puis, en dernier lieu, défiler dans l'arène de l'amphithéâtre, il ordonna que les uns fussent exposés et mis en vente, les autres, transportés dans les îles les plus sauvages. Et même, pour paralyser à tout jamais ceux qui dans l'avenir auraient eu l'audace de les imiter, il interdit, entre autres règlements, de revenir sur une même affaire en invoquant plusieurs lois, et d'enquêter après un certain nombre d'années sur la situation sociale d'un défunt quelconque[87]. »

Si les délateurs constituent un maillon indispensable au bon fonctionnement de l'appareil étatique, au sein duquel ils trouvent une certaine légitimité[88], il faut rappeler que l'État chercha très tôt à contrôler les

---

nous serions tenté d'accorder parfois une valeur topique à cette disposition du tyran, toujours à l'écoute de la calomnie (elle est récurrente dans la littérature). Comme nous le verrons plus bas, chez Ammien Marcellin par exemple, cette disposition parvient à caractériser le portrait même du tyran (Constance) » (*ibid.*, p. 141).

87 *Vies des douze Césars*, t. III, *Galba-Othon-Vitellius-Vespasien-Titus-Domitien*, texte établi et traduit par H. Ailloud.

88 Songeons à ce texte de Papinien qui souligne leur caractère « professionnel » : « J'ai répondu que celui qui a prétendu, sans pouvoir le prouver, que l'argent du fisc détenu par un autre, revenait à l'administration de son temps, n'a pas rempli la fonction de *delator*, parce qu'il avait agi dans sa propre [cause] » (*Dig.*, 49, 14, 38, 1). « Une telle formulation est particulièrement éclairante : L'expression *delatoris opera* désigne une activité, un service (la défense du fisc) et ce sens est encore précisé par l'emploi du verbe *fungor* suivi de l'ablatif qui signifie dans les textes littéraires, aussi bien que dans la jurisprudence, "remplir une fonction officielle" » (Y. Rivière, « Encouragement, contrôle… », p. 332).

abus[89] et n'hésita pas, après des périodes de trop grosses pressions fiscales qui suscitèrent l'agacement voire la révolte des citoyens, à les châtier publiquement[90], tels des boucs émissaires, des « victimes expiatoires[91] ». Y. Rivière rappelle que Domitien, au début de son règne, quand il était encore clément (tout comme Caligula, d'ailleurs, qui suspendit les accusations contre les délateurs de sa famille en brûlant les pièces des dossiers sur le Forum), mais aussi Nerva et Trajan, procédèrent à des « corrections exemplaires » et des « bannissements[92] ». Le passage du Panégyrique de Trajan, dans lequel l'*optimus princeps* fait défiler les délateurs dans l'arène, est également resté célèbre[93].

À en croire les sources, la pratique de la délation a donc contribué à créer des atmosphères terrifiantes sous l'Empire. Compte tenu de ces précédents, il paraît légitime de penser que la simple mention du nom de délateur dans l'*Histoire Auguste* devait être riche en sous-entendus pour le lecteur. Elle révélait, sans aucun doute, le climat d'un règne. Cette réputation ne concerne pas uniquement le Haut-Empire, puisqu'on

89 Dès Tibère : « L'effort des empereurs visant à limiter les abus commis par les délateurs a d'abord porté, au cours de la période du Haut-Empire, sur des rectifications de la loi restreignant les prétentions du fisc et, partant, les interventions des délateurs. Tandis que l'empereur Tibère avait décidé la création d'une commission de sénateurs chargés de veiller à limiter les cas d'application de la loi, Titus "interdit, entre autres règlements, de revenir sur une même affaire en invoquant plusieurs lois, et d'enquêter après un certain nombre d'années sur la situation sociale d'un défunt quelconque" (Suétone, *Tit.*, 8, 14) » (*ibid.*).

90 Y. Rivière parle d'une « violence écrasante de l'État ou de sa prétention à exercer un contrôle absolu sur l'instrument de contrôle lui-même » (*ibid.*, p. 336).

91 *Ibid.* : « Les *delatores* sont alors, suivant le mot de Pline le Jeune, "comme les victimes expiatoires du trouble public" (*uelut piaculares publicae sollicitudinis uictimae*) (*Pan.*, 34, 4). »

92 *Ibid.*, p. 337.

93 Plin., *Panégyrique de Trajan*, XXXIV, 1-5 : *Vidimus delatorum inductum quasi grassatorum, quasi latronum [...] Agnoscebamus et fruebamur, cum uelut piaculares publicae sollicitudinis uictimae supra sanguinem noxiorum ad lenta supplicia grauioresque poenas ducerentur. Congesti sunt in nauigia raptim conquisita ac tempestatibus dediti : abirent, fugerent uastatas delationibus terras, ac, si quem fluctus ac procellae scopulis reseruassent, hic nuda saxa et inhospitale litus incoleret, ageret duram et anxiam uitam relictaque post tergum totius generis humani securitate maereret.* « Nous avons vu les délateurs poussés dans l'amphithéâtre comme des rôdeurs, comme des brigands [...] Nous les reconnaissions, et nous jouissions, quand, tels des victimes expiatoires des tourments publics, les pieds dans le sang des criminels, ils étaient traînés vers de lents supplices et de plus terribles châtiments. On les a entassés sur des bateaux réunis en hâte et livrés aux tempêtes : ils n'avaient qu'à partir, à fuir des terres dévastées par leurs délations ; et s'il en était un que les flots et les bourrasques eussent laissé sauf sur les récifs, qu'il habitât des roches nues, un rivage inhospitalier, pour y mener une vie affreuse et anxieuse, et y souffrir d'avoir laissé derrière eux tout le genre humain en sécurité. »

rencontre dans le Panégyrique du Pseudo-Aelius Aristide en l'honneur de Philippe un tableau acerbe de la crainte des accusations :

> Maintenant, est-il humanité plus grande et plus manifeste que celle-ci : quand les sujets dans leur totalité étaient recroquevillés et asservis sous l'effet de la crainte, parce que les espions étaient nombreux à circuler en tendant l'oreille au moindre propos dans toutes les cités et qu'il était absolument impossible de penser et de s'exprimer librement, le franc-parler tempéré et juste ayant été supprimé et chacun ayant peur de son ombre, il [Philippe l'Arabe] les débarrassa de cette crainte et libéra les âmes de tous, en leur rendant la liberté pleine et entière. (Pseudo-Aelius Aristide, *En l'honneur de l'empereur*, 21)

Enfin, le phénomène de la délation est à rapprocher de la *calumnia*[94]. Des développements inhérents à cette infâme pratique sont également observables dans le recueil. Le cruel Aurélien se trouve sur le banc des accusés :

> *Dicitur praeterea huius fuisse crudelitatis ut plerisque senatoribus simulatam ingereret factionem coniurationis ac tyrannidis <quo> facilius eos posset occidere.* (*Aur.*, XXXIX, 8)
>
> « On dit en outre qu'il fut d'une telle cruauté qu'il imputa à un grand nombre de sénateurs le complot fictif d'une conjuration et d'une usurpation, afin de les pouvoir mieux mettre à mort. »

Prêter l'oreille à des propos calomniateurs ne participe pas, en outre, à la construction d'un *êthos* positif du prince. L'ouverture du chapitre XV de la *Vita Hadriani*, qui énumère les disgrâces et les mises à mort de l'empereur, indique qu'« il était toujours prêt à entendre tout ce qu'on lui susurrait sur le compte de ses amis, et c'est pourquoi il finit par considérer comme des ennemis ses amis intimes ainsi que ceux qu'il avait promus aux honneurs les plus élevés[95]… ».

En comprenant l'importance du délateur dans la galerie des personnages négatifs, que le délateur soit calomniateur ou non, le lecteur pourrait espérer rencontrer des figures positives, à l'existence directement liée à celle du tyran : les tyrannicides. Pourtant, force est de constater que le rédacteur n'a pas choisi de développer leur rôle dans le recueil.

---

94 Sur la *calumnia*, *cf. supra*.

95 *Hadr.*, XV, 2 : *Idem […] facile de amicis, quidquid insusurrabatur, audiuit atque ideo prope cunctos uel amicissimos uel eos, quos summis honoribus euexit, postea ut hostium loco habuit…* La traduction est celle d'A. Chastagnol.

LES TYRANNICIDES

Le *Hiéron* de Xénophon se plaignait que les meurtriers du tyran soient, au lieu d'être punis, récompensés et félicités[96]. On sait combien le célèbre cas d'Harmodios et Aristogiton, assassins du tyran Hipparque en 514 lors de la fête des Panathénées a fait l'objet d'une véritable propagande démocratique[97]. Quant à Brutus, qui a chassé les Tarquins de Rome, il a accédé au rang de héros véritable dans la mémoire collective.

Dans l'histoire des idées et des conflits partisans, le tyrannicide (nous nous référons à l'individu) occupe donc une place importante durant la période classique. En outre, d'un point de vue juridique, une tradition législative lui assure l'impunité. Le décret de Démophantos, bien qu'il n'ait pas dissuadé les tyrans de prendre le pouvoir[98], protège l'assassin du tyran[99].

À Rome, la législation assurant l'impunité aux tyrannicides « relève de la légende[100] ». Elle se traduit par ce que l'on appelle les *Leges Valeriae*,

96 Xénophon, *Hiéron*, IV, 5 : « Mais, pour les tyrans, sur ce point encore, la situation est renversée. Au lieu de punir l'assassin du tyran, les cités lui décernent de grands honneurs et, au lieu de lui interdire les sacrifices comme on fait pour les meurtriers des particuliers, les cités vont au contraire jusqu'à élever des statues dans les temples aux auteurs d'un acte de ce genre. » Texte extrait de L. Strauss, *De la tyrannie* (titre original : *On tyranny : an interpretation of Xenophon's* Hieron), texte traduit de l'anglais par H. Kern, Paris, Gallimard, 1954 pour la traduction française, Tel, n° 73.

97 M. Turchetti, *op. cit.*, p. 101 : « La tradition démocratique, portée à exalter cet exemple historique, élabora une version des faits d'après laquelle les deux tyrannicides auraient ourdi un complot parce qu'ils étaient animés de sentiments patriotiques jaillissant de l'amour de la liberté le plus pur [...] Mais [Aristote] et, avant lui, Thucydide (et déjà Platon [...]) ont fait justice de la "version démocratique", en attribuant aux deux meurtriers des passions tout autres que la haine contre la tyrannie. Il s'agissait, en réalité, d'une histoire d'amour : Hipparque épris du jeune Harmodios, avait suscité la jalousie d'Aristogiton. »

98 *Ibid.*, p. 107.

99 « Si quelqu'un renverse la démocratie athénienne, ou, après son renversement, exerce quelque magistrature, qu'il soit tenu pour ennemi [...] des Athéniens, qu'il soit impunément tué, que ses biens soient confisqués et qu'un dixième en soit réservé à la Déesse. Celui qui aura tué ce criminel, aussi bien que le conseiller du meurtre, resteront purs de toute impiété et de toute souillure. » Extrait d'Andocide, *Discours*, « Sur les mystères », *cf.* M. Turchetti, *ibid.*, p. 103. Cette loi est « une version mise à jour de lois semblables que les premiers législateurs comme Solon et auparavant, selon toute probabilité, Dracon, avaient promulguées » (*ibid.*, p. 105).

100 *Ibid.*, p. 131.

« trois lois similaires[101] » rapportées par Tite-Live, datant des VIe, Ve et IVe siècles av. J.-C. et qui protègent le citoyen auteur du meurtre d'un individu qui aurait aspiré à la royauté[102]. Cicéron loue le tyrannicide et ses auteurs[103]. Il est « ancré dans le droit naturel[104] », dans la mesure où il s'agit d'une forme de légitime défense, un principe qui trouve l'une de ses premières expressions dans le *Pro Milone*[105]. Admis par les Romains, on le rencontre dans un recueil de lois du jurisconsulte Cassius (Ier siècle), dans le *Digeste*[106] et également dans les écrits du jurisconsulte Paul au début du IIIe siècle : *uim enim ui defendere omnes leges omniaque iura permittunt* (« repousser la violence par la violence est permis par toutes les lois et par tous les droits »)[107].

Mais les Ides de mars[108], comme on le sait, ont porté un coup fatal aux idéaux républicains et, sous l'Empire, on considère que le tyrannicide accomplit un crime de lèse-majesté. De fait, le meurtre du prince ne devait, du moins théoriquement, pas occuper une place centrale dans la littérature impériale, encore moins dans la Vie d'un prince.

101 *Ibid.*

102 *Ibid.*

103 « Mais ceux d'aujourd'hui sont les premiers à avoir attaqué, le fer à la main, non pas un aspirant à la royauté, mais un roi véritable. Leur action, magnifique en soi et héroïque, s'offre à nous comme un exemple à imiter, d'autant plus qu'ils ont acquis une gloire, dont le ciel, semble-t-il, est à peine la mesure. Car, bien que la conscience d'avoir noblement agi soit à elle seule une récompense, cependant, pour un mortel, l'immortalité, à mon avis, n'est pas à dédaigner » (Cic., *Phil.*, II, 44, 114, cité par M. Turchetti, *ibid.*, p. 156).

104 M. Turchetti, *ibid.*, p. 157.

105 Cic., *Pro Milone*, IV, 9 : « Or s'il y a des cas où l'on a le droit de tuer – et ils sont nombreux –, c'est non seulement justice mais nécessité de se protéger de la force par la force (*ui uis illata defenditur*). » La citation est empruntée à M. Turchetti, *ibid.*, p. 157.

106 *Cf. Dig.*, 43, 16, 27. Il s'agit là de la version de Cassius. *Vim ui repellere licere, Cassius scribit : idque ius natura comparatur. Apparet autem, inquit, ex eo arma armis repellere licere*, « Cassius écrit qu'on peut repousser la violence par la violence : c'est un des effets du droit naturel. Il s'ensuit, dit-il, qu'on peut se défendre avec des armes contre un homme armé. »

107 Il s'agit d'un extrait du *Dig.*, 9, 2, 45, § 4, cité par M. Turchetti, *ibid.*, p. 157.

108 Le surlendemain de l'assassinat, Marc Antoine réunit le Sénat et réussit à obtenir que César ne soit pas traité en tyran (auquel cas il aurait été privé de sépulture) : *cf.* G. Sauron, « Marc Antoine et la mort du tyran », *Le Tyran et sa postérité dans la littérature latine de l'Antiquité à la Renaissance*, cité précédemment, p. 105-122, ici p. 107. Aussi, le Pasquino, cette statue retrouvée par les archéologues mettant en scène un héros barbu et casqué portant un autre héros, mort et imberbe, pour l'extraire du champ de bataille (*ibid.*), pourrait représenter, derrière les traits d'Ajax et d'Achille, Marc Antoine sauvant le cadavre de son ancien maître (*ibid.*, p. 108).

Les exemples des plus cruels empereurs du Ier siècle ont permis, toutefois, d'établir la distinction entre le bon prince et le mauvais prince. Suétone, qui avait déjà exposé les raisons de la frustration des sénateurs à l'égard de César, s'est plu à relater les détails dramatiques du complot de Chaerea, destiné à éliminer Caligula. Toutefois ce cas était extrême ; les précisions sur la psychologie de l'officier, humilié par l'empereur, permettaient au lecteur de se construire une représentation du personnage, de le comprendre, d'adhérer à son action, et, éventuellement, de s'identifier. Le récit du meurtre de Domitien est également poignant, préparé par la peinture du climat de terreur et de suspicion permanente qui caractérisait le règne de cet empereur. Si les membres de son entourage le tuent, c'est parce qu'ils craignent précisément d'être à leur tour persécutés.

Le style sec de l'*Histoire Auguste* se contente, quant à lui, de mentionner brièvement les noms des meurtriers. De surcroît, cette démarche n'est pas systématique, faute de renseignements relatifs à l'identification d'un tueur bien précis (comme pour le cas d'Élagabal, qui fut tué par un groupe de soldats). Le *princeps* reste donc la figure centrale de la Vie et les tyrannicides ne font guère office de contrepoids.

Deux facteurs peuvent permettre d'expliquer ce phénomène. En réalité, on l'a vu, les meurtres en eux-mêmes ne font pas l'objet de développements détaillés ; tout naturellement, leur protagoniste ne devait pas faire l'objet d'une attention particulière. Par ailleurs, les tyrannicides des IIe et IIIe siècles ne connurent pas une fin glorieuse : cette réalité historique ne permettait pas au rédacteur de s'appuyer sur des fondements solides pour élaborer une rhétorique de célébration du tyrannicide.

Julianus fait tuer Marcia et Laetus[109], les instigateurs du complot contre Commode ; Narcisse, le tyrannicide, est mis à mort sous Septime Sévère[110].

---

109 *Did. Jul.*, VI, 2 : *Et Iulianus sperans Laetum fautorem Seueri, cum per eum Commodi manus euasisset, ingratus tanto beneficio iussit eum occidi. Iussit etiam Marciam una interfici.* « Et, bien que Laetus l'eût sauvé des mains de Commode, Julianus, oublieux d'un si grand service, le fit mettre à mort par crainte qu'il ne prît parti pour Sévère. Il fit en même temps tuer aussi Marcia. »

110 *Sév.*, XIV, 1 : *Narcissum dein, Commodi strangulatorem, leonibus obiecit.* « Puis il livra aux lions Narcisse, l'homme qui avait étranglé Commode. » L'identité de l'auteur du meurtre n'est pas même précisée dans le récit de la Vie de Commode, très lapidaire (*Comm.*, XVII, 1-2). L'assassin est simplement désigné par sa fonction : *per athletam, cum quo exerceri solebat, eum strangularunt*, « ils [Laetus et Marcia] le firent étrangler par un athlète avec lequel il avait l'habitude de s'entraîner. » (*ibid.*, XVII, 2).

Caracalla est tué par son écuyer, le centurion Julius Martialis[111], à l'instigation de Macrin[112] ; on sait que l'un comme l'autre périssent dans des conditions violentes : Martialis se fait immédiatement tailler en pièces par des cavaliers germains de la garde personnelle du prince après le meurtre[113] et Macrin, malade et caché dans un faubourg de Chalcédoine, en Bithynie (il fuyait des combats contre Élagabal pour regagner Rome), est décapité, selon Hérodien[114]. Gallien est tué par Cécropius (ou Céronius), le général des Dalmates[115]. Dans trois cas, les tyrannicides sont anonymes car ils forment un groupe. Élagabal, on l'a dit, se fait assassiner par des soldats :

> *ita nemo in re p. tum fuit, qui istum a gubernaculis Romanae maiestatis abduceret, cum Neroni, Vitellio, Caligulae ceterisque huius modi numquam tyrannicida defuerit !* (*Élag.*, XXXIV, 1)
>
> « Oui, il n'y eut alors personne dans l'État pour lui arracher le gouvernail de la majesté romaine, tandis que pour Néron, Vitellius, Caligula et les autres individus de cette espèce on n'a jamais manqué d'un tyrannicide. »

---

111 *Carac.*, VII, 2 : *Denique cum illum in equum strator eius leuaret, pugione latus eius confodit, conclamatumque ab omnibus est id Martialem fecisse.* « Ce fut finalement son écuyer qui, tout en l'aidant à se remettre en selle, lui plongea un poignard dans le flanc, et tout le monde cria bien haut que l'auteur du meurtre était Martialis. »

112 *Ibid.*, VI, 6-7 : les complices du meurtre furent Némésianus, son frère Apollinaris et Triccianus (préfet de la deuxième légion Parthique), Marcius Agrippa (le commandant de la flotte) et d'autres bureaucrates.

113 *Cf.* Her., IV, 13, 6.

114 *Ibid.*, V, 4, 11.

115 *Gall.*, XIV, 9 : *Et quidem Cecropii Dalmatarum ducis <gladio> Gallienus dicitur esse percussus, ut quidam ferunt, circa Mediolanium, ubi continuo et frater eius Valerianus est interemptus, quem multi Augustum, multi Caesarem, multi neutrum fuisse dicunt.* « On dit même que Gallien périt sous les coups d'épée de Cécropius, le général des Dalmates, selon certains près de Milan où fut également assassiné peu après son frère Valérien. À propos de ce dernier, beaucoup affirment qu'il fut Auguste, beaucoup qu'il fut César et beaucoup qu'il ne fut ni l'un ni l'autre. » S. Ratti remarque que le nom de Cécropius apparaît à quatre reprises (outre XIV, 9, en XIV, 1 ; XIV, 4 et XIV, 7) ; le rédacteur indique également que deux autres militaires, Marcianus et Héraclianus, participèrent au complot (« Sur la source du récit de la mort de Gallien dans l'*Histoire Auguste* (*Gall.*, XIV, 1-11) », *H.A.C.G., Atti dei Convegni sulla Historia Augusta VII*, cité précédemment, p. 259-276, ici p. 262). « Cécropius n'est jamais cité par aucune autre source connue, mais son existence n'est pas remise en cause par les prosopographes. La raison en est le témoignage de Zosime, qui, s'il ne donne pas le nom de Cécropius, connaît du moins un commandant de cavalerie dalmate impliqué dans le complot contre Gallien » (*ibid.*, p. 262-263).

Maximin connaît une fin similaire[116] et Carin meurt dans les combats contre Dioclétien, sans que soient données davantage de précisions[117].

Les passages restent ainsi lapidaires, et cette démarche résulte d'un choix du rédacteur. En effet, Hérodien nous livre un récit détaillé des raisons qui ont poussé Macrin à accomplir son forfait : moqué et humilié publiquement par l'empereur pour son caractère maniéré (ce qui n'est pas sans rappeler le cas de Chaerea), il découvre fortuitement une lettre de Maternianus, ami de Caracalla, qui écrit à ce dernier qu'il faut éliminer Macrin car il conspire contre l'Empire, ce qui, du reste, est probablement dénué de fondement[118]. L'historien grec rapporte en outre que le tyran avait fait assassiner injustement le frère de Martialis peu de jours avant le complot, et qu'il avait également outragé le centurion[119]. De telles explicitations, qui aident à comprendre la genèse du tyrannicide et étoffent le rôle de leurs auteurs, sont bien absentes de la biographie de l'Anonyme.

On doit donc en conclure que les tyrannicides ne jouent pas un rôle de premier plan dans les biographies de l'*Histoire Auguste* ; les personnages sont nettement moins mis en valeur que dans les Vies de Suétone ou le récit d'Hérodien. Le destin tragique qu'ils connurent, l'anonymat dans lequel ils purent rester expliquent sans doute ce rôle marginal ; faute de matière, le rédacteur ne pouvait livrer de développements très nourris. En outre, il n'a manifestement pas choisi de recourir à l'invention pour relater les complots ayant pour issue la mort du prince.

Son attention s'est en effet plutôt portée sur la réactivation d'un répertoire de clichés récurrents dans l'historiographie antique, clichés qui mettent en scène la fascination du souverain pour les pratiques hellénistiques et orientales.

---

116 *Cf. Maxim.*, XXIII, 6 : *Quare timentes milites, quorum adfectus in Albano monte erant, medio forte die, cum a proelio quiesceretur, et Maximinum et filium eius in tentorio positos occiderunt eorumque capita praefixa contis Aquileiensibus demonstrarunt.* « C'est pourquoi des soldats dont les familles habitaient au mont Albain, saisis de terreur, profitèrent un jour, vers midi, d'une trêve après le combat pour tuer Maximin et son fils qui se reposaient dans leur tente ; puis ils fichèrent leurs têtes au bout d'une pique et les montrèrent aux gens d'Aquilée. » Hérodien donne des indications similaires sur l'identité des soldats et les conditions du meurtre (VIII, 5, 8-9).

117 *Car.*, XVIII, 2 : *Nec ei tamen defuit ad uindicandum sibimet imperium uigor mentis. Nam contra Diocletianum multis proeliis conflixit, sed ultima pugna apud Margum commissa uictus occubuit.* « La fermeté de caractère ne lui fit cependant pas défaut pour défendre son pouvoir impérial. Il livra en effet de nombreux combats contre Dioclétien, mais, une ultime bataille s'étant engagée près de Margus, il fut vaincu et succomba. »

118 Her., IV, 12.

119 *Ibid.*, IV, 13, 1.

LA FASCINATION DES MAUVAIS PRINCES POUR L'ORIENT

Depuis la période classique, les historiographes grecs et romains se plaisent à dépeindre les royaumes hellénistique et oriental comme des univers où s'épanouissent toutes sortes de vices. Débauche, luxe, mollesse, enivrement de l'excès… Les pièces de ce catalogue ont pour dénominateur commun l'*hybris*.

Ainsi, le portrait qu'Hérodote élabore de Xerxès, à travers la bouche de Thémistocle, souligne l'impiété et l'orgueil du grand Roi, châtié par les dieux à la suite de sa défaite contre les Grecs[1]. L'*Abrégé des* Histoires Philippiques *de Trogue Pompée* décrit la façon avec laquelle Alexandre le Grand se laissa contaminer par les coutumes orientales, porteuses de valeurs condamnées par le monde gréco-romain. Après la victoire sur Darius, il employa à son tour l'or perse pour développer les plaisirs de sa table[2]. Il revêtit également l'habit et le diadème des rois de Perse et prit différentes concubines[3].

---

1 Hérodote, *Histoires*, livre VIII, *Uranie*, texte établi et traduit par Ph.-E. Legrand, Paris, Les Belles Lettres, 1973, *cf.* 109.

2 Just., *op. cit.*, t. II, *cf.* XI, x, 1-2. *Post haec, opes Darii diuitiarumque adparatum contemplatus admiratione tantarum rerum capitur. Tunc primum luxuriosa conuiuia et magnificentiam epularum sectari*, « Après quoi, voyant les trésors de Darius, ébloui par les richesses de ce dernier, Alexandre fut saisi d'admiration pour cette fortune prodigieuse. C'est alors qu'il commença à rechercher les banquets où tout est servi en surabondance et à donner de la magnificence à sa table. »

3 *Ibid.*, XII, III, 8-11 : *Post haec, Alexander habitum regum Persarum et diadema insolitum antea regibus Macedonicis, uelut in leges eorum quos uicerat transiret, adsumit. Quae ne inuidiosius in se uno conspicerentur, amicos quoque suos longam uestem auratam purpuream que sumere iubet. Vt luxum quoque sicut cultum Persarum imitaretur, inter paelicum regiarum greges electae pulchritudinis nobilitatisque noctium uices diuidit. His rebus ingentes epularum apparatus adicit, ne ieiuna et destricta luxuria uideretur, conuiuiumque iuxta regiam magnificentiam ludis exornat…*, « Après cela, Alexandre revêtit l'habit des rois de Perse et le diadème, que les rois de Macédoine n'avaient pas coutume de porter auparavant, comme s'il adoptait les lois de ceux qu'il avait vaincus. Pour que l'on ne vît point de gens manifester leur vif mécontentement à son encontre seulement, il invita ses amis à adopter également le port de la longue robe dorée et pourprée. Afin d'imiter

Dans la Rome républicaine, Caton l'Ancien blâme la cupidité et affirme ne pas vivre dans le luxe, comme l'attestent ces paroles qu'il aurait prononcées : *Vitio uertunt, quia multa egeo ; at ego illis, quia nequeunt egere*, « Ils me font grief de me passer de beaucoup ; moi je leur reproche de ne pouvoir se passer de rien[4]. » L'union de Cléopâtre et d'Antoine est par ailleurs vivement critiquée par les historiographes, qui s'inscrivent de la sorte dans la droite ligne de la propagande octavienne. Florus qualifie la reine d'Égypte de « monstre » (*monstrum*)[5] et l'associe au luxe et à la débauche (*luxus* et *libido*)[6]. Pour Dion Cassius, elle est « insatiable de jouissance, insatiable de richesses[7] » et montra souvent un « arrogant dédain[8] » ; elle prétend être Sélénè et Isis, tandis qu'Antoine, complètement ensorcelé par ses charmes, se fait représenter sous les traits d'Osiris et de Dionysos[9]. Sénèque relève également que l'amour pour Cléopâtre (auquel s'ajoute un goût immodéré pour la boisson) a corrompu l'ancien maître de cavalerie de César[10] : ce dernier s'est perdu dans de « somptueux festins » et des « profusions d'un luxe tout royal » (*apparatissimas epulas luxusque regales*[11]). On trouve des analyses semblables chez Plutarque[12],

également la luxure des Perses, comme il l'avait fait pour leur habillement, il partagea ses nuits entre les concubines du harem royal, des jeunes femmes nobles d'une insigne beauté. À cela il ajoute des banquets apprêtés avec démesure, afin de ne point donner l'impression d'un luxe pauvre et chiche, tandis qu'il agrémente ses repas dignes de la pompe d'un roi en les accompagnant de jeux… » Comme le note B. Mineo, cette philippique ne devait pas manquer d'évoquer aux lecteurs de Trogue Pompée la condamnation morale de la conduite de Marc Antoine en Égypte par Octave (*ibid.*, XII, n. 3 p. 29).

4 Aulu-Gelle, *Les Nuits attiques*, XIII, 24, 1. Caton décrit la simplicité de sa vie dans le même passage. Pour la critique de la cupidité, *cf.* également XVIII, 9, 1. Nous utilisons les éditions suivantes : *Les Nuits attiques*, t. III, livres XI-XV, texte établi et traduit par R. Marache, Paris, Les Belles Lettres, 1989 et *Les Nuits attiques*, t. IV, livres XVI-XX, texte établi et traduit par Y. Julien, Paris, Les Belles Lettres, 1998.

5 Florus, *Œuvres*, t. II, texte établi et traduit par P. Jal, Paris, Les Belles Lettres, 1967, *cf.* XXI, 3.

6 *Ibid.*, XXI, 1.

7 Dion Cassius, *Histoire romaine*, livres 50 et 51, texte établi, traduit et annoté par M.-L. Freyburger et J.-M. Roddaz, Paris, Les Belles Lettres, 2002, *cf.* 51, 15, 4.

8 *Ibid.*

9 *Ibid.*, 50, 5, 3.

10 Sénèque, *Lettres à Lucilius*, t. III (livres VIII-XIII), texte établi par F. Préchac et traduit par H. Noblot, Paris, Les Belles Lettres, 1995, *cf.* X, lettre 83, 25.

11 *Ibid.*

12 Plutarque, *Vies*, t. XIII, *Démétrios-Antoine*, texte établi et traduit par R. Flacelière et É. Chambry, Paris, Les Belles Lettres, 1977, *cf.* *Antoine*, 25, 1 (l'amour pour Cléopâtre a causé la perte d'Antoine).

qui note aussi qu'Antoine s'identifie à Dionysos[13] et relève par ailleurs les thèmes des plaisirs de la table et de la dilapidation des richesses pour caractériser le règne des deux amants[14]. La plupart de ces thèmes avaient déjà été traités par Velleius Paterculus[15].

Après l'examen d'une telle tradition, on ne s'étonnera guère de constater que la fascination des empereurs romains pour l'univers oriental constitue, dans l'historiographie impériale, un trait caractéristique du mauvais prince[16]. J. Gascou écrivait déjà, à propos de Suétone : « les innovations en matière de religion, surtout lorsqu'elles sont une coloration orientale, sont sévèrement critiquées chez les Césars. La dévotion momentanée de Néron pour la *Dea Syria*, l'adhésion publique d'Othon au culte d'Isis, la prétention de Caligula et de Domitien à assimiler l'empereur vivant à la divinité, sur le modèle des monarchies hellénistiques, sont des traits blâmables que Suétone dénonce vigoureusement[17]. » Domitien, en outre, se serait déguisé en prêtre d'Isis pour échapper aux partisans de Vitellius lors de l'incendie du Capitole et se serait fondu dans leur procession (*Dom.*, 1,4); quant à Néron, il aurait été initié au culte de Mithra (Plin., 30, 14, 17 ; Dion Cassius, 63, 5, 2)[18].

---

13 *Ibid.*, 24, 4-5. *Cf.* également 60, 5 : Antoine affirme descendre d'Héraclès et se fait appeler le « Nouveau Dionysos ». Sur la filiation divine avec Héraclès, *cf.* encore 4, 2.

14 *Ibid.*, notamment 28, 2.

15 *Crescente deinde et amoris in Cleopatram incendio et uitiorum, quae semper facultatibus licentiaque et adsentationibus aluntur, magnitudine, bellum patriae inferre constituit, cum ante nouum se Liberum Patrem appellari iussisset, cum redimitus hederis coronaque uelatus aurea et thyrsum tenens cothurnisque succinctus curru uelut Liber Pater uectus esset Alexandriae*, « Ensuite, son ardente passion pour Cléopâtre ne cessant de croître ainsi que l'abondance des vices qu'alimentent toujours les richesses, la licence et les flatteries, il décida de porter la guerre contre sa patrie ; auparavant, il s'était fait proclamer le nouveau Liber Pater et, la tête ceinte de lierre, portant une couronne d'or, tenant le thyrse à la main et chaussé de cothurnes, il s'était fait traîner en char dans Alexandrie comme Liber Pater lui-même. » (Velleius Paterculus, *Histoire romaine*, t. II, livre II, texte établi et traduit par J. Hellegouarc'h, Paris, Les Belles Lettres, 1982, *cf.* LXXXII, 4).

16 *Cf.* A. Molinier-Arbo, *La* Vie de Commode *dans l'*Histoire Auguste, p. 178.

17 J. Gascou, *Suétone historien*, p. 732. *Cf.* également A. Molinier-Arbo, *ibid.*, p. 178.

18 Ces deux exemples sont donnés par A. Molinier-Arbo (*ibid.*, n. 72 p. 178). – Une hypothèse d'E. Cizek dans son *Néron* propose d'interpréter le jeu en apparence lubrique de l'empereur-histrion consistant à se revêtir d'une peau de bête et à s'élancer d'une cage sur les parties génitales de jeunes gens nus attachés à des poteaux comme une initiation à un rite mithriaque (R. F. Martin, *Les Douze Césars*, p. 171). L'anecdote est rapportée par différents auteurs : Suet., *Ner.*, XXIX, 1 ; Dion, LXIII, 13, 2 ; Aur.-Vict., V, 7 (Pour Dion, nous renvoyons à l'édition suivante : *Histoire romaine*, t. IX, livres LXI à LXX, texte traduit par É. Gros, ouvrage continué par V. Boissée, Paris, Librairie de Firmin Didot

Les éléments dénotant un vif intérêt de la part des princes pour les us et coutumes de l'Orient, tributaires d'une réalité historique mais devenus des *topoï* de la littérature historiographique, ont été l'objet de nombreuses études qui ont démontré leur rôle déterminant dans la construction du mythe des empereurs fous[19]. Aux yeux des Romains, les extravagances de Caligula et de Néron dénotent un rejet de la maîtrise de soi et échappent à l'explication logique ; la figure du monstre en tant que créature marginale, dont la réalité est extérieure au monde des hommes, alimente la critique sous-jacente. Les tyrans, parce qu'ils tendent à devenir des Chimères ou des divinités, appartiennent au monde du *mythos*, et cette construction constitue un matériau littéraire riche pour les auteurs qui écrivent l'Histoire[20].

Frères, Fils et Cie, 1867). Le mariage avec Sporus serait une autre marque d'initiation (R. F. Martin, *ibid.*, p. 184). Néron a éprouvé de l'intérêt pour les cultes orientaux comme ceux de Cybèle, la *Mater magna* ou Atagartis (*Ner.*, LVI ; *cf.* R. F. Martin, *ibid.*, p. 172). R. F. Martin relève « l'engouement passager » que peut susciter de telles pratiques chez cet empereur (*ibid.*, p. 172).

19 Il faut lire notamment ce que dit R. Turcan pour le cas d'Élagabal dans *Héliogabale et le Sacre du soleil*, Paris, Albin Michel, 1985, L'homme et l'événement, ici p. 157 : « On a pu écrire d'Héliogabale que l'ivresse de la prêtrise lui était "montée à la tête" (J. Réville). Mais parler de folie, c'est avouer souvent qu'on ne comprend pas ou refuser de comprendre. »

20 De nombreux travaux se prononcent en faveur d'une déconstruction du mythe et proposent des tentatives de rationalisation des faits et des comportements. R. F. Martin soutient que le goût de l'Orient de Caligula s'était mué en un programme politique : « Les auteurs anciens ont souvent attribué les comportements de Caligula à propos de la divinisation à la démence. Il y a certes du dérèglement et du pathologique dans la conduite de Caligula [...] mais les déguisements en dieux et les propos qui s'y rapportent doivent plutôt être reliés à l'idéologie générale du règne : la monarchie théocratique » (*op. cit.*, p. 361). J.-N. Castorio, dans une biographie récente de cet empereur, qualifie cette interprétation d'« hypothèse orientale » (*Caligula : au cœur de l'imaginaire tyrannique*, Paris, Ellipses Marketing, 2017, Biographies & mythes historiques, ici p. 263). L'argumentation repose sur deux principaux éléments : le premier est que le jeune prince aurait hérité de la fascination pour l'Orient de ses ancêtres, Jules César et Marc Antoine, tous deux accusés d'avoir voulu instaurer la royauté à Rome, et peut-être aussi de son père Germanicus (*ibid.*, p. 263-265). Le second se fonde sur la conception caliguléenne du pouvoir, promotrice d'une monarchie héréditaire de droit divin. L'auto-déification, l'inceste, la pratique de la proskynèse, la construction de somptueux bateaux destinés à l'agrément illustrent un Principat qui s'écarte de l'idéologie romaine traditionnelle du pouvoir (*ibid.*, p. 266-271). Comme nous l'avons rappelé dans notre étude sur la théâtralisation de la figure de Caligula dans la Vie de Suétone (B. Chazal, art. cité, p. 57), pour J.-N. Castorio, l'hypothèse orientale n'est pas valable car ses partisans ne font que « paraphraser » l'accusation des Anciens à l'encontre du prince, Anciens qui voulaient l'assimiler à un despote oriental (J.-N. Castorio, *ibid.*, p. 271). Ils se trompent car ils prennent pour argent comptant la rhétorique propagandiste octavienne qui oppose le rude, pieux et chaste monde d'Octave, à celui de Marc Antoine, où la dépravation est de mise. Or la conception augustéenne du pouvoir se rapproche davantage des monarchies

Dans la mesure où l'*Histoire Auguste* puise largement à l'œuvre de Suétone, il sera d'un grand intérêt d'analyser les modalités selon lesquelles le recueil reprend à son compte le répertoire de clichés associé à la figure du despote oriental[21]. Cette dernière se décompose en différents traits que nous allons étudier tour à tour : délire mystique, initiation à des cultes à mystères, pratique de la proskynèse, goût du luxe, transgression de la nature, inceste et parricide.

LE DÉLIRE MYSTIQUE

Le désir de transfigurer sa propre personne pour apparaître au monde comme un véritable dieu vivant constitue une marque d'*hybris* et demeure, en ce sens, moralement condamnable, comme en témoigne l'exemple de Salmonée dans la littérature mythologique. Ce fils d'Éole fait partie des prisonniers du Tartare : *ibat ouans, diuomque sibi poscebat honorem, / demens, qui nimbos et non imitabile fulmen / aere et cornipedum pulsu simularet equorum*, « il allait triomphant et réclamait pour lui l'honneur qui appartient aux dieux, fou au point de contrefaire les orages et l'inimitable foudre avec du bronze et le galop de ses chevaux aux pieds de corne[22]. »

L'exemple des premiers tyrans se prenant pour des divinités est à chercher dans la période classique. M. Turchetti évoque le cas de Cléarque,

---

hellénistiques que de l'ancienne République (*ibid.*, p. 274). Caligula n'a fait que se servir du régime mis en place par Auguste (*ibid.*, p. 275). L'attaque de souverain oriental s'insère donc dans une rhétorique propagandiste qui déforme une partie de la réalité.

21 Une partie de ces clichés est établie dans la note précédente par J.-N. Castorio (auto-déification, inceste...). Les composantes de cette énumération servent à élaborer différentes parties de notre étude. – Sur la nature politique du pouvoir perse, *cf.* les précisions terminologiques d'Aristote : « Aristote différencie le pouvoir despotique du pouvoir politique : le premier s'exerce sur des personnes qui ne sont pas libres, le second sur des hommes libres. [...] En particulier, Aristote caractérise comme despotisme le gouvernement des Orientaux, des Perses, des "Barbares" en somme, dont les sujets sont comme des esclaves [...] Cependant, despotisme et tyrannie ne sauraient être confondus, car dans les régimes despotiques on gouverne sous le contrôle de la loi sur des sujets consentants, tandis que sous la tyrannie il n'y a ni loi ni consentement. Cela explique pourquoi, à la différence de la tyrannie, le despotisme peut être stable et se maintenir » (M. Turchetti, *op. cit.*, p. 85-86).

22 *Cf.* Virg., *Énéide*, VI, v. 589-591. Sur son impiété, *cf.* également Diodore de Sicile, *Bibliothèque historique*, IV, 68 (n. 91 p. 545 de l'*Énéide*).

qui usurpa le pouvoir à Héraclée en 363 av. J.-C. : « il est un des premiers à s'entourer d'une aura divine en se faisant appeler "fils de Zeus" (Justin, XVI, 5, 8)[23]. » Alexandre, désireux de se parer d'une aura divine, aurait soudoyé les prêtres égyptiens, qui l'appelèrent « fils d'Hammon[24] ». Un oracle aurait également incité ses compagnons à l'honorer comme un dieu et non plus comme un roi[25]. L'*Abrégé des* Histoires Philippiques *de Trogue Pompée* rapporte par ailleurs que le Macédonien désira réaliser un exploit qu'Hercule lui-même n'était pas parvenu à accomplir et mena brillamment cette entreprise[26].

À Rome, Valère Maxime écrit que Q. Caecilius Metellus Pius, consul en 80 av. J.-C., se prenait presque pour un dieu[27]. Par ailleurs, Y. Roman remarque que la dynastie julio-claudienne a été fortement marquée par l'héritage d'Antoine, qui se comportait comme un monarque lagide et donc un dieu vivant[28] : ses descendants, Germanicus, Caligula, Néron sont liés à « l'idée antonienne de la monarchie, avec l'idée d'un pouvoir absolu[29] ». Il rajoute que « l'idéologie monarchique [d'Antoine] pesa longtemps, très longtemps, sur l'histoire de Rome[30] ». Relevons enfin que Lactance affirme que Galère, après sa victoire sur les Perses, s'arrogea une origine divine[31] et voulut se comporter comme un monarque oriental[32].

---

23 M. Turchetti, *op. cit.*, p. 45.

24 Just., *op. cit.*, t. II, *cf.* XI, XI, 6-7.

25 *Ibid.*, *cf.* XI, XI, 11.

26 *Peragrata India, cum ad saxum mirae asperitatis et altitudinis, in quod multi populi confugerant, peruenisset, cognoscit Herculem ab expugnatione eiusdem saxi terrae motu prohibitum. Captus itaque cupidine Herculis acta superare, cum summo labore ac periculo potitus saxo, omnes eius loci gentes in deditionem accepit.* « Ayant parcouru l'Inde et étant parvenu devant une roche incroyablement escarpée et élevée sur laquelle de nombreuses populations avaient trouvé refuge, il apprit qu'un tremblement de terre avait empêché Hercule de prendre cette même roche. Saisi alors du désir de surpasser les exploits d'Hercule, il s'empara de cette roche au prix de fatigues et de périls immenses, et reçut la soumission de toutes les nations de cette région » (*ibid.*, *cf.* XII, VII, 12-13).

27 Val.-Max., IX, 1, 5. Référence empruntée à Y. Roman, *Empereurs et sénateurs…*, p. 218.

28 Y. Roman, *ibid.*, p. 230 et 233-234.

29 *Ibid.*, p. 235.

30 *Ibid.*, p. 239.

31 Lactance, *op. cit.*, IX, 9 : *Exinde insolentissime agere coepit, ut ex Marte se procreatum et uideri et dici uellet tamquam alterum Romulum maluitque Romulam matrem stupro infamare, ut ipse diis oriundus uideretur.* « Son comportement devint alors d'une arrogance si inouïe qu'il voulut, comme un second Romulus, passer pour le fils de Mars et en porter le nom, préférant souiller la réputation de Romula, sa mère, pour s'arroger une origine divine. »

32 *Ibid.*, XXI, 2 : *post deuictos Persas, quorum hic ritus, hic mos est, ut regibus suis in seruitium se addicant et reges populo suo tamquam familia utantur, hunc morem nefarius homo in Romanam*

L'auto-déification avait été, chez Suétone, un trait particulièrement saillant du portrait de Caïus. La biographie énumère les extravagances relatives à ce véritable délire mystique : le prince fait chercher en Grèce les statues des dieux pour remplacer leur tête par la sienne[33], transforme le temple de Castor et Pollux en vestibule du Palais[34], se fait saluer du nom de Jupiter Latial[35], institue un culte en son propre nom, avec des prêtres et des victimes constituées d'animaux rares et coûteux[36], invite régulièrement la lune à partager sa couche[37], discute d'égal à égal avec Jupiter[38] et fait construire un pont entre le Palatium et le Capitole[39].

Cette volonté de se déifier est illustrée par une autre anecdote, dont les Anciens n'ont pas saisi le sens, selon toute apparence. J. Guey explique en effet l'incompréhension du peuple romain à l'égard des bains d'or de Caligula[40] par l'argument du « décalage culturel » : nager au milieu des richesses n'est pas une manifestation de démence de l'empereur. Le bain d'or revêt, pour ce dernier, une signification bien précise : il s'agit d'une « cure déifiante[41] », d'une « communion épidermique[42] » car l'or était considéré, en Égypte, comme étant la « chair des dieux[43] ».

Les comportements incestueux à l'égard de ses sœurs[44] sont également une preuve de son égyptophilie : R. F. Martin écrit que « les traits illustrant le culte pour le modèle égyptien sont [...] si divers et complémentaires qu'ils paraissent constituer l'explication la meilleure

---

terram uoluit inducere : quem ex illo tempore uictoriae sine pudore laudabat, « après la défaite des Perses, pour qui c'est un usage et une règle de s'abaisser au rang d'esclaves de leurs rois, tandis que ceux-ci traitent leur peuple comme de la valetaille, cet homme abominable voulut introduire dans l'empire romain cette coutume, dont il avait l'impudence de faire l'éloge depuis l'époque de sa victoire. »

33 *Calig.*, XXII, 3.
34 *Ibid.*
35 *Ibid.*
36 *Ibid.*, XXII, 4-7.
37 *Ibid.*, XXII, 8.
38 *Ibid.*
39 *Ibid.*, XXII, 9.
40 *Ibid.*, XLII, 3.
41 J. Guey, « "Les bains d'or" de Caligula, *immensi aureorum acerui* (Suétone, Cal., 42, 3) », *MEFRA*, t. 89, n° 2, 1977, p. 443-446, ici p. 445.
42 *Ibid.*, p. 444.
43 *Ibid.* : « Fr. Daumas avait brillamment démontré que "l'or est l'élément essentiel de la vie divine : c'est la chair des dieux, et il leur est réservé." »
44 *Calig.*, XXIV, 1.

des conduites étranges de cet empereur sans qu'on écarte pour autant une des données fondamentales de sa personnalité, l'instabilité qui se manifesta clairement dans ses comportements sexuels[45] ».

Philon d'Alexandrie rapporte que l'élan mystique de Caïus s'afficha à partir de 38 et qu'il suit une certaine logique ascendante : le prince se travestit d'abord en demi-dieux puis en dieux, jusqu'à s'identifier au souverain de l'univers. Il est d'abord tour à tour Héraclès et les Dioscures, revêtant comme le premier une peau de lion (et tenant une massue), ou un bonnet comme les seconds[46]. En 39-40, il prend l'apparence d'Hermès, Apollon et Arès et en 40, il devient Zeus et veut qu'une

45 R. F. Martin, *op. cit.*, p. 146 : « L'inceste entrait en effet dans le cadre de l'idéologie qui fut probablement celle de Caligula et qui confère à ses comportements une certaine logique, celle du monarque oriental. Caligula vouait ouvertement une énorme admiration à l'Égypte et au culte isiaque [...] Or dans la monarchie égyptienne, les princes épousaient ordinairement leur sœur. » À ce sujet, *cf.* également : J.-N. Castorio, *op. cit.*, p. 267 : « La pratique du mariage au sein de la fratrie est en effet intimement associée à cette dynastie [les Lagides], puisqu'elle fut inaugurée par le deuxième de ses souverains, Ptolémée II Philadelphe (282-246 av. J.-C.), lequel prit pour épouse sa sœur Arsinoé II, et perdura tant que ses descendants conservèrent leur hégémonie sur l'Égypte. Ces unions consanguines étaient de toute évidence destinées à créer une lignée dont la légitimité ne puisse être contestée. Bien mieux, elles exaltaient la nature surhumaine des souverains ptolémaïques [...] D'autres familles royales devaient d'ailleurs promptement adopter cet usage, ainsi qu'en témoigne la politique dynastique du monarque séleucide Antiochos III Mégas (223-187 av. J.-C.), qui unit entre eux par hymen ses propres enfants. » – Sur les pathologies de Caligula, lire A. Baratta, O. Halleguen, « Quelle pathologie psychiatrique pour l'empereur romain Caligula ? », *L'Information psychiatrique*, 1/2009 (Volume 85), p. 83-92. J. Lucas écrit pour sa part : « Caligula s'est octroyé la majesté des dieux [...], celle de Jupiter en particulier. Il ne l'a pas fait pour des raisons politiques, comme le prouvent par exemple les circonstances où il s'écria : "N'ayons qu'un seul chef, qu'un seul roi." *Cum audiret forte reges... concertantes... de nobilitate generis* (22,2) implique en effet une impulsion, et non un programme réfléchi. Il en va de même pour sa nostalgie de l'Égypte et le mirage oriental qui l'a tant fasciné [...] l'Orient l'impressionne à la manière d'un symbole. Il y a donc une analogie entre ses prétentions religieuses et les sentiments des schizophrènes qui, au cours de leurs rêves éveillés narcissiques, se croient devenus rois, empereurs, dieux ou encore expriment des idées religieuses analogues à celles des religions matriarcales. » (« Un empereur psychopathe [Contribution à la psychologie du Caligula de Suétone] », *AC*, t. 36, fasc. 1, 1967, p. 159-189, ici p. 185). Nous nous contenterons de rappeler la plus grande prudence qu'il faut observer à l'égard de l'établissement d'un « diagnostic » médical au sujet des personnalités de l'Antiquité, que nous ne connaissons que par les textes et les représentations (et toutes les déformations qu'ils impliquent), précaution que les auteurs des articles qui traitent ce thème ne manquent d'ailleurs pas de rappeler à l'attention du lecteur, dans la plupart des cas.

46 *Cf.* Phil., *Leg.*, 74 à 162. Référence empruntée à R. F. Martin, *op. cit.*, p. 361.

statue à sa propre effigie soit érigée dans le temple de Jérusalem avec l'inscription « Zeus[47] ». L'assimilation à Jupiter est également rapportée par Flavius Josèphe et Dion Cassius[48]. La démarche de Néron prend quant à elle des tours plus « modestes » : les auteurs indiquent qu'il « se fait louer avec des termes réservés aux dieux[49] ». Quant à Domitien, qui ne s'inspire pas des théocraties orientales, il se fait appeler *dominus et deus* et se prétend fils d'Athéna-Minerve[50].

Au début du IIe siècle ap. J.-C., l'assimilation du *princeps* à un dieu est actée par le Sénat, mais elle n'entraîna pas des excès de mégalomanie comme ceux que l'on put observer chez les « empereurs fous » du siècle précédent. Les Pères Conscrits avaient en effet fini par accepter la monarchie absolue sous le règne de Trajan[51] : ceci se traduisit notamment par une décision du Sénat de 114, qui octroya à l'empereur le *cognomen* « *optimus* », un surnom renvoyant à Jupiter, « maître du monde et père des dieux[52] ». Au IIIe siècle ap. J.-C., Septime Sévère se faisait représenter sous les traits d'un dieu[53].

---

47 *Ibid.*, p. 361-362. *Cf.* Phil., *Leg.*, 188 ; Flavius Josèphe, *Bell. Iud.*, II, 184-185.

48 *Cf.* Dion, LIX, 28, 6 ; Josèphe, *Ant. Iud.*, XIX, 11 (*ibid.*)

49 *Ibid.*, p. 363 et n. 87 p. 453 : *cf.* Tac., *Ann.*, XIV, 15, 5 ; Dion, LXIII, 3-5 ; Calpurnius Siculus, *Bucol.*, VI, 73-84.

50 *Ibid.*, p. 363. En ce qui concerne le titre de *dominus*, il faut rappeler qu'Auguste (Suet., *Aug.*, LIII) et Tibère (*id.*, *Tib.*, XXVII) refusèrent cette appellation. *Cf.* également Tac., *Annales*, II, 87 (Tacite, *Annales, livres I-III*, texte établi et traduit par P. Wuilleumier, troisième tirage revu et corrigé par J. Hellegouarc'h, Paris, Les Belles Lettres, 1990). Elle ne deviendra officielle que sous les Sévères (nous bénéficions du relevé de L. Pernot, *Éloges grecs de Rome*, n. 44 p. 70). « Pline le Jeune [...] se félicite que le nom de *dominus* n'ait pas cours auprès de Trajan (*Panégyrique de Trajan*, 2, 3) » et « Dion de Pruse [...] déclare qu'il ne plaît pas au bon roi d'être appelé *despotès* (*Sur la royauté*, I [*or.*I], 22) » (*ibid.*). Le Pseudo-Aurélius Victor note que Caligula se fit appeler « maître » (III, 8) et Domitien « maître et dieu » (*ibid.*, XI, 6 ; *cf.* également Aur.-Vict., XI, 2 ; Eutr., VII, 23, 2 ; Suet., *Dom.*, XIII, 2). Certaines monnaies d'Aurélien portent quant à elles l'intitulé *deus et dominus natus*, « né dieu et maître » (A. Chastagnol, *Histoire Auguste*, introduction de la Vie d'Aurélien, p. 964). Dioclétien reçut également le titre (*cf. infra*).

51 Le système du Principat, instauré par Auguste, avait été « définitivement accepté » sous Tibère (Y. Roman, *Empereurs et sénateurs...*, p. 335) mais les sénateurs imposèrent deux conditions : le refus de considérer le prince comme un dieu vivant (*ibid.*, p. 337) et le rejet du principe de l'hérédité dynastique (*ibid.*, p. 338). Le système de succession adopté par les Antonins, fondé sur l'adoption à défaut de l'hérédité, prouve que le régime était alors devenu monarchique (*ibid.*, p. 383-385).

52 *Ibid.*, p. 374-375. Sur le titre de *deus* décerné à Trajan, *cf. ibid.*, p. 371.

53 *Id.*, *Le Haut-Empire romain, 27 av. J.-C. – 235 ap. J.-C.*, Paris, Ellipses, 1998, *cf.* p. 109.

Trouve-t-on des développements consacrés à l'auto-déification de l'empereur, ainsi qu'une condamnation de l'Anonyme, dans l'*Histoire Auguste* ? À en croire le texte, mais aussi Dion Cassius[54] et Hérodien, Commode se serait également assimilé à Hercule[55]. Cette indication apparaît dans les lignes de la *Vita Commodi* :

> *Appellatus est etiam Romanus Hercules, quod feras Lanuuium in amphitheatro occidisset [...] sed etiam se ipsum Commodianum uocauit, Commodum Herculem et deum appellans.* (*Comm.*, VIII, 5 et 9)
>
> « il fut également appelé Hercule Romain pour avoir tué des bêtes sauvages dans l'amphithéâtre à Lanuvium [...] mais il se donna à lui-même le surnom de Commodien, conférant à Commode celui d'Hercule et de dieu. »

Le prince fait remplacer la tête du Colosse par la sienne et adjoint à l'ouvrage une massue et une peau de lion[56].

Les développements des auteurs grecs présentent de très grandes similitudes. Dion Cassius écrit que Commode se plaît à imiter Hercule : il fait étrangler deux frères tout comme le héros étrangla les deux serpents envoyés par Junon dans son berceau[57]. Par ailleurs, il veut reconstituer l'exploit du lac Stymphale en tirant sur des spectateurs à la place des oiseaux et travestit des personnes infirmes en géants qu'il assomme à coups de massue[58]. Il prend le surnom du héros[59] et s'accapare ses attributs, peau de lion et massue[60]. Il se fait également appeler « dieu[61] ». Enfin, il fait ôter la tête du Colosse pour mettre la sienne à la place puis adjoint une massue et un lion d'airain à ses côtés afin que la statue ressemble à celle du fils de Jupiter[62]. Hérodien rapporte que Commode se fait appeler « Hercule, fils de Jupiter » et prend ses attributs[63] ; l'anecdote du remplacement de la tête de la statue du Soleil est également signalée[64].

---

54 *Cf.* notamment LXXII, 15.

55 « Le titre d'*Hercules Romanus* apparaît dès 190 sur certaines monnaies. » (A. Molinier-Arbo, *La* Vie de Commode *dans l'*Histoire Auguste, p. 44).

56 *Comm.*, XVII, 9-10.

57 Dion, LXXII, 7.

58 *Ibid.*, 20.

59 *Ibid.*, 15.

60 *Ibid.*, 17.

61 *Ibid.*, 16.

62 *Ibid.*, 22.

63 Her., I, 14, 8.

64 *Ibid.*, I, 15, 9.

Les *Césars* d'Aurélius Victor, l'œuvre d'Eutrope et l'Épitome ne font pour leur part aucune mention de cette assimilation divine : ils préfèrent se contenter de décrire la passion du jeune empereur pour la gladiature, déjà soulignée par les sources antérieures[65]. Cette dernière demeure néanmoins corrélée au choix de la figure de divinisation : l'empereur incarne la prouesse physique, au même titre que le fils de Zeus.

Une première remarque se dégage toutefois de la lecture des textes : Hérodien insiste moins sur la filiation divine du prince que sur sa passion pour la gladiature. Le nombre d'occurrences relatives à Hercule (*Herculeam, Herculaneo...*) reste plus important chez l'Anonyme et Dion (nous relevons dix occurrences dans l'*Histoire Auguste*, neuf chez Dion, contre trois chez Hérodien). Le travestissement est toutefois repris dans les trois textes ; tous relèvent donc la volonté de l'empereur d'apparaître comme un dieu vivant, crime d'impiété aux yeux de la Rome traditionnelle et sénatoriale.

A. Molinier-Arbo, qui a étudié en détail la Vie de Commode dans l'*Histoire Auguste*, a rappelé que cette biographie, qui doit beaucoup à Suétone, s'inspire tout particulièrement de la Vie de Caligula[66] ; les proximités textuelles sont en effet très nombreuses et le rédacteur utilise parfois des synonymes pour ne pas recopier mot à mot Suétone[67]. Dès lors, ce n'est peut-être pas un hasard si le trait de l'auto-déification est particulièrement mis en valeur dans cette biographie. En effet, aucune autre Vie du recueil ne relève pareil trait avec autant d'insistance (le cas d'Élagabal étant toutefois particulier[68]). Il n'est pas inutile de rapporter également que le motif de l'inceste apparaît dans le discours de l'Anonyme. Il semble donc bien établi que le rédacteur inscrit le comportement déviant de Commode dans la droite ligne de celui de Caligula, qui était lui-même teinté d'une couleur orientale[69].

L'aspiration à devenir un dieu concerne-t-elle le cas de Caracalla ? Hérodien, Dion et l'Épitome relèvent le désir de ce prince de s'assimiler

65 Aur.-Vict., XVII, 4-6 ; Eutr., VIII, 15 ; Ps. Aur.-Vict., XVII, 4.

66 A. Molinier-Arbo, « Jeux littéraires autour de Suétone dans la *Vie de Commode* », *H.A.C.N., Atti dei Convegni sulla Historia Augusta XII*, cité précédemment, p. 341-355, ici p. 349.

67 *Ibid.*, p. 351.

68 Nous reviendrons sur ce cas ultérieurement, dans la partie consacrée à la proskynèse.

69 Comme le rappelle S. Ratti, pour des « raisons religieuses », Commode est rapproché de Caligula, Héliogabale, probablement, de Constantin et Gallien de Néron (S. Ratti, *Polémiques entre païens et chrétiens*, Paris, Les Belles Lettres, 2012, *cf.* p. 21-22).

à Alexandre le Grand[70] et le second affirme que l'empereur aurait même écrit au Sénat qu'il était habité par l'âme du grand général[71]. La mention de cette étrange métempsycose s'accompagne d'une indication traitant la volonté d'imiter également Bacchus[72]. Hérodien écrit qu'il se prit aussi pour Achille[73], alors que Dion se contente de rapporter qu'il honora ce héros lors de son passage pour visiter les ruines de Troie[74]. La tentation de se considérer comme un dieu vivant, si l'on prend en compte le caractère divin d'Achille, aurait donc bien séduit le fils de Septime Sévère.

L'*Histoire Auguste*, qui relève le trait concernant Alexandre, semble pourtant contredire cette opinion :

> *Deorum sane se nominibus appellari uetuit, <quod> Commodus fecerat, cum illum, quod leonem aliasque feras occidisset, Herculem dicerent.* (*Carac.*, V, 5)
>
> « Il leur interdit de lui donner des noms de dieux, ce qu'avait accepté Commode ; ils l'appelaient en effet Hercule sous prétexte qu'il avait tué un lion et d'autres bêtes sauvages. »

Mais nous verrons ultérieurement que ces assertions sont contredites elles-mêmes par le comportement de l'empereur.

Nous pouvons donc déjà conclure, à l'issue de cette partie, que l'Anonyme utilise le motif de l'auto-déification du tyran avec moins d'insistance que Suétone, même s'il s'inspire de cet auteur dans sa Vie de Commode. Qu'en est-il du motif des cultes orientaux ?

70 Her., IV, 8, 1 ; Dion, LXXVII, 7-8 ; Ps. Aur.-Vict., XXI, 4.
71 Dion, LXXVII, 7.
72 *Ibid.*
73 Her., IV, 8, 4.
74 Dion, LXXVII, 16.

LES CULTES ORIENTAUX

Quelle place occupent les cultes orientaux[75] dans l'*Histoire Auguste* ? La recherche a démontré que ces derniers constituent un thème important du recueil ; ils sont soit directement nommés soit évoqués sous la forme d'allusions.

Il faut immédiatement exclure l'idée que les princes qui se font initier à des cultes sont nécessairement des *pessimi principes*. En effet, si les principaux empereurs attirés par les cultes orientaux sont Commode, Caracalla et Élagabal, d'autres bons souverains les ont plus ou moins pratiqués, parfois très ponctuellement. Toutefois, R. Turcan a démontré que ces cas bien précis ne dénotaient pas un vibrant engouement pour le culte. Ainsi, Hadrien a célébré au sommet du mont Kasios un sacrifice en l'honneur de Ba'al. « Mais il ne s'agit pas vraiment d'un pèlerinage cultuel, puisque l'empereur est monté *uidendi solis ortus gratia* (aussi l'ascension se fait-elle de nuit) [...] L'*Histoire Auguste* fait valoir cette finalité touristique aux dépens d'une quelconque piété particulière envers le dieu syrien, même si Hadrien peut avoir été curieux de liturgies exotiques (mais son biographe écrit aussi de lui qu'attentif à l'observation des rites romains, il méprisait les religions étrangères[76]). »

On notera que Marc Aurèle se fait initier aux Mystères d'Éleusis[77] mais dans le but, selon l'*Histoire Auguste*, de prouver son innocence, en ce qui concerne les morts de Vérus et d'Avidius Cassius[78]. Le culte est également associé à Alexandre Sévère, mais dans le cadre d'une analogie

75 Pour une mise au point sur les principaux cultes, il faut lire l'ouvrage de W. Burkert, *Les Cultes à mystères dans l'Antiquité* (Titre original : *Ancient Mystery Cults*), nouvelle traduction de l'anglais par A.-P. Segonds, Paris, Les Belles Lettres, 2014, Vérité des Mythes. Les cultes à mystères apparaissent comme des « formes, des tendances ou des options variables, au sein du complexe unique, disparate mais continu, de la religion antique » (*ibid.*, p. 6). R. Turcan souligne que ces cultes ne se sont pas unis à la religion officielle pour lutter contre le christianisme triomphant, dans l'Antiquité tardive (R. Turcan, « Les dieux de l'Orient dans l'*Histoire Auguste* », *Journal des savants*, 1993, n° 1, p. 21-62, ici p. 22).

76 R. Turcan, *ibid.*, p. 34-35.

77 *Marc*, XXVII, 1.

78 Sur l'identification de l'un ou l'autre de ces deux acteurs, *cf.* R. Turcan, « Les Mystères d'Éleusis dans l'*Histoire Auguste* », *H.A.C.A., Atti dei Convegni sulla Historia Augusta VI*, cité précédemment, p. 325-338, ici p. 327.

relative à la *salutatio* : comme l'hiérophante pour l'initiation, le jeune prince n'admet pas que des personnes impures moralement viennent le saluer[79]. L'Anonyme ne mentionne pas les consécrations de Vérus et de Commode, toujours, selon R. Turcan, parce que les Mystères d'Éleusis ne sont pas particulièrement mis en avant dans le recueil[80]. Les mentions concernant Septime Sévère et Gallien restent quant à elles peu explicites[81].

Mais « c'est en Syrie qu'empirent les vices de Lucius Vérus et qu'il en contracte d'autres[82] ». Si les Syriens et les Égyptiens ne jouissent pas d'une description positive dans le recueil[83], les préjugés du rédacteur ne traduisent pas nécessairement une condamnation des cultes. Il faut plutôt se contenter de noter que « les marques de zèle envers les dieux du Delta caractérisent des princes qui n'ont pas la cote dans l'opinion sénatoriale, qu'il s'agisse de Commode ou de Caracalla[84] ». La religion égyptienne n'est en effet pas blâmée en soi : Marc Aurèle restreint les prérogatives du culte[85], tandis que Septime Sévère profite d'un voyage à Alexandrie pour le découvrir[86]. Les mentions de la Vie des Trente Tyrans et du Quadrige des tyrans sont peu développées et servent à préciser une indication spatiale[87] ou à décrire le caractère versatile des Égyptiens[88].

---

79 *Ibid.*, p. 329.

80 *Ibid.*, p. 337 : « [L'*Histoire Auguste*] ne les valorise ni comme révélation d'un au-delà bienheureux, ni comme explication de l'existence, ni comme "raison de vivre dans la joie." »

81 *Ibid.*, p. 329-331.

82 *Id.*, « Les dieux de l'Orient... », p. 34.

83 *Ibid.*, p. 32 et 51.

84 *Ibid.*, p. 52. Caracalla faisait montre de dévotion à l'égard des dieux égyptiens (*ibid.*, p. 48).

85 *Marc*, XXIII, 8 : *Idem Marcus sederi in ciuitatibus uetuit in equis siue uehiculis. Lauacra mixta summouit. Mores matronarum conposuit diffluentes et iuuenum nobilium. Sacra Serapidis a uulgaritate Pelusiaca summouit.* « Marc interdit par ailleurs que l'on circule à cheval ou en voiture à l'intérieur des villes ; il supprima les bains mixtes, mit un frein aux mœurs corrompues des matrones et des jeunes nobles et épura le culte de Sérapis des rites populaires pélusiens. »

86 *Sév.*, XVII, 4 : *Iucundam sibi peregrinationem hanc propter religionem dei Sarapidis et propter rerum antiquarum cognitionem et propter nouitatem animalium uel locorum fuisse Seuerus ipse postea semper ostendit ; nam et Memfim et Memnonem et piramides et labyrinthum diligenter inspexit*, « Sévère ne cessa, par la suite, de rappeler le plaisir que lui avait procuré ce voyage, qui lui avait permis de connaître le culte du dieu Sérapis, de contempler des monuments antiques et de voir des animaux et des lieux nouveaux. Il avait en effet minutieusement visité Memphis, la statue de Memnon, les Pyramides et le Labyrinthe. »

87 *Tr. tyr.*, XXV, 4 : *tetricorum domus hodieque extat in monte Caelio inter duos lucos contra Isium Metellinum pulcherrima*, « La maison des Tetrici existe encore aujourd'hui sur le Célius entre les deux bois sacrés, en face du temple d'Isis construit par Métellus. »

88 *Quadr. tyr.*, VIII, 1-2 : *"Hadrianus Augustus Seruiano consuli salutem. Aegyptum, quam mihi laudabas, Seruiane carissime, totam didici leuem, pendulam et ad omnia famae momenta uolitantem.*

Un célèbre passage de la Vie de Commode met en jeu des cultes orientaux et donne au rédacteur l'occasion de mettre en scène la cruauté du tyran[89]. R. Turcan écrit : « On dirait que certaines religions orientales encouragent ou exaspèrent les mauvais instincts des empereurs fous[90]… »

> *Sacra Isidis coluit, ut et caput raderet et Anubim portaret. Bellonae seruientes uere exsecare brachium praecepit studio crudelitatis. Isiacos uero pineis usque ad perniciem pectus tundere cogebat. Cum Anubin portaret, capita Isiacorum grauiter obtundebat ore simulacri […] Sacra Mithriaca homicidio uero polluit, cum illic aliquid ad speciem timoris uel dici uel fingi soleat.* (*Comm.*, IX, 4-5)

> « Il pratiquait le culte d'Isis, allant jusqu'à se raser la tête et à transporter avec soi une statue d'Anubis. Par goût de la cruauté, il obligeait les sectateurs de Bellone à se couper un bras pour de bon et contraignait les prêtres d'Isis à se battre la poitrine à mort avec des pommes de pin. Lorsqu'il transportait l'image d'Anubis, il tapait violemment sur le crâne des prêtres d'Isis avec la tête de la statue. […] Il souilla par un sacrifice humain réel le culte de

---

Illic qui Serapim colunt Christiani sunt, et deuoti sunt Serapi qui se Christi episcopos dicunt", « Hadrien Auguste salue le consul Servianus. L'Égypte, dont tu me faisais l'éloge, mon très cher Servianus, je me suis rendu compte qu'elle était tout entière légère, instable, et qu'elle virevolte au gré du moindre frémissement de la renommée. Là-bas, ceux qui adorent Sérapis sont chrétiens, et dévots de Sérapis ceux qui se prétendent évêques [du Christ]. »

89 R. Turcan relève également le possible caractère mithraïque de la reconstitution du travail herculéen de la lutte contre les Géants et des oiseaux du lac Stymphale : *Debiles pedibus et eos, qui ambulare non possent, in gigantum modum formauit, ita ut a genibus de pannis et linteis quasi dracones tegerentur, eosdemque sagittis confecit.* (*Comm.*, XI, 6.) « L'empereur en avait peut-être trouvé l'idée dans un épisode souvent représenté dans les séquences peintes ou sculptées en marge de la tauroctonie : Jupiter foudroyant les géants anguipèdes, démons de l'Esprit maléfique montés en vain à l'assaut de la lumière. » (R. Turcan, *ibid.*, p. 56) Comme nous l'avons signalé, l'épisode se trouve également chez Dion, LXXII, 20.

90 R. Turcan, *ibid.*, p. 31. – C. Bertrand-Dagenbach a réfléchi sur la portée du passage imputant à Élagabal des sacrifices d'enfants nobles (*Élag.*, VIII, 1-2) : elle rappelle que l'on considère généralement qu'il s'agit d'une invention de l'*Histoire Auguste*, même si la même accusation se rencontrait déjà chez Dion Cassius (C. Bertrand-Dagenbach, « À propos des sacrifices d'enfants d'Héliogabale », *H.A.C.N.*, *Atti dei Convegni sulla Historia Augusta XII*, cité précédemment, p. 31-40, ici p. 32). Ce genre de pratique macabre existait (elle se serait même poursuivie jusqu'à la fin du IVe siècle), comme l'indiquent la législation paulienne (*ibid.*) et Ammien Marcellin (*ibid.*, p. 36). De plus, « on sait que les païens et les juifs accusaient les chrétiens de pratiques hautement répréhensibles lors de leurs assemblées secrètes et, parmi ces pratiques, figurent les sacrifices d'enfants » (*ibid.*). Tertullien réfuta ces accusations et les retourna contre leurs auteurs (*ibid.*) Dans la mesure où Élagabal représente Constantin et Théodose, peut-on considérer cet épisode comme une critique voilée des chrétiens ? L'Anonyme connaissait les écrits des apologistes et il faut sans doute répondre par l'affirmative (*ibid.*, p. 39).

> Mithra pour lequel d'ordinaire on se limite à raconter ou simuler quelque scène capable d'inspirer l'effroi[91]. »

R. Turcan affirme que le rédacteur n'approuve pas ce comportement et en demeure sans doute indigné, toutefois « la narration ponctuelle et comme flegmatique des faits, dans la Vie de Commode aussi bien que dans celles de Caracalla et de Pescennius Niger, est même de nature à divertir le lecteur aux dépens des victimes isiaques de ce redoutable anubophore[92] ». A. Molinier-Arbo écrit en outre que ces faits sanglants sont sujets à caution et pourraient bien relever de l'imagination de l'auteur, décidé à noircir à souhait le portrait de ce *princeps*[93].

Il nous semble judicieux de nous rallier à ses vues : ces épisodes ne sont que des développements rhétoriques destinés à blâmer le prince sur un mode ludique. Ils relèvent de l'argument de totalité : en établissant une énumération des différents cultes et en précisant les actes cruels qui y sont associés, le rédacteur révèle le désir du tyran d'exercer son contrôle sur l'intégralité de la vie de son temps. Commode étend son sadisme à toutes les branches de la société, y compris aux branches secondaires du domaine religieux. En outre, au vu de la fonction sacrée de ces pratiques rituelles, force est de constater que la présence et la domination du tyran atteignent les limites du monde profane, jusque dans la passerelle qu'il établit avec le monde immatériel et mystique.

Par ailleurs, il nous semble que, s'il faut voir dans ces anecdotes une expression de l'imagination féconde du rédacteur, ce dernier s'est souvenu du motif suétonien du goût du tyran pour la mise-en-scène de lui-même, dont on trouve de nombreuses variations dans les Vies de Tibère, Caligula et Néron[94]. Mettre réellement à mort un sectateur de Mithra,

---

91 W. Burkert note que le culte de Mithra était caractérisé par une mise-en-scène macabre. Une sorte d'épée de théâtre aurait été retrouvée : elle aurait servi à « représenter un homme poignardé, avec une lance, droit au cœur ». « On dit que Commode commit un meurtre réel dans le cadre du culte mithraïque, ce qui présuppose que le meurtre fictif était regardé comme normal » (W. Burkert, *op. cit.*, p. 101).

92 R. Turcan, « Les dieux de l'Orient… », p. 47.

93 A. Molinier-Arbo, *La* Vie de Commode *dans l'*Histoire Auguste, p. 179 et 182 : « Les rites des religions orientales constituent surtout pour lui [l'auteur de l'*Histoire Auguste*] l'occasion de mettre avec humour en scène la *crudelitas* de Commode. Et, au-delà, le paragraphe exprime peut-être la méfiance éprouvée à leur égard par la partie de l'aristocratie sénatoriale païenne de la fin du IVe siècle la plus attachée aux cultes romains traditionnels. »

94 A. Baratta et O. Halleguen, dans leur relevé des traits qui pourraient confirmer la pathologie de personnalité histrionique de Caligula, notent que « les grimaces auxquelles

c'est refuser la mise-en-scène conventionnelle du culte pour y substituer *sa* propre mise-en-scène. Nul doute que Commode avait bien compris l'aspect théâtral du rituel ; il choisit de se l'approprier et de procéder à ce que l'on pourrait appeler un « détournement » dans lequel les acteurs ne sont plus que des spectateurs (de sa propre cruauté) mais interviennent néanmoins dans le spectacle, un peu à la façon d'un *happening*.

En dernier lieu, le culte d'Isis est évoqué dans les Vies de Niger, Caracalla et Alexandre Sévère.

Dans la Vie de Niger :

> *Hunc in Commodianis hortis in porticu curua pictum de musio inter Commodi amicissimos uidemus sacra Isidis ferentem ; quibus Commodus adeo deditus fuit, ut et caput raderet et Anubim portaret et omnis pausas expleret.* (*Nig.*, VI, 8-9)

> « On peut le voir [Niger] dans les jardins de Commode sous l'arcade d'un portique, représenté sur une mosaïque, au milieu des amis intimes de l'empereur, tenant les objets sacrés du culte d'Isis ; Commode aussi s'adonnait avec ferveur à ces cérémonies, au point de se faire raser le crâne, de porter lui-même l'image d'Anubis et d'observer toutes les stations rituelles de la procession. »

Dans la Vie de Caracalla :

> *Sacra Isidis Romam deportauit et templa ubique magnifice eidem deae fecit ; sacra etiam maiore reuerentia celebrauit, quam antea celebrabantur. In quo quidem mihi mirum uidetur, quemammodum sacra Isidis primum per hunc Romam uenisse dicantur, cum Antoninus Commodus ita ea celebrauerit, ut et Anubin portaret et pausas ederet ; nisi forte iste addidit celebritati, non eam primus inuexit.* (*Carac.*, IX, 10-11)

> « Il introduisit à Rome le culte d'Isis et fit élever un peu partout des temples somptueux en l'honneur de cette déesse dont il accomplit les rites avec plus de respect qu'ils n'en avaient connu jusqu'alors. Il me paraît toutefois étonnant à ce propos qu'on puisse prétendre qu'il fut le premier à introduire à Rome le culte d'Isis, car Antonin Commode le célébrait déjà en portant la statue d'Anubis et en observant les stations rituelles de la procession. À moins qu'on ne veuille dire qu'il a développé la célébration de ce culte, à défaut d'en être le promoteur. »

Dans la Vie d'Alexandre Sévère :

> *Isium et Serapium decenter ornauit additis signis et Deliacis et omnibus mysticis.* (*Alex. Sév.*, XXVI, 8.)

---

se livrent l'empereur devant son miroir pour se donner un aspect menaçant pourraient constituer une mise-en-scène de sa propre cruauté » (art. cité, 25).

> « Il orna avec goût les temples d'Isis et de Sérapis de statues, de bronzes de Délos et de tous les objets servant aux mystères. »

L'aspect frappant de ces trois extraits réside dans le rappel, dans deux cas, de la ferveur de Commode. Le passage concernant Alexandre Sévère, placé dans un développement dédié aux constructions réalisées par le prince (et qui témoignent, d'une part, de sa piété familiale, avec des bâtiments édifiés en l'honneur de ses parents, et d'autre part de sa piété envers l'État, avec des travaux d'urbanisme) nous paraît s'inscrire dans le cadre de la politique religieuse du prince, qui conservait dans son laraire les images des dieux des différentes religions de l'Empire[95]. Dans un tel portrait, il n'est guère étonnant de rencontrer un élément démontrant que l'empereur mène une politique d'évergétisme à l'égard des cultes à mystères ; il illustre son esprit de tolérance[96].

Les deux premiers cas font écho, en revanche, à l'extrait de la Vie de Commode cité précédemment. Le rédacteur ne détaille pas une nouvelle fois la cruauté dont fit preuve le fils de Marc Aurèle en frappant les prêtres. Il s'agit peut-être ici d'une forme de blâme indirect. Par un jeu d'association de souvenirs, le lecteur est invité à se remémorer la cruauté de Commode. La critique du caractère tyrannique de ce prince dépasserait ainsi le cadre de sa propre biographie.

Par ailleurs, Niger est gouverneur de Syrie, une région mal aimée de l'*Histoire Auguste*[97], tandis que Caracalla partage avec Commode différents clichés du despote oriental (auto-déification, inceste). L'association des mauvais empereurs aux cultes orientaux semble ici renforcée, même si l'opinion sur Niger dans le recueil est plus nuancée (le rédacteur soulignerait uniquement un mauvais trait).

L'Anonyme ne critique pas le *Lunus* de Carrhes, auquel Caracalla rend visite[98]. De même, le dieu d'Élagabal n'est pas blâmé en tant que tel ; il constitue simplement un support pour dresser le portrait du précurseur de Constantin, intolérant envers les autres religions[99] : il faut

95 *Alex. Sév.*, XXIX, 2.

96 En outre, la mesure ne figure pas chez Hérodien. Si nous nous trouvons face à une invention du rédacteur, elle conforte notre hypothèse proposant de voir ici l'illustration de la tolérance d'Alexandre.

97 *Cf. supra.*

98 R. Turcan, « Les dieux de l'Orient... », p. 36.

99 *Ibid.*, p. 38 et 41. *Cf.* également *id.*, *Héliogabale et le Sacre du soleil*, p. 150. R. Turcan décrit les analogies entre l'empereur et Constantin (*ibid.*, p. 152). Mais si le christianisme est

donc, selon cette hypothèse communément admise aujourd'hui, opérer une lecture à plusieurs niveaux de cette biographie à teneur polémique qu'est la Vie d'Élagabal.

Mais l'Anonyme, s'il s'amuse en général des extravagances impies envers la religion traditionnelle du jeune tyran syrien[100], est pourtant indigné de le voir échafauder un plan malhonnête pour pénétrer dans le sanctuaire de la *Mater Magna* : l'empereur reçoit en effet les sacrements de la déesse et se fait taurobolier dans le seul but d'accéder à l'idole, pour la dérober et la placer dans son laraire[101]. R. Turcan écrit que l'empereur, en tant que *Pontifex maximus*, n'avait pas besoin de monter un tel stratagème pour accéder aux *sacra*, mais il n'avait pas le droit non plus de voler les idoles comme le feront les chrétiens avec Constantin lors de l'inventaire des temples païens[102]. Il rajoute que l'épisode rappelle celui de Clodius déguisé en femme lors des cérémonies en l'honneur de *Bona Dea*[103] : une note d'humour apparaît malgré tout entre les lignes.

Il faut donc en conclure que le culte oriental n'est, encore une fois, nullement blâmé. C'est la politique religieuse autoritaire du prince, qui se sert du culte pour légitimer ses mesures, qui est visée : elle présente des analogies très étroites avec celle de Constantin. La dimension polémique du texte s'accompagne également, encore une fois, d'une dimension ludique.

Au terme de ces études, nous pouvons constater que les cultes à mystères, qui révèlent le goût pour l'Orient de certains princes, n'occupent

---

perçu comme un monothéisme, le terme le plus approprié pour parler de la politique religieuse d'Élagabal est, selon l'auteur, l'hénothéisme (*ibid.*, p. 155). « Héliogabale a fait prévaloir son dieu, comme Apollonius de Tyane honorait éminemment Hélios, sans pour autant ignorer ou nier les autres dieux » (*ibid.*, p. 156), ce qui étaie donc sa perspective hénothéiste. *Cf.* notamment *Élag.*, VII, 4 : *omnes sane deos sui dei ministros esse aiebat, cum alios eius cubicularios appellaret, alios seruos, alios diuersarum rerum ministros*, « il disait que tous les dieux, en vérité, étaient au service du sien, appelant les uns ses chambriers, certains autres ses esclaves et d'autres ses domestiques dans telle ou telle fonction. » *Cf.* également A. Chastagnol, *Histoire Auguste*, introduction de la Vie d'Élagabal, p. 499 : « l'auteur incite son lecteur du IVe siècle à reconnaître dans Élagabal le précurseur et le prototype de Constantin, une sorte de "Constantin avant la lettre", dans la mesure où le premier empereur chrétien a pris lui aussi des initiatives qui ont modifié le statut religieux de l'État. »

100 R. Turcan, « Les dieux de l'Orient… », p. 28.

101 Sur cette réunion des idoles dans un même « musée sacral », *cf. id.*, *Héliogabale ou le sacre du soleil*, p. 154. Selon cet auteur, il s'agit d'une invention de l'*Histoire Auguste*.

102 *Id.*, « Les dieux de l'Orient… », p. 29.

103 *Ibid.*, p. 29.

pas une place déterminante dans la stratégie que le rédacteur établit pour blâmer les *pessimi principes*. Le plus souvent, notamment pour les cas de Commode et d'Élagabal, ils servent de support à la critique, offrent une nouvelle occasion au rédacteur d'inventer des anecdotes plaisantes qui illustrent le tempérament tyrannique et excentrique des empereurs. Le soutien à la religion isiaque et l'initiation aux Mystères d'Éleusis sont évoqués dans des Vies de bons et de mauvais princes, voire de princes médiocres, si l'on pense à Niger. Il est vrai que le rédacteur nuance, en précisant que la première catégorie ne manifeste pas une véritable ferveur à leur égard ; néanmoins, les allusions restent dans tous les cas anecdotiques et ne tiennent pas un rôle de premier plan dans la rhétorique de condamnation.

LA PROSKYNÈSE

L'étude du thème de l'auto-déification dans la biographie du grand-prêtre d'Élagabal[104], que nous souhaitons à présent mener, nous semble permettre de mieux aborder par la suite celui de la proskynèse.

Le prince de la dynastie d'Émèse a-t-il tenté de se déifier de son vivant ? Pour R. Turcan, rien ne permet de l'affirmer ; aucun élément figurant dans la *Vita* ou dans les autres sources archéologiques de l'époque ne vient étayer cette opinion[105]. L'empereur était seulement « une sorte de médiateur entre la Terre et le Ciel[106] ». La confusion peut venir, du moins en partie, d'un passage qui fut également très commenté par la critique et qui se trouve dans la Vie d'Alexandre Sévère :

> *Idem adorari se uetuit, cum iam coepisset Heliogabalus adorari regum more Persarum.* (*Alex. Sév.*, XVIII, 3)

---

104 Nous désignons ici le dieu.

105 En effet, ni les abrégés, ni le récit d'Hérodien ne font référence à une tentative d'auto-déification.

106 *Id.*, *Héliogabale et le Sacre du soleil*, p. 158-159 : « Aucune inscription n'identifie Héliogabale avec Élagabal [...] Sa gloire est d'être le grand-prêtre du Soleil, connaisseur attitré des rites... » et « Héliogabale ne s'identifie pas avec Élagabal. On lui a donné le nom de son dieu comme un sobriquet, et non pas en raison du fait qu'il aurait prétendu se faire adorer comme l'incarnation du *Sol Inuictus*. »

« Il [Alexandre Sévère] s'opposa de même à ce qu'on l'adorât, alors qu'Héliogabale avait commencé à se faire adorer à la manière des rois perses. »

On rencontre une expression similaire dans le cas de Zénobie, *more magis Persico adorata est, regum more Persarum*[107], ainsi que deux autres scènes d'*adoratio* dans le Quadrige des tyrans, au sujet des usurpateurs Saturninus et Proculus[108].

À titre de rappel, la proskynèse fut introduite à la cour perse par les Achéménides. Les Anciens blâmaient Caligula de se faire saluer à la mode des Perses[109]. Sénèque atteste que le jeune tyran accorda la vie à Pompeius Pennus et lui tendit son pied gauche à baiser[110]. Selon J.-N. Castorio, Dion Cassius aurait établi une généralisation abusive à partir de cet événement ponctuel pour dépeindre une habitude de l'empereur[111].

Il faut rappeler également que ce rituel a été, depuis les Grecs, mal interprété : ces derniers voyaient dans ce geste une façon de saluer le souverain comme un dieu, alors qu'elle ne constituait en réalité

107 E. Van t' Dack, « Alexandre le Grand dans l'*Histoire Auguste. Vita Seueri Alexandri* 30,3 et 50, 4 », *B.H.A.C. 1986-1989*, cité précédemment, p. 41-60, ici p. 59. Il faut se reporter à *Tr. tyr.*, XXX, 13.

108 *Id. Cf. Quad.*, IX, 3-4 et XIII, 2.

109 Mais la pratique est déjà attestée pour Pompée et Tibère, comme plus tard pour Néron et Trajan (*Vie d'Alexandre Sévère*, Les Belles Lettres, n. 125 p. 85).

110 Sen., *Des bienfaits*, II, XII, 2 : *Homo natus in hoc, ut mores liberae ciuitatis Persica seruitute mutaret, parum iudicauit, si senator, senex, summis usus honoribus in conspectu principum supplex sibi eo more iacuisset, quo hostes uicti hostibus iacuere ; inuenit aliquid infra genua, quo libertatem detruderet [...] Parum enim foede furioseque insolens fuerat, qui de capite consularis uiri soccatus audiebat, nisi in os senatoris ingessisset imperator epigros suos.* « Cet homme [Caligula] destiné dès sa naissance à changer les mœurs d'un État libre en une servitude digne de la Perse jugea insuffisant qu'un sénateur, un vieillard, qui avait rempli les charges les plus hautes, vînt, en présence des grands, dans l'attitude de la prière, se prosterner devant lui, à la manière dont les vaincus se prosternent devant l'ennemi vainqueur; il trouva le moyen de ravaler la liberté romaine au-dessous de ses genoux [...] Il n'avait pas en effet poussé l'insulte à un degré suffisant d'ignominie et de folie, en gardant ses sandales pour juger au criminel un personnage consulaire; il fallait encore qu'il mît, lui, l'empereur, les clous de sa semelle dans la bouche d'un sénateur. » (Sen., *Des bienfaits*, t. I, cité précédemment). Sur cette anecdote et la proskynèse sous les Julio-Claudiens, *cf.* également Plin., *Panégyrique de Trajan*, XXIV, 2, qui célèbre l'humilité du grand Trajan : *Non tu ciuium amplexus ad pedes tuos deprimis nec osculum manu reddis : manet imperatori quae prior oris humanitas*, « Tu n'abaisses pas à tes pieds les embrassements de tes sujets et tu ne réponds pas au baiser en tendant la main; chez l'empereur les lèvres ont gardé la même courtoisie qu'auparavant. »

111 J.-N. Castorio, *op. cit.*, p. 268. *Cf.* Dion, LIX, 27, 1.

qu'une simple marque de reconnaissance de sa majesté[112]. Arrien, par exemple, écrit qu'Alexandre, affirmant que son père était Ammon et non Philippe, voulut qu'on la pratiquât à sa cour, afin de célébrer sa majesté divine[113]. Callisthène, l'ancien disciple d'Aristote, s'y refusa, ce qui causa sa perte[114]. « Ainsi, dans l'affaire de Callisthène et de la proskynèse, Arrien interprète ce geste à la manière grecque, comme un rite impliquant que le roi est considéré comme un dieu ; il ignore manifestement le véritable sens de ce geste qui, pour les Perses, signifie que l'on reconnaît la majesté du souverain [Briant 1996, p. 235][115]. » La proskynèse trouve son pendant dans l'Antiquité tardive avec la pratique de l'adoration de la pourpre.

L'*Histoire Auguste* accuse précisément Élagabal, fervent admirateur des coutumes orientales, d'avoir introduit l'*adoratio purpurae*[116]. R. Turcan

---

112 *Cf.* P. Huyse, *La Perse antique*, Paris, Les Belles Lettres, 2005, Guides Belles Lettres des civilisations, n° 20, ici p. 234 : « Une fois admis dans la présence du roi assis sur son trône, l'invité devait d'abord se plier au rituel de la proskynèse devant le souverain en reconnaissance de sa majesté. Ce geste, décrit de manière différente par les auteurs grecs, a autant provoqué leur étonnement que leur aversion. Le rite achéménide n'impliquait probablement pas (encore) la prostration, ni même l'agenouillement, mais semble s'être limité à un baiser de la main en l'air et une inclinaison du buste, en accord avec les représentations sur les reliefs perses. En revanche, à l'époque parthe, les artistes romains ont souvent représenté le geste comme une génuflexion. Puis, après avoir offert un cadeau au grand roi, qui était accepté par les "receveurs des présents", le visiteur pouvait enfin lui adresser sa requête. » Au sujet des clichés grecs sur les Perses, *cf.* également *Les Perses vus par les Grecs. Lire les sources classiques sur l'Empire achéménide*, sous la direction de D. Lenfant, Paris, Armand Colin, 2011, « U Histoires », introduction, p. 13.

113 Il faut se reporter à l'*Anabase*, livre IV, ch. 8-14 (D. Lenfant, *ibid.*, p. 57).

114 *Cf. ibid.* et Just., *op. cit.*, t. II, *cf.* XII, VII, 1-3. La « persianisation » d'Alexandre et son interprétation grecque sont également évoquées par Plutarque, *Vie d'Alexandre*, § 45 ; Quinte-Curce, VI, 6 ; VIII, 5 (ces références ont été fournies par *Les Perses vus par les Grecs*, p. 303 et 364-365). *Cf.* également Val.-Max., VII, 2, en ce qui concerne le reproche de Callisthène adressé à Alexandre sur sa volonté d'être salué à la manière des Perses (*ibid.*, p. 402).

115 *Ibid.*, p. 62.

116 Pour une synthèse sur l'évolution de la manière de saluer l'empereur au cours du Principat, *cf.* R. Turcan, *Vivre à la cour des Césars d'Auguste à Dioclétien (Ier-IIIe siècle après J.-C.)*, Paris, Les Belles Lettres, 2009, particulièrement p. 138-139. Le prince recevait le baiser des sénateurs et devait leur rendre. Mais cette étiquette fut mise à mal par différents mauvais princes. Caligula tendait sa main ou ses pieds tandis que Néron cessa d'embrasser les Pères Conscrits. Gallien donnait sa main à baiser aux femmes. « Le "baise-pied" est un acte de soumission servile qui évoque les pratiques d'origine orientale. C'est le père de l'empereur Vitellius qui, revenu de Syrie, inaugura le rite de l'adoration, n'osant aborder Caligula que la tête voilée, en marchant à reculons, avant de se prosterner. » (*ibid.*, p. 139). Claude, Trajan et les Antonins rejettent la *proskunèsis* alors que Domitien

écrit que cette accusation non seulement ne se fonde sur aucune réalité historique, mais ne représente pas la volonté d'Élagabal d'être considéré comme un dieu vivant : « L'*Histoire Auguste* l'accuse d'avoir institué le rite de l'*adoratio* au palais impérial : les Romains admis à l'audience devaient faire une génuflexion comme devant un dieu et baiser non pas même la main du prince, mais un pan de son manteau de pourpre. Ici encore, c'est le cérémonial de la cour chrétienne qui est visé ! Et, de toute façon, ce rite d'adoration à la mode persique n'assimilait pas l'empereur à un dieu. Aucun texte contemporain d'Héliogabale ne confirme cette imputation[117]. »

La réactivation du cliché de la monarchie perse sert donc ici, dans une certaine mesure, à blâmer les empereurs chrétiens : Constantin et

---

l'acceptait. Toutefois, R. Turcan remarque que l'on peut voir sur la Colonne Trajane des soldats qui baisent la main de Trajan. Le baise-main et le « baise-pied » reviennent sous Élagabal pour être prohibés par Alexandre Sévère. Mais « l'adoration s'imposera sous la Tétrarchie et au Bas-Empire. Les Romains admis à l'audience de l'empereur assis sur un trône devront alors s'agenouiller, avant de baiser un pan de son manteau » (*ibid.*). Une pratique de l'adoration est évoquée au sujet de Maximien et Dioclétien dans le Panégyrique de 291 (*Pan.*, III, XI, 1-2) : *Quid illud, di boni ! Quale pietas uestra spectaculum dedit, cum in Mediolanensi palatio admissis qui sacros uultus adoraturi erant conspecti estis ambo et consuetudinem simplicis uenerationis geminato numine repente turbastis ! Nemo ordinem numinum solita secutus est disciplina ; omnes adorandi mora restiterunt duplicato pietatis officio contumaces*, « Quels instants, dieux bons ! quel spectacle offrit votre piété, quand, dans votre Palais de Milan, vous êtes apparus tous les deux à ceux qui avaient été admis à adorer vos visages sacrés et quand la présence soudaine de votre double divinité déconcerta les hommages qui ne s'adressaient d'ordinaire qu'à une seule. Personne n'observa la hiérarchie des divinités suivant le protocole habituel : tous s'arrêtèrent le temps de vous adorer, s'attardant à remplir un double devoir de piété. » À ce propos, lire l'introduction de l'édition des Belles Lettres : « Dans ce récit des journées de Milan, une chose encore mérite d'être relevée, c'est l'affirmation publique du caractère sacré pris désormais par le pouvoir impérial. Le discours tout entier, plus encore que le premier, est la démonstration oratoire de l'origine divine des empereurs. C'est un dogme acquis que Dioclétien est le fils de Jupiter et Maximien le descendant d'Hercule. C'est sous la figure de ces deux divinités, réelles et présentes, que tous deux sont apparus aux populations de l'Italie qui les ont vus de l'est et de l'ouest descendre des montagnes : c'est à ce titre qu'au palais de Milan ils doivent être l'objet non plus d'un simple salut, mais de l'*adoratio* » (*ibid.*, p. 42). S. Ratti note que « Jérôme et Ammien sont les deux seuls auteurs à préciser que le rite de l'*adoratio* est inouï à Rome puisque jusque là les empereurs étaient salués à l'égal des *iudices*, des gouverneurs de provinces. Les deux auteurs usent alors des mêmes mots, à l'intérieur d'une circonstancielle à valeur adversative introduite de manière identique par *cum*. Aucune des autres sources ne dit rien de tel » (« Jérôme et l'ombre d'Ammien Marcellin », *H.A.C.B., Atti dei Convegni sulla Historia Augusta IX*, cité précédemment, p. 233-247, ici p. 235).

117 R. Turcan, *Héliogabale et le Sacre du soleil*, p. 158.

ses successeurs vont en effet maintenir la proskynèse[118]. Si l'on se fonde sur ce cas précis, on pourrait déceler une volonté de créer un « lien analogique », pour reprendre une expression de B. Mineo, entre Élagabal et les empereurs du IVe siècle[119].

Il est communément admis que nous nous trouvons en présence d'un anachronisme. L'*adoratio purpurae*, qui remplace la *salutatio*, aurait en effet peut-être été introduite de façon systématique par Dioclétien, selon Ammien Marcellin[120], qui décrit un baiser apposé sur le coin du

---

118 *Vie d'Alexandre Sévère*, Les Belles Lettres, n. 125 p. 85. On observe encore cette tradition au Ve siècle : « Deux lois d'Honorius en 413 (*Cod. Theod.*, 6, 13, 1) et de Théodose II en 422 (*Cod. Theod.* 6, 8, 1) autorisent comme une marque de distinction certaines catégories de haut-fonctionnaires à saluer ainsi l'empereur. »

119 B. Mineo, « Légende et histoire dans le livre I de Tite-Live », *Dialogues d'histoire ancienne. Supplément* n° 4-2, 2010, Jeux et enjeux de la mise en forme de l'histoire. Recherches sur le genre historique en Grèce et à Rome, p. 495-508, ici p. 500. B. Mineo s'interroge, à propos du livre I de Tite-Live, sur le fait que l'historien fasse la part belle à des motifs légendaires dans son récit des origines de Rome, alors qu'il a précisément conscience de leur caractère problématique du point de vue de la véracité historique. Il propose l'explication suivante : « en opérant certains gros plans, [Tite-Live] entendait de fait surprendre son lecteur et susciter ses interrogations, de façon à lui faire découvrir la fonction symbolique de ces récits : conçus dans le cadre d'une conception cyclique de l'histoire, ceux-ci n'ont pas pour objet de prétendre à une quelconque historicité, mais bien plutôt de projeter dans les temps légendaires les mécanismes permanents de l'histoire, de façon à éclairer la logique ayant déterminé le cours des événements contemporains. » (*ibid.*, p. 507). L'article relève les analogies entre Hercule, Énée, Évandre, Romulus d'une part et Auguste de l'autre. La démarche de l'*Histoire Auguste* présente des divergences avec celle de l'historien du Ier siècle av. J.-C. Tite-Live établit ses correspondances entre des personnages issus d'une tradition mythique (pour laquelle il « suspend son jugement » concernant l'appréciation de sa validité sur un plan historique, *cf. ibid.* p. 497) alors que l'Anonyme prend comme point de départ une réalité historique qu'il a créée de toutes pièces, puisqu'Élagabal ne semble pas avoir introduit la proskynèse à Rome (*cf. infra*). Si Tite-Live croit donc en la permanence de mécanismes dans l'histoire, l'*Histoire Auguste* les construit de son propre chef.

120 Dioclétien avait reçu une ambassade perse en 287. Au moins depuis 291, cette nouvelle étiquette était en vigueur. L'empereur se faisait dès lors appeler « maître » (*dominus*) et l'adjectif épithète « sacré » (*sacer*) « devint le synonyme d'impérial ». Le système se mue alors officiellement en une monarchie de droit divin (B. Rémy, *Dioclétien. L'Empire restauré*, Paris, Armand Colin, 2016, ici p. 62-63). *Cf.* également A. Molinier-Arbo, « Notes sur la pourpre dans l'*Histoire Auguste* », *Autour de Lactance : hommages à Pierre Monat*, Besançon, Institut des Sciences et Techniques de l'Antiquité, 2003, Collection « ISTA », 903, p. 301-314, ici p. 312 et n. 86 p. 312. Pour les historiens, cette rupture constitue le passage du « Principat » au « Dominat » (Y. Roman, *Empereurs et sénateurs...*, p. 431). Constantin fut le premier théocrate (*ibid.*) Sur la monarchie de droit divin de Constantin, *cf. ibid.*, p. 469-471. Pour lire le témoignage des auteurs anciens, il faut se reporter à Amm., XV, 5, 8 et Aur.-Vict., XXXIX, 1-4 ; Eutr., IX, 26 ; Jérôme, *Chronique*, année 296

vêtement du prince[121]. Selon l'*Histoire Auguste*, cette pratique fait du citoyen romain un esclave, à l'image du Perse[122].

Il est intéressant de noter qu'Alexandre Sévère refuse qu'on le salue de la sorte, d'autant plus qu'il a lu, d'après l'Anonyme, la biographie d'Alexandre le Grand, un monarque dont il réprouve l'ivrognerie (*ebrietas*) et la cruauté (*crudelitas*) envers ses amis[123]. Au-delà de la poétique de contraste mise en œuvre pour opposer Élagabal et son cousin, cette précision pourrait représenter un nouveau moyen de grandir Alexandre Sévère, si le lecteur garde en mémoire l'histoire de Callisthène que nous avons évoquée plus haut. En somme, on comprend que le fils de Julia Mamaea est supérieur au général macédonien puisqu'il résiste à la tentation de se faire saluer comme un dieu.

Par ailleurs, A. Molinier-Arbo relève que la sacralisation, l'usage « excessif » et la « confiscation » de la pourpre au profit de l'empereur, qui est associée au diadème et aux pierres précieuses, constituent un moyen pour le rédacteur de critiquer le régime politique de son temps, converti en une monarchie absolue[124]. Gallien et Élagabal sont dépeints comme adeptes des tenues richement ornées, le premier se drapant de

(dernière référence d'A. Chastagnol, *Histoire Auguste*, n. 1 p. 582). L'*adoratio purpurae* ne serait pourtant attestée formellement pour la première fois qu'en 354 (A. Molinier-Arbo, *ibid.*, n. 86 p. 312). Il faut toutefois remarquer que le Pseudo-Aelius Aristide évoque une pratique de prosternation devant Philippe l'Arabe, dans son discours *En l'honneur de l'empereur* (Pseudo-Aelius Aristide, *En l'honneur de l'empereur*, 19). De même, dans le texte d'Hérodien, le préfet du prétoire de Sévère enjoint au tribun Saturninus de tuer le prince et ses fils; alors, « il se prosterna devant Plautianus comme s'il était déjà empereur » (III, 11, 8). Selon toute apparence, la pratique connut donc bien des précédents; on ne peut pour autant pas affirmer qu'Élagabal fut le prince qui l'introduisit, si l'on en croit le texte d'Hérodien.

121 Amm., XV, 5, 18; XV, 5, 27; XXI, 6, 2; XXI, 9, 8; XXII, 9, 16 (A. Molinier-Arbo, *ibid.*, n. 87 p. 312).

122 A. Molinier-Arbo, *ibid.*, p. 311 : « les bons empereurs refusent les marques d'adulation auxquelles une sacralisation excessive de la pourpre pouvait donner lieu » et n. 79 p. 311 : « Le biographe, qui dénonce dans son œuvre les marques de respect qui assimilent le citoyen romain à un esclave ou à un Barbare, fait par exemple dire à Maximin le Thrace qui vient d'apprendre que son fils se laisse baiser les pieds (*Maximin.*, XXVIII, 7) : *dii prohibeant, ut quisquam ingenuorum pedibus meis osculum figat.* » (« Les dieux ne sauraient accepter qu'un homme libre imprime un baiser sur mes pieds. »)

123 *Alex. Sév.*, XXX, 3.

124 A. Molinier-Arbo, art. cité, p. 307 : « Le biographe décrit au fil des Vies un faste proprement tyrannique dans lequel le colorant joue un rôle essentiel et qui ressemble beaucoup aux mœurs vestimentaires des princes de son époque, dont le costume se composait d'une tunique, d'un manteau, de pantalons et de chaussures entièrement pourpres. »

chlamydes pourpres retenues par des fibules de pierres précieuses et d'or[125], le second ayant un goût prononcé pour les tuniques dorées, pourpres ou parsemées de gemmes à la mode perse[126]. Alexandre aurait supprimé les innovations vestimentaires d'Élagabal pour adopter un style sobre[127] mais Carin les aurait réintroduites[128].

C'est encore une fois Dioclétien qui aurait porté des vêtements et des chaussures avec des ornements gemmés selon Aurélius Victor, Eutrope et Jérôme[129]. B. Rémy relève néanmoins qu'il ne s'agit pas d'une innovation de Dioclétien car, à en croire le Pseudo-Aurélius Victor, la somptuosité du costume et l'ornementation de pierres précieuses datent au moins d'Aurélien[130]. Ce dernier avait déjà porté le diadème, ce qui ne fut pas le cas du fondateur de la tétrarchie[131].

Pour reprendre la synthèse d'A. Chastagnol, le rédacteur a donc transposé sur Élagabal les mesures de princes postérieurs relatives à une coloration orientale de l'étiquette de la cour : tenue, rite de l'*adoratio* mais aussi appellation de *dominus*[132]. Ce procédé lui permet de construire un vif contraste entre les figures idéalisées de *pessimus princeps* et d'*optimus princeps* à travers deux souverains de la dynastie des Sévères, Alexandre abrogeant systématiquement les nouveautés scandaleuses de son prédécesseur. L'Anonyme reprend des traits négatifs de Dioclétien, empereur

125 *Gall.*, XVI, 4. Sur les reproches adressés à Gallien concernant sa tenue vestimentaire, *cf. Vie des deux Galliens*, Les Belles Lettres, n. 3 p. 178. Le port de la chlamyde n'est pas choquant en soi ; Gallien est blâmable pour son goût du luxe et son choix d'arborer ce vêtement (de tradition militaire) dans l'enceinte de Rome, ce que refusait de faire Alexandre Sévère.

126 *Élag.*, XXIII, 3. *Cf.* A. Molinier-Arbo, art. cité, p. 309.

127 *Alex. Sév.*, IV, 2.

128 *Car.*, XVII, 1 : *Habuit gemmas in calceis ; nisi gemmata fibula usus non est, balteum etiam saepe gemmatum. Regem denique illum Illyrici plerique uocitarunt*, « Il porta des pierres précieuses sur ses chaussures ; il n'utilisa que des fibules gemmées, sa ceinture aussi était souvent gemmée. La majorité des habitants de l'Illyricum finirent par lui donner le nom de roi. » Sur les parallélismes entre les Vies d'Élagabal et de Carin, lire A. Chastagnol, « Études sur la *Vita Cari* VIII. Carin et Élagabal », *B.H.A.C. 1979-1981*, cité précédemment, p. 99-113.

129 A. Chastagnol, *Histoire Auguste*, n. 2 p. 568. *Cf.* également B. Rémy, *op. cit.*, p. 61.

130 B. Rémy, *ibid.*

131 *Ibid.* L'Épitome rapporte qu'Aurélien fut le premier à porter le diadème, des pierreries et des vêtements ornés d'or (Ps. Aur.-Vict., XXXV, 5). Il semble y avoir une contradiction, dans la mesure où l'auteur écrit quelques chapitres plus en amont *primus diademate imposito* à propos de Caligula (*ibid.*, III, 8).

132 A. Chastagnol, « Études sur la *Vita Cari* VIII. Carin et Élagabal ».

qui est pourtant loué dans d'autres passages du recueil, au même titre que Constantin, en sa qualité de dédicataire des Vies, sans que l'on sache si ces louanges sont sincères.

LE GOÛT DU LUXE

Il nous paraît approprié d'aborder à présent la thématique du luxe, dans la mesure où cette dernière reste étroitement associée à la démesure orientale[133]. Elle est en fait liée à la notion de dilapidation. Une étude, menée par S. Lefebvre sur la *dilapidatio principis* dans les Vies de Suétone, qui comprennent une série notable d'anecdotes sur la passion immodérée du mauvais prince pour le faste et la somptuosité, montre que le sybaritisme constitue un trait fondamental de la figure du tyran.

Selon S. Lefebvre, le goût du luxe transparaît dans le troisième des cinq groupes de dépenses que Suétone considère comme des gaspillages. Ces groupes sont : « des dépenses diplomatiques », « les remerciements accordés à des proches du Prince, pour des services rendus non précisés », « des dépenses somptuaires liées à l'image impériale, tout comme Caligula ; [ceci rentre] dans le cadre de l'image du prince oriental, et non du magistrat romain », « des loisirs trop onéreux », « des projets trop ambitieux[134] ».

Toutefois, la chercheuse affirme que la *dilapidatio principis*, la mauvaise gestion des ressources financières de l'État, ne constitue pas un élément central de la rhétorique du blâme : « Les dépenses extravagantes sont mentionnées non pour elles-mêmes, mais comme élément du caractère d'un Prince se conduisant de plus en plus comme un tyran. Les dépenses exagérées participent à la construction de l'*exemplum pessimum*, mais

133 Comme le rappelle Y. Roman, le goût du luxe était déjà condamné par la *Rhétorique à Herennius* (Y. Roman, *Empereurs et sénateurs…*, p. 60).

134 S. Lefebvre, « *Dilapidatio principis*. Un *topos* du portrait du mauvais prince ? », *La Dilapidation de l'Antiquité au XIXe siècle. Aliénations illicites, dépenses excessives et gaspillage des biens et des ressources à caractère public*, sous la direction de B. Lemesle, avec la collaboration de M. Clouzot et de D. Le Page, Dijon, Éditions Universitaires de Dijon, 2014, Collection Histoires, p. 17-42, ici p. 28.

de façon modeste et presque marginale[135]. » « Le Prince n'est jamais loué pour sa *moderatio*. De ce fait, il n'est pas critiqué de façon claire et récurrente pour des dépenses qui pourraient être considérées aujourd'hui comme du gaspillage, de la dilapidation[136]. »

En outre, le prince se doit d'être « évergète » conformément à la doctrine césariste du Principat, et il n'est pas toujours facile de discerner la limite entre la générosité, la prodigalité et le gaspillage : un prince est *optimus* s'il fait preuve de *liberalitas* (Tibère, Galba et Vespasien ont été stigmatisés pour leur avarice[137]), mais la mauvaise gestion des finances, si elle ne peut pas être une qualité, n'est pas retenue comme le centre de la démonstration[138]. Comme le note M. T. Griffin : « Les auteurs anciens regardent toutes les dépenses et les exactions impériales surtout en termes moraux : des dépenses rationnelles de manière appropriée au bénéfice des personnes et objets appropriés témoignaient de *liberalitas* (la vertu de la générosité) ; des dépenses d'un autre esprit étaient un signe de *profusio* ou de *luxuria* (le vice de l'extravagance)[139]. » Derrière les mauvaises dépenses somptuaires, c'est donc encore une fois l'*hybris* du prince qui est dénoncée, et un nouveau rapprochement avec les monarchies orientales qui peut être établi[140].

Le thème du festin, très représenté dans l'*Histoire Auguste*, est souvent un moyen pour le rédacteur de dénoncer l'attrait du prince pour le faste. La description des tables des mauvais princes, agrémentée de maints détails, traduit leur mauvaise gestion financière ainsi que le goût

135 *Ibid.*, p. 38.

136 *Ibid.*

137 *Ibid.*, p. 39.

138 *Ibid.* : « Si le *topos* du bon Prince passe par l'évocation de sa générosité, il semble clair que le *topos* du mauvais Prince n'est pas construit sur la *dilapidatio* des biens de l'État. »

139 *Ibid.*, p. 34.

140 Mais S. Lefebvre insiste sur le fait que les « principaux reproches » envers les tyrans relèvent des « rapports du Prince avec le Sénat, ou encore l'assimilation du Prince avec les dieux » (*ibid.*, p. 39). A. Chastagnol note que « Julien, Aurélius Victor et leurs successeurs dans l'historiographie païenne dépeignent […] Constantin selon les mêmes "clichés" que ceux dont l'Histoire Auguste se sert pour décrire Élagabal ; aux yeux de Victor et d'Eunape, Constantin fait contraste avec Julien, le prince modèle selon leur cœur, tout comme Élagabal s'oppose à Sévère Alexandre dans l'interprétation retenue par l'Histoire Auguste » (« Zosime II, 38 et l'*Histoire Auguste* », *B.H.A.C. 1964-1965*, cité précédemment, p. 43-78, ici p. 46). Ces clichés sont notamment fondés sur le goût de la prodigalité et les faveurs accordées à des gens indignes (*ibid.*, p. 45-46).

corrompu pour le luxe, la luxure et la mollesse[141]. Ces développements, s'ils ne sont pas inspirés d'une source perdue comme Marius Maximus, sont bien l'œuvre de l'Anonyme.

En effet, les historiographes restent très laconiques au sujet des extravagances culinaires des princes. L'Épitome ne fait qu'une brève allusion aux débauches de Commode et Caracalla[142] et reste muet sur le même sujet pour les cas d'Élagabal, de Gallien et de Carin. Aurélius Victor ne fait quant à lui aucune référence à d'éventuelles agapes commodiennes ; il évoque brièvement les « débauches » d'Élagabal[143] mais ne dit rien sur Caracalla et Carin. Les mentions demeurent également succinctes chez Eutrope, qui parle de différents excès au sujet de Gallien[144], Victorin[145], Commode[146] et Élagabal[147]. On pourrait s'attendre à trouver davantage de détails chez Hérodien et Dion Cassius, tous les deux contemporains des règnes qu'ils décrivent. Ce n'est guère le cas : Hérodien se contente d'écrire que l'entourage du fils de Marc Aurèle fut le responsable de son avilissement.

> Mais certains personnages qui servaient à la Cour tentèrent subrepticement de corrompre le tempérament juvénile de l'empereur. Tous ces flatteurs parasites, qui mesuraient le bonheur aux plaisirs du ventre et aux pires infâmies, lui rappelèrent les délices de Rome [...] En suggérant au jeune homme de telles idées, ils excitaient en lui le désir de céder aux plaisirs. (Hérodien, I, 6, 1-2.)

Plusieurs allusions aux plaisirs de l'empereur jalonnent le récit[148], mais le lecteur ne rencontre pas de plus amples développements. La dilapidation de Caracalla ne dépasse pas des dépenses relatives à l'achat de la fidélité des soldats, qu'il veut gagner après le meurtre de Géta[149] ;

141 A. Gutsfeld, « L'*Histoire Auguste* et Apicius », *H.A.C.N., Atti dei Convegni sulla Historia Augusta XII*, cité précédemment, p. 265-277, ici p. 269 : « Dans la littérature latine, la description des habitudes alimentaires constitue l'un des points de vue importants qui éclairent le caractère d'un personnage illustre. »

142 Ps. Aur.-Vict., XVII et XXI, 5.

143 Aur.-Vict., XXIII.

144 Eutr., IX, 8, 1.

145 *Ibid.*, IX, 9, 3.

146 *Ibid.*, VIII, 15.

147 *Ibid.*, VIII, 22.

148 Her., I, 38, 42, 52, 53, 54, 55.

149 *Ibid.*, IV, 9.

l'empereur s'abstient en effet de « toute somptuosité[150] ». Le luxe oriental d'Élagabal se mesure quant à lui dans la tenue qu'il revêt[151]. Dion Cassius écrit que Commode est pressé de « jouir des loisirs de Rome[152] » et fait allusion à ses débordements[153]. La frustration du sénateur est toutefois perceptible dans un passage qui décrit comment l'empereur récolte l'argent et le dilapide[154] ; sentiment que l'on retrouve dans la biographie de Caracalla, prodigue envers la soldatesque et persévérant dans sa volonté de dépouiller la noblesse[155]. Le fils de Sévère dilapide[156], s'enivre[157] et aime les voluptés[158]. Les nombreuses débauches d'Élagabal sont mentionnées[159].

Comme nous l'avons signalé, la débauche (*licentia*) constitue une composante du portrait du tyran dans la plupart des biographies de l'Anonyme. À l'exception de Maximin, pour lequel le texte préfère mettre en avant la *saeuitia*, les Vies se complaisent à décrire les excès de Vérus, Commode, Élagabal et Carin, dans des passages souvent fantaisistes inspirés de Suétone (notamment des Vies de Caligula, Néron et Vitellius).

Le banquet occupe une place d'une importance toute particulière dans ces démonstrations dépréciatives. Si l'organisation de ce type d'événement n'est pas condamnée pour elle-même, le rédacteur distingue des bonnes et des mauvaises pratiques. La rumeur publique attribue ainsi la tenue d'un fastueux banquet par Didius Julianus, dès le premier jour de son règne, « pour se moquer de la table frugale de Pertinax », au cours duquel on aurait servi des mets raffinés, huîtres, volailles engraissées et poissons[160]. Or la sobriété des mœurs caractérise le bon prince. Si cette rumeur est avérée, elle illustre l'idée que Julianus n'organise pas ce repas pour son plaisir, mais pour le plaisir de mettre

150 *Ibid.*, IV, 12.
151 *Ibid.*, V, 12.
152 Dion, LXXII, 2.
153 *Ibid.*, LXXII, 9, 22.
154 *Ibid.*, LXXII, 16.
155 *Ibid.*, LXXVII, 9.
156 *Ibid.*, LXXVII, 18. Sur ses dépenses, *cf.* également LXXVII, 10.
157 *Ibid.*, LXXVII, 17.
158 *Ibid.*, LXXVII, 20.
159 *Ibid.*, LXXIX, 3 et 13.
160 Le rédacteur, qui présente une image plutôt positive de cet empereur, prétend que cette rumeur est une calomnie. Comme le remarque A. Chastagnol (*Histoire Auguste*, n. 1 p. 290), Dion Cassius affirme que cet événement est véridique (LXXIII, 13, 1).

à mal la moralité dans l'exercice du pouvoir, tout en méprisant son prédécesseur. La table est un moyen d'étaler ses richesses, d'afficher son goût du luxe. Elle implique la notion de dilapidation.

Ce trait est affirmé explicitement dans la Vie de Vérus. Au sein d'un passage consacré à la licence du prince, le rédacteur se livre à une série d'énumérations qui donne une idée du faste d'un banquet resté célèbre :

> *donatos autem pueros decoros, qui ministrabant, singulis, donatos etiam structores et lances singulis quibusque, donata et uiua animalia uel cicurum uel ferarum auium uel quadripedum, quorum cibi adpositi erant, donatos etiam calices singulis per singulas potiones, myrrinos et crystallinos Alexandrinos, quotiens bibitum est ; data etiam aurea atque argentea pocula et gemmata, coronas quin etiam datas lemniscis aureis interpositis et alieni temporis floribus, data et uasa aurea cum unguentis ad speciem alabastrorum, data et uehicula cum mulabus ac mulionibus cum iuncturis argenteis, ut ita de conuiuio redirent. Omne autem conuiuium aestimatum dicitur sexagies centenis milibus sestertiorum.* (*Vér.*, v, 2-5)
>
> « Il offrit à chacun les beaux jeunes gens qui le servaient ainsi que les maîtres d'hôtel et la vaisselle ; chacun reçut aussi en cadeau des animaux vivants, domestiques ou sauvages, oiseaux ou quadrupèdes, de ceux qu'on leur avait présentés à table ; il gratifia également chacun des coupes utilisées pour chaque boisson tout au cours du banquet, en murrhe ou en cristal d'Alexandrie ; il fit encore don de coupes en or, en argent, ornées de pierreries, et même de couronnes à rubans d'or entrelacés de fleurs hors saison, de vases en or remplis de parfum et affectant la forme des vases [à parfum] en albâtre, et, pour rentrer chez eux, de voitures avec mules, muletiers et harnais d'argent. Le banquet lui serait revenu au total à six millions de sesterces. »

L'anecdote, probablement fantaisiste, comme l'indique notamment un emprunt à Ausone[161], donne l'occasion au biographe d'opposer une nouvelle fois Marc Aurèle à son co-régent : l'empereur philosophe aurait en effet soupiré en apprenant la tenue de cet événement[162]. Mais au-delà de cette rhétorique programmatique binaire, elle révèle la vision du mauvais banquet selon l'*Histoire Auguste* : il est extrêmement coûteux, comme le montre la longue liste des cadeaux offerts aux invités et la mention de la somme dépensée pour l'événement.

Le « gaspillage » est également évoqué dans la Vie de Commode, dans laquelle le thème du luxe rejoint celui du scabreux. L'empereur

161 *Cf. Vér.*, v, 1. Sur cet emprunt, *cf.* A. Chastagnol, *ibid.*, p. LXXXVIII.
162 *Vér.*, v, 6.

aurait eu l'habitude de mélanger des excréments humains à des plats onéreux et de les consommer, ainsi que de se baigner sept ou huit fois par jour, en se restaurant dans le bain même[163]. Une étrange anecdote relate également qu'il se serait fait servir « sur un plat d'argent deux bossus difformes nappés de moutarde » pour leur offrir immédiatement après « honneurs et richesses[164] ».

La Vie de Caracalla reste quant à elle muette sur le thème du banquet. En revanche, les chapitres XVI-XVII de la Vie de Gallien décrivent ce prince comme affectionnant les plaisirs de la table, le vin, la débauche, l'or et le luxe, mais les indications restent très sommaires[165]. A. Chastagnol a relevé, à propos de Carin, la référence parodique à un banquet offert à l'empereur Vitellius par son frère[166] : le prince aurait eu l'habitude de faire servir cent livres d'oiseaux, cent livres de poissons et mille livres de « différentes sortes de viande[167] ».

Mais c'est la biographie d'Élagabal, empereur qui a épuisé les réserves frumentaires[168], qui présente le plus long développement de l'œuvre sur les excès de la table[169]. M. Gavius Apicius, célèbre chevalier sous Auguste et Tibère, réputé pour avoir été très prodigue dans l'organisation

163 *Comm.*, XI, 1 et 5.

164 *Ibid.*, XI, 2.

165 S. Ratti pense avoir repéré dans ces passages consacrés à la débauche de Gallien – notamment à travers l'expression *natus abdomini et uoluptatibus* –, des traces d'une thématique chrétienne développée par Jérôme (lettre 22) et qui repose sur le principe : « appartenir à son ventre, c'est renier Dieu » (*Vie des deux Galliens*, Les Belles Lettres, n. 1 p. 172).

166 A. Chastagnol, *Histoire Auguste*, n. 8 p. 1162 : Suet., *Vit.*, 13, 2 ; Eutr., VII, 18.

167 *Car.*, XVII, 2.

168 *Alex. Sév.*, XXI, 9 : *Commeatum populi Romani sic adiuuit, ut, cum frumenta Heliogabalus euertisset, hic empta de propria pecunia loco suo reponeret*, « Il alimenta si bien le ravitaillement du peuple romain qu'en achetant de ses propres deniers des céréales, il reconstitua en leur état initial les réserves qu'Héliogabale avait complètement anéanties. »

169 Dans la Vie d'Élagabal, les développements sur le luxe et la dilapidation se concentrent dans les chapitres XIX à XXXIII. A. Chastagnol a noté qu'ils révèlent des exercices d'invention du rédacteur : « Le sexe prend en effet une place démesurée dans la seconde partie de la Vie qui consacre des pages entières aux relations du jeune empereur avec les hommes, les femmes, les prostitués mâles et femelles : R. Syme étend cet aspect à l'ensemble de la Vie [...] L'insistance est mise en outre sur toutes les formes de luxure, sur les excès de la table, des jeux et divertissements, de l'habillement, du mobilier, des voitures. Ces développements débridés sont pleins de fantaisie et d'ironie et empruntent beaucoup à Suétone, en particulier dans les Vies des mauvais empereurs Caligula, Néron et Vitellius. Le vocabulaire des mets, vins, poissons, oiseaux, animaux variés entrant dans les menus des repas raffinés dérive de l'ouvrage d'Apicius... » (*Cf.* A. Chastagnol, *ibid.*, introduction de la Vie d'Élagabal, p. 500).

de banquets pharaoniques, et qui se serait donné la mort après avoir constaté que ses ressources financières lui faisaient défaut[170], apparaît à plusieurs reprises dans l'*Histoire Auguste*[171]. Son nom est mentionné à quatre reprises : une fois dans la Vie d'Aelius[172], et trois fois dans la Vie d'Élagabal[173]. Tout particulièrement dans ces dernières occurrences, il semblerait que le rédacteur ait repris à son compte un cliché associé à son image, celui d'un homme caractérisé par sa *luxuria*[174].

Le texte est donc réducteur et ne s'intéresse pas à un autre trait que la tradition littéraire a également gardé en mémoire, et qui dépeint Apicius comme un gastronome créatif, véritable amoureux de l'art culinaire[175]. C'est en effet uniquement à titre d'adepte du luxe et de la dépravation qu'il apparaît comme le mentor d'Élagabal[176]. Les somptueux banquets de ce dernier occupent une place importante dans la biographie ; l'Anonyme n'hésite pas à renchérir sur Suétone quand il écrit qu'ils dépassent ceux de Vitellius[177]. Il est clair que ces extravagances sont de l'ordre de la dilapidation pour l'*Histoire Auguste*, dont les modèles de banquet sont

---

170 A. Gutsfeld, « L'*Histoire Auguste* et Apicius », p. 266.

171 L'identification à ce personnage est proposée par A. Gutsfeld (le texte donne simplement le nom d'« Apicius »). *Cf. ibid.*

172 *Ael.*, v, 9.

173 *Élag.*, XVIII, 4 ; XX, 5 ; XXIV, 4. Sur ces indications, *cf.* E. Alföldi-Rosenbaum, « *Apicius*, de re coquinaria *and the* Vita Heliogabali », *B.H.A.C. 1970*, cité précédemment, p. 5-10, ici p. 5. L'Anonyme connaissait sans doute le traité culinaire d'Apicius, comme le suggèrent des proximités textuelles dans la Vie d'Élagabal : "*Studying the description of Heliogabalus' table luxury in the HA, one cannot fail to notice that the style shows similarities to that of the Roman Cookery Book. It is above all the use of prepositions which is strikingly similar in the two works. Moreover, the enumeration of ingredients of Heliogabalus' extravagant banquets comes quite close to a number of recipes in Apicius.*" (*ibid.*, p. 8). À propos du débat sur la paternité de ce traité, *cf.* A. Gutsfeld, *ibid.*, p. 268.

174 A. Gutsfeld, *ibid.*, p. 266-267 : « Il est vrai que tous les auteurs du Haut-Empire qui évoquent Apicius le critiquent pour ses dépenses. Les deux satiristes Martial et Juvénal tournent en dérision son extravagance et sa *luxuria*. Athénée, à la fin du IIe siècle, met Apicius sur la longue liste des prodigues. Pour Tertullien, Apicius symbolise même la *luxuria* dont est capable un particulier immoral, ce qui lui permet de le comparer à Néron, l'empereur débauché par excellence. »

175 *Ibid.*, p. 267.

176 *Ibid.*, p. 269 : « Prétendant que les deux souverains [Aelius et Élagabal] imitent le luxe et la dépravation d'Apicius, l'*HA* les fait passer pour de mauvais empereurs. Afin de ne pas compromettre cet objectif, l'*HA* ne souligne pas le génie et la créativité d'Apicius, comme font pratiquement tous les auteurs antiques qui l'évoquent, mais maintient le discours négatif dans tous les passages consacrés *expressis uerbis* au gourmet. »

177 *Élag.*, XXIV, 4.

ceux d'Alexandre Sévère[178] (banquets « copieux, mais sans extravagance » et témoins d'une « cuisine qui ne dégrade pas l'individu par le luxe et la débauche ») ou d'Antonin le Pieux, qui s'abstient de dépenses excessives[179].

Il nous semble que les développements sur la *luxuria* dans la Vie d'Élagabal investissent en réalité des traits topiques associés à la figure du tyran depuis au moins l'époque hellénistique. Dans le *Hiéron*, de Xénophon, Simonide demande au personnage éponyme « quelle différence il y a entre la vie du tyran et celle du simple particulier en ce qui concerne les plaisirs et les peines qui en résultent pour leur personne[180] ». Le poète se fait l'écho de l'opinion populaire concernant la tyrannie :

> Alors, Simonide lui dit : « Eh bien ! voici en quoi consiste cette différence : le tyran goûte des plaisirs bien plus grands par chacun de ses sens, tandis qu'il a des peines bien plus faibles[181]. » (Xénophon, *Hiéron*, I, 8)

Hiéron dresse alors un portrait sombre de la tyrannie et démonte les certitudes de l'imaginaire collectif : contrairement à ce que l'on pourrait croire, la condition de tyran n'est pas enviable[182]. L'inégalité dans les plaisirs provoqués par les sens le prouve. À titre d'exemple,

---

178 Sur l'opposition entre les banquets des deux cousins, Élagabal et Alexandre Sévère, *cf. Alex. Sév.*, XXXVII, 2 : *Conuiuium neque opiparum neque nimis parcum sed nitoris summi fuit, ita tamen ut pura mantelia mitterentur, saepius cocco clauata, aurata uero numquam, cum haec habere Heliogabalus iam coepisset et ante, ut quidam praedicant, Hadrianus habuisset*, « Un banquet ne fut chez lui ni somptueux ni trop modeste mais d'une élégance extrême : si on y utilisait des nappes blanches, elles étaient assez souvent bordées d'écarlate, mais jamais d'or comme celles qu'Héliogabale, le premier, avait mises en usage et avant lui, aux dires de certains, Hadrien. »

179 *Ant. Pius*, VII, 5 : *Victus Antonini Pii talis fuit ut esset opulentia sine reprehensione, parsimonia sine sordibus, et mensa eius per proprios seruos, proprios aucupes, piscatores ac uenatores instrueretur*, « Antonin le Pieux vécut de telle façon qu'il était opulent sans qu'on pût l'en blâmer, économe sans avarice, que c'étaient ses propres esclaves, ses propres oiseleurs, pêcheurs et chasseurs qui fournissaient sa table. »

180 Xénophon, *op. cit.*, I, 2.

181 Léo Strauss a démontré que les propos de Simonide étaient teintés d'ironie socratique. Le poète, qui fait ici figure de « Sage », connaît la vie politique ; mais il feint l'ignorance dans un but pédagogique (L. Strauss, *De la tyrannie*, p. 171). Hiéron, valorisé par Simonide qui le place en situation de supériorité dès le début de la conversation (il détient un savoir d'expérience sur la vie de tyran que le Sage prétend vouloir connaître), est amené à faire le bilan sur sa malheureuse existence et se trouve ainsi dans de bonnes dispositions pour recevoir l'enseignement de Simonide (*ibid.*, p. 71-72).

182 Xénophon, *op. cit.*, I, 8 : « Ce n'est pas cela, Simonide, au contraire, sache-le bien, les tyrans goûtent des plaisirs bien moindres que les particuliers qui mènent une existence sans excès, tandis qu'ils éprouvent des chagrins bien plus nombreux et bien plus grands. »

Hiéron évoque la monotonie de la vie du tyran, vie sans surprise, car il dispose déjà de tout :

> « je sais en vérité ce qui fait juger à la plupart des gens que nous trouvons plus de plaisir que les particuliers à boire et à manger : ils s'imaginent qu'eux-mêmes trouveraient plus de plaisir aux mets qu'on sert chez nous qu'à ceux qu'on sert chez eux. [...] [La table des tyrans], [...] toujours servie avec abondance, ne comporte, les jours de fête, aucun supplément. Ainsi, c'est d'abord pour cette douceur de l'attente qu'ils sont dans un état d'infériorité par rapport aux particuliers. Ensuite, [...] plus on se fait servir de mets superflus et plus vite survient la satiété de la nourriture. Par conséquent, pour ce qui est de la durée du plaisir également, celui qui se fait servir de nombreux mets se trouve dans un état d'infériorité par rapport à ceux qui usent d'un régime sans excès. » (Xénophon, *Hiéron*, I, 17-19)

Ainsi, le fait d'être constamment comblé conduit le tyran à l'absence de désir ; l'absence de désir entraîne irrévocablement un état de grand désarroi. En outre, la durée du plaisir à table est moindre, précisément à cause de la profusion des aliments. La volonté excessive de multiplier les saveurs est une forme d'*hybris* : elle entraîne une punition morale et gustative, l'absence du plaisir de la table. La réaction de Simonide ne se fait pas attendre :

> « Mais [...] aussi longtemps que l'appétit le permet, alors le plaisir est bien plus grand pour ceux qui se nourrissent de festins coûteux que pour ceux qui se font servir des mets simples. – Ne crois-tu pas, Simonide, dit Hiéron, que chaque fois qu'on prend un très grand plaisir à une chose, on éprouve aussi pour elle une passion extrême. – Parfaitement. – Vois-tu donc que les tyrans aient plus de plaisir à s'approcher des mets qui leur sont préparés que n'en ont les particuliers à s'approcher des leurs ? [...] as-tu remarqué ces nombreux assaisonnements que l'on sert aux tyrans [...] ? [...] Crois-tu donc [...] que ces plats soient autre chose que les désirs d'un goût amolli et corrompu ? Je sais bien [...] que les gens qui mangent avec plaisir [...] n'ont nul besoin de ces artifices. » (Xénophon, *Hiéron*, I, 20-23)

L'attachement à un mets apprécié est un sentiment partagé par tous les hommes. Le tyran, parce que ses ressources (financières et matérielles) sont plus grandes que celles des particuliers, est attiré par la nouveauté : il cherche à « innover » dans ses plaisirs de la table, à surprendre ses papilles gustatives (le désir de surprise étant sans doute provoqué par l'ennui de la répétition évoqué précédemment) en assaisonnant ses plats.

Mais cette recherche de la nouveauté l'éloigne de l'essence du plaisir de la table. Elle finit par avoir un effet contraire au but initial, puisqu'elle provoque le déplaisir. Le tyran n'est en réalité plus dans l'authenticité des plaisirs mais dans leur représentation ; il ancre son existence dans la superficialité d'un apparat.

Rien ne permet d'affirmer avec certitude que l'Anonyme connaissait Xénophon ; mais il nous semble voir apparaître dans la biographie d'Élagabal la marque d'une communauté de pensée. Un *leitmotiv* de cette *Vita* repose en effet sur le désir constant du prince de se surprendre lui-même, comme s'il essayait de briser la monotonie de son existence, colorée par l'abondance et le luxe. Élagabal ne manque jamais de rien, il cherche donc, d'une certaine façon, à « réinventer le quotidien ». Cette idée apparaît très clairement dans de nombreux passages. Le *princeps* est un inventeur :

> *Et mastichatum et puleiatum et omnia haec, quae nunc luxuria retinet, primus inuenit. Nam rosatum ab aliis acceptum pinearum etiam adtritione odoratius reddidit. Denique haec genera poculorum ante Heliogabalum non leguntur. Nec erat ei ulla uita nisi exquirere nouas uoluptates. Primus fecit de piscibus isicia, primus de ostreis et lithostreis et aliis huiusmodi marinis conchis et lucustis et cammaris et scillis.* (*Élag.*, XIX, 4-6)

> « Le vin à la résine de lentisque, le vin au pouliot et toutes ces recettes auxquelles le luxe reste actuellement attaché sont de son invention. Quant au vin rosat (dont il devait à d'autres la formule), il en renforça l'arôme avec des graines de pin broyées. En tout cas, on ne lit pas le nom des boissons de ce type avant Héliogabale. Pour lui, il n'y avait de vie que dans la quête de voluptés nouvelles. Le premier, il fit des quenelles de poisson, d'huîtres ordinaires ou "pierreuses" et d'autres coquillages marins de ce genre, de langouste, de crevettes, de squilles. »

Ce genre d'anecdotes étiologiques (*primus*...) confère au personnage une certaine aura mais fonctionne aussi, si l'on en croit le *Hiéron*, comme un révélateur de l'essence tyrannique du prince. L'empereur cherche la nouveauté précisément parce qu'il n'a plus de désirs ; il veut échapper à une forme de vacuité, à ce désarroi que seul son statut lui procure. En d'autres termes, le texte explique l'origine du sybaritisme[183]. L'*Histoire*

---

183 Élagabal est Sybarite. La référence est d'ailleurs explicite : *Sybariticum missum semper exhibuit ex oleo et garo, quem quo anno Sybaritae reppererunt et perierunt.* « Il faisait toujours servir le plat "sybaritique" (à l'huile et au garum) : l'année même où les Sybarites l'inventèrent fut celle de leur perte. » (*Élag.*, XXX, 6).

Auguste traite donc un symptôme traditionnel de la tyrannie dont Xénophon a détaillé la genèse dans son *Hiéron*.

Par ailleurs, Élagabal « institutionnalise » (le terme est peut-être un peu fort) la recherche des plaisirs :

> *Proponebat praeterea his quasi themata, ut iura noua dapibus condiendis inuenirent, et cuius placuisset commentum, ei dabat maximum praemium ita, ut sericam uestem donaret, quae tunc et in raritate uidebatur et in honore.* (*Élag.*, XXIX, 6)
>
> « Il proposait à ses invités comme thème de recherche l'invention de nouvelles sauces pour assaisonner les mets. Quand une trouvaille avait plu, il donnait à l'inventeur une magnifique récompense : par exemple, un vêtement de soie, ce qui à l'époque passait pour un cadeau rare et apprécié. »

La quête de nouveaux assaisonnements, afin d'élaborer toujours plus de nouvelles saveurs ou de viser un idéal de raffinement, révèle le « goût amolli et corrompu » du tyran évoqué précédemment. Ce passage est à nouveau un indicateur de la maladie de la tyrannie. Il faut enfin noter que ce désir constant de se surprendre soi-même dépasse le cadre des plaisirs culinaires. Il peut toucher le domaine sexuel et refléter la cruauté du prince :

> *Libidinum genera quaedam inuenit, ut spinthrias ueterum malorum uinceret, et omnis apparatus Tiberii et Caligulae et Neronis norat.* (*Élag.*, XXXIII, 1)
>
> « Il imagina certaines variétés de débauches propres à surpasser les perversions de ceux qui l'avaient précédé dans le mal, car il connaissait tous les raffinements de Tibère, de Caligula et de Néron. »

> *Ebrios amicos plerumque claudebat et subito nocte leones et leopardos et ursos exarmatos immittebat ita, ut expergefacti in cubiculo eodem leones, ursos, pardos cum luce uel, quod est grauius, nocte inuenirent, ex quo plerique exanimati sunt.* (*Ibid.*, XXV, 1)
>
> « Très souvent, quand ses amis étaient ivres, il les enfermait et brusquement la nuit il faisait lâcher ses lions, des léopards et des ours inoffensifs. Lorsqu'ils se réveillaient le matin ou – ce qui était plus terrible – la nuit, ils trouvaient dans leur chambre des lions, des ours, des léopards, et beaucoup en moururent d'émotion ! »

Cette plaisanterie macabre, sadique et surprenante, par le raffinement qu'elle présente dans la cruauté, nous révèle le degré d'investissement psychique qu'Élagabal doit mettre en œuvre pour parvenir à se divertir. Le tyran est en quête du plaisir absolu :

> *Exhibuit aliquando et tale conuiuium, ut haberet uiginti et duo fercula ingentium epularum, sed per singula lauarent et mulieribus uterentur et ipse et amici cum iure iurando quod efficerent uoluptatem.* (*Élag.*, XXX, 3)
>
> « Un jour, il offrit un repas qui comportait vingt-deux services de plats énormes ; mais à chaque service, ses amis et lui se baignaient et prenaient des femmes en jurant qu'ils se donnaient du plaisir. »

Il semble donc que les développements inhérents au luxe et aux plaisirs de la table permettent au rédacteur d'agrémenter le portrait du tyran avec des éléments déjà identifiables dans une littérature antérieure.

LE MOTIF DE LA TRANSGRESSION DE LA NATURE

La conception gréco-romaine du pouvoir oriental se fonde sur la valeur de l'*hybris*, enivrement de l'excès, perte du sens de la mesure, qui s'oppose à la *moderatio* romaine, valeur-clé de l'*optimus princeps*. Des exemples illustrant la démesure du tyran perse se rencontrent dans les récits d'Hérodote. Ils montrent une tentative, de la part des souverains, de transgresser la nature, acte qui ne fut pas correctement interprété par les Grecs.

Hérodote voit dans les comportements de Cyrus et Xerxès, alors en campagnes militaires, un mépris des dieux ou bien, pire encore, un désir de s'affirmer eux-mêmes comme des entités divines[184] : le premier a détourné le cours du Gyndès dans le cadre de son avancée vers Babylone ; le second conçoit et réalise le projet pharaonique de construire un pont de bateaux pour relier l'Asie et l'Europe afin de rallier la Grèce. Un premier pont est réalisé, mais une tempête le détruit. Furieux, le despote ordonne de fouetter les eaux (trois cents coups de fouets sont donnés !) et les fait marquer au fer rouge, comme on le ferait pour un esclave. Il fait également jeter une paire de ceps dans les flots et décapiter les ingénieurs responsables du chantier. Un deuxième pont est alors construit, avec six

---

184 *Cf.* D. Briquel, « Sur un passage d'Hérodote : prise de Babylone et prise de Véies », *BAGB*, n° 3, octobre 1981, p. 293-306 et D. Briquel, J.-L. Desnier, « Le passage de l'Hellespont par Xerxès », *BAGB*, n° 1, mars 1983, p. 22-30.

cent soixante quatorze bateaux, qui résiste cette fois-ci aux courants[185]. Les travaux de D. Briquel et J.-L. Desnier ont montré que la maîtrise des eaux par ces rois n'étaient pas des provocations mais « une épreuve qualifiante » destinée à légitimer leur pouvoir[186].

Les Grecs dépeignent les Perses comme étant portés à la démesure afin d'accentuer le contraste avec leurs propres valeurs ; l'*hybris* et l'impiété envers les dieux sont les caractéristiques d'un despotisme qu'ils rejettent[187]. La pièce d'Eschyle, *Les Perses*, témoigne de cette conception[188]. Or, comme on le sait, dans la réalité, le Grand Roi ne prétendait nullement occuper la place d'un dieu[189] : il est subordonné à la divinité, de laquelle il tient son pouvoir.

Xerxès ne fait donc pas preuve d'impiété, mais s'inscrit dans une tradition en accomplissant un protocole rituel destiné à asseoir sa légitimité. Les Grecs, dont la construction idéologique du monde diffère, ont donné un tout autre sens aux événements. Xerxès est un dément qui cherche à asservir les éléments de la nature et d'une certaine façon, les dieux eux-mêmes. De mauvais présages apparaissent d'ailleurs au roi après l'élaboration du deuxième pont – une éclipse, et une naissance

185 *Cf.* D. Briquel, J.-L. Desnier, *ibid.*, p. 24.

186 *Cf. ibid.*, notamment p. 22, 24 et 30. *Cf.* B. Chazal, art. cité, p. 57, où nous rappelons cette analyse pour le cas de Xerxès.

187 Nous avons encore eu l'occasion d'évoquer ce point dans notre article (B. Chazal, *ibid.*, p. 58).

188 Lire à ce propos l'article de J. Péron, « Réalité et au-delà dans *Les Perses* d'Eschyle », *BAGB*, nº 1, mars 1982, p. 3-40. *Cf.* également *Les Perses vus par les Grecs…*, p. 12 : « Xerxès, en s'attaquant aux Grecs dans la seconde guerre médique, a fait preuve d'*hybris*, orgueil démesuré qui a choqué les dieux et qui l'a fait échouer ; les "barbares" sont des guerriers pitoyables, lâches, serviles et sans discipline ; leur roi est un despote, il jouit d'un pouvoir démesuré et arbitraire ; il exige la proskynèse […] ; il ne songe qu'aux plaisirs, jouit d'un luxe inouï, mais amollissant (*tryphè*), de richesses qui lui permettent aussi d'user de corruption, arme déloyale s'il en est (c'est le fameux "or perse"). C'est un monde exotique où tout n'est qu'excès et démesure, l'opulence matérielle tout comme les tares morales, sources comme il est banal de fascination et de rejet. » *Cf.* également B. Chazal, *ibid.*

189 P. Huyse, *op. cit.*, p. 75 : « Darius est roi par la grâce d'Auramazdā, à qui il doit son pouvoir, sans être pour autant un dieu lui-même ou de descendance divine. Tout le pouvoir est entre ses mains…[…] Dans une de ses inscriptions tombales à NaqS-e Rostam (DNa), Darius Ier se présente comme suit : La royauté achéménide : "Un grand dieu est Auramazdā qui a créé cette terre-ci, qui a créé ce ciel-là, qui a créé l'homme, qui a créé le bonheur pour l'homme, qui a fait Darius roi, unique roi de nombreux, unique souverain de nombreux. Je suis Darius le grand roi, le roi des rois, le roi des pays de toutes origines, le roi sur cette terre grande au loin, le fils de Vistaspa, l'achéménide, Perse, fils de perse, Aryen, de souche aryenne." (DNa 1-15) ». Pour cette citation, *cf.* B. Chazal, *ibid.*

monstrueuse (ce dernier présage se manifestera de nouveau après le franchissement du pont) –, présages dont Xerxès ne tiendra pas compte, malgré les avertissements de son mage.

La pièce d'Eschyle propose une lecture similaire de ce fameux passage : « Car l'aspect le plus grave de la tentative de Xerxès, c'est bien d'avoir jeté sur le Bosphore, "comme un joug au cou de la mer" (v. 71-72), ce pont de bateaux par lequel il voulait artificiellement (v. 722) réunir l'Asie à l'Europe ; il s'est montré, ce faisant, sacrilège, à un double titre : il a d'abord méconnu le caractère divin de l'élément qu'il prétendait maîtriser [...] ensuite, il ne lui est pas venu à l'esprit qu'en réunissant par la force des continents que la nature tenait séparés il avait par là même "remis en cause le partage de l'univers" et bafoué l'ordre du monde, sur lequel veille la divinité : l'outrage à la nature coïncide avec l'insulte aux dieux[190]. »

Moralement condamnables, il est tout naturel que les projets des rois perses se soldent par des échecs. Les dieux se vengent ultérieurement, aux yeux des Grecs, de l'affront de Xerxès en lui imposant la défaite de Salamine, puis en gelant un fleuve, sur le chemin du retour ; la glace fond sous l'éclat du soleil et une partie de l'armée en déroute se noie, prise au piège[191]. Le sacrilège d'avoir « arrêté dans son cours l'Hellespont sacré[192] » se trouve ainsi puni ; c'est une « réplique appropriée à une conduite qui avait porté atteinte au cours naturel des choses[193] ».

Nous avons tenté de démontrer, dans un article, que Suétone attribuait à l'épisode du pont de bateaux de la baie de Baïes de Caligula une portée morale analogue à celle qui est déjà avancée par Hérodote[194]. En effet, les motifs invoqués par Suétone pour mener à bien ce projet, – rivaliser avec Xerxès, impressionner les ennemis germain et breton ou déjouer la prédiction de Thrasyllus, qui avait affirmé que « Gaius [n'avait] pas plus de chance d'être empereur que de traverser à cheval la baie de Baïes[195] » – révèlent l'impiété de l'empereur qui prétend, par

190 J. Péron, art. cité, p. 33.

191 *Ibid.*, p. 22.

192 *Ibid.*

193 *Ibid.*, p. 23.

194 *Cf.* B. Chazal, art. cité, p. 56-59.

195 Suet., *Calig.*, XIX, 3-4. *Scio plerosque existimasse talem a Gaio pontem excogitatum aemulatione Xerxis, qui non sine admiratione aliquanto angustiorem Hellespontum contabulauerit ; alios, ut Germaniam et Britanniam, quibus imminebat, alicuius inmensi operis fama territaret. Sed auum*

sa geste, égaler la divinité. Toutefois, on peut remarquer que, dans le contexte des guerres médiques, le pont de Xerxès avait été édifié au nom d'une finalité stratégique. Celle du tyran romain n'eut d'autre fin que de satisfaire l'orgueil de l'empereur.

Derrière ce motif apparaît un argument de totalité, orienté vers le blâme, que Dion Cassius a formulé en ces termes : Caligula a voulu faire « de la mer la terre[196] ». L'auteur d'un acte aussi insensé prétend avoir le pouvoir de métamorphoser des éléments naturels antinomiques[197]. On rencontre une nouvelle illustration de ce motif dans un autre passage de la Vie de Caligula, fondé sur une énumération d'entreprises extravagantes[198] ; Néron, prince également fasciné par l'Orient, se contente de réaliser des projets

---

meum narrantem puer audiebam causam operis ab interioribus aulicis proditam, quod Thrasyllus mathematicus anxio de successore Tiberio et in uerum nepotem proniori affirmasset "non magis Gaium imperaturum quam per Baianum sinum equis discursurum", « Je sais que, d'après la plupart, Gaius aurait imaginé un tel pont afin de rivaliser avec Xerxès, qu'on ne laissa pas d'admirer quand il en jeta un sur l'Hellespont, cependant beaucoup moins large, et, selon d'autres, pour terrifier par la renommée de quelque entreprise gigantesque les Germains et les Bretons qu'il menaçait d'une guerre. Mais, durant mon enfance, j'entendais raconter par mon grand-père, que, d'après les confidences de personnes mêlées aux secrets de la cour, la raison de cette entreprise fut la déclaration suivante de l'astrologue Thrasylle à Tibère, qui se tourmentait à propos de son successeur et penchait pour son propre petit-fils : "Gaius n'a pas plus de chance d'être empereur que de traverser à cheval la baie de Baïes." » Toutes ces raisons relèvent de l'*hybris*. On sait que cette extravagance coûta cher aux Romains, puisque la réquisition des bateaux provoqua une grande famine en Italie et tout particulièrement à Rome, *cf.* Dion, 59, 17, 2. Nous renvoyons à l'édition suivante : Dion Cassius, *Histoire romaine*, livres 57-59 (Tibère-Caligula), texte traduit et annoté par J. Auberger, Paris, Les Belles Lettres, 1995, Collection La Roue à livres.

196 Les festivités prenant pour cadre le pont de bateaux durèrent deux jours ; la nuit, des festins avaient lieu. Dion Cassius note que la lumière venait en partie du pont mais aussi des montagnes et que, l'endroit ayant la forme d'un croissant, « on n'avait absolument pas la sensation d'obscurité ; et il voulait certes faire de la nuit le jour, comme de la mer la terre » (Dion, 59, 17, 9).

197 B. Chazal, art. cité, p. 58-59 : le but n'est plus de « maîtriser » la Nature mais de la « transformer ».

198 *Cf. ibid.*, p. 58. *Calig.*, XXXVII, 4-5 : *In extructionibus praetoriorum atque uillarum omni ratione posthabita nihil tam efficere concupiscebat quam quod posse effici negaretur. Et iactae itaque moles infesto ac profundo mari et excisae rupes durissimi silicis et campi montibus aggere aequati et complanata fossuris montium iuga, incredibili quidem celeritate, cum morae culpa capite lueretur.* « Quand il se faisait bâtir des palais ou des maisons de campagne, ce qui primait chez lui toute autre considération, c'était le désir de voir exécuter ce qu'on déclarait irréalisable. C'est ainsi que des digues furent jetées dans une mer orageuse et profonde, que furent taillées les roches les plus dures, que l'on éleva, par des apports de terre, les plaines à la hauteur des montagnes, que l'on nivela de hautes cimes, en creusant les rochers, et, qui plus est, avec une rapidité incroyable, car tout retard était puni de mort. »

plus « modestes » : il fait châtrer son affranchi Sporus avant de convoler en noces[199]. L'empereur s'oppose ainsi aux lois biologiques imposées par la Nature ; il les renverse, en faisant de l'homme une femme.

Comme nous l'avons relevé dans notre article « Caligula : la fabrication d'un mythe… », évoqué précédemment, le rédacteur de l'*Histoire Auguste* s'approprie de toute évidence ce motif de transgression de la nature[200]. Nous voudrions revenir sur ce point pour ajouter quelques éléments d'analyse.

Dans la Vie de Caracalla, les travaux d'urbanisme du *princeps* sont dépeints avec admiration, mais la précision finale du passage en dit long sur les ambitions démesurées de l'empereur. Ce dernier semble avoir dépassé les limites des savoirs connus, si bien que plus d'un siècle plus tard, les Romains restent toujours émerveillés.

> *Opera Romae reliquit thermas nominis sui eximias, quarum cellam solearem architecti negant posse ulla imitatione qua<lis> facta est, fieri. Nam et ex aere uel cypro cancelli suppositi esse dicuntur, quibus cameratio tota concredita est, et tantum est spatii, ud id ipsum fieri negant potuisse docti mechanis.* (*Carac.*, IX, 4-5)
>
> « Parmi les monuments publics qu'il laissa à Rome, il y a les admirables thermes qui portent son nom et dont la salle des bains chauds est, au dire des architectes, d'une conception proprement inimitable. Car l'ensemble de la voûte repose, dit-on, sur une superposition de barreaux de bronze et de cuivre et sa portée est telle que les experts en mécanique statique en jugent la réalisation impossible[201]. »

Outre le recours à l'hyperbole (*ulla imitatione…*), le rédacteur s'appuie à deux reprises sur l'expertise de figures d'autorité : même la science de son époque reste incapable d'élaborer un discours raisonné sur une telle entreprise. Aussi, l'admiration suscitée par la prouesse laisse place, sans doute, à une certaine inquiétude. La justification introduite par la conjonction *nam*, qui livre une brève description d'une partie

---

199 *Ner.*, XXVIII, 3 : *Puerum Sporum exectis testibus etiam in muliebrem naturam transfigurare conatus cum dote et flammeo per sollemnia nuptiarum celeberrimo officio deductum ad se pro uxore habuit…*, « Après avoir fait émasculer un enfant nommé Sporus, il prétendit même le métamorphoser en femme, se le fit amener avec sa dot et son voile rouge, en grand cortège, suivant le cérémonial ordinaire des mariages, et le traita comme son épouse… »

200 *Cf.* B. Chazal, art. cité, p. 58-59.

201 Pour cette citation, et pour celles qui suivent (*Élag.*, XXIII, 7-8 et *Gall.*, XVI, 2), *cf. ibid.*, n. 25 p. 59. Les thermes de Caracalla sont également évoqués par Aurélius Victor (XXI, 4) et Eutrope (VIII, 20, 1).

de l'architecture, montre que l'Anonyme n'est pas insensible à cette anecdote et veut lui donner quelque relief.

Mais le processus d'inversion observé précédemment chez Caligula et Néron (terre/mer, homme/femme) se fait jour dans la Vie d'Élagabal. Le prince permute les activités diurnes et nocturnes :

> *Transegit et dierum actus noctibus et nocturnos diebus, aestimans hoc inter instrumenta luxuriae, ita ut sero de somno surgeret et salutari inciperet, mane autem dormire inceptaret.* (*Élag.*, XXVIII, 6)
>
> « Il vaquait la nuit aux activités du jour, le jour à celles de la nuit, considérant que c'était là une des ressources du plaisir. Il se levait donc le soir et commençait alors à recevoir les salutations. Le matin, il se mettait à dormir[202]. »

Le rédacteur énumère encore d'autres excentricités :

> *Marinae aquae colymbos exhibuit, in mediterraneis locis maxime, eosque singulis amicis natantibus dimisit et iterum cum piscibus impleuit. Montem niuium in uirdiario domus aestate fecit aduectis niuibus. Ad mare piscem numquam comedit, in longissimis a mare locis omnia marina semper exhibuit. Murenarum lactibus et luporum in locis mediterraneis rusticos pauit.* (*Ibid.*, XXIII, 7-8)
>
> « Il faisait aménager des bassins d'eau marine, et dans l'arrière-pays de préférence. Il les mettait à la disposition de chacun de ses amis pour y nager ; mais, dans un second temps, il les faisait remplir de poissons. En été, il fit exécuter dans le jardin du Palais une montagne de neige avec les neiges qu'on y avait apportées. Au bord de la mer, jamais il ne mangeait de poisson. Mais dans les endroits les plus éloignés de la côte, il offrait constamment tous les produits de la mer. Dans l'arrière-pays, il gavait les campagnards de laitances de murènes et de loups marins[203]. »

---

202 Cette confusion entre le jour et la nuit avait déjà été observée dans le comportement de Caligula, notamment avec l'épisode du pas de danse présenté de nuit à trois consulaires terrifiés (*Calig.*, LIV, 4), ou encore le pont de bateaux de la baie de Baïes, d'après la version de Dion Cassius (*cf. supra*).

203 F. Paschoud avait déjà relevé le motif des produits hors saison, « luxe peccamineux propre aux mauvais empereurs » : « ce motif se trouve évidemment là où on le cherche, dans la *Vie d'Élagabal* (23, 8), dans celle de *Gallien* (16, 2), et accessoirement à propos de Carin (*Car.*, 17, 4 *usus est… frigidariis semper niualibus*, donc aussi en été). Il est incontestablement présent chez Pacatus (13, 4-14, 1), mais les ressemblances de vocabulaire ne vont pas au-delà de celles qu'impose la communauté de thème. Or il s'agit clairement d'un topos, exploité par Juvénal (5, 149-152 fruits) et Suétone (*Nero* 27, 2 *piscinis… tempore aestiuo niuatis*), et l'idée est en elle-même assez banale » (« Les *Panégyriques latins* et l'*Histoire Auguste* : quelques réflexions », *Hommages à Carl Deroux, II – Prose et Linguistique, Médecine*, Bruxelles, Latomus, vol. 267, 2002, p. 347-356, ici p. 355).

Il faut remarquer que Gallien défie lui aussi la Nature :

> *Ac ne eius praetereatur miseranda solertia, ueris tempore cubicula de rosis fecit. De pomis castella composuit. Vuas triennio seruauit. Hieme summa melones exhibuit. Mustum quem ad modum toto anno haberetur docuit. Ficos uirides et poma ex arboribus recentia semper alienis mensibus praebuit.* (*Gall.*, XVI, 2.)
>
> « Et, pour ne pas passer sous silence son pitoyable raffinement, il fit faire, au printemps, des chambres de roses. Il composa des châteaux de fruits. Il conserva des raisins trois ans. Il servit des melons en plein cœur de l'hiver. Il enseigna comment avoir du vin nouveau toute l'année. Il offrit toujours hors saison des figues vertes et des fruits frais cueillis sur l'arbre. »

Trois ordres de transgression se dessinent derrière ces lignes : la transgression des lois du temps (inversion jour/nuit, cycle des saisons), des lois climatiques et géographiques (épisode de la neige) et enfin de la matière (chambre en rosier, forteresses de fruits…). Ces transgressions apparaissent d'autant plus immorales qu'elles ne servent pas les intérêts des Romains, mais uniquement ceux de l'empereur : il faut encore voir ici une recherche de raffinement et de luxe en tout genre. L'empereur ne fait pas violence à la nature pour établir des progrès sociaux, économiques, militaires, urbains… mais veut simplement assouvir ses désirs et satisfaire son orgueil.

Ainsi, toutes ses entreprises obéissent au principe de plaisir. Les plaisirs sont tactiles (piscine remplie d'eau de mer), visuels (montagne de neige en plein été pour orner son parc), gustatifs (fruits, poissons…). Le prince, on l'a vu, cherche à se surprendre lui-même mais surprend aussi ses convives. On peut donc observer que le plaisir de surprise précède le plaisir du divertissement courtisan (manger des fruits, se baigner). En outre, tel un démiurge, il crée son propre univers régi par des lois spécifiques : en allant à l'encontre de l'ordre naturel, il impose une temporalité dans laquelle peut s'insérer l'incroyable, l'irréalisable, presque le « merveilleux », pourrait-on dire. Selon cette perspective, il se rapproche de la divinité.

L'INCESTE ET LE PARRICIDE

Il nous a semblé approprié de regrouper les thèmes de l'inceste et du parricide dans la mesure où ils représentent les deux crimes majeurs de la Rome antique[204]. F. Dupont et T. Eloi écrivent que « l'inceste, lié au parricide, constitue le paradigme de la tyrannie[205] ».

La législation sur le parricide remonte aux origines de Rome[206]. En ce qui concerne l'*incestus*, nous renvoyons à l'ouvrage de référence de

204 L'*Abrégé des* Histoires Philippiques *de Trogue Pompée* nous apprend que le parricide était également monnaie-courante dans les milieux du pouvoir macédonien. Philippe a fait tuer ses frères (Just., *op. cit.*, t. I, *cf.* VIII, III, 10-11) et aurait été lui-même assassiné à l'instigation d'Olympias, qui avait été répudiée (*ibid.*, IX, VII, 1-2). Alexandre, avant de partir guerroyer contre les Perses, élimine ses parents pour éviter toute tentative de sédition pendant son absence (*ibid.*, t. II, *cf.* XI, V, 1-2). Il se débarrassera également de proches occupant le rang de gouverneurs des nations vaincues, suite à des plaintes de leurs sujets (*ibid.*, XII, X, 8). Dans le cadre des conflits opposant les diadoques, il faut citer les cas de la reine Thessalonicé, assassinée par son fils Antipater (*ibid.*, XVI, I, 1-4 ; l'Abrégé illustre le récit de ce meurtre par une condamnation générale du parricide : *quamquam in parricidio nulla satis iusta causa ad sceleris patrocinia praetexi potest*, « encore que s'agissant de parricide, il ne saurait se trouver de raison suffisamment valable pour justifier le crime », *cf. ibid.*, XVI, I, 4), et d'Agathocle, empoisonné par sa marâtre Arsinoé, sur ordre de son propre père, Lysimaque (*ibid.*, XVII, I, 4). Les souverains des monarchies orientales ne sont pas en reste : Artaxerxès II fait tuer son frère Cyrus et épouse sa concubine, Aspasie (*ibid.*, t. I, *cf.* X, II, 2). Refusant de la céder à son fils Darius, ce dernier projette de l'assassiner avec cinquante de ses frères (*ibid.*, X, I, 4-5 et II, 3-5). Mais le projet est découvert et les conjurés sont tous éliminés, avec les membres de leur famille (*ibid.*, X, II, 5-6). Artaxerxès meurt de chagrin (*ibid.*, X, II, 7). Cette histoire a servi de leçon à Artaxerxès III Ochos, qui assassine les siens dans un souci préventif (*ibid.*, X, III, 1). Darius III, ayant perdu la guerre contre Alexandre, est également mis à mort par ses proches parents (*ibid.*, X, III, 7). Denys le Jeune inaugure par ailleurs son règne en faisant exécuter les parents de ses frères ainsi que ses frères eux-mêmes (*ibid.*, t. II, *cf.* XXI, I, 6-7). – En ce qui concerne l'inceste, l'Abrégé juge bon de préciser que l'épouse du souverain perse Darius est également sa sœur (*ibid.*, XI, IX, 12). Le tribun de la plèbe de 58 av. J.-C., Clodius, est accusé d'inceste avec sa sœur par Dion Cassius (XXXVII, 46, 2 ; cette dernière référence est empruntée à Y. Roman, *Empereurs et sénateurs…*, n. 1 p. 77).

205 Nous citons F. Galtier, « La monstruosité néronienne : du *uentrem feri* au *uentrem ferre* », *Le Monstre et sa lignée. Filiations et générations monstrueuses dans la littérature latine et sa postérité*, cité précédemment, p. 265-280, ici p. 270.

206 Lire D. Briquel, « Sur le mode d'exécution en cas de parricide et en cas de *perduellio* », précédemment cité. Rappelons que « ce n'était pas au départ seulement ce cas patent de monstruosité que constitue le meurtre d'un père ou d'un autre parent qui était qualifié de parricide, mais le meurtre de n'importe quel membre du corps social – soit le meurtre

P. Moreau[207]. S'il n'est pas condamné pour les conséquences biologiques indésirables qu'il occasionne, ce dernier demeure un facteur de désordre dans un monde fondé sur l'ordre[208] et fait du criminel un *monstrum*[209]. Au même titre que l'anthropophage ou le parricide[210], l'individu incestueux met à mal la stabilité du *cosmos* garantie par Jupiter. Le châtiment du *culleus* pour le parricide est encore attesté dans le *Code Théodosien* (IX, 15, 1)[211] et le *Code Justinien* (IX, 17, 1)[212] ; quant à l'inceste, il reste, après les lois d'Auguste, un crime plus grave que l'adultère et peut entraîner l'exclusion de la cité voire la peine de mort[213].

Néanmoins, comme nous l'avons déjà rappelé dans un précédent travail[214], les conditions de répression de ces transgressions majeures ont évolué au cours du temps. Au début du Principat, elles s'assouplissent : P. Moreau rappelle qu'Auguste, dans la biographie de Suétone, veut éviter à un parricide la peine du sac[215]. Le Sénat pousse Claude à s'unir avec sa nièce et légalise ce genre de mariage, mais Suétone précise que cette

---

de tout homme, pourvu qu'il fût libre » (*ibid.*, p. 89). Le sens du mot se restreint progressivement au cours du temps. Il désigne, en 70 av. J.-C., avec la *lex Pompeia de parricidiis*, le meurtre d'un parent par le sang, par alliance ou d'un parent juridique (relation du patronat). *Cf. ibid.*, p. 90.

207 P. Moreau, *Incestus et prohibitae nuptiae, Conception romaine de l'inceste et histoire des prohibitions matrimoniales pour cause de parenté dans la Rome antique*, Paris, Les Belles Lettres, 2002, Études anciennes, n° 62, ici p. 154 ; « l'*incestus* est un manquement à une règle de répartition, de circulation et d'échange des femmes, à une organisation de l'alliance matrimoniale dont le fondement est la place de chacune dans le système de parenté, place définitive et intangible que donne à chaque femme sa naissance dans un groupe d'origine fondé sur la filiation, place provisoirement en marge, dans le cas de la Vestale, cas exceptionnel, très limité, presque négligeable d'un point de vue statistique, mais très rentable d'un point de vue heuristique. »

208 *Ibid.*, p. 160. Nous avons eu l'occasion d'évoquer ce point dans notre article (B. Chazal, art. cité, p. 60).

209 D. Briquel, art. cité, p. 93 : « Tout coupable [quel que soit son crime] en effet, par sa faute, a bouleversé l'ordre normal du monde, a créé un déséquilibre risquant de provoquer la colère divine et de rompre la *pax deorum* nécessaire à la communauté. En ce sens il représente toujours un *monstrum*... »

210 Chez Suétone, le parricide est une manifestation de l'impiété du prince, qui concerne Tibère, Caligula, Néron, Vitellius et Domitien (J. Gascou, *Suétone historien*, p. 728).

211 D. Grodzynski, « Tortures mortelles et catégories sociales. Les *Summa Supplicia* dans le droit romain aux IIIe et IVe siècles », *Du châtiment dans la cité. Supplices corporels et peine de mort dans le monde antique*, cité précédemment, p. 361-403, ici p. 368 et 395.

212 *Ibid.*, p. 395.

213 P. Moreau, *ibid.*, p. 407.

214 B. Chazal, art. cité, p. 60.

215 P. Moreau, *ibid.*, p. 407.

innovation ne suscita pas un réel engouement[216]. Seuls un affranchi et un centurion primipilaire suivirent l'exemple[217].

Toutefois, P. Moreau a relevé « l'incontestable tendance des élites, sans doute d'ailleurs répandue plus largement dans la société romaine en dehors de leur cercle, à pratiquer des mariages internes, "au plus proche", dès que la loi du moment l'autorisait », qui « [contredisait] donc l'idéologie exogamique proclamée[218] ». On sait par ailleurs que les Romains durent faire preuve de souplesse dans l'application des lois : la diversité des coutumes que suivaient les habitants de l'Empire ne leur laissait guère le choix. Avant l'édit de Caracalla, d'après les spécialistes, environ un sixième des mariages célébrés en Égypte unissait des frères et sœurs[219] ; la législation ne fut pas répressive et procéda à des ajustements[220].

Il n'en reste pas moins qu'une tradition littéraire, portée par l'aristocratie sénatoriale, associe l'inceste et le parricide à des crimes majeurs[221]. Les récits des historiens relatant différentes versions du meurtre d'Agrippine, suggèrent le « comportement déviant » de Néron devant le corps de sa mère[222]. Tacite émet de sérieuses réserves sur la tradition qui rapporte que Néron aurait examiné le cadavre et célébré sa beauté. Dion Cassius relève une mise à nue, destinée à vérifier que le corps d'Agrippine était bien sans vie, et une exclamation du jeune prince, qui sembla découvrir qu'il avait une mère très belle. Suétone écrit qu'il lui aurait palpé les membres et qu'il aurait eu par ailleurs une liaison avec une prostituée dont la ressemblance avec sa mère était troublante. Il évoque enfin la rumeur des ébats entre mère et fils dans la litière impériale. Les trois auteurs rapportent que Néron, une fois détenteur du pouvoir impérial, aurait été tenté de coucher avec sa mère.

216 Suet., *Claud.*, XXVI, 7-8.

217 *Ibid.*

218 P. Moreau, *ibid.*, p. 406. Pour cette citation et le choix d'exemples empruntés à P. Moreau (ceux sur Auguste et Claude qui précèdent et celui sur la proportion des mariages en Égypte qui suit), *cf.* notre article (B. Chazal, art. cité, p. 60). Ces éléments prouvent que « l'inceste, s'il n'était *a priori* pas naturel et permis, demeurait toutefois toléré. » (*ibid.*)

219 P. Moreau, *ibid.*, p. 408.

220 Les juristes firent en 212 une distinction entre l'*incestus iuris ciuilis*, propre aux seuls Romains, et l'*incestus iuris gentium*, relatif à la fois aux Romains et autres peuples (*ibid.*)

221 Le motif de l'inceste permet à Suétone de noircir le portrait de Caligula (B. Chazal, art. cité, p. 60).

222 Nous reprenons les mots de F. Galtier, art. cité, p. 269. – Sur la restitution des différentes versions qui suit, *cf. ibid.*

Toutefois, comme le rappelle F. Galtier, le principal responsable de cette perversion de la nature des relations familiales pourrait bien être Agrippine (comme le suggèrent déjà Dion Cassius et Tacite), dont la figure comporte des traits tyranniques. Son fils apparaissant clairement à ses yeux comme un instrument de domination, l'inceste serait resté un moyen d'accroître son influence[223]. En outre, d'après M. Delcourt, « l'union avec la mère pouvait être interprétée, au moins chez les Grecs, en relation avec la notion de domination de la patrie[224] ».

Un cas d'inceste au sens de rapport sexuel avec une prêtresse de Vesta, Aquilia Severa, est mentionné dans la Vie d'Élagabal. L'*Histoire Auguste* rapporte que le prince l'aurait violée[225] tandis que Dion[226], Hérodien[227] et le Pseudo-Aurélius Victor[228] évoquent un mariage[229]. L'historiographie offre de ce genre d'expérience des exemples plus anciens : outre le très célèbre cas de Catilina, on trouve des mentions de viols de vestales dans la Vie de Néron[230] et dans le récit de Dion Cassius concernant Caracalla[231].

La figure d'Élagabal a inspiré A. Artaud. L'empereur, « présenté comme un être incestueux et hermaphrodite, [...] invalide [...] le principe de filiation, qui repose d'une part sur la différenciation sexuelle, de l'autre sur la différence des places dans l'ordre généalogique, bouleversant ainsi la société en son fondement même[232] ». L'empereur, dans ses relations saphiques, joue le rôle de la femme et veut ressembler aux galles en se liant les parties génitales, ce qui amène L. Dumenil à écrire qu'il apparaît comme « un être *hybride*, profondément monstrueux, qui réunit en lui le féminin et le masculin[233] ». A. Artaud invente même un passage de l'*Histoire Auguste* dans lequel il attribue une relation incestueuse à

223 *Ibid.*, p. 270.

224 *Ibid.* : la tradition rapporte que Périandre de Corinthe aurait succombé aux charmes de sa mère et aurait entretenu une liaison avec elle. *Cf.* également Platon, qui érige l'union avec la mère comme un désir du tyran.

225 *Élag.*, VI, 5.

226 Dion, LXXVIX, 9.

227 Her., V, 6, 2.

228 Ps. Aur.-Vict., XXIII, 3.

229 Ce mariage eut lieu en 221.

230 *Ner.*, XXVIII, 1.

231 Dion, LXXVII, 16.

232 L. Dumenil, « Pour en finir avec la filiation : l'*Héliogabale* d'Antonin Artaud », *Le Monstre et sa lignée. Filiations et générations monstrueuses dans la littérature latine et sa postérité*, cité précédemment, p. 283-298, ici p. 290.

233 *Ibid.*, p. 291.

Élagabal et à sa mère, Julia Soaemias[234]. Ailleurs, il confond, peut-être volontairement, Julia Soemias et Julia Moesa, et évoque pour cette dernière différentes liaisons possibles intervenant dans l'ascendance d'Élagabal[235].

La figure paternelle étant effacée, L. Dumenil note que la « subversion de la généalogie » se trouve doublée d'une « subversion de la différence sexuelle », puisque la femme « est profondément virile[236] ». « Artaud voit une volonté de dépasser la différence des sexes non pas en l'annulant mais en refusant de choisir, en se situant en quelque sorte au-delà ou en-deçà de la coupure sexuelle. Loin d'en faire le signe d'une débauche ou d'une perversion, le poète y salue la radicalité d'un geste qui consiste à dépasser la filiation[237]. » A. Artaud voit ainsi, dans le destin d'Élagabal, une « lutte acharnée contre cette *violence originaire* qu'est le principe de filiation[238] ».

Par ailleurs, le recueil de l'Anonyme fait état d'un autre cas d'inceste resté célèbre. Il s'agit du crime commis par Caracalla[239] avec sa prétendue

---

234 *Ibid.*, p. 291-292. Le passage est le suivant : « Cet amour [de Julia Soaemias], Héliogabale le lui rend bien, comme le reconnaît un historien antique, Lampride, qui n'ira pas jusqu'à dire qu'Héliogabale est un bon fils, mais qui donne au contraire à entendre que dans l'amour d'Héliogabale pour sa mère, il y a de l'inceste, et une pointe d'inversion sexuelle dans celui de Julia Soemias pour son fils » (*ibid.*).

235 *Ibid.*, p. 292. Le passage d'Artaud est le suivant : « Si Bassianus avait deux filles, Julia Domna et Julia Moesa ; Julia Moesa à son tour fait deux filles : Julia Soemia et Julia Mammoea. Et Julia Moesa, avec pour mari Sextus Varius Marcellus, mais sans doute fécondée par Caracalla ou Géta (fils de Julia Domna, sa sœur) ou par Gessius Marcianus, son beau-frère, l'époux de Julia Mammoea ; ou peut-être par Septime-Sévère, son arrière beau-frère ; enfante Varius Avitus Bassianus, plus tard surnommé Elagabalus, ou fils de sommets, faux Antonin, Sardanapale, et enfin Héliogabale, nom qui semble être l'heureuse contraction grammaticale des plus hautes dénominations du soleil. »

236 *Ibid.*, p. 293.

237 *Ibid.*

238 *Ibid.*

239 Cet empereur occuperait donc le double statut de fratricide et incestueux (ces accusations sont formulées dans les acclamations des sénateurs en *Macr.*, II, 4). On peut s'étonner, d'un point de vue littéraire et abstraction faite du choix des sources, que le rédacteur mette en scène l'inceste de Caracalla d'une part et reste très laconique sur le meurtre de Géta de l'autre. *Cf. Carac.*, II, 4 : *atque ita fratrem in Palatio fecit occidi*. Les références sont également très succinctes en *Sév.*, XX, 3 et XXI, 6. Le détail de la mort dans les bras de la mère est donné en *Sév.*, XXI, 7. Cette mise à mort aurait pourtant pu constituer le canevas d'une description très poignante, comme chez Dion (LXXVII, 2). L'Anonyme a peut-être accordé sa préférence à l'épisode de l'inceste parce qu'il lui permettait de formuler une critique du caractère absolu du Principat (*cf. infra*). – Notons que l'image de l'enfant assassiné alors qu'il est blotti dans les bras de sa mère rappelle le meurtre de la fille de Cléopâtre, la dernière femme de Philippe, ordonné par Olympias (Just., *op. cit.*, t. I, *cf.* IX, VII, 12).

belle-mère[240]. Le fait que Julia Domna suivait son fils en permanence et jouait un rôle dans l'exercice du pouvoir explique cette transposition de la relation entre Néron et Agrippine[241]. Le rédacteur s'inspire d'Aurélius Victor pour relater un épisode au caractère théâtral marqué :

> *Interest scire quemadmodum nouercam suam Iuliam uxorem duxisse dicatur. Quae cum esset pulcherrima et quasi per neglegentiam se maxima corporis parte nudasset dixissetque Antoninus "Vellem, si liceret", respondisse fertur : "Si libet, licet. An nescis te imperatorem esse et leges dare, non accipere ?" Quo audito furor inconditus ad effectum criminis roboratus est nuptiasque eas celebrauit, quas, si sciret se leges dare uere, solus prohibere debuisset. Matrem enim – non alio dicenda erat nomine – duxit uxorem et ad parricidium iunxit incestum, si quidem eam matrimonio sociauit, cuius filium nuper occiderat.* (*Carac.*, x, 1-4)
>
> « Il est intéressant de savoir comment, à ce qu'on dit, il épousa Julia, la seconde épouse de son père. C'était une fort belle femme ; un jour qu'elle s'était montrée à lui, comme par mégarde, plus qu'à demi nue, Antonin lui dit : "J'aurais bien envie, si je pouvais." Elle lui aurait répondu : "Si tu veux, tu peux. Oublies-tu que tu es l'empereur et que tu fais les lois mais ne les subis pas ?" À ces mots, sa folle passion s'amplifia jusqu'à lui faire commettre un acte criminel et il célébra un mariage qu'il eût dû être le premier à interdire s'il avait vraiment su légiférer. Car en épousant sa mère – pouvait-on l'appeler autrement ? – il joignit l'inceste au fratricide, puisqu'il s'unit par un mariage à celle dont il venait de tuer le fils. »

E. Frézouls voit ici, « associés, la volonté de présenter Caracalla comme un monstre et le plaisir de raconter une anecdote scabreuse,

240 L'*Histoire Auguste* se trompe puisque Julia Domna était bien la mère de l'empereur, *cf.* A. Chastagnol, *Histoire Auguste*, p. 401. Selon A. Chastagnol, l'*Histoire Auguste* commet cette erreur car elle « cherche [...] à atténuer la responsabilité de l'un et l'autre » (*ibid.*). Si l'on lit P. Moreau, on comprend que cette substitution de statut ne change rien : « L'intensité de l'horreur n'était pas modulée en fonction de la proximité objective des parentés » (*op. cit.*, p. 156) ; pour cette citation, *cf.* B. Chazal, art. cité, p. 60 ; « les relations avec la marâtre (*nouerca*) sont l'objet d'une condamnation identique à celle qui stigmatise l'union avec la mère. » (P. Moreau, *ibid.*, p. 157). L'Anonyme le souligne d'ailleurs lui-même en *Sév.*, XXI, 7 : *qui nouercam suam – et quid nouercam ? matrem quin immo, in cuius sinu Getam filium eius occiderat, uxorem duxit* « il épousa sa propre belle-mère – mais pourquoi parler de belle-mère ? Je devrais plutôt dire sa mère, entre les bras de laquelle il avait tué son fils Géta. » Cette erreur inhérente au lien de filiation est présente chez Aurélius Victor (XXI, 3), Eutrope (VIII, 20, 1) et le Pseudo-Aurélius Victor (XXI, 5). Hérodien fait quant à lui une brève allusion à cette rumeur d'inceste, quand il rapporte que les Alexandrins appellent la mère de l'empereur « Jocaste » (Her., IV, 9, 3 ; référence indiquée par A. Chastagnol, *ibid.*, p. 401).

241 A. Chastagnol, *ibid.*, p. 401.

sans doute avec la tentation de faire un *remake* romanesque et théâtral de *Phèdre*[242] ». Le rédacteur reproduit les procédés de l'homéotéleute et de la paronomase en reprenant la formule qui juxtapose *libet* et *licet* (la phrase prend la forme d'une question/réponse chez Aurélius Victor : *Libet ? plane licet*[243]).

Il faut rappeler que le jurisconsulte Ulpien, à la même période, posa les bases de l'absolutisme en légitimant la toute-puissance du prince : *Quod principi placuit, legis habet uigorem* (« ce qui plaît au prince a force de loi »)[244]. Ce dramaticule illustre finalement avant l'heure un principe légal qui est toujours valable à la fin du IVe siècle. Il est certain que la maxime n'était pas du goût du rédacteur et la scène pourrait bien constituer une critique de la dérive despotique du Principat. Le régime permet, par nature, au détenteur du pouvoir de se livrer aux pires atrocités, son entourage pouvant contribuer à le corrompre, comme dans ce cas précis[245]. *Si libet, licet. An nescis te imperatorem esse et leges dare, non accipere ?* résonne comme une provocation mettant en relief une réalité politique dérangeante pour la vieille aristocratie romaine, à laquelle appartenait sans doute le rédacteur. Il s'agit d'un fait incontestable : le prince, *legibus solutus princeps*, est au-dessus de la loi[246].

Mais peut-il s'affranchir de la morale ? N'est-ce pas une réponse par la négative que propose l'*Histoire Auguste* tout au long du recueil ? Le thème de l'inceste dénote également une fascination des pratiques orientales. Caracalla prétend être un dieu vivant car, d'une certaine manière, comme les Olympiens, il considère ce genre d'union comme allant de soi. Être incestueux revient donc à affirmer sans le dire sa supériorité sur le commun des mortels, tout en érigeant la duplicité en norme.

Caracalla a en effet officiellement refusé d'être divinisé de son vivant, comme nous l'avons vu précédemment. Les *dicta* ne rentrent donc pas en adéquation avec les *facta*. Le prince montre qu'il peut *dire* à la fois une

242 E. Frézouls, art. cité, p. 130.

243 Aur.-Vict., 21, 3.

244 M. Turchetti, *op. cit.*, p. 178-179. *Cf. Dig.*, 1, 4, 1.

245 La possibilité d'existence d'un entourage corrupteur est, dans d'autres passages, dénoncée par le rédacteur. *Cf.* notre partie sur le *princeps clausus*.

246 Y. Roman rappelle que, aux yeux de Pline le Jeune, les lois étaient au-dessus du prince (Y. Roman, *Empereurs et sénateurs…*, p. 44) mais la réalité demeurait plus complexe (*ibid.*, n. 1 p. 45). « [Pline] a aussi écrit que Trajan était à l'origine des lois (34, 2) » (*id.*, *Le Haut-Empire romain…*, p. 81).

chose et son contraire (puisque le faire est une façon de dire), et qu'il n'est donc pas soumis aux règles de la logique humaine (*logos*). S'affranchir des lois, c'est s'affranchir aussi des lois de la logique et franchir un pas de plus vers le monde du *mythos*, qui est celui des dieux.

Mais l'évocation du *furor* renvoie davantage ici à la folie du criminel, à l'absence de raison et de raisonnement. Le texte n'a besoin que d'une seule phrase pour décrire un Caracalla qui cède à la tentation de Julia et se marie avec elle. La rapidité de l'enchaînement des événements amplifie l'horreur. La mention du mariage ouvrait la scène d'Aurélius Victor (*pari fortuna et eodem matrimonio quo pater*[247]) ; dans l'*Histoire Auguste*, elle acquiert une fonction d'encadrement qui peut permettre de garder le lecteur dans un sentiment de terreur paroxystique.

Il est certain que la thématique de l'inceste est chère aux yeux du rédacteur car le lecteur rencontre un cas d'inceste combiné avec un parricide dans la biographie d'un autre prince fasciné par l'Orient, Commode, où le schéma familial est calqué sur celui de Caligula :

> *Ipse autem Commodus Lucillam sororem, cum Capreas misisset, occidit. Sororibus dein suis ceteris, utdicitur, constupratis, consobrina patris complexibus suis iniuncta uni etiam ex concubinis matris nomen inposuit.* (*Comm.*, v, 7-8.)

> « Quant à Commode, il fit tuer sa sœur Lucille qu'il avait exilée à Capri. Puis, après avoir, dit-on violé toutes ses autres sœurs et abusé d'une cousine germaine de son père, il alla jusqu'à donner à l'une de ses concubines le nom de sa mère[248]. »

Vérus, le prince éphémère aux mœurs dépravées, corrompu par la Syrie, aurait également pu se rendre coupable d'inceste :

> *Fuit sermo, quod et socrum Faustinam incestasset. Et dicitur Faustinae socrus dolo aspersis ostreis ueneno extinctus esse, idcirco quod consuetudinem, quam cum matre habuerat, filiae prodidisset.* (*Vér.*, x, 1.)

> « On raconta aussi qu'il avait eu des liens incestueux avec sa belle-mère [la mère de sa femme] Faustine : c'est elle qui aurait été l'artisan de sa mort en lui offrant traîtreusement des huîtres empoisonnées, pour le punir d'avoir révélé à sa fille [Lucilla] les rapports qu'il avait entretenus avec sa mère. »

---

247 Aur.-Vict., 21, 2.

248 On relève également le rapprochement avec le cas de Néron (au sujet de la concubine portant le nom de sa mère).

Aurélien, quant à lui, est accusé du crime parricide de sa nièce[249], comme chez Eutrope[250], mais nous ne reviendrons pas sur ce cas déjà étudié précédemment. L'autre exemple de parricide célèbre, dans le recueil, concerne, on l'a dit, le meurtre de Géta par Caracalla.

Le thème de l'inceste apparait ainsi à différentes reprises dans le recueil pour caractériser des tyrans fascinés par l'Orient, tandis que celui du parricide reste plus discret. Certains éléments sont fournis par les sources antérieures : l'Anonyme s'inspire de ce qu'il lit et lui donne un sens, en confectionnant un instrument de blâme. En d'autres cas, les mentions du crime d'inceste sont une invention, mais leur signification n'en reste pas moins identique.

L'étude des clichés inhérents au prince fasciné par l'Orient nous a donc révélé que l'Anonyme se posait en héritier d'une longue tradition historiographique. Nous souhaitons maintenant aborder trois éléments dont la place dans le genre biographique mérite une attention particulière.

249 *Aur.*, XXXVI, 3.
250 Eutr., IX, 14.

TROIS SPÉCIFICITÉS DE L'ÉCRITURE BIOGRAPHIQUE ?

Le genre biographique permet de recourir à une large gamme de procédés pour construire l'image du personnage central. Nous allons aborder trois d'entre eux, qui peuvent constituer un support de choix pour critiquer les mauvais princes (comme le montre l'exemple des Vies suétoniennes) et mesurer leur importance dans le recueil. Nous commencerons par tenter de déterminer si l'Anonyme a recouru à la physiognomonie. Nous étudierons ensuite l'utilisation du style direct, et enfin le traitement réservé au thème du crime de lèse-majesté.

LE RECOURS À LA PHYSIOGNOMONIE

On sait combien la physiognomonie, dont on trouve les premières traces dans le traité hippocratique *Des épidémies* (2,5) et dans l'ouvrage du Pseudo-Aristote *Physiognomonica*[1], connut un grand succès dans l'Antiquité[2]. Zopyre, à partir d'une observation minutieuse de l'apparence de Socrate, déduit que son âme renferme des vices, ce qui ne manque pas de provoquer l'hilarité générale[3]. J. Couissin croit avoir repéré l'influence de

---

1 *Traité de physiognomonie*, introduction, p. 7.

2 Par exemple chez Dion de Pruse. *Cf.* C. Bost-Pouderon, « Dion de Pruse et la physiognomonie dans le discours XXXIII », *REA*, t. 105, 2003, n° 1, p. 157-174.

3 Cic., *Tusc.*, IV, 37, 80 : *cum multa in conuentu uitia conlegisset in eum Zopyrus qui se naturam cuiusque ex forma perspicere profitebatur, derisus est a ceteris qui illa in Socrate uitia non agnoscerent, ab ipso autem Socrate subleuatus, cum illa sibi insita, sed ratione a se deiecta diceret*, « Dans une réunion, Zopyre, qui se faisait fort de reconnaître la nature de chaque individu à son type physique, ayant chargé Socrate de tous les vices, mit en gaieté l'assistance, laquelle ne retrouvait point ces vices en Socrate, et ce fut Socrate, l'intéressé, qui tira Zopyre d'affaire en disant que ces vices-là étaient bien innés en lui, mais que la raison l'en avait

cette pseudo-science dans les portraits de Suétone[4]. Par ailleurs, elle semble occuper une place importante au IVe siècle puisque Ammien Marcellin recourt aux trois méthodes[5] pour peindre ses portraits[6], notamment celui de Julien, qui présente des analogies avec le lion[7].

débarrassé » (Cicéron, *Tusculanes*, t. II, livres III-V, texte établi par G. Fohlen et traduit par J. Humbert, Paris, Les Belles Lettres, 2002).

4 Lire J. Couissin, « Suétone physiognomoniste dans les *Vies des XII Césars* », *REL*, t. 31, 1953, p. 234-256. Le chercheur remarque par exemple que les portraits les plus proches de l'époque de l'auteur ne sont pas les plus précis et les plus détaillés ; les inégalités de développement ne sont donc pas déterminées par une question d'accès aux sources, ou de qualité de la documentation. Ce sont ceux des « monstres », des « malades » ou des « génies » (Tibère, Caligula, Claude, Néron, Domitien, César, Auguste), et non ceux des individus « normaux », « médiocres » ou « éminents » (Galba, Othon, Vitellius, Vespasien, Titus) qui bénéficient d'une attention toute particulière. « Suétone, par conséquent, voit dans l'aspect physique un reflet du caractère » (*ibid.*, p. 235). La finalité de ce recours à la physiognomonie est de « corroborer les données de l'étude morale » ; « c'est, en fait, la science appelée à témoigner en matière historique, et c'est aussi la substitution, à l'exploitation directe du document historique, d'une reconstitution méthodique de la réalité » (*ibid.*, p. 254). – Avant Suétone, la physiognomonie est évoquée par Cicéron, Vitruve, Trogue Pompée, Pline l'Ancien et Quintilien (*ibid.*, p. 239-240).

5 Sur les trois méthodes – anatomique (ou éthologique), ethnologique, zoologique –, *cf.* l'introduction de J. André du *Traité de physiognomonie* de l'Anonyme latin, édité aux Belles-Lettres, p. 12-15. *Cf.* également J. Wilgaux, « La physiognomonie antique : bref état des lieux », *Langages et métaphores du corps dans le monde antique*, sous la direction de J. Wilgaux et V. Dasen, Rennes, Presses Universitaires de Rennes, 2008, Histoire, version numérique, *cf.* chap. V, « Études physiognomoniques ». Il est fait mention de la quatrième méthode, dite « philosophique ».

6 *Traité de physiognomonie*, introduction, p. 24.

7 *Ibid.* En effet, Julien, aux dires d'Ammien (XXV, 4, 22), possède un regard étincelant, un cou massif, des épaules larges et fortes ; or le traité de l'anonyme inclut ces caractéristiques dans le portrait des hommes répondant au type du lion (*ibid.*, p. 135). Notons toutefois que cette hypothèse est discutée. Il faut lire à ce sujet l'article de P. Somville, « Portrait physique de l'empereur Julien », *AC*, t. 72, 2003, p. 161-166. À la page 163, l'auteur commente un extrait d'Ammien Marcellin dans lequel les soldats, qui viennent de proclamer Julien César à Milan, le fixent avec admiration : *Caesaremque admiratione digna suspiciebant, imperatorii muricis fulgore flagrantem. Cuius oculos cum uenustate terribiles, uultumque excitatius gratum, diu multumque contuentes, qui futurus sit colligerant uelut scrutatis ueteribus libris, quorum lectio per corporum signa pandit animarum interna.* (XV, 8, 15-16). « Ils levaient les yeux vers le César, remplis de juste admiration, lui tout brillant des feux de la pourpre impériale. Fixant longtemps et intensément ses yeux saisissants et pleins de charme, comme son visage agréable dans sa mobilité même, ils devinaient ce qu'il serait, comme font ceux qui scrutent de vieux livres dont la lecture, par-delà les signes physiques, révèle le sens caché des âmes. » Après avoir signalé la traduction de J. Fontaine, P. Somville indique ne voir dans ces lignes aucune trace de physiognomonie, d'abord parce qu'il ne figure pas de « conclusions précises » établies à partir de l'étude des signes physiques, ensuite parce que la comparaison avec les livres révèle davantage une « belle apologie de la lecture, dont l'exercice, par-delà les mots, ouvrirait "l'intérieur des âmes" » (*ibid.*, p. 163-164).

Le traité de l'Anonyme latin est d'ailleurs daté de la seconde moitié du IVe siècle ; il s'inspire de ses prédécesseurs, notamment Aristote, Loxos et Polémon[8]. Les conditions de sa production peuvent être déterminées par un besoin de ses contemporains de disposer d'un guide pratique qui indique comment interpréter les *indicia* ou *signa*[9].

Dans ces conditions, on pourrait inférer qu'il ne serait guère étonnant de rencontrer dans l'*Histoire Auguste* des traces de physiognomonie, d'abord parce que le genre biographique, par les portraits qu'il propose, peut constituer un réceptacle de choix pour introduire des raisonnements de cette pseudo-science ; ensuite parce que cette dernière possède toutes les qualités pour s'ériger au rang de stratégie épidictique.

De fait, l'Anonyme attribue une symbolique aux espèces animales[10]. Comme le note É. Smadja, la figure de l'aigle occupe une place prépondérante dans les *omina imperii*. Les manifestations de ces oiseaux « symbolisent les perspectives futures d'accession au pouvoir et la proximité du futur souverain avec Jupiter[11] ». Les présages des *Vies des douze Césars* mettent en scène une fonction analogue, l'animal représentant « le principat, le pouvoir monarchique[12] ». É. Smadja relève également des signes mettant en jeu le lion ou encore le serpent, pour ne citer qu'eux[13].

Ce dernier animal qui, comme on le sait, joue dans l'Antiquité à la fois un rôle positif et négatif[14], intervient à maintes reprises dans l'*Histoire*

8 J. Wilgaux, art. cité.

9 *Traité de physiognomonie*, introduction, p. 8. Il faut apprécier le souci de rigueur que les Anciens manifestaient dans ce type de *uade-mecum*. *Cf. infra*.

10 L'Anonyme s'inscrit ainsi dans la droite ligne de nombreux auteurs. Claudien, dans le second livre du *Contre Eutrope*, assimile Léon, compagnon d'Eutrope, tour à tour au daim, au cerf (deux animaux réputés comme étant lâches, *cf. Contre Eutrope*, II, v. 440 et n. 116 p. 94) et à la truie (*ibid.*, v. 445-451).

11 É. Smadja, « Divination et signes de pouvoir dans l'*Histoire Auguste* », *Pouvoir des hommes, signes des Dieux dans le monde antique*, cité précédemment, p. 191-218, ici p. 214. Les aigles sont associés à Clodius Albinus, Alexandre, Diaduménien, Maxime, Aurélien.

12 J. Couissin, art. cité, p. 245. L'aigle, par ailleurs, surplombe la description physique d'Auguste.

13 É. Smadja, *ibid.*, p. 213-216.

14 I. G. Mastrorosa, « Naissances monstrueuses des serpents et prémonitions de tyrannie au dernier siècle de la République romaine et sous l'Empire », *Le Monstre et sa lignée. Filiations et générations monstrueuses dans la littérature latine et sa postérité*, cité précédemment, p. 251-264. Il intervient dans le processus de procréation d'Alexandre, Scipion l'Africain et Auguste (*ibid.*, p. 252). Mais la figure du reptile est également associée à Sylla, à la tyrannie de Tibère, Caligula, Néron, Domitien (p. 254-260). *Cf.* également *Traité de physiognomonie*, 128 : *Coluber animal est saeuum, nocens, insidiosum, cum constituerit*

Auguste. Si Faustine rêve qu'elle donne naissance à deux de ces saurophidiens dont l'un est tout particulièrement redoutable[15], l'animal semble annoncer ici le rôle d'une prédestination au pouvoir[16]. C'est encore un serpent qui s'enroule autour des têtes de Septime Sévère et de Maximin l'Aîné et autour de la baignoire d'Aurélien ; la mère d'Alexandre rêve quant à elle qu'elle donne le jour à un serpent de couleur pourpre[17]. À l'exception d'Alexandre, dont la référence à son homonyme du IVe siècle av. J.-C. est évidente, tous ces empereurs bénéficient d'une réputation morale ambiguë ou détestable (dans le cas de Maximin).

L'épisode de Diaduménien et le lion, au même titre que les serpents, est lié, selon É. Smadja, à la geste d'Hercule : « le rapport entre Hercule et la *Virtus* impériale est un élément important de l'idéologie impériale du Haut Empire. Il n'est donc pas étonnant que la révélation d'un destin impérial passe par une médiation herculéenne[18]. » Dans le

---

animum terribile, cum timuerit fugax, gulae deditum. Qui ad huius animalis speciem referuntur ita erunt : capite paruo, tenui, rotundo, oculis paruis, rotundis, lucidis, collo longo, tenui, ore praeciso, prolixo corpore, pectore angusto, caput uelociter et facile commouebunt. Homicidae quoque huiusmodi homines erunt, audaces, timidi, studentes malitiae. « Le serpent est un animal cruel, nuisible, insidieux, redoutable quand il est décidé, fuyant quand il a peur, et gourmand. Ceux qui répondent au type de cet animal seront ainsi : petite tête, fluette et ronde, petits yeux ronds et brillants, cou long et fluet, bouche tranchée, corps élancé, poitrine étroite ; ils remueront rapidement et facilement la tête. Les hommes de ce type seront aussi des meurtriers, audacieux, peureux, aimant faire le mal. » On peut lire aussi C. Février, « Le bestiaire prodigieux. Merveilles animales dans les littératures historique et scientifique à Rome », *REL*, t. 81, 2003, p. 43-64, ici p. 46.

15 La figure du serpent annonce donc la venue prochaine d'une tyrannie (I. G. Mastrorosa, *ibid.*, p. 261).

16 *Ibid.* – Comme le note É. Teyssier, si Faustine a réellement fait ce rêve, il a été interprété par les oracles de la cour impériale, qui se sont certainement référés à l'ouvrage d'Artémidore d'Éphèse, intitulé *Onirocriticon* (*De la signification des rêves*). Deux « options » ont pu être retenues : « Tout d'abord, celle où "une femme enceinte rêva qu'elle avait enfanté un serpent : son fils fut excellent orateur et devint illustre, car le serpent a la langue fourchue. En outre la femme était riche et la richesse est la provision nécessaire pour la culture". Cette prédiction favorable a pu être mise en avant pour le fils d'un lettré comme Marc Aurèle. Mais les oracles ont peut-être évoqué une autre interprétation plus inquiétante. Artémidore affirme aussi qu'une autre mère "eut le même rêve et son fils devint un débauché plein d'impudence et il viola nombre de femmes de la ville. En effet, le serpent se faufile par les trous les plus étroits et cherche à échapper aux regards de ceux qui l'épient. En outre la femme était plutôt lascive et se prostituait." » (É. Teyssier, *op. cit.*, p. 29).

17 I. G. Mastrorosa, *ibid.*, p. 261-262. Nous voudrions apporter une correction concernant une indication donnée à la p. 262 : l'empereur concerné par le présage n'est pas Maximin le Jeune mais bel et bien Maximin l'Aîné (*cf.* A. Chastagnol et É. Smadja).

18 É. Smadja, art. cité, p. 215-216.

cas d'Aurélien, l'apparition du serpent est à inscrire dans le registre des signes solaires qui entourent ce prince[19].

J. Couissin écrit, à propos des *Vies des douze Césars*, que le recours aux outils fournis par la physiognomonie d'une part, et la constance avec laquelle sont rapportés les présages d'autre part, prouvent que Suétone croit en l'« existence objective de signes[20] ». Mais la présence d'*omina* dans *l'Histoire Auguste* ne garantit pas que l'Anonyme construit un discours fondé sur les apports de la physiognomonie, car il ne s'inspire pas nécessairement de l'intégralité des codes suétoniens.

A. Molinier-Arbo semble pourtant pencher dans la direction d'une utilisation de la pseudo-science, s'appuyant d'ailleurs sur les travaux de J. Couissin, quand elle écrit « la *pulcheritas* et la *proceritas* de Maximin le Jeune et d'Antonin Diadumène, ou encore les cheveux blonds et le nez aquilin de ce dernier sont des signes de royauté bien connus des physiognomonistes. L'écrivain cherche à accréditer l'idée que ces jeunes gens possédaient la majesté naturelle qui faisait défaut à leurs pères[21] ». Le fait de recourir à la physiognomonie est selon elle très fréquent chez les auteurs de biographies de l'époque impériale[22].

Le traité de l'Anonyme latin établit en effet des interprétations qui semblent étayer sa position : *Capilli flaui tenues bonos mores ostendunt, si sint minus densi*[23] et *curuae nares [...] magnanimis attributae sunt*[24]. Quant

19 É. Smadja précise que les thèmes solaires associés au pouvoir impérial ne concernent pas uniquement Aurélien dans l'*Histoire Auguste*, *cf.* p. 216.

20 J. Couissin, art. cité, p. 256.

21 *Cf.* A. Molinier-Arbo, « Père et fils au pouvoir... », p. 181. Note de R. Turcan : « les monnaies (*RIC*, IV, 2, pl. v, 13-15 ; P. R. Franke, *Römische Kaiserporträts im Münzbild*, Munich, 1961, pl. 33 d) et les bustes en marbre (M. Wegner, *Macrinus bis Balbinus*, dans *Das römische Herrscherbild*, III, 1, Berlin, 1971, p. 142 ss., pl. 34) permettent de se faire une idée de la séduction que l'enfant pouvait exercer dans les rangs de l'armée *gratia uenustatis* [...] Le portrait qu'en fait ici l'*HA* est d'une délicatesse assez notable et assez conforme à l'iconographie du *puerulus* pour procéder d'une bonne source documentaire. » (*Vie de Diaduménien*, Les Belles Lettres, n. 17 p. 146). Depuis longtemps, la beauté physique est indissociable de la majesté : la mère et la femme de Darius III font la proskynèse à Héphestion, l'ami d'enfance d'Alexandre (et non au souverain lui-même), parce qu'il était « le plus bel homme de l'assistance ». Sur cet incident, *cf.* Diodore, XVII, 27, 5 ; Quinte-Curce, III, 12, 16-17. Références empruntées à Y. Roman, *Empereurs et sénateurs...*, n. 1 p. 247.

22 A. Molinier-Arbo, *ibid.*, n. 47 p. 181.

23 *Traité de physiognomonie*, 14. « Les cheveux blonds et fins montrent un bon caractère, s'ils sont peu drus. »

24 *Ibid.*, 51, « Les nez aquilins [...] sont l'apanage des âmes nobles. »

au visage, on peut lire : *Palam est autem peruidere tristem uultum et laetum, item liberalem atque obscurum et malignum discernere, item peruigilem et eum qui somno est deditus*[25].

Il faut toutefois garder à l'esprit que la physiognomonie dispose d'une méthodologie très stricte et précise. L'adepte de cette pratique doit en effet « [d'abord] graver dans sa mémoire la signification des signes, [puis] en connaître la hiérarchie, [et enfin] interpréter et confronter tous les signes rencontrés[26] ». Il connaît la procédure à suivre en cas de nombreux signes contraires[27], sait qu'il faut préférer les signes des yeux, plus importants[28], ou encore qu'il existe des signes naturels et occasionnels[29].

Or les indications fournies par *l'Histoire Auguste* concernant l'aspect physique des princes sont, en général, lapidaires. Les cheveux de Vérus sont blonds, certes, mais sont-ils drus, frisés, fins, épais ? Nous pensons que le physiognomoniste appliqué et rigoureux ne disposerait pas d'assez d'informations pour parvenir à des conclusions solides. J. Couissin note toutefois que l'incomplétude des portraits suétoniens ne prouve pas que le biographe n'a pas recouru à la physiognomonie. Ces portraits sont en fait centrés uniquement sur les traits révélateurs du caractère du césar dont il est question[30]. Aussi faut-il donc prendre en considération le fait

---

25 *Ibid.*, 50, « Il est donné à tous de distinguer un visage triste et un visage gai ; de même, de discerner un visage gracieux ou sombre ou méchant, et aussi un visage éveillé et un visage endormi. »

26 *Ibid.*, p. 58.

27 *Ibid.*, 10 : *Vbi itaque multa compugnantia signa conuenerint, pronuntiandum quidem secundum ea quae uel plura sunt uel clariora uel potiora*, « Aussi, lorsque sont réunis de nombreux signes contraires, devra-t-on du moins se prononcer d'après leur nombre ou leur degré d'évidence ou d'importance. »

28 *Ibid.* : *Potissima autem signa iudicabuntur oculorum*, « On accordera, d'autre part, le plus d'importance aux signes donnés par les yeux. »

29 *Ibid.*, 11 : *Quare artifex rei huius et diutius considerabit, ut a temporalibus naturalia discernat, et non uni uel duobus indiciis se committet, sed plura et potiora saepius denotabit et ex improuiso nec praecauentem aut se praemunientem considerabit, quamuis et praecauentem attentus artifex detegat*, « Aussi celui qui pratique cette science les examinera-t-il longuement, afin de distinguer les signes naturels des signes occasionnels, et ne se fiera-t-il pas à un ou deux indices, mais en reconnaîtra plusieurs et de plus importants, à de nombreuses reprises et à l'improviste, en évitant d'examiner une personne sur ses gardes ou sur la défensive, bien qu'un praticien attentif puisse déchiffrer même une personne sur ses gardes. »

30 J. Couissin, art. cité, p. 242-243 : « On voit, dès lors, pourquoi le portrait de César se limite à cette énumération de traits si brève, si incomplète et si capricieuse en apparence : c'est la liste des traits physiognomoniquement révélateurs de son caractère tel que le conçoit l'auteur, non une peinture simplement objective. »

que, si l'Anonyme s'inspire de la méthode, il ne retient que des traits isolés pour donner du relief à ses descriptions.

Une haute taille (*statura*) caractérise, outre Diaduménien, Hadrien, Antonin, Vérus, Septime Sévère, Pescennius Niger, Clodius Albinus, Maximin le Jeune, Maxime, Aurélien, c'est-à-dire des empereurs globalement bons ou qui partagent certains traits des bons princes. La beauté est soulignée dans les cas d'Hadrien, Antonin, Vérus, Commode, Septime Sévère, Niger, Aurélien[31].

Il faut par ailleurs relever que l'interprétation des données physiques est souvent directement fournie dans les développements, ce qui offre l'avantage d'éviter de suivre de mauvaises directions herméneutiques. L'aspect bombé du front de Vérus lui donne un air noble[32], les belles proportions de Commode ne font pas oublier « cet air hébété qu'ont souvent les ivrognes, une élocution grossière[33] », Pertinax, malgré son allure impériale, a des défauts[34] et Maxime, « en dépit d'un comportement antipathique, [...] n'en était pas moins juste et jusqu'à la fin de sa carrière ne se montra jamais ni inhumain ni impitoyable[35] ».

Finalement, même si, dans certains cas, il existe une discordance entre les interprétations de l'état du corps et de l'état de l'âme, on

31 *Hadr.*, XXVI, 1 *forma comptus* ; *Ant. Pius*, XIII, 1 *Fuit statura eleuata decorus* ; *Vér.*, X, 6 *fuit decorus corpore* ; *Comm.*, XVII, 3 *fuit forma quidem corporis iusta* ; *Sév.*, XIX, 9 *ipse decorus* ; *Pesc. Nig.*, VI, 5 *forma decorus* ; *Aur.*, VI, 1 *fuit decorus ac gratia uiriliter speciosus.*

32 Nous reprenons les termes de la traduction d'A. Chastagnol. *Vér.*, X, 6 : *fronte in supercilia adductiore uenerabilis.*

33 Traduction d'A. Chastagnol. *Comm.*, XVII, 3 : *uultu insubido, ut ebriosi solent, et sermone incondito...*

34 Traduction d'A. Chastagnol. *Pert.*, XII, 1-2 : *Fuit autem senex uenerabilis [...] statura imperatoria, eloquentia mediocri et magis blandus quam benignus nec umquam creditus simplex. Et cum uerbis esset affabilis, re erat inliberalis ac prope sordidus...* « Il se trouve [...] qu'un détail concernant le caractère de Pertinax et se situant donc dans la même année 193 p. C. se trouve rendu, aussi bien dans l'Epitome que dans l'H. A., par un terme grec. J. Schlumberger a mis, à ce propos, en parallèle, l'Epitome 18,4, P 12,1 et 13,5 et il fait remonter cette similitude à Marius Maximus. [...] il est possible [selon F. Kolb], étant donné le contexte de cette remarque sur l'éloquence de Pertinax, que l'H. A. ait consulté, outre l'Epitome, Dion Cassius, car un détail suggère que l'Epitome 18,4 a influencé le texte de P 12,1. Tout en soulignant les ressemblances entre l'H. A. et Dion Cassius, F. Kolb refuse, pour finir, d'exclure absolument l'hypothèse d'une source qui ne dépendrait pas de Dion Cassius » (J. Schwartz, « *Histoire Auguste* et Épitome », *B.H.A.C. 1977-1978*, Bonn, Rudolf Habelt Verlag GmbH, 1980, p. 219-224, ici p. 220-221) J. Schwartz conclut que, pour ces passages, l'Épitome est la source de l'*Histoire Auguste* (*ibid.*, p. 221).

35 *Max. et Balb.*, VI, 2 : *moribus aspernabilis ac tamen iustus neque umquam usque ad exitum negotiorum uel inhumanus uel inclemens.*

retrouve des traits de la tradition physiognomoniste : haute taille et beauté, comme nous venons de le voir, sont associées à la majesté. La voix rauque et sonore d'Antonin le Pieux est agréable[36] contrairement à la voix féminine de Clodius Albinus[37]. Mais ces éléments suffisent-ils pour conclure que le rédacteur était physiognomoniste ? À ce stade, il est important d'étudier quelques points complémentaires.

L'*Histoire Auguste* livre, en ce qui concerne Maximin le Jeune, les descriptions suivantes :

> *Infamabant eum ob nimiam pulchritudinem amici Maximi et Balbini et Gordiani et maxime senatores, qui speciem illam uelut diuinitus lapsam incorruptam esse noluerunt.* (*Maxim.*, XXVIII, 3)
>
> « Les partisans de Maxime, Balbin et Gordien, et spécialement les sénateurs, le dénigraient en raison de sa trop provocante beauté car ils ne concevaient pas qu'une telle vénusté qui semblait descendre du ciel pût être restée sans tache. »
>
> *Scribit Aelius Sabinus, quod praetermittendum non fuit, tantam pulchritudinem oris fuisse in filio, ut etiam caput eius mortui iam nigrum, iam sordens, iam maceratum, diffluente tabo, uelut umbra pulchri oris uideretur. Denique cum ingens gaudium esset, quod caput Maximini uideretur, prope par maeror erat, quod et filii pariter portaretur.* (*Ibid.*, XXXII, 1-2)
>
> « Aelius Sabinus écrit – ce qu'on ne saurait omettre – que le visage du fils était d'une telle beauté que même après sa mort, sa tête, déjà noire, souillée, ramollie, en état de putréfaction, montrait néanmoins comme l'ombre d'un beau visage. Bref, malgré la joie immense que procurait la vue de la tête de Maximin, une affliction presque égale se manifestait à voir également exhibée la tête de son fils. »

Dans ces deux extraits transparaît l'idée que la beauté physique reflète la beauté morale. Ce thème a déjà été amplement développé au IVe siècle : on le retrouve dans le Panégyrique de Constantin, rédigé par

---

36 *Ant. Pius*, XIII, 2 : *Fuit uoce rauca et sonora cum iocunditate.* « Sa voix était rauque et sonore, mais agréable. » *Traité de physiognomonie*, 78 : *Qui uocem tamquam ex concauo depromunt grauem et inflexibilem, ingenio sunt uirili et magnanimi. Qui tardum et grauem uocis edunt sonum, tranquilli sunt, iocundi, affabiles. Horum et iusti mores sunt*, « ceux qui émettent comme d'une caverne une voix grave et sans souplesse ont un caractère viril et généreux. Ceux qui ont une voix traînante et grave sont calmes, plaisants, affables. Ils ont aussi des mœurs convenables. »

37 *Clod. Alb.*, XIII, 1 : *uoce muliebri et prope ad eunuchorum sonum*, « une voix au timbre féminin, presque celui d'un eunuque. » *Traité de physiognomonie*, 78 : *Qui acutam et mollem habent uocem, effeminati sunt*, « ceux qui ont une voix aiguë et molle sont efféminés. »

un orateur anonyme et prononcé dans la ville de Trèves vers fin juillet 310, discours dans lequel l'encomiaste décrit la beauté, physique et morale, du jeune empereur[38]. Un extrait similaire concerne Théodose, dans le Panégyrique de Pacatus[39]. Mais la manifestation de cette idée de correspondance entre la beauté de l'âme et celle du corps, précisément issue de la philosophie platonicienne, doit-elle signifier systématiquement un recours à la physiognomonie ? Ou ne s'agit-il pas plutôt d'une communauté de pensée partagée par différents auteurs, voire d'un *topos* rhétorique bien connu des panégyristes ? La question mérite d'être posée.

Il est intéressant d'étudier dans le détail les passages précités dans le cadre de notre enquête. Le premier passage concernant Maximin le Jeune est suffisamment explicite pour être commenté. Le second pourrait être rapproché de la description de la tête de Maxence lors du défilé de triomphe de Constantin après la bataille du pont Milvius[40].

38 *Non frustra enim doctissimi uiri dicunt naturam ipsam magnis mentibus domicilia corporum digna metari et ex uultu hominis ac decore membrorum colligi posse quantus illos caelestis spiritus intrarit habitator.* « Ce n'est pas sans fondement que d'éminents philosophes nous disent que la nature elle-même fixe le domicile des grandes âmes dans des corps dignes d'elles et que le visage d'un homme et la grâce de sa personne permettent de conclure à la noblesse de l'esprit céleste qui est venu habiter là. » (*Pan. VI-X*, VII, XVII, 3 p. 68-69). Nous recourons à l'édition des Belles Lettres : *Panégyriques latins*, t. II, VI-X, texte établi et traduit par É. Galletier, Paris, Les Belles Lettres, 2002.

39 *Pan. XI-XII*, XII, VI, 3 : *Non frustra plane opinione sapientium, qui naturalium momenta causarum subtilius sciscitati arcanis caelestibus nobiles curas intulerunt, augustissima quaeque species plurimum creditur trahere de caelo. Siue enim diuinus ille animus uenturus in corpus dignum prius metatur hospitium siue, cum uenerit, pro habitu suo fingit habitaculum siue aliud ex altero crescit et, cum se paria iunxerunt, utraque maiora sunt, parcam arcanum caeleste rimari.* « Non certes elle n'est pas sans fondement, cette opinion des philosophes qui, dans leurs subtiles enquêtes sur l'influence des causes naturelles, ont étendu leurs nobles recherches jusqu'aux secrets des cieux et qui admettent que plus un visage est majestueux, plus sa beauté lui vient du ciel. Que l'âme divine, avant de descendre en un corps, se ménage d'abord une demeure digne d'elle ou qu'après sa venue elle modèle son logis à son image ou que l'un doive à l'autre son développement et que, semblables au moment de leur union, ils grandissent de compagnie, je me garderai de sonder le céleste mystère » (*Panégyriques latins*, t. III, XI-XII, texte établi et traduit par É. Galletier, Paris, Les Belles Lettres, 1955). Le rapprochement avec le Panégyrique VII est signalé en n. 3 p. 73. La note indique également que cet extrait présente la théorie de Platon, que Plotin a exploitée.

40 *Cf. Panégyrique de Constantin* par Nazarius (321), *Pan.*, X, XXXI, 4 : *Sequebatur hunc comitatum suum tyranni ipsius taeterrimum caput ac, si qua referentibus fides est, suberat adhuc saeuitia et horrendae frontis minas mors ipsa non uicerat,* « Derrière cette troupe qui lui faisait cortège, suivait la tête hideuse du tyran lui-même : s'il faut en croire les récits des témoins, elle gardait encore sa cruauté, et, de ce front redoutable, la mort même n'avait pas banni les menaces. »

Précisons qu'Aelius Sabinus est un auteur inventé par notre rédacteur qui prend plaisir, une fois encore, à laisser libre cours à son imagination. Rappelons également que le visage fait partie des signes les plus importants dans l'échelle de pertinence retranscrite par l'Anonyme latin[41] et que, par conséquent, dans une perspective physiognomoniste, son rôle se révèlerait extrêmement important.

Dans la droite ligne de ces considérations, quelques observations doivent être faites : l'exposition de la tête à la foule, notamment sur le Forum, pratique courante dans l'Antiquité, comme on le sait, est ici théâtralisée par les soins du rédacteur. Le caractère artificiel du passage apparaît en effet avec la symétrie entre les deux têtes des Maximins : l'une provoque la joie, l'autre la tristesse, et ce dans des proportions identiques (« une affliction presque égale se manifestait à voir également exhibée la tête de son fils »).

Le rédacteur a consciemment réduit les portraits moraux des deux personnages à un seul trait de caractère : Maximin, dont est ici indirectement rappelé l'esprit tyrannique, cause de sa chute, montrait pourtant une grande bravoure sur le champ de bataille, même si cette vaillance est dénigrée par *l'Histoire Auguste*[42]. Au contraire, son fils, dont on regrette la prétendue vertu, avait su se montrer odieux en laissant les personnes venant le saluer lui embrasser les genoux, et même les pieds[43]. Cette

41 *Traité de physiognomonie*, 45 : *Post oculos igitur uis signorum est quae iuxta oculos et in uultu sunt ; nam prout quaeque signa proxima sunt oculis, potiora sunt ceteris. Nam post oculos frontis et narium, oris et genarum ipsiusque capitis idonea signa atque officiosa sunt.* « Donc, après les yeux, on accorde de l'importance aux signes fournis par le voisinage des yeux et par le visage, car les signes l'emportent sur tous les autres à proportion de leur proximité des yeux. En effet, après les yeux, sont convenables et utiles les signes du front, du nez, de la bouche, des joues et de la tête elle-même. »

42 *Cf. supra.*

43 *Maxim.*, XXVIII, 1 et 6-7 : *Adulescens autem ipse Maximinus superbiae fuit insolentissimae, ita ut etiam, cum pater suus, homo crudelissimus, plerisque honoratis adsurgeret, ille resideret* [...] *Amicis paternis inmane quantum obsecutus est, sed ut donaret ac largiretur. Nam in salutationibus superbissimus erat et manum porrigebat et genua sibi osculari patiebatur, nonnumquam etiam pedes ; quod numquam passus est senior Maximinus, qui dicebat : "Dii prohibeant, ut quisquam ingenuorum pedibus meis osculum figat"*, « Pour en revenir au jeune Maximin, il était d'un orgueil si insolent qu'il demeurait assis devant maints personnages d'un certain rang, pendant que son père, une vraie brute pourtant, se levait devant eux par déférence [...] Envers les amis de son père, il était d'une complaisance extraordinaire, mais seulement pour leur prodiguer dons et largesses ; car quand il recevait les salutations, il se montrait fort condescendant, tendait la main et se laissait embrasser les genoux, parfois même les pieds. C'est une attitude que ne toléra jamais Maximin, son père, qui disait : "Les

opération de réduction qui oppose bon prince et mauvais prince relève bien de l'artifice.

De plus, l'Anonyme a éprouvé le besoin d'apporter une précision concernant un élément physique de la tête du fils, alors qu'aucune indication du même ordre n'est donnée pour la tête du père, ce qui, en un sens, déséquilibre la symétrie des portraits : même en cours de putréfaction, elle présente « l'ombre d'un beau visage ». On pourrait supposer que la tête de Maximin a une fonction symbolique ; elle rappelle, par métonymie, le règne cruel du tyran ou de façon plus générale la tyrannie comme phénomène politique. Elle n'est pas considérée *pour ce qu'elle est*, mais *pour ce qu'elle représente*, tel un monument funèbre.

En revanche, le rédacteur laisserait sous-entendre que c'est *parce que* la tête du fils présente encore des traits de beauté qu'elle suscite une émotion immédiate au sein de la foule. Si cette tête est également susceptible d'avoir une portée symbolique, en traduisant la destruction de l'hérédité du pouvoir et donc d'une éventuelle pérennité de la tyrannie (c'est d'ailleurs vraisemblablement pour ces raisons que le fils a été assassiné avec le père[44]), elle semble être davantage considérée pour ce qu'elle est : l'émotion ne naît pas d'une interprétation mémorielle mais d'une interprétation immédiate, la vue de la beauté du visage évoquant instantanément la vertu du jeune prince[45]. Or ce déroulement herméneutique rappelle la logique physiognomoniste, et plus spécifiquement la méthode anatomique.

Toutefois, la tristesse du peuple peut ne pas être provoquée par cette lecture instantanée du caractère sur la tête exposée ; elle pourrait naître tout simplement d'un regret de ne pas avoir laissé une chance au jeune

---

dieux ne sauraient accepter qu'un homme libre imprime un baiser sur mes pieds." » Cette attitude n'est pas sans rappeler les coutumes orientales et l'*adoratio* ; on l'a vu, les régimes orientaux et leur dérive absolutiste étaient stigmatisés par l'aristocratie romaine.

44 *Ibid.*, XXIV, 1 : *His finis Maximinorum fuit, dignus crudelitate patris, indignus bonitate filii*, « Telle fut la fin des Maximins, digne de la cruauté du père, indigne des qualités de cœur du fils. » L'Épitome rapporte cette plaisanterie que firent les soldats lors de l'assassinat : *ex pessimo genere nec catulum habendum*, « Quand la race ne vaut rien, il ne faut pas garder un chiot » (Ps. Aur.-Vict., XXV, 2).

45 Il ne faut pas oublier non plus que « l'auteur de l'*Histoire Auguste* nous révèle que les Romains aimaient que leurs empereurs eussent une progéniture, car, dans un monde sans cesse menacé par les dissensions intérieures et les guerres extérieures, le partage du pouvoir entre père et fils et la succession dynastique semblaient offrir la meilleure garantie de stabilité » (A. Molinier-Arbo, « Père et fils au pouvoir… », p. 174).

Maximin. La tête de Maximin l'Aîné, en état de putréfaction, est restée, d'une certaine manière, aussi horrible qu'avant. La nécessité de préciser des traits physiques ne s'imposait pas, étant donné que, finalement, il n'existe guère de décalage entre le passé et le présent. En revanche, il n'en va pas de même pour la tête du fils, si l'on considère que l'ombre d'un beau visage n'est pas une réalité physique mais une projection de la foule sur le fragment de corps. Beau autrefois, il ne l'est plus : un décalage entre le passé et le présent explique que le rédacteur ait besoin d'apporter une précision sur l'aspect physique afin de souligner la nostalgie du peuple romain.

La vue de la tête de Maximin l'Aîné ne suscite aucun regret parce qu'elle éveille le souvenir d'un règne tyrannique. Maximin, tyran accompli, a atteint une certaine plénitude, en profonde cohérence avec lui-même, pourrait-on dire, dans l'exercice de la réalité du pouvoir. Le fils, au contraire, est mort trop tôt ; il était vertueux, selon certaines considérations, et aurait pu donc devenir un bon prince. Mais il aurait pu également être un tyran. Dans tous les cas, il était un *optimus* ou un *pessimus princeps en puissance*, et c'est bien le fait qu'il ne se soit pas réalisé qui laisse un sentiment d'amertume dans les esprits. Il n'y aurait donc pas de trace de recours à la physiognomonie si l'on s'en tient à cette interprétation.

Si l'on sort un instant du cadre de ce passage, on se rappellera que Maximin est décrit, par le biais d'indications « hyperboliques » sur son pouce ou sa taille, comme un géant[46]. Le portrait physique de Maximin est très sommaire, voire quasi-inexistant : en effet, si l'auteur insiste sur sa taille démesurée, qui évoque le gigantisme, le lecteur ne dispose pas d'informations sur son visage, son nez, ses cheveux… comme il peut en avoir pour d'autres empereurs.

Notre rédacteur jugeait peut-être peu utile d'aller plus avant dans le détail, dans la mesure où les traits de son protagoniste étaient déjà ébauchés. De plus, nous avons déjà rappelé précédemment la remarque de J. Couissin concernant l'incomplétude des portraits chez Suétone[47].

---

46 *Cf. infra.*

47 J. Couissin, art. cité, p. 242-243. Nous rappelons la citation (*cf. supra*) : « On voit, dès lors, pourquoi le portrait de César se limite à cette énumération de traits si brève, si incomplète et si capricieuse en apparence : c'est la liste des traits physiognomoniquement révélateurs de son caractère tel que le conçoit l'auteur, non une peinture simplement objective. »

Mais quoi qu'il en soit, la tête de l'empereur devait être nécessairement volumineuse.

Or le *Traité de physiognomonie* de l'Anonyme latin apporte cette précision : « Une tête énorme montre un homme sot, stupide et fort ignare[48] » (méthode anatomique). Cette description semble correspondre à Maximin, si l'on s'en tient à cet autre passage de la *Vita* :

> *Denique cum inmortalem se prope crederet ob magnitudinem corporis uirtutisque, mimus quidam in theatro praesente illo dicitur uersus Graecos dixisse, quorum haec erat Latina sententia : "Et qui ab uno non potest occidi, a multis occiditur. Elefans grandis est et occiditur, leo fortis est et occiditur, tigris fortis est et occiditur : caue multos, si singulos non times." Et haec imperatore ipso praesente iam dicta sunt. Sed cum interrogaret amicos, quid mimicus scurra dixisset, dictum est ei, quod antiquos uersus cantaret contra homines asperos scriptos, et ille, ut erat Thrax et barbarus, credidit.* (*Maxim.*, IX, 3-5)
>
> « Et pourtant, bien qu'il se crût presque immortel en raison de son imposante stature et de sa vaillance, un mime récita, dit-on, en sa présence au théâtre des vers grecs dont voici la traduction en latin : "Celui qu'un seul homme ne peut tuer, un groupe d'hommes peut le faire. L'éléphant est énorme et on le tue, le lion est courageux et on le tue, le tigre est courageux et on le tue : prends garde à un groupe d'hommes si un homme isolé ne te fait pas peur." Et c'est en présence même de l'empereur que ces mots avaient été prononcés. Mais quand il demanda à ses amis ce que le mime avait voulu dire, on lui répondit qu'il avait déclamé des vers anciens composés contre des hommes cruels, et lui, en bon Thrace et Barbare qu'il était, il le crut. »

Les physiognomonistes de l'Antiquité présentaient en outre les Thraces comme « injustes, paresseux et ivrognes[49] » (méthode ethnologique) : on pourrait, là aussi, établir des rapprochements avec la réalité du règne décrite dans l'œuvre, en prenant en compte notamment les premier et dernier adjectifs[50]. Ces remarques pourraient ainsi laisser croire que le rédacteur s'est inspiré de considérations physiognomonistes.

48 *Traité de physiognomonie*, 16 : *Caput immensum stultum et stolidum et indocilem uehementer ostendit.*

49 *Traité de physiognomonie*, 9 : *iniqui, pigri, temulenti.*

50 Les marques de la cruelle injustice de Maximin sont nombreuses : par exemple, *Maxim.* IX, 1 : *Nam ignobilitatis tegendae causa omnes conscios generis sui interemit, nonnullos etiam amicos, qui ei saepe misericordiae paupertatis causa pleraque donauerant.* « Car, pour cacher l'humilité de ses racines sociales, il mit à mort tous ceux qui en avaient connaissance, et même quelques-uns de ses amis qui, ayant pitié de sa pauvreté, lui avaient souvent consenti des dons généreux. » Maximin a une « âme sans noblesse » (*ibid.*, VIII, 11 : *Tantum*

Étudions à présent quelques derniers passages de la biographie. On sait que l'animalisation de Maximin constitue un *leitmotiv* de la *Vita*. Le tyran est assimilé explicitement à une bête (*belua*[51]) :

> *Senatus populusque Romanus per Gordianos principes a tristissima belua liberari coeptus proconsulibus, praesidibus, legatis, ducibus, tribunis, magistratibus ac singulis ciuitatibus et municipiis et oppidis et uicis et castellis salutem, quam nunc primum recipere coepit, dicit [...] Vestrum nunc est consentire ad salutem rei p. optinendam et ad scelera defendenda et ad illam beluam atque illius amicos, ubicumque fuerint, persequendos.* (*Maxim.*, XV, 6 et 8)
>
> « Le Sénat et le peuple romain, que les empereurs Gordiens viennent à peine de délivrer de la bête immonde, souhaitent aux proconsuls, gouverneurs, légats, généraux, tribuns, magistrats, à toutes les cités, aux municipes, bourgs, villages et places fortes la félicité dont eux-mêmes ont tout juste recommencé à jouir [...] Il vous revient maintenant de faire connaître votre accord pour

---

ualet conscientia degeneris animi, « Voilà ce qu'entraîne le sentiment d'infériorité dans une âme sans noblesse »). – Pour l'ivrognerie, nous renvoyons à l'hyperbole de IV, 1, citée précédemment.

51 Rappelons que, pour Tibère, c'est le pouvoir impérial qui est monstrueux et non l'empereur (*Tib.*, XXIV, 1, *cf. supra*). – Le terme *belua* est une insulte dans les *Verrines* ou le *Pro Milone* : *Sed quid ego hospitii iura in hac inmani belua commemoro ?*, « Mais pourquoi citer les lois de l'hospitalité à propos d'une bête sauvage ? » (*Discours*, t. VI, *Seconde action contre Verrès, livre V, Les supplices*, texte établi par H. Bornecque et traduit par G. Rabaud, Paris, Les Belles Lettres, 1950, *Verrines*, V, XLII, 109) ; *Satis est in illa quidem tam audaci, tam nefaria belua docere...*, « Il suffit, s'agissant d'un monstre si audacieux si criminel, de démontrer... » (*Pour T. Annius Milon*, texte établi et traduit par A. Boulanger, introduction et notes par J.-N. Robert, deuxième tirage, Paris, Les Belles Lettres, 2002, XII, 32). Cicéron l'emploie encore pour opposer César, *homo*, et Antoine, *belua*, dans les *Philippiques* : *Quin etiam de illo homine queri solebas ; quid te facturum de belua putas ?*, « Bien plus, tu ne cessais de te plaindre de l'ancien maître, qui était un homme ; que crois-tu pouvoir faire avec un monstre ? » (*Discours*, t. XX, *Philippiques* V à XIV, texte établi et traduit par P. Wuilleumier, Paris, Les Belles Lettres, 1973, VIII, 13). Virgile dans l'*Énéide* (livre VI), lors de la catabase, pour désigner l'Hydre de Lerne, utilise l'expression *ac belua Lernae* : *Centauri in foribus stabulant Scyllaeque biformes / et centumgeminus Briareus ac belua Lernae / horrendum stridens, flammisque armata Chimaera*, « De plus, beaucoup de monstres faits de diverses bêtes sauvages sont parqués aux portes : des Centaures ainsi que des Scyllas à double forme, le centuple Briarée, la bête de Lerne sifflant horriblement, la Chimère armée de flammes... » (Virg., *Énéide*, livre VI, v. 286-288, traduction de P. Heuzé). Claudien emploie *belua* dans une animalisation destinée à assombrir l'image d'Eutrope : *nec belua taetrior ulla / quam serui rabies in libera terga furentis*, « il n'est bête plus laide / Qu'un esclave enragé en fureur sur le dos d'un homme libre » (*Contre Eutrope*, livre I, v. 183-184). Le terme peut enfin servir à qualifier le démon dans la littérature hagiographique : par exemple, *cf.* Venance Fortunat, *Vie de Saint Martin*, v. 453 et 465 (nous utilisons l'édition suivante : Venance Fortunat, *Œuvres*, *t. IV, Vie de Saint Martin*, texte établi et traduit par S. Quesnel, Paris, Les Belles Lettres, 1996).

maintenir le salut de l'État, repousser le crime et pour chasser, où qu'ils se trouvent, cette bête féroce et ses amis. »

Ubi hoc senatus consultum Maximinus accepit, homo natura ferus sic exarsit, ut non hominem sed beluam putares. (*Ibid.*, XVII, 1)

« Quand Maximin eut connaissance de ce sénatus-consulte, lui qui était déjà féroce de nature fut enflammé d'une telle colère qu'on l'aurait pris non pour un homme mais pour une bête. »

L'animalisation du tyran constitue un trait topique de la littérature latine : la métaphore animale était déjà abondamment exploitée dans l'ouvrage de Lactance, *De la mort des persécuteurs*[52]. Néron est décrit comme une « bête malfaisante[53] », Dèce comme une « bête exécrable[54] ». La férocité de Maximien est soulignée lors de la présentation du personnage[55]. Galère, comme ses ours, aime se rassasier du sang humain[56]. « Bête malfaisante[57] », il mugit[58]. Maximin, dépeint comme un être lubrique, n'échappe pas à la comparaison[59]. À la fin de son œuvre, Lactance désigne une dernière fois les ennemis de Dieu de *lupi rapaces* et de *bestiae malae*[60].

52 Comme le rappelle A. Chastagnol, le rédacteur connaissait peut-être Lactance (A. Chastagnol, *Histoire Auguste*, introduction, p. LXXXV). L'auteur chrétien lui aurait-il donné l'idée du procédé consistant à assimiler les tyrans à des bêtes sauvages ?

53 Lactance, *op. cit.*, II, 7 : *ut ne sepulturae quidem locus in terra tam malae bestiae appareret*, « on ne put même pas découvrir sur terre la sépulture de cette bête malfaisante. »

54 *execrabile animal Decius* (*ibid.*, IV, 1).

55 *Inerat huic bestiae naturalis barbaries, efferitas a Romano sanguine aliena*, « Il y avait dans cette bête féroce une barbarie naturelle, une sauvagerie étrangères au sang romain » (*ibid.*, IX, 2).

56 *Habebat ursos ferociae ac magnitudinis suae simillimos*, « Il avait des ours, ses pareils pour la taille et la férocité… » (*ibid.*, XXI, 5). L'empereur apprécie le spectacle des condamnés jetés aux ours : *quorum artus cum dissiparentur, ridebat suauissime nec umquam sine humano cruore cenabat*, « en voyant mettre en pièces les membres de ces malheureux, l'empereur riait avec délectation. Il lui fallait toujours, à son dîner, du sang humain » (*ibid.*, XXI, 6).

57 Lactance emploie donc de nouveau l'expression qui a servi à décrire Néron (*mala bestia*) : *cf. ibid.*, XXV, 1.

58 *Dolet bestia et mugit*, « Piqué au vif, ce dernier [Galère] mugit comme une bête blessée » (*ibid.*, XXXII, 4). Pour dépeindre son agonie, Lactance écrit : *Clamores simul horrendos ad sidera tollit, quales mugitus, fugit <cum> saucius <aram> taurus*, « il pousse vers le ciel d'horribles clameurs, semblables aux mugissements du taureau blessé quand il s'échappe de l'autel » (*ibid.*, XXXIII, 8).

59 *Sed animal nefarium protinus inardescit*, « mais immédiatement s'alluma le désir de cette bête affreuse » (*ibid.*, XXXIX, 3).

60 *Ibid.*, LII, 2.

Comme le souligne C. Lévy, si le *monstrum* et la *belua* semblent appartenir à des registres différents, dans la mesure où le premier se situe en marge des phénomènes communément observables dans le monde, tandis que la seconde s'inscrit encore dans l'ordre naturel, ils se rejoignent en ce que « l'homme qui par son comportement devient une *belua* est pour Cicéron tout aussi étranger à la nature qu'un mouton à cinq pattes[61] ».

La peinture de Maximin en bête sauvage se traduit par l'emploi de synonymes :

> *Cum esset ita moratus, ut ferarum more uiueret* (*Maxim.*, x, 1)
>
> « Comme il était naturellement porté à vivre à la manière des bêtes sauvages »

> *His rebus in dies inmanior fiebat, ferarum more, quae uulneratae magis exulcerantur.* (*Ibid.*, xi, 6)
>
> « Tout cela le rendait de jour en jour plus cruel, à la manière des fauves qui, une fois blessés, deviennent d'autant plus féroces. »

L'expression *ferarum more* revient donc à plusieurs reprises et complète la description de *belua*. L'animalité (et donc l'inhumanité) du tyran transparaît, outre les réifications (*belua*), dans le comportement du *princeps* :

> *Ubi hoc senatus consultum Maximinus accepit, homo natura ferus sic exarsit, ut non hominem sed beluam putares. Iaciebat se in parietes, nonnumquam terrae se prosternebat, exclamabat incondite, arripiebat gladium, quasi senatum posset occidere, conscindebat uestem regiam, aliquos uerberibus adficiebat, et nisi de medio recessisset, ut quidam sunt auctores, oculos filio adulescentulo sustulisset.* (*Maxim.*, xvii, 1-2)
>
> « Quand Maximin eut connaissance de ce sénatus-consulte, lui qui était déjà féroce de nature fut enflammé d'une telle colère qu'on l'aurait pris non pour

---

61 F. Galtier, « La monstruosité néronienne… », p. 266. *Cf.* C. Lévy, « Rhétorique et philosophie : la monstruosité politique chez Cicéron », *REL*, t. 76, 1998, p. 139-157, ici p. 147. C. Lévy remarque que le terme de *monstrum* n'est pas très utilisé par Cicéron pour désigner Catilina, Clodius et Marc Antoine (*ibid.*, p. 146). Par ailleurs, « dans l'éloquence antique l'assimiliation de l'adversaire à une bête sauvage est un *topos* » (*ibid.*, p. 147 ; pour quelques occurrences de *belua* dans l'œuvre cicéronienne, *cf. supra*). Dans le *De officiis*, « la séparation entre le tyran, archétype de la monstruosité politique, et la société des hommes est radicale » (*ibid.*, p. 148). Relevons l'exemple de Domitien dans l'Épitome : *Domitianus longe tetrior in omne hominum genus, etiam in suos, ferarum more grassabatur*, « Domitien, devenu encore plus détestable, s'acharna contre tout le genre humain et même ses proches, comme le font les bêtes féroces » (Ps. Aur.-Vict., XI, 10).

un homme mais pour une bête. Il se jetait contre les murs, se roulait parfois à terre, poussait des cris inarticulés, sortait son épée comme s'il allait tuer le Sénat, déchirait son vêtement royal, frappait de verges les uns ou les autres, et si, selon certains auteurs, son jeune fils n'avait pris le large, il lui aurait arraché les yeux. »

Parmi les *omina mortis* de la Vie, on trouve également cette indication :

> *Lupi urbem quingenti simul ingressi sunt [in eam urbem], in quam se Maximinus contulerat.* (*Maxim.*, XXXI, 3)
>
> « Cinq cents loups entrèrent en bande dans une ville où Maximin s'était réfugié. »

À notre avis, l'Anonyme, en rapportant cette anecdote, entend associer Maximin à la figure du loup. L'empereur voit ses congénères le rejoindre dans un moment de détresse, conformément à l'esprit de meute[62]. Dans le *Traité de Physiognomonie*, le loup est décrit ainsi :

> *Lupus animal est rapax, iracundum, insidiosum, audax, uiolentum. [...] Huiusmodi homines callidi, impii, gaudentes sanguine, ad iracundiam faciles, moribus praui usque adeo sunt ut quod datur uel offertur non accipiant, quod non datur rapiant.* (*Traité de physiognomonie*, 126.)
>
> « Le loup est un animal ravisseur, irascible, insidieux, audacieux et violent. [...] Les hommes de ce type sont rusés, impies, aiment le sang, sont facilement

62 Nous lisons dans l'article de J.-L. Voisin une conclusion similaire : « Les loups ont rejoint le loup. Car Maximin est présenté par l'auteur de l'*Histoire Auguste* comme un *animal* qui vit à la manière des bêtes sauvages [...] Devenu empereur, cet ancien berger thrace, familier donc des bêtes sauvages dont il faut se protéger, barbare (ou semi-barbare), carnivore, entraîne fréquemment ses légions à la chasse et fait preuve d'une cruauté toute animale » (J.-L. Voisin, « Un nihiliste antique ? Portrait de l'auteur de l'*Histoire Auguste* à travers les *omina mortis* », *REL*, t. 95, 2017, p. 205-221, ici p. 210). Rajoutons que cette intrusion dans la ville peut également constituer un présage funeste, dans la mesure où le loup est un animal chtonien (Cicéron, *Pour Sextus Roscius*, texte traduit par F. Hinard, Paris, Les Belles Lettres, 2009, Classiques en poche, n° 98, annexe 1, p. 146). Le parricide, qui est puni par la peine du *culleus*, doit porter une cagoule en peau de loup : « elle métamorphose le coupable en loup, le retranchant de la société des humains pour le faire entrer dans le monde animal, et aussi dans celui des démons infernaux » ; « [Gernet] a également mis en évidence un parallèle avec des rites grecs dans lesquels le loup symbolise le "hors-la-loi." » Sur la sinistre réputation de l'animal, *cf.* également le premier livre des *Métamorphoses* d'Ovide : Lycaon, le tyran d'Arcadie, est châtié par Jupiter pour lui avoir servi des membres humains lors d'un banquet. Ce monstre assoiffé de sang est métamorphosé en loup (Ovide, *Les Métamorphoses*, texte établi par G. Lafaye, émendé, présenté et traduit par O. Sers, Paris, Les Belles Lettres, 2009, ici livre I, p. 48).

irascibles, de mœurs si malhonnêtes qu'ils refusent ce qu'on leur donne ou ce qu'on leur offre, mais volent ce qu'on ne leur donne pas. »

La plupart des traits moraux pourraient, là encore, s'appliquer à Maximin. Mais il ne faut pas oublier non plus que l'intrusion d'une meute de loups dans une ville est un prodige topique de la littérature historique. J.-L. Voisin rappelle qu'on le retrouve chez Dion Cassius, Appien et Tite-Live[63] ; le caractère invraisemblable de celui de l'*Histoire Auguste* ne fait aucun doute, notamment dans la mesure où « une meute n'excède pas en général vingt individus et en compte le plus souvent moins de dix[64] ».

C. Février écrit quant à lui : « animal féroce, sanguinaire même, qui tue, qui dévore les cadavres, le loup représente un danger immédiat. À elle seule, son incursion dans la Ville, surtout sur le Capitole et le Forum, au cœur même de Rome, suffit à mettre en émoi les autorités civiles et religieuses. La formule type est *lupus urbem intrauit* (Obs. 43). Et, comme l'a souligné J. Trinquier dans un article remarquable, c'est précisément cette intrusion du sauvage dans le centre civique et religieux de la cité qui constitue le prodige[65]. »

Ces dernières observations permettent-elles de trancher définitivement la question d'un recours à la physiognomonie dans l'œuvre ? Dans la mesure où certains passages suspects sont construits avec des lieux communs, la solution n'est guère évidente[66].

Afin d'éviter des conclusions hasardeuses, nous nous contenterons donc de signaler que des interprétations physiognomonistes de quelques descriptions de l'*Histoire Auguste*, descriptions physiques d'une part, descriptions métaphoriques d'autre part, s'accordent avec l'image que le rédacteur construit dans ses biographies. Il n'est pas impossible que l'auteur ait emprunté des thèmes à cette pseudo-science encore en vogue au IVe siècle, au gré de sa fantaisie, sans pour autant l'appliquer de façon systématique et rigoureuse.

---

63 J.-L. Voisin, « Un nihiliste antique ?... », p. 210.

64 *Ibid.*, p. 211.

65 C. Février, art. cité, ici p. 45.

66 Nous avons déjà relevé la difficulté de conclure à un recours à la physiognomonie dans la Vie de Caligula de Suétone (B. Chazal, art. cité, p. 60-61).

LE RÔLE DU DISCOURS DIRECT

Au rebours des théoriciens de l'*enkomiôn* qui ne faisaient généralement que peu de cas de l'art de la citation[67], on sait que les historiens avaient l'habitude, dans l'Antiquité, de reconstituer les discours des hommes illustres, au détriment du souci d'exactitude historique[68]. Jules César n'hésite pas à réécrire les discours de ses homologues gaulois, Dion Cassius rapporte la conversation entre Auguste et Livie concernant le sort à réserver aux séditieux menés par Cinna ; on pourrait encore citer de nombreux exemples[69]. Suétone montre, à cet égard, des « scrupules d'antiquaire », pour reprendre l'expression de J. Gascou[70], en manifestant un goût de la citation exacte[71]. Dans le cadre du genre biographique, la restitution des paroles prononcées par les personnages qui font l'objet des Vies revêt une importance toute particulière : elle permet de mieux éclairer leur personnalité[72].

---

67 *Cf.* L. Pernot, *La Rhétorique de l'éloge...*, p. 173 : « À côté des actions, certains théoriciens mentionnent les paroles : *facta dictaque, erga kai logoi.* Mais ces mentions restent très rares, et il est exclu que la dichotomie actions/paroles structure le *topos* des *aretai.* Les théoriciens de la topique n'ont pas été intéressés par le thème des paroles envisagées comme le miroir de l'âme. Même si les chries ont une place dans la *lalia*, les *ultima uerba* dans l'*epitaphios* et dans la consolation, l'éloge ne veut surtout pas se muer en recueil d'apophtegmes et de bons mots. »

68 Rappelons que « le concept de citation comme nous l'entendons actuellement n'existait pas dans l'Antiquité [...] A. Compagnon la définit comme une catégorie propre au système culturel occidental des temps modernes, réservant pour l'Antiquité l'appellation peu flatteuse, mais justifiée, de "préhistoire de la citation". Les Romains percevaient en effet deux types de répétitions, celle des pensées et celle des mots ; [...] il n'existait pas d'"entité discursive spécifique qui serait la citation et qui comprendrait les deux formes de répétitions, de choses et de mots. [...] Conséquence subtile [...], dans certains cas [...], quand les mots eux-mêmes sont effectivement répétés et où il s'agit bien d'une citation au sens contemporain, celle-ci vaut encore comme une forme de répétition de la pensée" » (B. Goffaux, « Mémoire et citation poétique dans l'*Histoire Auguste* », *REL*, t. 81, 2003, p. 215-231, ici p. 226).

69 Le procédé, déjà utilisé chez les Grecs, est repris par Caton l'Ancien (R. Martin, J. Gaillard, *op. cit.*, IV, p. 113). Il « pose ainsi un des fondements de l'historiographie romaine, très attachée à cette technique littéraire qui établit un lien étroit entre la réalité politique et le texte historique » (*ibid.*).

70 *Cf.* Suétone, *Vies des douze Césars*, traduction T. Baudement, révisée par J. Gascou, Paris, Flammarion, 1990, GF, n° 1361, ici introduction, p. 14.

71 *Ibid.* et J. Hellegouarc'h, art. cité, p. 27.

72 Par exemple, les bons mots mis dans la bouche des empereurs servent à les caractériser. A. Cascón, art. cité, p. 162 : « *una buena manera de caracterizar a un emperador es poner un chiste en su boca.* » Le chercheur donne l'exemple de Sévère, Niger et Aurélien ; ces princes,

Le rédacteur de l'*Histoire Auguste* ne fait pas l'économie du procédé. Le discours direct, que l'on retrouve aussi bien dans les Vies principales que dans les Vies secondaires, intermédiaires et dernières, s'incarne sous des formes très variées : lettres (présentées souvent, d'après ses propres mots, de façon parcellaire), vers, épigrammes, dialogues, citations, acclamations et imprécations du Sénat. La plupart de ces fragments sont le fruit de son invention, conformément à l'entreprise de mystification qui gouverne le recueil dans son ensemble. Il faut revenir un instant sur les enjeux posés par cette utilisation du discours direct dans le cadre de notre étude sur la rhétorique du blâme.

Le premier point concerne la nature même du procédé. S'agit-il d'une prosopopée, ou d'une éthopée ? L. Pernot a rappelé la complexité qui entoure dès l'Antiquité la définition de la première notion. « Les rhéteurs se plaisent à subdiviser la notion, en distinguant les cas où l'on fait parler soit un absent (*êthopoiia*), soit un mort (*eidôlopoiia*), soit un objet inanimé ou abstrait (*prosôpopoiia* au sens strict, comprenant une personnification). D'autre part, ils rattachent à la prosopopée des œuvres qui consistent tout entières à faire parler un ou plusieurs personnages : non seulement le *progymnasma* intitulé "prosopopée" ou "éthopée" et les déclamations mises dans la bouche d'un personnage déterminé, mais aussi des œuvres non rhétoriques, comme les dialogues, ou comme les poèmes homériques[73]. »

D'après B. Schouler, les paroles que met en scène cette figure s'affirment comme fictives[74]. Aussi L. Pernot préfère-t-il se conformer à la définition suivante : « la prosopopée est la figure de pensée par laquelle l'orateur cesse de parler en son propre nom et prête fictivement sa voix à un autre locuteur, quel qu'il soit[75]. » Nous préfèrerons toutefois rester prudent et en revenir à une définition plus traditionnelle (la première définition

---

qui se sont particulièrement distingués pour avoir su discipliner les soldats, ne font guère de plaisanteries à leur sujet. J. Gascou rappelle par ailleurs les propos de Plutarque dans la *Vie d'Alexandre* : « … et ce ne sont pas toujours les actions les plus éclatantes qui révèlent le mieux les qualités et les défauts des hommes : un acte ou une parole tout ordinaire, une simple plaisanterie font souvent mieux connaître un caractère que les combats les plus meurtriers, les batailles rangées ou les sièges les plus mémorables. » (*Suétone historien*, p. 347).

73 L. Pernot, *La Rhétorique de l'éloge…*, p. 399.

74 B. Schouler, *La tradition hellénique chez Libanios*, p. 429-436. Référence fournie par L. Pernot, *ibid.*, n. 345, p. 399.

75 *Ibid.*

énoncée par L. Pernot chez les Anciens), en considérant que les discours placés dans la bouche des personnages relèvent de l'éthopée[76].

L'éthopée, *imitatio morum alienorum*, ou *mimesis*, « peut être rangée, elle, parmi les figures qui excitent des émotions plus légères[77] », pour reprendre les termes de Quintilien. En cela, elle se coule mieux dans le style humble du genre biographique, même si certaines phrases peuvent émouvoir le lecteur (pensons au fameux *Oderint, dum metuant* de Caligula, dans la Vie de Suétone, pour ne citer que cet exemple[78]). B. Carnevali relève en outre que l'étude des mœurs constitue l'objet spécifique de la connaissance morale, soit le ressort du style humble que décrit le verbe *docere*. À différentes reprises, donc, le rédacteur fait parler les personnages de son récit, et les propos qu'ils tiennent, que ce soit sous la forme de répliques ou de lettres, nous indiquent *qui ils sont*.

Le deuxième point s'intéresse au problème du détachement d'un énoncé de son texte source[79]. Le rédacteur s'appuie en effet à différentes reprises sur des intertextes, qu'il réemploie à sa guise. Il existe deux grandes familles de phrases détachées[80]. Les parémies sont habituées à naviguer, si l'on peut dire, de texte en texte, au gré des circonstances particulières d'énonciation[81]. Elles sont par nature irréductibles et ne justifient leur

76 Sur l'éthopée, il faut se reporter à l'article de B. Carnevali, « *Mimesis* littéraire et connaissance morale. La tradition de l'"éthopée" », *Annales. Histoire, Sciences Sociales*, 2/2010 (65ᵉ année), p. 291-322.

77 Quint., V, cité par B. Carnevali.

78 Suet., *Calig.*, XXX, 3. Sur l'éthopée dans la Vie de Caligula de Suétone, *cf.* B. Chazal, art. cité, p. 64.

79 D. Maingueneau qualifie ce phénomène d'« aphorisation » ; il s'agit d'un « régime d'énonciation spécifique » (*Les Phrases sans texte*, Paris, Armand Colin, 2012, « U Lettres », version numérique, chap. 2, « L'énonciation aphorisante »). Nous avons eu l'occasion d'évoquer ce point dans notre article (B. Chazal, *ibid.*, p. 63) : dans les biographies impériales, la plupart des citations courtes des empereurs sont des énoncés détachables qui peuvent éventuellement servir à noircir leur image, dans la mesure où elles fonctionnent comme des éthopées (*cf. ibid.*, p. 62-63 et *infra*.).

80 Sur les deux catégories d'aphorisation, « phrases primaires » (parémies) et « phrases secondaires » (prélevées sur des textes), *cf.* D. Maingueneau, *ibid.*, chap. 2.

81 Sur les douze parémies que l'on rencontre en Occident (le proverbe, la sentence, la locution proverbiale, le dicton, la maxime, le slogan, l'adage, le précepte, l'aphorisme, l'apophtegme, la devise et le wellérisme), *cf.* M. Quitout, dans M. Quitout (dir.), *Proverbes et énoncés sentencieux*, Paris, L'Harmattan, 2002, p. 12. Référence établie par D. Maingueneau, *ibid.*, introduction. « Wellérisme » est un terme emprunté à l'anglais *Wellerism* : « *An expression or form of speech used by or characteristic of the Dickens character Sam Weller or his father, Tony; (usually) specifically a kind of a proverbial expression in which a statement, such as a familiar saying or proverb, is given a humorous or ironic twist by being incongruously or*

condition d'existence que par leur propension à épouser sans distinction la plus grande variété des situations de production de discours.

Le rédacteur ne recourt pas beaucoup à cette première catégorie. En effet, quand il n'invente pas, il préfère détacher des fragments de textes littéraires empruntés à sa bibliothèque et les mettre dans la bouche de ses personnages. Virgile est ainsi utilisé à plusieurs reprises ; Aurélius Victor, de façon fallacieuse, également. L'Anonyme cherche à créer une connivence avec son lectorat cultivé, mais cette démarche littéraire soulève des interrogations sur un plan énonciatif. Pour reprendre les mots de D. Maingueneau, le détachement constitue une « énonciation seconde, du déjà dit[82] » ; il implique une altération du fragment qui se trouve positionné dans un nouveau contexte. Cette « mise-en-scène » participe donc au jeu de masques que l'Anonyme instaure d'emblée avec son œuvre. Il met la littérature latine au service de sa stratégie rhétorique cherchant notamment, dans le cas qui nous intéresse, à blâmer les princes.

Si cette donnée est d'importance, le procédé, lui, en réalité, n'offre rien de nouveau. S'appuyer sur des *exempla*, qui ne prennent pas forcément la forme de citations, pour étayer un point de vue est une constante de la littérature latine. Rappelons qu'à Rome, le contenu du propos est parfois moins important que l'identité de la personne qui le tient ; en d'autres termes, l'argument d'autorité est monnaie courante. Ici, il n'y a pas de démonstration à proprement parler, mais une visée informative officiellement affirmée, avec une visée argumentative non-avouée, même si elle paraît parfois soulignée à gros traits par l'Anonyme. Les citations constituent donc un ornement mais peuvent aussi relever du ressort persuasif. Le rédacteur sélectionne des fragments de la littérature latine qui disent, à la façon d'une métaphore, ce qui ne pourrait être dit autrement. La parole des grands auteurs (un statut que l'Anonyme ne prétend d'ailleurs pas atteindre) est mieux à même de décrire l'idée que ses propres mots.

En outre, « l'énonciation aphorisante » se présente « d'emblée comme mémorable et mémorisable[83] ». Citer de courts propos, des phrases ciselées,

---

punningly attributed to a particular speaker, typically in a specific situation. » (Oxford, https://en.oxforddictionaries.com/definition/wellerism, consulté le 25 octobre 2018).

82 *Ibid.*, chap. 3, p. 39.

83 *Ibid.*, chap. 2, p. 32.

de l'ordre de la sentence, comme celles qu'adresse Avidius Cassius à ses soldats lors d'une mutinerie, impressionne durablement l'esprit du lecteur. Ce dernier se souvient de ces quelques mots qui résument la personnalité d'un homme et peut les répéter ; comme nous l'avons suggéré précédemment, il s'agit d'une façon de propager la réputation d'un tyran.

Le troisième point relève des formes spécifiques que revêt le discours direct. Traitons en premier lieu le cas de l'épigramme[84]. Cette forme présente un intérêt tout particulier à figurer dans une biographie. En effet, elle est à l'origine une inscription, gravée pour l'éternité sur le marbre des statues ou des pierres tombales ; cet aspect monumental ressort également dans sa forme littéraire. Là encore, il est question de mémoire. Rapporter des épigrammes qui circulent au sujet d'un empereur, comme l'a fait Suétone pour Tibère, revient à réaliser une procédure de *damnatio memoriae* « inversée » : on condamne la mémoire du tyran, mais au lieu d'effacer les inscriptions, on en grave d'autres de façon manuscrite.

Il peut être utile de rappeler ici les cinq grands points de la « doctrine martialienne du genre » que détaillent R. Martin et J. Gaillard[85]. Martial a rédigé mille cinq cents épigrammes environ, mais s'est abstenu de livrer une théorie du genre. Pourtant, de grands traits apparaissent derrière ses milliers de vers[86] : la « brièveté », « l'enjouement », une « fonction carnavalesque[87] », un mépris de la « décence et de la respectabilité », un caractère journalistique, qui « bannit toute distanciation » et inscrit le genre comme l'« image même de la vie », dans le sens où il « colle à la réalité contemporaine ». Toutes ces caractéristiques démontrent bien que l'épigramme est « l'antithèse de l'épopée[88] ». Parce qu'elle s'éloigne de la grande Histoire, qui partage des points communs avec la légende, elle trouve tout naturellement sa place dans le genre biographique et tout particulièrement, pourrait-on dire, dans l'*Histoire Auguste*, qui est dominée par l'humour et la fantaisie.

---

84 Sur l'épigramme, *cf.* R. Martin, J. Gaillard, *op. cit.*, V. p. 404-415.

85 *Ibid.*, V, p. 407.

86 *Ibid.* Nous reprenons ici la terminologie de R. Martin et J. Gaillard.

87 « Elle est liée, dans l'esprit de Martial, à cette période des "Saturnales" qui occupait la fin du mois de décembre, et que caractérisait l'abandon de la gravité et des convenances sociales, dans une atmosphère joyeuse et détendue de fêtes et de banquets évoquant le règne de Saturne, temps mythique de l'âge d'or ; l'épigramme est en quelque sorte une saturnale littéraire. » (*ibid.*).

88 *Ibid.*

Il est hors de conteste que la forme de la lettre, quant à elle, est très appréciée par le rédacteur, qui l'emploie à outrance, mais uniquement dans les Vies secondaires, intermédiaires et dernières[89]. Toujours apocryphes, souvent restituées de façon parcellaire (on mentionne alors qu'il ne s'agit que d'un extrait), les lettres mettent en scène les pensées des différents personnages du recueil, qui donnent la plupart du temps leur avis sur l'empereur faisant l'objet de la Vie dans laquelle se trouve inséré le document. Elles servent ainsi d'argument d'autorité dans le cadre de la stratégie d'éloge ou de blâme déployée par l'Anonyme.

R. Martin et J. Gaillard, dans *Les Genres littéraires à Rome*, soulignent les problématiques posées par la notion de genre épistolaire. La lettre conserve une certaine autonomie par rapport aux autres formes littéraires dans la mesure où elle ne compte pas nécessairement parmi ses éléments constitutifs un style raffiné et recherché qui vise à créer le Beau ; en outre, les conditions d'existence du document se fondent sur l'impossibilité de tenir une conversation directe avec l'interlocuteur, donnée qui justifie la démarche du destinateur[90].

Toutefois, il existe de « fausses lettres » qui méritent d'être considérées comme des œuvres littéraires[91]. Les auteurs proposent donc de se fonder sur un critère formel, – l'encadrement du texte par les formules de salutation et d'au revoir qui ont cours à Rome (« Untel salue Untel » et « porte-toi bien ») – pour rattacher un texte au genre épistolaire[92]. Dans l'*Histoire Auguste*, comme nous l'avons déjà signalé, cette structure formelle est loin de toujours se maintenir, dans la mesure où le rédacteur se contente souvent de présenter des fragments. Du fait de la nature fictive du document, nous pourrions considérer toutefois tous ces passages comme relevant de la création littéraire.

La question de la qualité stylistique pose à son tour un autre problème. Le rédacteur livre des informations, des appréciations, des états d'âme, mais le style n'est pas nécessairement particulièrement recherché. Les

89 Des lettres sont bien évoquées dans les Vies principales (comme par exemple en *Sév.*, IX, 3 ou XI, 6), mais les restitutions textuelles ne concernent que les autres biographies.

90 R. Martin, J. Gaillard, *op. cit.*, II, p. 454.

91 *Ibid.*, p. 455. Les auteurs rappellent la conception du critique allemand Deissmann qui distingue lettre et épître. Seule la seconde est une œuvre d'art et destinée à un grand public. Cette définition est mise à mal quand on songe au caractère littéraire que peuvent revêtir certaines missives dans les milieux cultivés.

92 *Ibid.*, p. 456.

procédés, quand ils existent, demeurent fort sommaires. En outre, les lettres ne présentent souvent aucun intérêt documentaire au regard de l'ensemble de la biographie puisqu'elles répètent, en fait, des informations ou des idées précédemment énoncées.

À la fin du IVe siècle, le genre épistolaire était en vogue[93] : à peu près tous les écrivains chrétiens y ont recouru[94], peut-être dans la continuité de l'apôtre Paul[95]. Jérôme, pour lequel de nombreux chercheurs ont repéré des points de contact avec l'*Histoire Auguste*, est ainsi l'auteur d'une correspondance importante, composée de lettres diverses, qui pour la plupart célèbrent les vertus de l'ascétisme et exhortent tout un chacun à suivre cette voie[96]. Mais il faut citer aussi Symmaque, dont les missives, souvent brèves, exceptionnellement vides en substance, selon les dires de R. Martin et J. Gaillard, reposent en revanche sur un style très travaillé[97].

Le rédacteur, qui était un érudit, devait avoir conscience du succès de la pratique épistolaire en son temps et de son appropriation par les milieux lettrés chrétiens. Pourquoi avoir donné une telle importance au genre épistolaire dans le recueil ? Faut-il considérer qu'il a voulu mettre en œuvre un simple jeu littéraire, fondé sur l'ouverture d'espaces appelés à devenir des zones d'expression de son imagination et d'exercices stylistiques ? Ou est-ce un moyen de s'approprier les moyens d'expression appréciés par les chrétiens, dans le cadre d'un conflit idéologique, comme

---

93 Pour une mise au point sur cet « âge d'or » de la littérature épistolaire que fut l'Antiquité tardive, *cf.* la vue d'ensemble de R. Delmaire proposée dans l'avant-propos des Actes de colloque *Correspondances* (« Avant-propos », *Correspondances. Documents pour l'histoire de l'Antiquité tardive*, Actes du colloque international, Université Charles-de-Gaulle-Lille 3, 20-22 novembre 2003, édités par R. Delmaire, J. Desmulliez, P.-L. Gatier, Lyon, Maison de l'Orient et de la Méditerranée Jean Pouilloux, 2009, Collection de la Maison de l'Orient méditerranéen ancien, Série littéraire et philosophique, 40, p. 13-16). Provinciaux, clercs, empereurs, souverains étrangers, hauts dignitaires… Les recueils de lettres font intervenir des expéditeurs qui occupent des statuts très différents dans la société ; c'est notamment cette diversité d'horizons qui a permis à la recherche contemporaine de se faire une idée plus précise de l'ambiance de l'époque (*ibid.*, p. 13-14).

94 Citons l'exemple des lettres que nous a laissées Ambroise de Milan, qui a écrit notamment à Gratien, Valentinien II, Théodose et Eugène (Y.-M. Duval, « Les lettres d'Ambroise de Milan aux empereurs. Les échanges avec Gratien », *Correspondances. Documents pour l'histoire de l'Antiquité tardive*, cité précédemment, p. 199-226).

95 R. Martin, J. Gaillard, *op. cit.*, p. 464.

96 Sur la production épistolaire de Saint Jérôme, *ibid.*, p. 465-466.

97 À ce sujet, *cf. ibid.*, p. 460-461.

le suggère S. Ratti[98] ? Nous l'avons déjà souligné, les lettres de l'*Histoire Auguste* se caractérisent parfois par la répétition d'informations fournies ailleurs dans le texte. Elles servent dès lors d'arguments d'autorité, de documents de preuve destinés à étayer l'image morale que l'Anonyme veut donner d'un *princeps*.

Les vers cités sont essentiellement extraits de l'*Énéide* (et jamais des *Bucoliques* ou des *Géorgiques*)[99]. Quand ils ne se fondent pas dans la narration, ils se réfèrent à ce que l'on appelle les *Vergilianae sortes* (ou *Vergilii sortes*)[100], c'est-à-dire une méthode de divination inédite (aucune autre source ne fait référence à cette pratique à Rome) qui repose sur le tirage d'une tablette sur laquelle étaient écrits un ou plusieurs vers de l'*Énéide*, et que l'oracle se chargeait d'interpréter, dans le cadre de consultations privées ou publiques. Ces mentions renverraient peut-être aux interprétations chrétiennes de Virgile de l'Antiquité tardive croyant déceler dans la production virgilienne des éléments exprimant la venue prochaine du Messie. Mais les vers intégrés dans le récit de l'*Histoire Auguste* possèdent aussi généralement une portée prophétique qui mérite notre attention.

À la suite de cette série d'observations générales, nous voudrions à présent établir une liste de remarques spécifiques et assorties de quelques exemples sur cette utilisation du discours direct dans l'œuvre. Il faut commencer par remarquer que les proportions des segments au style direct sont très variables selon les Vies. La biographie de Vérus (relativement courte, certes) ne comprend, par exemple, qu'un seul passage[101].

---

98 Nous développons ce point ultérieurement, *cf. infra*.

99 « L'auteur de l'*HA* possédait une culture littéraire lui permettant de puiser dans ses souvenirs de lecture pour recomposer, en les déformant, des citations de poètes classiques […] il n'était pas animé d'un souci de la citation littérale exacte, même dans le cas de Virgile. Comme c'était la norme dans l'Antiquité, il travaillait de mémoire et faisait preuve d'érudition, ce qui lui permettait d'associer librement des vers virgiliens très éloignés l'un de l'autre, ou même d'y ajouter un vers, plus ou moins réussi, de sa propre composition. » (B. Goffaux, art. cité, p. 225). Lactance inclut aussi de nombreux vers de Virgile dans son *De mortibus persecutorum* (Lactance, *op. cit.*, introduction, p. 66).

100 Sur ce point, nous reprenons les informations données par A. Chastagnol, *Histoire Auguste*, introduction générale, p. LXXIX-LXXX. Lire aussi Y. Kisch., « Les *Sortes Vergilianae* dans l'*Histoire Auguste* », *Mélanges d'archéologie et d'histoire*, t. 82, n° 1, 1970, p. 321-362. « L'*Histoire Auguste* est le seul écrit antique à nous en donner des exemples précis. » (*ibid.*, p. 324). Y. Kisch démontre que leur fonction dans le recueil ne se réduit pas à celle de simples ornements littéraires : elles peuvent servir à introduire des thèmes (*ibid.*, p. 336).

101 Il s'agit d'un dicton, concernant le nombre d'hôtes d'un festin : *septem conuiuium, nouem uero conuicium* (*Vér.*, v, 1), « à sept, c'est un repas, à neuf, un brouhaha. » A. Chastagnol a

Le tronçon de la Vie de Carus, Carin et Numérien consacré au dernier tyran de l'*Histoire Auguste* comporte trois restitutions littérales de paroles prononcées par des personnages[102]. On ne dénombre à propos de Commode que quelques occurrences destinées à condamner le tyran, au rang desquelles les longues imprécations du Sénat[103] et la verbalisation de la *damnatio memoriae* par le pontife Cingius Sévérus[104]. Ces deux passages ferment la biographie et mettent ainsi en relief la couleur morale de l'empereur que le lecteur devra garder en mémoire[105]. En revanche, les biographies d'Avidius Cassius, de Clodius Albinus et d'Élagabal, pour ne citer qu'elles, présentent davantage de passages au style direct : nous en proposerons une étude détaillée ultérieurement.

Toutes les occurrences ne possèdent pas une dimension épidictique. Quand c'est le cas, les citations peuvent aussi bien servir à louer les princes qu'à les condamner : les lettres, répliques, vers et épigrammes de la Vie de Pescennius Niger relèvent de l'éloge tandis que les surnoms attribués à Septime Sévère dans cette même biographie (« Sylla punique » et « Marius punique[106] »), mentionnés après un passage indiquant qu'il a ordonné l'exécution d'un grand nombre de sénateurs, semblent davantage relever d'une rhétorique du blâme.

Ce point doit être également souligné : les fragments au discours direct ne se rapportent pas nécessairement au personnage éponyme de la biographie. Ainsi, dans le début de la Vie de Macrin, le Sénat lance des imprécations contre Caracalla, qui vient de mourir[107]. Une réplique

reconnu un emprunt à Ausone (*Epigr.*, 17, *cf.* n. 5 p. 173). – On trouve déjà des mentions de proverbes dans les biographies de Suétone. *Cf. Oth.*, VII.

102 *Car.*, XVII, 5 et 6 ; XX, 2.

103 *Comm.*, XVIII, 3 – XIX, 9 et XX, 2-3.

104 *Ibid.*, XX, 3-5.

105 Nous pouvons également mentionner les surnoms donnés par l'empereur aux victimes qu'il fait mutiler (« pied unique » ou « l'éborgné », *cf. ibid.*, X, 6, traduction d'A. Chastagnol) pour illustrer la cruauté de ses plaisanteries, ainsi que la série d'exemples ayant trait à sa « folie onomastique ». À la suite de Néron, Commode veut en effet apposer son *cognomen* sur le nom de la ville de Rome, rebaptisée ainsi « colonie commodienne » (*ibid.*, VIII, 6), ainsi que sur ceux de son règne, assimilé à un âge d'or (*ibid.*, XIV, 3), du peuple romain (*ibid.*, XV, 5), de la ville de Carthage et de la flotte d'Afrique (*ibid.*, XVII, 8), tous qualifiés également de « commodiens ».

106 *Pesc. Nig.*, VI, 4.

107 *Ibid.*, II, 4 : *"Quemuis magis quam parricidam, quemuis magis quam incestum, quemuis magis quam inpurum, quemuis magis quam interfectorem et senatus et populi !"*, « N'importe qui plutôt qu'un parricide, plutôt qu'un incestueux, plutôt qu'un être impur, plutôt qu'un assassin du

de la Vie de Maximin, issue de la fantaisie du rédacteur, veut noircir l'*êthos* d'Élagabal, en faisant référence à son manque de respect et à son goût prononcé pour les choses obscènes et scabreuses[108].

Par ailleurs, le rédacteur élabore parfois des répliques à partir d'un matériau préexistant, à savoir des renseignements qu'il trouve dans les sources antérieures. L'exemple de la Vie de Caracalla illustre parfaitement ce phénomène. La première occurrence présente un reproche que Caracalla aurait formulé à l'égard du soldat qui venait de tuer Papinien[109] :

> *Dein in conspectu eius Papinianus securi percussus a militibus et occisus est. Quo facto percussori dixit : "Gladio te exequi oportuit meum iussum."* (*Carac.*, IV, 1)
>
> « Ce fut ensuite Papinien qu'il fit, en sa présence, frapper et tuer à coups de hache par des soldats, après quoi il dit au sicaire : "C'est à coups d'épée que tu aurais dû obéir à mon ordre." »

Cet épisode s'inspire de l'*Histoire romaine* de Dion Cassius[110] ; l'Anonyme a remanié le passage pour insérer une réplique. Papinien se fait assassiner à coups de hache (*percussus*) ; on sait que la décapitation avec ce type d'arme constituait le mode d'exécution le plus ancien. La *securis*

---

sénat et du peuple ! » Ces paroles entrent en résonance avec la longue série d'acclamations qui clôt la Vie de Commode : on retrouve les invectives de parricide et de *inpurus*. Elles en constituent une forme abrégée et adaptée au cas particulier de cet empereur.

108 *Maxim.*, IV, 6-7 : *Sed occiso Macrino cum filio suo, ubi Heliogabalum quasi Antonini filium imperatorem conperit, iam maturae aetatis ad eum uenit petitque, ut quod auus eius Seuerus iudicii circa se habuerat, et ipse haberet. <Sed> apud inpurum hominem ualere nihil potuit ; nam dicitur cum eo iocatus esse Heliogabalus turpissime : "Diceris, Maximine, sedecim et uiginti et triginta milites aliquando lassasse : potes tricies cum muliere perficere ?"* « Cependant, après l'assassinat de Macrin et de son fils, il apprit qu'Élagabal avait pris le pouvoir et se disait en quelque sorte fils d'Antonin. Il était alors dans la force de l'âge et vint demander à Élagabal de lui témoigner la même considération que lui avait manifestée son aïeul Sévère. Mais il ne put rien obtenir de cet être corrompu. On dit en effet qu'Élagabal se moqua de lui de la façon la plus honteuse : "Il paraît, Maximin, qu'il t'est arrivé d'épuiser seize, vingt et même trente soldats ; es-tu capable d'y réussir trente fois avec une femme ?" » L'empereur tourne en dérision les exploits de Maximin (décrits au moyen d'hyperboles, comme cela est souvent le cas dans cette Vie) par le jeu de la parodie et de la syllepse (*perficere*). *Cf.* A. Chastagnol, *Histoire Auguste*, n. 2 p. 654.

109 Un second passage, plus avancé dans la biographie, s'intéresse aux causes de la condamnation de Papinien (*Carac.*, VIII). A. Chastagnol note qu'il provient d'Aur.-Vict., 20, 33-34 (A. Chastagnol, *Histoire Auguste*, n. 1 p. 416 et introduction de la Vie de Caracalla, p. 402-403). Cette redondance est mise sur le compte de l'abandon du rédacteur de sa source de base. Il utilise dès lors l'Histoire impériale d'Enmann (*ibid.*, p. 403).

110 Dion, LXXVII, 4 : « Il reprocha au meurtrier de Papinianus d'avoir employé la hache au lieu d'avoir employé l'épée pour son exécution. »

renvoie aux faisceaux des licteurs et donc à l'*imperium* du Roi puis des consuls[111]. J.-P. Callu relève deux autres cas de mises à mort similaires dans l'*Histoire Auguste*[112] :

> *De hoc multa grauia contra militum licentiam facta inueniuntur apud Aemilium Parthenianum, qui adfectatores tyrannidis iam inde a ueteribus historiae tradidit. Nam et uirgis caesos in foro et in mediis castris securi percussit, qui ita meruerunt, et manus multis amputauit.* (*Av. Cass.*, v, 1-2)
>
> « Un grand nombre de mesures sévères qu'il prit contre le laisser-aller des soldats figure dans l'ouvrage d'Aemilius Parthénianus qui a raconté l'histoire des usurpateurs depuis les plus anciens. Par exemple il faisait, sur le forum ou au milieu du camp, frapper à coup de verges ceux qui le méritaient, puis on les décapitait à la hache ; beaucoup avaient les mains tranchées. »
>
> *Idem ob unius gallinacei direptionem decem commanipulones, qui raptum ab uno comederant, securi percuti iussit, et fecisset, nisi ab omni exercitu prope usque ad metum seditionis esset rogatus.* (*Pesc. Nig.*, x, 5)
>
> « Pour le vol d'un simple coq, il donna l'ordre de décapiter à la hache dix hommes d'un même manipule qui avaient mangé le volatile dérobé par l'un d'eux, et il aurait mis cette décision à exécution si l'armée entière ne l'avait sommé d'y renoncer, au point de faire presque craindre une mutinerie. »

Le chercheur indique que ces deux cas correspondent à un « rétablissement de la discipline d'autrefois[113] ». Les prescriptions du *Digeste*

111 Au sujet de la décapitation à la hache, *cf.* D. Briquel, « Sur le mode d'exécution en cas de parricide et en cas de *perduellio* », p. 93-94 ; T. Mommsen, *Droit pénal romain*, t. III, V, section II, Paris, Albert Fontemoing, 1907, ici p. 252 : « De toutes les formes que nous venons de citer la plus ancienne est celle de la décapitation par la hache. C'est d'elle que viennent les deux expressions qui dans l'usage postérieur du langage servent à désigner la peine de mort en général et qui reçoivent même une acception plus large, à savoir celle de peine capitale, *poena capitis* [...], et vraisemblablement aussi celle de "génuflexion", *supplicium* [...] Le port de la hache est la manifestation sensible de la plénitude d'*imperium* chez le magistrat. »

112 J.-P. Callu, « Le Jardin des supplices au Bas-Empire », p. 316 et 318. Aux exécutions à la hache s'opposent les exécutions à l'épée (*gladius*) : *cf. Macr.*, xii, 10 (J.-P. Callu, *ibid.*, p. 319). Sur l'opposition hache/épée, *cf.* T. Mommsen, *op. cit.*, p. 261. Sous le Principat, « la forme normale de la peine de mort reste la décapitation, mais la hache est remplacée par l'épée. Ce mode d'exécution apparaît désormais comme la peine de mort simple par opposition aux formes rigoureuses, qui peuvent aussi être appliquées suivant la procédure militaire ».

113 J.-P. Callu, art. cité, p. 334. Le chercheur invite également à se reporter au *Digeste*, 48, 19, 8 (Ulpien) : *Animaduerti gladio oportet, non securi uel telo, uel fusti, uel laqueo, uel quo alio modo.*

(*cf.* n. 8) en terme d'instrument de l'exécution révèlent le « juridisme macabre de Caracalla[114] ».

Le second emploi du discours direct verbalise quant à lui le désir du prince pour sa prétendue belle-mère[115] ; nous avons déjà étudié ce passage précédemment, dans la partie consacrée à l'inceste. Contentons-nous de rappeler qu'il correspond à une réécriture du dialogue d'une scène déjà présente chez Aurélius Victor[116] et que la rumeur du mariage avec Julia Domna était également présente chez Eutrope[117]. Les deux passages au style direct de la biographie de Caracalla cristallisent donc explicitement deux vices du tyran, la cruauté et l'*hybris*, qui se traduit par le désir incestueux, mais aucun d'entre eux ne relève de la pure imagination du rédacteur.

Il faut remarquer également que certaines Vies constituent un témoignage important de la variété des micro-formes déployées par le rédacteur pour construire un blâme explicite. Dans la biographie de Maximin, le lecteur rencontre dialogue, discours, lettre, vers, sénatus-consulte et acclamations. L'*Histoire Auguste* renoue, dans la Vie de Macrin, avec le procédé suétonien de l'intégration de vers et de chansons dans la prose biographique[118]. Mais les pièces versées au dossier sont factices : A. Chastagnol a remarqué, par exemple, qu'une épigramme[119] attribuée à un poète grec, et dont est présentée la traduction latine, est introduite

114 *Ibid.*, n. 22, p. 318.

115 *Carac.*, x, 2. *Cf. supra.*

116 Aur.-Vict., XXI, 3.

117 Eutr., VIII, 20.

118 *Cf.* par exemple : *Caes.*, xx, 4 ; xxx, 7 ; xlix, 2 et 8 ; li ; lxxx, 3 ; lxxxiv, 3 ; *Aug.*, xl, 8 ; lxv, 10 ; lxviii, 2 ; lxx, 1 et 4 ; xcviii, 7 ; *Tib.*, xxi, 7 ; lix, 1-3 ; *Calig.*, viii, 4 ; xxii, 1 ; *Claud.*, i, 1 ; xlii, 4 ; *Ner.*, xxxviii, 2 ; xxxix, 3 ; xlvi, 6 ; xlvii, 2 ; xlix, 5 ; *Galb.*, vi, 2 ; *Oth.*, iii, 4 ; *Vesp.*, xxiii, 1 ; *Dom.*, ix, 1 ; xii, 7 ; xiv, 5 ; xviii, 3 ; xxiii, 3. Seules les Vies de Vitellius et de Titus sont dépourvues de ce genre de citation. Vers inventés ou références littéraires puisées dans Euripide, Virgile ou dans d'autres grands noms de la littérature antique, prononcés directement par les empereurs ou produits et relayés par la verve populaire, en grec ou en latin, les exemples suétoniens offrent une grande variété de cas de figure.

119 *Macr.*, xi, 4 : « *Histrio iam senior turpis, grauis, asper, iniquus, / impius et felix sic simul esse cupit, / ut nolit pius esse, uelit tamen esse beatus, / quod natura negat nec recipit ratio. / Nam pius et felix poterat dicique uiderique : / impius, infelix est, et erit ille sibi.* », « Un histrion déjà vieux, infâme, pénible, intraitable, inique / désire être impie en même temps qu'heureux, / refusant d'être "pieux", tout en voulant le bonheur, / ce qui est contre nature et contraire à la raison. / Il pouvait s'appeler Pieux et Heureux, avec l'apparence de l'être : / il est impie, malheureux et le sera pour lui-même… »

par une parodie d'Ausone[120]. Le ton du poème, résolument polémique, avec son lot d'invectives, n'est pas sans rappeler celui d'une épigramme prenant pour objet Tibère[121]. Un autre fragment poétique renvoie à la fin de la biographie au nom d'Antonin porté par Diadumène. Il sert à stigmatiser là encore Macrin ainsi que sa femme, supposée être de petite vertu[122]. Une exclamation prononcée au Cirque à propos de Diadumène se fonde enfin sur deux hémistiches empruntés à Virgile :

> *Egregius forma iuuenis, / cui pater haud Mezentius esset !* (*Macr.*, XII, 9)
>
> « Quel beau garçon… / S'il n'avait pas un Mézence pour père ! »

Outre le contraste dessiné entre le père et le fils, le rapprochement avec le tyrannique personnage de l'*Énéide* agrémente le portrait négatif que le rédacteur a brossé dans cette biographie.

La forme poétique mise à part, une lettre sert à fournir une nouvelle preuve de la souillure morale de Macrin, comme l'indique une courte phrase de présentation : *interest scire cuiusmodi oratio fuerit, qua se excusauit, ut et inpudentia hominis noscatur et sacrilegium a quo initium sumpsit improbus imperator*[123]. L'empereur prétend ne pas avoir eu part au soulèvement qui coûta la vie à Caracalla ; il lui confère les honneurs de l'apothéose[124]. La fonction de cette lettre apocryphe est donc de

---

120 A. Chastagnol, *Histoire Auguste*, n. 1 p. 462. Le poète écrivait « Ces vers d'un poète grec que j'ai trouvés chez un érudit, je les ai traduits en latin » tandis que l'Anonyme déclare *unde in eum epigramma non inlautum Graeci cuiusdam poetae uidetur extare, quod Latine hac sententia continetur* (*Macr.*, XI, 3 : « D'où (semble-t-il) l'épigramme d'un poète grec qui le vise et qui ne manque pas d'élégance. En voici la traduction… »).

121 *Tib.*, LIX, 1 : *Asper et immitis, breuiter uis omnia dicam ? / Dispeream, si te mater amare potest.* « Brute impitoyable, veux-tu que je te dise tout en quelques mots ? que je meure, si tu peux être aimé de ta mère. »

122 *Macr.*, XIV, 2 : *Vidimus in somnis, ciues, nisi fallor, et istud : / Antoninorum nomen puer ille gerebat, / qui patre uenali genitus, sed matre pudica, / centum nam moechos passa est centumque rogauit. / Ipse etiam caluus moechus fuit, inde maritus : / en Pius, en Marcus, Verus nam non fuit ille.*, « Nous avons même vu en songe, citoyens, (et si je ne m'abuse) / le nom des Antonins porté par cet enfant, / né d'un père vénal, sa mère étant pudique… / Car elle eut cent amants, elle en rechercha cent ! / Le chauve lui aussi fut amant, puis mari : / voilà cet "Antonin", voilà ce "Marc Aurèle"… / Car pour être "Vérus", il ne le fut jamais !" »

123 *Ibid.*, VI, 1 : « Il importe de connaître le style de sa justification pour qu'on mesure l'impudence du personnage et le sacrilège qui marqua l'avènement d'un empereur malhonnête. »

124 *Ibid.*, VI, 2-9.

dénoncer la fourberie du personnage. Un jeu de mots tourne en dérision ses tentatives pour se rendre légitime : « *sic Macrinus est Seuerus, quo modo Diadumenus Antoninus*[125]. » Le blâme passe également par une (fausse) citation d'Aurélius Victor :

> *Macrinum libertinum, hominem prostibilem, seruilibus officiis occupatum in domo imperatoria, uenali fide, uita sordida sub Commodo, a Seuero remotum etiam a miserrimis officiis relegatumque in Africam ubi, ut infamiam damnationis tegeret, lectioni operam dedisse, egisse causulas, declamasse, ius postremo dixisse. Donatum autem anulis aureis, patrocinante sibi conliberto suo Festo, aduocatum fisci factum sub Vero Antonino.* (*Macr.*, IV, 3-4)
>
> « Macrin n'est qu'un affranchi, un prostitué, occupé à des fonctions serviles dans le palais impérial, un homme qui trafiquait de sa parole, qui a mené sous Commode une vie sordide, que Septime Sévère a écarté même des fonctions les plus minables. On l'a relégué en Afrique où, pour masquer l'infamie de sa condamnation, il a travaillé comme lecteur, plaidé des causes dérisoires, déclamé et, pour finir, donné des consultations juridiques. Gratifié d'anneaux d'or, grâce à la protection de son coaffranchi Festus, il est devenu avocat du fisc sous le règne de Vérus Antonin. »

Cette courte biographie qui assombrit à souhait l'image du prince est sensée constituer un argument d'autorité; toutefois, son caractère factice démontre que le rédacteur pratique une écriture ludique, une fois encore, et comble les vides. Notons enfin l'emploi d'un néologisme qui donne un corps lexical à la cruauté de Macrin : massacrant ses troupes lors des mutineries, il aurait l'habitude de les « centésimer ». Le rédacteur veut dire par là qu'il tue un soldat sur cent[126].

Pour résumer, il est intéressant de relever que, dans cette *Vita Macrini*, les genres microtextuels du fragment de lettre, de l'épigramme, de la plaisanterie avoisinent la citation d'autorité (d'un historien ou d'une œuvre littéraire) et le néologisme. Si l'originalité de la biographie ne s'exprime pas dans la recherche des effets stylistiques (le style est pauvre[127], l'interprétation sans équivoque), elle apparaît dans la variété des moyens déployés pour noircir l'image de Macrin et dans le caractère

125 *Ibid.*, V, 7 : « Macrin est Sévère comme Diadumène est Antonin ! »

126 *Ibid.*, XII, 2.

127 Notons la présence de redites dans la lettre précédemment évoquée : la déclaration d'absence d'implication dans la conjuration et l'apothéose de Caracalla sont annoncées en V, 9 et le nom d'Antonin attribué à Diadumène en III, 8 et V, 1.

factice de ces pseudo-documents, caractère factice qui révèle la mise en œuvre d'une écriture ludique.

En d'autres passages, le rédacteur travaille pourtant son style et recourt à des figures. Les hyperboles servent, par exemple, à illustrer l'*hybris* d'un prince. Ainsi, dans la Vie de Maximin, une lettre de l'empereur destinée aux Pères Conscrits montre la manière avec laquelle ce dernier est imbu de sa supériorité militaire[128]. Une autre lettre, cette fois-ci rédigée par le Sénat et adressée aux provinces à la suite de l'avènement des Gordiens et de la proclamation des Maximins comme ennemis publics, utilise la réification animalière pour décrire Maximin[129]. Le blâme est formulé de façon très explicite et repose sur un réseau lexical dépréciatif (*belua, scelera, beluam*), ainsi que sur l'utilisation d'un superlatif (*tristissima*) et d'une marque de distanciation (*illam beluam*).

Ce déploiement de vocables trouve son contrepoint dans la description qui caractérise Gordien : l'apposition *uirum sanctissimum et grauissimum* présente des superlatifs mélioratifs qui accentuent l'opposition de caractère entre les deux princes. Le fils de Gordien (*nobilem iuuenem*) permet de dessiner une symétrie parfaite entre les deux lignées ; celle de Maximin est à présent composée d'ennemis publics (*hostis*). Cet écrit, dont la nature artificielle n'est pas contestable, met en jeu toutes les composantes du monde romain : le Sénat, le peuple, l'appareil militaire et politique avec les proconsuls, gouverneurs, légats, généraux, tribuns, magistrats, et enfin les dieux. Par ailleurs, tous ces éléments prennent place sur une carte virtuelle dessinée par les mots (toutes les cités, municipes, bourgs, villages, places fortes). Dans cet ensemble cohérent et ordonné, Maximin, ennemi public, considéré comme une bête repoussante, ressort encore davantage marginalisé.

Toujours dans la Vie de Maximin, nous pouvons observer une mise en abyme, que nous avons déjà évoquée précédemment dans notre étude sur la physiognomonie. Lors d'une représentation de théâtre, un mime

128 *Maxim.*, XIII, 2 : *Breui tempore, p. c., tot bella gessi quot nemo ueterum. Tantum praedae in Romanum solum attuli, quantum sperari non potuit. Tantum captiuorum adduxi, ut uix sola Romana sufficiant*, « En peu de temps, pères conscrits, j'ai dirigé plus de guerres que personne ne l'a jamais fait chez les Anciens ; j'ai apporté en territoire romain plus de butin qu'on aurait pu l'espérer ; j'ai ramené tant de prisonniers que le territoire romain saurait à peine les contenir. »

129 *Ibid.*, XV, 6-9. Nous avons déjà évoqué l'animalisation de Maximin dans la partie sur la physiognomonie (*cf. supra*).

déclame un vers grec, que l'Anonyme traduit directement en latin. Nous rappelons ici le passage :

> *Et qui ab uno non potest occidi, a multis occiditur. Elefans grandis est et occiditur, leo fortis est et occiditur, tigris fortis est et occiditur : caue multos, si singulos non times.* (*Maxim.*, IX, 4)
>
> « Celui qu'un seul homme ne peut tuer, un groupe d'hommes peut le faire. L'éléphant est énorme et on le tue, le lion est courageux et on le tue, le tigre est courageux et on le tue : prends garde à un groupe d'hommes si un homme isolé ne te fait pas peur. »

Maximin ne comprend pas le sens du message ; il interroge ses amis qui se contentent de lui répondre qu'il s'agit d'un vers ancien composé contre les hommes cruels. Le rédacteur insiste ensuite sur la naïveté du prince, corrélée à son origine ethnique, et qui lui fait accorder du crédit sans la moindre hésitation aux propos de ses interlocuteurs. Heureusement, le texte mentionne que le vers est en grec, car l'allusion demeure flagrante.

Le répertoire animalier fait écho aux nombreuses animalisations qui peuplent spécifiquement cette biographie. L'auteur propose des variations autour du même thème, à savoir celui de Maximin assimilé à une bête sauvage. Les parallélismes de construction, l'emploi de la deuxième personne du singulier (*non times*), le ton généralisateur des présents atemporels indiquent la couleur hautement moralisatrice de la formule, qui résonne comme un oracle.

Assez maladroitement, semble-t-il, le rédacteur traite à sa manière la thématique du théâtre comme miroir de la vie réelle, mais l'expression mimétique est dépourvue ici de toute subtilité ; elle prend la forme d'une vérité générale toute faite jetée au visage du public. Comme dans les drames diderotiens, le procédé manque à première vue de saveur, mais sans doute sert-il à mettre en relief l'ingénuité de Maximin qui, se fiant à la traduction de ses amis, tourne dès lors à la stupidité. En effet, le théâtre est, par nature, le support de la réflexion politique et de la critique du pouvoir. Avoir confiance en une traduction donnée par son entourage dans ce contexte-ci relève de l'amateurisme politique et implique que le tyran – puisqu'il s'affirme comme tel –, autorise déjà sa propre fin puisque son entreprise de censure est défaillante, qui plus est non pour des raisons techniques, mais morales. Le passage rappelle un extrait de la Vie de Néron où un *omen mortis* se manifeste également sur scène :

> *Obseruatum etiam fuerat nouissimam fabulam cantasse eum publice Oedipodem exulem atque in hoc desisse uersu : Θανεῖν μ' ἄνωγε σύγγαμος, μήτηρ, πατήρ.* (*Ner.*, XLVI, 6)
>
> « On avait même observé que, lorsqu'il chanta pour la dernière fois en public, ce fut dans la pièce d'Œdipe en exil, et qu'il finit par ce vers : Épouse, mère et père, tous m'ordonnent de mourir. »

Notons que l'Anonyme peut également manier l'humour pour blâmer les princes. Dans le cas de Gallien, ce procédé permet de dépeindre la nonchalance et l'incompétence du personnage éponyme. Dans une attitude d'insouciance et de dénégation qui rappelle en partie celle de Néron lors du soulèvement de Vindex[130], Gallien s'écrie, lors du soulèvement de l'Égypte : « *Quid ? Sine lino Aegyptio esse non possumus*[131] *?* » Face aux catastrophes et aux attaques des Scythes, en Asie : « *Quid [...] sine afronitris esse non possum*[132] *?* » La perte de la Gaule, enfin, lui aurait inspiré cette phrase : « *Num Atrabaticis sagis tuta res publica est*[133] ? »

La succession de formules reposant, pour les deux premiers cas, sur une structure grammaticale parallèle et, dans l'ensemble, prenant toutes pour objet les ressources présentes dans les localités évoquées, révèle le caractère fallacieux de ces propos et l'artifice littéraire déployé par l'Anonyme. Comme dans d'autres occurrences de cette même biographie, l'écrivain fait œuvre de fiction.

Par ailleurs, quand l'empereur apprend la capture de son père Valérien, il aurait reformulé les célèbres paroles d'un philosophe prononcées à la mort de son fils[134], « *Sciebam me genuisse mortalem* » devenant « *Sciebam patrem meum esse mortalem*[135] ». Enfin, une série de questions permet de

130 Suétone, *Ner.*, XL-XLVI.

131 *Gall.*, VI, 4 : « Et alors ? ne pouvons-nous vivre sans le lin d'Égypte ? »

132 *Ibid.*, VI, 5 : « Et alors ? ne puis-je vivre sans nitrate ? » D'après Y. Roman, cette réplique ne possède pas un caractère humoristique mais révèle le « détachement philosophique » de l'empereur (Y. Roman, *Empereurs et sénateurs...*, n. 7 p. 418).

133 *Gall.*, VI, 6 : « Est-ce que les manteaux atrébates assurent la sécurité de l'État ? »

134 Comme le note A. Chastagnol (*Histoire Auguste*, n. 1 p. 828), la sentence est attribuée à Anaxagore par Cicéron dans les *Tusculanes*, III, 30 et 58, par Valère Maxime V, 10, 3 et par Plutarque, *De la tranquillité de l'âme*, 16. Diogène Laërce, II, 6, 55, la rapporte à Xénophon.

135 *Gall.*, XVII, 1 : « Je savais que j'avais engendré un être mortel » / « Je savais que mon père était mortel. »

retranscrire son insouciance face à la situation périlleuse dans laquelle il laisse son père, et l'État romain : « *Ecquid habemus in prandio ? Ecquae uoluptates paratae sunt ? Et qualis cras erit scaena qualesque circenses*[136] *?* »

Il ressort clairement de cette étude que le règne de Gallien est placé sous le signe de l'humour. Persiflage, comique de répétition, décalage, parodie, désinvolture ; tous ces procédés sont utilisés avec beaucoup de plaisir par le rédacteur. Le manque de sérieux du prince et de ses sujets dans leur prise de parole (rappelons que, à Rome, la parole publique avait un caractère sacré), renvoie à l'illégitimité de Gallien sur le trône. Dans cette Vie où la fiction occupe un rôle central, le style bas s'affirme.

Reste une raillerie de Carin, dans la Vie de Carus, Carin et Numérien, insignifiante à vrai dire, car elle ne dénote aucune recherche dans le trait d'esprit, aucune virtuosité particulière dans le maniement des mots, et se résume à un sarcasme primaire : l'eau du bain étant tiède, le tyran prend à parti ses serviteurs en leur disant « *aquam mihi muliebrem praeparastis*[137] *!* » Nous devons nous contenter de relever un ornement stylistique de piètre qualité dont le but est peut-être précisément d'illustrer le manque de finesse de l'empereur.

Nous voudrions à présent clore cette partie consacrée au rôle du discours direct en nous intéressant à trois Vies dans lesquelles le travail du style est particulièrement important et soutient la stratégie épidictique du rédacteur : il s'agit des Vies d'Avidius Cassius, de Clodius Albinus et d'Élagabal.

AVIDIUS CASSIUS

La Vie de l'usurpateur Cassius est caractérisée par un jeu important de correspondances épistolaires[138]. Toutes les lettres sont apocryphes, comme le prouve la constance avec laquelle le rédacteur introduit des faux personnages. Sur dix lettres, on dénombre cinq inventions : Caesonius Vectilianus (V, 5), le séditieux Celsus (X, 1), les médecins Soterida et Pisithéus (X, 8) et enfin le vieil eunuque Caecilius (X, 9).

---

136 *Ibid.*, IX, 3 : « Avons-nous quelque chose au déjeuner ? A-t-on prévu quelques distractions ? Et quelle pièce y aura-t-il demain, quels jeux au cirque ? »

137 *Car.*, XVII, 5 : « Vous m'avez préparé une eau qui convient à une femme ! »

138 Le « caractère épistolier » de l'*Histoire Auguste* apparaît avec la Vie d'Avidius Cassius (J. Schwartz, « Sur la *Vita Clodii Albini* », *H.A.C.G. 1991, Atti dei Convegni sulla Historia Augusta II*, cité précédemment, p. 197-202, ici p. 199).

De nombreux écrits constituent des arguments destinés à construire un *êthos* positif de Marc Aurèle. Dans un échange de quatre lettres en fin de biographie[139], l'empereur philosophe informe sa femme de la révolte de Cassius et lui demande de se réfugier dans leur villa d'Albe ; cette dernière répond qu'elle s'exécutera, tout en insistant sur la nécessité de punir les séditieux[140]. Voilà une nouvelle occasion pour le rédacteur d'illustrer la sagesse de Marc Aurèle. Le souverain affirme qu'il épargnera les enfants, le gendre et la femme de Cassius :

> *Non enim quicquam est, quod imperatorem Romanum melius commendet gentibus quam clementia. Haec Caesarem deum fecit, haec Augustum consecrauit, haec patrem tuum specialiter Pii nomine ornauit.* (*Av. Cass.*, XI, 5-6)
>
> « Il n'y a en effet rien de tel pour grandir un empereur romain aux yeux des peuples que la clémence. C'est elle qui a fait de César un dieu, elle qui a divinisé Auguste, elle en particulier qui a conféré à ton père le surnom honorifique de "Pieux". »

Marc Aurèle prétendra même, après la mort de l'usurpateur, qu'il ne l'aurait pas fait exécuter si la maîtrise du cours des événements ne lui avait pas échappé[141].

La conversation entre l'empereur et sa femme pourrait être une parodie, dans un style cependant beaucoup moins orné, de celle qui met en jeu Auguste et Livie dans le texte de Dion et qui porte sur la conjuration de Cinna et aboutit à la grâce de ce dernier[142]. Les rôles sont ici renversés, peut-être afin de mettre en valeur la retenue de Marc Aurèle.

D'autres réponses à des tiers – Vérus ou un locuteur anonyme – et une lettre au Sénat contribuent elles aussi à embellir l'image du prince[143] : dans les deux premiers cas, le souverain affirme sa piété et sa morale stoïcienne, en se disant prêt à respecter la volonté des dieux s'ils décident de placer l'usurpateur sur le trône. Il déclare, *a posteriori*, que c'est son respect des dieux qui lui a permis de vaincre l'ennemi. Dans le dernier cas, il conjure les Pères Conscrits de ne pas se livrer à des représailles sévères et de faire preuve de clémence. Les acclamations du Sénat constituent une réponse au dernier courrier ; dans une tonalité

139 *Cf. Av. Cass.*, IX, 7-8 ; IX, 11-12 ; X, 1-10 ; XI, 3-8.

140 Deux lettres sont consacrées à cette demande : *cf. ibid.*, IX, 11-12 ; X, 1-5.

141 *Ibid.*, VIII, 1.

142 Dion, LVII, 14-21.

143 *Av. Cass.*, II, 1-8 ; VIII, 2 ; XII, 1-10.

à la fois ironique et tragique, on y trouve formulé le souhait de voir Commode être le prochain empereur de Rome[144], parce qu'il est le fils de Marc Aurèle et que la sagesse de son père rejaillit sur lui.

Cette rhétorique de l'éloge mise à part, les occurrences du discours direct servent à noircir l'image de Cassius. Vérus condamne d'emblée ce général qui ne lui inspire guère confiance et l'histoire lui donnera raison, comme le souligne la lettre de Marc Aurèle (« Vérus était dans le vrai lorsqu'il m'écrivait qu'Avidius désirait s'emparer du pouvoir[145] ») qui fait écho à celle de son co-régent[146]. Vérus mentionne les expressions injurieuses que Cassius utilise pour parler d'eux (*Te philosopham aniculam, me luxuriosum morionem uocat*[147]). On voit ainsi se dessiner un *êthos* discursif du personnage : dès le début de la biographie, l'usurpateur est dépeint comme un individu grossier.

Une missive de Marc Aurèle à son préfet loue la sévérité du général qui serait prêt à rétablir l'antique discipline dans les troupes syriennes, amollies par les débauches de l'Orient. Avidius Cassius est placé sur le même plan que son homonyme de l'époque républicaine, L. Cassius Longinus Ravilla, juge intransigeant évoqué par Cicéron et Valère Maxime[148]. Le destinataire partage cet avis favorable sur l'homme[149]. Cette vision se place immédiatement après l'énumération des châtiments violents que le général inflige à ses soldats et qui révèlent non un caractère sévère, mais un goût prononcé pour la cruauté, comme l'énonce explicitement l'Anonyme[150].

On ne sait trop que penser de la portée de ces lettres ; Marc Aurèle, s'il est au courant de tels actes, ne peut les cautionner, à moins de passer aux yeux du lecteur pour le complice et le soutien indirect d'une tyrannie. On doit donc en conclure qu'il n'est guère informé, quand il écrit à son préfet, des activités de Cassius décrites précédemment. Mais, rappelons-le, ces activités relèvent pour la plupart d'un jeu littéraire de réécriture impliquant d'autres auteurs ; elles n'ont donc guère de réalité historique. La propre lettre de Marc Aurèle étant apocryphe, il faut se

144 *Ibid.*, XIII, 2-5.
145 *Ibid.*, IX, 7.
146 *Ibid.*, I, 7-9.
147 *Ibid.*, I, 8 : « Il t'appelle "la petite vieille philosophe" et moi "le bouffon débauché." »
148 Le rapprochement est proposé par A. Chastagnol, *Histoire Auguste*, n. 3 p. 198 : Cic., *Rosc.*, XXX, 84 ; Val.-Max., III, 7, 9.
149 *Av. Cass.*, V, 9-12.
150 *Ibid.*, IV, 1.

garder de pousser plus avant les recherches d'explication de la logique du rédacteur, dans la mesure où cette dernière est probablement sacrifiée au profit d'un divertissement rhétorique. Cassius est dépeint comme étant sévère et cruel et présente dans cette biographie des traits tyranniques. C'est là sans doute l'élément essentiel à retenir.

Un passage moins ambigu le rapproche toutefois de Catilina :

> *Nec defuerunt qui illum Catilinam uocarent, cum et ipse se ita gauderet appellari, addens futurum se Sergium, si dialogistam occidisset* (*Av. Cass.*, III, 5)
>
> « Beaucoup de gens l'appelaient Catilina et lui-même appréciait ce nom, ajoutant qu'il serait vraiment Sergius s'il tuait "le dialecticien". »

Cette comparaison, stéréotypée, est employée pour un autre tyran-usurpateur du recueil : Clodius Albinus[151] et semble, à prime abord, dessiner l'image d'un général cruel[152]. Une réplique retiendra par ailleurs notre attention :

> *Et cum ingens seditio in exercitu orta esset, processit nudus campestri solo tectus et ait : "Percutite, inquit, me, si audetis et corruptae disciplinae facinus addite."* (*Av. Cass.*, IV, 7)
>
> « Et comme une violente mutinerie s'était alors déclarée dans l'armée, il s'avança vers les soldats revêtu en tout et pour tout d'un caleçon [d'entraînement] et leur dit : "Frappez-moi, si vous l'osez et ajoutez ainsi le crime à l'indiscipline." »

Ce comportement inspira de la peur aux soldats[153]. L'épisode du chef se livrant aux armes de ses hommes afin de leur montrer qu'il ne craint pas la mort est une séquence narrative bien connue. Dans un autre registre, Caligula[154] et également Septime Sévère[155] se mirent en scène, affirmant qu'ils étaient prêts à mourir.

---

151 *Clod. Alb.*, XIII, 2.

152 Ce procédé mérite toutefois davantage de nuances dans son commentaire. Nous y revenons ultérieurement.

153 *Av. Cass.*, IV, 8.

154 Suet., *Calig.*, LVI, 3 : *nam et statim seductis magnam fecit inuidiam destricto gladio affirmans "sponte se periturum, si et illis morte dignus uideretur", nec cessauit ex eo criminari alterum alteri atque inter se omnis committere.* « De fait, non content de les prendre à part aussitôt après, pour leur déclarer, le glaive en main, – ce qui leur inspira une haine profonde –, "qu'il était prêt à se tuer, s'ils le jugeaient, eux aussi, digne de mort", il ne cessa, depuis ce moment, de les calomnier les uns auprès des autres et de semer entre eux la discorde. »

155 Dion, LXXVI, 14 : passage cité précédemment.

Un ultime extrait demeure particulièrement surprenant : il s'agit de la lettre de Cassius à son gendre qui clôt la biographie.

> *"Misera res publica, quae istos diuitiarum cupidos et diuites patitur. [...] Ubi Lucius Cassius, cuius nos frustra tenet nomen ? Ubi Marcus ille Cato Censorius ? Ubi omnis disciplina maiorum ? [...] Marcus Antoninus philosophatur et quaerit de elementis et de animis et de honesto et iusto nec sentit pro re p. [...] Audisti praef. praetorii nostri philosophi ante triduum quam fieret mendicum et pauperem, sed subito diuitem factum. Unde, quaeso, nisi de uisceribus rei p. prouincialiumque fortunis ? [...] tantum di faueant bonis partibus : reddent Cassiani rei p. principatum."* (*Av. Cass.*, XIV, 2-8)
>
> « Malheureux État, qui est la proie des riches comme de ceux qui aspirent à le devenir ! [...] Où est [donc] Lucius Cassius, dont nous portons inutilement le nom ? Où est le fameux Marcus Caton le Censeur ? Où sont tous les principes des ancêtres ? [...] Marc Antonin joue au philosophe, médite sur les principes premiers, sur l'âme, sur la vertu, sur la justice, et il ne se soucie pas de l'État. [...] Tu as entendu parler du préfet du prétoire de notre philosophe, qui, trois jours avant sa nomination, n'était qu'un pauvre gueux et qui est brusquement devenu riche. Et comment, je te le demande sinon avec les entrailles de l'État et la fortune des provinciaux ? [...] puissent seulement les dieux favoriser le bon parti et les hommes de Cassius rétabliront l'autorité de l'État. »

Notons que ce passage intervient au terme de la biographie et laisse dans l'esprit du lecteur une image ambiguë. Si l'on se souvient de la cruauté de Cassius à cause des mentions des châtiments qu'il aurait infligés à ses soldats, il faut admettre ici que l'usurpateur prononce un discours plein de noblesse et d'inspiration pro-républicaine. On pourrait dès lors lui pardonner sa férocité, car il veut mettre fin à un régime décrit comme corrompu, que même Marc Aurèle ne peut adoucir. La cruauté de l'usurpateur s'efface devant celle du régime impérial, qui permet à des personnalités malhonnêtes de prospérer, l'empereur étant davantage préoccupé par ses promenades intellectuelles que par le bien de l'État.

Dans un second temps, il faut rappeler qu'un discours similaire, nostalgique de l'époque républicaine, est placé dans la bouche d'un autre usurpateur, lui aussi comparé à Catilina, comme nous l'avons déjà souligné : Clodius Albinus. Il en résulte donc, si l'on se range à l'avis des chercheurs qui voient dans la personnalité du rédacteur un homme pro-sénatorial et hostile au Principat, que le parallèle avec Catilina est dépourvu de venin. Le point de comparaison ne se fonde pas, en effet, sur la cruauté du personnage mais sur sa figure d'opposant à l'ordre légal.

En dernier lieu, la formule finale, qui suit la lettre, donne à réfléchir : *Haec epistola eius indicat, quam seuerus et quam tristis futurus fuerit imperator*[156]. Malgré l'éloquent discours qu'il vient de prononcer, Cassius, pour le rédacteur, n'aurait pas tenté de rétablir l'ordre républicain. Il serait devenu à son tour un empereur et n'aurait fait que rentrer dans le rang. Doit-on voir là un artifice destiné à atténuer la portée du discours et à ne pas choquer les cercles du pouvoir de la fin du IVe siècle ? Pareille interprétation est plausible. Mais il faut peut-être voir ici aussi l'expression de l'idée selon laquelle le Principat est un mal nécessaire et qu'il n'est guère aisé de revenir en arrière[157].

CLODIUS ALBINUS

Le jugement porté par le rédacteur à l'égard de cet usurpateur est ambigu, tant les opinions contradictoires se superposent au fil des lignes, le personnage étant décrit çà et là comme apprécié par Marc Aurèle[158], ivrogne et goinfre[159], défenseur du Sénat et de l'ordre républicain[160], ou encore véritable « Catilina de son temps[161] ». Certes, cette dernière appellation s'explique, aux dires de l'Anonyme, par sa maîtrise exceptionnelle des armes, mais il n'en reste pas moins que l'image du comparant continue de jeter une ombre sordide dans les esprits des Romains.

La biographie est riche en restitutions textuelles de paroles prononcées. Le fragment d'un oracle évoqué dans la Vie de Pescennius Niger, sensé dénigrer le personnage, est retranscrit : *pessimus Albus*[162]. Par ailleurs, un ensemble de lettres aux sujets variés est proposé au lecteur[163] : il est remarquable d'observer qu'elles fonctionnent par paires, paires qui sont déterminées par l'identité de leur auteur.

Deux d'entre elles sont écrites par Commode. La première, en début de biographie, autorise Albinus à prendre le titre de César et lui précise

156 *Av. Cass.*, XIV, 8. « Cette lettre montre quel empereur sévère et rigoureux il aurait fait. »
157 Nous étudions en détail la vision que le rédacteur a du Principat ultérieurement.
158 *Clod. Alb.*, X.
159 *Ibid.*, XI.
160 *Ibid.*, XIII.
161 *Ibid.*
162 *Clod. Alb.*, I, 4.
163 « Dans la *Vita Clodii Albini*, la nature et l'ordre des lettres apocryphes évoquent le cas de la *Vita Avidii Cassii* et dans ces lettres les noms fabriqués restent relativement peu nombreux » (J. Schwartz, « Sur la *Vita Clodii Albini* », p. 200).

ses différentes prérogatives[164]. La seconde, adressée aux préfets du prétoire, clôt pour ainsi dire la Vie ; le fils de Marc Aurèle fait référence au récent discours qu'Albinus a prononcé devant ses soldats, discours coloré d'accents pro-républicains et dans lequel il loue sans commune mesure le Sénat[165]. Commode souligne que cette rhétorique toute particulière est une manœuvre pour accaparer le pouvoir à des fins personnelles.

Deux missives sont écrites par Septime Sévère : une première propose au gouverneur, sur un ton excessivement affectueux, le partage de l'Empire[166]. La seconde, plus longue, offre un contrepoids, tout comme pour le cas de Commode. Sévère adresse en effet des réprimandes au Sénat qu'il accuse d'ingratitude (ce dernier préfère en effet Albinus), et se livre au passage à une diatribe[167] :

> *fictum illum et ad omnia mendaciorum genera paratum, qui nobilitatem quoque mentitus est, mihi praeposuistis. Quin etiam audiendus in senatu fuit Statilius Corfulenus, qui honores Albino et eius fratri decernendos ducebat, cui hoc superfuit, ut de me ille decerneret homo nobilis et triumphum. Maior fuit dolor, quod illum pro litterato laudandum plerique duxistis, cum ille neniis quibusdam anilibus occupatus inter Milesias Punicas Apulei sui et ludicra litteraria consenesceret.* (*Clod. Alb.*, XII, 10-12)
>
> « c'est cet hypocrite, prêt à tous les genres de mensonges et qui s'est même fabriqué une noblesse mensongère, que vous m'avez préféré ! Bien plus, il a fallu entendre au Sénat Statilius Corfulénus proposer que l'on décerne des honneurs à Albinus et à son frère et il ne restait plus à cet illustre personnage qu'à demander qu'on lui décerne le triomphe sur moi ! J'ai été plus affligé encore de voir la plupart d'entre vous penser qu'il fallait louer ses talents littéraires, alors qu'il ne s'occupe que de sornettes pour grand-mères et vieillit au milieu des contes milésiens puniques de son cher Apulée et autres futilités littéraires ».

Curieux passage : Septime Sévère dénonce une hypocrisie dont il fait lui-même preuve, si l'on se souvient de son précédent message. Le dénigrement des talents littéraires d'Albinus fait écho à son activité d'écrivain évoquée en amont (il aurait écrit des contes érotiques milésiens ayant eu un certain succès, mais qui n'avaient pas de valeur littéraire selon le rédacteur)[168].

---

164 *Clod. Alb.*, II, 2-5.
165 *Ibid.*, XIV, 4-5.
166 *Ibid.*, VII, 3-6.
167 *Ibid.*, XII, 6-12.
168 *Ibid.*, XI, 8.

La dernière paire se fonde sur la prose de Marc Aurèle ; à la différence des deux autres duos, elle développe deux textes symétriques, qui se suivent et font l'éloge des qualités morales d'Albinus. La première lettre est destinée aux préfets, indique la promotion que l'empereur vient d'accorder au personnage en le préposant au commandement de deux cohortes, et loue son caractère sévère[169]. La seconde insiste sur sa loyauté lors de la révolte de Cassius et promet une nomination au consulat[170].

Quant à la lettre du père du gouverneur, destinée au proconsul d'Afrique, elle n'a d'autre fin que d'illustrer l'étiologie du nom d'Albinus, nom dû à la couleur de peau de l'enfant à la naissance[171]. Deux harangues encadrent également la biographie. L'une se révèle très pauvre en substance et sert à illustrer la prise de pouvoir d'Albinus, approuvée par Sévère ; l'orateur évoque son précédent refus d'accepter le titre de César octroyé par Commode[172]. L'autre suit chronologiquement cette même proposition et fait l'éloge du Sénat et de son antique puissance[173].

Une inclusion d'un vers virgilien se révèle enfin tout particulièrement intéressante :

> *Hic ergo omnem pueritiam in Africa transegit, eruditus litteris Graecis ac Latinis mediocriter, quod esset animi iam inde militaris et superbi. Nam fertur in scolis saepissime cantasse inter puerulos :*
>
> > *Arma amens capio, nec sat rationis in armis repetens :*
> > *arma amens capio.* (*Clod. Alb.*, v, 1-2.)
>
> « Toute son enfance, Albinus la passa en Afrique ; peu versé dans les lettres grecques et latines, il montrait déjà un esprit belliqueux et arrogant. On raconte en effet qu'à l'école il déclamait souvent au milieu des autres gamins : "Comme un fou furieux je saisis mes armes, mais je ne sais pas à quoi elles me serviront", répétant : "Comme un fou furieux je saisis mes armes[174]." »

---

169 *Ibid.*, x, 6-8.
170 *Ibid.*, x, 10-12.
171 *Ibid.*, iv, 6-7.
172 *Ibid.*, iii, 3.
173 *Ibid.*, xiii, 5-10. Nous étudions ce discours dans une autre partie de notre mémoire.
174 Le vers de Virgile renvoie à la réaction d'Énée lors de la prise de Troie, avant que la divinité ne lui ordonne de fuir avec les siens. P. Heuzé nous fait remarquer que le sens de la deuxième partie du vers n'est pas limpide. Pour notre étude, nous considérerons que ce qui est exprimé est l'irrationalité de l'impulsion d'Énée. La traduction de J. Dion de ce vers est « Hors de moi, je prends les armes ; il n'est pas assez de raison quand on est en armes » (Virg., *Énéide*, II, v. 314).

L'extrait se décompose en deux parties. La première dresse un bref catalogue de vices du personnage, axé autour de trois valeurs : l'inculture, l'agressivité et la suffisance[175]. La seconde repose sur l'anecdote de la déclamation du vers de Virgile qui passe pour une habitude (*saepissime*). Le fait qu'Albinus se plaise à réciter un tel vers le déprécie très nettement aux yeux du romain aristocratique, on s'en doute, qui voit dans la *moderatio* la valeur-clé de l'*optimus princeps* : le *furor* est un état digne du *monstrum*, même s'il touche également les héros mythologiques. La fonction du passage de Virgile est détournée : il n'est pas question de mettre en valeur un guerrier qui veut porter secours aux siens et défendre glorieusement sa ville jusqu'à la mort. L'habitude avec laquelle Albinus déclame le vers semble davantage révéler une fascination pour la violence guerrière. Le récit a également une valeur prophétique dans la mesure où il annonce la participation active du futur prince aux guerres civiles : le chaos de cette fureur renvoie symboliquement au chaos des temps troublés de la fin du IIe siècle.

Mais le plus étonnant est de constater que cet extrait est placé dans la bouche de celui qui, quelques lignes plus haut, était défini comme un inculte. C'est un exemple parfaitement représentatif du sacrifice de la vraisemblance qui caractérise le recueil ; le rédacteur préfère travailler la couleur symbolique du récit plutôt que restituer fidèlement la réalité. En outre, on se trouve encore une fois en présence d'un cas intéressant d'un point de vue énonciatif, dans la mesure où le texte repose sur le détachement d'un énoncé de son texte source. Le rédacteur a extrait un segment de l'*Énéide* pour le mettre dans la bouche de l'usurpateur. Nul besoin de signaler au lecteur les références de l'intertexte. Pour le public lettré de la fin du IVe siècle, le corpus virgilien constitue toujours un réservoir de citations apprises dans les classes et toutes prêtes à être employées[176].

---

175 Hérodien indique pourtant qu'Albinus avait un caractère réputé doux (III, 5, 2).

176 D. Maingueneau parle de « particitation », mot-valise qui mêle « participation » et « citation » (*Les Phrases sans texte*, chap. 5, « Thésaurus et communauté ») : « Quand il y a "particitation", l'énoncé cité est mémorisable et autonome, par nature ou par détachement d'un texte ; il prétend être reconnu comme citation par les destinataires, sans que le locuteur citant indique sa source, et sans même qu'il précise qu'il effectue une citation à l'aide d'un verbe de dire introducteur, d'une incise etc. [...] Il appartient à un thésaurus verbal aux contours flous, indissociable d'une communauté qui, précisément, se définit de manière privilégiée par le partage d'un tel thésaurus. »

Il faut remarquer la façon dont le fragment textuel de Virgile est mis en valeur : inclus dans le corps du texte, le vers est isolé, introduit par des verbes de parole (*cantasse*, *repetens*) et partiellement dupliqué. Le polyptote (*arma*/*armis*) et la paronomase (*arma*/*amens*) déterminent la musicalité du passage. Albinus devient pour un temps très court un poète-histrion, à l'instar de Néron. Il nous semble que la « surassertion[177] » qu'opère le rédacteur implique en outre une seconde *mimésis* : après Albinus, le lecteur est invité à jouer à son tour le rôle d'acteur. En effet, l'anecdote, mordante, composée d'une telle séquence, célèbre et facilement mémorisable, peut facilement être répétée par le lecteur-auditeur de l'*Histoire Auguste* qui voudrait décrire Albinus dans de nouvelles situations de communication (ce que l'on appellerait la « rumeur publique »). Une pareille entreprise, mettant en jeu la répétition orale du vers de l'*Énéide*, participe également à la construction de la *fama* du prince[178].

Quoi qu'il en soit, il nous semble que l'inclusion de la poésie de Virgile dans la prose biographique devient ici une stratégie de blâme. Dans la Vie d'Albinus, le rédacteur mobilise donc occasionnellement les ressources du style direct pour dessiner un portrait sombre de l'usurpateur.

ÉLAGABAL

Les occurrences du discours direct dans la Vie d'Élagabal ont pour fonction principale de refléter la laideur morale du prince. De multiples exemples de segments s'appuient sur des grappes de mots, « expressions » pourrait-on dire, de l'ordre du syntagme nominal et introduites fréquemment par les verbes *appellare* ou *uocare*. Ces mots évoquent des choix lexicaux ou des formules prononcées par le prince et permettent d'illustrer sa morgue et de se faire une idée précise de la manière dont il considère les différentes entités de la société romaine.

Élagabal qualifie ainsi Diadumène de « Pseudo-Antonin » (*Pseudoantoninum*, VIII, 4), les sénateurs d'« esclaves en toge » (*mancipia togata*) et le peuple romain de « cultivateur d'un unique lopin » (*unius fundi cultorem*, XX, 1). Les parasites sont attachés à une roue hydraulique qui les plonge dans l'eau puis les renvoie en l'air, ce

177 Le terme est défini par D. Maingueneau : il s'agit d'une « mise en relief par rapport à l'environnement textuel » (*ibid.*, chap. 1, « Énoncé détachable, énoncé détaché »).

178 *Cf. supra.*

qui suscite l'appellation « chers Ixions » (*Ixionios amicos*, XXIV, 5). Les prostituées sont appelées « compagnons d'armes », lors d'une harangue (*commilitones*, XXVI, 3).

La Vie présente par ailleurs cinq répliques à proprement parler, encadrées par des guillemets dans le texte de l'édition d'A. Chastagnol[179] :

1. Élagabal se marie avec Zoticus ; ils copulent (X, 5) : *Nubsit et coit <it>a ut et pronubam haberet clamaretque "concide Magire", et eo quidem tempore quo Zoticus aegrotabat*, « Héliogabale épousa Zoticus et s'unit à lui, ayant à ses côtés la garante nuptiale. Il criait : "au travail, Cuisinier !", et cela au moment même où Zoticus était malade. »
2. Il met mal à l'aise ses amis nobles en leur posant une question embarrassante (XI, 2) : *cum ad uindemias uocasset amicos nobiles et ad corbes sedisset, grauissimum quemque percontari coepit, an promptus esset in uenerem, erubescentibusque senibus exclamabat : "erubuit, salua res est", silentium ac ruborem pro consensu ducens*, « Ayant invité aux vendanges des amis de condition noble, assis à côté des corbeilles, il se mit à interroger chacun de ceux qui avaient la mine la plus grave : "Es-tu prompt à faire l'amour ?" Quand les vieillards rougissaient, il s'écriait : "Il a rougi : tout va bien !" (car il prenait le silence et la rougeur pour un assentiment). »
3. Il répond à une question (XXXI, 2) : *huic eidem priuato cum quidam diceret "non times pauper fieri ?", dixisse dicitur : "Quid melius quam ut ipse mihi heres sim et uxori meae ?"*, « Lorsqu'il était simple particulier, quelqu'un lui demanda : "Tu ne crains pas d'être pauvre un jour ?". Il aurait répondu : "Quoi de mieux que d'être mon propre héritier et celui de ma femme ?" »
4. Des propos lui sont attribués (XXXII, 3) : *idem dixisse fertur : "Si habuero heredem, dabo illi tutorem, qui illum haec facere cogat quae ipse feci facturusque sum"*, « On prétend qu'il déclara : "Si j'ai un héritier, je lui donnerai un tuteur pour le forcer à faire ce que j'ai fait ou ferai moi-même." »
5. Il distribue des pièces d'or aux prostituées (XXXII, 9) : *fertur et una die ad omnes circi et theatri et amphitheatri et omnium urbis locorum*

179 Élagabal n'est pas le seul personnage dont les propos sont rapportés au discours direct ; à titre d'exemple, Zoticus bénéficie du même traitement (X, 3).

> *meretrices tectus cucullione mulionico, ne agnosceretur, ingressus, cum tamen omnibus meretricibus sine effectu libidinis aureos donaret addens : "Nemo sciat, Antoninus haec donat"*, « On rapporte que sous une cape de muletier, pour n'être pas reconnu, il rendit visite le même jour à toutes les courtisanes du cirque, du théâtre, de l'amphithéâtre et de tous les quartiers de la Ville. À toutes ces filles, sans faire l'amour, il donna des pièces d'or en ajoutant : "Que personne ne le sache ! C'est un cadeau d'Antonin…" »

Il apparaît nettement que toutes ces occurrences mettent en scène différents vices du prince : la dépravation (1), l'impudence (2), le cynisme (3), la démesure (4), le goût de l'opprobre et l'avilissement (5).

Il est à noter que ce petit corpus comporte des éléments que l'on rencontre dans d'autres sources : A. Chastagnol relève que le surnom de « Cuisinier » (*Magirus*) attribué à Zoticus, la longueur de son sexe, et son impuissance lors de la nuit d'amour avec l'empereur proviennent de Dion[180]. La réplique « *concide Magire* » serait le fruit de l'imagination du rédacteur. Concernant le deuxième cas, A. Chastagnol note que le bon mot est un emprunt à Térence[181]. Serait-ce l'empereur qui aurait lui-même repris le vers du dramaturge ? Ou bien une nouvelle fois l'Anonyme qui aurait intégré une référence de son cru ? Étant donné que l'on ne rencontre cette mention nulle part ailleurs, la seconde hypothèse semble la plus probable.

Les discours insérés dans le troisième et le quatrième exemples relèvent également de la fiction ; eux non plus ne se rencontrent dans aucune autre source. Quant au cinquième cas, il s'agit de nouvelles réécritures de Suétone et Tacite sur le thème des sorties secrètes de l'empereur qui souille la dignité de sa charge en entrant en contact avec les classes marginales. Une liste (non-exhaustive) des différentes déclinaisons du même thème est proposée ci-dessous[182].

---

180 A. Chastagnol, *Histoire Auguste*, introduction de la Vie d'Élagabal, p. 498. Dion, LXXIX, 16, 1-6.

181 *Cf. Adelphes*, 643. *Cf.* A. Chastagnol, *ibid.*, n. 3 p. 516.

182 A. Chastagnol note les affinités entre les épisodes de la Vie d'Élagabal et de la Vie de Vérus (*ibid.*, n. 3 p. 540). Il relève que ce dernier est lui-même inspiré de Suet., *Ner.*, 26, 2-3 et Tacite, *Ann.*, XIII, 25, 1 ; *cf.* également *Oth.*, 2,2 (*ibid.*, n. 2 p. 172). Nous rajoutons les rapprochements avec *Calig.*, XI et Dion, LXXIX, 13 (Dion est une source de la Vie d'Élagabal de l'*Histoire Auguste*).

Dans les *Annales* de Tacite :

Nero itinera Vrbis et lupanaria et deuerticula, ueste seruili in dissimulationem sui compositus, pererrabat, comitantibus qui raperent uenditioni exposita et obuiis uulnera inferrent, aduersus ignaros, adeo ut ipse quoque exciperet ictus et ore praeferret. (Tacite, *Ann.*, XIII, 25, 1)

« Néron parcourait les rues de la Ville, les lupanars et les tavernes, déguisé en esclave pour dissimuler son identité et accompagné de gens chargés de piller les étalages et de porter des blessures aux passants, si peu reconnaissable que lui-même reçut des coups et en porta la marque au visage. »

Dans les Vies de Caligula, Néron et Othon de Suétone :

ganeas atque adulteria capillamento celatus et ueste longa noctibus obiret (*Calig.*, XI, 1).

« [il] courait la nuit à la débauche et à l'adultère, coiffé d'une perruque et dissimulé sous un long manteau… »

Post crepusculum statim adrepto pilleo uel galero popinas inibat circumque uicos uagabatur ludibundus nec sine pernicie tamen, siquidem redeuntis a cena uerberare ac repugnantes uulnerare cloacisque demergere assuerat, tabernas etiam effringere et expilare ; quintana domi constituta, ubi partae et ad licitationem diuidendae praedae pretium absumeretur. (*Ner.*, XXVI, 2)

« Après la tombée de la nuit, ayant saisi un bonnet ou une casquette, il pénétrait dans les cabarets, vagabondait dans les divers quartiers, faisant des folies, qui d'ailleurs n'étaient pas inoffensives, car elles consistaient d'ordinaire à frapper les gens qui revenaient d'un dîner, à les blesser, à les jeter dans les égouts, s'ils résistaient, et même à briser les portes des boutiques et à les piller ; il installa dans son palais une cantine, où l'on dissipait le produit du butin, qu'il dispersait aux enchères. »

ferebatur et uagari noctibus solitus atque inualidum quemque obuiorum uel potulentum corripere ac distento sago impositum in sublime iactare. (*Oth.*, II, 2)

« on disait même qu'il avait coutume de courir pendant la nuit, d'arrêter les passants faibles ou pris de vin et de les berner dans son manteau. »

Dans le texte de Dion Cassius :

Il [Élagabal] entrait, la nuit, dans les cabarets, avec des cheveux postiches, et y remplissait les fonctions de cabaretière. Il se rendait dans les *lupanars* fameux, où, après en avoir chassé les courtisanes, il se livrait à la prostitution (Dion, LXXIX, 13).

Dans la Vie de Vérus de l'*Histoire Auguste* :

> *Fertur et nocte perpeti alea lusisse, cum in Syria concepisset id uitium, atque in tantum uitiorum Gaianorum et Neronianorum ac Vitellianorum fuisse aemulum, ut uagaretur nocte per tabernas ac lupanaria obtecto capite cucullione uulgari uiatorio et comisaretur cum triconibus, committeret rixas, dissimulans quis esset, saepeque efflictum liuida facie redisse et in tabernis agnitum, cum sese absconderet.* (*Vér.*, IV, 6)
>
> « On raconte aussi qu'il était capable de passer la nuit à jouer aux dés, une mauvaise habitude qu'il avait prise en Syrie, et qu'il rivalisait de vices avec les Caligulas, les Nérons et les Vitellius, au point de déambuler la nuit de tavernes en lupanars, la tête couverte d'un simple capuchon de voyage, de faire la noce avec des voyous et de prendre part à des rixes en dissimulant sa véritable identité. Il en revenait souvent, dit-on, le visage tuméfié et avait fini par se faire reconnaître dans les tavernes malgré ses essais de camouflage. »

Tous ces extraits prennent pour cadre les sorties nocturnes du prince. À l'exception du cas d'Othon qui manque de précision, ces excursions sont secrètes puisque l'intéressé recourt au travestissement pour ne pas se faire reconnaître, se couvrant d'un manteau avec capuchon, un bonnet ou un chapeau, de faux cheveux, adoptant une tenue d'esclave. Tous les fragments révèlent une fréquentation des lieux de débauche (la Vie d'Othon nous apprend que cet empereur s'adonnait aux mêmes dépravations que Néron, ce qui lui valut son amitié[183]) ; à l'exception de la version de Dion et de l'extrait de la Vie de Caïus, tous évoquent des rixes, qui entraînent parfois la découverte de l'identité du prince. La réplique *"Nemo sciat, Antoninus haec donat"* semble donc constituer une innovation du rédacteur de l'*Histoire Auguste*, qui théâtralise ainsi le thème des affinités du prince avec les classes infâmes de la société romaine, que d'autres historiens utilisent dans leurs écrits.

Au terme de cette étude, il apparaît que le rédacteur affectionne donc particulièrement le procédé du style direct, même si l'usage de ce dernier demeure inégal tout au long du recueil. Les occurrences marquent les limites d'espaces d'expression de la fantaisie d'un écrivain qui se plaît à s'appuyer sur des intertextes, à varier les formes littéraires qu'il insère et à travailler son style. Ces manifestations de discours rapportés peuvent aussi ponctuellement revêtir une dimension épidictique et servir à blâmer les princes. Nous souhaiterions à présent aborder un dernier procédé : le thème du crime de lèse-majesté.

---

183 *Oth.*, 2.

L'IMPORTANCE DU CRIME DE LÈSE-MAJESTÉ

Le rédacteur évoque, à plusieurs reprises dans le recueil, le crime de lèse-majesté. Ce dernier est, conformément à la tradition, considéré comme un redoutable instrument d'oppression. Marc Aurèle écrit non sans ironie, dans une fausse lettre à Vérus, *in causis maiestatis haec natura est, ut uideantur uim pati etiam quibus probatur* (« dans les procès de majesté, l'ordre des choses veut que passent pour des victimes même les coupables avérés »)[184].

Comme on le sait, un ensemble de lois pour punir le *crimen maiestatis populi Romani imminutae* avaient vu le jour sous la République : la *lex Appuleia de maiestate* (103 av. J.-C.)[185], la loi *Varia*[186] puis la *lex Cornelia*,

184 *Av. Cass.*, II, 4.

185 La datation est indiquée par M. Turchetti, *op. cit.*, p. 167. À ce sujet, *cf.* R. Bompard, *Droit romain : le crime de lèse-majesté / Droit français : la Papauté en droit international*, Paris, A. Rousseau, 1888 ; ici p. 60 : « La première loi qui institua vraiment le *crimen maiestatis imminutæ* est la loi *Appuleia* », proposée par le tribun Appuleius Saturninus et véritable « arme dirigée contre l'aristocratie » (*ibid.*, p. 61). « Le caractère original de la loi nouvelle, c'est d'avoir réuni dans une même incrimination tous les faits, d'ordre intérieur ou extérieur, attentatoires à la force, au prestige, à la majesté, c'est-à-dire à la *souveraineté* du peuple romain. Diminuer cette force et ce prestige, c'est commettre le délit prévu. Pas d'autre définition, d'ailleurs. L'acquittement ou la condamnation dépendent de la façon dont le juge interprète les mots "*minuere maiestatem.*" » (*ibid.*). J.-L. Ferrary rappelle que des allusions à des cas de lèse-majesté avant la loi de Saturninus existent dans la littérature, mais il s'agit, selon lui d'anachronismes : « Les textes évoquant des procès de majesté antérieurs à 103 furent tous écrits en un temps où la *quaestio de maiestate* existait, et où les crimes dont ils parlaient auraient pu être jugés par elle. Il est probable dans ces conditions que la mention de procès de majesté y est tout simplement anachronique. » (J.-L. Ferrary, « Les origines de la loi de majesté à Rome », *Comptes rendus des séances de l'Académie des Inscriptions et Belles-Lettres*, 127e année, n° 4, 1983, p. 556-572, ici p. 558). La loi de majesté devrait être datée, selon lui, de 100 (*ibid.*, p. 566-567). D'après Cicéron, « sont des crimes de lèse-majesté [...] le fait d'usurper le pouvoir [*De Inventione*, II, 17 et 18], d'empêcher l'*intercessio* d'un tribun. Fomenter une sédition est un crime de lèse-majesté, à moins que ce ne soit pour une cause utile et agréable au peuple romain », « *"Maiestas est in imperii atque in nominis populi romani dignitate, quam minuit is, qui, per uim multitudinis, rem ad ne maiestatem qui, uoluntate populi romani, rem gratam et æquam per uim egerit ?"* (*Partitiones oratioræ*, 30, 105) ». (R. Bombard, *ibid.*, p. 62). Cette loi définit la véritable nature du crime de lèse-majesté et révèle sa potentialité de détournement à des fins tyranniques, en tant qu'« inculpation vague » (*ibid.*), ou « filet où viennent se prendre toutes les fraudes » (*ibid.*, p. 63).

186 *Ibid.*, p. 63 : « Q. Varius, tribun du peuple [...] propose une loi punissant quiconque aurait frauduleusement poussé les alliés à la révolte [Val. Max., VIII, 6,4]. Cette loi était

promulguée par Sylla en 81 ou 80 av. J.-C[187]. La législation connut par la suite des réaménagements sous le régime augustéen, qui donna naissance à la *lex Iulia maiestatis* (datant de 4 av. J.-C[188].).

Le contour juridique de ces lois demeura toujours très flou, ce qui permit de les invoquer dans des situations très variées[189]. Bien que des cas d'application de la loi de lèse-majesté soient répertoriés dans le *Digeste*[190], « des abus se produisirent inévitablement par une application étendue de la loi, dégénérant en une forme de tyrannie[191] ». La législation peut concerner des faits (*facta*) mais aussi des paroles (*dicta*). Comme le note R. Bompard, Sylla l'applique le premier aux libelles calomnieux, suivi par Auguste qui sanctionna les pamphlets séditieux[192]. Il apparaît comme un fait bien établi que les tyrans du Iᵉʳ siècle s'en servirent comme prétexte pour se livrer à des actes de répression et de cruauté[193].

---

dirigée contre l'aristocratie qui s'était rendue odieuse aux Italiques en leur refusant le droit de cité [*Asconius in Cic., Scaur*, p. 22]. »

187 *Ibid.*, p. 64 : « Elle eut pour objet de défendre contre les réactions futures l'œuvre entreprise par le dictateur, et qui consistait à restituer à l'aristocratie tout son ascendant » (*ibid.*). « La loi ne contenait pas de définition, ni même d'énumération des actes qu'elle considérait comme coupables » (*ibid.*, p. 65). D'après Cicéron, « la calomnie peut être réprimée par la loi *Cornelia* ; sont également défendus par la loi le fait de sortir de sa province, de déclarer la guerre sans autorisation, d'usurper le pouvoir [Cic. *Epist. ad diuersos*, III, 11. – *In Pis.*, 21] [...] elle établissait le droit d'accuser pour les femmes (8 D. 48. 4) et probablement pour les infâmes, les esclaves, les soldats. Un fragment d'Ammien Marcellin (19,12) semble faire remonter à la loi *Cornelia* la disposition qui soumet à la torture tous les citoyens romains accusés de lèse-majesté *"aquæstionibus uel cruentis nullam exemere fortunam"* » (*ibid.*). En outre, les enfants et les petits-enfants de proscrits n'ont plus le droit « "d'hériter de leurs pères, et de prétendre aux charges publiques" » mais « "cette pénalité fut abrogée par César et rétablie plus tard par les empereurs" (Appien, *Guerres civiles*, I, 11, 96 ; – Suet. *César*, 41) » (*ibid.*). La loi *Cornelia* est jugée par un tribunal permanent : la peine est l'*aquæ et igni interdictio* (*ibid.*).

188 M. Turchetti, *op. cit.*, p. 167.

189 À ce sujet, *cf.* la question de la dénomination du crime chez Cicéron, *De oratore*, II, XXV, 107-109 : *Iam quid uocetur quaeritur, quom quo uerbo quid appellandum sit contenditur : ut mihi ipsi cum hoc Sulpicio fuit in Norbani causa summa contentio. Pleraque enim de eis quae ab isto obiciebantur quom confiterer, tamen ab illo maiestatem minutam negabam ; ex quo uerbo lege Apuleia tota illa causa pendebat.* « On traite la question de dénomination, lorsqu'on discute sur le nom qu'il convient de donner à un fait. C'est sur ce point que j'eus avec notre Sulpicius, dans le procès de Norbanus, une contestation si vive. J'avouais la plupart des faits que m'objectait l'adversaire ; mais je niais que Norbanus eût porté atteinte à la *majesté* du peuple ; et du sens de ce mot, d'après la loi Apuleia, dépendait toute la cause. »

190 *Cf. Dig.*, 48, 4.

191 *Cf.* M. Turchetti, *op. cit.*, p. 167.

192 R. Bompard, *op. cit.*, p. 68. *Cf.* Suet., *Aug.*, LV.

193 Suet., *Tib.*, LVIII et LIX ; *Calig.*, XXVII, 8 ; *Ner.*, XXXII ; *Dom.*, X, 2-3 et XI.

Tacite est profondément révolté par l'arrogance avec laquelle le prince utilise ainsi la loi comme « un instrument de vengeance personnelle[194] » : « Il [Tibère] avait remis en vigueur la loi de majesté, une loi qui, chez les Anciens, portait le même nom, mais qui déférait en justice des actes différents... les actions seules étaient l'objet de poursuite, les paroles étaient impunies. Auguste le premier poursuivit en justice, sous le couvert de cette loi, des écrits diffamatoires... ensuite Tibère... lui aussi avait été exaspéré par des épigrammes, répandues sans nom d'auteur, sur sa cruauté, son orgueil et ses dissensions avec sa mère[195]. »

La nature malléable de la loi de majesté permet de donner une légitimité juridique à des actions de vengeance personnelle, y compris sous l'Empire, et la réflexion de Tacite nous montre que cet aspect du Principat peut être considéré comme néfaste dans la mesure où il repose sur un cercle vicieux : le pouvoir absolu du prince autorise l'existence de cette loi, tout comme cette loi autorise le pouvoir absolu du prince.

Par ses abus, elle est donc bien un véritable « instrument de tyrannie[196] » offrant la possibilité à l'empereur de se débarrasser de ses ennemis politiques et de renflouer ses caisses quand elles sont vides. Le rôle du délateur est, dans cette entreprise, déterminant. Il faut rappeler que la loi pouvait s'appliquer non seulement à la personne de l'empereur, mais aussi aux membres de sa famille ou à ses ministres, ce qui autorisait des dérives toujours plus nombreuses. Pline loue Trajan de délivrer l'Empire de ce genre d'accusations dont Domitien était avide : ce prince était en effet toujours prompt à encourager les esclaves à dénoncer leur maître[197].

Dans l'*Histoire Auguste*, le *crimen maiestatis* est évoqué, le plus souvent dans des situations mettant en jeu des mauvais empereurs – ce qui n'est guère surprenant – mais il n'occupe pas une place aussi centrale que dans l'œuvre de Suétone, le rédacteur préférant insister davantage sur les larcins que sur les actes touchant à la dignité de l'empereur[198]. Ainsi, Hadrien n'admet pas les accusations de crime de lèse-majesté[199] et Pertinax s'engage à supprimer tous les procès occasionnés par ce type

194 Pour reprendre les mots de M. Turchetti, *ibid.*, p. 176.
195 Tac., *Annales*, I, 72, 2-4, cité par M. Turchetti, *ibid.*
196 M. Turchetti, *ibid.*, p. 176.
197 Plin., *Panégyrique de Trajan*, XLII.
198 J.-P. Callu, « Le Jardin des supplices au Bas-Empire », p. 330.
199 *Hadr.*, XVIII, 4.

d'infraction[200]. Sous Tacite, il reste en vigueur mais la bonté naturelle du prince l'amène à adoucir la procédure pour les esclaves[201]. Septime Sévère est quant à lui victime d'une dénonciation sous le règne de Commode :

> *In Sicilia quasi de imperio uel uates uel Chaldaeos consuluisset, reus factus est. A praefect. praet., quibus audiendus datus fuerat, iam Commodo in odium ueniente absolutus est calumniatore in crucem acto.* (*Sév.*, IV, 3)
>
> « En Sicile, il fut mis en accusation pour avoir consulté des devins ou des astrologues chaldéens sur ses chances d'accéder à l'empire. Mais comme l'hostilité commençait à grandir autour de Commode, les préfets du prétoire, chargés de son interrogatoire, l'acquittèrent et firent mettre en croix l'auteur de la dénonciation calomnieuse. »

Les procès de majesté de ce règne étaient déjà évoqués dans la Vie de Didius Julianus[202].

Parfois, la bonne anecdote se substitue à la dénomination du crime. La Vie de Caracalla présente par exemple des cas qu'il est intéressant d'étudier. Après avoir indiqué que ce prince avait interdit aux soldats de lui donner des noms de dieux (par cette prohibition, il cherchait à se démarquer de Commode qui avait accepté celui d'Hercule[203]), le rédacteur écrit :

> *Damnati sunt eo tempore qui urinam in eo loco fecerunt, in quo statuae aut imagines erant principis, et qui coronas imaginibus eius detraxerunt, ut alias ponerent, damnatis et qui remedia quartanis tertianisque collo adnexa gestarunt.* (*Carac.*, V, 7)

---

200 *Pert.*, VI, 8 : *Quaestionem maiestatis penitus tulit cum iureiurando, reuocauit etiam eos, qui deportati fuerant crimine maiestatis, eorum memoria restituta, qui occisi fuerant.* « Il s'engagea par serment à supprimer entièrement les procès de majesté, rappela même d'exil ceux qui avaient été bannis pour crime de majesté et réhabilita la mémoire de ceux qui avaient été mis à mort. »

201 *Tac.*, IX, 4 : *In eadem oratione cauit ut serui in dominorum capita non interrogarentur, ne in causa maiestatis quidem.* « Dans ce même discours, il décréta qu'on n'interrogerait pas des esclaves dans des procès intentés à leurs maîtres, même en cas de lèse-majesté. » Sur les influences de ce passage, *cf.* A. Chastagnol, *Histoire Auguste*, n. 2 et 3 p. 1046. La mesure inhérente aux procès de majesté semblerait venir de Constantin, en 320 (*Code Théodosien*, IX, 5, 1).

202 *Did. Jul.*, II, 1 : *Sed a Commodo, quia multos iam senatores occiderat et quidem nobiles ac potentes in causis maiestatis, ne tristius grauaretur,* « Cependant Commode, qui avait déjà mis à mort dans des procès de majesté un grand nombre de sénateurs, ne voulut pas aggraver sa réputation. »

203 *Carac.*, V, 5 : *Deorum sane se nominibus appellari uetuit, <quod> Commodus fecerat, cum illum, quod leonem aliasque feras occidisset, Herculem dicerent.* « Il leur interdit de lui donner des noms de dieux, ce qu'avait accepté Commode ; ils l'appelaient en effet Hercule sous prétexte qu'il avait tué un lion et d'autres bêtes sauvages. »

> « On condamna à mort, pendant cette période, ceux qui avaient uriné là où se trouvaient des statues ou des bustes de l'empereur ou qui avaient enlevé les couronnes de ses bustes pour les remplacer par d'autres ; on condamna également ceux qui portaient autour du cou des amulettes contre la fièvre quarte et la fièvre tierce. »

Sans être nommée, c'est la loi de lèse-majesté qui transparaît ici. Les statues de l'empereur sont en effet des *res sacrae*. Comme le note R. Bompard, « on est criminel de lèse-majesté, sous Tibère, pour s'être déshabillé devant l'image de César[204] ». On ne peut toucher aux statues que pour les restaurer en cas de vétusté ou pour les détruire quand elles représentent un prince *damnatus*[205].

Ce passage rappelle naturellement plusieurs textes que le lecteur cultivé du IVe siècle devait garder en mémoire. A. Chastagnol indique une possible référence à Juvénal, qui mentionnait l'interdiction d'uriner contre les statues (I, 131[206]), mais l'association d'une réalité scabreuse avec l'image de l'empereur évoque encore Suétone[207]. Il faut également mentionner la critique des *Bienfaits* :

> *Sub Tib. Caesare fuit accusandi frequens et paene puplica rabies, quae omni ciuili bello grauius togatam ciuitatem confecit [...] Cenabat Paulus praetorius in conuiuio quodam imaginem Tib. Caesaris habens ectypa et eminente gemma. [...] illum matellam sumpsisse ; quod factum simul et Maro ex notis illius temporis uestigatoribus notauit et seruus eius, quoi nectebantur insidiae. Is subsidians ei ebrio et anulum extraxit et cum Maro conuiuas testaretur admotam esse imaginem obscenis et iam subscriptionem conponeret, ostendit in manu sua seruus anulum.* (Sénèque, *Des bienfaits*, III, XXVI, 1-2)

---

204 R. Bompard, *op. cit.*, p. 78 : « Les statues sont des *res sacræ*, soumises à la solennité de la *consecratio* (*consecratas*, 6 D. 48.4) [...] Quiconque les détruit, les frappe, les mutile, et même leur manque de respect, encourt la peine de mort : on est criminel de lèse-majesté, sous Tibère, pour s'être déshabillé devant une image de César. »

205 *Cf. Dig.*, 48, 4, 5-6 et R. Bompard, *ibid.*, p. 78 : « On ne peut toucher à ces images sacrées que pour les refaire si elles tombent en ruine, ou à moins qu'il ne s'agisse d'un empereur dont la mémoire a été condamnée (*reprobatas*, 4 § 1 D. 48.4). »

206 *Cf.* A. Chastagnol, *Histoire Auguste*, n. 2 p. 412.

207 *Tib.*, LVIII, 3 : *Damnato reo paulatim genus calumniae eo processit, ut haec quoque capitalia essent : circa Augusti simulacrum seruum cecidisse, uestimenta mutasse, nummo uel anulo effigiem impressam latrinae aut lupanari intulisse, dictum ullum factumue eius existimatione aliqua laesisse.* « L'inculpé ayant été condamné, ce genre d'accusation fut insensiblement porté si loin qu'on fit un crime capital même d'avoir battu un esclave ou changé de vêtements près d'une statue d'Auguste, d'avoir été aux latrines ou dans un lieu de débauche avec une pièce de monnaie ou une bague portant son effigie, d'avoir critiqué l'une de ses paroles ou de ses actions. »

« Sous Tibère César sévit à un haut degré de fréquence et presque à l'état épidémique la rage d'accuser, qui plus terriblement que toutes les guerres civiles, décima Rome en pleine paix [...] L'ex-préteur Paulus assistait à un banquet, portant au doigt un camée qui représentait Tibère César. [...] il prit un pot de chambre. Ce geste fut remarqué par Maro, un des espions notoires de ce temps-là, mais en même temps par l'esclave de celui dont la perte se tramait. Ce dernier en venant au secours de son maître pris de vin lui retira l'anneau. Et, comme Maro prenait les convives à témoin du rapprochement de l'image avec les parties obscènes et commençait à dresser l'acte d'accusation, l'esclave fit voir à sa propre main l'anneau ! »

Ces variations autour du thème du noble souillé par l'ignoble mettent systématiquement en jeu un rapprochement de l'image de l'empereur avec une réalité triviale, la satisfaction d'un besoin naturel. L'extrait de l'*Histoire Auguste* s'insère dans le cadre d'une énumération de mesures particulièrement sévères et aberrantes prises par Caracalla. On retrouve l'aspect outrancier du texte de Sénèque, qui proposait en outre une finalité identique (dénoncer les excès du tyran)[208].

L'inculpation liée aux couronnes se révèle également très intéressante[209]. Comme on le sait, le porteur d'une couronne de laurier jouissait d'une aura sacrée ; détenteur d'*auctoritas*, il était considéré comme particulièrement intouchable[210]. C'est probablement la fonction apotropaïque

208 Selon Pline, le bon prince n'accorde finalement qu'une importance limitée aux statues. Celles de Trajan sont en bronze, contrairement à celles de Domitien, qui sont en or et en argent (Plin., *Panégyrique de Trajan*, LII). Par ailleurs, le souvenir du prince se conserve avant tout dans le cœur des hommes et non dans ses représentations (*ibid.*, LV).

209 Sur les couronnes végétales à Rome et leur symbolique, lire G. Guillaume-Coirier, « Les couronnes militaires végétales à Rome. Vestiges indo-européens et croyances archaïques », *Revue de l'histoire des religions*, t. 210, n° 4, 1993, p. 387-411.

210 Nous rappellerons seulement que les couronnes végétales à Rome enveloppaient ceux qui les portaient d'une protection divine, d'une énergie positive qui rejaillissait sur l'entourage : « Quel qu'en soit le moment, l'usage d'une plante dite *felix*, "heureuse", "fertile" et par là "bénéfique", "de bon augure", semble pour celui qui en est honoré aller de soi, surtout quand on se rappelle l'importance dans la religion romaine des signes favorables. Un homme qui peut s'en orner sa vie durant et donc partout, devant qui aux jeux et au théâtre les assistants se lèvent, qui a le droit de s'asseoir auprès des sénateurs, porte sur lui une espèce qui est associée à l'idée de germination, de production, donc de vitalité intense. Cette "vigueur", ce "succès", cette "chance" rejaillit sur les personnes qu'il approche et spécialement sur les dirigeants de Rome. » (*ibid.*, p. 392). La *corona laurea*, puisque c'est d'elle dont il s'agit ici, était portée par le général victorieux de l'époque républicaine à l'occasion de la cérémonie du *triumphus* ; il était hissé au rang de Jupiter (*ibid.*, p. 388). Mais G. Guillaume-Coirier se demande si cet ornement n'occupait pas plutôt une fonction de rappel de la suprématie permanente du chef : « Fort de son histoire

qui est mobilisée dans la mise en scène de l'*Histoire Auguste* : le simple fait d'enlever la couronne, même s'il est motivé par une attitude bienveillante à l'égard de Caracalla, puisqu'il s'agit de remettre une nouvelle couronne sur sa statue, équivaut à la fois à faire déchoir l'empereur et à lui porter malheur. Aux yeux du prince, l'auteur de ce crime ne peut être qu'une personne malfaisante qu'il faut éliminer. Cet épisode rappelle un passage de la biographie suétonienne de Jules César :

> *Adiecit ad tam insignem despecti senatus contumeliam multo arrogantius factum. Nam cum in sacrificio Latinarum, reuertente eo inter immodicas ac nouas populi acclamationes, quidam e turba statuae eius coronam lauream candida fascia praeligata inposuisset et tribuni plebis Epidius Marullus Caesetiusque Flauus coronae fasciam detrahi hominemque duci in uincula iussissent, dolens seu parum prospere motam regni mentionem siue, ut ferebat, ereptam sibi gloriam recusandi, tribunos grauiter increpitos potestate priuauit.* (Suétone, *Cés.*, LXXIX, 1-2)

> « À cet affront si cruel, à ce mépris du sénat, il ajouta un trait d'arrogance beaucoup plus grave. Il revenait des fêtes latines, salué par le peuple d'acclamations excessives et inouïes, lorsqu'un homme sortant de la foule couronna sa statue d'une branche de laurier que nouait par devant une bandelette blanche : alors les tribuns de la plèbe Epidius Marullus et Caesetius Flavus donnèrent l'ordre d'arracher la bandelette et de conduire l'homme en prison ; mais César, furieux que cette allusion à la royauté eût obtenu si peu de succès, ou, comme il le prétendait alors, qu'on lui eût ravi la gloire de refuser le trône, blâma sévèrement les tribuns et les priva de leur charge[211]. »

César avait réussi à obtenir par décret le port constant de la couronne de laurier, sous couvert de motifs esthétiques, car il ne pouvait supporter sa calvitie[212]. L'objectif non avoué de cette mesure était bien entendu

---

et de la diversité de ses services, le laurier apparaît donc comme la plante religieuse par excellence, celle de "première fonction" [première fonction de G. Dumézil, relative au sacré] : quand le chef la porte sur la tête, il constitue vraisemblablement l'ornement attestant la puissance que donne la relation avec le sacré. Or la présence de ce feuillage au moment de la célébration de la victoire, circonstance qui renforce le pouvoir, ne représenterait-elle pas l'une des utilisations parmi d'autres ? Ou plutôt le triomphe ne serait-il pas pour le gouvernant qui le fête l'occasion de s'affirmer, ou de se réaffirmer chaque fois, comme dépendant de Jupiter, apte à porter de façon constante cet insigne végétal qui légitime son autorité car elle le sacralise ? » (*ibid.*, p. 408). Par ailleurs, le laurier a la réputation de ne pas être touché par la foudre (*ibid.*, p. 406).

211 Suétone, *Vies des douze Césars*, t. I, *César-Auguste*, texte établi et traduit par H. Ailloud, Paris, Les Belles Lettres, 2002.

212 R. F. Martin, *op. cit.*, p. 52. L'auteur cite Suétone (*Cés.*, XLV, 4) : « Aussi avait-il coutume de ramener en avant ses cheveux trop rares et, parmi tous les honneurs que lui décernèrent

d'asseoir son pouvoir en habituant les Romains à une silhouette de chef[213]. Les tribuns avaient été particulièrement choqués par la bandelette blanche, qui constituait l'insigne royal des monarchies hellénistiques. Mais sous l'Empire, ce type de symbole ne réapparaît pas avant Dioclétien ; aussi la couronne de laurier suffit à elle seule à représenter le pouvoir suprême du César (*imperium*). L'*Histoire Auguste* pourrait avoir écrit cette anecdote à partir d'une réminiscence suétonienne, en l'adaptant aux réalités postérieures de l'époque républicaine.

Il est intéressant de mettre en perspective le texte proposé par l'Anonyme et la Vie de César, car le rapprochement permet de mieux mesurer le degré de perversité de Caracalla. En effet, chez Suétone, le flatteur se faisait condamner parce qu'il mettait la couronne sur la statue de César, afin de lui plaire. Aux yeux de la République, il devenait hors-la-loi car il encourageait un individu à devenir roi ; il pouvait donc tomber, du moins théoriquement, sous le coup des *leges Valeriae*, même si ces lois relevaient davantage de la légende. Sous Caracalla, l'individu se fit condamner à mort pour avoir ôté la couronne de la statue ; là encore, il voulait plaire à César. Mais selon la logique du Principat, il devenait hors-la-loi car il portait atteinte à la majesté du prince, représentant du peuple romain, et pouvait donc potentiellement être sanctionné par la *Lex Iulia de maiestatis*.

Cette rapide vue d'ensemble nous amène à constater qu'il valait mieux ne pas s'approcher des statues, aussi bien dans la Rome républicaine que dans la Rome impériale. Sous la République, les mentalités n'étaient pas encore pénétrées par l'idéologie du Principat et le partisan de César n'était pas encore tributaire d'une norme sociétale qui encadrait un peuple. Il était membre d'une faction politique, celle des césaristes, qui voulait voir leur chef obtenir le pouvoir suprême. Cet acte de piété public ne pouvait donc être toléré.

---

le sénat et le peuple, celui qu'il reçut et dont il profita le plus volontiers fut le droit de porter en toute occasion une couronne de laurier. »

213 *Ibid.* : « Il paraît finalement difficile de croire que le port de la couronne de laurier était aussi innocent et Jérôme Carcopino dans son *Jules César* a bien montré que la joie que César manifesta en apprenant le décret du sénat n'était pas uniquement d'ordre esthétique : "l'homme chauve s'était bruyamment réjoui de cet honneur vestimentaire. Les naïfs avaient attribué son allégresse à sa coquetterie. Elle venait de la certitude qu'en portant toujours le costume de l'*Imperator* il habituerait l'opinion, par une immanquable association d'idées, à lui en reconnaître aussi le pouvoir toujours." »

Sous Caracalla, le flatteur se fondait dans une piété de bon aloi, qui relevait de l'impératif sociétal. Il n'y avait plus de factions politiques mais une norme, qui invitait le citoyen à rendre un culte à l'empereur. Mais, d'après cet extrait, on constate que le malheureux se retrouva piégé par son désir de plaire. En substituant les couronnes, il voulut se détacher de la norme, alors qu'il fallait précisément rester dans cette norme. En d'autres termes, il dépassa le seuil des conduites autorisées dans un système défini par un cadre étroit. Sa décision ne devait pas relever de l'initiative personnelle, car seul l'empereur détenait un pouvoir de décision. Dans ce système, la bonne intention n'existait pas car il n'y avait pas à avoir d'intention. Le flatteur désobéit donc à l'autorité impériale.

Le bon prince, qui se rapproche finalement du roi antique, et qui est honoré de bon cœur par ses sujets, aurait pu apprécier cette initiative de piété[214]. Or Caracalla jouissait du fait que la situation qu'il imposait à ses sujets pouvait les entraîner à commettre des erreurs. Ces derniers pouvaient croire qu'ils vivaient dans un système se rapprochant davantage d'une royauté que d'une république. Mais la réalité politique de ce règne relevait de la royauté pervertie, de la tyrannie absolue, et le tyran se faisait le spectateur et le jouisseur des errances et des illusions de ses sujets.

Les sanctions concernant le port des amulettes contre la fièvre quarte et la fièvre tierce se révèlent davantage énigmatiques. Cette mesure semble constituer un emprunt d'Ammien, emprunt d'un passage lié à des événements égyptiens de 359 ; des similitudes lexicales entre les deux extraits ont été relevées par A. Chastagnol[215]. Quel sens donner alors à

214 Hiéron dit : « Eh bien ! Simonide, les honneurs des tyrans me semblent, eux aussi, être du même genre, justement, que leurs plaisirs d'amour, tels que je les ai dépeints. En effet, les complaisances venant de gens qui ne nous aiment pas en retour ne nous ont pas semblé être des faveurs, et les jouissances d'amour qu'on se procure par la violence ne nous ont pas paru être des plaisirs. Eh bien, de la même façon, les complaisances des gens qui ont peur ne sont pas non plus des honneurs [...] Quant aux dons, en vérité, le vulgaire en fait à ceux qu'il déteste, et cela quand il redoute le plus d'être maltraité. Mais on aurait, je crois, raison de considérer ces dons comme des actes de servilité ; les honneurs, eux, me semblent, quant à moi, provenir d'une source opposée. » (Xénophon, *op. cit.*, VII, 5-6 et 8). Si l'on adhère à cette conception, le tyran n'est donc pas dupe et considère que répondre à l'hypocrisie de ses sujets par la violence est légitime.

215 Amm., XIX, 12, 14. *Cf.* A. Chastagnol, *Histoire Auguste*, n. 3 p. 412. Il faut se reporter à J. Straub, *Heidnische Geschichtsapologetik...*, 1963, p. 53-80 ; R. Syme, *Ammianus and the H.A.*, p. 32-33 (*ibid.*).

cette réécriture ? En quoi le port d'un objet apotropaïque pouvait-il être considéré comme un crime ? Caracalla semblait attacher une importance particulière à ce genre de prohibition : Serenus Sammonicus, poète estimé de Sévère, fut mis à mort par le tyran car il aurait recommandé le recours à ces amulettes contre les fièvres intermittentes[216].

Comme le note E. Champlin[217], cet éminent savant de goût archaïsant, *uir saeculo suo doctus* d'après Macrobe[218], probablement précepteur des fils de Septime Sévère[219], était partisan de Géta et fut éliminé peu de temps après le fratricide[220]. Dans le *De Medecina praecepta*, il recommande le port d'amulettes autour du cou pour prévenir différents types de fièvre, dont la fièvre tierce[221], quotidienne[222] et demi-tierce[223]. En ce qui concerne la fièvre quarte, l'auteur fait simplement mention d'une série de breuvages et d'une étrange pratique : placer sous le corps du malade qui craint le retour de la fièvre le quatrième livre de l'*Iliade* d'Homère[224].

Il semblerait donc que le châtiment de Caracalla envers les porteurs d'amulette évoqué par l'*Histoire Auguste* renvoie également à ces lignes : le rédacteur se serait en revanche trompé dans la mention d'une des deux

216 *Dictionnaire des sciences médicales*, t. VII, C. L. F. Panckoucke, 1825, ici p. 202.

217 E. Champlin, « Serenus Sammonicus », *Harvard Studies in Classical Philology*, 85, 1981, p. 189-212.

218 Macrobe, *Saturnales*, II, xii (*Œuvres*, texte traduit par H. Descamps, N. A. Dubois, L. d'Aguen, A. Ubicini Martelli, Paris, C. L. F. Panckoucke, 1845).

219 À ce sujet, *cf.* E. Champlin, *ibid.*, p. 193 : « *Above all, Serenus Sammonicus moved in the very best of circles, the imperial court. He was an acquaintance (at least) of Septimius Severus and dined at the palace, and he was surely one of the tutors of Geta and Caracalla...* »

220 Soit après le 26 décembre 211 (datation établie par T. D. Barnes, *FTS* 19 (1968), 521 ff., *cf.* E. Champlin, *ibid.*, p. 189). L'*Histoire Auguste* affirme que Sammonicus soutenait Géta : *Isdem diebus occisi sunt innumeri, qui fratris eius partibus fauerant. Occisi etiam liberti, qui Getae administrauerant. Caedes deinde in omnibus locis. Et in balneis factae caedes, occisique nonnulli etiam cenantes, inter quos etiam Sammonicus Serenus, cuius libri plurimi ad doctrinam extant.* « Pendant ces mêmes jours furent tués en foule des partisans de son frère ainsi que les affranchis qui s'étaient occupés des affaires de Géta. Chaque lieu fut le théâtre de meurtres : certains furent perpétrés aux bains ; plusieurs personnes furent même assassinées au cours d'un repas, entre autres Sammonicus Sérénus dont subsistent de nombreux ouvrages d'érudition. » (*Carac.*, iv, 3-4). *Cf.* également E. Champlin, *ibid.*, p. 190.

221 Sammonicus, *De Medecina praecepta*, *cf.* L., *Tertianae typo medicando* (« Contre la fièvre tierce »). Nous utilisons l'édition suivante : Sammonicus, *Préceptes médicaux*, texte traduit par L. Baudet, Paris, C. L. F. Panckoucke, 1845.

222 *Ibid.*, LI., *Quotidianae typo medicando* (« Contre la fièvre quotidienne »).

223 *Ibid.*, LII, *Hemitritaeo depellendo* (« Contre la fièvre demi-tierce »).

224 *Ibid.*, XLIX, *Quartanae typo medicando* (« Contre la fièvre quarte »). Contre la fièvre, *cf.* également XLVIII.

fièvres concernées par la protection des amulettes. Suivre les prescriptions d'un des partisans de Géta, personnage déclaré ennemi public, aurait ainsi été considéré comme un crime contre le prince, portant atteinte à sa majesté. Mais l'interprétation que nous venons d'élaborer reste une hypothèse de lecture et le passage de la Vie de Caracalla relatif au port de l'amulette demeure en réalité obscur.

Il est temps d'achever cette deuxième partie en rappelant les conclusions que nous avons pu tirer de nos observations. Nous avons d'abord étudié le rôle de trois figures récurrentes dans les *Vitae*. L'Anonyme qualifie de *princeps clausus* l'empereur entouré par des eunuques, personnages du reste foncièrement mauvais et corrupteurs : l'expression apparaît à plusieurs reprises et dessine un paradigme de mauvais prince. Par ailleurs, le rôle des délateurs est essentiel dans la mesure où il indique la nature morale d'un règne : le *pessimus princeps* s'appuie sur ces individus pour prospérer, tandis que l'*optimus princeps* les condamne. *A contrario*, l'effacement des tyrannicides n'offre pas de contrepoids au tyran, et ce dernier conserve ainsi une place centrale dans la biographie.

En abordant la question de la fascination des mauvais princes pour l'Orient, nous avons procédé à l'étude des différents clichés du despote oriental repris par le rédacteur. Le despote romain désireux de s'inspirer des monarchies hellénistiques et orientales, est traditionnellement sujet à un délire mystique, qui le conduit à s'auto-diviniser. Ce motif, s'il n'est pas absent du texte, demeure toutefois moins important que dans l'œuvre de Suétone. Les cultes orientaux, quant à eux, n'occupent pas une place déterminante dans la rhétorique du blâme et constituent simplement des supports à la critique. En revanche, la pratique de la proskynèse, le goût du luxe, la propension à la dilapidation, les divertissements de la table, la volonté de transgresser la nature et les comportements parricides et incestueux colorent avec force le portrait du mauvais prince.

Nous avons enfin réfléchi à la place de trois procédés qui avaient déjà constitué les supports d'une rhétorique du blâme chez Suétone. Nous avons d'abord tenté de répondre avec prudence à la question d'un éventuel recours à la physiognomonie : le rédacteur a peut-être emprunté des thèmes à cette pseudo-science, mais rien ne permet d'affirmer qu'il l'ait appliquée de façon rigoureuse et systématique. L'utilisation du style direct, que l'écrivain affectionne tout particulièrement, lui donne en revanche l'occasion d'élaborer des passages fantaisistes qui noircissent encore davantage l'image d'un empereur. Nous avons enfin constaté qu'il reprend ponctuellement le thème du crime de lèse-majesté et qu'il dépeint à son tour cet outil juridique comme un instrument de tyrannie.

Les procédés que nous venons d'étudier ne forment toutefois qu'une partie de l'arsenal déployé dans le recueil pour critiquer les différentes cibles de l'Anonyme. À présent, nous allons précisément nous intéresser à la nature de ces cibles, relever de nouveaux procédés, et réfléchir sur les enjeux de la rhétorique du blâme.

TROISIÈME PARTIE

PROCÉDÉS DE LA RHÉTORIQUE DU BLÂME ET ENJEUX DU TEXTE

CIBLES MAJEURES DE LA CRITIQUE

Nous avons, jusqu'à présent, constaté que l'Anonyme critiquait essentiellement les mauvais princes des IIe et IIIe siècles. Ce nouvel axe se propose de déterminer si le recueil prend ou non d'autres entités pour cibles. La figure de l'usurpateur et la vision du Principat vont constituer les prochains thèmes de notre étude.

LE CAS PARTICULIER DE L'USURPATION

L'usurpation constitue l'un des thèmes favoris de l'*Histoire Auguste.* Cette caractéristique rend l'œuvre originale : les *Vies des douze Césars* ne traitaient en effet que des empereurs légitimes, alors que le texte de l'Anonyme consacre des biographies entières aux co-régents et à ceux qui ont accaparé le pouvoir par des moyens illégaux. D'aucuns se sont saisis de ce constat pour développer un argumentaire en faveur de l'identité de l'écrivain : ce dernier serait un soutien politique de l'usurpateur Eugène, dont la révolte débuta en août 392 et connut une fin malheureuse en septembre 394[1]. Il est intéressant de noter que le terme *tyrannus* est fréquemment choisi pour référer aux usurpateurs.

1 Rappelons la complexité de l'argumentation concernant l'identification de Flavius Vopiscus : « Ainsi, confirmant l'hypothèse d'E. Hohl qui faisait de l'ultime rédacteur du *Corpus Historiae Augustae* un contemporain de Théodose, W. Hartke propose d'identifier celui-ci au fils du préfet du prétoire d'Eugène, chef de la réaction païenne de 394, c'est-à-dire à Nicomaque Flavien le Jeune » (É. Demougeot, « Flavius Vopiscus est-il Nicomaque Flavien ? », p. 361). Mais É. Demougeot penche davantage pour son père. Nicomaque Flavien Sénior aurait démissionné de la préfecture du prétoire vers 391-392 pour soutenir Eugène en 393 (*ibid.*, p. 377). Elle note : « Ainsi l'énigmatique Flavius Vopiscus semble masquer la personnalité de Nicomaque Flavien. Il est possible, mais seulement possible, que celui-ci, dans un but polémique, ait remanié une œuvre médiocre en l'animant de ses

Au risque d'introduire dans notre développement une série de lapalissades, nous voudrions nous arrêter un instant sur l'étymologie de ce mot. Le terme grec *tyrannos* est issu d'un dialecte d'Anatolie[2]. Il est appliqué pour la première fois au roi lydien Gygès, aux dires d'Archiloque[3], ce que confirme l'historien Euphorion de Chalcis[4]. Ce roi était, avant son accession au pouvoir, le favori de son prédécesseur Candaule et plus précisément un de ses gardes[5].

Candaule, qui aimait passionnément sa femme jusqu'au point de l'idolâtrer, ne cessait de vanter la beauté de son corps auprès de son serviteur. Pour mieux l'en convaincre, il lui ordonna de se cacher dans leur chambre à coucher ; il pourrait ainsi la scruter à sa convenance, une fois qu'elle se trouverait sans vêtement. Gygès, assailli de scrupules, protesta immédiatement, mais dut se résoudre à obéir à son souverain. Ayant vu la reine nue, il s'échappa discrètement de sa cachette, sans se douter que cette

---

espoirs et de ses rancunes, en y laissant même quelques traces de ses talents d'historien » (*ibid.*, p. 381). « L'hypothèse qui fait de Flavius Vopiscus le porte-parole de Nicomaque Flavien peut trouver place à la suite des démonstrations de S. Mazzarino et J. Straub, s'il paraît admissible d'attribuer à l'Histoire Auguste publiée, ou plutôt remaniée, à la fin du IVe siècle, plusieurs et non un seul rédacteur » (*ibid.*, p. 382). J. Schwartz note que la rédaction définitive de l'œuvre a pu s'échelonner sur la durée de l'usurpation (« Sur la date de l'*Histoire Auguste* », *B.H.A.C. 1966-1967*, cité précédemment, p. 91-99, ici p. 99). S. Ratti pense, quant à lui, que les Vies des tyrans ont été composées et adjointes au recueil initial après le ralliement de leur auteur au clan d'Eugène, donc après août 392 (*cf.* L'Histoire Auguste. *Les païens et les chrétiens dans l'Antiquité tardive*, p. 202.)

2 Comme le rappelle M. Turchetti, le mot ne semble pas provenir d'une langue indo-européenne (*op. cit.*, p. 33).

3 *Ibid.*, p. 33.

4 *Ibid.*, p. 33-34.

5 Nous résumons ici le récit d'Hérodote (*Histoires*, Livre I, 8-12). Plusieurs auteurs ont en effet développé différentes versions du mythe : Xanthos de Lydie (*cf.* Nicolas de Damas, *FGrHist*, 90 F 47), Hérodote, un auteur inconnu qui a écrit un drame (E. Lobel, *A Greek Historical Drama*, dans *Proc. Brit. Ac.*, 35 (1949), p. 207-216 et P. Oxy., XXIII, 2382), Plutarque (*Quaestiones Graecae*, 301f-302a), Justin (dans l'abrégé de Trogue Pompée, 1, 7, 14-19), Ptolémée d'Alexandrie (Phot., *Bibl.*, p. 150 b) et Tzétzès (*Chil.*, 1, 137-166 ; texte cité partiellement par W. Fauth, *Zum Motivbestand der platonischen Gygeslegende*, dans *RhM*, 113 (1970), p. 8). Toutes ces références sont indiquées dans l'article de P. Schubert, « L'anneau de Gygès : réponse de Platon à Hérodote », *AC*, t. 66, 1997, p. 255-260, ici p. 256. Platon, dans *République*, raconte l'histoire du berger Gygès qui se sert d'un anneau magique pour se rendre invisible. Il séduit alors la femme de son roi, le tue et prend possession de son trône (358b-362c, en particulier 359d-360b). Le texte propose ainsi une « réponse » à la notion de justice développée par Hérodote, qui reprend lui-même la vision de Solon (*cf.* P. Schubert, *ibid.*). L'acte de l'usurpateur ne conserve plus, de toute évidence, la même signification que chez Hérodote.

dernière l'avait aperçu. Convoqué le jour suivant par sa souveraine, Gygès fut sommé de réparer son affront et placé devant un redoutable dilemme : assassiner le roi – et hériter ainsi de sa femme et du trône de Lydie –, ou bien se résoudre à mourir lui-même. Non sans quelques nouvelles réticences, il choisit finalement de poignarder Candaule pendant son sommeil.

Si le personnage est considéré comme un *tyrannos*, ce n'est pas tant parce qu'il usurpa le pouvoir : son mariage avec la reine et sa reconnaissance par l'oracle de Delphes conférèrent à son accession au trône une légitimité[6]. Le mot sert à désigner le détenteur du pouvoir absolu pendant les trente-huit années qui suivirent[7]. Pour Archiloque, c'est un synonyme de monarque avec, comme le note J. Béranger, une nuance péjorative quand il s'agit d'un « adversaire de la monarchie[8] » et, pour Simonide et Pindare, comme dans le récit d'Hérodote, il se propose comme une alternative de *basileus*[9]. Solon l'emploie avec une idée de violence, reprise par Platon qui oppose le tyran au monarque juste.

Dans la Rome républicaine, le mauvais souvenir laissé par Tarquin le Superbe associe au contraire définitivement la royauté à un gouvernement oppresseur et cruel ; seuls les philosophes et rhéteurs feront la distinction entre *rex* et *tyrannus*[10]. C'est Cicéron qui introduit le second terme dans la langue latine pour stigmatiser Tarquin le Superbe, Verrès, Clodius, César, Antoine, Lépide, bien qu'on observe certaines nuances selon les occurrences[11]. Toutefois, dans le même temps, certains lettrés recourent encore au mot « tyran » dans son acception étymologique neutre (Virgile et Ovide pour parler d'Énée par exemple), si bien que l'on préfère parfois user de *dominus* pour souligner la différence en traitant spécifiquement de la cruauté d'un souverain[12].

---

6 Hérodote, I, 13-4.

7 M. Turchetti, *ibid.*, p. 34.

8 Nous rappelons les principaux éléments de l'analyse de J. Béranger, *Principatus. Études de notions et d'histoire politiques dans l'Antiquité gréco-romaine*, Université de Lausanne – Faculté des Lettres, 1973, ici p. 51-60.

9 Cet emploi neutre s'applique à Zeus, Apollon ou Œdipe dans la pièce de Sophocle, *Oidipous tyrannos*.

10 Sur « la christianisation de l'opposition entre *tyrannus* (*impius*) et *rex* (*religiosus*) », à partir d'Eusèbe et de Lactance, *cf.* S. Teillet, *Des Goths à la nation gothique*, Paris, Les Belles Lettres, 1984, p. 89 et suiv., comme le suggère V. Zarini, dans « La Figure du tyran dans la poésie latine de l'Antiquité tardive », *Le Tyran et sa postérité dans la littérature latine de l'Antiquité à la Renaissance*, cité précédemment, p. 203-218, ici p. 217.

11 J. Béranger, *Principatus…*, *ibid.*

12 *Ibid.*

« Tyran » intègre par la suite le vocabulaire de la propagande impériale pour justifier le Principat. Officiellement, le *princeps* est « l'antityran[13] », le gardien de la stabilité des institutions et de la paix dans la société romaine. Le terme épouse deux réalités antinomiques, au gré des points de vue : s'il réfère, pour l'usurpateur, à l'empereur en place, il renvoie, pour ce dernier, précisément à l'homme qui tente de le destituer[14]. Cette tendance, toutefois, coexiste jusqu'au IVᵉ siècle avec la tradition plus ancienne qui associe étroitement le signifié à l'idée de monarque, avec le sens secondaire d'usurpateur, bon ou mauvais[15].

Ces précisions ayant été rappelées, il faut se pencher sur l'emploi de *tyrannus* et de ses dérivés dans l'*Histoire Auguste* afin de mesurer si le rédacteur s'appuie sur un choix lexical particulier pour construire une

13 J. Béranger, « L'expression du pouvoir suprême dans l'*Histoire Auguste* », *B.H.A.C. 1971*, cité précédemment, p. 21-49, ici p. 29.

14 *Ibid.*, p. 29-30. P. Vesperini cite Hobbes pour rappeler comment l'essence de certains mots, tout particulièrement issus du lexique politique, est étroitement liée à la notion de modalisation : « Avec les mots, les hommes ne désignent pas seulement les choses, mais aussi leurs affects (par exemple, l'amour, la haine, la colère, etc.) Du coup, ce que l'un appelle "démocratie", l'autre l'appelle "anarchie" ; ce que les uns appellent "aristocratie", les autres l'appellent "oligarchie" ; et celui que l'un nommera "roi", l'autre le nommera "tyran". Donc ces mots ne désignent pas différentes espèces de gouvernements, mais différentes opinions des citoyens au sujet de celui qui a le pouvoir. » (art. cité, p. 37).

15 Nous renvoyons à l'article de V. Zarini, art. cité, p. 203-218. L'auteur relève quatre occurrences de *tyrannus* chez Sidoine, vingt-et-une dans les poèmes officiels de Claudien, quarante-deux chez Corippe et il précise qu'aucune d'entre elles n'a l'acception totalement neutre de « souverain » (*ibid.*, p. 206). Il relève que les usurpateurs sont classiquement désignés comme tyrans à partir du IIIᵉ siècle et tout particulièrement à partir de Théodose, avec les cas de Maxime, vaincu en 388, et Eugène, en 394 (*ibid.*, p. 206). V. Zarini renvoie également à S. Teillet, art. cité, p. 91-94. Claudien décrit ces deux derniers usurpateurs comme tels et applique par ailleurs à ceux qui contestent la légitimité du pouvoir de l'empereur d'Occident (Rufin, Eutrope, Gildon) les défauts traditionnels de l'homme tyrannique, à savoir « injustice et cruauté, orgueil et impiété, débauche et cupidité » (*ibid.*, p. 208). Au sujet des poèmes profanes de Dracontius : « bien que l'emploi du mot puisse parfois y sembler neutre, avec le sens de "monarque" (absolu) ou de "prince", une lecture plus attentive peut laisser transparaître un jugement moral en filigrane, et le mot *tyrannus* sert toujours, de fait, à dénoter un maître impérieux, comme Éole en *Rom.*, 7, 140, de surcroît figure antipathique, comme Aeétès (*Rom.*, 10, 178, 312, 328) ou Créon (*ibid.*, 380, 521). » Chez les chrétiens, on rencontre également la figure du persécuteur des martyrs, dans les vers de Damase, Ambroise et Prudence, en la personne des magistrats et de l'empereur (*ibid.*, p. 214). Chez Prudence, Jupiter ou le Diable sont également des *tyranni* (*ibid.*, p. 215). Le Diable est qualifié ainsi dès le début de la poésie latine chrétienne (*ibid.*, p. 216) tandis que Commodien se réfère en utilisant ce mot à des empereurs romains païens, le juif, les païens judaïsants, les « pécheurs endurcis » et l'Antéchrist (*ibid.*).

stratégie de blâme. Comme l'indique J. Béranger, le vocabulaire dans le texte qui fait référence au détenteur du pouvoir suprême offre les particularités suivantes : *rex* n'est jamais appliqué à l'empereur tandis que *princeps* et *imperator* sont utilisés indifféremment pour renvoyer au souverain[16] ; « Auguste » réfère quant à lui à la plus haute magistrature et s'oppose à « César », qui désigne le successeur présumé, comme chez Hérodien[17]. *Tyrannus*, « grief expéditif » qui évite toute discussion en vue de renverser ou éliminer un adversaire, fustige les usurpateurs, même s'ils peuvent être vertueux. J. Schwartz note que l'emploi du terme, abstraction faite de l'expression *triginta tyranni*, se retrouve vingt-cinq fois dans le recueil[18].

En réalité, la valeur sémantique de cette unité lexicale n'est pas uniforme. Une étude approfondie des différentes occurrences montre que le lecteur se retrouve confronté à trois types de cas de figure. Dans certains passages, il est certain que le terme revêt le sens d'« usurpateur ». Dans d'autres cas, il peut aussi bien s'entendre comme « souverain ayant accédé au pouvoir par des voies illégitimes » que comme « souverain oppresseur et cruel ». Enfin, le rédacteur ne sélectionne parfois que ce dernier trait sémantique lorsqu'il emploie *tyrannus*.

Une première série lexicale renvoie ainsi explicitement aux hommes d'armes qui tentèrent de prendre le pouvoir sous les règnes de Gallien et de Probus : comme on le sait, ils ne sont pas tous décrits comme des personnages négatifs (le sens de « souverain cruel, oppresseur » serait donc à exclure)[19]. Le rédacteur envisage un premier ensemble de Trente Tyrans, inspiré du modèle des oligarques qui firent régner la terreur sur Athènes durant huit mois, en 404-403 av. J.-C., avec le soutien du régime spartiate. Le second groupe, le « Quadrige », est calqué sur l'exemple des tétrades qui permettaient aux auteurs latins de regrouper des écrivains ou des penseurs ; Sénèque le philosophe, le

16 J. Béranger, « L'expression du pouvoir... », p. 28 et 41.

17 *Ibid.*, p. 46. L'*Histoire Auguste* s'aligne ainsi sur les conceptions lexicales de la tétrarchie de Dioclétien.

18 J. Schwartz, « La *Vita Marci* 17,4 et ses développements (problèmes de composition et de polémiques anti-chrétiennes », *B.H.A.C. 1970*, cité précédemment, p. 249-269, ici p. 265.

19 *Cf. Gall.*, XVI, 1 et XXI, 1 ; *Claud.*, V, 1 et IX, 1 ; *Prob.*, VI, 2 et XXIV, 8 ; *Quadr. tyr.*, I, 3 et II, 2 ; *Car.*, I, 4. Nous n'avons pas relevé ici les occurrences de *tyrannus* présentes dans la biographie des Trente Tyrans.

grammairien Messius Arusianus, ou encore le rédacteur lui-même, dans certains passages de l'œuvre, usèrent de cette pratique[20]. Comme le note J. Béranger, un personnage qualifié de « tyran » est immédiatement condamné ; mais c'est également l'« insuccès » de la tentative de prise de pouvoir qui justifie l'apposition d'une telle étiquette[21]. Sans référer cette fois-ci à des individus bien précis, le sens d'usurpateur apparaît en d'autres occasions dans l'œuvre[22].

Il est intéressant de remarquer que le rédacteur, à travers Vopiscus, semble vouloir distinguer deux catégories d'usurpateurs. La biographie du Quadrige s'ouvre sur ces lignes :

> *Minusculos tyrannos scio plerosque tacuisse aut breuiter praeterisse. Nam et Suetonius Tranquillus, emendatissimus et candidissimus scriptor, Antonium, Vindicem tacuit, contentus eo quod eos cursim perstrinxerat, et Marius Maximus, qui Auidium Marci temporibus, Albinum et Nigrum Seueri non suis propriis libris, sed alienis innexuit.* (*Quadr. tyr.*, I, 1)
>
> « Je sais que la plupart des auteurs ont laissé de côté ou mentionné rapidement en passant les usurpateurs sans importance. Ainsi d'une part Suétone Tranquillus, historien très scrupuleux et d'une parfaite honnêteté, a laissé de côté Antoine et Vindex, il s'est contenté de les avoir mentionnés rapidement ; d'autre part Marius Maximus, qui engloba Avidius – pour l'époque de Marc –, Albinus et Niger – pour celle de Sévère – non pas dans des livres à eux réservés, mais dans des biographies consacrées à d'autres. »

Comment doit-on comprendre l'adjectif *minusculus* ? Doit-on inférer qu'il existerait des tyrans-usurpateurs de première classe et d'autres de second plan, comme Antonius Saturninus et Vindex ? Si tel est le cas, quel(s) paramètre(s) détermine(nt) leur position dans la classification ? Serait-ce l'ampleur de leur révolte (durée, zone géographique concernée, poids des effectifs appuyant le renégat) ?

Conformément à ce qu'affirme le rédacteur, Suétone, dans un souci de polir le portrait noir qu'il brosse de Néron, se montre avare en

20 Sénèque évoque quatre rhéteurs de l'époque augustéenne (*Controu.* X, *praef.*, 13), Arusianus rapproche Cicéron, Virgile, Salluste et Térence (*Grammatici Latini*, VII, 211, éd. Keil, *cf.* H. Dessau, *Ianus*, 1, 1921, p. 128) et le rédacteur nomme quatre historiens, menteurs, selon lui : Tite-Live, Salluste, Tacite et Trogue Pompée (*Aur.*, II, 1). *Cf.* A. Chastagnol, *Histoire Auguste*, p. 1105-1106.

21 J. Béranger, « L'expression du pouvoir… », p. 30.

22 *Cf. Tac.*, XVI, 6 et *Prob.*, XXIII, 1, où le rédacteur rapproche les *tyranni* et les *barbari*. *Cf.* également *Prob.*, XIII, 3 et *Quadr. tyr.*, I, 1.

détails concernant la révolte de Vindex, préférant focaliser l'attention du lecteur sur les comportements inappropriés de l'empereur quand il reçoit les nouvelles de Gaule. Tantôt emporté par des mouvements de colère, tantôt saisi d'effroi, il tente de faire abstraction des événements en trouvant refuge dans des activités récréatives, telles qu'une visite aux lutteurs du gymnase ou la tenue de somptueux banquets[23]. Mais on sait que cette insurrection, qui devait aboutir à la destitution du mauvais prince, n'a pas mis en scène le seul gouverneur de la Lyonnaise. Dion Cassius rapporte que, s'il fut l'initiateur de la rébellion, il céda le pouvoir à Galba, ne cherchant nullement à briguer le trône[24].

L'auteur des *Vies des douze Césars* reste également laconique au sujet de Saturninus : il se contente de relater de façon très concise les causes de la victoire de Domitien ainsi que les circonstances des persécutions des complices[25]. L'*Epitome de Caesaribus* nous apprend que son indignation contre les cruautés du tyran et le mépris de ce dernier – qui l'affublait du titre de prostitué – ont entraîné le soulèvement, écrasé par Norbanus et Lappius[26]. Quant à Martial, il met sur le même plan cette révolte de la Germanie et celle de Marc Antoine[27]. Tout semble indiquer, malgré l'amplification de Martial, que cette tentative d'usurpation fut rapidement anéantie.

Ainsi, Vindex et Saturninus pourraient occuper le statut, aux yeux de Vopiscus, de *minusculi tyranni* parce que leur insurrection fut éphémère ; le premier n'a fait, en réalité, qu'allumer un brasier tandis que le second ne devait pas durer dans le temps. Nous devons donc comprendre qu'il se rencontre des usurpateurs, autres que les acteurs du Quadrige, qui acquièrent plus de prestige que d'autres ; ils sont en quelque sorte des *maiusculi tyranni*.

---

23 Suet., *Ner.*, XL-XLVI. Sur Vindex et le contexte de sa sédition, *cf.* P. Cosme, *L'Année des quatre empereurs*, Paris, Fayard, 2012, Histoire, p. 13-18. Le légat d'Auguste propréteur réunit dans la première partie de l'année 68 les notables gaulois, probablement à Condate. Dion Cassius rapporte le discours plein de véhémence qu'il aurait tenu à son assemblée, et dans lequel il stigmatise les exactions de l'empereur, sa cruauté, son matricide, son ignoble passion pour les arts de la scène (Dion, LXIII). Le début de l'insurrection aurait eu lieu entre le 15 et le 18 mars 68 (*ibid.*)

24 Dion, LXIII, 22-23.

25 Suet., *Dom.*, VI et X.

26 Ps. Aur.-Vict., XI, 9-10.

27 Martial, IV, 11 (*Épigrammes*, t. I, livres I-VII, texte établi et traduit par H. J. Izaac, Paris, Les Belles Lettres, 1930).

Une deuxième série lexicale est teintée d'ambiguïtés : le discours du rédacteur, en effet, se trouve en mesure de recevoir plusieurs interprétations. *Tyrannus*, dans chaque emploi, pourrait aussi bien désigner un « souverain oppresseur, cruel » qu'un « usurpateur ».

Par exemple, un passage de la Vie des deux Maximins présente une lettre apocryphe d'un personnage inventé, le consul Claudius Julianus, qui désigne par « tyrans » les deux protagonistes de la biographie[28]. On sait que le père est décrit comme une bête sauvage (et le fils comme un adepte de la proskynèse)[29]. Par ailleurs, l'*Histoire Auguste* relate à plusieurs reprises qu'il faudrait attribuer la responsabilité du meurtre d'Alexandre Sévère à Maximin l'Aîné, tout en précisant qu'il ne s'agit que d'une version parmi d'autres[30]. Le vocable *tyrannus* pourrait donc tout aussi bien désigner, dans cette occurrence, l'usurpateur que le mauvais prince. Ce type de cas se rencontre en réalité très fréquemment dans le recueil.

Prenons un autre exemple extrait de la Vie de Tacite :

> *Quae illa concordia militum, quanta populo quies, quam grauis senatus auctoritas fuit ! nullus usquam tyrannus emersit, sub iudicio senatus et militum populique Romani totus orbis est temperatus…* (*Tac.*, II, 2)
>
> « Quelle fut l'unanimité parmi les soldats, combien grand le calme dans le peuple, combien grave l'autorité du Sénat ! aucun usurpateur ne surgit où que ce fût, le monde entier fut maintenu en harmonie sous l'autorité du Sénat, des soldats et du peuple romain… »

Ce passage présente de forts accents pro-sénatoriaux : teinté de nostalgie de la République, ou de l'époque durant laquelle le Sénat était encore influent, il décrit un soi-disant état de félicité dans lequel se serait trouvé l'Empire durant les six mois d'interrègne suivant la fin d'Aurélien. Privé d'empereur, le monde romain se serait spontanément auto-discipliné[31]. Quand on connaît la grande instabilité de cette fin du

---

28 *Max. et Balb.*, XVII, 2 : *gratulatus prouinciis, quas inexplebili auaritia tyrannorum laceratas ad spem salutis reduxistis*, « j'ai félicité les provinces, qui étaient déchirées par l'insatiable avidité des tyrans et auxquelles vous avez rendu l'espoir du salut. »

29 *Cf. supra.*

30 *Alex. Sév.*, LIX, 7 ; *Maxim.*, VII, 4. Pour Hérodien, il n'y a aucune ambiguïté concernant l'identité de l'auteur du régicide (VI, 9, 6). L'Épitome fait également de Maximin un usurpateur (XXIV, 3) ; *cf.* par ailleurs Aur.-Vict., XXV. Eutrope précise qu'Alexandre périt dans un soulèvement militaire (VIII, 23) qui profita à Maximin (IX, 1).

31 *Tac.*, II, 2.

IIIe siècle, *tyrannus* résonne immédiatement comme synonyme d'« usurpateur » ; on voudrait signifier ici qu'aucun individu n'aurait profité de la vulnérabilité de l'État pour tenter d'assouvir son ambition.

Mais ce segment textuel mérite peut-être une tout autre lecture. Le régime étant décapité, *nullus usquam tyrannus emersit* pourrait très bien signifier, tout simplement, qu'aucun individu ne monta sur le trône : le sens de *tyrannus* se rapprocherait dès lors de son étymologie. De même, rien ne nous interdit de donner une lecture plus spécifique comme celle qui mettrait en jeu un « souverain absolu et cruel ». De surcroît, la lecture de cette phrase ou son écoute lors de *recitationes* ne pouvait manquer d'évoquer dans l'esprit des intellectuels et des nostalgiques de l'époque républicaine l'idée du despotisme.

Cette constatation nous invite à formuler une conclusion dont l'importance n'est pas des moindres pour notre étude consacrée au blâme des empereurs : il faudrait, selon nous, voir dans un tel passage le déploiement d'une stratégie rhétorique fondée sur le maintien volontaire d'une ambiguïté autour du sens d'un mot polysémique. Le rédacteur ferait dès lors preuve d'une certaine finesse en évitant d'attaquer le régime impérial d'une façon trop frontale.

Ce procédé semble être employé en d'autres passages. Vérus, dans une lettre apocryphe, fait part à Marc Aurèle de ses inquiétudes au sujet d'Avidius Cassius, suspecté de trahison. Conformément à l'image qu'il veut laisser de l'empereur-philosophe, le rédacteur s'emploie à colorer la réponse de Marc Aurèle d'une grande sagesse. Ce dernier veut en effet tranquilliser son collègue en lui faisant voir qu'ils ne peuvent contrecarrer la volonté du destin : si Cassius doit accéder au pouvoir suprême, rien ne pourra l'en empêcher et le prince se dit même prêt à sacrifier ses enfants s'il doit en être ainsi.

Dans l'*Histoire Auguste*, le personnage est adepte des formules sentencieuses ; il ne manque donc pas d'inviter dans son discours deux autorités en matière de vertu : Trajan et Hadrien. Le premier aurait affirmé que « Jamais personne ne tue son successeur[32] », *successorem suum nullus occidit*. Mais ce sont les paroles prononcées par le second qui nous intéressent :

> *Scis enim ipse, quid auus tuus Hadrianus dixerit : "misera conditio imperatorum, quibus de affectata tyrannide nisi occisis non potest credi." Eius autem exemplum ponere*

32 *Av. Cass.*, II, 2.

> *<malui> quam Domitiani, qui hoc primus dixisse fertur; tyrannorum enim etiam bona dicta non habent tantum auctoritatis, quantum debent.* (*Av. Cass.*, II, 5-6)
>
> « Tu connais en effet ces paroles de ton grand-père Hadrien : "Misérable condition que celle des empereurs : on n'ajoute foi à leur crainte des usurpations que lorsqu'ils ont été assassinés." J'ai préféré mettre cette phrase dans la bouche d'Hadrien plutôt que de Domitien qui l'aurait, dit-on, prononcée avant lui. Car, même valables, les paroles des tyrans n'ont pas l'autorité qui leur conviendrait. »

L'Anonyme se livre (une fois de plus, pourrait-on dire, après s'être caché derrière six pseudo-auteurs) à une usurpation d'identité de locuteur puisque les paroles attribuées ici à Hadrien auraient en réalité été prononcées par Domitien. La citation se trouve chez Suétone[33].

Quel sens donner à *tyrannis* ? Son emploi contraste avec celui d'*imperium*, utilisé de nombreuses fois précédemment dans le texte, et d'*imperator*, pour référer à l'empereur. Marc Aurèle recourt à ce terme, dans ce contexte, pour évoquer la possible tentative de complot de Cassius. Il y a bien une idée d'événement remarquable, de passage à l'acte commis par un tiers, comme l'indique *occisis*. L'idée d'usurpation paraît évidente.

Le terme *tyrannus*, qui est en revanche extérieur à la citation d'Hadrien, laisse davantage place au débat. Il vient immédiatement à l'idée que le rédacteur veut faire dire à *l'optimus princeps* de la dynastie antonine que l'on ne doit laisser au compte d'un *pessimus princeps* aucune apparence de vertu, pas même un éclair de lucidité. La tension entre les deux univers moraux incarnés d'une part par Domitien et d'autre part par Hadrien, puis Marc Aurèle, est nettement perceptible.

Mais la dimension d'usurpateur n'est-elle pas diluée dans le vocable ? Il faut rappeler que les circonstances de la mort de Titus et de la prise de pouvoir de son successeur demeurent mystérieuses. Suétone souligne les mauvaises dispositions de Domitien à l'égard de son frère :

> *neque cessauit ex eo insidias struere fratri clam palamque, quoad correptum graui ualitudine, prius quam plane efflaret animam, pro mortuo deseri iussit; defunctumque*

33 *Dom.*, XXI, 1 : « Quel sort misérable, disait-il, que celui des princes, qui ne sont pas crus, si l'on annonce une conjuration, à moins qu'ils ne soient tués ! » Nous voudrions rappeler qu'observer des paroles similaires dans la bouche de différents personnages est un phénomène traditionnel dans la transmission des formes narratives fictives (A. Cascón, « El humor… », p. 156 : « *la atribución de un mismo dicho a diferentes personajes es un fenómeno normal en la trasmisión de cuentos y fábulas…* »).

nullo praeterquam consecrationis honore dignatus, saepe etiam carpsit obliquis orationibus et edictis. (*Dom.*, II, 6.)

« depuis, il ne cessa de tramer des complots contre son frère, soit en secret soit ouvertement, et lorsque celui-ci fut gravement malade, sans attendre qu'il eût rendu l'âme, il ordonna de le laisser pour mort ; ensuite, il ne lui accorda point d'autre honneur que celui de l'apothéose, et souvent même il déchira sa mémoire par ses allusions indirectes et dans ses édits. »

Si Domitien n'a pas assassiné Titus (ce qui reste à prouver), on ne peut pas dire qu'il ait déployé beaucoup d'efforts pour tenter d'empêcher ou de retarder son trépas. Or si l'on considère que ce prince est un usurpateur, parce qu'il a pris le pouvoir, d'une certaine façon, par la violence, rien n'interdit de voir dans l'emploi de *tyrannus* le sens d'individu ayant accédé à la dignité suprême par des voies immorales. Par un effet de mise en abyme, l'usurpation énonciative traiterait donc le thème de l'usurpation ! L'interprétation du terme *tyrannus* se révèle de nouveau complexe et le rédacteur pourrait volontairement entretenir un mystère sur la véritable portée de son message.

Dans la même Vie de Cassius, un individu aurait lancé à l'empereur « Que serait-il arrivé si Cassius avait été vainqueur ? » – "*Quid si ille uicisset ?*" Le sage stoïcien aurait alors répondu "*Non sic deos coluimus nec sic uiuimus, ut ille nos uinceret.*", « Notre respect des dieux et notre mode de vie ne permettaient pas qu'il pût nous vaincre[34] ». Suit le segment suivant :

Enumerauit deinde omnes principes, qui occisi essent, habuisse causas, quibus mererentur occidi, nec quemquam facile bonum uel uictum a tyranno uel occisum, [...] Vixeruntque non quasi tyranni pignora, sed quasi senatorii ordinis in summa securitate, cum illis

34 Apprécions ici toute la force persuasive de l'éthopée, *imitatio morum alienorum* (Quint., IX, 2, 58). Marc Aurèle, par cette sentence très concise, résume la philosophie du stoïcisme impérial. Le mal ne pouvant atteindre la vertu (car les contraires s'excluent mutuellement), l'injustice ne peut toucher le Sage. *Cf.* notamment Sénèque, *Dialogues, t. IV, De la constance du sage*, texte établi et traduit par R. Waltz, Paris, Les Belles Lettres, 1927. *Cf.* II-III, avec les nombreux exemples historiques que développe le penseur. L'un d'eux se concentre sur Caton d'Utique. Ayant tenté de mettre fin aux guerres civiles en s'opposant à la fois contre César et Pompée, il fut humilié publiquement par une foule en délire : dépouillé de sa toge, on le promena sur le Forum depuis les rostres jusqu'à l'Arc de Fabius, sous une pluie d'injures, de crachats et d'outrages. Sénèque fait de cette aventure un récit exemplaire : Caton, véritable héros stoïcien, n'a pu ressentir l'injustice et son intégrité demeure préservée. Marc Aurèle inscrit sa réflexion dans la même lignée en transposant la portée de son discours sur un plan pragmatique : l'injustice de Cassius n'aurait pas pu l'atteindre *effectivement*, et non plus seulement *moralement*.

> *etiam in lite obici fortunam propriae uetuisset domus, damnatis aliquibus iniuriarum, qui in eos petulantes fuissent.* (*Av. Cass.*, VIII, 3 et IX, 4.)
>
> « Puis il énuméra tous les empereurs qui avaient été assassinés, en montrant qu'il y avait eu des raisons pour justifier leur sort et que jamais un bon empereur n'avait été vaincu ou tué par un usurpateur. [...] Ainsi vécurent-ils, non comme des fils de tyran, mais en toute sécurité comme des membres de l'ordre sénatorial, car l'empereur avait interdit que, même au cours d'un procès, on leur reprochât leurs antécédents familiaux, et il avait fait punir pour injure des gens qui s'étaient montrés agressifs à leur égard. »

Le discours de Marc Aurèle présente immédiatement après une exemplification qui illustre par des cas célèbres les souverains malheureux : Néron, Caligula, Othon, Vitellius, Pertinax et Galba. Tous, sauf Pertinax qui trahit, comme le note A. Chastagnol, un étonnant anachronisme[35], sont des *pessimi principes* aux yeux de la tradition historiographique. L'énumération est contrebalancée par une nouvelle série de noms qui atteste que le bon souverain n'a rien à craindre de la Fortune : Auguste, Trajan, Hadrien, Antonin. Tous renvoient à des individus ayant la réputation d'avoir été des bons empereurs.

Le second emploi de *tyrannus*, qui désigne Cassius, semble, de prime abord, ne pas poser de difficulté majeure en terme d'interprétation : l'idée d'usurpateur s'impose immédiatement à l'esprit. Néanmoins, il ne faut pas oublier que la biographie de Cassius décrit le général comme un homme particulièrement cruel. Les traits sémantiques mobilisés dans cet emploi pourraient donc être ici, encore, pluriels. Un cas de figure similaire se rencontre encore dans la Vie de Pescennius Niger[36] : le protagoniste, qualifié de « tyran », est un usurpateur, mais il est également caractérisé, dans cette même biographie, par des marques de brutalité.

En ce qui concerne le premier emploi de l'extrait de la Vie d'Avidius Cassius, nous pouvons commencer par relever que *princeps*, le souverain régnant, qu'il soit bon ou mauvais, s'oppose à *tyrannus*, l'usurpateur. Tout d'abord, notons que les premiers princes cités quelques lignes plus loin, tous victimes de mort violente, sont eux-mêmes, au regard d'une

35 A. Chastagnol, *Histoire Auguste*, n. 1, p. 202.

36 *Pesc. Nig.*, I, 1 : *Rarum atque difficile est, ut, quos tyrannos aliorum uictoria fecerit, bene mittantur in litteras, atque ideo uix omnia de his plene in monumentis atque annalibus habentur.* « Il est rare et difficile de trouver de bons ouvrages relatant la vie de ceux qui sont devenus des tyrans grâce à la victoire d'autrui, et pour cette raison les documents et les annales ne fournissent pas tous les renseignements qui les concernent. »

certaine tradition, des usurpateurs. Des rumeurs veulent qu'Agrippine et/ou Néron aient empoisonné Claude[37] ; Caligula en aurait fait de même pour Tibère et, comme ce dernier tardait à mourir, il aurait fait jeter sur lui un oreiller ou l'aurait étranglé[38]. Ces deux empereurs julio-claudiens se seraient ensuite vantés de leur parricide, ce qui rend d'autant plus vraisemblables ces versions, aux dires de Suétone. Galba se révolta contre Néron ; Othon, après avoir été salué empereur, fit tuer Galba[39] ; Vitellius prit le pouvoir à Othon. À la fin de l'année 192, Pertinax participa au complot de Laetus et Marcia contre Commode[40]. Dans cette perspective, *princeps* peut référer à un *tyrannus* ; autrement dit, un prince peut être un usurpateur, tout comme, de façon réversible, *tyrannus* peut référer à un souverain. Il ne faudrait donc finalement pas dessiner une opposition référentielle péremptoire entre les deux vocables, contrairement à ce qu'une lecture rapide pourrait suggérer.

Notons ensuite qu'au moins la moitié des princes cités sont considérés comme des empereurs cruels et oppresseurs par les historiens : on relèvera notamment les cas de Néron, Caligula et Vitellius. Cette triade apparaît par ailleurs dans d'autres passages de l'*Histoire Auguste* et repose parfois sur le procédé de l'antonomase, dans des contextes qui ne laissent aucun doute sur le statut moral accordé à ces princes[41]. Si ces derniers sont donc des *tyranni*-usurpateurs, il semble bien que le terme de *tyrannus* puisse également s'appliquer aux mauvais princes.

Citons encore un exemple de la Vie de Macrin :

> *Sed posteaquam constitit occisum, senatus in eum uelut in tyrannum inuectus est. Denique statim Macrino et proconsulare imperium et potestatem tribuniciam detulerunt.* (*Macr.*, VII, 4)
>
> « Mais, dès que la nouvelle de l'assassinat fut confirmée, le sénat se déchaîna contre lui comme contre un tyran. Bref, on conféra sur le champ à Macrin le pouvoir proconsulaire et la puissance tribunicienne. »

---

37 Suet., *Claud.*, XLIV et *Ner.*, XXXIII. Néron serait également responsable du meurtre de Britannicus.

38 Suet., *Tib.*, LXXIII et *Calig.*, XII. Dion, LVIII, 28. Tacite préfère attribuer la responsabilité du meurtre à Macron (livre VI, 50).

39 Suet., *Oth.*, VI.

40 *Pert.*, IV, 4.

41 *Vér.*, IV, 6 ; *Élag.*, I, 1 et XXXIV, 1 ; *Aur.*, XLII, 6. À Vitellius se substitue Domitien dans l'occurrence de *Marc.*, XXVIII, 10. Caligula est remplacé par Othon dans *Élag.*, XVIII, 4, par Commode dans *Alex. Sév.*, IX, 4, par Domitien dans *Clod. Alb.*, XIII, 5 et Vitellius par Tibère dans *Élag.*, XXXIII, 1.

Ce n'est pas la première fois que le Sénat se livre à des imprécations lors de la disparition d'un mauvais prince : parfois accompagné par les injures du peuple, il faut citer ici les cas de Commode[42], Macrin[43] et Élagabal[44], « que la procédure de *damnatio memoriae* assimile à des tyrans[45] », comme le note M. Bats. Cette chercheuse précise que Caracalla échappa au sénatus-consulte condamnant sa mémoire grâce à Macrin qui, pour se concilier la faveur des soldats, lui décerna les honneurs de l'apothéose[46]. Rajoutons l'exemple de Domitien, qui fut l'empereur qui subit la *damnatio memoriae* « de la façon la plus accomplie » pour reprendre les termes de J.-M. Pailler et R. Sablayrolles[47].

Nous percevons bien les affinités toutes particulières entre cette pratique de la *uituperatio* et la mesure juridique qui institutionnalise le statut de mauvais prince. Si Caracalla constitue une exception, il doit être rangé, aux yeux du rédacteur, dans la galerie des monstres politiques qui l'ont précédé. Nous ne reviendrons pas sur la discussion autour du statut d'usurpateur concernant Domitien ; le cas de Macrin ne présente quant à lui aucune difficulté. Mais ce dernier empereur fut victime d'un complot des soldats qui étaient passés dans le camp d'Élagabal[48]. Faut-il considérer ce dernier comme un usurpateur, dans la mesure où il appartenait à la lignée des Sévères[49] ? D'aucuns considèrent qu'il ne fit que venger sa famille et que son accession au trône s'inscrivait dans une logique dynastique, tout à fait admise et plébiscitée par la société romaine de l'époque. En outre, le jeune prêtre syrien, en dépit des

42 Dion, 73, 2 ; *Comm.*, XVIII-XIX.

43 *Élag.*, III, 3.

44 *Ibid.*, XVII, 1-7 ; Zosime, 1, 11, 1 (*Histoire nouvelle*, t. I, livres I-II, texte établi et traduit par F. Paschoud, Paris, Les Belles Lettres, 2000).

45 M. Bats, art. cité, p. 284.

46 *Ibid.*

47 J.-M. Pailler, R. Sablayrolles, « *Damnatio memoriae* : une vraie perpétuité ? », *Pallas*, 40/1994, Les années Domitien, p. 11-55, ici p. 15. Néron et Vitellius avaient déjà été proclamés ennemis publics mais les troubles politiques qui suivirent leur mort empêchèrent la mise en place d'une politique de destruction systématique de leur souvenir (*ibid.*, p. 14).

48 *Macr.*, XIV, 1 ; XV, 1.

49 L'*Histoire Auguste* évoque même avec insistance la version qui en fait un fils adultérin de Caracalla. *Cf.* notamment *Carac.*, IX, 2 ; XI, 7 ; *Macr.*, XV, 2 ; *Élag.*, I, 4. On retrouve cet argument chez Dion, LXXIX, 2, 2 ; Hérodien, V, 3, 10-11 ; 4, 3-4 ; 7, 3 (A. Chastagnol, *Histoire Auguste*, introduction de la Vie d'Élagabal, n. 1 p. 493). *Cf.* également Ps. Aur.-Vict., XXIII. A. Chastagnol note que cette information est fallacieuse, comme l'atteste l'épitaphe du véritable père (*ibid.*, p. 493).

invectives qu'il adresse à Macrin[50], et malgré le possible rôle que joua Julia Maesa dans l'instillation dans l'esprit des soldats du sentiment de révolte[51], est davantage présenté comme ayant été porté au trône que comme l'ayant par lui-même ardemment désiré[52].

Aucune des sources à notre disposition ne rapporte par ailleurs une rumeur qui prendrait pour objet une éventuelle volonté de Commode de mettre son père à mort. Selon l'*Histoire Auguste*, Marc Aurèle aurait succombé à la peste, s'abstenant même volontairement de se nourrir dans les derniers temps[53] ; Hérodien, après lui avoir attribué un discours d'une teneur hautement dramatique dans lequel il invite ses proches à guider le jeune Commode dans l'exercice du pouvoir, relate comment il s'évanouit, et résista à la mort encore une nuit et un jour, délai au-delà duquel il ne put lutter davantage contre la maladie[54].

Après de telles considérations, nous pourrions donc conclure que le vocable *tyrannus* ne s'attacherait pas spécifiquement au sens d'usurpateur dans ce passage de la Vie de Macrin. En effet, si les princes séditieux peuvent être injuriés lors de leur disparition, ce phénomène dépasse les cas des règnes issus d'une usurpation. « Tyran » désignerait dès lors davantage le souverain oppresseur et cruel.

Nous voudrions toutefois relever que des soupçons d'appropriation illégale du pouvoir pèsent sur Caracalla, qui est l'objet des invectives dans le passage étudié. Il faut se tourner du côté de Dion Cassius, car l'*Histoire Auguste* ne rapporte aucun fait relatif à cet aspect. Se rendant à une conférence avec les Calédoniens qui devaient remettre leurs armes, Caracalla, monté sur un cheval derrière celui de son père, aurait tiré son épée comme pour le frapper. Septime Sévère se serait alors retourné mais n'aurait rien dit sur le moment. Il l'aurait réprimandé en une autre occasion puis incité à passer à l'acte[55]. Caracalla aurait été ainsi un

---

50 Dion, LXXIX, 1.

51 Her., V, 3, 10-11. En outre, aux dires de l'historien grec, Julia Maesa n'a fait que souffler sur des braises déjà rougeoyantes, l'armée étant exaspérée de voir Macrin vivre dans la mollesse et le luxe (Her., V, 2, 4-6).

52 Aur.-Vict., XXIII.

53 *Marc.*, XXVIII, 3.

54 Her., I, 3, 1-5 ; 4, 1-7. La convocation de cette assemblée figure aussi dans l'*Histoire Auguste* (*Marc.*, XXVIII).

55 Pour ces deux anecdotes, *cf.* Dion, LXXVI, 14. Nous retranscrivons ici la seconde : « loin de là, étant monté sur son tribunal et ayant expédié les affaires les plus nécessaires, il [Septime Sévère] rentra au *praetorium*. Appelant alors son fils, [Papinianus] et Castor, il

usurpateur « en puissance », dont les menées pour accéder au pouvoir suprême n'aboutirent pas. Dans la mesure où le rédacteur connaissait Dion, il n'est pas interdit de penser que ce récit lui était familier. Si l'on suit cette hypothèse, on pourrait déduire que l'empereur, dans le passage précité, est assimilé à un tyran-usurpateur. Il serait donc intéressant de questionner à nouveau le sens du vocable et de se demander s'il peut désigner également les empereurs qui eurent l'*intention* d'accaparer le pouvoir de façon illégale. Cette analyse, toutefois, présente des limites.

Un exemple de la Vie d'Élagabal nous semble illustrer un emploi lexical similaire. L'Anonyme décrit l'avènement d'Élagabal. Il écrit, à propos du nouvel empereur :

> *Erat praeterea etiam rumor, qui nouis post tyrannos solet donari principibus, qui nisi ex summis uirtutibus non permanet et quem multi mediocres principes amiserunt.* (*Élag.*, III, 2)
>
> « De plus, il bénéficiait encore de la renommée dont on gratifie les nouveaux princes après le règne des tyrans : avantage qui ne dure qu'en considération de vertus éminentes et que perdent beaucoup de princes médiocrement doués[56]. »

---

fit mettre une épée au milieu d'eux, et, après des reproches à son fils sur l'inutilité d'une pareille audace et sur la grandeur de la faute qu'il avait été sur le point de commettre en présence de tous, alliés et ennemis, il finit en lui disant : "Si tu as envie de m'assassiner, tue-moi ici ; tu es plein de vigueur ; moi, je suis vieux et abattu. Si tu recules devant cette responsabilité, si tu crains d'employer ta main, tu as à tes côtés le préfet du prétoire, Papinianus, à qui tu peux commander de m'achever ; il exécutera en tout tous les ordres qui lui seront donnés par toi, puisque tu es empereur." »

56 Cet avènement rappelle les circonstances de la prise de pouvoir de Caligula, telle qu'elle est relatée par Suétone. Dans les deux cas, un sentiment d'allégresse touche l'ensemble des classes sociales et tous les sujets font preuve de bienveillance à l'égard du nouveau souverain, souverain qui succède sur le trône à un tyran et dans sa lignée à de glorieux ancêtres (*cf. Élag.*, III, 1 ; Suet., *Calig.*, XIII, 1 ; Aur.-Vict., III, 1). De surcroît, la proclamation est appuyée par le Sénat et le peuple (*Élag.*, III, 3 ; Suet., *Calig.*, XIV, 1). Il est intéressant de relever par ailleurs qu'Aurélius Victor (sur les affinités entre la Vie d'Élagabal et le texte d'Aurélius Victor, *cf.* A. Chastagnol, *Histoire Auguste*, introduction de la Vie d'Élagabal, p. 498) et l'Anonyme développent une réflexion moralisatrice sur la crédulité des hommes dans ce genre de situation. Dans l'*Histoire Auguste*, les hommes sont aveuglés par leur désir (*ut sese habent uota hominum ad credulitatem festinantium, cum, quod optant, uerum esse desiderant*). Dans le récit d'Aurélius Victor, chacun croyait que Caïus ressemblerait à ses parents, mais c'était sans compter sur cette « loi » de la nature qui « fait naître de bons parents de mauvais enfants, d'hommes savants, une descendance inculte, et ainsi de suite, ou inversement » (Aur.-Vict., III, 5). Dans le premier cas, les gouvernés manquent de sagesse, car ils aiment se laisser bercer par des illusions ; dans le second cas, ce n'est pas la prudence qui leur fait défaut mais ils sont victimes des caprices de la Fortune et de la virtuosité avec laquelle Caïus a dissimulé sa véritable nature avant d'être porté au

Les tyrans, Caracalla ou Macrin, sont à la fois des usurpateurs[57] et des dirigeants cruels.

Afin de clore cette étude lexicale, notons que, dans un dernier cas de figure, le rédacteur peut restreindre le sens de *tyrannus* à l'idée de souverain oppresseur et cruel. Ce type d'emploi reste toutefois rare. Un extrait de la Vie de Gallien nous paraît rentrer dans cette catégorie[58]. Le rédacteur évoque l'inscription de Gallien comme tyran dans les Fastes publics. Cet empereur n'ayant nullement usurpé le pouvoir, le sens mobilisé par cet emploi ne semble guère prêter à contestation : le rédacteur construit avec un certain plaisir l'image d'un véritable monstre politique, responsable de la déliquescence de l'Empire durant cette période.

---

trône (*ibid.*, III, 7). Ces thèmes semblent constituer un lieu commun dans la littérature historique antique, car on rencontre déjà des développements similaires dans le texte de Philon d'Alexandrie. L'historien se livre en effet, dans les prolégomènes de sa *Légation à Caïus*, à un développement sur l'éternelle crédulité des hommes, quel que soit leur âge, qui prennent l'inconstante fortune comme une entité stable, et l'immuable nature comme inconstante (Philon, 1, 2). Le récit se poursuit avec une démonstration religieuse d'inspiration platonicienne sur la dualité du corps et de l'âme : notre sens visuel nous abuse, seule l'âme permet de discerner la vérité (*ibid.*, 2). Ces lignes réfèrent bien entendu à l'attitude adoptée envers Caïus lors de son accession au trône ; les scènes de joie sont décrites sur un ton qui est semblable à celui de Suétone. Les classes sociales se confondent dans l'allégresse et l'on croit au retour du règne de Saturne (*ibid.*, 10-13). Mais Caïus tombe malade et la douleur que ce coup du sort provoque est aussi intense que la félicité récemment éprouvée. Le prince finit cependant par guérir, et Philon développe un passage qui constitue un rappel du préambule de l'œuvre : « De mémoire d'homme, il n'est pas une nation, pas un peuple qui ait jamais connu pour le salut et le rétablissement d'un prince une joie pareille à celle qu'éprouva le monde entier au sujet de Caius lors de son avènement à l'empire et quand il fut rétabli de sa maladie [...] ils [les gens] étaient contents par ignorance de la réalité. Car l'esprit humain aveugle son sens de ce qui est vraiment utile, capable qu'il est de recourir plus aux mirages de l'imagination qu'à la connaissance objective. » (Philon d'Alexandrie, *Legatio ad Caium*, 19-21 (introduction, traduction et notes par A. Pelletier, Paris, Éditions du Cerf, 1972). Les lignes de l'*Histoire Auguste* entrent donc en résonance avec les propos de Philon, dans le cadre d'une réflexion morale généralisatrice aux accents universels. Il serait périlleux d'affirmer sans nuance que le rédacteur s'inspire directement de l'exemple de Caligula pour écrire le passage. L'image positive dont jouit le successeur d'un tyran semble davantage être un thème rebattu par les historiographes ; l'Anonyme se contente de reprendre les données d'une communauté de pensée.

57 Pour Caracalla, *cf. supra*.

58 *Gall.*, XV, 2 : *Promissis itaque per Marcianum aureis uicenis et acceptis (nam praesto erat thesaurorum copia) Gallienum tyrannum militari iudicio in fastos publicos rettulerunt.* « C'est pourquoi ils leur promirent par l'intermédiaire de Marcianus vingt pièces d'or à chacun, qu'ils touchèrent (les ressources du trésor étaient à disposition) ; sur avis de l'armée, ils firent inscrire Gallien comme tyran dans les Fastes publics. »

Il faut encore citer, dans la préface de la Vie d'Élagabal, deux occurrences qui servent à désigner les « Caligulas », les « Nérons » et les « Vitellius[59] », c'est-à-dire les souverains sanctionnés à leur mort par la *damnatio memoriae* (*tyranni etiam appellati, quorum nec nomina libet dicere*[60])[61].

Une conclusion importante apparaît donc à l'issue de cette étude : le rédacteur ne sélectionne pas toujours les mêmes traits sémantiques de l'unité lexicale *tyrannus* dans le recueil. Le mot peut désigner tantôt un usurpateur, tantôt un souverain cruel. Mieux, il entretient parfois une ambiguïté sur l'interprétation à donner, si bien que les deux acceptions sont possibles et coexistent dans un même passage. Il faut, selon toute apparence, relever donc l'usage d'une nouvelle stratégie de blâme déployée par l'Anonyme, fondée sur des choix lexicaux. Tous les usurpateurs de l'*Histoire Auguste* ne sont pas condamnés par lui mais l'usurpateur, dans

59 *Cf. Élag.*, I, 1.

60 *Cf. Élag.*, I, 2-3 : *Sed cum eadem terra et uenena ferat et frumentum atque alia salutaria, eadem serpentes et cicures, conpensationem sibi lector diligens faciet, cum legerit Augustum, Traianum, Vespasianum, Hadrianum, Pium, Titum, Marcum contra hos prodigiosos tyrannos. Simul intelleget Romanorum iudicia, quod illi et diu imperauerunt et exitu naturali functi sunt, hi uero interfecti, tracti, tyranni etiam appellati, quorum nec nomina libet dicere*, « Mais comme la même terre produit des poisons aussi bien que du blé et d'autres fruits bénéfiques, des serpents aussi bien que des espèces domestiques, le lecteur attentif s'offrira une compensation en lisant les vies d'Auguste, de Trajan, de Vespasien, d'Hadrien, d'Antonin le Pieux, de Titus et de Marc Aurèle, qui contrastent avec ces monstrueux tyrans. Il comprendra aussi le verdict des Romains en constatant que les seconds ont régné longtemps pour finir de mort naturelle, tandis que les premiers ont été tués, leurs cadavres traînés et qu'on a de surcroît désigné comme "tyrans" ces êtres dont on répugne même à prononcer les noms. »

61 *Tyrannus* semble également être interchangeable avec *damnatus* en *Élag.*, XIII, 7. L'Anonyme décrit une manœuvre d'Élagabal qui veut éliminer son cousin Alexandre : l'empereur ordonne l'effacement de ses inscriptions avec de la boue, ce qui n'est pas sans rappeler la mesure du martelage inhérente à la *damnatio memoriae*. Dans la mesure où le désir d'Élagabal ne s'accompagne pas d'un aval officiel du Sénat, l'effacement ne peut être que symbolique : aucun sénatus-consulte n'avait été voté pour punir le futur nouveau prince. Bien au contraire, les Pères Conscrits portaient un jugement positif sur le jeune homme, aussi ne donnèrent-ils pas une suite favorable à la demande du tyran de lui retirer le titre de César (*Élag.*, XIII, 1-3). Les inscriptions vont malgré tout finir par être couvertes de boue, ce qui va provoquer la fureur des soldats (*ibid.*, XIV, 2). Cette anecdote relative à la souillure des statues d'Alexandre résulte probablement de la fantaisie du rédacteur ; elle est absente des récits de Dion et d'Hérodien, qui servirent à diverses reprises de sources d'inspiration pour cette biographie (Hérodien rapporte seulement la tentative d'Élagabal de retirer le titre de César à Alexandre (V, 8, 4) ; quant à Dion, il reste encore plus évasif et n'évoque que les pièges tendus au jeune homme (19-20)). Comme nous savons que tous les souverains condamnés à la peine de la *damnatio* n'avaient pas été nécessairement des usurpateurs (Élagabal n'en était pas un ; sur le martelage de ce nom, *cf. Élag.*, XVIII, 1), il faut exclure cette dernière dimension dans ce cas d'emploi.

l'idéologie officielle du Principat, apparaît comme un ennemi public, une figure d'opposition dont l'existence ne peut être tolérée par le système. En reprenant un terme appartenant à ce discours officiel – *tyrannus* –, l'Anonyme prétend le cautionner. La mise en œuvre d'une telle écriture camoufle en réalité sa portée critique : les emplois ambigus illustrent avec un art consommé cette ruse rhétorique et donnent de l'épaisseur à l'approche herméneutique du texte.

LE PRINCIPAT : UN SYSTÈME VICIÉ PAR ESSENCE ?

La virtuosité d'Auguste réside dans la manière avec laquelle il a su mettre en place un régime par essence monarchique – régime *a priori* odieux aux Romains depuis la chute des Tarquins – tout en prétendant avoir restauré et consolidé l'ancienne République[62]. Désormais, un

62 Aux yeux de certains auteurs de l'époque impériale, au rang desquels Plutarque, Appien et Dion Cassius, l'effondrement du régime républicain s'explique par un faisceau de raisons diverses, directement liées à la constitution du système et à une perversion des valeurs morales. K. Sion-Jenkis distingue ainsi : les luttes intestines qui déchirent la société et opposent le Sénat et la plèbe, l'importance du rôle de la plèbe dans les jeux du pouvoir, l'individualisme (ou l'égoïsme) et le matérialisme de la classe sénatoriale, et enfin le rôle destructeur du tribunat de la plèbe et des cours de justice détenues par les chevaliers (K. Sion-Jenkis, « Entre République et Principat : réflexions sur la théorie de la constitution mixte à l'époque impériale », *REA*, t. 101, 1999, n° 3-4, p. 413-425, *cf.* p. 414-420). Dans le cadre de son entreprise de restauration des institutions républicaines, Octave ressuscita le Principat du Sénat et fut désigné *princeps senatus*. La fonction avait perdu son autorité depuis l'époque de Sylla (M. Bonnefond-Coudry, « Le *princeps senatus* : vie et mort d'une institution républicaine », *MEFRA*, t. 105, n° 1, 1993, p. 103-134, ici p. 125). On sait que le fait de porter un tel titre lui garantissait une ascendance sur l'assemblée des Pères Conscrits, dans la mesure où il était systématiquement interrogé en premier : « En assumant le titre de *princeps senatus* dans ses formes légales traditionnelles, il rétablissait à son profit non seulement la priorité dans l'expression de son opinion comme sénateur, mais une stabilité dans la procédure d'interrogation, stabilité qui n'existait plus depuis que les consuls avaient pris l'habitude de choisir à leur gré les quelques sénateurs qu'ils interrogeraient en premier, hors du tour » (*ibid.*, p. 129). Sur sa désignation, *cf. ibid.*, p. 128. Par ailleurs, « il se présentait [ainsi] comme l'incarnation rassurante et prestigieuse des notions de dignité et d'autorité pacifique qui avaient caractérisé l'image du *princeps senatus* jusqu'à l'époque des Gracques » (*ibid.*, p. 129-130). Finalement, la fonction « sombre dans l'oubli » lorsqu'il reçoit le titre d'Auguste (*ibid.*, p. 130) : elle était, en effet, devenue

homme, le *princeps*, maître du Sénat, des magistratures, de la vie religieuse, de l'armée et de la justice, détenait un pouvoir vertigineux, tant et si bien que l'on peut affirmer, comme l'écrit P. Vesperini, que le Principat est « un pouvoir objectivement tyrannique du point de vue des valeurs romaines[63] ». Dans les premiers temps, le régime s'apparentait à une dyarchie, dans la mesure où le *princeps* gouvernait en étroite collaboration avec le Sénat. Mais Y. Roman remarque que « le principat [...] ne fut, très rapidement, plus ce qu'Auguste en avait dit. Car le Prince tendit très vite à ne plus être seulement le premier des hommes de la République, selon les définitions augustéennes, mais un véritable monarque, dieu ou personnage divin de surcroît[64] ». Tibère, mais surtout Caligula, Néron et Domitien se comportèrent comme de véritables autocrates.

Les Romains voulurent rétablir à deux reprises l'ancienne République, caractérisée par la *Libertas* : la première fois à l'extrême fin du règne d'Auguste, comme le mentionne Tacite dans ses *Annales*, la seconde fois après la disparition de Caligula, comme l'indique Suétone[65]. Comme on le sait, ces tentatives se soldèrent par des échecs et le nouveau système était destiné à pérenniser.

---

superflue, dans la mesure où Octave exerçait une « autorité de fait » au Sénat, décidant lui-même de l'ordre d'interrogation des sénateurs ou intervenant quand bon lui semblait (*ibid.*) Pertinax, désireux de redonner un rôle de premier plan au Sénat (Dion, Hérodien et l'*Histoire Auguste* le présentent comme un « empereur "démocratique" », *cf. ibid.*, p. 131), au côté de celui du prince, a symboliquement ressuscité le titre de *princeps senatus*, tentant ainsi un « retour au modèle augustéen » (*ibid.*, p. 132), mais son règne fut de courte durée.

63 P. Vesperini, art. cité, p. 41. Le chercheur remarque que les philosophes ont fourni deux justifications morales et idéologiques à l'existence du régime : premièrement, « le pouvoir de l'empereur est légitime parce qu'il s'insère dans l'ordre de l'univers, régi par les dieux » (*ibid.*). Le prince représente la divinité parmi les hommes et n'est plus soumis à leurs lois, il est en outre un *bonus pastor* qui veille sur ses sujets (*ibid.*, p. 43). Deuxièmement, « le pouvoir de l'empereur est légitime parce que l'empereur est un sage » (*ibid.*, p. 46). Le bon prince, à la différence du tyran, sait s'entourer de philosophes et les écouter (*ibid.*, p. 47). Y. Roman écrit quant à lui : « Pour les hommes de l'époque [de la mort d'Auguste], officiellement tout du moins, rien n'avait changé, la République romaine ayant simplement un premier citoyen, pourvu d'honneurs et de pouvoirs immenses. De ce fait, malgré les réformes augustéennes, le monde, d'un point de vue institutionnel, était toujours à conforter, et, administrativement, à construire. Voilà qui n'était pas rien et qui ne pouvait se passer sans affrontements, car il était clair que celui qui touchait à l'équilibre précaire instauré par Auguste risquait immédiatement de se voir attribuer le qualificatif de "mauvais empereur" par la majorité sénatoriale. La marge de manœuvre était ainsi relativement étroite » (Y. Roman, *Empereurs et sénateurs...*, p. 187).

64 Y. Roman, *ibid.*, p. 247.

65 *Ibid.*, p. 54.

Au début du IIe siècle ap. J.-C., l'absolutisme se renforce. En effet, si le titre d'*optimus* accordé par Pline le Jeune et le Sénat à Trajan signifiait « prince le plus capable de gouverner l'empire (*capax imperii*)[66] », il faisait également référence à Jupiter, Jupiter *optimus*, *maximus* : le rapprochement « signifie tout simplement que Trajan avait reçu de Jupiter la mission d'être le guide de l'humanité, le père des dieux et roi du ciel lui abandonnant le gouvernement de la terre et partageant pour cela avec lui le titre d'*optimus*[67] ». Pour Y. Roman, il est incontestable que le pouvoir, sous ce prince, s'était donc définitivement mué en une monarchie absolue, « qui ne trouvait de garde-fou que dans la conscience même du monarque[68] ». À la fin du IIIe siècle ap. J.-C., il devient, avec Dioclétien, une monarchie de droit divin[69].

Quel regard portent les auteurs de l'époque impériale sur le régime fondé par Auguste ? Ils soulignent que le Principat constitue une forme d'État qui, de façon pratique, permet « d'éviter les défauts du système républicain » et s'offre comme « le garant de la paix et de la sécurité[70] ». Velleius Paterculus, auteur du premier épitomé qui soit parvenu jusqu'à nous[71], très favorable au régime[72] (dont il avait conscience du caractère de monarchie absolue[73]), « exalte la “tutelle” ou “la protection vigilante” assurée par le pouvoir impérial (*tutela*), de même que la “sécurité” (*securitas*) garantie par ce gouvernement[74] ». Selon lui, Jules César a « préparé la création de la nouvelle structure politique », Auguste en est le « fondateur » et Tibère est considéré comme l'homme providentiel qui a permis au régime de parvenir « au sommet, à la maturité parfaite[75] ».

Alors que Suétone adhère pleinement au système mis en place par Auguste[76], K. Sion-Jenkis note que Tacite reste « sceptique par rapport à

---

66 *Id.*, *Le Haut-Empire romain…*, p. 80-81.
67 *Ibid.*, p. 81. *Cf. supra* et É. Teyssier, *op. cit.*, p. 26.
68 Y. Roman, *ibid.*
69 *Cf. supra.*
70 K. Sion-Jenkis, art. cité, p. 421.
71 E. Cizek, « Les problèmes du Principat et l'élection des magistrats chez Velleius Paterculus », *Revue de philologie, de littérature et d'histoire anciennes*, 2003/1, t. LVXXII, p. 23-36, *cf.* § 1.
72 *Ibid.*, § 4.
73 *Ibid.*, § 9.
74 *Ibid.*, § 4.
75 *Ibid.*, § 5.
76 J. Gascou, *Suétone historien*, p. 719 : « Suétone pense […] que le principat, c'est la monarchie, et que cette monarchie, telle que l'a établie Auguste, est une chose excellente. » *Cf.* aussi

[la possibilité d'une coexistence de la *libertas* et du Principat], bien qu'il considère le Principat de Nerva comme la réalisation de cet idéal[77] ». Y. Benferhat, dans un article sur les *Histoires* de Tacite[78], met en lumière les points suivants : derrière les choix de vocabulaire de l'historien, Domitien et Trajan apparaissent comme des tyrans parce qu'ils sont détenteurs d'un pouvoir absolu. Le premier, débauché, fourbe et mégalomane, correspond à un certain prototype ; le second, par l'utilisation qu'il fait de la *uenia principis*, a le droit de vie ou de mort sur ses concitoyens. Certes, il veille sur eux tel un père attentionné, mais l'action de gracier, normalement considérée comme une expression positive du pouvoir du prince, ne peut faire oublier qu'il est un autocrate[79].

I. Cogitore remarque quant à elle que les emplois du terme *potentia* dans l'œuvre de Tacite revêtent généralement une connotation négative[80]. Outre l'empereur lui-même, les personnages proches de lui disposent d'une *potentia*[81] : le mot est encore utilisé pour caractériser la carrière de Séjan[82] (mais il peut avoir un sens positif dans le cas de Sénèque[83]). La chercheuse note que la manipulation de ce lexique permet de blâmer indirectement le Principat : « la fréquence des emplois négatifs est telle que les rares aspects positifs sont effacés. Si Auguste et le principat ne sont pas clairement accusés, ils sont salis par l'usage que fait Tacite de ce terme pour d'autres personnes[84]. »

---

p. 777 : « L'Empire, aux yeux de notre auteur, est voulu par les dieux, et il ne croit ni souhaitable ni possible un retour à la république. » L'auteur condamne en revanche la dérive despotique du Principat. Y. Roman ne se rallie pas aux vues de J. Gascou : selon lui, Suétone n'était pas favorable à la monarchie. Outre le fait que les *Vies des douze Césars* étaient dédiées à Septicius Clarus, en disgrâce en même temps que Suétone, le contenu de l'ouvrage démontrait que le pouvoir rend fou, à une époque où Hadrien renforçait précisément la monarchie impériale (Y. Roman, *Empereurs et sénateurs*..., p. 344) ; l'œuvre revêt donc une forme d'« opposition politique » (*ibid.*).

77 K. Sion-Jenkis, art. cité, p. 424.

78 Y. Benferhat, « Tacite et le tyran en filigrane dans les *Histoires* », *Le Tyran et sa postérité dans la littérature latine de l'Antiquité à la Renaissance*, cité précédemment, p. 187-202.

79 *Ibid.*, notamment p. 200-201.

80 I. Cogitore, « La *potentia* chez Tacite : accusation indirecte du Principat », *BAGB*, n° 2, juin 1991, p. 158-171, *cf.* p. 163-164.

81 *Ibid.*, p. 168. Les femmes (*ibid.*, p. 165-166), les affranchis (*ibid.*, p. 166-167), les chevaliers (*ibid.*, p. 167)... Tous les personnages qui disposent ou cherchent une *potentia* ont un lien avec le pouvoir impérial.

82 *Ibid.*, p. 168-169.

83 *Ibid.*, p. 168.

84 *Ibid.*, p. 171.

Pour Dion Cassius, le Principat est une « monarchie absolue qui n'a pas les traits d'une tyrannie », une sorte de « monarchie démocratique », à condition que le prince fasse preuve de *ciuilitas*[85]. D'aucuns, dont Dion lui-même, utilisent le terme de « constitution mixte » pour désigner la forme de l'État, mais cette appellation prend un tout autre sens que celui donné par Polybe pour décrire la République[86] : il faut comprendre que le Principat est une « monarchie absolue qui a des traits de modération et qui profite de la participation des groupes de la société impériale (le Sénat, l'aristocratie provinciale) à l'administration de l'Empire[87] ». La modération, la *ciuilitas* du prince constituent des garde-fous qui empêchent le régime de sombrer dans la tyrannie[88].

Ce que nous appelons « Principat » recouvre donc en réalité deux options politiques qui ont alterné au fil des décennies[89] : la première, celle de la *respublica restituta*, caractéristique des débuts de la période impériale, décrit une dyarchie fondée sur un partage des compétences et une étroite coopération entre le *princeps* et le Sénat dont les prérogatives devaient être respectées. Cette orientation politique fut notamment représentée par Auguste, Germanicus, Drusus, Claude (au début de son règne), Galba, Vespasien et Nerva. L'autre option, rejetée par l'Anonyme (comme nous allons le voir) comme par ses prédécesseurs, se fonde sur une monarchie despotique à l'orientale, dont Octave avait prêté le projet à Antoine, et qui devait être notamment illustrée par les figures de Caligula, Néron, Domitien. Il s'agit finalement d'une perversion du régime augustéen. Les historiographes, conscients que l'antique République a définitivement été ensevelie au cours des guerres civiles qui ont suivi l'assassinat de Jules César, prennent acte du nouvel ordre politique qui structure la société et condamnent généralement la dérive despotique du Principat.

L'*Histoire Auguste*, comme l'a noté J. Béranger, accorde une place importante à la *res publica*, « non forme d'État en soi, mais “organisation

85 K. Sion-Jenkis, art. cité, p. 423. Y. Roman écrit que le système politique du Ier siècle ap. J.-C. a été défini comme une « démocratie royale » (notamment dans les cas des règnes de Caligula et Néron), c'est-à-dire « une monarchie où la relation entre le monarque et ceux qu'il faut bien appeler ses sujets ne passait pas par une noblesse, celle-ci ne constituant aucunement le pilier d'un trône » (Y. Roman, *Empereurs et sénateurs…*, p. 375).

86 K. Sion-Jenkis, *ibid.*, p. 423-424.

87 *Ibid.*, p. 424.

88 *Ibid.*

89 Nous remercions vivement B. Mineo pour nous avoir fait part de cette analyse.

politique déterminée par des règles du droit[90]" ». Elle domine le recueil, détermine les actions des citoyens, accapare leurs pensées. De façon pratique, le régime personnel existe du seul fait qu'il soit exercé[91]. Du point de vue lexical, le mot *rex* n'est jamais employé pour désigner le prince, mais les souverains étrangers[92] ; en revanche, les adjectifs *regius*, *regalis* le sont pour signaler ce qui relève de sa personne. Cet usage, de fait, ne choquait nullement les Romains[93].

Par ailleurs, le rédacteur sait que les deux attributs du pouvoir impérial sont la puissance tribunicienne et l'*imperium* proconsulaire[94]. Le terme plus général d'*imperium*, qui regroupe les deux composantes, mais réfère aussi à tout ce qui renvoie de près ou de loin au commandement suprême, est observé dans de multiples passages du recueil, du fait de sa thématique[95]. Seule une dizaine d'occurrences du terme *principatus* est relevée[96], de la Vie d'Aelius à celle de Gallien, alors qu'on trouve une proportion plus importante pour *imperium*[97]. Les deux termes sont soit synonymes, soit distincts, éventuellement complémentaires, mais ils ne

---

90 J. Béranger, « L'expression du pouvoir... », p. 23. Pour la citation, *cf.* J. Gaudemet, *Institutions de l'Antiquité*, Paris, Sirey 1967, p. 355. Également (pour reprendre les références de J. Béranger), *cf.* 458, 466 et 670 ; et également Cic., *Rep.*, I, 39.

91 J. Béranger, *ibid.*, p. 24. En se fondant sur la Vie des Trente Tyrans, XXXII, 8, J. Béranger écrit : « L'unique forme d'État concevable est le régime personnel, que l'homme à la tête des affaires publiques soit bon ou mauvais. » À ce sujet, *cf.* également A. Molinier-Arbo, « Père et fils au pouvoir... », p. 175. « [L'auteur] est cependant conscient que tout retour en arrière est impossible, et, à défaut de pouvoir restaurer la puissance du Sénat, il refuse l'avènement systématique des fils d'empereurs et souhaite qu'une *libertas* minimale soit maintenue dans le choix du *princeps* notamment grâce au principe de l'adoption du meilleur. »

92 *M. Ant. phil.* 14, 2 ; 3. *Vér.*, 7, 8. *Alex. Sév.* 28, 4 ; 55, 1. *Val.* 1, 1. *Trente Tyrans*, 15, 3. *Cl.*, 9, 4. *Aurél*, 33, 2. (liste établie par J. Béranger, *ibid.*, n. 46 p. 28). Nous avons déjà étudié le cas de "*tyrannus*" de façon détaillée, dans la partie consacrée au cas de l'usurpation.

93 J. Béranger, *ibid.*, p. 28.

94 *Ibid.*, p. 31.

95 *Ibid.*, p. 35. *Cf.* également J. Gaudemet, « Le concept d'*imperium* dans l'*Histoire Auguste* », *B.H.A.C. 1968-1969*, cité précédemment, p. 91-97. « Le terme d'*imperium* est à la fin du IVe siècle aussi ambigu que celui d'empire dans les langues modernes. Et la pluralité des acceptions était déjà au IVe siècle ce qu'elle demeure aujourd'hui : *imperium* (ou empire) désigne le pouvoir du chef et l'objet de ce pouvoir : l'appareil de gouvernement (état) et le territoire. Il désigne aussi une période historique » (*ibid.*, p. 97).

96 *Ael.* 1, 1 ; *M. Ant. phil.* 25, 6 ; *Vér.*, 1, 4 ; *Avid. Cass.* 1, 4 ; 14, 8 ; *Pesc. Nig.*, 2, 7 ; *Diadum.*, 8, 2 ; *Max. et Balb.* 17, 2 et 4 ; *Gall.* 14, 6 (J. Béranger, *ibid.*, n. 106 p. 37).

97 *Ibid.*

s'opposent pas[98]. En tous les cas, *principatus* ne bénéficie pas particulièrement d'un traitement positif et il ne désigne pas une « forme d'État idéale[99] ». Quant à *imperator* et *princeps*, ils sont quasiment synonymes[100].

Ajoutons enfin que le rédacteur ne construit pas un discours dépréciatif fondé sur un jeu d'opposition entre *dominus* et *princeps*, comme celui qui est observable dans le *Panégyrique de Trajan*[101]. L'auteur de l'étude en conclut que les Anciens ne raisonnaient pas en terme de régime politique et ne focalisaient pas leur attention sur la théorie constitutionnelle du pouvoir, contrairement aux approches plus modernes de la politique. Plus pragmatiques, ce sont, dans leur esprit, des noms propres et donc des cas particuliers de gestion du gouvernement qui leur disaient la réalité du pouvoir, plutôt que le paradigme institutionnel général[102].

Pourtant, force est de constater que l'on repère dans les Vies des éloges sporadiques, mais non dissimulés, de l'époque républicaine. L'*optimus princeps* Marc Aurèle « se comporta [à l'égard du peuple] comme on le faisait quand l'État était libre[103] ». Mais la célébration la plus explicite est placée dans la bouche de Clodius Albinus, lors de sa proclamation, alors

98 *Ibid.* S. Ratti remarque également que le terme *maiestas* peut désigner (quand il n'a pas le sens de « grandeur », « prestige », « aura ») le pouvoir impérial dans le recueil (S. Ratti, « Sur la signification de *Gall.*, 14, 11 : *De dignitate uel, ut coeperunt alii loqui, de maiestate* », *H.A.C.PER., Atti dei Convegni sulla Historia Augusta VIII*, Bari, Edipuglia, 2002, p. 405-420, ici p. 409-410).

99 J. Béranger, *ibid.*, p. 38.

100 *Ibid.*, p. 39-40. Certes, J. Béranger relève qu'*imperator* renvoie davantage à une terminologie militaire, tandis que *princeps* est de l'ordre du civil, de l'affectif. Mais comme il le précise, des exemples dans l'*Histoire Auguste* ruinent cette distinction. La distinction est également rappelée par J. Hellegouarc'h (art. cité, p. 24), qui précise en outre que Suétone n'emploie *imperator* pour désigner l'empereur qu'à partir de Néron (*ibid.*, p. 25).

101 Plin., *Panégyrique de Trajan*, par exemple II et VII. L'*Histoire Auguste* rappelle toutefois qu'Alexandre Sévère, le prince idéal, refusa qu'on lui attribue le titre de "*dominus*" (*Dominum se appellari uetuit*, « Il défendit qu'on l'appelât "Seigneur" », traduction d'A. Chastagnol, *Alex. Sév.*, IV, 1). A. Chastagnol précise les éléments suivants (indiqués dans *Histoire Auguste*, n. 1 p. 568) : il note que ce fait remarquable évoque les décisions d'Auguste et de Tibère à ce sujet (Suet., *Aug.*, 53, 1, *Tib.*, 27). Caligula et Domitien désiraient qu'on leur donne ce titre (Suet., *Dom.*, 13, 1 ; Aur.-Vict., 29,4) et au début du règne de Commode, l'appellation *dominus noster* s'impose peu à peu (il faut voir à ce propos A. Chastagnol, *La terza età dell' epigrafia*, 1988, p. 33). Dioclétien voulait également être appelé ainsi (Aur.-Vict, 39, 4 et 8 ; Eutr., IX, 26 ; Jérôme, *Chronique*, année 296 ; Amm., XV, 5, 18). *Cf.* A. Chastagnol, *B.H.A.C.*, 1979-1981, p. 110-112. *Cf. supra.*

102 J. Béranger, « L'expression du pouvoir… », p. 42.

103 *Marc*, XII, 1 : *Cum populo autem non aliter egit, quam est actum sub ciuitate libera.* Cette remarque s'insère dans un développement consacré aux vertus de l'empereur.

que ce dernier commande les armées de Bretagne et apprend la (fausse) bonne nouvelle de la mort de Commode. Il s'adresse alors aux soldats.

> *Si senatus p. R. suum illud uetus haberet imperium nec in unius potestate res tanta consisteret, non ad Vitellios neque ad Nerones neque ad Domitianos publica fata uenissent. [...] Et certe Africam Romano imperio senatus adiunxit, Galliam <senatus addidit> [...] Brittanias Caesar subegit, certe senator, nondum tamen dictator. [...] Et usque ad Neronem quidem senatus auctoritas ualuit, qui sordidum et inpurum principem damnare non timuit, cum sententiae in eum dictae sint, qui uitae necisque potestatem atque imperium tunc tenebat [...] Senatus imperet, prouincias diuidat, senatus nos consules faciat.* (*Clod. Alb.*, XIII, 5-10)
>
> « Si le Sénat du peuple romain conservait son antique puissance et si une autorité d'une telle étendue n'était pas concentrée entre les mains d'un seul homme, jamais des Vitellius, des Nérons, des Domitiens ne se seraient emparés du destin de l'État [...] Certes le Sénat a ajouté l'Afrique à l'Empire romain, le Sénat l'a enrichi de la Gaule [...] Certes César a soumis les Bretagnes, mais il était alors sénateur, pas encore dictateur. [...] On a vu jusque sous Néron s'exercer l'autorité du Sénat, qui n'a pas craint de condamner ce prince vil et corrompu en prononçant sa sentence contre un homme qui détenait alors, en même temps que l'Empire, le droit de vie et de mort. [...] C'est au Sénat qu'il appartient de commander, de répartir les provinces, de nous faire consuls. »

J. Béranger décèle dans cet extrait des réminiscences de Tacite – auteur pour lequel, on l'a vu, l'opinion sur le Principat demeure une question complexe –, et plus spécifiquement du discours de Galba qui présente Pison aux soldats après l'adoption. Galba se lamente alors sur l'avènement passé de la monarchie et reconnaît toutefois qu'il s'agit d'un mal nécessaire[104]. Nous pouvons en premier lieu remarquer que ces propos sont placés dans la bouche d'un usurpateur (*tyrannus*). La teneur du discours n'a donc, en ce sens, rien de surprenant.

Mais comment une telle diatribe a-t-elle pu être écrite à la fin du IVe siècle ? On imagine que le rédacteur pouvait faire valoir le souci de vraisemblance qui gouverne la composition des discours de personnages historiques. Albinus ne pouvait guère parler autrement. A-t-on le droit de voir se dessiner derrière les lignes de cet extrait les traces d'une opinion politique du rédacteur ? Pour les partisans de l'identification de l'Anonyme à un membre du clan d'Eugène, ce genre de passage vient rejoindre le rang

---

104 J. Béranger, « L'expression du pouvoir... », p. 36. Sur l'idée que le Principat est une fatalité, *cf.* Tacite, *Histoires*, I, 16.

des preuves. Ce discours est en outre placé en fin de biographie et cette position, stratégique, on s'en doute bien, est à garder présente à l'esprit.

Toutefois, le rédacteur a fait suivre ce discours d'une lettre de Commode, apocryphe elle aussi, et qui fait état de sa réaction. Le fils de Marc Aurèle, écrivant à ses préfets du prétoire, accuse Albinus d'hypocrisie, affirmant que son éloge des institutions républicaines constitue un prétexte pour usurper lui-même le pouvoir :

> *Nam qui principem unum in re p. negat esse debere quique adserit a senatu oportere totam rem p. regi, is per senatum sibi petit imperium. Cauete igitur diligentissime; iam enim hominem scitis uobis, militibus populoque uitandum.* (*Clod. Alb.*, XIV, 5)
>
> « Or en affirmant que l'État ne doit pas être entre les mains d'un seul prince et en soutenant que c'est le Sénat qui doit tout diriger, c'est pour lui-même qu'il brigue l'empire grâce à la faveur du Sénat. Soyez donc très vigilants car vous savez maintenant de quel homme vous-mêmes, l'armée et le peuple devez vous méfier. »

En laissant à Commode ce véritable « mot de la fin », le rédacteur désamorce finalement les critiques que l'on pourrait formuler à son égard. Mais si l'on se remémore la citation de la Vie de Marc Aurèle, qui énonce que les paroles d'un tyran, même si elles peuvent être justes, ne sont guère valables en raison de l'*êthos* même de leur énonciateur, doit-on accorder de l'importance à ce que dit Commode ? Le rédacteur, à notre avis, joue en permanence avec la question énonciative et le rapport entre *êthos* et portée du discours.

Bien mieux, plusieurs points de ce discours ont de quoi interpeller le lecteur. Il est quelque peu naïf d'affirmer avec autant d'aplomb que le Sénat a adjoint la Gaule à l'Empire romain ; du moins faut-il introduire quelques nuances. Si cette opinion vaut pour la Gaule Narbonnaise, annexée au IIe siècle av. J.-C., elle se trouve davantage sujette à caution en ce qui concerne la Gaule chevelue, dont la conquête est associée à l'ambition dévorante de César. Certes, le Sénat soutint la Guerre des Gaules, mais c'est César qui fut initialement l'instigateur du combat, combat qu'il n'avait, en outre, pas le droit de mener[105]. De même, la

105 Sur ce point, *cf.* M. Rambaud, *op. cit.*, p. 112 : « Dès le début, le *Bellum Gallicum* plaide. Le proconsul n'avait pas le droit d'aller combattre les Helvètes sur le territoire des Éduens. Ce qui se passait en dehors de sa province ne le regardait pas. Le senatus-consulte qui chargeait le gouverneur de Narbonnaise de défendre les Éduens et les amis du peuple

tournure employée par le rédacteur donne à réfléchir : l'ambiguïté du terme générique de *Gallia* peut être la marque d'une volonté de grossir l'importance de la puissance sénatoriale. Par ailleurs, la borne qu'il fixe au règne de Néron comme *terminus* de la période de rayonnement du Sénat pose question. Tacite n'avait-il pas relevé la soumission des Pères Conscrits dès le Principat de Tibère ?

Des études récentes invitent toutefois à reconsidérer le rôle de l'assemblée dans les premiers temps de la période impériale. M. Bonnefond-Coudry a démontré, à la suite de R. Talbert, que le Sénat, nonobstant la perte de prérogatives que l'avènement du Principat et l'apparition de l'empereur dans le paysage politique romain avaient nécessairement occasionnée, ne s'est pas contenté d'être une « simple chambre d'enregistrement des propositions impériales » sous le Principat[106]. Jusqu'à la fin du IIe siècle, il a conservé un rôle important et une certaine *auctoritas*, car il était encore un organe du pouvoir et une représentation vivante de la République[107].

M. Bonnefond-Coudry a étudié les modalités de collaboration entre l'auguste assemblée et le prince sous le règne des Julio-Claudiens : Auguste, Tibère, Claude, tout comme Néron (et même plus tard Caracalla), ont été attentifs à l'assiduité des sénateurs, n'hésitant pas à les morigéner en cas d'absentéisme[108]. Contrairement à l'image laissée par Dion d'un Auguste se comportant en véritable autocrate lors des séances de l'assemblée[109], les empereurs se montraient très soucieux de voir les Pères Conscrits user de leur liberté d'expression[110]. À partir des récits des auteurs anciens,

romain ne pouvait fournir aucune base juridique à l'agression puisque les Éduens ouvraient de plein gré leur territoire aux Helvètes. »

106 M. Bonnefond-Coudry, « *Princeps* et Sénat sous les Julio-claudiens : des relations à inventer », *MEFRA*, t. 107, n° 1, 1995, p. 225-254, ici p. 228. *Cf.* également n. 8 p. 228, qui renvoie à l'ouvrage de R. Talbert, p. 294-297.

107 M. Bonnefond-Coudry, *ibid.*, *cf.* également p. 225.

108 *Ibid.*, p. 229. « Dion Cassius nous apprend que Tibère "était extrêmement attentif à ce que les sénateurs se réunissent chaque fois qu'il convenait" [...], "et à ce qu'ils n'arrivent pas en retard ni ne se retirent trop tôt". Même rigueur chez Claude, qui "les contraignit tous à s'assembler à la curie chaque fois qu'ils étaient convoqués", et non plus les seuls jours de *senatus legitimus* comme Tibère ; "et il blâma si sévèrement ceux qui n'obéissaient pas que certains se suicidèrent". À l'époque de Néron, c'est par le biais du fameux procès de Thrasea que se dévoile l'importance toujours accordée à l'assiduité [...] en 215 Caracalla adresse au Sénat, d'Antioche, une lettre où il mêle plaintes et menaces, et qui manifeste que, comme Néron 150 ans plus tôt, il voit dans l'absentéisme un désaveu. »

109 *Ibid.*, p. 231.

110 *Ibid.*, p. 229-230.

l'article étudie ensuite les différents modes de collaboration du prince avec le Sénat : il en ressort que les deux institutions étaient d'accord pour laisser au Sénat une place de première plan[111] mais que les rapports se réinventaient lors de chaque nouveau début de règne, et dessinaient des configurations différentes. Nous ne pouvons trouver de meilleurs mots que ceux de M. Bonnefond-Coudry pour restituer ces rapports : « participation constante et multiforme aux travaux du Sénat pour Tibère, avec délimitation d'une sphère de compétence dans laquelle il se réserve la décision finale, et symétriquement d'un espace ouvert à l'initiative sénatoriale ; et les sénateurs se plient volontiers à cette répartition. Consultation fréquente, avec Claude, dans les domaines les plus variés, avec sans doute, à défaut d'une réelle initiative, une large liberté de décision offerte aux sénateurs. Avec Néron, enfin, cloisonnement rigoureux entre un domaine totalement abandonné à l'initiative et à la décision sénatoriales, et qui ressuscitait le fantôme du Sénat républicain, et un domaine où son rôle n'était, pour la première fois, que consultatif[112]. »

Mais cette entreprise de collaboration, comme on l'a dit, ne semble pas s'être achevée sous Néron : « il semble qu'on soit revenu par la suite soit au modèle claudien avec Vespasien, pour lequel Dion Cassius indique qu'il assistait assidûment aux séances et consultait le Sénat sur tout ; soit au modèle tibérien, avec Trajan qui, si l'on en croit Pline, prenait part aux séances tantôt comme sénateur, tantôt comme président[113]. » Si l'on accrédite ces informations, l'indication temporelle proposée par le rédacteur ne manque pas de surprendre et nous pouvons nous interroger sur les raisons qui l'ont poussé à donner cette indication.

Par ailleurs, si le rédacteur de l'*Histoire Auguste* manifeste des sympathies envers l'institution sénatoriale, cette dernière n'est pas pour autant exempte de critiques. Comme le note E. Frézouls, elle avalise sans aucune opposition la proclamation par les soldats de Didius Julianus[114], qui, comme on sait, a constitué le point d'aboutissement d'une vente aux enchères de l'Empire, Julianus remportant la mise avec 25 000 sesterces promis aux prétoriens

111 *Ibid.*, p. 253.

112 *Ibid.*, p. 254.

113 *Ibid.*, p. 253. Comme le relève l'auteur, le grand nombre d'incertitudes dues à la pauvreté des sources ne nous incite pas à rendre ces affirmations péremptoires.

114 *Cf.* E. Frézouls, « La succession impériale dans l'*Histoire Auguste* : les Antonins et les Sévères », *H.A.C.P. 1990, Atti dei Convegni sulla Historia Augusta*, Macerata, Facoltà di lettere e filosofia, 1991, p. 197-212, ici p. 204.

(il en aurait donné même 30 000, selon l'*Histoire Auguste*[115]), contre son concurrent Sulpicianus[116]. Mais elle le destitue avec la même facilité, alors qu'elle avait pourtant proclamé Sévère ennemi public, et fait mettre à mort l'infortuné Julianus[117]. De même, elle abandonne Clodius Albinus qu'elle avait pourtant soutenu (du moins une partie de ses membres)[118]. En outre, même si le Sénat réussit à choisir le *princeps* Tacite, il n'est pas en mesure de s'opposer au bon vouloir des forces armées[119].

En dépit de la nostalgie de l'*auctoritas* des Pères Conscrits d'une part, et des critiques du Principat absolutiste d'autre part, la nécessité d'un tel régime semble incontestable ; il est impossible, comme l'avait déjà senti Tacite, de revenir en arrière[120]. Aussi faut-il s'accommoder de cette réalité sur laquelle on ne peut avoir prise. On l'a dit, le Sénat ne peut retrouver ses prérogatives d'antan quand il est confronté à la menace des armes[121]. D'un autre côté, la légitimité dynastique est appréciée par les Romains du IIIe siècle, mais aussi par ceux du IVe siècle, car elle est synonyme de maintien de la stabilité politique et de l'ordre[122].

Depuis la fondation du Principat, et à l'exception des deux crises qui ont conduit aux guerres civiles après les chutes de Néron et de Commode, ce système de succession, fondé soit sur la filiation directe ou de parenté, soit sur l'adoption[123], est la règle. Le rédacteur semble condamner ce principe dans différents passages de l'*Histoire Auguste* :

---

115 *Did. Jul.*, III, 2.

116 Sur le récit de cette mise à l'encan de l'Empire, *cf.* Dion, LXXIII, 11.

117 E. Frézouls, *ibid.*, p. 205.

118 *Ibid.*, p. 205-206.

119 *Ibid.*, p. 206.

120 *Ibid.*, p. 203 et p. 207 : « Un pouvoir personnel de type monarchique, royal si l'on veut, est inéluctable : *regendi necessitas.* C'est une *uis fatalis* qui désigne le dépositaire de ce pouvoir : destin providentiel ou hasard aléatoire, on ne sait, mais en tout cas la décision échappe aux hommes – et aux sénateurs. » L'auteur de l'article se fonde notamment sur une citation de Constantin présentée dans la Vie d'Élagabal : « Être empereur, cela relève de la Fortune » (*Imperatorem esse fortunae est*, « Être empereur est l'affaire du hasard », dans la traduction d'A. Chastagnol), ici p. 207.

121 *Ibid.*, p. 206.

122 A. Molinier-Arbo, « Père et fils au pouvoir… », p. 174. Y. Roman remarque que les empereurs du IIIe siècle ap. J.-C., bien qu'éphémères, tentèrent de mettre en place une « continuité dynastique » et de donner à leur gouvernement une caution divine : en cela, leur idéologie était proche de celle de Marc Antoine (Y. Roman, *Empereurs et sénateurs…*, p. 423). Par exemple, pour Aurélien, la monarchie absolue est « le seul moyen de sauver l'Empire » (*ibid.*, p. 430).

123 E. Frézouls, *ibid.*, p. 197.

dans la Vie de Septime Sévère, il prend appui sur l'exemple des grands hommes du passé (Romulus, Auguste...) qui n'ont pas eu de descendance directe ou qui ont laissé, au contraire, des enfants néfastes et nuisibles[124]. Quant aux adoptions, elles ne se sont guère avérées plus heureuses, sauf pour les cas d'Antonin le Pieux et de Marc Aurèle, deux empereurs que l'Anonyme estime[125].

Mais ce dernier ne peut toutefois nier les mentalités des IIIe et IVe siècles ; il les relève[126] et l'*Histoire Auguste* devient une nouvelle fois le reflet d'une époque. Au IVe siècle, en effet, après l'échec du système de tétrarchie mis en place par Dioclétien, les témoignages en faveur de la succession héréditaire, par le sang ou l'adoption, sont nombreux, notamment dans la littérature épidictique. Pline avait déjà souligné les vertus de l'adoption, sans rejeter complètement le principe de la succession par le sang[127]. L'orateur qui célèbre les noces de Constantin et

---

124 *Ibid.*, p. 199-200. Se reporter à *Sév.*, XX, XXI.

125 *Ibid.*, p. 200.

126 *Ibid.*, p. 202 : l'auteur de l'article souligne que les Romains étaient particulièrement attachés au nom d'Antonin, qui est « non seulement un gage de popularité mais une source de légitimité ».

127 Plin., *Panégyrique de Trajan*, VII, 4-6 : *Adsciuit enim te filium non uitricus, sed princeps, eodemque animo diuus Nerua pater tuus factus est quo erat omnium. Nec decet aliter filium adsumi, si adsumatur a principe. An senatum populumque Romanum, exercitus, prouincias, socios transmissurus uni successorem e sinu uxoris accipias summaeque potestatis heredem tantum intra domum tuam quaeras ? non totam per ciuitatem circumferas oculos et hunc tibi proximum, hunc coniunctissimum existimes quem optimum, quem dis simillimum inueneris ? Imperaturus omnibus eligi debet ex omnibus*, « Tu as été pris pour fils non par un beau-père, mais par un prince et le divin Nerva est devenu ton père dans le même sentiment qui le faisait celui de tous. C'est qu'il serait inconvenant qu'une adoption eût lieu autrement, si elle est faite par un prince. Quand on va transmettre le Sénat et le peuple romain, les armées, les provinces, les alliés à un seul chef, peut-on n'accepter pour successeur que l'enfant donné par sa femme et chercherait-on l'héritier du pouvoir suprême seulement à l'intérieur de sa maison ? Ne parcourrait-on pas des yeux l'ensemble des citoyens et n'estimerait-on pas comme le plus proche de soi, le plus intimement lié celui que l'on aurait trouvé le meilleur, le plus semblable aux dieux ? Qui doit commander à tous doit être choisi entre tous. » *Cf.* également XCIV, 5, dans la prière finale à Jupiter Capitolin : *Quo maiore fiducia isdem illis uotis, quae ipse pro se nuncupari iubet, oro et obtestor, « si bene rem publicam, si ex utilitate omnium regit », primum ut illum nepotibus nostris ac pronepotibus serues, deinde ut quandoque successorem ei tribuas quem genuerit, quem formauerit similemque fecerit adoptato, aut, si hoc fato negatur, in consilio sis eligenti monstresque aliquem quem adoptari in Capitolio deceat*, « C'est avec d'autant plus de confiance qu'en faisant les mêmes vœux qu'il veut qu'on fasse pour lui-même, je te demande et te prie, "s'il gouverne bien l'État, s'il le gouverne dans l'intérêt général", d'abord que tu le conserves à nos neveux et arrière-neveux, ensuite que dans l'avenir tu lui accordes un successeur né de lui, formé par lui, rendu par lui semblable au fils adoptif

de Fausta, la fille de Maximien, met en avant la nécessité des alliances et des descendances pour le salut de l'Empire, car elles lui permettent d'échapper à l'anarchie :

> *Maximas itaque uobis, aeterni principes, publico nomine gratias agimus, quod suscipiendis liberis optandisque nepotibus seriem uestri generis prorogando omnibus in futurum saeculis prouidetis ut Romana res olim diuersis regentium moribus fatisque iactata tandem perpetuis domus uestrae radicibus conualescat tamque sit immortale illius imperium quam sempiterna suboles imperatorum.* (*Pan.*, VI, II, 2.)
>
> « Aussi, princes éternels, vous exprimé-je publiquement nos plus vives actions de grâces de ce que, en élevant des enfants, en souhaitant une postérité, en prolongeant la lignée de votre maison dans tous les siècles à venir, vous donnez à la puissance romaine, ballottée naguère entre ses gouvernants selon la diversité de leurs caractères et de leurs destins, les moyens de s'affermir enfin sur les racines indestructibles de votre maison et de rendre son empire immortel comme sera éternelle la descendance des empereurs[128]. »

Le Panégyrique de fin juillet 310 loue, quant à lui, l'accession au pouvoir de Constantin ; l'encomiaste emploie ses talents rhétoriques à démontrer que les mérites militaires que le jeune homme s'est proposé de gagner sont certes tout à son honneur, mais n'étaient pas une condition nécessaire pour accéder à la puissance suprême (*Non fortuita hominum consensio, non repentinus aliquis fauoris uentus te principem fecit : imperium nascendo meruisti*, « Ce n'est pas l'accord accidentel des hommes ni le souffle subit de la faveur qui de toi ont fait un prince : c'est par ta naissance que tu as mérité l'Empire[129] »). Les ultimes lignes de la prière finale du panégyrique de 313 manifestent également cet intérêt des sujets pour la descendance du prince :

> *Quamuis enim, imperator inuicte, iam diuina suboles tua ad rei publicae uota successerit et adhuc speretur futura numerosior, illa tamen erit uere beata posteritas ut,*

---

qu'il est, ou, si le destin s'y refuse, que tu assistes son choix et lui indiques quelqu'un qui soit digne d'être adopté au Capitole. » Y. Roman note que « sous les Antonins, l'adoption fut [...] bien, le plus souvent (exception de la succession de Marc Aurèle), la règle en matière de succession à l'Empire. Efficace, elle mit incontestablement au pouvoir des hommes compétents, les meilleurs sans doute. Mais il faut immédiatement ajouter, ce qui change bien des perspectives, qu'ils avaient presque tous un lien de parenté avec leurs prédécesseurs (sauf Trajan avec Nerva). De ce fait, cette théorie de l'adoption du meilleur apparaît finalement comme un leurre » (*Le Haut-Empire romain*..., p. 79-80).

128 *Cf.* également *Pan.*, VI, XIV, 7.

129 *Pan.*, VII, III, 1. Il faut lire l'intégralité de III.

cum liberos tuos gubernaculis orbis admoueris, tu sis omnium maximus imperator. (*Pan.*, IX, XXVI, 5.)

« Empereur invincible, bien que ta descendance divine ait déjà répondu aux vœux de la république et qu'une autre, plus nombreuse, soit encore espérée, la postérité ne connaîtra cependant le vrai bonheur que si, après avoir admis tes enfants au gouvernement du monde, tu gardes sur tous l'autorité suprême. »

Lorsque Constance II se voit contraint de s'adjoindre un co-régent, Eusébie insiste sur le choix d'un parent. On sait qu'elle obtiendra gain de cause :

Quis adnitentibus obstinate opponebat se sola regina, incertum migrationem ad longinqua pertimescens an pro natiua prudentia consulens in commune, omnibusque memorans anteponi debere propinquum. Post multaque per deliberationes ambiguas actitata, stetit fixa sententia, abiectisque disputationibus inritis, ad imperium placuit Iulianum adsumi. (Ammien Marcellin, XV, 8, 3)

« À leur résistance obstinée s'opposait l'impératrice seule : qu'elle redoutât un voyage en lointain pays ou que sa prudence naturelle veillât au bien public, elle rappelait que l'on devait à tout autre préférer un parent. Quand on eut tourné et retourné ces questions au cours de délibérations incertaines, la résolution de l'empereur fut arrêtée fermement et, rejetant les vaines discussions, il décida d'associer Julien à l'Empire[130]. »

J. Béranger attire l'attention sur le Panégyrique de 356, que ce même Julien dédie à ses bienfaiteurs, Constance et Eusébie, et où il traite notamment le thème incontournable de l'ascendance du prince[131]. Il met alors en valeur les voies d'accession au trône de ses glorieux ancêtres, qui sont de l'ordre de l'hérédité biologique ou de l'adoption : « Parmi tes ancêtres, tes aïeuls, tes parents…, il y eut des empereurs, les uns s'élevant au trône par leur droit légitime, les autres associés au pouvoir par ceux qui l'occupaient[132]. » L'auteur de l'article insiste sur la traduction de ce passage en grec et sa signification : « droit légitime » renvoie à l'hérédité, « associés » à l'adoption.

---

130 Nous utilisons l'édition suivante : Ammien Marcellin, *Histoire, t. I, livres XIV-XVI*, texte établi et traduit par É. Galletier, avec la collaboration de J. Fontaine, Paris, Les Belles Lettres, 1968.

131 J. Béranger, « Julien l'Apostat et l'hérédité du pouvoir impérial », *B.H.A.C. 1970*, cité précédemment, p. 75-93, ici p. 80.

132 *Ibid.*

L'éloge d'Eusébie insiste de nouveau sur ce principe de légitimité dynastique : « Il est naturel que les enfants tiennent de leurs parents… Des gens de bien ne peuvent manquer de produire un homme de bien[133]. » J. Béranger note des influences platoniciennes (*Ménexène*) et démontre que Julien, partisan de cette doctrine successorale, souhaite sincèrement une descendance au couple impérial[134]. Dans une supplique à Eusébie, quelques jours avant son élévation au trône, il écrit « Puissiez-vous avoir des enfants pour vous succéder, et que Dieu vous accorde ses faveurs, pourvu que vous me renvoyiez chez moi le plus tôt possible[135] ».

Le maître et ami de Julien, Libanius, dans le discours d'apparat qu'il prononce pour l'arrivée de son ancien élève à Antioche, à l'occasion d'une course, puis dans le discours solennel pour l'inauguration du quatrième consulat de l'empereur avec Flavius Sallustius, lui espère des fils à venir[136]. Si l'on s'écarte du domaine de la littérature, les faits confirment la vision d'un Julien qui partage l'idéologie dominante : J. Béranger soutient que si le prince a remis secrètement un manteau de pourpre à Procope en 363, dans l'éventualité où lui-même mourrait chez les ennemis, c'est bien parce qu'il est son plus proche parent, son cousin en l'occurrence, Julien n'ayant pas laissé de fils[137]. L'article se conclut sur le décalage avec l'*Histoire Auguste* qui se plaît à souligner les conséquences néfastes des successions héréditaires[138].

Le rapprochement de ces nombreuses sources ne laisse guère de place au doute sur l'idéologie officielle de ce IVe siècle. Dans le cas des panégyriques, le souhait d'une nombreuse descendance est certes un *topos*, mais il reflète bien la pensée d'une époque[139].

Pour J. Béranger, il n'y a pas de solution définitive au problème de l'opinion de l'auteur de l'*Histoire Auguste* sur le principe de l'hérédité dynastique[140]. Il adopte en effet tour à tour trois avis diamétralement

---

133 *Ibid.*, p. 81.

134 *Ibid.* Toutefois, il faut se souvenir que le thème de la succession déterminée par l'hérédité s'accompagne, sous la plume de cet empereur, d'une philosophie de l'élection du meilleur (*ibid.*, p. 86).

135 *Ibid.*, p. 81.

136 *Ibid.*, p. 86.

137 *Ibid.*, p. 88 et 90.

138 *Ibid.*, p. 92.

139 *Ibid.*, p. 87.

140 A. Chastagnol soutient que l'expression répétée d'idées illustrant le thème des « malheurs et méfaits de la succession héréditaire chez les princes » ne traduit pas une prise

opposés : « la neutralité, la faveur déclarée, la critique, implicite ou explicite[141] ». Ainsi, le cas de Commode est vu comme une vicissitude du destin, non comme une conséquence fâcheuse du processus dynastique[142] ; dans la lettre apocryphe de Claudius Julianus adressée à Maxime et Balbin, « l'éloge associe la liberté à la succession dynastique » (*libertatem et spem successionum atque heredum reduxistis*)[143]. Concernant l'aspect critique, la fameuse démonstration du rédacteur qui soutient qu'il est préférable pour les grands hommes d'État de ne pas avoir d'enfants est désordonnée et non exempte d'erreurs (Camille et les Catons ont eu des enfants dignes d'eux, contrairement à ce que laisse entendre le texte[144]). Un point nous permet de faire la transition avec les travaux d'A. Molinier-Arbo : le discours d'intronisation de Tacite supplie le nouvel empereur, du reste très âgé, de recourir, pour sa succession, à l'adoption et de ne pas se tourner vers les membres de sa lignée[145]. Or J. Béranger relève que l'adoption « n'est pas une rupture avec l'hérédité dynastique, mais un substitut et un relancement[146] ».

A. Molinier-Arbo soutient quant à elle que l'Anonyme, conscient de l'impossibilité de restaurer la République, penche en faveur du principe de l'élection des princes : cette dernière doit reposer sur l'adoption du meilleur parmi les membres de l'oligarchie sénatoriale[147]. Le rédacteur

---

de position du rédacteur : « En fait, de la part de l'auteur, il s'agit là, sur des exemples bien ciblés (Commode, Caracalla, Carin, voire Gallien), d'un jeu littéraire qui remettait en honneur de façon artificielle la "théorie" de l'empire au plus digne, à l'*optimus princeps*, exprimée sous les règnes de Trajan et Hadrien par Pline le Jeune dans le Panégyrique de Trajan, par Tacite dans le discours de Galba associant Pison à ses pouvoirs, par Dion Cassius ensuite dans le discours prêté à Hadrien pour recommander Antonin » (« Études sur la *Vita Cari* IX. *Non est meus* », *H.A.C.G. 1991, Atti dei Convegni sulla Historia Augusta II*, cité précédemment, p. 96).

141 Lire J. Béranger, « L'hérédité dynastique dans l'*Histoire Auguste* : procédé et tradition », *B.H.A.C. 1971*, cité précédemment, p. 1-20. Citation extraite de la p. 2.

142 *Ibid.*, p. 4.

143 *Ibid.*, p. 6. *Cf. Max. et Balb.*, XVII, 2.

144 *Ibid.*, p. 7-9.

145 *Cf. Tac.*, VI. *Ibid.*, p. 12.

146 *Ibid.*

147 A. Molinier-Arbo, « Père et fils au pouvoir… » p. 175 (*cf. supra*). Rappelons qu'Alexandre, à sa mort, n'avait pas désigné de successeur, voulant laisser l'Empire au plus digne : *Cum deficere eum amici uiderent, quaerunt quem imperii faciat heredem. Respondit "dignissimum". Tanta illi magnitudo animi fuit, ut, cum Herculem filium, cum fratrem Arridaeum, cum Roxanen uxorem praegnantem relinqueret, oblitus necessitudinum dignissimum nuncuparit heredem.* « Ses amis le voyant défaillir lui demandent alors à qui il laissait l'empire. "Au plus digne",

adopte une attitude critique vis-à-vis de la monarchie héréditaire. Le texte nous montre que les Romains approuvaient largement ce mode de fonctionnement[148] dans la mesure où la pérennité d'une dynastie constituait un rempart efficace contre le spectre des guerres civiles, un fléau considéré comme étant encore plus odieux que l'avènement d'une tyrannie[149].

Mais le vice intrinsèque de cette transmission du pouvoir de père en fils se fonde sur la possibilité de voir revêtir la pourpre des *principes pueri*, véritables monstres avilis par leur inexpérience politique[150], même si l'Anonyme fait montre d'indulgence envers certains d'entre eux, qui toutefois n'ont pas régné suffisamment longtemps et/ou de manière autonome pour devenir des despotes (Diadumène, Géta, Maximin le jeune, Valérien le jeune, Salonin, Postumus le jeune, Timolaus, Numérien[151]). L'une des « idées maîtresses de l'*Histoire Auguste* », selon A. Molinier-Arbo, est la nécessité du principe de collégialité du pouvoir[152], même si le rédacteur ne cache pas que les cas de co-régence se sont révélés désastreux[153]. Le schéma idéal reposerait donc sur une association d'un père et son fils, association de « sagesse et valeur guerrière[154] » qui doit néanmoins, pour pouvoir correctement fonctionner, s'exercer dans le respect irréprochable de la *pietas*[155]. L'*Histoire Auguste* témoigne donc de l'écart qui existe entre les attentes du rédacteur et celles du peuple romain, depuis le IIIe siècle.

Si le positionnement de l'Anonyme demeure, semble-t-il, difficile à établir à partir du thème de l'hérédité dynastique, nous voudrions attirer l'attention sur quelques fragments qui, vraisemblablement, pourraient

répondit-il. Alors qu'il laissait derrière lui son fils Hercule, son frère Arridée, son épouse Roxane, qui était enceinte, sa grandeur d'âme fut telle qu'il oublia ces liens de parenté pour désigner comme héritier celui qui serait le plus digne » (Just., *op. cit.*, t. II, *cf.* XII, XV, 8-9).

148 A. Molinier-Arbo, *ibid.*, p. 178-179.

149 *Cf.* Plutarque, *Brut.*, XII, 3, comme l'indique A. Molinier-Arbo (*ibid.*, n. 59, p. 184).

150 *Ibid.*, p. 177. L'auteur de l'article prend appui sur le passage précité de la Vie de Tacite, VI, 4-8, avec le discours du sénateur Nichomachus.

151 *Cf. ibid.*, p. 179.

152 *Ibid.*, p. 186 : « Or l'une des idées maîtresses de l'*Histoire Auguste* est que l'immensité de l'Empire rend nécessaire la présence à la tête de l'État d'au moins deux dirigeants, chargés l'un des affaires intérieures, l'autre de la défense des provinces. L'antique principe de la collégialité du pouvoir suprême, qui n'avait guère été respecté à l'époque impériale, se voit ici investi d'un rôle nouveau, adapté aux besoins politiques contemporains. »

153 *Ibid.*, p. 186-187.

154 *Ibid.*, p. 187.

155 *Ibid.*, p. 188.

ouvrir de nouvelles pistes de réflexion pour l'enquête. Dans un passage de la Vie de Pescennius Niger, le souverain est décrit sous un jour positif par l'auteur[156]. Des paroles qui lui sont attribuées décrivent la nature du pouvoir du prince :

> *Denique cum imperatori facto quidam panegyricum recitare uellet, dixit ei : "Scribe laudes Marii uel Annibalis <uel ali> cuius ducis optimi uita functi et dic, quid ille fecerit, ut eum nos imitemur. Nam uiuentes laudare inrisio est, maxime imperatores, a quibus speratur, qui timentur, qui praestare publice possunt, qui possunt necare, qui proscribere." Se autem uiuum placere uelle, mortuum etiam laudari.* (*Pesc. Nig.*, XI, 5-6)
>
> « Enfin, comme après son accession au trône, quelqu'un voulait déclamer un panégyrique en son honneur, il [P. Niger] lui dit : "Compose plutôt l'éloge de Marius, d'Hannibal ou quelque autre valeureux général déjà mort, et raconte ses exploits pour que nous puissions l'imiter ; car il est ridicule d'encenser les vivants, et tout spécialement les empereurs, eux dont on espère tout, que l'on redoute, qui peuvent élever aux charges officielles, qui peuvent mettre à mort ou proscrire." Pour sa part, disait-il, il désirait être approuvé de son vivant et être encore loué après sa mort. »

Niger refuse que l'on prononce un panégyrique en son honneur[157]. Compte tenu des accents de vérité générale de sa justification (*Nam uiuentes laudare inrisio est, maxime imperatores*), nous sommes en droit de penser que cet événement, rapporté comme ponctuel, pourrait très bien être amené à se reproduire. Que penser d'un empereur qui refuse la pratique de l'éloge ? La célébration de l'empereur, au IVe siècle, à l'époque de rédaction de l'*Histoire Auguste*, fait partie de l'étiquette. Elle prend corps à l'occasion de différents événements de la vie sociale, mariage, visite d'une ville, entrée en fonction de consul, pour ne citer que ces exemples. Niger ne blâme pas en soi l'exercice de la pratique épidictique, mais celui qui est rattaché à la célébration de la personne du prince ; en d'autres termes, il demande un *réaménagement* autour de cette pratique. On devine qu'il déteste son mauvais usage, la flagornerie, la vanité.

---

156 *Pesc. Nig.*, XII, 1 : *Amauit de principibus Augustum, Vespasianum, Titum, Traianum, Pium, Marcum, reliquos feneos uel uenenatos uocans*, « Parmi les empereurs, il [Niger] aimait Auguste, Vespasien, Titus, Trajan, Antonin et Marc et traitait tous les autres de fantoches ou de monstres. » Ses orientations affectives envers des *optimi principes* tendent à faire de cet empereur un « bon prince » lui aussi.

157 Alexandre Sévère n'apprécie pas non plus écouter son propre panégyrique mais préfère que l'on célèbre les héros du passé (*Alex. Sév.*, XXXV, 1).

Par ailleurs, il faut noter qu'il met en avant des personnages de l'époque républicaine, qui sont certes caractérisés par leur ambition mais n'en restent pas moins des héros de guerre. L'objet de l'éloge ne doit plus être le *princeps-imperator* mais l'*imperator*. Il faut donc réajuster les modalités du genre épidictique en revoyant la pertinence du choix de son objet ; d'autre part, l'attachement aux valeurs guerrières et à la recherche de l'inspiration dans les *exempla* du passé relève d'une tradition ancestrale qui constitue le sillon de l'idéologie sénatoriale.

Mais la dernière partie du passage prend un tout autre intérêt : elle propose une brève définition du prince qui est foncièrement sombre. Outre un vocabulaire qui n'est pas sans rappeler l'arbitraire et l'aspect oppresseur des tyrans (*timere*, *necare*, *proscribere*), la mention du pouvoir d'élévation aux charges officielles ne semble pas davantage digne de louange. Avidius Cassius se lamente en effet sur le fait que même Marc Aurèle, *homo sane optimus*[158], empereur apprécié par l'*Histoire Auguste*, n'a pu éviter de diriger un système corrompu, qui enrichit les personnages nommés aux plus hautes dignités[159].

A-t-on le droit de rapprocher ces deux passages ? L'un éclaire-t-il l'autre ? Aucune réponse ne peut être donnée avec certitude ; officiellement, les auteurs des deux Vies sont distincts (Vulcacius Gallicanus est l'auteur de la Vie de Cassius, Aelius Spartianus est l'auteur de celle de Niger), mais nous savons que ce paramètre peut être dépassé à la lumière de la thèse de l'auteur unique. La proximité du réseau lexical de la répression invite toutefois à n'associer aucune couleur positive à ce segment, pas plus qu'un statut neutre. Quant au verbe *sperare*, qui ouvre la définition, il pourrait souligner le contraste et le déséquilibre entre la charge affective dévolue au prince lors de son entrée en fonction et la déception qui s'ensuit. Tableau peu glorieux donc, brossé à grands traits de la dignité impériale. Tout comme pour Albinus, les paroles sont prêtées à un empereur éphémère, et qui n'est donc peut-être pas digne d'être cru. Mais l'on pourrait y voir aussi une attaque discrète du rédacteur.

Un autre indice revêt peut-être un aspect moins explicite : il réside dans l'angoisse qu'éprouvent avant leur accession au rang d'empereur ceux qui la plupart du temps deviendront des bons princes. Voici la réaction de Marc Aurèle :

---

158 *Av. Cass.*, XIV, 3.
159 *Ibid.*, XIV, 2-8.

> *Ubi autem comperit se ab Hadriano adoptatum, magis est deterritus quam laetatus iussusque in Hadriani priuatam domum migrare inuitus de maternis hortis recessit. Cumque ab eo domestici quaererent, cur tristis in adoptionem regiam transiret, disputauit, quae mala in se contineret imperium.* (*Marc*, V, 3-4)
>
> « Mais quand il eut appris qu'Hadrien l'avait adopté, il éprouva plus d'effroi que de joie et c'est à contrecœur qu'invité à se transporter dans la maison privée d'Hadrien, il quitta la maison de sa mère. Et, comme ses familiers lui demandaient pourquoi il accueillait avec tristesse son adoption par l'empereur, il leur fit un exposé sur les maux inhérents au pouvoir. »

Réaction analogue pour Didius Julianus (sur lequel nous allons revenir) après la mort de Pertinax :

> *Deinde neque cenauit, priusquam sepultus esset Pertinax, et tristissimus cibum ob eius necem sumpsit et primam noctem uigiliis continuauit de tanta necessitate sollicitus.* (*Did. Jul.*, III, 10)
>
> « Qui plus est, il s'abstint de dîner avant que Pertinax n'eût été enseveli, puis prit un peu de nourriture, tout accablé par la tristesse que lui causait sa mort et passa cette première nuit à veiller, angoissé par le destin qui s'offrait à lui. »

Ce même Pertinax, respectueux du Sénat, qui détestait aussi le pouvoir impérial, désira retrouver une vie de particulier, et refusa que ses fils soient élevés au palais[160]. Ce sentiment est rappelé dans les dernières lignes de sa vie, ce qui donne encore une fois à cette information une importance toute remarquable[161]. L'angoisse de l'accession au rang d'empereur est également évoquée dans un présage concernant Géta : le jour de la naissance de ce dernier, un agneau naît avec une touffe de laine pourpre dans la ferme d'un plébéien. Ce dernier croit qu'il va

---

160 *Pert.*, XIII, 1-3 : *Imperium et omnia imperialia sic horruit, ut sibi semper ostenderet displicere. Denique non alium se, quam fuerat, uideri uolebat. Fuit in curia honorificentissimus, ita ut senatum fauentem adoraret et quasi praefectus urbi cum omnibus sermonem participaret. Voluit etiam imperium deponere atque ad priuatam uitam redire.* « Il détestait à tel point le pouvoir impérial et tout ce qui s'y rattachait, qu'il montrait ouvertement sa répulsion à leur égard. Bref, il ne voulait pas paraître différent de ce qu'il avait toujours été. À la Curie, il était plein de déférence, répondant par des marques de respect aux applaudissements des sénateurs et prenant part aux conversations générales comme lorsqu'il était préfet de la Ville. Il manifesta même le désir de renoncer à l'empire pour retourner à la vie privée. »

161 *Ibid.*, XV, 8 : *Horruisse autem illum imperium epistula docet, quae uitae illius a Mario Maximo apposita est. Quam ego inseri ob nimiam longitudinem nolui.* « Sa haine pour le pouvoir impérial est attestée par une lettre que Marius Maximus a incluse dans la biographie qu'il lui a consacrée, mais qu'en raison de sa longueur je n'ai pas cru bon de transcrire. »

lui-même devenir prince : « néanmoins effrayé par l'annonce d'un si grand destin, il égorgea l'agneau[162]. »

Si les bons empereurs ont une perception diamétralement opposée à celle des tyrans, c'est que, contrairement à ces derniers, qui voient dans le pouvoir le moyen d'assouvir leurs fantasmes pervers, fondés sur la cruauté, la débauche, la luxure, et qui vont d'ailleurs, la plupart du temps, finir dévorés par le « monstre » qu'ils ont tant désiré, ils font preuve de lucidité et ont conscience de l'extrême difficulté à bien administrer un empire qui, à l'époque, représentait la quasi-totalité du monde connu, tout en continuant à vivre sereinement, sans être hantés par une peur permanente des assassinats.

Rappelons que le rédacteur place dans la bouche d'Hadrien les paroles de Domitien qui soulignent la condition déplorable des empereurs[163]. Or Xénophon, dans le *Hiéron*, fait dire au personnage éponyme que sa condition de tyran n'est nullement enviable, notamment (et c'est un *leitmotiv* du dialogue), parce qu'il est constamment obsédé par sa sécurité personnelle[164]. Il est alors intéressant de voir comment le rédacteur, dans la

---

162 *Gét.*, III, 5 : *Fuit etiam aliud omen : nam cum in uilla cuiusdam Antonini, plebei hominis, agnus natus esset, qui uellus in fronte purpureum haberet, eadem die atque hora, qua Geta natus est, audissetque ille ab aruspice post Seuerum Antoninum imperaturum ac de se ille auguraretur, sed tamen tale fati timeret indicium, ferro eum adegit.* « Il y eut aussi un autre présage : dans la ferme d'un plébéien nommé Antoninus naquit, au jour et à l'heure précis de la naissance de Géta, un agneau qui portait sur le front une touffe de laine pourpre. Le possesseur de l'animal, qui avait appris par un haruspice qu'à Sévère succéderait un Antonin, interpréta la prophétie comme se rapportant à lui ; néanmoins effrayé par l'annonce d'un si grand destin, il égorgea l'agneau. »

163 *Av. Cass.*, II, 5-6 : *"misera conditio imperatorum, quibus de affectata tyrannide nisi occisis non potest credi." Eius autem exemplum ponere <malui> quam Domitiani, qui hoc primus dixisse fertur ; tyrannorum enim etiam bona dicta non habent tantum auctoritatis, quantum debent.* « "Misérable condition que celle des empereurs : on n'ajoute foi à leur crainte des usurpations que lorsqu'ils ont été assassinés." J'ai préféré mettre cette phrase dans la bouche d'Hadrien plutôt que de Domitien qui l'aurait, dit-on, prononcée avant lui. Car, même valables, les paroles des tyrans n'ont pas l'autorité qui leur conviendrait. »

164 *Cf.* notamment Xénophon, *op. cit.*, II, 9-10 (Hiéron compare la condition des particuliers avec celle des tyrans) : « Ensuite, même s'il arrive aux particuliers de faire une expédition en pays ennemi, du moins, quand ils reviennent chez eux, ils pensent être en sécurité. Au contraire, quand les tyrans retournent dans leur pays, c'est alors qu'ils se savent entourés du plus grand nombre d'ennemis. Si, en outre, un ennemi supérieur en force attaque la ville, les gens qui, se trouvant en dehors des remparts, lui sont inférieurs, se jugent en danger ; mais, du moins, une fois à l'intérieur du retranchement, ils pensent tous être en sécurité. Au contraire, même quand le tyran a pénétré à l'intérieur de sa demeure, il ne se trouve pas à l'abri du danger, mais c'est alors, vois-tu, qu'il croit devoir se tenir

continuité de Suétone et avec ce mot d'Hadrien rappelé par Marc Aurèle, élargit la hantise du complot – donnée caractéristique du gouvernement tyrannique chez Xénophon – à la condition plus générale du prince. De ce point de vue, le Principat serait donc, par essence, un régime tyrannique.

Nous remarquons en outre que Suétone plaçait le mot dans la bouche de Domitien. Or le tyran ne pouvait reconnaître qu'il était lui-même un tyran ; de fait, par son expérience du pouvoir, le Domitien suétonien généralisa son ressenti à l'ensemble de ses pairs, mettant sur le même plan les *optimi* et les *pessimi principes* derrière l'étiquette très générale de *princeps*. Ce point n'a pas échappé au rédacteur de l'*Histoire Auguste*. Le déplacement de la formule dans la bouche d'Hadrien, par l'intermédiaire de Marc Aurèle, appartenant à la catégorie des bons princes du recueil, n'est ainsi pas innocent. *Princeps* est remplacé par *Imperator* ; les deux titres qualifient de façon neutre le détenteur du pouvoir absolu dans la Rome impériale[165].

Si l'artifice est clairement affirmé, puisque Marc Aurèle annonce qu'il a substitué un locuteur à un autre, il n'en demeure pas moins polémique. Marc Aurèle le souligne en justifiant vouloir donner de l'autorité au propos : l'empereur, quel qu'il soit, ne peut vivre sans redouter un complot. Revêtir la pourpre est une forme de condamnation à mort, ou du moins, cette action provoque une augmentation des risques de connaître une mort rapide et violente (ce que les différents cas du recueil illustrent parfaitement !). Tyrannie chez Xénophon et Principat dans l'*Histoire Auguste* ont alors en partage un trait : par ce rapprochement, le Principat (entendons toujours le Principat marqué du sceau de l'absolutisme) est considéré comme un système vicié[166].

Le cas de Diadumène, fils de l'usurpateur Macrin et qui n'a guère eu le temps de régner, « n'ayant retiré du pouvoir que le privilège d'être

---

le plus sur ses gardes. » *Cf.* également VI, 3-4, p. 24 : « Maintenant, je suis privé de ces gens qui se plaisaient avec moi, parce que je traite mes camarades en esclaves et non en amis ; je suis privé, d'autre part, du plaisir que je trouvais dans leurs entretiens parce que je ne vois en eux aucune affection pour moi ; quant à l'ivresse et au sommeil je m'en garde comme d'un piège. Or, craindre la foule et craindre la solitude, craindre l'absence de gardes, mais craindre aussi les gardes eux-mêmes, ne pas vouloir être entouré de gens sans armes et ne pas les voir volontiers armés, n'est-ce pas une condition pénible ? »

165 Sur les titres de *princeps* et *imperator* dans l'*Histoire Auguste*, *cf. supra*.

166 En effet, dans une royauté, à en croire les théoriciens antiques, le roi vertueux n'a pas à craindre ses sujets, précisément parce qu'il ne les fait pas souffrir.

massacré par les soldats[167] », illustre ce lien étroit, un lien de causalité, entre l'exercice de la charge et le destin qui en découle. Il nous semble que la Vie de Didius Julianus fait également l'objet d'une démonstration en faveur de cette thèse, mais nous voudrions, avant de développer ce point, nous arrêter sur un dernier passage qui pourrait révéler les opinions de l'auteur sur le régime monarchique.

Une anecdote de la Vie de Septime Sévère a retenu toute notre attention dans la mesure où elle laisse transparaître, selon nous, à la fois une critique de Caracalla et un blâme du Principat en tant que système politique. Sévère n'est pas encore empereur et vient de faire l'acquisition de jardins, alors qu'il s'apprête à rejoindre l'armée de Germanie, à la tête de laquelle il vient d'être nommé[168] :

> *In his hortis cum humi iacens epularetur cum filiis parca cena pomaque adposita maior filius, qui tunc quinquennis erat, conlusoribus puerulis manu largiore diuideret paterque illum reprehendens dixisset : "Parcius diuide, non enim regias opes possides", quinquennis puer respondit : "Sed possidebo" inquit.* (*Sév.*, IV, 6)

> « Il prenait un jour dans ces jardins, assis à même le sol, un frugal repas lorsque l'aîné de ses fils, qui avait alors cinq ans, se mit à distribuer à pleines mains à ses petits compagnons de jeux les fruits que l'on avait servis. Son père le réprimanda alors en lui disant : "Fais des distributions plus modestes, car tu n'as pas la richesse d'un roi." À quoi cet enfant de cinq ans répondit : "Mais je l'aurai." »

A. Molinier-Arbo voit dans ces lignes une description méliorative du futur tyran Caracalla, qui fait preuve d'une plus grande *liberalitas* que son père[169]. L'épisode a une fonction divinatoire, puisqu'il permet à Sévère d'apprendre qu'il accèdera un jour au pouvoir[170], et illustre le projet du rédacteur de « tracer [...] une nette ligne de démarcation entre [la] *pueritia* et [le] règne [de certains mauvais princes][171] ».

Il nous semble que cette interprétation, du reste suggérée par le texte, dissimule un autre message. La réprimande que Sévère adresse à son

---

167 *Macr.*, X, 5 : *occisus est etiam filius, cui hoc solum attulit imperium, ut interficeretur a milite*, « on exécuta aussi le fils, à qui l'empire ne valut que l'avantage d'être tué par les soldats ! »

168 *Sév.*, IV, 4-5.

169 A. Molinier-Arbo, « Père et fils au pouvoir... », p. 182.

170 *Ibid.*

171 *Ibid.*, p. 181.

fils veut lui faire comprendre qu'il n'est pas en accord avec ses capacités actuelles. En effet, Caracalla fait des distributions qui dépassent ses moyens présents ; il existe une non-coïncidence entre ce qu'il possède et ce qu'il donne. Sévère critique précisément cet écart et non la *liberalitas* en tant que telle. Il veut souligner le caractère inapproprié de son usage au regard de la situation de son fils ; cette démarche ne veut pas dire qu'il est lui-même dénué de cette vertu ou répugne à en faire montre (comme semble le penser A. Molinier-Arbo[172]), ou qu'il la possède encore à un degré moindre[173].

Le passage critique en réalité les modalités du recours à la générosité, que Caracalla n'a pas bien comprises, aux yeux de son père. La frugalité de Sévère, illustrée par des formules comme *cum humi iacens epularetur* ou *parca cena* apparaît ainsi comme une représentation de la rigueur et de l'équilibre[174]. Or cette *moderatio* s'oppose à la démesure de Caracalla : Sévère le sage obéit au principe de réalité tandis que son fils préfère (déjà !) le principe de plaisir, principe moteur et central de tous les règnes de tyrans depuis Tibère, Caligula et Néron. Le premier met en avant sa compétence de gestion des ressources et affirme ainsi qu'il a l'étoffe d'un empereur, qu'il possède les qualités attendues pour la fonction. Mener une politique évergétique est en effet un critère requis pour devenir un *bonus princeps*, mais les manifestations de cette politique doivent s'appliquer dans des proportions modérées, ce que Caracalla ne fait précisément pas ici. Il faudrait donc voir à travers cette anecdote les prémices d'un comportement déviant.

Il nous semble également voir transparaître une critique voilée de la dérive despotique du Principat, de l'essence même du régime sous lequel vit le rédacteur. En effet, Sévère, en disant à Caracalla qu'il n'a pas la richesse d'un roi, veut faire comprendre à son fils qu'il n'est pas un monarque. Mais il pourrait y avoir un sous-entendu. Si le jeune homme était un monarque, il pourrait faire preuve de démesure. Le système

172 *Ibid.*, p. 182.

173 *Ibid.*, p. 181.

174 Le locatif *humi* apparaît par exemple dans la Vie de Marc Aurèle, II, 6 : *Philosophiae operam uehementer dedit et quidem adhuc puer. Nam duodecimum annum ingressus habitum philosophi sumpsit et deinceps tolerantiam, cum studeret in pallio et humi cubaret,...* « Il se passionna pour la philosophie, et cela depuis l'enfance, puisque c'est en entrant dans sa douzième année qu'il adopta le vêtement, puis l'austérité du philosophe : il étudiait revêtu du pallium, couchait à même le sol... »

politique du Principat permet, par nature, à l'individu au pouvoir de se livrer aux pires excès. Sévère, d'une certaine façon, préparerait son fils à la démesure et donc à un mauvais gouvernement ; il engagerait un processus de construction qui finirait par aboutir à la réalité.

Au terme de cette étude sur la perception du Principat dans le recueil, plusieurs conclusions s'imposent. Les auteurs de l'époque impériale avaient parfaitement conscience que le régime politique mis en place par Auguste se rapprochait d'une monarchie. Si le prince s'engageait à collaborer avec le Sénat, le gouvernement de l'empire reposait sur des bases saines et vertueuses ; dans le cas où il s'inspirait des royautés hellénistiques et orientales, fondées sur l'autocratie et le despotisme, la société devait souffrir les maux engendrés par la tyrannie. Quelle est donc l'opinion de l'Anonyme sur ce régime politique ? Plusieurs remarques doivent être faites : nous pouvons repérer dans l'*Histoire Auguste* des éloges de la période républicaine et de l'autorité du Sénat, mais si le texte manifeste des sympathies pour l'institution sénatoriale, il ne se prive pas non plus de souligner ses faiblesses. Sa vision du principe de l'hérédité dynastique, principe plébiscité par une grande partie de la société du IVe siècle, reste difficile à cerner, dans la mesure où des passages contradictoires s'affrontent tout au long du recueil. Mais de notre point de vue, il est certain que le rédacteur ne se fait aucune illusion : la monarchie du Principat est un mal nécessaire, le retour à la République semble impossible. L'écrivain condamne évidemment les dérives despotiques du système ; il condamne en fait la nature même du Principat qu'il connaît en son temps, dans la mesure où ce système permet facilement l'avènement d'un tyran. La biographie d'un empereur éphémère, Didius Julianus, illustre peut-être de la façon la plus accomplie l'idée que ce modèle politique est nuisible, tout particulièrement pour le détenteur du pouvoir.

LA VIE DE DIDIUS JULIANUS : UNE ILLUSTRATION DE LA MALÉDICTION DU PRINCIPAT ?

Dans un article consacré à l'interprétation du texte d'Hérodien concernant les cinq empereurs des guerres civiles ayant suivi la mort de Commode, M. Meulder relève les différences de traitement accordé à plusieurs d'entre eux par les sources historiques[175]. Hérodien idéalise Pertinax[176], contrairement à Dion qui introduit plus de nuances et souligne son inconscience[177], et à l'*Histoire Auguste* qui l'accuse d'être cupide[178]. Didius Julianus est quant à lui décrit de façon très sombre par les deux historiens grecs : Hérodien fait le récit de la mise à l'encan de l'Empire, au cours de laquelle le futur empereur s'est doublement déshonoré en se positionnant comme un acheteur empressé d'une part et en trompant les soldats de l'autre, leur promettant des richesses abondantes qu'il ne possédait pas de fait[179]. Lamentation similaire de Dion Cassius autour de ce jour dégradant et description dépréciative de l'empereur, intéressé, impie, et méprisant, ainsi que de sa façon de gouverner[180].

La biographie de l'*Histoire Auguste* s'écarte nettement de la tradition et ne manque pas à ce titre de surprendre. Pour A. Chastagnol, l'ensemble est globalement digne de foi[181]. Le plan de la Vie, dans l'ensemble chronologique, permet une certaine dramatisation des événements. Le récit dépeint un homme arrivé au pouvoir malgré lui et qui se débat avec un monstre qui le dépasse – le monstre du pouvoir –, combat dont il sortira

175 M. Meulder, « 193 ap. J.-C. : l'année aux trois fonctions selon Hérodien », *RBPh*, t. 80, fasc. 1, 2002, Antiquité – Oudheid, p. 73-96.

176 *Ibid.*, p. 90. Y. Roman relève qu'Aurélius Victor et le Pseudo-Aurélius Victor le décrivent également sous un jour positif (Y. Roman, *Empereurs et sénateurs...*, p. 47-48 et n. 2 p. 47).

177 Dion, LXXIII, 1 ; 8 ; 9. Nous voudrions rajouter cette citation, dans laquelle Dion fait un bilan du règne (LXXIII, 10) : « malgré sa grande expérience des affaires, il [Pertinax] n'avait pas compris qu'il est impossible de corriger en une fois de nombreux abus sans s'exposer à des dangers, et que la constitution d'un État, plus qu'aucune autre chose, exige du temps et de la prudence. »

178 *Pert.*, XIII, 4. *Cf.* également XIII, 6.

179 Her., II, 6.4-7.2.

180 Dion, LXXIII, 11-14.

181 A. Chastagnol, *Histoire Auguste*, introduction de la Vie de Didius Julianus, p. 283.

finalement perdant en connaissant une mort violente. Julianus ne disposait pas de la force morale nécessaire pour assumer le rôle d'empereur.

La biographie s'ouvre comme de coutume sur la généalogie de l'intéressé et sa carrière politique, du reste fort brillante. Julianus gravit les échelons du *cursus honorum* jusqu'au consulat et proconsulat ; il s'illustre par des victoires militaires et gouverne différentes provinces (le rédacteur précise qu'il a été, avant cela, élevé dans la maison de la mère de Marc Aurèle, ce qui constitue potentiellement une condition favorable à la formation d'un bon prince)[182]. Accusé de lèse-majesté sous Commode, il échappe finalement à la mort[183], puis jouit de la bonne estime de Pertinax, avec lequel il crée une alliance au moyen d'un mariage[184]. Mais la mort de ce dernier lui est, en un sens, également fatale. Alors que Sulpicianus (beau-père de Pertinax) tente de convaincre les soldats de lui donner le pouvoir, le rédacteur écrit :

> *Quo interfecto cum Sulpicianus imperator in castris appellari uellet et Iulianus cum genero ad senatum uenisset, quem indictum acceperat, cumque clausas ualuas inuenisset atque illic duos tribunos repperisset, Publicium Florianum et Vectium Aprum, coeperunt cohortari tribuni, ut locum arriperet. Quibus <cum> diceret iam alium imperatorem appellatum, retinentes eum ad praetoria castra duxerunt.* (*Did. Jul.*, II, 4-5)

> « Après son assassinat, Sulpicianus tenta de se faire élire empereur dans le camp. Julianus, de son côté, se rendit avec son gendre au Sénat, dont il avait appris la convocation et dont il trouva les portes closes. Il y rencontra deux tribuns, Publicius Florianus et Vectius Aper, qui se mirent à le convaincre de prendre le pouvoir. Comme il leur rétorquait qu'un autre avait déjà été nommé empereur, ils le conduisirent de force au camp prétorien. »

Il semble ici que ce soit bien la *Fortuna* qui ait joué un rôle dans le cours des événements. Une rencontre inattendue avec deux tribuns détermine son avenir. Nous retrouvons un lieu commun de l'*Histoire Auguste* (présent également chez d'autres auteurs), à savoir le pouvoir imposé par la force des armes à un individu choisi par les soldats[185] : Gordien, par exemple, est contraint par la foule à revêtir la pourpre[186].

---

182 *Did. Jul.*, I, 1-9. *Cf.* également II, 3.

183 *Ibid.*, II, 1.

184 *Ibid.*, II, 3.

185 *Cf.* Her., VI, 8, 6 : les soldats obligent Maximin à accepter le pouvoir.

186 *Gord.*, VIII, 5-6 : *His actis propere uentum est ad oppidum Tysdrum, inuentusque senex uenerabilis post iuris dictionem iacens in lectulo, qui circumfusus purpura humi se abiecit ac retrectans eleuatus*

Cet événement (et la façon dont il est présenté), véridique ou non, colore l'histoire d'une touche tragique.

Par la suite, il semble se résigner à son sort puisqu'il convainc les prétoriens et s'engage par écrit à réhabiliter la mémoire de Commode[187]. Suivant la tradition, il leur octroie un *donatiuum*, puis se rend au Sénat « au bon vouloir duquel il [se remet] complètement[188] ». Alors survient une première « intuition funeste » : le mauvais pressentiment qu'éprouvent sa fille et sa femme lorsqu'elles se rendent au Palais[189]. Le rédacteur précise que le peuple hait Julianus car il le croit responsable de la mort de Pertinax[190].

---

est. Et cum aliud facere nihil posset, euitandi periculi gratia, quod <a> Maximinianis <dubie, a> fautoribus <necessario> imminebat, imperatorem se appellari senex passus est. « Après quoi on se rendit en hâte dans la ville de Thysdrus et on trouva le vénérable vieillard qui se reposait sur son lit après avoir exercé son activité judiciaire ; à peine lui eut-on passé le vêtement de pourpre qu'il se jeta à terre ; malgré sa résistance, on le releva et comme c'était la seule solution pour éviter un danger qui, s'il ne paraissait qu'éventuel aux yeux des partisans de Maximin, s'avérait inéluctable à ceux qui soutenaient la rébellion contre lui, le vieillard finit par accepter d'être nommé empereur. »

187 *Did. Jul.*, II, 6.

188 *Ibid.*, III, 3. Récit contradictoire chez Dion : « nous entrâmes dans la curie [...] et nous entendîmes faire à Julianus un discours digne de lui, discours où, entre autres choses, il dit : "Je vois que vous avez besoin d'un chef, et moi, je suis digne, s'il en fut, d'être à votre tête. Je vous énumérerais toutes mes qualités, si vous ne les connaissiez déjà, et si vous ne m'aviez pas mis à l'épreuve. Aussi je n'ai pas eu besoin d'amener un grand nombre de soldats, je suis venu seul vers vous pour obtenir la confirmation de ce qu'ils m'ont donné". Je viens seul, disait-il, quand il avait, au dehors, entouré de gens armés la curie tout entière, quand il avait un grand nombre de soldats avec lui dans l'assemblée même ; il en appelait au témoignage de notre conscience sur sa vie qui ne nous inspirait que haine et que crainte. » (LXXIII, 12).

189 *Did. Jul.*, III, 5 : *Inde se ad Palatium recepit uxore ac filia illuc uocatis, trepidis inuitis eo transeuntibus quasi iam imminens exitium praesagirent.* « Puis il se rendit au palais en y convoquant sa femme et sa fille qui l'y rejoignirent avec appréhension et à contrecœur, comme si elles pressentaient l'imminence de sa chute. » Ces personnages jouent un rôle très différent chez Hérodien, puisqu'elles le poussent à s'emparer du pouvoir. Julianus apprend que l'Empire est à vendre alors qu'il dîne « dans une atmosphère d'ivresse et de débauche » (Her., II, 6,6). L'historien écrit : « sa femme, sa fille, ses nombreux parasites le convainquent alors de quitter en hâte son lit de repos, de gagner rapidement le rempart, d'y apprendre la tournure que prennent les événements, et tout au long de la route ils lui conseillaient de saisir cet Empire jeté en pâture et de ne pas épargner son argent pour surpasser par sa munificence tous les rivaux qui viendraient à lui contester le pouvoir. » (*ibid.*, II, 6, 7).

190 Dans le récit d'Hérodien, on peut lire « Voilà comment on conduisit l'Empereur au Palais impérial : personne, dans le peuple, n'osa lui opposer de résistance ni, au demeurant, l'acclamer, comme c'est l'usage quand on escorte un empereur. Bien au contraire, on ne fit que l'injurier et le blâmer de loin, pour lui reprocher d'avoir acquis le pouvoir à prix d'argent » (*ibid.*, II, 6, 13).

Il présente deux versions d'un même événement – un banquet donné par Julianus – qui inaugure le règne puisqu'il a lieu le premier jour. La première version reflète une rumeur qui court au sein du peuple et qui dépeint Julianus comme un individu cynique, qui, pour « se moquer de la table frugale de Pertinax[191] », donne un fastueux banquet avec huîtres, volailles engraissées et poissons[192]. La seconde version, au contraire, présente le personnage comme très frugal[193] et est accréditée par le rédacteur. En présentant ces deux points de vue différents et en adoptant une posture d'écrivain interventionniste, l'Anonyme s'inscrit bien dans la tradition historiographique, mais il choisit de soutenir l'opinion selon laquelle Julianus se rapproche davantage de la catégorie des bons princes (ou du moins de ceux à qui l'on n'a rien à reprocher), contre l'avis d'autres historiens. Puis intervient la mention du sentiment d'angoisse évoqué précédemment, qui s'empare des futurs empereurs[194].

La suite de la Vie présente le prince comme un homme humble, respectueux du Sénat, faisant preuve de sérénité et de sagesse[195], du moins dans un premier temps, alors qu'une foule hostile ne cesse de l'invectiver, allant jusqu'à lui jeter des pierres et faire des vœux pour sa perte, lorsqu'il apparaît publiquement[196]. Cette populace violente et menaçante, qui s'en prend « injustement » à un nouvel empereur victime de fausses rumeurs (le lecteur a besoin de connaître les autres versions de l'accession au pouvoir de Julianus pour saisir la clé de ce comportement) constitue un élément qui renforce l'aspect tragique du récit. Le seul crime de Julianus tient au simple fait d'avoir accédé au rang d'empereur, dans une période politique troublée. La désapprobation est si exacerbée que, lors de Jeux, le peuple ne respecte plus les catégories de place qui sont d'usage, et chacun s'assied où bon lui semble[197].

---

191 *Did. Jul.*, III, 8.

192 Dion relate une version similaire : « Julianus, après avoir ainsi fait confirmer son autorité par un décret du sénat, monta au palais, et, trouvant le souper préparé pour Pertinax, en plaisanta beaucoup, puis, envoyant chercher, n'importe où et comment il fut possible de les trouver dans le moment, des plats fort chers, il s'en gorgea, tandis que le cadavre gisait, encore sans sépulture, dans l'intérieur du palais, joua aux dés, ayant, entre autres, auprès de lui le danseur Pylade. » (LXXIII, 13). *Cf.* également Her., II, 7, 1 (A. Chastagnol, n. 2 p. 290).

193 La frugalité est une vertu des *optimi principes*.

194 *Did. Jul.*, III, 10.

195 *Ibid.*, IV, 5.

196 *Ibid.*, IV, 2-4. Sur cette émeute, *cf.* Dion, 73, 13.

197 *Did. Jul.*, IV, 7.

Le parti-pris de cette narration a plusieurs effets : elle place Julianus dans une position de victime et l'incite à envoyer un primipilaire pour tuer Niger[198]. En effet, la foule réclame précisément le secours de cet usurpateur, et bien que le rédacteur décrive un Julianus impassible face à ces événements, on apprend par la suite qu'il craint l'armée d'Orient ; c'est pour cette raison qu'il désire sa mort. En d'autres termes, si la crainte des complots est inhérente, dans une perspective xénophonienne, à la condition du tyran, elle l'est, pour l'*Histoire Auguste* et dans ce cas précis, directement à celle du prince.

Le texte propose ensuite une mise en scène pathétique de l'action de Julianus qui essaye, par tous les moyens, de sauver la situation. Le personnage est dominé par un sentiment de panique allant *crescendo*. Les prétoriens, amollis par la vie citadine, exécutent pour leur part ses ordres avec une certaine négligence et préparent négligemment la défense de Rome[199]. Julianus fait tuer les assassins de Commode (Laetus et Marcia) par crainte de trahison[200].

Mais une trahison va précisément avoir lieu puisque les ambassadeurs du Sénat, censés arrêter Sévère, vont finalement se joindre à lui[201]. Le prince propose alors d'envoyer un cortège de prêtres, de vestales et de sénateurs au-devant de l'armée de Sévère[202]. Quand le Sénat s'oppose à lui, il va jusqu'à projeter de contraindre l'auguste assemblée à lui obéir par la force des armes[203]. Ce projet n'aboutit pas car il est désapprouvé. Il propose alors un sénatus-consulte de partage de l'empire avec Sévère, adopté certes par le Sénat, mais refusé par l'intéressé, qui reste méfiant[204]. Alors, l'empereur, « pris de folie », s'en remet à des pratiques magiques[205]. Il tente de trouver d'autres solutions politiques mais toutes ses menées échouent[206]. Il finit par être abandonné de tous ; le Sénat lui retire son pouvoir et envoie un simple soldat le tuer[207]. Julianus meurt

198 *Ibid.*, v, 1.
199 *Ibid.*, v, 9 et vi, 1.
200 *Ibid.*, vi, 2.
201 *Ibid.*, vi, 3.
202 *Ibid.*, vi, 5.
203 *Ibid.*, vi, 8. Le rédacteur donne toutefois une autre version : Julianus n'aurait jamais voulu faire massacrer les sénateurs car il leur devait beaucoup (*ibid.*, vii, 3).
204 *Ibid.*, vi, 9 et vii, 7.
205 *Ibid.*, vii, 9-10.
206 *Ibid.*, viii, 2-3.
207 *Ibid.*, viii, 6-8.

en implorant la clémence de Sévère[208] ; le récit, dont le ton demeure toujours pathétique, représente une fin indigne d'un empereur.

La biographie de l'*Histoire Auguste* nous montre donc comment Julianus a subi de plein fouet la violence du Principat. Empereur malgré lui, il n'en a retiré aucun avantage si ce n'est, comme Diadumène, le privilège d'être massacré, après avoir vécu le sentiment de hantise sécuritaire inhérent à la fonction. On remarque bien que la construction de la *Vita* est dramatisée et colorée d'accents tragiques. Julianus, quand il n'est pas passif (épisode où on l'oblige à prendre le pouvoir), ne dispose d'aucune marge de manœuvre : toutes ses tentatives pour conserver le pouvoir et négocier avec Sévère échouent, ne lui laissant d'autre issue que de se tourner vers des pratiques magiques ; la folie s'empare de lui. Ironie tragique, les membres de sa famille avaient pressenti sa chute. Le caractère fatidique de l'enchaînement des événements, le ballotage de Julianus de circonstances en circonstances montrent en réalité qu'il n'a aucun contrôle sur les situations. Une fois empereur, il n'a plus de liberté, est haï par ses concitoyens et se dirige inéluctablement vers sa chute.

Il serait peut-être exagéré de parler du Principat comme d'un monstre politique, qui engloutit le détenteur du pouvoir suprême, mais il n'en reste pas moins qu'il apparaît comme une entité dangereuse. Le rédacteur défendra d'ailleurs Julianus dans le dernier paragraphe de la Vie : véritable épitaphe aux accents éristiques, le rappel des reproches prononcés à l'encontre de l'empereur est immédiatement suivi d'une réfutation. Le texte énumère ses vertus, présentées comme étant les véritables fondements de son portrait moral. Le lecteur, sur le point de fermer le livre, est invité à retenir cette image :

> *Obiecta sane sunt Iuliano haec : quod gulosus fuisset, quod aleator, quod armis gladiatoriis exercitus esset, eaque omnia senex fecerit, cum antea numquam adulescens his esset uitiis infamatus. Obiecta est etiam superbia, cum ille etiam in imperio fuisset humillimus. Fuit autem contra humanissimus ad conuiuia, benignissimus ad suscriptiones, moderatissimus ad libertatem. Vixit annis quinquaginta sex mensibus quattuor. Imperauit mensibus duobus diebus quinque. Reprehensum in eo praecipue, quod eos, quos regere auctoritate sua debuerat, regendae rei p. sibi praesules ipse fecisset.* (*Did. Jul.*, IX, 1-4)

208 *Ibid.*

« Voici ce qu'on reprochait à Julianus : il aurait été goinfre, passionné de jeux de dés, se serait exercé aux armes de gladiateurs, et tout cela pendant sa vieillesse, alors qu'auparavant, quand il était jeune, on ne lui reprochait aucun de ces vices. On le taxait aussi d'orgueil, alors que, même au pouvoir, il s'était montré plein de modestie. Il était au contraire très cordial au cours des banquets, très bienveillant pour examiner les pétitions et très raisonnable pour accorder la liberté. Il vécut cinquante-six ans et quatre mois et régna pendant deux mois et cinq jours. La principale critique qu'on ait pu lui faire est qu'il s'était adjoint pour tenir les rênes de l'État des gens qu'il aurait dû tenir sous son autorité. »

La dernière phrase, qui évoque le *topos* de l'entourage corrupteur du prince, que nous avons précédemment étudié, propose une explication à la fin désastreuse du règne. Il nous semble bien qu'elle dessine également en filigrane le caractère monstrueux du pouvoir suprême. Le prince doit faire preuve d'*auctoritas*, faute de quoi, il peut se faire détruire par l'appareil du pouvoir. La Vie de l'infortuné Didius Julianus revêt une dimension d'*exemplum*.

Après avoir mené cette réflexion sur les cibles de la critique, qui nous a permis de constater que le rédacteur attaquait, de façon plus ou moins discrète, les empereurs et la dérive despotique du Principat en utilisant des procédés essentiellement lexicaux et thématiques, nous nous intéresserons aux articulations entre poétique et rhétorique dans le recueil en nous interrogeant sur la portée des procédés déployés par l'Anonyme. Cette question complexe fera l'objet de la dernière partie du présent mémoire.

ARTICULATIONS ENTRE POÉTIQUE ET RHÉTORIQUE

Il faut maintenant aborder la question du statut de l'œuvre, dans la mesure où elle est directement liée à celle de la portée du recueil. Cette problématique implique d'aborder la notion de style. Nous verrons que le texte, malgré son apparente sécheresse, est riche en figures de style et que certaines d'entre elles occupent une place prépondérante.

L'*HISTOIRE AUGUSTE* : UNE ŒUVRE DE FICTION ?

Le caractère hautement énigmatique de l'*Histoire Auguste* réside principalement dans son statut. La question du statut de l'œuvre se trouve directement liée à la facture. On l'a dit, les Vies principales, jusqu'à Caracalla, présentent un matériau historique globalement fiable, même si l'on peut déceler çà et là des données fictives. Ce constat ne doit pas surprendre, puisque l'amplification et la déformation historiques sont une pratique avérée et admise dans l'Antiquité ; le modèle du genre, Suétone, y recourait au même titre que ses collègues historiens. Mais si ce que les chercheurs appellent la « fiction » est légitimée dans le début du recueil par une carence d'informations à la disposition du rédacteur, elle devient systématique et soulignée par l'auteur de façon à ce que le lecteur prenne conscience de ce qu'on le dupe ; É. Wolff affirmera même que « l'auteur de l'*Histoire Auguste* crée [...] un nouveau genre littéraire ou mélange les genres[1] ». Cette notion de fiction pose de nombreux

1 É. Wolff, art. cité, p. 24. « D'abord on est dans la biographie et dans l'histoire, ensuite dans le romanesque. » S. Ratti considère l'*Histoire Auguste* comme une œuvre de fiction (S. Ratti, *Polémiques entre païens et chrétiens*, p. 13).

problèmes : quand doit-on considérer que le rédacteur va au-delà de la norme autorisée dans la déformation historique qui avait cours à l'époque ? L'amplification, la pure invention, la parodie, le pastiche ne sont pas des critères simples à mesurer pour établir des conclusions solides.

Les réflexions du siècle dernier sur le statut du texte fictionnel donnent à réfléchir, si l'on tente de les confronter avec le cas de l'*Histoire Auguste*. La présence de toponymes, de noms de personnes et d'événements réels n'interdit pas un caractère fictionnel ; au contraire, il s'agit des énoncés des œuvres de fiction ayant une valeur référentielle dont parle J. Searle[2]. Si le recueil détient le même statut qu'un roman, faut-il considérer que tous ces éléments empruntés à la réalité changent de régime pour devenir fictionnels, selon la thèse de l'intransitivité du texte de fiction développée par G. Genette[3] ? C. Montalbetti, qui a montré que les résultats de l'enquête sur la tentative d'identification d'indices formels, thématiques et stylistiques pour authentifier un texte de fiction s'avéraient peu probants, note qu'« il est sans doute plus facile de démontrer l'indiscernabilité statutaire sur des énoncés isolés, que sur un texte complet[4] ». Comme elle l'illustre avec l'exemple de *La Chartreuse de Parme*, la classification du texte dans la bonne catégorie résulte d'un « sentiment confus[5] ».

Le problème de la définition de l'*Histoire Auguste* relève du registre de l'indécidable, à moins que l'auteur ait voulu faire œuvre de fiction[6]. Le rédacteur laisse bien comprendre à son lectorat cultivé qu'il déploie des artifices ; on peut aisément admettre une intention de créer une connivence avec son lecteur, compte tenu du caractère flagrant des allusions et de la mise en valeur des références culturelles. Néanmoins, le recueil se fond dans le moule et les codes du genre biographique, un genre sérieux qui se fonde sur des vérités historiques. Il nous semble que la proposition d'É. Wolff invitant à considérer ce texte comme l'illustration de l'émergence

2 *Cf.* C. Montalbetti, « Fiction, réel, référence », *Littérature*, n° 123, 2001, Roman Fiction, p. 44-55, ici p. 46.

3 « Le texte de fiction ne *conduit* à aucune réalité extratextuelle, chaque emprunt qu'il fait (constamment) à la réalité ("Sherlock Holmes habitait 221 B Baker street", "Gilberte Swann avait les yeux noirs", etc.) se transforme en élément de fiction, comme Napoléon dans *Guerre et paix* ou Rouen dans *Madame Bovary* » (C. Montalbetti, *ibid.*, p. 47). La chercheuse cite ici G. Genette dans *Fiction et diction*.

4 C. Montalbetti, *ibid.*, p. 54.

5 *Ibid.*

6 « Le statut fictionnel d'un énoncé résulte, c'est déjà le terme qu'employait Searle, d'une "intention" » (*ibid.*, p. 54).

d'un nouveau genre littéraire ne se trouve pas dénuée d'intérêt, sauf si l'on admet la possibilité de qualifier l'ensemble de « roman historique ».

L'Anonyme échafaude une théorie qui donne un nom à l'idée qu'il se fait de l'écriture historiographique. Sur l'ensemble des biographies, on a en effet relevé deux occurrences d'un étonnant néologisme ; le nombre peut paraître insignifiant, mais l'apparition d'un lexème inconnu suffit à attirer l'attention de l'homme de lettres. Au début de la Vie de Macrin, le rédacteur construit un archétype du biographe : le bon représentant de cette profession ne doit retenir que les « faits dignes de mémoire », conformément aux préceptes cicéroniens. Un historien inventé, Cordus, fréquemment cité dans le recueil (A. Chastagnol relève qu'il est mentionné à vingt-sept reprises[7]), parfois à titre d'autorité pour garantir des développements fallacieux, est critiqué pour avoir fourni un travail médiocre en voulant publier les Vies des empereurs « mal connus » ; faute d'informations, ses biographies sont truffées de futilités et d'anecdotes inintéressantes.

> *Et Iunio quidem Cordo studium fuit eorum imperatorum uitas edere quos obscuriores uidebat : qui non multum profecit. Nam et pauca repperit et indigna memoratu adserens se minima quaedam persecuturum, quasi uel de Traiano aut Pio aut Marco sciendum sit, quotiens processerit, quando cibos uariauerit et quando uestem mutauerit et quos quando promouerit. Quae ille omnia exsequendo libros mythistoriis repleuit talia scribendo...* (*Macr.*, I, 3-5)
>
> « Junius Cordus s'est attaché à publier les biographies d'empereurs dont il constatait l'obscurité relative : sans grand succès ! Car il a trouvé peu de choses et indignes de mémoire. Il se fait fort d'exposer à fond certaines minuties : comme si, à propos de Trajan, d'Antonin le Pieux ou de Marc Aurèle, il importait de savoir combien de fois ils ont paru en public, quand ils ont modifié leur alimentation, quand ils ont changé de costume, à qui et quand ils ont accordé des promotions ! À force de quêter tous ces détails, il a rempli ses livres de romans historiques en notant de pareilles vétilles. »

L'attention se porte sur le terme de *mythistoria*, qu'A. Chastagnol propose de traduire par « histoires romancées ». Ce mot-valise, issu du processus de télescopage-troncation de *mythos* et *historia* apparaît une nouvelle fois dans le Quadrige des tyrans[8]. La « mythistoire » semblerait désigner un tout nouveau type de catégorie narrative, reposant sur un mélange

7 A. Chastagnol, *Histoire Auguste*, introduction générale, p. CVIII.
8 *Quadr. tyr.*, I, 2.

des propriétés de l'*historia* et de la fiction (*mythos*). Mais en somme, si le Romain admet que l'histoire fait la part belle à la fantaisie, ne pourrait-on pas considérer que la *mythistoria* se réfère à une écriture comportant un degré d'imagination supérieur, et mettant en scène un univers qui ne relève toutefois pas de l'atemporalité des récits mythologiques ?

Le contexte d'apparition du terme est, à y regarder de plus près, très obscur. Dans la Vie de Macrin, le mot implique le recours, dans la narration, à des détails authentiques mais futiles, sans importance, précisément ceux dont Cordus ne fait pas l'économie pour ses Vies de princes éphémères. Dans les premières lignes du Quadrige, l'Anonyme traite des historiens qui n'ont pas consacré de biographie aux usurpateurs, et qui se contentent d'y faire une allusion rapide, comme Suétone :

> *Et de Suetonio non miramur, cui familiare fuit amare breuitatem. Quid Marius Maximus, homo omnium uerbosissimus, qui et mythistoricis se uoluminibus implicauit ? num ad istam descriptionem curamque descendit ?* (*Quadr. tyr.*, I, 2)
>
> « Or, de Suétone, cela ne nous surprend guère, vu l'amour pour la concision qui lui était propre. Qu'en est-il de Marius Maximus, le plus prolixe de tous les hommes, qui s'est même adonné à la composition d'ouvrages mêlant l'histoire à la fable ? s'est-il par hasard abaissé à une présentation aussi anxieuse ? »

A. Chastagnol propose de nouveau la traduction d'« histoires romancées » dans ce cas de figure. La *mythistoria* s'exprime dans le style de Marius Maximus, opposé à la fameuse *breuitas* suétonienne, dans la mesure où ce dernier se définit par une propension à user d'une rhétorique ampoulée, lourde, complexifiée à souhait et qui dit finalement peu. Il ne faut donc pas apporter de conclusion trop hâtive sur la réelle signification du concept avancé par l'*Histoire Auguste* : le néologisme, malgré sa construction lexicale, ne voudrait pas, aux yeux du rédacteur, désigner un récit purement fictif.

M.-P. Loicq-Berger critique Valton : ce dernier traduisait l'occurrence *mythistoriis* dans la Vie de Macrin par « faits moitié fabuleux moitié historiques[9] ». Pour cette chercheuse, rien n'autorise un tel choix : « il n'y a ici rien qui permette de voir en lui [l'auteur Cordus] un mythographe, et le terme *mythistoria* s'applique, un peu improprement sans doute, non

9 *Cf.* M.-P. Loicq-Berger, « Le "Bruxellensis" 11281 et l'activité littéraire de Denys l'Ancien », *RBPh*, t. 44, fasc. 1, 1966, Histoire (depuis la fin de l'Antiquité) – Geschiedenis (sedert de Oudheid), p. 12-20, ici p. 17.

à une histoire fabuleuse, mais à cette "petite histoire" qu'affectionnait Cordus[10]. » Capitolinus (auteur fictif de la Vie de Macrin) « réserve le nom de *mythistoria* à l'histoire anecdotique, aux faits authentiques mais insignifiants collectionnés par Junius Cordus[11] ». En revanche, le cas des *mythistorica uolumina* évoqué par Vopiscus dans le Quadrige trouve une place différente dans son analyse. Cordus affectionnait le merveilleux, tout comme Marius Maximus, et ses « volumes entiers d'histoire romancée » devaient « participer de cette [...] tendance ».

Il faut donc conclure que l'expression *mythistorica uolumina* est à rapprocher de l'*historia fabularis*, « cette "histoire mythique" qui, au dire de Suétone, faisait les délices de Tibère (*Tib.*, 70, 5)[12] ». Les deux emplois de *mythistoria* dans l'*Histoire Auguste* revêtent ainsi deux sens différents : dans la Vie de Macrin, la relation de détails authentiques mais insignifiants est mise en avant, tandis que le Quadrige traite d'histoire fictive[13]. Il faut remarquer que l'Anonyme fait œuvre de « mythistoire », qu'elle que soit l'acception retenue.

Élaborer un récit de fiction implique le développement d'une esthétique littéraire qui repose sur le recours à des stratégies d'ornementation (cette ornementation pouvant être elle-même caractérisée par une absence d'ornements). Quels procédés stylistiques le rédacteur met-il donc en jeu dans le processus de construction de son univers « mythistorique » ?

LES PROCÉDÉS STYLISTIQUES

L'Anonyme recourt à des procédés également utilisés par les encomiastes. Nous évoquerons certains d'entre eux, que L. Pernot étudie : la comparaison, l'hyperbole, le vocabulaire orienté, l'argument de totalité, l'argument de blâme indirect. Pensant qu'il serait sans doute fastidieux de relever tous les exemples du recueil, nous présenterons ici, à titre d'exemples, des listes qui ne prétendent pas être exhaustives.

10 *Ibid.*

11 *Ibid.*, p. 19.

12 *Ibid.* Tibère s'intéressait aux mythes grecs et questionnait régulièrement ses grammairiens (*Tib.*, LXX, 5).

13 Sur les deux sens de *mythistoria*, *cf.* également É. Wolff, art. cité, p. 21.

« Il n'y a pas de bon éloge sans comparaison » affirme Pline dans le Panégyrique de Trajan[14]. Périphrases et comparaisons de Domitien avec Jupiter[15] font en effet le miel de Martial dans ses épigrammes. Mais l'assertion de Pline est également valable pour le blâme et la littérature poétique latine nous en fournit la preuve. Dans le *Contre Rufin*, Claudien compare Rufin à des figures négatives, hommes tyranniques, mythologiques ou historiques (Cinna, Spartacus, Antée, Sinis, Sciron, Phalaris, Sylla) ou à des serpents et des fauves[16]. Dans une prosopopée de Rome, Eutrope, dans le *Contre Eutrope*, est quant à lui déprécié quand il est comparé aux Émile et aux Camille, dont il occupe honteusement la charge[17]. La figure de la comparaison est également utilisée indistinctement – et abondamment – dans l'*Histoire Auguste* pour louer ou noircir tour à tour des empereurs.

Valérien compare Aurélien aux Corvinus et aux Scipions[18] et à Trajan[19]. Un oracle associe Alexandre à Marcellus[20], les banquets d'Élagabal surpassent ceux de Vitellius et d'Apicius[21]. Caracalla est mis sur le même plan que Sylla[22]. Maximin est qualifié de Cyclope par Maxime[23] ou vraisemblablement par la soldatesque[24]. Probus rivalise et l'emporte même, dans le domaine du courage, de la clémence, de la sagesse, du sublime sur les autres princes[25] ; la qualité de son règne est comparée à

---

14 Plin., *Panégyrique de Trajan*, 53, 1 ; cité par L. Pernot, *La Rhétorique de l'éloge*..., p. 690-691. On parle de *synkrisis* pour décrire la comparaison d'un *laudandus* à un de ses prédécesseurs (F. Ploton-Nicollet, art. cité, n. 48 p. 45).

15 Martial, *Épigrammes*, t. I (livres I-VII), texte établi et traduit par H. J. Izaac, Paris, Les Belles Lettres, 1961, *cf.* par exemple VI, 83 (par un effet de renversement, Jupiter est invité à imiter Domitien : *si tua sit summo, Caesar, natura Tonanti, / utetur toto fulmine rara manus*, « Si jamais, César, le tout-puissant maître du tonnerre adopte ton caractère, sa main usera rarement de toute l'énergie de sa foudre »).

16 C. Tournier, art. cité, p. 8-9. La comparaison qui permet d'attester la supériorité de Rufin sur les pires monstres mythologiques et historiques (Sinis, Sciron, Phalaris, Sylla, Diomède, Busiris, Cinna, Spartacus) apparaît aux vers 251-256 du premier livre du *Contre Rufin*. Le poète compare aussi Eutrope à Busiris et Phalaris dans le premier livre du *Contre Eutrope* (v. 161-166).

17 C. Tournier, *ibid.*, p. 18.

18 *Aur.*, IX, 4.

19 *Ibid.*, XI, 7.

20 *Alex. Sév.*, IV, 4.

21 *Élag.*, XXIV, 4.

22 *Carac.*, IV, 10 et V, 4.

23 *Max. et Balb.*, XI, 1.

24 *Maxim.*, VIII, 5.

25 *Prob.*, XXII, 1. Nous reprenons les mots de la traduction d'A. Chastagnol pour cet exemple.

celle des règnes de Trajan, Hadrien, Antonin, Marc Aurèle et Auguste[26]. Gallien, archonte d'Athènes, se fait initier aux mystères en pleine crise politique, alors qu'Hadrien et Marc Aurèle avaient réalisé cette entreprise en temps de paix et de prospérité[27]. Les Africains donnent à Gordien les surnoms de Scipion, Caton, Mucius, Rutilius, Laelius, faisant preuve d'une affection à son égard sans précédent (*Amatus est ab Afris ita, ut nemo antea proconsulum*[28]). Cet empereur est encore comparé à Auguste, son fils à Pompée, son petit-fils à Scipion l'Asiatique[29]. Le même Gordien récitait des vers de l'*Énéide* décrivant Marcellus pour parler de Gordien II[30].

Le tyran éphémère Firmus est surnommé Cyclope[31]. Hadrien se fait initier aux Mystères d'Éleusis, comme Hercule et Philippe avant lui[32]. Avant de mourir, Marc Aurèle exprime publiquement le même jugement défavorable que Philippe portait à l'égard d'Alexandre[33] ; il est par ailleurs moins franc qu'Antonin le Pieux ou Vérus[34]. Vérus est aussi vicieux que Caligula, Néron ou Vitellius[35]. Avidius Cassius est appelé « Catilina[36] » et veut être considéré comme un second Marius[37]. L'Anonyme recourt à l'antonomase quand il écrit que Clodius Albinus est surnommé (lui aussi) le « Catilina de son temps » (*sui temporis Catilina*)[38]. Quant à Maximin, on lui affecte les surnoms d'Hercule (en deux occurrences), Achille, Hector, Ajax[39] ou encore Milon de Crotone ou Antée[40]. On l'appelle aussi Busiris, Sciron, Phalaris, Typhon, Géant[41]. Il gouverne à

26 *Ibid.*, XXII, 4.
27 *Gall.*, XI, 4, *cf. Vie des deux Galliens*, Les Belles Lettres, n. 1 p. 148.
28 *Gord.*, V, 5.
29 *Ibid.*, XXI, 5.
30 *Ibid.*, XX, 5.
31 *Quadr. tyr.*, IV, 1.
32 *Hadr.*, XXIII, 1.
33 *Marc*, XXVII, 11.
34 *Ibid.*, XXIX, 6.
35 *Vér.*, IV, 6.
36 *Av. Cass.*, III, 5.
37 *Ibid.*, III, 8.
38 *Clod. Alb.*, XIII, 2. Nous avons déjà relevé précédemment que des antonomases mettant en jeu des tyrans du Ier siècle (Caligula, Néron, Vitellius…) apparaissaient sous la forme de triades (*cf. supra*).
39 *Maxim.*, IV, 9 et VI, 9.
40 *Ibid.*, VI, 9.
41 *Ibid.*, VIII, 5.

la manière de Spartacus ou d'Athénio[42]. Septime Sévère est surnommé Sylla punique et Marius punique[43].

Ces exemples suffisent à montrer que l'Anonyme affectionne particulièrement le procédé de la comparaison. Comme on l'a dit, la figure est employée aussi bien dans les cas des bons empereurs que des tyrans. Le procédé se caractérise donc par une polyvalence antinomique. Par ailleurs, les comparants sont puisés dans des sources historiques ou mythologiques. Un même comparant peut être utilisé pour différents empereurs, comme c'est le cas du Cyclope ou de Catilina. Enfin, l'expression de ces comparaisons revêt des formes multiples (surnoms, phénomènes d'intertextualité, structure grammaticale mettant en jeu un balancement entre comparé et comparant). On retrouve ce que L. Pernot qualifie, pour l'éloge, de « comparaison de voisinage[44] » : un prince est comparé à ses prédécesseurs[45], ce qui offre l'avantage de souligner la supériorité du comparé (dans le bien comme dans le mal), sans « rabaisser le point de comparaison[46] ». Cette formule concerne, une nouvelle fois, aussi bien les bons princes que les tyrans (Aurélien/Trajan et Caracalla/Sylla, par exemple). Outre ces comparaisons avec des référents égaux, on peut également rencontrer des oppositions[47], comme dans le cas de Gallien se faisant initier aux mystères.

On avait déjà apprécié, chez Lactance, le recours à l'hyperbole, notamment dans l'anecdote relatant la manière avec laquelle l'odeur du corps de Galère, en état de putréfaction, dévoré par les vers, se répand non

42 *Ibid.*, IX, 6. Certains comparants rappellent Claudien.

43 *Pesc. Nig.*, VI, 4.

44 L. Pernot, *La Rhétorique de l'éloge...*, p. 692.

45 Les référents peuvent être également des hommes politiques ou des généraux de la période républicaine (Scipion, Catilina, Marius...).

46 L. Pernot, *ibid.* Le livre I du *Contre Eutrope* de Claudien s'ouvre précisément avec une comparaison de voisinage qui souligne le sentiment d'horreur provoqué par la nomination d'un eunuque au consulat. Le poète énumère une série de prodiges (v. 1-7), qu'il ponctue avec la formule : *omnia cesserunt eunucho consule monstra*, « tous ces prodiges sont vaincus devant un eunuque consul » (v. 8). Claudien n'hésite pas, par la suite, à user de la stratégie de la surenchère : Eutrope est en effet « la honte même des eunuques ! », *cuius et eunuchos puduit !* (v. 152). Il cite également les noms de ses illustres prédécesseurs pour le rabaisser (v. 435-465 ; *cf.* également v. 213-221).

47 L. Pernot relève cette configuration destinée, pour l'éloge, à « prêter à l'objet les qualités qui manquent au terme opposé » (*ibid.*). Le meilleur exemple est offert par le Panégyrique de Pline, avec le contraste établi entre l'*optimus princeps* et Domitien.

seulement dans tout le Palais mais aussi dans toute la ville[48] ! L'Anonyme emploie lui aussi la figure : les soldats de Gallien qui dévastent Byzance ne laissent aucun survivant : *Ac ne quid mali deesset Gallieni temporibus, Byzantiorum ciuitas, clara naualibus bellis, claustrum Ponticum, per eiusdem Gallieni milites ita omnis uastata est ut prorsus nemo superesset*[49]. Ce même empereur met à mort trois ou quatre mille soldats en une seule journée : *Fuit tamen nimiae crudelitatis in milites, nam et terna milia et quaterna militum singulis diebus occidit*[50]. Le rédacteur écrit même à son sujet : *quo nihil prodigiosius passa est Romana res publica*[51]. Le tyran Firmus dévore une autruche par jour selon les rumeurs : *struthionem ad diem comedisse fertur*[52]. Quant à Hadrien, *omnes reges muneribus suis uicit*[53]. Marc Aurèle *erat enim ipse tantae tranquillitatis, ut uultum numquam mutauerit maerore uel gaudio*[54]. Un épisode de la Vie d'Alexandre repose également sur une exagération :

> *Addit Septiminus, qui uitam eius non mediocriter exsequutus est, tanti stomachi fuisse Alexandrum in eos iudices, qui furtorum fama laborassent, etiamsi damnati non essent, ut, si eos casu aliquo uideret, commotione animi stomachi choleram euomeret toto uultu inardescente, ita ut nihil loqui posset.* (*Alex. Sév.*, XVII, 2)
>
> « Septiminus, qui a écrit de lui une excellente biographie, ajoute qu'Alexandre éprouvait contre les gouverneurs entachés d'une réputation de voleurs, même quand ils n'avaient pas été condamnés, une irritation si vive que, s'il lui arrivait de les rencontrer, la violence de l'émotion lui faisait vomir de la bile, tout son visage s'enflammait et il devenait incapable de prononcer une parole. »

L'Anonyme force le trait quand il s'agit de décrire la cruauté de Macrin : *Longum est eius crudelitates omnes aperire ; attamen unam ostendam non magnam, ut ipse credebat, sed omnibus tyrannicis inmanitatibus tristiorem*[55]. Le tyran inflige un supplice inédit à deux soldats, en les faisant

48 Lactance, *op. cit.*, XXXIII, 7.

49 *Gall.*, VI, 8 : « Et pour qu'aucun malheur ne fût épargné à l'époque de Gallien, la ville de Byzance, célèbre pour ses combats navals, verrou du Pont, fut si totalement dévastée par les soldats du même Gallien qu'il ne subsista absolument aucun survivant. »

50 *Ibid.*, XVIII, 1 : « Il se montra cependant d'une cruauté impitoyable envers les soldats : il fit tuer, en une seule journée, trois et quatre mille soldats. »

51 *Tr. tyr.*, XXXI, 7 : « l'homme le plus monstrueux qu'ait subi l'État romain. »

52 *Quadr. tyr.*, IV, 2 : « il avalait, dit-on, une autruche par jour. »

53 *Hadr.*, XVII, 5 : « Il surpassa tous les souverains par ses présents. »

54 *Marc*, XVI, 5.

55 *Macr.*, XII, 3 : « La révélation de toutes ses cruautés serait longue. J'en dénoncerai une cependant, point grave à son avis personnel, mais plus sinistre que toutes les atrocités

mettre à l'intérieur de deux grands bœufs éventrés : *itaque poena eos adfecit, cum ne adulteris quidem talia apud maiores uel sui temporis essent constituta supplicia*[56]. Des hyperboles numériques caractérisent enfin la Vie d'Aurélien :

> *Refert Theoclius, Caesareanorum temporum scriptor, Aurelianum manu sua bello Sarmatico una die quadraginta et octo interfecisse, plurimis autem et diuersis diebus ultra nongentos quinquaginta, adeo ut etiam ballistia pueri et saltatiunculas <in> Aurelianum tales componerent, quibus diebus festis militariter saltitarent...* (*Aur.*, VI, 4)
>
> « Théoclius, un historien de l'époque des Césars, raconte qu'Aurélien avait, durant la guerre contre les Sarmates, tué de sa propre main en un seul jour quarante-huit hommes, sur une longue période et en diverses occasions, plus de neuf cent cinquante, au point même que les enfants composèrent des ballets et de petites danses de cette sorte sur Aurélien, qu'ils exécutaient à la manière des soldats les jours de fête[57]. »

La figure concerne là encore toutes les catégories morales d'empereurs. Le rédacteur apprécie également l'usage de superlatifs[58] : ils peuvent servir, par exemple, à souligner le physique exceptionnel de l'empereur Maximin, *uirum fortissimum*[59]. Ils sont fréquemment employés pour déprécier les tyrans – Carin est *homo omnium contaminatissimus*[60], Élagabal

---

des tyrans. »

56 *Ibid.*, XII, 5 : « Tel fut le châtiment qu'il leur infligea. Or ni chez nos ancêtres, ni de son temps, on n'avait condamné même des adultères à de pareils supplices ! »

57 « Les campagnes dont il est question, en 6, 3-4 contre les Sarmates, et en 7, 1 contre les Francs, avec leurs massacres extraordinaires, sont des plus suspectes » (*Vie d'Aurélien*, Les Belles Lettres, n. 2.2.2 p. 76). Théoclius est une source fictive (*ibid.* et A. Chastagnol, *Histoire Auguste*, n. 2 p. 974), la légion *sexta Gallicana* de VII, 1 n'a sans doute jamais existé (*Vie d'Aurélien*, Les Belles Lettres, n.2.2.2 p. 76), les chansons militaires de VI, 5 et de VII, 2 sont probablement inventées (*ibid.*).

58 L. Pernot, *La Rhétorique de l'éloge...*, p. 697 : « À la *sunkrisis* se rattache le superlatif, qui suppose une comparaison préalable : son emploi est naturellement très fréquent dans l'éloge. »

59 *Maxim.*, IV, 9 : *Et tamen retentus est per amicos Heliogabali, ne hoc quoque illius famae accederet, quod uirum temporis sui fortissimum et quem alii Herculem, alii Achillem, alii Hectorem, Aiacem alii uocabant, a suo exercitu dimoueret.* « Néanmoins, il en fut dissuadé par les amis d'Élagabal, pour qu'à la réputation qu'avait déjà ce dernier ne s'ajoutât pas encore celle d'avoir détourné de son armée l'homme le plus vaillant de son temps, que les uns appelaient Hercule, d'autres Achille, d'autres Hector, d'autres encore Ajax. » *Cf.* également *Gord.*, VIII, 1 : *hominem furiosissimum Maximinum*, « cet archifou de Maximin. »

60 *Car.*, XVI, 1.

homo omnium inpurissimus[61] ou *homo sordidissimus*[62] – mais peuvent aussi décrire les qualités des bons princes : Claude est *uir omnium optimus*[63].

Le vocabulaire est orienté, et naturellement dépréciatif quand le rédacteur évoque les mauvais princes. Nous pouvons rencontrer des termes appartenant au champ lexical du malheur (*pestis*[64], *clades*[65]), de l'impureté (*inpurus*[66], *pessimus princeps*[67], *sordidus*[68], *inprobus*[69], *mollis*[70], *dissolutus*[71], *luxuriosus*[72], *prodigiosus*[73]), de la bestialité (*belua*[74], *bestia*[75]), du crime (*scelestus*[76], *infamis*[77], *sceleratus latro*[78]). Les expressions se présentent parfois sous la forme d'appositions : *Maximinus, natura furiosus, truculentus, inmanis*[79] ; *Maximini, hominis saeui atque truculenti*[80] ;

61 *Diad.*, IX, 5 (texte de l'édition des Belles Lettres).

62 *Macr.*, VII, 6.

63 *Gall.*, XIV, 2. *Cf.* également les propos de Valérien : *uirum deuotissimis quibusque ac fortissimis ueterum praeferendum* (*Claud.*, XIV, 2), « un homme [...] supérieur à tous les plus dévoués et les plus courageux des anciens. »

64 Pour Élagabal : *Alex. Sév.*, I, 1 ; XLI, 3 ; *Élag.*, X, 1. Pour Gallien : *Tr. tyr.*, V, 6 ; VIII, 13 ; XXVI, 1. Comme nous le fait remarquer F. Ploton-Nicollet, le terme est toujours accompagné du déterminant *ille*, qui prend ici sa valeur d'altérité (« l'autre fléau ») ; c'est une expression apparemment chère à Cicéron dans ses discours, pour désigner la partie adverse (*cf. Pro Milone*, 88 ; *Pro Murena*, 85, au sujet de Catilina). Ambroise de Milan reprend la formule au sujet des Manichéens (*Hex.*, 1, 8, 30). Rajoutons qu'on la trouve aussi chez Juvénal, qui construit une image sombre de Domitien : *clade et peste sub illa* (*Satires*, IV, 84). Le substantif *pestis* renvoie autrement aux créatures monstrueuses : Virgile l'utilise dans sa description des Harpyes (*Énéide*, III, v. 215) et Venance Fortunat dans sa Vie de Saint Martin pour désigner un démon qui possède un cuisinier (*Vie de Saint Martin*, v. 460).

65 Pour Élagabal : *Alex. Sév.*, II, 2. *Cf.* également Juvénal, *ibid.*

66 Pour Commode : *Marc*, XVI, 1. Pour Caracalla, *Macr.*, II, 4. Pour Élagabal : *Alex. Sév.*, XV, 1 ; XXII, 3 ; *Maxim.*, IV, 6 ; V, 1 ; V, 4.

67 Pour Élagabal : *ibid.*, LXV, 2.

68 Pour Élagabal : *Macr.*, VII, 6.

69 Pour Maximin : *Max. et Balb.*, I, 1.

70 Pour Gallien : *Prob.*, VI, 4.

71 Pour Gallien : *ibid.*

72 Pour Élagabal : *Gord.*, XVIII, 4.

73 *Claud.*, I, 3.

74 Pour Élagabal : *ibid.*, LVI, 6 ; *Maxim.*, V, 4. Pour Maximin : *Gord.*, XI, 5, *ab inmani nos belua*. Sur les occurrences de *belua* dans la littérature latine, *cf. supra*.

75 Pour Élagabal : *Alex. Sév.*, LIII, 6.

76 Pour Commode : *Marc*, XVI, 1.

77 Pour Élagabal : *Maxim.*, IV, 8.

78 Pour Maximin : *ibid.*, XVII, 6.

79 *Max. et Balb.*, II, 3.

80 *Gord.*, VII, 2.

Gallieni fiebant, hominis luxuriosissimi[81]. Les acclamations du Sénat sont également porteuses d'injures très variées : *parricida*[82], *incestus*[83], *interfector*[84], *latro*[85], *hostis publicus*[86]… Comme nous le fait encore remarquer F. Ploton-Nicollet, le rédacteur reprend les codes et les *topoi* de la rhétorique de l'éloge (les acclamations usuelles lors des séances du Sénat, fondées notamment sur des répétitions et un vocabulaire appréciatif) mais les pervertit, ce qui provoque le rire[87].

Ces relevés, non-exhaustifs, invitent à formuler plusieurs points. Premièrement, l'Anonyme exploite une large gamme de possibilités lexicales, en utilisant des synonymes parmi des adjectifs et des substantifs. Ensuite, on observe que certaines expressions peuvent être répétées au sujet d'un même prince, ou s'appliquer à différents empereurs. Enfin, ces expressions sont mises dans la bouche de locuteurs variés ; il peut s'agir du rédacteur, mais aussi de différents personnages qui s'expriment dans le cadre de discours rapportés. L'écriture apparaît comme étant

---

81 *Gall.*, v, 7.

82 Pour Caracalla : *Macr.*, II, 4.

83 Pour Caracalla : *ibid.*

84 Pour Caracalla : *ibid.*

85 Pour Maximin et ses troupes, dans le cadre de la guerre civile contre le Sénat : *Max. et Balb.*, II, 10.

86 Pour Maximin : *Max. et Balb.*, II, 11. Être qualifié d'ennemi public revient à tomber sous le coup de la *damnatio memoriae*. La Vie de Maximin l'Aîné se termine par des acclamations (*Maxim.*, XXVI, 2-4) qui associent une gamme de tournures péjoratives au tyran et à son fils (*Senatus hostes, populi R. hostes*). La *damnatio memoriae* est approuvée et rendue effective par deux mesures : effacement du nom des statues (*Maximini nomen olim erasum nunc animis eradendum*), privation de sépulture (*Hostis publici caput in profluentem abiciatur. Corpus eius nemo sepeliat*). Notons enfin la présence d'une répétition rituelle qui met déjà en application l'effacement de la mémoire en omettant volontairement le nom de Maximin : « *Qui senatui mortem minatus est, ut merebatur, occisus est. Qui senatui uincla minatus est, ut debebat, interemptus est.* »

87 À ce sujet, *cf.* L. Pernot, *La Rhétorique de l'éloge*…, p. 482 : « Certains traités [de rhétorique] se contentent d'une phrase à la fin du développement sur l'éloge, pour indiquer que le blâme se tire des mêmes *topoi*, pris en sens contraire. » A. Molinier-Arbo rappelle que « les empereurs étaient dès le premier siècle accueillis par des *faustis ominibus* (*cf.* Suétone, *Aug.*, 57) répétés par la foule. Suétone (*Cal.*, 6.1) garde également le souvenir d'acclamations populaires en l'honneur de Germanicus : *expergefactus e somno Tiberius gratulantium uocibus atque undique concinentium : "salua Roma, salua patria, saluus est Germanicus"*. Et un fragment des *Acta fratrum Arualium* (*CIL* VI 2086 = ILS 541) prouve que cette confrérie honorait en 213 de cette manière la famille impériale » (« Les documents d'archives dans la *Vita Commodi* : degré zéro de l'histoire ou fiction ? », *Dialogues d'histoire ancienne. Supplément* n° 4-1, 2010. Jeux et enjeux de la mise en forme de l'histoire. Recherches sur le genre historique en Grèce et à Rome, p. 87-112, *cf.* n. 22 p. 91).

pamphlétaire et l'absence de nuances dans ces attaques directes est renforcée par leur répétition qui relève parfois du ressassement et a sans doute entraîné bon nombre de commentateurs à souligner le manque de talent de l'Anonyme et à qualifier son style de « médiocre ».

L'argument d'autorité[88] est également très apprécié : les lettres, on l'a vu, pour la plupart apocryphes, constituent le meilleur moyen de persuader le lecteur des qualités d'un empereur. Sévère veut ainsi montrer le caractère « irréprochable » de Niger à son destinataire, le gouverneur des Gaules[89]. Marc Aurèle et Commode louent également ce général pour sa valeur militaire[90], mais Sévère rapporte aussi des défauts (non pas dans un courrier) : *Si Seuero credimus, fuit gloriae cupidus Niger, uita fictus, moribus turpis, aetatis prouectae, cum in imperium inuasit*[91]. Sévère critique également Clodius Albinus[92] alors que Marc Aurèle célèbre sa rigueur et sa fermeté dans deux lettres[93]. Cordus l'accuse de goinfrerie[94], Sévère d'ivrognerie[95]. Pertinax est très souvent loué par Marc Aurèle[96]. Le consul fictif Claudius Julianus[97] se livre à un panégyrique de Maxime et Balbin[98]. Claude est également décrit de façon positive par Valérien et Dèce[99] et jouit de l'estime de Gallien[100]. Aurélien est tour à tour blâmé pour son excessive sévérité et loué par Valérien, dans deux lettres distinctes et successives[101]. Le texte fournit des fragments d'une lettre de Probus qui célèbre la valeur de Carus[102].

88 Ce procédé est également fréquent dans le genre épidictique (*cf.* L. Pernot, *ibid.*, p. 698-701). Comparaison et argument d'autorité ont été théorisés, dans le domaine de l'éloge, par Isocrate (*ibid.*, p. 698). À Rome, la parole étant chose sacrée, et le statut social du locuteur plus important que la substance de son message, on mesure toute la valeur de ce procédé rhétorique.

89 *Pesc. Nig.*, III, 12, traduction d'A. Chastagnol.

90 *Ibid.*, IV, 1-4.

91 *Ibid.*, V, 1.

92 *Clod. Alb.*, X, 1. Passage cité précédemment.

93 *Ibid.*, X, 4 – 12.

94 *Ibid.*, XI, 2.

95 *Ibid.*, XI, 4-5.

96 *Pert.*, II, 9.

97 *Cf.* A. Chastagnol, *Histoire Auguste*, n. 5 p. 773.

98 *Max. et Balb.*, XVII.

99 *Claud.*, XIV-XV (lettres de Valérien) et XVI (Dèce).

100 *Ibid.*, XVII.

101 *Aur.*, respectivement VIII et IX.

102 *Car.*, VI.

Cas remarquable, l'Anonyme fait des usurpateurs Postumus, Lollianus, Victorinus, Tétricus des remparts de la volonté divine destinés à protéger Rome des Germains, compte tenu de l'incompétence de Gallien[103]. Louer un usurpateur relève du crime de lèse-majesté, on le sait ; mais l'éloge est ici amplifié. L'Anonyme s'emploie à recourir à un procédé qui est en réalité récurrent dans le discours épidictique impérial : la mise en scène d'une autorité divine qui protège le souverain[104]. La plupart du temps, les autorités servent donc à étayer les vertus d'un bon prince. Parfois, elles décrivent des défauts, mais ce phénomène concerne généralement les empereurs pour lesquels le jugement moral n'apparaît pas clairement. Il est remarquable de noter enfin que les tyrans peuvent être considérés comme des figures d'autorité.

Le rédacteur apprécie également l'argument de totalité[105] : il s'en sert pour illustrer le chaos dans lequel était plongé le monde romain à la suite de la capture de Valérien[106]. L'enjeu est également de souligner la nonchalance de Gallien dans cette situation. Ce dernier domine le genre humain[107], il suscite le mépris non seulement

---

103 *Tr. tyr.*, v, 6.

104 L. Pernot, *La Rhétorique de l'éloge…*, p. 700.

105 *Ibid.*, p. 707 : « L'éloge se plaît à souligner le caractère total, complet, de la puissance ou des mérites de l'objet », sur ce procédé, *cf.* p. 707-709. Il est intéressant de remarquer que l'argument de totalité est affectionné par Martial pour louer Domitien : « et ton visage [celui de Domitien] fait à la fois la terreur et la joie des barbares » (*tuoque / terretur uoltu barbarus et fruitur* (*Épigrammes*, VII, 5). L'écriture pamphlétaire de Lactance n'en fait pas l'économie : dans *De la mort des persécuteurs*, Galère généralise les supplices réservés aux chrétiens (XXII, 1 : *Quae igitur in christianis excruciandis didicerat, consuetudine ipsa in omnes exercebat*, « Dans la suite, la force de l'habitude lui faisait appliquer à tout le monde ces supplices qu'il avait appris en torturant les Chrétiens »), « les lois avaient disparu [et] l'arbitraire régnait en tout » (*Licentia rerum omnium solutis legibus adsumpta*, *cf. ibid.*, XXII, 5). Sa politique fiscale change la face du monde : *At uero illud publicae calamitatis et communis luctus omnium fuit, census in prouincias et ciuitates semel missus*, « Mais voici ce qui devint une calamité publique et plongea le monde entier dans un deuil commun : le cens, imposé dans leur ensemble aux provinces et aux cités » (*ibid.*, XXIII, 1). *Cf.* le chapitre XXIII dans son entier, dominé par l'argument de totalité, et notamment XXIII, 8 : Lactance précise que même les mendiants n'échappent pas à la cruauté de Galère. Ces derniers sont rassemblés sur des navires puis jetés à la mer. On peut encore citer Claudien, qui utilise l'argument de totalité pour décrire la politique répressive du consul Eutrope : *cuncta ferit dum cuncta timet*, « en craignant tout, il frappe tout » (*Contre Eutrope*, v. 182).

106 *Gall.*, IV, 9.

107 *Ibid.*, XIV, 5 : *a gubernaculis humani generis*.

des hommes mais aussi des femmes[108]. Le monde entier s'oppose également à Maximin[109], la plus cruelle des créatures[110]. Le rédacteur décrit Macrin de la façon suivante : *humili natus loco et animi atque oris inuerecundi, seque nunc Seuerum nunc Antoninum, cum in odio esset omnium et hominum et militum*[111].

On se doit d'observer enfin la récurrence de traits, probablement inventés pour la plupart, qui étoffent la figure de chaque empereur et pourraient participer à des éloges ou des blâmes indirects. L. Pernot avait décrit le procédé de l'« éloge indirect », « argument extrinsèque, par lequel l'éloge est fait en quelque sorte de l'extérieur et au moyen d'un détour[112] ». Par ce biais, l'orateur « fait rejaillir sur son objet les mérites d'un autre objet[113] ».

Il faut rappeler que ce type de stratégie a déjà fait les délices des poètes latins qui, dans leurs œuvres, ont construit une image du souverain. Par exemple, M. Garrido-Horry remarque que plus d'une centaine d'épigrammes martialiennes évoquent Domitien[114]. Son nom, *Domitianus*, n'apparaît que deux fois[115]. Martial utilise en effet une grande variété de termes pour le désigner : *Caesar* (soixante-huit fois), *dominus* (vingt-cinq), *deus* (vingt-quatre), *dux* (dix-neuf), *Iouis* (seize), *Augustus* (treize), *Tonans* (dix), *Germanicus* (neuf), *princeps* (cinq), *imperator* (trois) et *Dacicus* (une). L'éloge indirect se fonde donc sur ce très riche déploiement lexical, qui a

108 *Ibid.*, I, 1 : *cum Gallienum non solum uiri sed etiam mulieres contemptui haberent.* On peut rapprocher cet exemple de ce que L. Pernot appelle la « dichotomie globalisante » : « Pour exprimer la totalité, les encomiastes recourent également à ce qu'on peut appeler la "dichotomie globalisante", c'est-à-dire à un mode de présentation consistant à résumer l'ensemble des cas possibles en deux catégories » (L. Pernot, *La Rhétorique de l'éloge…*, p. 707).

109 *Gord.*, VII, 3 : *cum iam orbis terrarum odio contra Maximinum.*

110 *Maxim.*, IX, 2 : *Neque enim fuit crudelius animal in terris omnia sic in uiribus suis ponens, quasi non posset occidi.*

111 *Macr.*, II, 1 : « De basse naissance, effronté de caractère et de physionomie, il se donna tour à tour les noms de "Sévère" et d'"Antonin", alors que tous le haïssaient, aussi bien les civils que les militaires. »

112 L. Pernot, *La Rhétorique de l'éloge…*, p. 701.

113 *Ibid.*

114 M. Garrido-Hory, « L'Empereur chez Martial : *Dominus, Caesar, Deus* », *Mélanges Pierre Lévêque*, t. 8, Religion, anthropologie et société, Besançon, Université de Franche-Comté, 1994, Annales littéraires de l'Université de Besançon, 499, p. 235-257, ici p. 236. Le livre VIII est notamment dédié au prince (*ibid.*, p. 240). Les autres empereurs apparaissant dans l'œuvre sont Vespasien, Titus, Nerva et Trajan (*ibid.*, p. 236).

115 *Ibid.*, p. 239.

pour but de « renforcer la dénomination centrale de *Caesar*[116] ». Martial dresse de Domitien une image positive[117]. Par ailleurs, « la volonté, sans cesse louée, d'embellissement de la capitale » constitue un « témoignage de la piété de Domitien et de la supériorité du peuple romain[118] ».

Par ailleurs, P. Galand-Hallyn a étudié la sémiotique interne des *Silves* de Stace : cette dernière repose aussi sur une stratégie d'éloge indirect. « Le texte lui-même révèle fréquemment le caractère symbolique des objets décrits. Ceux-ci ont le plus souvent pour fonction de produire un "effet-personnage", où l'être humain concerné sera décrit indirectement, à travers un signifiant descriptif qui se rapporte à lui et possède des qualités identiques aux siennes. Le colosse équestre (I, 1), le palais gigantesque (IV, 2), la *Via Domitiana* (IV, 3) signifient la grandeur de Domitien[119]. » À la fin de la Silve 3 du livre IV, la Sibylle de Cumes, après le dieu-fleuve Vulturne, loue à son tour Domitien pour la construction de la *Via Domitiana* qui incarne progrès et civilisation. F. Morzadec a noté que le poète recourt à des procédés d'éloge direct et indirect. D'une part, la dimension épidictique du discours de la Sibylle apparaît très clairement[120]. D'autre part, on peut observer des réminiscences virgiliennes dans la prosopopée du Vulturne, qui rappelle celle du Tibre dans le chant VIII de l'*Énéide*, et dans la prophétie de la Sibylle, qui évoque le chant VI de l'*Énéide* et la quatrième Bucolique[121]. Or le choix d'un tel intertexte, qui met en jeu le fameux poète augustéen,

116 *Ibid.*, p. 254 : « *Caesar* englobe tous les aspects de la personne humaine et divine de l'Empereur. »

117 *Ibid.*, p. 241 : « Il admire sa beauté (*formosus*, VIII, 65) et le présente avec un visage majestueux (*pulchra ora*, IX, 65) et serein (*placidus*, VII, 99). Selon Suétone (*Dom.*, 20), il se considérait lui-même comme beau [...] et ce qualificatif ne pouvait que lui plaire. Son comportement envers Etruscus traduit un caractère clément et magnanime (*summe ducum*, VI, 83) et son attitude envers les peuples vaincus une personnalité empreinte de courage et de force : *inuictus* [...] Le guerrier se double d'un poète (VII, 1 et 2 ; 6 ; VIII, 2 et 4) [...] et d'un orateur (V, 5 et 6) qui a ramené l'âge d'or (VII, 2) ce qui amène Martial à louer [...] le pacificateur plus encore que le guerrier, la prospérité et la grandeur de Rome, plus que les magnificences de l'Empire. »

118 M. Garrido-Hory, *ibid.*, p. 246.

119 P. Galand-Hallyn, *Le Reflet des fleurs. Description et métalangage poétique d'Homère à la Renaissance*, Genève, Librairie Droz, 1994, p. 308.

120 F. Morzadec, « Stace et la Sibylle : rivalité littéraire autour de la louange de Domitien. La Silve IV, 3 », *La Sibylle : parole et représentation* [en ligne], Rennes, Presses universitaires de Rennes, 2004, *cf.* § 1.

121 *Ibid.*, § 7.

permet de créer une analogie entre Domitien et le premier empereur de Rome. Le dernier Flavien égale son illustre prédécesseur et ouvre un nouvel âge d'or[122].

L'éloge indirect est également employé au IVe siècle ap. J.-C. Ausone, lorsqu'il décrit la *Mosella*, « semble [...] escamoter la réalité, s'appuyant sur certains *topoi* descriptifs pour recomposer un décor de rêve[123] ». D'aucuns voient dans ce poème une « œuvre de propagande, commandée par Valentinien Ier à Ausone, et destinée à soutenir sa politique de résistance aux Alamans[124] ». L'Empereur aurait souhaité « romaniser "en douceur" » la rive droite du Rhin, et le paysage idéal de la Moselle devait illustrer cette « assimilation réussie[125] ». Si l'on s'en tient à cette théorie[126], le texte présente donc un exemple d'éloge indirect, l'empereur étant loué à travers la description positive de ses réalisations.

Dans l'*Histoire Auguste*, l'idée est simple : les bons empereurs sont attirés par l'exemple de leurs prédécesseurs restés célèbres pour leurs vertus, tandis que les mauvais princes ne prennent modèle que sur des tyrans. Alexandre fait ainsi élever des statues des empereurs divinisés

122 « Mais si Stace choisit la Sibylle campanienne et Virgile, c'est également pour les implications idéologiques qu'offre leur association et que Stace exploite en vue du panégyrique de Domitien. Virgile et la Sibylle de Cumes, c'est l'annonce d'un nouvel âge d'or et c'est la glorification du pouvoir d'Auguste. Stace réinvestit ces données pour la louange de Domitien [...] la Sibylle sert à la fois à renvoyer à l'univers de Virgile et à assurer indirectement tout autant que directement la louange de l'empereur [...] Par un système de comparaison implicite avec Auguste, la Sibylle atteste de la supériorité de Domitien, de ses qualités semblables à celles d'Auguste, mais portées encore à un degré de perfection supérieur. » (*ibid.*, paragraphes 9 et 10). Sur la dimension littéraire des éloges de Domitien dans les *Silves*, *cf. ibid.*, § 31 : « Par sa propre ambiguïté soulignée par Stace, la Sibylle [dans la Silve 3 du livre IV] est un ingrédient nécessaire à la création de cet univers qui mêle le réel et l'illusion de l'imagination et des sens. Le poète s'attache à créer un espace privilégié pour la louange, pour hausser ses personnages à la dimension du mythe, les assimiler aux dieux et aux héros, certes, mais aussi pour créer un contexte où, à l'exception des autres, la louange prend sens, où elle se justifie, à part du monde réel ; si Domitien est loué de façon outrancière, peu importe, c'est dans un univers qui n'est pas celui du quotidien, ni celui de la réalité, mais dans un univers uniquement poétique et qui n'existe pas ailleurs. »

123 P. Galand-Hallyn, *ibid.*, p. 334.

124 *Ibid.*, p. 335.

125 *Ibid.*

126 P. Galand-Hallyn rappelle que cette thèse a été réfutée (*ibid.*). En revanche, R. Martin « admet qu'Ausone loue explicitement, à la fin de son poème, la prospérité que la politique énergique de l'empereur commence à rétablir en pays trévire et célèbre un "Empire bien en ordre", pourvu d'une administration structurée » (*ibid.*, p. 336).

dans le Forum du divin Nerva[127] et possède les images des meilleurs d'entre eux dans son laraire[128], ainsi que celle d'Alexandre le Grand[129]. Il a également une statue d'Achille, et celles d'autres grands hommes, dans son second laraire[130]. Alexandre aime également écouter les poètes et les orateurs qui traitent des héros d'antan, d'Alexandre le Grand, des bons empereurs et des hommes illustres de la Rome du passé[131]. Niger aime Auguste, Vespasien, Titus, Trajan, Antonin et Marc Aurèle[132]. Tacite veut bâtir un temple dédié aux empereurs divinisés, comprenant les statues des bons princes[133]. Dans un sens opposé, Caracalla, s'il est admiratif d'Alexandre le Grand (il s'agit là d'une réalité historique), se livre publiquement et régulièrement à des éloges de Tibère et de Sylla[134].

Remarquons que cette configuration énonciative (un personnage négatif vante les mérites d'un autre personnage négatif) n'est pas sans rappeler un passage de Claudien. Dans le *concilium deorum* qui ouvre le *Contre Rufin*, nous pouvons relever l'utilisation d'une prosopopée : Mégère célèbre les vices du ministre d'Arcadius devant les autres Furies. Autrement dit, on assiste à « l'éloge d'un personnage détestable prononcé par un personnage tout aussi détestable[135] ».

À titre de conclusion, nous pouvons souligner que l'Anonyme utilise, dans l'*Histoire Auguste*, des procédés traditionnellement employés dans les discours épidictiques, notamment ceux relevant du genre de la poésie aulique et du pamphlet. Il nous paraît pertinent de nous interroger à présent sur la portée de ces procédés.

---

127 *Alex. Sév.*, XXVIII, 6.
128 *Ibid.*, XXIX, 2.
129 *Ibid.*, XXXI, 4.
130 *Ibid.*
131 *Ibid.*, XXXV, 1.
132 *Pesc. Nig.*, XII, 1.
133 *Tac.*, IX, 4.
134 *Carac.*, II, 2.
135 C. Tournier, art. cité, p. 8. F. Ploton-Nicollet écrit que le motif de la « divinité préceptrice » ou « divinité pédagogue » constitue une stratégie de blâme dans l'*In Rufinum* : Mégère enseigne « les arts de la ruse et de la tromperie » à Rufin (F. Ploton-Nicollet, art. cité, p. 37). Sur l'évocation de Mégère dans le poème, *cf. ibid.*, p. 47-49.

LA PORTÉE DES PROCÉDÉS STYLISTIQUES

Nous avons démontré que l'*Histoire Auguste* est une œuvre biographique qui accorde une place importante à la fiction et qui met en jeu des procédés relevant de la rhétorique encomiastique. Il nous faut à présent réfléchir sur l'articulation entre la poétique et la rhétorique du texte pour tenter de mieux comprendre les intentions de l'Anonyme. Nous nous proposons donc, dans un premier temps, de rappeler la position de S. Ratti relative au sens du recours majeur à l'imagination dans les Vies, avant de présenter, dans un second temps, notre propre argumentaire, qui se fonde sur la portée des procédés stylistiques.

S. Ratti affirme que la fiction dans l'*Histoire Auguste* s'inscrit dans le cadre du conflit idéologique qui opposait les païens et les chrétiens. Le rédacteur recourt sciemment à l'*inuentio* afin d'assurer aux païens le maintien d'une influence dans le paysage littéraire d'alors : « On sait que Sulpice Sévère a emprunté à l'*Histoire Auguste* et cette dernière à Jérôme. Ces emprunts ne relèvent pas seulement des jeux de la parodie et des exercices formels gratuits : ils révèlent une lutte idéologique pour l'appropriation des moyens d'expression. Chacun des deux camps voulait se voir reconnaître la paternité de certaines valeurs morales [...] C'est donc exactement dans ce contexte que saint Jérôme et l'auteur de l'*Histoire Auguste* luttent pour s'approprier les formes de la biographie fictive et les faire servir leur dessein, apologétique dans le cas du premier, plus politique dans le cas du second, mais religieux dans les deux cas[136]. »

Par ailleurs, il faudrait voir dans les Vies des plus sombres tyrans de l'*Histoire Auguste* – les empereurs qui sont condamnés par le rédacteur pour des raisons religieuses (pratique des cultes orientaux ou tolérance à l'égard des chrétiens) – une expression des reproches que les adeptes de la nouvelle religion triomphante adressaient aux païens, dans le but de mieux les discréditer. À la lumière d'interprétations de différents passages de l'*Histoire Auguste* (notamment fondées sur l'étude de l'emploi du verbe « souiller », *polluere*[137]), le chercheur décrit l'élaboration d'un « miroir

136 S. Ratti, « Fiction, déconstruction... », p. 421. *Cf.* également *id.*, *Polémiques entre païens et chrétiens*, p. 14.

137 *Id.*, « Fiction, déconstruction... », p. 431.

déformant », tendu au camp adverse, et destiné à blâmer les prétentions à asseoir une domination absolue de la religion chrétienne sur l'Empire[138].

La description « caricaturale » des affinités de Commode pour les cultes de Mithra, Isis ou Bellone reflète les propos accusateurs que les chrétiens tiennent à l'encontre des cérémonies païennes[139]. Les « méfaits » d'Héliogabale sont analogues à ceux de Constantin et Théodose[140]. Le recours à la fiction devrait donc être considéré comme une stratégie de persuasion, une « arme » rhétorique travaillée avec soin et en même temps un ultime recours des milieux traditionnels pro-sénatoriaux, écrasés par la politique intolérante et autoritaire de la fin du IVe siècle. É. Wolff défend également la thèse d'une critique camouflée, destinée à éviter la censure, en notant toutefois que la fantaisie peut avoir une portée simplement ludique, les inventions visant à faire rire ou sourire le lecteur[141].

Il nous semble que la place de la fiction dans l'*Histoire Auguste* revêt bien un rôle majeur, mais que son interprétation, sans minimiser la thèse de S. Ratti, s'inscrit dans un cadre qui dépasse les luttes religieuses de la fin du IVe siècle. Une étude approfondie de la signification des différents procédés stylistiques que le rédacteur emploie pourrait nous permettre de mieux comprendre la nature des intentions de l'écrivain.

Les stylisticiens modernes appréhendent sous des angles différents le rôle et l'importance des figures de style. G. Molinié, qui considère que la véritable finalité du discours est d'ordre argumentatif, rattache à son essence la notion d'ornementation ; il en découle que toutes les figures de style sont nécessairement des ornements[142]. Elles constituent

---

138 *Ibid.*, p. 428-433.

139 *Ibid.*, p. 429. « L'objectif de l'*Histoire Auguste* est donc d'illustrer l'idée suivante : ce que disent les chrétiens dans leurs diatribes contre les pratiques païennes n'a pas plus de fondement ni de crédibilité que ce que l'on raconte ici à propos de Commode. »

140 *Ibid.*, p. 431-432.

141 É. Wolff, art. cité, p. 24-25.

142 À ce sujet, *cf.* G. Molinié, « Problématique de la répétition », *Langue française*, n° 101, 1994, p. 102-111, ici p. 102-103 : « En pragmatique rhétorique, la visée du discours [est] tout entière la persuasion par la séduction [...] le discours ainsi mis en jeu est forcément orné. Que l'ornement repose sur le matériel sonore, la disposition de la phrase, le choix du narré, ou même l'ordre argumentatif. Ou que l'ornement paraisse comme un anti-ornement : il existe une esthétique du dépouillement, de la nudité et du rien décoratif [...] il serait tentant de soutenir que [...] la totalité des figures, se définissent comme ornement, ce qui veut dire que toutes les figures sont entièrement des ornements, que l'ornement épuise la définition de la figure, et que la figure épuise la définition de l'ornement. Même si cela paraît exorbitant, il faut reconnaître que l'on n'a [...] pas d'autres solutions vraiment présentables. »

en réalité des formes d'emphase, dans le sens où leur emploi provoque chez le lecteur un sentiment de reconnaissance d'une intention particulière de l'écrivain[143].

L. Perrin élabore une autre analyse. Après avoir rejeté l'opposition traditionnelle entre tropes et figures de pensée[144] soutenue au-delà de l'Antiquité par des théoriciens du XIXe siècle comme Dumarsais ou encore Fontanier, le linguiste propose de considérer tout énoncé tropique comme étant par essence hyperbolique, le cas de l'ironie mis à part, dans la mesure où les figures comportent toujours une certaine part d'exagération[145]. L'hyperbole « montre » qu'elle exagère : en d'autres termes, tout discours se fondant sur des énoncés tropiques non-ironiques présente une « fausseté manifeste », qui annonce l'intention de l'émetteur de faire figure. Dans le cas où la fausseté des énoncés ne serait pas évidente, il faudra parler de mensonge[146].

Ni Aristote, ni Théophraste ni Démétrios ne donnent de définition de l'hyperbole[147], trope ou figure de pensée (la classification varie) qui est « comme consubstantielle au genre épidictique[148] » ; le premier apporte

143 « L'emphase est la qualité idéale du discours : centrée sur le matériel verbal, sur l'ensemble signifiant, elle en déborde et irradie comme d'un halo de feu. L'emphase est le moyen d'une réception bouleversée. Elle enferme ainsi tout le champ des figures, en tant que celles-ci sont mises en œuvre dans une réception active, dynamique du discours emphatique. Les figures, comme matériel de l'ornement, se mesureraient à réception comme la reconnaissance, le ressentiment, d'une activité discursive particulière. Les figures s'appréhenderaient donc dans une certaine durée, dans une activité continue. » (*ibid.*, p. 102-103).

144 L. Perrin, *L'Ironie mise en trope. Du sens des énoncés hyperboliques et ironiques*, Paris, éditions Kimé, 1996, p. 9.

145 Cette approche taxinomique se fonde sur l'idée que les procédures interprétatives déclenchées par le destinataire lors de l'émission d'un discours comportant des énoncés tropiques sont identiques pour toutes les figures de style, exception faite de l'ironie (*ibid.*, p. 51). « C'est l'hyperbole, et non la métaphore, qui sera érigée en figure emblématique des procédés tropiques non ironiques. Plusieurs considérations militent en faveur de ce choix. Premièrement, comme le soulignait déjà Fontanier, l'hyperbole "se trouve dans la plupart des comparaisons et des métaphores" (1977, 124). De fait, tout énoncé tropique non ironique est fondamentalement hyperbolique. » (*ibid.*, p. 52).

146 Nous résumons ici une idée maîtresse de l'ouvrage de L. Perrin en empruntant son vocabulaire.

147 F. Delarue, « L'hyperbole d'Aristote à Quintilien », *Revue Tranel (Travaux neuchâtelois de linguistique)*, 2014, vol. 61-62, p. 153-169, ici p. 154.

148 L. Pernot, *La Rhétorique de l'éloge…*, p. 403. « Loin de conquérir progressivement une place dans les discours d'éloge, [l'hyperbole] y occupe un rôle essentiel dès l'époque classique. »

peu de renseignements, et il ne nous reste que trop peu de matière pour pouvoir nous faire une idée précise de la pensée du second. Le dernier, qui distingue, à la suite d'une tradition, trois types d'hyperboles (par similitude, supériorité, impossibilité[149]), commente en revanche longuement la figure à l'aune des quatre grands styles (styles grand, élégant, simple, véhément) dont il donne une définition : les auteurs qui useront du grand style seront particulièrement exposés au risque d'exagérer à outrance et de tomber dans une certaine « froideur ». Il existe des réussites mais elles font figure d'exceptions ; la vraie place de l'hyperbole est dans le « comique » ou le « gracieux[150] ».

Selon la *Rhétorique à Herennius* (4, 44), « l'hyperbole (*superlatio*) est une expression qui dépasse la vérité, pour amplifier ou pour rabaisser ». La définition de Cicéron décrit « l'exagération et le dépassement de la vérité (*ueritatis supralatio atque traiectio*) pour amplifier ou pour rabaisser (*De or.*, III, 203) » : l'orateur « dépassera (*supra feret*) souvent ce qui est possible (*Or.* 139)[151] ». L'hyperbole est donc un procédé rhétorique qui cesse de mettre mal à l'aise : elle est un outil pragmatique destiné à remporter l'adhésion de l'auditoire. Cicéron reconnaît également la possibilité d'un usage plaisant[152]. Le Pseudo-Longin, dans son *Traité du sublime*, évoque

---

149 Cette tripartition apparaît dans Démétrios, *De eloc.* 124. Démétrios remet toutefois en cause cette classification, en affirmant que toutes les hyperboles se basent en réalité sur une impossibilité (*cf.* F. Delarue, *ibid.*, p. 157). Pour les autres références inhérentes à cette tripartition dans la tradition, *cf.* également L. Pernot, *La Rhétorique de l'éloge*…, n. 370 p. 403 : « *Rhét. Her.*, IV, 44, Quint., VIII, 6, 68-73 (avec ajout de formes subsidiaires), Cocondrios, *De trop.*, 237-238 Spengel. La troisième forme reçoit des dénominations diverses […] – Aristote, *Rhétorique*, III, 1413 a 21-29, se contentait de souligner la parenté de l'hyperbole avec la métaphore et la comparaison (*cf. Poés.* 1461 a 16-21 et Cic., *Top.*, 45). Certains traités distinguent seulement deux types, fondés respectivement sur l'*emphasis* et sur l'*homoiôsis* (Anonyme, *De trop.*, 211 et Choiroboscos, *De trop.*, 252-253 Spengel) ».

150 Nous reprenons les mots de F. Delarue, *ibid.*, p. 158. *Cf.* également L. Pernot, *ibid.*, p. 408 : « Quand l'hyperbole est employée à juste titre, elle appartient au grand style. Autrement, elle produit seulement un simulacre de grand style, vain, froid et de mauvais goût. »

151 Citations relevées par F. Delarue, *ibid.*, p. 160.

152 *Ibid.*, p. 160. *Cf.* Cic., *De oratore*, II, 267 : *Etiam illa, quae minuendi aut augendi causa ad incredibilem admirationem efferuntur ; uelut tu, Crasse, in contione : "ita sibi ipsum magnum uideri Memmium, ut in forum descendens caput ad fornicem Fabi demitteret". Ex quo genere etiam illud est, quod Scipio apud Numantiam, quom stomacharetur cum C. Metello, dixisse dicitur : "si quintum pareret mater eius, asinum fuisse parituram."*, « Plaisante aussi, cette figure de langage qui, pour diminuer ou augmenter la vérité des choses, est poussée jusqu'au surprenant et à l'incroyable. Ainsi, Crassus, tu dis de Memmius, un jour, dans l'assemblée : "Il croit sa personne si grande qu'en venant au Forum il se baisse pour passer sous l'arc de Fabius." De même, à ce que l'on rapporte, Scipion, au siège de Numance, dans un

le danger de recourir à cette figure[153]. Pour Quintilien, « si l'hyperbole dépasse toujours la croyance (*ultra fidem*), elle ne doit pas dépasser la mesure (*ultra modum*)[154] » ; elle s'inscrit en outre dans un rapport de supériorité vis-à-vis des autres tropes[155]. Il rajoute : « l'*hyperbolê* est une vertu, quand la chose dont nous avons à parler outrepasse la mesure naturelle (*naturalem modum excessit*). Il est permis en effet de dire plus, parce que nous ne pouvons dire juste ce qu'il faut et mieux vaut aller au-delà que rester en deçà (*melius ultra quam citra*)[156]. »

Il est important de relever que le théoricien évacue toute confusion possible avec le mensonge :

> *Monere satis est mentiri hyperbolen, nec ita ut mendacio fallere uelit. Quo magis intuendum est quo usque deceat extollere quod nobis non creditur [...] Est autem in usu uulgo quoque et inter ineruditos et apud rusticos, uidelicet quia natura est omnibus augendi res uel minuendi cupiditas insita nec quisquam uero contentus est.* (Quint., VIII, 6, 74-75)
>
> « Il suffit d'avertir que si l'hyperbole ment, ce n'est pas un mensonge intentionnel. Il faut donc voir jusqu'à quel point il convient d'exagérer ce que notre auditoire refuse de croire [...] Or, l'hyperbole est communément employée aussi par des gens sans culture et des paysans, parce que, apparemment, nous sommes tous portés par nature à grossir ou diminuer les choses, et que personne ne se satisfait de la vérité. »

L'hyperbole est l'expression de notre inclination naturelle à exagérer[157] ; dans le même esprit qu'Alexandros fils de Nouménios, Quintilien

---

moment d'humeur contre Metellus, s'écria : "Si ta mère avait accouché une cinquième fois, certainement ç'eût été d'un âne." »

153 F. Delarue, *ibid.*, p. 163.

154 Quint., VIII, 6, 73 (*Institution oratoire*, t. V, livres VIII et IX, texte établi et traduit par J. Cousin, deuxième tirage, Paris, Les Belles Lettres, 2003). Sur cette idée que l'hyperbole ne doit pas être excessive, *cf.* également *Du sublime*, 38, 1-2.

155 F. Delarue, *ibid.*, p. 166.

156 Cette citation (Quint., VIII, 6, 76) est empruntée à F. Delarue, *ibid.*, p. 167.

157 Sénèque envisage les choses différemment (*cf. Des bienfaits*, VII, XXIII, 1-2) : *In hoc omnis hyperbole extenditur, ut ad uerum mendacio ueniat. Itaque ille, cum dixit : "Qui candore niues anteirent, cursibus auras", quod non poterat fieri dixit, ut crederetur, quantum plurimum posset. Et qui dixit : "His immobilior scopulis, uiolentior amne", ne hoc quidem se persuasurum putauit aliquem tam immobilem esse quam scopulum. Numquam tantum sperat hyperbole, quantum audet, sed incredibilia adfirmat, ut ad credibilia perueniat.* « Si l'on enfle l'hyperbole, c'est en général pour aboutir à l'impression juste par le mensonge. Aussi tel poète, par ces mots : "qui surpassaient en blancheur les neiges, en vitesse les souffles de l'air", a dit une chose impossible, afin qu'on imaginât le plus haut degré possible ; et tel autre, par ces mots :

définit le procédé comme « un mensonge qui ne veut pas tromper[158] ». L. Pernot écrit encore « l'hyperbole dit l'incroyable pour faire croire la vérité, par une sorte de contre-litote. Aussi s'applique-t-elle aux objets qui passent la mesure ordinaire et dont la grandeur ne serait pas suffisamment rendue par les mots propres[159] ».

Suétone emploie déjà cette figure dans ses biographies : elle peut servir à introduire dans le récit historique une dimension « merveilleuse » et « romanesque[160] » :

> *Alexandriae circa oppugnationem pontis, eruptione hostium subita conpulsus in scapham, pluribus eodem praecipitantibus, cum desilisset in mare, nando per ducentos passus euasit ad proximam nauem, elata laeua, ne libelli quos tenebat madefierent, paludamentum mordicus trahens, ne spolio poteretur hostis.* (Suét., *Cés.*, LXIV)
>
> « Dans Alexandrie, pendant l'attaque d'un pont, une brusque sortie de l'ennemi l'obligea de sauter dans une barque, mais comme un grand nombre de soldats s'y précipitaient aussi, il s'élança dans la mer et nagea sur une longueur de deux cents pieds jusqu'au navire le plus proche, tenant la main gauche levée, afin de ne pas mouiller des écrits qu'il portait, et serrant entre ses dents son manteau de général, pour ne pas laisser à l'ennemi cette dépouille. »

Si la nature du genre de l'éloge invite tout naturellement les encomiastes à recourir à l'hyperbole, il n'est guère étonnant de voir le rédacteur de l'*Histoire Auguste* employer une rhétorique hyperbolique. Des exemples d'énoncés ont été relevés précédemment.

Il nous semble fondamental d'étudier plus en détail l'exemple de Maximin l'Aîné. L'annexe I du présent mémoire montre que la biographie de cet empereur réserve un rôle majeur à la figure de l'hyperbole et que cette dernière, dans ses différents emplois, dépasse régulièrement

"plus ferme que ces rochers, plus fougueux qu'un torrent", n'a pas pensé non plus que, sur sa parole, on attribuerait à un homme la fermeté du roc. Jamais l'hyperbole n'escompte un effet proportionné à son audace ; mais elle affirme l'incroyable pour atteindre au croyable » (Sénèque, *Des bienfaits*, t. II, texte établi et traduit par F. Préchac, Paris, Les Belles Lettres, 1961). En outre, l'hyperbole est une composante essentielle de l'épopée ; elle participe donc à la construction d'un univers fictionnel qui, par opposition au réel, est factice. L'hyperbole, qui contribue à l'édification d'une forme de « mensonge » est-elle donc pour autant un mensonge ? Ces questions nous renvoient au vaste débat sur le statut de la fiction.

158 L. Pernot, *La Rhétorique de l'éloge*…, p. 407.

159 *Ibid.*

160 Pour reprendre les mots de J. Gascou. La fuite à la nage de César à Alexandrie est mentionnée comme exemple dans *Suétone historien*, p. 437.

le sens de la mesure, pour reprendre les mots de Quintilien. On relève, outre des amplifications numériques particulièrement excessives, des réifications animalières et des comparaisons, que nous avons évoquées précédemment dans ce mémoire.

Les occurrences visent à mettre en valeur la force surhumaine et la monstruosité de Maximin ; elles décrivent le nombre de soldats qu'il pouvait vaincre à la lutte, l'abondance de nourriture et de vin qu'il pouvait absorber, la quantité de sueur qu'il recueillait[161], ou encore les proportions exceptionnelles de son corps[162]. On rencontre également des passages théâtralisés, des parodies d'aristie (songeons au combat singulier qui oppose Maximin à un tribun, les anecdotes du chariot gaulois…).

Il faut voir dans cette grande variété de procédés déployés une expression de la fantaisie du rédacteur, qui s'oriente vers une écriture romanesque. Certains énoncés hyperboliques présentent par ailleurs de grandes similitudes avec des descriptions appliquées à d'autres empereurs (Firmus, Claude et Marius), ce qui trahit bien là un artifice littéraire.

Notons que les développements sont toutefois construits à partir d'une matière préexistante. A. Chastagnol a relevé cinquante-neuf utilisations de Végèce dans l'*Histoire Auguste* (sous la forme d'allusions au *De Mulomedicina* et *De re militari*)[163], qui concernent essentiellement les Vies des empereurs-soldats (Maximin, Claude, Aurélien, Probus, Marius et Ballista). Selon ce chercheur, certaines amplifications de la Vie des Maximins sont inspirées du théoricien militaire. Du point de vue lexical, il n'est guère possible de voir des marques d'intertextualité dans le portrait de Maximin, car le rédacteur utilise l'expression *magnitudo corporis* à six reprises dans la biographie (II, 2 ; II, 6 ; III, 6 ; VI, 6 ; VI, 8 ; IX, 3)[164].

Mais des traces de son influence sont en revanche identifiables dans la description de son fils, Maximin le Jeune : *proceritas uidebatur*

161 « Le thème de la "sueur" (*cf. Max.* 4, 3) est courant chez Jérôme : *nemo athleta sine sudoribus coronatur* (14, 10, 3) – *cotidie et proprio sudore* (*cf.* 24, 2) *quaerimus cibum* (17, 2, 4) – *sudarium* (21, 5, 2 et 52, 9, 1) – *labore desudans* (21, 28, 3) – *sudore laborauit* (33, 4, 1). Mais l'idée saugrenue de ramasser la sueur dans un *calix* n'a pu venir à l'esprit du rédacteur de l'H.A. que par une dérision d'un autre emploi religieux. » (J. Schwartz, « La *Vita Marci* 17,4… », p. 258).

162 Pour consulter les citations, on se reportera à l'annexe I.

163 A. Chastagnol, « Végèce et l'*Histoire Auguste* », *B.H.A.C. 1971*, cité précédemment, p. 59-80. La liste des passages est proposée p. 78-79.

164 *Ibid.*, p. 67.

posse illius esse, ut ad paternam staturam perueniret (XXVII, 2) ; les termes *proceritas* et *statura* sont employés par Végèce en référence à la grande taille des recrues militaires (I, 5)[165]. « Végèce évoque alors les traits physiques qui laissent présager l'étoffe d'un bon soldat, en particulier des doigts allongés, un mollet et des pieds nerveux : *digitis longioribus, suris et pedibus non superflua carne distentis sed neruorum duritia collectis* (I, 6)[166]. » A. Chastagnol établit un rapprochement entre ce passage et les indications relatives aux doigts de Marius (qui lui permettaient d'accomplir des exploits) et au pouce de Maximin, pouce décrit comme étant aussi gros que le cou de sa femme[167]. « L'allusion aux chevaux et mules et à leurs dents cassées nous oriente également vers l'auteur du *De Mulomedicina*, aussi bien dans le cas de Maximin que dans celui de Claude[168]. » Le thème de la sueur dans la Vie des deux Maximins est également emprunté à Végèce, qui note, en I, 10, que « les jeunes recrues, après l'exercice, sont couvertes de sueur et de poussière et qu'elles doivent alors se baigner et nager pour se délasser et éliminer ces impuretés[169] ».

Ces emprunts mis à part, les hyperboles ont pour fonction de dessiner le caractère des empereurs, caractère fondé sur un gigantisme et donc un aspect monstrueux. Elles participent au processus de déshumanisation du tyran[170] ; l'exemple de Maximin est particulièrement parlant, et les animalisations qui servent à le décrire achèvent de brosser le tableau d'un individu en marge de la communauté des hommes.

Le recours à la métaphore est également très important dans la Vie des deux Maximins. Maximin l'Aîné est associé aux grands héros mythologiques, Hercule, Achille, Hector et Ajax[171]. Une nouvelle référence à Hercule s'accompagne des comparants Milon de Crotone et Antée[172]. On relève également les noms de Cyclope, Busiris, Sciron, Phalaris,

165 *Ibid.*

166 *Ibid.*

167 *Ibid.*, p. 67-68.

168 *Ibid.*, p. 68.

169 *Ibid.*

170 Comme nous l'avons déjà mentionné, le recours à l'hyperbole destiné à mettre en scène la déshumanisation du tyran est également observable chez Claudien. Dans le premier livre du *Contre Rufin*, Mégère affirme que Rufin dépasse les pires monstres mythologiques (v. 89-91).

171 *Maxim.*, IV, 9.

172 *Ibid.*, VI, 9.

Typhon et Géant, pour souligner le caractère cruel de l'empereur[173]. Ces métaphores sont présentées comme des surnoms que des locuteurs anonymes donnent à Maximin. Les figures de Spartacus et d'Athénio sont invoquées pour décrire sa façon de gouverner[174]. L'appellation de Cyclope apparaît également dans la description de Firmus[175].

Or Aristote, comme le rappelle L. Pernot[176], avait déjà relevé une parenté de l'hyperbole avec la comparaison et la métaphore (*cf. Poés.* 1461 a 16-21 et Cic., *Top.*, 45). Le chercheur note que, comme pour le cas de l'hyperbole, les métaphores et les comparaisons[177] visent à « assimiler l'objet à ce qu'il n'est pas, afin de mieux dire ce qu'il est » ; il s'agit d'un « mentir-vrai[178] » qui relève de l'amplification et donc trouve une place de choix dans les éloges.

Les fonctions de la figure dans l'*Histoire Auguste*, du moins dans la Vie des deux Maximins, semblent donc correspondre à celles évoquées par L. Pernot : le procédé joue un rôle ornemental et argumentatif[179]. Ces deux aspects apparaissent, vraisemblablement, en concomitance dans les différents cas d'emploi étudiés[180]. Ils expliquent que l'œuvre soit décrite fréquemment comme un « roman historique ». Par ailleurs, nous avons démontré comment la figure s'inscrivait dans une stratégie de blâme du prince.

À ce stade, nous pouvons donc simplement nous contenter d'affirmer que le rédacteur construit son univers fictionnel en dessinant des personnages négatifs à l'aide de procédés rhétoriques. Toutefois, hyperboles et métaphores mises à part, nous voudrions remarquer, en nous fondant à présent sur l'œuvre entière, que le texte est dominé par deux autres procédés : la répétition et l'ironie.

173 *Ibid.*, VIII, 5.
174 *Ibid.*, IX, 6
175 *Ibid.*, IV, 1.
176 L. Pernot, *La Rhétorique de l'éloge*…, n. 370 p. 403.
177 Rappelons que, dans l'Antiquité, il n'y a entre ces deux figures « qu'une différence de degré, non de nature » (*ibid.*, p. 410).
178 *Ibid.*, p. 412.
179 *Ibid.*, p. 420.
180 *Ibid.* et G. Molinié, art. cité, p. 102-103.

DEUX FIGURES MAÎTRESSES : LA RÉPÉTITION ET L'IRONIE

RÉPÉTITION

Il nous semble capital de remarquer qu'une autre figure de style est employée de façon systématique dans l'*Histoire Auguste* – une figure qui, on l'aura compris, est par essence hyperbolique, si l'on adhère à la conception de L. Perrin – à savoir la répétition[181]. Le terme, hyperonymique, englobe différentes manifestations de traits itératifs, que nous pouvons organiser pour le cas présent en deux grandes catégories.

La première catégorie concerne l'inclusion de passages empruntés à des textes de la littérature antique dans le recueil (nous faisons abstraction des sources historiques, comme Hérodien ou Dion Cassius, dans la mesure où cette démarche de réécriture constitue une norme, comme nous l'avons déjà signalé précédemment). La fidélité au texte-source reste variable, dans la mesure où l'Anonyme peut choisir aussi bien de restituer littéralement des vers de Virgile que de réécrire avec son propre vocabulaire des épisodes de Suétone.

Nous avons déjà dans ce mémoire relevé nombre d'exemples illustrant ce phénomène. Rappelons seulement les « réminiscences suétoniennes » du passage sur les supplices de la Vie d'Avidius Cassius, qu'A. Chastagnol a relevées : « Le bris de jambes infligé aux déserteurs et l'immersion des condamnés dans un fleuve trouvent d'abord des parallèles en *Aug.*, 67, 3. » Le segment de l'*Histoire Auguste, in profluentem mergi iubebat uel in mare*, évoque un extrait de la Vie de Tibère traitant des « horreurs de Capri » : *Carnificinae eius ostenditur locus Capreis, unde damnatos post longa et exquisita tormenta praecipitari coram in mare iubebat*

181 Nous voudrions rappeler ici les propos de B. Goffaux, cités précédemment : « Les Romains percevaient en effet deux types de répétitions, celle des pensées et celle des mots ; à cause de cette division, fondamentale pour la rhétorique antique, il n'existait pas d'"entité discursive spécifique qui serait la citation et qui comprendrait les deux formes de répétitions, de choses et de mots. (...) Conséquence subtile (...), dans certains cas (...), quand les mots eux-mêmes sont effectivement répétés et où il s'agit bien d'une citation au sens contemporain, celle-ci vaut encore comme une forme de répétition de la pensée." » (B. Goffaux, « Mémoire et citation poétique dans l'*Histoire Auguste* », p. 226).

(*Tib.*, 62, 3)[182] etc. Le jeu de la recherche se fonde sur la découverte des nombreux emprunts de ce type.

À cette première catégorie de répétition, « exogène » pourrait-on dire, se superposent des répétitions « endogènes » : le rédacteur ressasse des éléments (expressions, événements…) dans différentes *Vitae* ou dans une même biographie.

En effet, comme on l'a vu, la Vie des deux Maximins répète les expressions *ferarum more* ou *belua* pour caractériser Maximin l'Aîné[183]. Mais les répétitions ne sont pas uniquement d'ordre lexical. Elles sont aussi d'ordre stylistique, puisque le rédacteur recourt à plusieurs reprises aux procédés de l'hyperbole, de la comparaison et de l'animalisation. Le texte insiste sur la capacité de Maximin à vaincre aisément un grand nombre d'adversaires (*Maxim.*, II, 7 ; III, 5 ; IV, 7 ; VI, 5 ; VI, 7[184]), ses surnoms (*ibid.*, IV, 9, VI, 9 ; VIII, 5[185]) et sa ressemblance avec une bête sauvage (*ibid.*, IX, 2 ; X, 1 ; XI, 6 ; XV, 6 ; XV, 8 ; XVII, 1-2 ; *Gord.*, XI, 5). Des anecdotes décrivant la force exceptionnelle d'un individu pouvant briser les dents d'un animal ou d'un autre personnage d'un seul coup de poing concernent aussi bien Maximin que Claude[186] (*Maxim.*, VI, 9 ; *Claud.*, XIII, 5 et XIII, 7). Le personnage de Firmus rappelle celui de Maximin[187] : le passage

182 Ces deux exemples se trouvent dans l'article d'A. Chastagnol, « Le supplice inventé par Avidius Cassius… », p. 102.

183 *Cf.* annexe I.

184 L'occurrence de *Maxim.*, VI, 7 ne met en scène qu'un seul adversaire.

185 Il faut relever également l'énoncé de *Maxim.*, IX, 6, qui recourt au procédé de la comparaison, même si les comparants ne sont pas présentés comme des surnoms.

186 *Cf.* annexe II.

187 Firmus pourrait être un personnage inventé par le rédacteur. *Cf.* R. Poignault, « Les usurpateurs du *Quadrige des Tyrans* dans l'*Histoire Auguste* : des personnages de roman ? », *Les Personnages du roman grec*, Actes du colloque de Tours, 18-20 novembre 1999, édités par B. Pouderon, avec la collaboration de C. Hunzinger et D. Kasprzyk, Lyon, Maison de l'Orient et de la Méditerranée Jean Pouilloux, 2001, Collection de la Maison de l'Orient méditerranéen ancien, Série littéraire et philosophique, 29, p. 251-268, ici p. 252 : Ammien Marcellin (22, 16, 15) et sans doute Zosime (1, 61, 1) évoquent des troubles à Alexandrie, mais Firmus n'est jamais nommé. *Cf.* également J. Straub 1972, p. 545 ; Stein 1909, col. 2382 (*ibid.*). – Les autres protagonistes du Quadrige sont évoqués, en revanche, par d'autres sources : Proculus et Bonosus, absents des sources grecques, sont mentionnés par les auteurs latins, la source commune étant vraisemblablement l'Histoire impériale d'Enmann ; *cf.* notamment Aur.-Vict., *Caes.*, 37, 3 (qui ne nomme toutefois pas Proculus) ; Eutr., 9, 17 ; Ps. Aur.-Vict. 37, 2 ; Oros., *Hist.*, 7, 24, 3 ; Pol. Silv., *Chron. min.* 1, 522, 52-3 (Mommsen) ; *HA Prob.* 18, 4-5. Ces références sont indiquées dans l'article de S. Estiot, « Probus et les "tyrans minuscules" Proculus et Bonosus. Que dit la monnaie ? », *H.A.C.N.*, *Atti dei Convegni sulla Historia Augusta XII*, cité précédemment,

du Quadrige qui rapporte les proportions exceptionnelles du premier, son surnom de Cyclope, ses habitudes alimentaires hors du commun et un de ses exploits en particulier (*Quadr.*, IV, 1-4) fait écho à différents énoncés de la Vie des deux Maximins (*Maxim.*, VI, 8 et XXVIII, 8 ; IV, 1 ; VI, 7 VIII, 5). Cet échantillonnage permet donc de constater que des unités lexicales et stylistiques peuvent s'appliquer à différents empereurs (rappelons qu'Élagabal est également dépeint comme une bête sauvage[188]).

Par ailleurs, F. Paschoud, commentant quatre passages dans lesquels l'Anonyme précise que les deux empereurs désignés par le Sénat en 238 se nomment, selon Dexippe, Maxime et Balbin (alors que les sources latines parlent de Pupien et Balbin), écrit : « ces quatre passages illustrent une technique familière à l'*Histoire Auguste*, consistant à ressasser les mêmes précisions avec les mêmes garants, par l'effet d'une sorte de réflexe conditionné[189]. »

Des informations d'ordre philologique expliquent ces phénomènes de la seconde catégorie et il est vraisemblable que des négligences dans la méthode de travail de l'écrivain sont en cause. Rien n'interdit toutefois de supposer que l'Anonyme était parfaitement conscient de ces redites et les ait volontairement conservées[190]. Si tel est le cas, il faut s'interroger sur la véritable portée des doublons, à condition qu'ils en aient une[191]. Faudrait-il voir l'expression d'un esprit d'autodérision ? En effet, la répétition n'aurait-elle pas pour finalité de vider le contenu de son sens ?

---

p. 205-241, ici p. 207. Saturninus est mentionné par Zosime (qui précise qu'il est maure et non gaulois comme l'affirme le *Quadrige, cf.* Zosime, 1, 66, 1 et *Quadr. tyr.*, VII, 1), Jérôme (*Chronique* de l'année 281, p. 224, I. 7-10 Helm), Jordanès (*Romana* 293), Orose (*Histoires*, VII, 24, 3), Aurélius Victor (37, 3), l'Épitome (37, 2) et Eutrope (IX, 17, 1), *cf.* R. Poignault, art. cité, p. 253. Firmus est évoqué dans la Vie d'Aurélien (*Aur.*, XXXII, 2) alors que les trois autres usurpateurs sont nommés dans la Vie de Probus (*Prob.*, XVIII, 4-7).

188 *Cf. supra.*

189 F. Paschoud, « L'*Histoire Auguste* et Dexippe », p. 253.

190 Nous nous garderons toutefois de généraliser, car il faut prendre en compte la singularité de chaque cas de figure.

191 À titre de rappel : « On oppose, on le sait, comme c'est indiqué dans plusieurs ouvrages (Molinié 1986, 1989, 1992) deux seules grandes catégories de figures : les macrostructurales et les microstructurales. Leurs définitions sont réciproquement négatives : les premières n'apparaissent pas automatiquement à réception, elles ne sont pas obligatoires pour l'acceptabilité sémantique du discours, elles ne dépendent pas de la forme matérielle du segment ; les secondes au contraire s'imposent automatiquement à réception, leur repérage détermine parfois l'acceptabilité du message, elles dépendent de la forme du matériel verbal sur lequel elles sont isolables. » (G. Molinié, art. cité, p. 104).

Notre étude nous a permis également de prendre conscience de la manière dont l'*Histoire Auguste* reprend des thèmes traditionnels de la rhétorique de condamnation des tyrans. Les clichés du mauvais empereur (fascination pour l'Orient, inceste, parricide…) sont présents dans l'œuvre. Par ailleurs, le rédacteur, comme nous allons le voir ultérieurement, propose sporadiquement des réflexions sur sa méthode de travail, l'esthétique du texte, la question de la vérité en histoire, autant de sujets fréquemment traités par les historiographes dans leurs ouvrages. L'architecture des biographies, quant à elle, s'inspire de Suétone[192]. La répétition concerne donc également des unités thématiques et structurelles.

Le débat met alors en jeu les notions d'intertextualité et d'énonciation aphorisante développées précédemment. Il est intéressant de relever que les réseaux de répétitions, exogènes et endogènes, participent d'un « système macrostructural[193] » qui donne une certaine unité à l'*Histoire Auguste*, unité toute relative, certes, car il existe des différences de degré dans le recours à l'invention entre les Vies principales, secondaires, intermédiaires et dernières. Il n'en reste pas moins que le ressassement de procédés rhétoriques, de thèmes et de motifs constitue un élément caractéristique de l'architecture de l'œuvre.

IRONIE

La présence d'énoncés ironiques dans le recueil a été fréquemment soulignée par les chercheurs[194]. Ces énoncés peuvent prendre des formes très variables et ils contribuent également, au même titre que la répétition,

---

192 *Cf. infra.*

193 « Quand on a affaire à des itérations thématico-sémantiques, le système est également nettement macrostructural, dans la mesure où seule une opération active de décodage du récepteur réunit des éléments qui, indépendamment les uns des autres, fonctionnent en admettant des modifications formelles sans conséquence sur l'effet de sens produit » (G. Molinié, *ibid.*, p. 105).

194 Lactance recourt également à l'ironie. Citons cet exemple, exposant le sort réservé aux mendiants : *Atquin homo pius misertus est illis, ut non egerent. Congregari omnes iussit et exportatos nauiculis in mare mergi. Adeo hominem misericordem, qui prouiderit ne quis illo imperante miser esset !*, « Au moins ce bon apôtre eut-il pitié d'eux et fit-il en sorte qu'ils ne manquassent de rien. Il donna l'ordre de les rassembler tous, de les embarquer sur des navires, et de les jeter à la mer. Quel homme miséricordieux, qui prit soin que sous son règne, il n'y eût aucun pauvre ! » (Lactance, *op. cit.*, XXIII, 8). Ces pointes d'ironie, qui trahissent l'exaspération de l'auteur, constituent le climax d'une série de mesures coercitives de Galère relatives à sa politique fiscale (*ibid.*, XXIII).

à donner une unité à l'œuvre. Il convient de rapporter quelques exemples avant de réfléchir sur le choix du recours à la tonalité ironique.

L'ironie peut être discrète, et se traduire par des allusions. Une brève phrase de la Vie d'Élagabal suffit à montrer que l'Anonyme peut faire preuve de finesse :

> *Lauacrum publicum in aedibus aulicis fecit, simul et Plautiani populo exhibuit, ut ex eo condiciones bene uasatorum hominum colligeret.* (*Élag.*, VIII, 6)
>
> « Il [Élagabal] installa un bain public dans les appartements impériaux, en même temps qu'il ouvrit au peuple ceux de Plautianus, afin de recruter par ce moyen des amants bien sexués. »

On reconnaît dans cet extrait une marque du goût pour la dépravation qui caractérise si bien Élagabal. R. Turcan note que cette anecdote peut être inspirée de l'histoire de Zoticus : l'empereur se baigne en effet immédiatement avec lui une fois qu'il est arrivé à Rome et est entré dans le Palais[195]. Mais il remarque aussi que les bains de Plautianus ne sont pas connus des Régionnaires du IVe siècle[196]. Il nous semble qu'il convient de voir ici une référence au texte de Dion. L'historien raconte en effet un événement insolite concernant le mariage de Caracalla avec Plautille, fille de Plautien (préfet du prétoire de Sévère jusqu'en 205). Ce dernier aurait en effet, à l'occasion des noces, fait castrer chez lui cent Romains de naissance libre[197]. Si l'on garde en mémoire cette image d'un Plautien « castrateur », on comprend mieux le choix du nom de ces thermes fictifs, dans lesquels le prince vient recruter de nouveaux amants bien pourvus.

D'autres passages se révèlent plus explicitement comiques, comme cette anecdote également rapportée dans la Vie d'Élagabal et qui met en scène un comique de situation :

195 L'épisode est rapporté par Dion (80, 16, 5). *Cf. Vie d'Héliogabale*, Les Belles Lettres, n. 46 p. 181.

196 *Ibid.*

197 Dion, LXXV, 14 : « il fit castrer chez lui cent Romains de naissance libre, et cette entreprise ne fut connue d'aucun de nous qu'après sa mort ; elle peut donner idée de ses crimes et de sa puissance. Ce ne furent pas seulement des enfants et des jeunes gens, qu'il fit castrer, mais aussi des hommes, dont quelques-uns même avaient des femmes, afin que sa fille Plautilla, qu'Antonin épousa dans la suite, eût des eunuques tant pour la servir [que pour lui enseigner la musique et tous les autres arts]. Nous avons vu les mêmes hommes eunuques et maris, pères et privés de testicules, castrats et barbons. »

Sabinum consularem uirum, ad quem libros Ulpianus scripsit, quod in urbe remansisset, uocato centurione mollioribus uerbis iussit occidi. Sed centurio aure surdiori imperari sibi credidit, ut urbe pelleretur, itaque fecit. Sic uitium centurionis Sabino saluti fuit. (*Élag.*, XVI, 2-3)

« Sabinus, ancien consul à qui Ulpien a dédié un ouvrage, était resté en ville. L'empereur appela un centurion et lui donna d'une voix amortie l'ordre de le tuer. Mais le centurion qui était un peu dur d'oreille crut qu'on lui commandait de le chasser de Rome, et c'est ce qu'il fit. Ainsi l'infirmité du centurion sauva Sabinus. »

Sauf erreur de notre part, nous ne trouvons pas de tels renseignements dans les récits de Dion et d'Hérodien. La véracité du passage est donc ici très suspecte. L'épisode apparaît comme peu vraisemblable et digne d'une comédie.

Pour citer d'autres exemples, notons qu'A. Chastagnol, dans son introduction, relève de nombreux traits humoristiques, comme par exemple l'originalité des noms inventés. Maeonius Astyanax, conseiller du tyran Macrien[198], évoque « derrière un souvenir d'Homère le Méonien, le fils d'Hector et d'Andromaque[199] ».

Le rédacteur semble aussi se livrer à un exercice de parodie lorsqu'il détaille les *omina imperii* de la Vie d'Aurélien, rapportés par un certain Callicrate de Tyr, un écrivain selon toute vraisemblance fictif[200]. Durant l'enfance du futur empereur, un serpent se serait fréquemment enroulé autour de sa baignoire (*peluis*[201]), sans qu'il eût jamais été possible de le tuer ; la mère d'Aurélien aurait confectionné des langes avec un manteau de pourpre que le souverain de son temps avait offert au Soleil ; un aigle aurait soulevé Aurélien dans ses langes et l'aurait déposé sur un autel ; enfin, un veau serait né chez sa mère avec des taches tirant sur le pourpre, et dessinant sur l'un de ses flancs le mot « salut » et sur l'autre une couronne[202].

Dans le premier présage, on peut reconnaître une allusion à Juvénal et plus précisément à la satire VI[203]. Cette dernière met en scène une

198 *Tr. tyr.*, XII, 3.

199 A. Chastagnol, *Histoire Auguste*, introduction, p. CXI.

200 *Ibid.*, n. 1 p. 972.

201 A. Chastagnol propose de traduire par « cuvette de toilette ».

202 *Aur.*, IV, 4-7.

203 *Cf.* Juvénal, *Satires*, texte établi par P. De Labriolle, F. Villeneuve, traduit par O. Sers, Paris, Les Belles Lettres, 2002, Classiques en poche, n° 61, ici VI.

femme dépravée qui, après avoir bu trop de vin, vomit dans une *peluis*, un « bassin » (ou une « cuvette »). Le satiriste la compare à un serpent (*serpens*) échoué dans un tonneau : comme l'animal, *bibit et uomit*. L'association des termes *peluis* et *serpens* dans la Vie d'Aurélien autorise donc le rapprochement, d'autant plus quand on sait que d'autres emprunts à Juvénal ont été découverts dans le recueil[204].

Cette référence donne le ton récréatif au passage, qui s'éloigne de la relation historique sérieuse. Le serpent, animal traditionnellement annonciateur d'un destin royal[205], est supposé avoir fécondé Olympias[206] et Atia[207], et être sorti de l'oreiller de Néron[208]. On le retrouve dans de nombreux présages de l'*Histoire Auguste*, notamment dans les Vies de Septime Sévère, Maximin et Alexandre Sévère. La particularité du récit réside ici dans l'association de ce symbole de noblesse avec une réalité triviale, le bassin dans lequel la mégère de Juvénal vomit. On retrouve le voisinage du noble et de l'ignoble dans le présage suivant, quand l'Anonyme raconte comment les langes sont confectionnés avec un manteau de pourpre[209] : l'image est ici grotesque voire bouffonne. Les anecdotes de l'aigle[210] et du veau invitent également à sourire.

---

204 *Cf.* A. Chastagnol, *Histoire Auguste*, introduction, p. LXXXVI.

205 Sur le rôle du serpent dans les présages de l'*Histoire Auguste*, commenté par É. Smadja, *cf. supra*.

206 L'*Abrégé des* Histoires Philippiques *de Trogue Pompée* rapporte qu'Olympias avait avoué à Philippe qu'elle avait conçu Alexandre d'un serpent (Just., *op. cit.*, t. II, *cf.* XI, XI, 3). *Cf.* également É. Smadja, art. cité, p. 210 : « on connaît le rapport particulier qu'entretenait Olympias avec un serpent qui la suivait partout » et n. 107 p. 211 : « Selon Plutarque (*Vie d'Alexandre*, II-III), Olympias aurait été vue étendue à côté d'un serpent, qualifié aussi de dragon, et était suivie, dans les processions, de grands serpents apprivoisés. Pour certains, nous dit Plutarque, ce serpent aurait été Ammon. La parenté de l'anecdote concernant Atia avec celle-ci est évidente ; elles [évoquent] la possibilité d'une génération divine du souverain, l'un supposé fils d'Ammon, l'autre d'Apollon. Pour un commentaire développé, voir C. Bertrand-Dagenbach, *op. cit.*, p. 76 *sq.* »

207 *Ibid.*, n. 106 p. 210 : « Atia, endormie dans sa litière dans le temple d'Apollon, y reçoit la visite d'un serpent. Elle conserve sur le corps une tache indélébile en forme de serpent. » É. Smadja fait référence à un passage de la Vie d'Auguste de Suétone (XCIV).

208 *Cf.* Suet., *Ner.*, VI. Dans la Vie de Septime Sévère, « un serpent s'enroule autour de sa tête sans lui faire de mal », comme on l'a noté précédemment (É. Smadja, *ibid.*, p. 215).

209 On l'a vu, la pourpre fait référence au pouvoir impérial, qui monopolise son utilisation au IVe siècle.

210 Sur la symbolique de l'aigle, commentée par É. Smadja, *cf. supra*. À titre de rappel, *cf. ibid.*, p. 214 : « la liste des animaux qui jouent un rôle dans cette symbolique du pouvoir est révélatrice. Parmi les plus fréquemment mentionnés, les aigles symbolisent les perspectives futures d'accession au pouvoir et la proximité du futur souverain avec

É. Smadja écrit, en outre, que « l'attitude du *scriptor* de l'*Histoire Auguste* à l'égard des signes ne manque pourtant pas d'ambiguïté : on relève ça et là des notations sceptiques sur la foi que l'on peut leur accorder. Il remarque ainsi, en passant, que les astrologues prédirent le même destin à Commode et à son frère jumeau [...] Une énumération de signes peut se conclure par l'expression des doutes qu'ils lui inspirent ou qu'ils peuvent inspirer à ses lecteurs ; il arrive que les signes soient qualifiés de "détails insignifiants" [...] Mais il ne faut pas y voir la mise en question de la valeur des pratiques divinatoires en elles-mêmes : elles sont, pour l'auteur, indissolubles de la religion romaine. Sa critique, lorsqu'il l'exerce, porte plutôt sur la compétence et les motivations de ceux qui s'y livrent[211] ». Le déploiement d'éléments fantaisistes, voire comiques et ironiques, dans la narration des présages, a également été relevé par la chercheuse[212].

On peut donc peut-être voir ici un cas de parodie de la forme littéraire du présage, dans la mesure où ce sont les discours rapportant les signes et non la pratique de la divination elle-même qui constituent la cible du rédacteur. Il faut également rappeler que la mention des présages est une composante du répertoire générique de la biographie impériale. Les *omina imperii* et les *omina mortis* encadrent systématiquement les Vies de Suétone. Quant on sait avec quelle distance humoristique l'Anonyme aborde les thèmes de l'écriture de l'histoire dans son œuvre (nous y revenons ultérieurement), on est en droit de s'interroger sur la portée de cette parodie d'un « code » du genre historiographique[213].

Jupiter [...] Le plus souvent, les aigles sont montrés utilisant la puissance de leurs serres comme instruments de la manifestation divinatoire, messagers de Jupiter, surimposant les signes, en quelque sorte. »

211 *Ibid.*, p. 194.

212 *Ibid.*, p. 217 : « Dans l'*Histoire Auguste*, à quelques exceptions près, les signes n'ont pas vraiment d'influence sur le cours des événements. Même lorsqu'ils sont rapportés au long des étapes de la vie, ils n'orientent pas les décisions du candidat à l'empire, si parfois ils les confortent. Leur fonction principale est d'annoncer un destin, de rendre manifeste le charisme dont les futurs empereurs sont investis. L'éclectisme domine dans les formes de cette manifestation, sans que soit privilégiée une forme quelconque de divination. Cela donne du champ à l'auteur pour déployer ses ressources de culture, d'imagination et d'invention, jusqu'au pastiche et à l'ironie. » Pour J.-L. Voisin, les *omina mortis* « ne servent pas à dramatiser un récit comme chez Suétone mais à lui donner du piquant, de l'esprit et même de l'humour » (J.-L. Voisin, « Un nihiliste antique ?... », p. 218).

213 J.-L. Voisin remarque néanmoins que seulement dix Vies comportent des *omina mortis* : il s'agit de celles d'Hadrien, Commode, Pertinax, Didius Julianus, Septime Sévère, Géta,

A. Cascón distingue pour sa part trois types de passages comiques dans le recueil, eux-mêmes subdivisés en différentes sous-catégories[214] : les plaisanteries mises dans la bouche des personnages, les descriptions prêtant à rire, ainsi que les commentaires de l'auteur[215]. Les manifestations du sens de l'humour de ce dernier sont en réalité si nombreuses et variées qu'on ne peut systématiquement ranger les procédés dans une classe générique[216].

L'humour était déjà présent dans les *Vies des douze Césars* mais de façon moins prépondérante (descriptions plus brèves, moins répétitives et employées avec davantage de soin)[217] : une telle importance de la fonction comique reflète les modes d'une époque[218], le IVe siècle, et donne par ailleurs une unité à l'œuvre, unité qui prouve la thèse d'un auteur unique[219]. Pour A. Cascón, la préface de la Vie d'Aurélien constitue la preuve que le rédacteur ne rend pas compte de la réalité, mais d'une opinion de la réalité, teintée d'ironie ; l'écrivain se moque de la véracité des faits[220].

Il faut observer enfin qu'une tendance se dessine à l'échelle du recueil : le procédé humoristique se rencontre plus fréquemment dans les Vies des princes injuriés, blâmés, que dans celles des empereurs-modèles[221]. L'humour s'insère donc, occasionnellement, dans une stratégie de blâme.

Nous pensons devoir formuler, à partir de ces observations, une hypothèse. La fonction comique, indissociable du recours à l'*inuentio* du rédacteur, constitue une illustration de sa pratique de la *mythistoria*.

Diaduménien, Alexandre Sévère, les deux Maximins et Tacite (J.-L. Voisin, *ibid.*, p. 207). Toutes les biographies suétoniennes mettent en scène des présages de mort (*ibid.*, p. 208).

214 A. Cascón, « El humor en la Historia Augusta… », ici p. 148-153.

215 *Ibid.*, p. 147. « *I) Chistes puestos en boca de distintos personajes. II) Descripciones narradas con idea de provocar risa, aunque no sea esa su única función. III) Comentarios humorísticos del propio autor.* »

216 *Ibid.*, p. 153.

217 *Ibid.*, p. 154.

218 *Ibid.*, p. 155.

219 *Ibid.*, p. 156.

220 *Ibid.*, p. 154 : « *Un autor que se permite decir en un momento de su Historia que cuente lo cuente tendrá a los historiadores más elocuentes como compañeros de mentiras demuestra, primero, una evidente despreocupación por investigar la veracidad de los hechos y, en segundo lugar, una visión irónica del acontecer, que habrá de tenerse en cuenta a la hora de interpretar determinados pasajes.* » Sur cette préface, *cf. infra.*

221 *Ibid.*, p. 160. Mais le chercheur précise bien qu'il ne s'agit que d'une tendance ; l'humour occupe une place importante dans la Vie d'Alexandre Sévère et s'affirme moins dans celle de Commode.

Le texte rapporte des détails futiles, qui plus est fictifs, et mêle ainsi le vrai et le faux, en mentionnant parfois des historiens inventés qui servent de cautions (comme Callicrate de Tyr ou Cordus). L'Anonyme ne critiquerait-il pas dès lors les autres historiographes, qui recourent eux-mêmes à la fiction dans leurs écrits, alors qu'ils jurent de ne dire que la vérité[222] ?

Il nous faut revenir sur la préface de la Vie d'Aurélien car A. Cascón n'est pas le seul à avoir interprété ce passage comme étant une clé pour saisir les réelles intentions d'écriture du rédacteur et sa conception de l'historiographie. Vopiscus nous apprend qu'il a parlé des Vies rédigées par Trébellius Pollion avec le préfet de la Ville Tibérianus, au cours d'un trajet dans sa voiture pendant les fêtes de Cybèle (*Hilaria*) :

> *Et quoniam sermo nobis de Trebellio Pollione, [...] in eodem uehiculo fuit, adserente Tiberiano quod Pollio multa incuriose, multa breuiter prodidisset, me contra dicente neminem scriptorum, quantum ad historiam pertinet, non aliquid esse mentitum, prodente quin etiam in quo Liuius, in quo Sallustius, in quo Cornelius Tacitus, in quo denique Trogus manifestis testibus conuincerentur, pedibus in sententiam transitum faciens ac manum porrigens iocando praeterea : "scribe", inquit, "ut libet ; securus, quod uelis, dices, habiturus mendaciorum comites quos historicae eloquentiae miramur auctores".* (*Aur.*, II, 1-2)
>
> « Dans ce même trajet en voiture, nous parlâmes de Trébellius Pollion [...] ; Tibérianus soutenait que Pollion avait transmis beaucoup de données sans soin, beaucoup brièvement ; pour ma part, je rétorquais qu'il n'existe pas un seul écrivain – pour autant que l'histoire est concernée – qui n'ait affabulé sur quelque point, bien plus, j'en alléguais sur lesquels Tite-Live, sur lesquels Salluste, sur lesquels Cornélius Tacite, sur lesquels Trogue Pompée enfin étaient contredits par des témoins irréfutables ; Tibérianus se rallia alors à mon point de vue, me tendit la main et ajouta en plaisantant : "Écris comme tu l'entends ; tu diras ce que tu veux sans le moindre risque, puisque tu auras comme compagnons dans la fiction ceux que nous admirons comme les modèles de l'éloquence historique." »

A. Chastagnol a démontré que cet événement était fictif[223]. Son analyse s'appuie notamment sur la présence de deux anachronismes : si l'on garde à l'esprit que la Vie d'Aurélien est censée avoir été rédigée en 305-306, Junius Tibérianus (qui a, quant a lui, bien existé ; on a identifié

222 Sur ce point, nous renvoyons aux éléments développés dans l'introduction de ce mémoire.

223 *Cf.* A. Chastagnol, *Histoire Auguste*, introduction générale, p. CXVII.

deux magistrats homonymes aux alentours de cette période, le père et le fils[224]) ne peut avoir une voiture de fonction (*iudicale carpentum*) car elle n'est attestée comme moyen de transport pour la préfecture de la Ville qu'en 382, comme le signale Symmaque[225]. Antérieurement, le préfet utilisait son véhicule personnel[226]. De même, le titre d'« illustre » (*uir illustris*) évoqué par le rédacteur de l'*Histoire Auguste* n'a été attribué à un fonctionnaire de cette charge pour la première fois qu'en 368-369[227]. Ces éléments indiquent donc que la véritable époque de rédaction de l'œuvre est postérieure à celle qui est avancée par l'Anonyme ; il s'agirait de la fin du IVe siècle après J.-C.

Selon F. Paschoud, cette préface de la Vie d'Aurélien est « incontestablement le chef-d'œuvre du genre, montrant un auteur au sommet de ses capacités[228] ». Elle pourrait avoir pris pour modèles les préfaces des grands dialogues de Cicéron[229] mais la tonalité comique est nettement perceptible. Les deux thèmes de la mention critique d'un prédécesseur et du problème de la vérité en histoire sont abordés[230]. « L'innovation et l'audace que s'autorise ici "Vopiscus", usant de la liberté carnavalesque propre aux *Hilaria*, c'est de jeter le masque et de dire tout haut ce que chacun sait et pense tout bas, à savoir que les plus illustres représentants de la grande histoire ont usé de la liberté traditionnellement concédée aux auteurs de monographies "tragiques" et de biographies plus ou moins

224 Le père, préfet de 291 à 292, le fils, de 303 à 305.

225 A. Chastagnol, *ibid.*, p. CXVII.

226 *Ibid.*

227 *Ibid.*

228 *Vie d'Aurélien*, Les Belles Lettres, n. 1.0.2 p. 62. Pour le commentaire du passage, *cf. ibid.*, p. 61-70.

229 *Ibid.*, n. 1.0.2 p. 62. « Là aussi, la rencontre a lieu un jour de fête. De même, le procédé consistant à orienter la conversation à partir d'un objet aperçu par les personnages mis en scène est traditionnel », mais l'humour du passage est évident : « la date même de la rencontre révèle qu'on est dans un contexte de carnaval, la rencontre est bouffonne, l'un des interlocuteurs une "non entity", la théorie historiographique un anticatéchisme » (*ibid.*). – Sur les *Hilaria*, fêtes de Cybèle, *cf. ibid.*, n. 1.1.1 p. 62-63 : « on se déguise, sous le masque, une liberté de parole totale se manifeste, rien d'important ou de sérieux n'échappe à la satire. »

230 *Ibid.*, n. 1.2.1 p. 68. Concernant le premier thème, F. Paschoud rappelle le premier exemple en date : Thucydide critiquant Hérodote (*ibid.*). À propos du second thème, il s'agit d'un « débat classique opposant notamment Thucydide à Hérodote, Polybe aux historiens dits "tragiques", et Tite-Live aux sources qu'il suit tout en sachant qu'elles ne sont pas dignes de foi, Caelius Antipater et Valérius Antias, débat dont les éléments théoriques nous sont fournis par Cicéron… » (*ibid.*, n. 1.2.2 p. 68-69).

arétalogiques, du genre de l'*Agésilas* de Xénophon[231]. » Un certain nombre de commentateurs a vu dans la démarche de Vopiscus une projection de celle de l'Anonyme, qui n'hésite pas à mêler des faits véritablement attestés, des amplifications et de la pure fiction.

Au terme de cette analyse, nous pouvons donc conclure que répétition et ironie constituent deux figures incontournables du recueil et révèlent que le texte est chargé d'une dimension critique. Le rédacteur, en ressassant des figures de style, ainsi que des codes et des thèmes de l'écriture historiographique d'une part, et en prenant de la distance à l'égard de son propos de l'autre, cultive l'auto-dérision et parodie le métier d'historien. Un dernier élément soutient encore cette thèse : des contradictions et des paradoxes, qui relèvent la plupart du temps de réflexions de l'écrivain sur sa méthode de travail, émaillent le recueil. Nous allons à présent étudier cet aspect.

LES PARADOXES DE L'*HISTOIRE AUGUSTE*

L'*Histoire Auguste* présente un certain nombre de passages contradictoires. Cette particularité n'échappe pas au lecteur et a conduit des commentateurs à conclure que le texte avait connu des remaniements successifs ou que l'Anonyme avait fait preuve de négligence dans son travail d'écriture.

J.-L. Voisin relève par exemple que deux versions contradictoires de la mort d'Auréolus sont proposées au lecteur, l'une dans la Vie de Claude et l'autre dans la Vie des Trente Tyrans : l'usurpateur est tantôt assassiné par ses propres soldats, tantôt par Claude au cours d'un combat[232]. Mais les paradoxes se révèlent particulièrement importants dans la série de commentaires que le rédacteur élabore sur sa méthode d'écrivain.

Un article d'E. Cizek entreprend de récapituler ces différents passages et tente d'éclaircir les intentions de l'*Histoire Auguste*. Le rédacteur

231 *Ibid.*, n. 1.2.2 p. 69.
232 J.-L. Voisin, « Un nihiliste antique ?... », p. 215.

prétend faire œuvre d'histoire[233] : dans la Vie de Firmus, il se place sur le même plan que Salluste et Tite-Live qui évitaient les futilités. Il prône le recours à la *fides* historique, « loyauté envers les faits » ou « vraisemblance honnête[234] ». Cette conception rejoint les vues de Cicéron, Tite-Live et Tacite : pour les historiens antiques, en effet, « l'objectivité absolue » était « impossible à réaliser » et ce constat implique que l'on puisse faire des « entorses à la vérité et qu'on mente un peu[235] ». L'autorité de Salluste, Tite-Live, Tacite et Trogue Pompée, qu'A. Chastagnol désigne comme le « quarteron des historiens menteurs », permet à l'Anonyme de légitimer son imposture, d'une part, et de s'affirmer comme un historiographe du passé de l'autre : « L'auteur anonyme en vient à se présenter comme auteur d'annales ou d'une œuvre, qui vaut les annales[236]. » E. Cizek pense qu'il ne blâme pas les historiographes dans la préface de la Vie d'Aurélien[237].

Mais force est de constater que le texte comporte des contradictions. L'Anonyme affirme dans un passage qu'il ne veut pas imiter Salluste, Tite-Live, Trogue Pompée, « ceux qu'il avait mentionnés pour avoir ignoré l'impartialité historique[238] ». Par ailleurs, il établit une distinction entre les genres des annales et de la biographie. Le rôle du biographe – rôle qu'il se propose lui-même de tenir – est de fournir un « matériau » aux auteurs de la grande Histoire, caractérisée par le « beau style », « l'éloquence[239] ». Dans la *Vita Probi*, il dit s'inspirer de Marius Maximus et d'autres biographes et veut privilégier la véracité au détriment de l'éloquence. Cette prise de position très marquée se manifeste à plusieurs reprises dans le recueil.

La grande histoire s'appuie, bien entendu, également sur la *fides historica* ; mais la biographie doit de toute façon renoncer à l'*eloquentia*. L'Anonyme écrit aussi qu'il a rédigé son œuvre pour satisfaire la *curiositas*[240]. La rhétorique et le raffinement de l'expression s'opposent donc non seulement à la vérité du verbe mais aussi à la volonté de satisfaire

233 E. Cizek, « La poétique de l'histoire dans l'*Histoire Auguste* », *REL*, t. 74, 1996, p. 282-298, ici p. 286-287.
234 *Ibid.*, p. 287.
235 *Ibid.*, p. 288.
236 *Ibid.*
237 *Ibid.*, p. 288-289.
238 *Ibid.*, p. 289.
239 *Ibid.*
240 *Ibid.*, p. 290.

la curiosité du lecteur, qui implique la nécessité de raconter des détails et des anecdotes[241].

L'*Histoire Auguste* s'inspire de Suétone[242], mais s'en détache aussi, puisqu'elle consacre des biographies indépendantes aux usurpateurs[243] et, on l'a dit, R. Turcan a démontré qu'après la Vie de Caracalla, elle abandonne les structures et le style de son modèle[244]. L'Anonyme affirme également qu'il s'inspire de Marius Maximus, mais il le critique avec véhémence dans la Vie de Firmus : le biographe est décrit comme bavard et auteur de « mythistoire ». Selon E. Cizek, « il s'agit d'une certaine fiction ou bien d'une demi-fiction, d'un récit historique fabuleux, voire d'une

241 *Ibid.*

242 Les passages inspirés de Suétone sont très nombreux. Nous avons évoqué un certain nombre d'entre eux dans ce mémoire ; il serait vain et fastidieux d'établir un relevé exhaustif. J. Schwartz relève des emprunts dans la Vie de Tacite (« Du millénarisme dans l'*Histoire Auguste* », *B.H.A.C. 1971*, cité précédemment, p. 157-163). A. Chastagnol consacre un article entier à la question (« L'*Histoire Auguste* et les "Douze Césars" de Suétone », *B.H.A.C. 1970*, cité précédemment, p. 109-123). Il repère quatre passages comportant des références élogieuses à Suétone : *Max. et Balb.*, IV, 5 ; *Aur.*, II, 1-2 ; *Prob.*, II, 6-7 ; *Quadr. tyr.*, I, 1-3 (*ibid.*, p. 110-111). Le plan interne des biographies, le vocabulaire, les tournures de phrase indiquent que le rédacteur avait une très bonne connaissance de l'œuvre du biographe du IIe siècle (*ibid.*, p. 111). A. Chastagnol relève soixante-dix rapprochements (*ibid.*) et note que l'influence de Suétone est remarquable dans deux Vies principales (celles d'Hadrien et de Commode) et dans les *Nebenviten* (notamment celles de Vérus et d'Avidius Cassius) ; elle atteint son « acuité maxima » dans les Vies de Macrin, Élagabal, Alexandre Sévère, les Gordiens, Maxime et Balbin (*ibid.*, p. 120). Après l'année 238, elle disparaît presque (*ibid.*). La Vie de Macrin s'inspire principalement de la biographie de César, la Vie d'Alexandre Sévère de celle d'Auguste, les Vies des Gordiens et de Maxime et Balbin de celle de Claude, la Vie de Vérus de celles de Néron et Domitien, la Vie d'Élagabal de celles de Caligula, Néron, Vitellius et Domitien (*ibid.*, p. 122). C. Fry parle d'« *habitus* suétonien » à l'œuvre dans le recueil. Cet *habitus* possède quatre « traits distinctifs » : « a) Une *inuentio* qui procède des mêmes mécanismes méthodologiques en matière de recherche historique que ceux que l'on trouve mis en œuvre dans les *Caesares*, b) Une *dispositio* qui est bien clairement celle de la biographie *per species*, c) Une *elocutio* caractérisée par un style bref et clair, un style qui renvoie en fins dernières à celui des *Annales ueteres* et à celui de *commentarii* militaires, sources réputées parmi les plus fiables, d) Une *cura* qui dénote l'attitude du chercheur. La *cura* conditionne certes l'*inuentio*, mais elle doit s'en distinguer parce qu'elle signale une attitude psychologique et non méthodologique. Développée jusqu'à l'hypercaractérisation, la place de la *cura* dans l'*Histoire Auguste* oblige à conférer à ce trait une valeur distinctive plénière. » (C. Fry, « *Suetonanius quidam* : l'auteur de l'*Histoire Auguste* en utilisateur du style suétonien », *H.A.C.G.*, *Atti dei Convegni sulla Historia Augusta XI*, Bari, Edipuglia, 2010, p. 135-151, ici p. 145). Selon cette chercheuse, il faudrait considérer l'Anonyme comme un « utilisateur du modèle suétonien » et non plus comme un « successeur » de Suétone (*ibid.*, p. 146-147).

243 E. Cizek, *ibid.*, p. 292.

244 *Ibid.*

"historiette" ou bien d'une *fabella*, où l'auteur avait ajouté, plutôt mêlé aux événements, une perspective, une approche relativement mythique, autrement dit, un auteur de *mythistoria* entreprenait de "mythifier" les réalités événementielles[245] ». L'*Histoire Auguste* critique de façon encore plus violente Cordus, qui constitue l'archétype de l'auteur s'inspirant de cette manière d'écrire.

La biographie doit se contenter, selon l'Anonyme, des « faits dignes d'être connus et rapportés[246] ». Le rédacteur veut donc éviter les *friuola* pour ne pas « ennuyer » le lecteur. Pourtant, dans la Vie de Probus, il avoue qu'il va abandonner le style humble, compte tenu de l'admiration qu'il éprouve pour cet empereur. En certains passages, il recourt aux futilités, dit même être *uerbosus* comme Marius Maximus : ces affirmations impliquent qu'il choisisse « l'élaboration rhétorique[247] ». C'est dans ce cadre que se développent les *topoi* rhétoriques, notamment ceux qui sont associés à la débauche et à la cruauté[248]. Un véritable arsenal stylistique est en fait déployé : on relève notamment cinquante apophtegmes (« dont la moitié se dégagent de la Vie d'Alexandre Sévère »), des anaphores, des interrogations rhétoriques, des hyperboles, des antithèses et des litotes[249]. L'Anonyme utilise également le suspense et le style romanesque[250].

D'autres différences avec Suétone se font jour : alors que ce dernier prêtait seulement quelques mots à ses personnages, l'*Histoire Auguste* rapporte de longues harangues et des lettres. Elle intervient pour prendre parti ouvertement[251]. La syntaxe est « anticlassique », le vocabulaire inhabituel, étrange[252]. Le style n'est donc pas si proche de la *breuitas*[253].

Par ailleurs, le motif qui « hante » l'écrivain se fonde sur la « régénération de Rome » : l'Anonyme regrette la mise en place du Principat par Auguste mais soutient l'impérialisme romain ; il défend malgré tout le maintien du régime, bien que sa mentalité soit pro-sénatoriale[254].

245 *Ibid.*
246 *Ibid.*, p. 293.
247 *Ibid.*, p. 294.
248 *Ibid.*
249 *Ibid.*
250 *Ibid.*, p. 295.
251 *Ibid.*
252 *Ibid.*
253 *Ibid.*, p. 296.
254 *Ibid.*

Selon E. Cizek, le biographe se prononce en faveur d'un empire héréditaire[255] à condition que le futur souverain soit digne de l'Empire ; cette position expliquerait la sympathie envers les usurpateurs[256]. L'auteur aurait donc recouru à l'*eloquentia*, malgré ses conceptions théoriques, pour faire passer ses idées moralistes, et l'idée qu'Alexandre Sévère (et donc Julien qui est le véritable empereur dépeint) était un *optimus princeps*[257]. Il faut donc conclure, au vu des éléments que nous fournit E. Cizek, que les contradictions[258] ne constituent pas, pour l'Anonyme, un obstacle à l'écriture de l'Histoire. Dans un sens, elles caractérisent le discours de l'historiographe et nous donnent une idée de sa conception de la vérité.

C. Fry a également commenté les « incohérences[259] » dans le recueil. Elle relève que le rédacteur indique sa préférence pour le *docere*, associé à la science, au détriment du *delectare* et *mouere*, propres à l'éloquence[260]. Mais elle rappelle avec raison que cette opinion n'est pas à prendre pour argent comptant, car l'Anonyme n'a guère respecté cette doctrine d'écriture dans l'œuvre qu'il conclut avec ces mots :

> *Habe, mi amice, meum munus, quod ego, ut saepe dixi, non eloquentiae causa sed curiositatis in lumen edidi.* (*Car.*, XXI, 1)
>
> « Reçois, cher ami, mon cadeau, que j'ai mis en circulation pour montrer non pas, comme je l'ai souvent dit, mon éloquence, mais bien mon enquête minutieuse[261]. »

---

255 *Ibid.*

256 *Ibid.*, p. 296-297.

257 *Ibid.*, p. 297.

258 À ce sujet, lire également le commentaire de J.-P. Callu, A. Gaden, O. Desbordes. L'Anonyme s'écarte du modèle de la Vie suétonienne : « se liant à son prédécesseur à l'intérieur d'un corpus qu'il assumait donc avec le manque de vergogne de ses contemporains, il explicitait néanmoins ses différences et par le *terminus a quo* et par l'adjonction de *Nebenviten*. Mais, s'emparant de la parole avec un *ego* muet auparavant, il allait plus outre. Parce qu'il écartait les insignifiances, l'obscénité et les racontars de la foule, contre les *mythistorici* il s'affirmait historien ; parce qu'il s'opposait aux louanges du panégyrique [...], il récuse l'éloquence. Or ce scrupuleux enregistre les rumeurs, cet amateur de *breuitas* enfle la voix. Tout se passe comme si, conscient de ses contradictions internes, il luttait contre sa propre confusion des genres, en protestant de son attachement aux règles originelles de la biographie » (*Histoire Auguste, introduction générale*, Les Belles Lettres, p. XLII-XLIII).

259 C. Fry, art. cité

260 *Ibid.*, p. 138.

261 Nous avons retranscrit la traduction proposée dans l'article de C. Fry (*ibid.*)

« Comme l'affirme son auteur lui-même, la revendication du *docere* contre celle du *delectare* et du *mouere* est un thème récurrent dans l'*HA*[262]. » En effet, dans le prologue de la Vie de Probus, on peut lire des propos dont la substance est proche :

> *Mihi quidem id animi fuit, ut non Sallustios, Liuios, Tacitos, Trogos atque omnes disertissimos imitarer uiros in uita principum et temporibus disserendis, sed Marium Maximum, Suetonium Tranquillum, Fabium Marcellinum, Gargilium Martialem, Iulium Capitolinum, Aelium Lampridium ceterosque, qui haec et talia non tam diserte quam uere memoriae tradiderunt. Sum enim unus ex curiosis, quod infitias ire non possum, incendentibus uobis, qui, cum multa sciatis, scire multo plura cupitis.* (*Prob.*, II, 7)
>
> « Mon intention a assurément été, en parlant de la vie des princes et de leur époque, d'imiter non point les Salluste, les Tite-Live, les Tacite, les Trogue et tous les historiens les plus éloquents, mais bien Marius Maximus, Suétone Tranquillus, Fabius Marcellinus, Gargilius Martialis, Julius Capitolinus, Aelius Lampridius et tous les autres qui ont conservé la mémoire de ces événements et d'autres du même genre non pas tant avec éloquence qu'avec véracité. Je suis en effet du nombre des enquêteurs zélés, ce que je ne puis nier, du fait que vous m'enflammez, vous qui, quoique sachant beaucoup, désirez en savoir bien davantage[263]. »

C. Fry rappelle en outre que la notion de vérité des Anciens était distincte de la nôtre et a démontré, au moyen des échelles aléthiques du vrai et du vraisemblable, que, dans ce système, « une affabulation vraisemblable vaut mieux qu'une vérité invraisemblable[264] ». La vérité doit être vraisemblable ; le vraisemblable peut s'opposer au vrai mais aussi se substituer à lui[265]. Cicéron distinguait à ce sujet trois catégories perméables[266] : le récit légendaire (*fabula*) qui n'est ni vrai ni vraisemblable, le récit historique (*historia*) qui rapporte un événement vrai, et le récit fictionnel (*argumentum*) qui est une affabulation vraisemblable.

L'*Histoire Auguste* serait ainsi un « récit d'imagination traité sur le mode de la vraisemblance ». C. Fry rapproche cette définition de ce que nous appelons « roman », une *fabula* traitée en *argumentum*. Mais on sait

262 *Ibid.*
263 Nous avons de nouveau retranscrit le texte et la traduction fournis dans l'article de C. Fry (*ibid.*, p. 139).
264 *Ibid.*, p. 140.
265 *Ibid.*
266 *Ibid.*, p. 142.

que l'*Histoire Auguste* n'est pas homogène : « la *festiuitas* du *delectare* que Cicéron [...] exigeait de l'*argumentum* [...] absente dans les *Hauptviten*, ferait son entrée dans la *Vita Macrini*, se développerait dans les *Nebenviten*, s'amplifierait dans la seconde partie du texte pour trouver son point zénithal dans le Quadrige des tyrans[267]. » Dans sa seconde partie, le recueil n'appartient plus à l'historiographie mais « au roman historique à tendance humoristique[268] » ; la chercheuse remet en doute l'aspect programmé de cette transformation progressive[269].

Ces analyses, qui décrivent finalement une partie du recueil comme un récit fictif vraisemblable, appartenant au genre de la biographie fictive, si l'on veut être plus précis, nous invitent à ajouter de nouvelles observations. Si l'on relit l'épisode de la préface de la Vie d'Aurélien, mettant en scène Vopiscus et le préfet de la Ville, on constate que son « originalité » demeure relative. Les développements dans lesquels l'historiographe livre au lecteur la genèse de son œuvre relèvent en effet du lieu commun. Hésiode, dans le prélude de la *Théogonie*, évoque l'épiphanie qui donna lieu à la création de son poème : alors qu'il faisait paître son troupeau au pied du mont Hélicon, en Béotie, les Muses lui rendirent visite, lui offrirent un rameau de laurier et lui commandèrent d'écrire le chant théogonique[270]. Dion Cassius, après avoir reçu une lettre très aimable de Septime Sévère au sujet d'un livre qu'il avait écrit sur les songes et les signes qui avaient encouragé cet empereur à prendre le pouvoir, décrit comment son génie, au cours d'un songe, l'invita à écrire l'histoire[271]. La préface de la Vie d'Aurélien pourrait donc reposer sur la reprise d'un motif littéraire, celui du récit de la genèse de l'œuvre ; le rédacteur utiliserait ainsi un artifice supplémentaire pour présenter son recueil comme un véritable ouvrage historiographique.

Par ailleurs, l'Anonyme écrit dans la préface de la Vie de Probus[272] qu'il ne veut guère suivre les modèles de l'éloquence mais plutôt ceux

267 *Ibid.*, p. 146
268 *Ibid.*
269 *Ibid.*
270 Hésiode, *Théogonie*, texte établi et traduit par P. Mazon, introduction et notes par G. Pironti, Paris, Les Belles Lettres, 2012, Classiques en poche, n° 88, *cf.* « prélude », notamment p. 2-7 : « elles [les Muses] m'ordonnaient de célébrer la race des Bienheureux toujours vivants » (*ibid.*, p. 7).
271 Dion, LXXII, 23.
272 Extrait cité précédemment (*Prob.*, II, 7).

qui s'attachent à la véracité des faits qu'ils transposent. Hérodien, dans sa préface, livre des considérations similaires :

> La plupart des écrivains qui se sont souciés de composer des récits historiques [...] ont eu pour seule ambition d'acquérir la gloire immortelle que donne la culture afin d'éviter, par leur silence, de rester dans l'anonymat et d'être confondus avec les gens de la masse. Aussi, négligeant d'être véridiques dans leurs exposés, ont-ils surtout accordé leur attention à l'expression et à l'harmonie du style [...] D'autres, poussés par l'hostilité ou la haine envers des tyrans ou animés par la volonté de flatter ou d'honorer des empereurs, des cités ou de simples particuliers, ont, par un effet de leur talent littéraire, attribué plus d'importance qu'elles n'en avaient réellement à des actions banales et médiocres. Pour moi, je n'ai pas pris chez autrui les faits historiques que je relate... (Hérodien, I, 1-3.)

On a rappelé, de surcroît, au début de ce mémoire, que Thucydide, Salluste, Tacite, Ammien, Tite-Live affirmaient eux-aussi leur souci de ne rien dire de faux. Aucun de ces écrivains ne peut prétendre avoir atteint son objectif : leurs récits s'éloignent souvent de la vérité[273] (tout comme les Vies de l'*Histoire Auguste*, même si la déformation atteint des degrés plus élevés pour cette dernière) mais ils ont tous exprimé explicitement leur intention de ne pas mentir. Là encore, la préface de la Vie de Probus (comme tous les passages mettant en valeur le désir du rédacteur de s'en tenir à la véracité des faits) pourrait constituer un élément thématique emprunté à d'autres auteurs.

Les contradictions de l'*Histoire Auguste* s'inscriraient donc dans la perspective d'un jeu littéraire. L'Anonyme imiterait encore ses prédécesseurs historiographes en reprenant leurs codes. Une question demeure : quand on sait que l'ironie parcourt le recueil, que les inventions se rencontrent en de multiples passages, que l'auteur se cache derrière six écrivains fictifs, qu'il ment sur la période de rédaction du recueil, que son œuvre fourmille de contradictions internes, notamment sur la question de l'éthique de l'historiographe, doit-on considérer qu'une section comme la préface de la Vie d'Aurélien mérite l'importance qu'on lui a accordée jusqu'alors ? Existe-t-il réellement un message caché entre les lignes du recueil ?

---

273 Au sujet d'Hérodien, « les spécialistes actuels ont fort bien montré les faiblesses du récit : vague des données chronologiques, contradictions, erreurs et falsifications de perspective, stéréotypes, télescopages d'événements, omissions multiples déparent, sur le strict plan scientifique, la relation » (Her., *Histoire des empereurs romains, de Marc-Aurèle à Gordien III...*, *cf.* introduction, p. 8).

Nous nous rapprochons par là de la position des chercheurs qui voient dans l'*Histoire Auguste* une œuvre récréative tout en nous en écartant, car elle ne peut, selon notre point de vue, être réduite à un pur divertissement destiné à égayer le lecteur. La critique des empereurs des IIe et IIIe siècles, de la dérive despotique du Principat, est bien présente, nous l'avons vu. Mais peut-être faut-il voir aussi une condamnation des historiens eux-mêmes et de leurs prétentions à transposer la vérité, prétentions qu'ils savent d'ailleurs eux-mêmes illusoires.

Le rédacteur, derrière Vopiscus, dans la voiture du Préfet, se parodie lui-même, mais il vise aussi, finalement, les historiographes contemporains et ceux qui l'ont précédé. L'utilisation du motif du récit de la genèse de l'œuvre, et, dans une certaine mesure, les reprises de clichés associés à la figure du mauvais prince dans les biographies trahissent un ton ironique. Le rédacteur se joue non seulement de tous les lecteurs qui pourraient croire que le récit des *Hilaria* est véridique, mais aussi de ceux qui croiraient que l'insertion d'une telle anecdote personnelle, dans une relation historique, peut exprimer une attitude sincère de l'auteur à l'égard de l'objet qu'il est en train de créer. La rhétorique du blâme constitue elle aussi un code de la littérature historiographique repris par le rédacteur pour construire un ouvrage qui s'apparente au genre historiographique ; cela n'interdit pas à ce même rédacteur d'exprimer des vues personnelles sur les empereurs et le Principat. La véracité des faits est remise en cause, et le statut de l'œuvre est également questionné. L'*Histoire Auguste* fait montre d'une certaine modernité, dans le sens où elle constitue une véritable œuvre de fiction.

Les spécialistes ne manquent pas de rappeler néanmoins la qualité de certaines données historiques présentes dans les Vies. Toutes les informations ne relèvent pas d'une nature mensongère. Mais n'est-ce pas le propre de la fiction que d'être un assemblage d'éléments hétéroclites, qui est finalement, dans son ensemble, plus fictif que chacune de ses parties[274] ? On nous objectera que le rédacteur n'est pas le seul

274 G. Genette écrit qu'« il faut au moins garder à l'esprit que le "discours de fiction" est en fait un *patchwork*, ou un amalgame plus ou moins homogénéisé, d'éléments hétéroclites empruntés pour la plupart à la réalité [...] il en est sans doute de même de la fiction comme discours que de la fiction comme entité, ou comme image : le tout y est plus fictif que chacune de ses parties » (G. Genette, *op. cit.*, chap. « Les actes de fiction »).

historiographe antique à rapporter du faux, en prétendant dire du vrai. Cette assertion reste indéniable, mais n'interdit pas le raisonnement que nous proposons.

On ne peut mettre sur le même plan Suétone, Dion Cassius, Hérodien, Tite-Live et l'*Histoire Auguste*. J. Gascou avait noté la démarche scrupuleuse accomplie par l'auteur des *Vies des douze Césars*, dans son travail d'investigation et de recherche documentaire. Les écarts avec la vérité que l'on retrouve chez les autres historiographes ne sont pas aussi grands que ceux qui sont présents dans l'*Histoire Auguste*. Il nous semble ainsi nécessaire de ne pas analyser le problème conformément à un modèle binaire, qui tendrait à opposer les auteurs proches de la vérité d'une part et l'adepte du mensonge ou de l'affabulation de l'*Histoire Auguste* de l'autre. Il faut considérer que les mesures du degré de respect de la véracité des faits s'inscrivent dans une construction scalaire.

Le rédacteur paraît en avoir conscience, lorsqu'il parle de *mythistoria* pour décrire des faits mi-réels mi-inventés. La *mythistoria* représente finalement la nouvelle graduation d'une échelle du vrai, postérieure à celle de l'*Historia*, et précédant celle du mythe. Les interrogations sur la bonne manière d'écrire l'histoire pourraient traduire également une intention ironique. L'Anonyme n'est guère un homme de scrupules ; il ne supprime pas les répétitions et les doublons, dans l'ensemble de sa collection, et change de sources au gré de sa fantaisie. Devrait-on croire qu'il se montre davantage soucieux quand il prétend réfléchir sur sa méthode de travail, ou quand il se demande ce que doit être un bon historiographe ?

Nous pourrions penser que l'*Histoire Auguste* trouble lecteurs et commentateurs car elle refuse de donner des réponses définitives à des débats-clés de l'Antiquité. L'Anonyme construit son recueil en reprenant des *topoï* de la littérature historiographique : clichés associés à la figure du tyran, procédés rhétoriques, développements personnels sur la genèse de l'œuvre et sur la question de la vérité en Histoire. Mais, dans le même esprit que la falsification de son identité et de la période de production de l'ouvrage, il faut considérer ces éléments comme des nouvelles composantes de son entreprise de mystification. L'*Histoire Auguste* blâme différentes figures, divertit son lecteur, mais se rit surtout d'elle-même. Sa portée « philosophique » repose finalement sur l'affirmation qu'on ne peut jamais rien affirmer, en Histoire, et que les historiens mentent non seulement à leur lecteur, mais se mentent aussi à eux-mêmes[275].

L'hypothèse que nous formulons, à défaut d'être solidement étayée, doit rester de l'ordre de la spéculation. Il est en effet difficile de pénétrer les réelles intentions du rédacteur, qui prend plaisir à jouer avec son lecteur. Ces ambiguïtés sont d'ailleurs peut-être la raison pour laquelle l'*Histoire Auguste* conserve un certain charme et suscite de nombreux engouements : elle donne l'impression au chercheur qu'il reste toujours des galeries à percer dans sa montagne de secrets.

Dans cette dernière partie, nous avons donc cherché à déterminer la portée des stratégies de l'Anonyme. Nous avons commencé par nous interroger sur l'identité des cibles majeures de la critique. Une étude lexicale des occurrences du vocable *tyrannus* nous a permis de comprendre que le rédacteur jouait parfois sur l'ambiguïté du terme pour blâmer les souverains. Par ailleurs, si cet auteur condamne les pratiques autocratiques du pouvoir, à l'instar de ses prédécesseurs, il semble également critiquer discrètement la nature du régime du Principat, qui constitue une plateforme idéale pour la mise en place d'un gouvernement tyrannique. La dramatisation de la Vie de Didius Julianus illustre concrètement la dimension monstrueuse du régime. Nous avons enfin achevé notre enquête en tentant d'élucider la question des articulations entre poétique et rhétorique dans le recueil. Le recours important à la fiction invite à réfléchir sur le statut de l'œuvre et à se demander si cette dernière ne pourrait pas être finalement considérée comme une œuvre de fiction. Elle emprunte par ailleurs de nombreux procédés à la rhétorique encomiastique pour faire l'éloge ou le blâme de ses empereurs. Certaines figures, telles que les hyperboles et les animalisations, permettent à l'Anonyme de construire son univers fictionnel, mais deux d'entre elles – la répétition et l'ironie-, qui dominent la collection de biographies, révèlent encore que le texte est chargé d'une dimension critique, qui ne concerne plus les empereurs ou le Principat

275 Sur le profil philosophique de l'auteur de l'*Histoire Auguste*, *cf.* S. Ratti, *Polémiques entre païens et chrétiens*, p. 145-148. Selon le chercheur, le recueil comporte de nombreux passages teintés de néoplatonisme (l'auteur étant, selon lui, Nicomaque Flavien Senior, qui était lui-même néoplatonicien). Par exemple, le texte condamne la mise à mort du philosophe Longin, élève de Plotin et professeur de Zénobie (*ibid.*, p. 147). Platon est par ailleurs « toujours cité avec faveur » (*ibid.*).

lui-même, mais les historiographes eux-mêmes, faussaires de l'écriture qui prétendent toujours dire la vérité et n'y parviennent jamais. Les incohérences et les paradoxes qui foisonnent dans les Vies prouvent que le rédacteur soutient cette théorie et la met directement en application. L'*Histoire Auguste* repose ainsi sur une grande parodie des codes de l'écriture historiographique.

CONCLUSION

L'étude de la rhétorique du blâme dans l'*Histoire Auguste* nous aura permis de réfléchir sur un certain nombre de points relatifs à l'architecture de l'œuvre et aux intentions de son mystérieux auteur.

Nous avons commencé par remarquer que le recueil dressait des classifications morales dans différentes biographies. Si le procédé qui consiste à proposer au lecteur une vue d'ensemble de l'évolution du paysage politique romain au cours des siècles n'est pas nouveau dans l'écriture de l'histoire à Rome, il faut remarquer que le rédacteur établit des listes nominatives des bons et des mauvais empereurs. Suétone, une importante source d'inspiration pour l'*Histoire Auguste*, puisqu'il est un modèle du genre biographique, adoptait, lui aussi, des jugements sur les princes qu'il décrivait, mais ces jugements se fondaient dans la narration ou apparaissaient en filigrane. Notre recueil se veut sur ce point plus explicite et reflète sans doute des opinions largement admises dans les cercles littéraires de l'Antiquité tardive. L'étude de la rhétorique du blâme permet d'affirmer la fonction de miroir du recueil, qui prétend proposer des modèles et des contre-modèles aux souverains et leur servir d'outil d'introspection.

La dimension morale du recueil est également illustrée dans la reprise d'un lieu commun : la qualité de la mort des tyrans reflète la qualité de leur vie. Le récit des morts des empereurs reste en fait généralement très sommaire ; ce trait se manifeste donc sous la forme de courtes formules insérées dans le fil du texte. L'Anonyme se trouve toutefois confronté à une difficulté de taille quand la réalité historique lui rappelle que de bons empereurs ont péri de mort violente. Il choisit alors d'invoquer la figure de la *Fortuna*, qui joue alors son rôle traditionnel d'entité divine intervenant de façon autoritaire et imprévisible dans le cours de la vie des hommes.

L'Anonyme créé explicitement des effets de contraste entre les différents princes, notamment entre les co-régents ou les pères et leur fils. L'exemple le plus célèbre, très commenté par la critique universitaire depuis de nombreuses années, concerne l'opposition entre Élagabal, l'empereur innovateur en matière de religion, associé à Constantin, Constance II ou Théodose, et Alexandre Sévère, qui pourrait représenter Julien.

L'*Histoire Auguste* s'inspire par ailleurs des conceptions suétoniennes se fondant sur le déterminisme moral. Les princes naissent avec des vices et des vertus qu'ils conserveront tout au long de leur vie ; ces derniers expliquent leurs actions, tout comme leurs actions les dévoilent. Le genre de la biographie impériale, dont la structure présente des affinités avec l'éloge, permet de mettre en valeur les traits moraux et les actions des empereurs, sous la forme de catalogues exhaustifs et d'anecdotes édifiantes. Comme Suétone, l'Anonyme reconnaît des qualités aux tyrans, mais il manipule parfois ces informations pour qu'elles les frappent de discrédit. Les vertus de l'*optimus princeps* et les vices du *pessimus princeps* s'inscrivent dans la tradition morale.

Le thème de la culture littéraire des empereurs, utilisé de façon presque systématique au fil des Vies, dessine par ailleurs l'image du bon prince selon l'*Histoire Auguste* : ce dernier doit être lettré, épris de philosophie et avoir des qualités d'orateur.

Nous nous sommes intéressés tout particulièrement au motif de la cruauté innée, dans la mesure où il définit un trait important du tyran, tout en nous fondant explicitement sur les conclusions des enquêtes menées par la recherche universitaire qui a relevé et étudié, avant nous, les manifestations de cette cruauté.

Nous nous sommes enfin aperçus que le rédacteur proposait, de manière beaucoup plus marquée que dans les *Vies des douze Césars*, des visions contrastées de certains princes. Il faudrait donc reconnaître une troisième catégorie morale dans la taxinomie du recueil, qui regroupe des souverains qui ne sont finalement ni bons ni mauvais. Les cas d'Hadrien, Septime Sévère et Aurélien sont des exemples représentatifs de ce groupe, car leur biographie brosse des portraits en demi-teinte, reposant sur une juxtaposition de vices et de vertus. Le rédacteur, toutefois, choisit, pour ces souverains, d'apposer le sceau de bon prince dans ses listes nominatives, probablement sous l'influence du jugement de la postérité.

Une étude des figures, thèmes et motifs de la rhétorique du blâme nous a conduit dans un deuxième temps à observer la présence d'une galerie de personnages dans le recueil et à distinguer parmi eux le *princeps clausus*, individu manipulé par un entourage corrupteur d'eunuques, qui constitue une incarnation du mauvais prince, selon l'Anonyme.

Le règne d'un tyran est également marqué par la présence des délateurs, délateurs fiscaux et/ou impliqués dans les poursuites criminelles. Ces personnages, conformément à la tradition (Suétone, Pline...), ne jouissent pas d'une image positive et permettent au rédacteur d'inscrire un climat social anxiogène. Comme dans les Vies suétoniennes, l'*Histoire Auguste* mentionne l'attitude du souverain à leur égard ; il apparaît nettement que les bons princes les persécutent, tandis que les mauvais princes les soutiennent dans leurs entreprises calomnieuses. La simple mention de la présence du personnage sur la scène politique et sociale d'une époque peut donc relever de la rhétorique du blâme, dans la mesure où elle donne une indication sur la qualité morale de l'empereur au pouvoir.

Les tyrannicides, quant à eux, s'ils sont parfois nommés, restent en retrait dans les narrations.

L'Anonyme reprend ensuite un répertoire de clichés associé aux monarchies hellénistiques et orientales. Nous avons pu remarquer que le thème de l'auto-déification du prince, présent dans le recueil, n'occupe pas une place aussi importante que dans les Vies des « empereurs fous » du Ier siècle.

La pratique des cultes orientaux et les divinités honorées dans ces cultes ne sont pas blâmées en elles-mêmes, l'Anonyme préfèrant stigmatiser l'utilisation qu'en font les princes pour justifier leur comportement déviant.

L'Anonyme transfère par ailleurs sur Élagabal l'introduction de la proskynèse et la volonté de se faire appeler *dominus* afin d'accentuer le contraste avec son successeur.

Les thèmes de la dilapidation et du goût du luxe, qui n'occupaient pas chez Suétone un rôle central dans la critique des tyrans, apparaissent dans l'*Histoire Auguste* avec le motif du banquet. Une nouvelle fois, l'Anonyme distingue bonnes et mauvaises pratiques, qui font écho à des opinions philosophiques traditionnelles.

On retrouve également dans les Vies le motif de la transgression de la nature : ce dernier met en scène l'*hybris* du prince et dessine son statut de *monstrum*.

Le thème du parricide reste quant à lui discret, contrairement à celui de l'inceste, qui est évoqué pour différents tyrans.

Nous avons enfin tenté d'analyser trois éléments qui pouvaient être des spécificités du genre biographique. Le recours à la physiognomonie, qui a déjà été discuté par les chercheurs dans le cas de Suétone, pourrait également être identifiable dans l'*Histoire Auguste*, mais il demeure en réalité difficile d'établir des conclusions solides à ce sujet.

L'utilisation du discours direct, beaucoup plus importante que dans les *Vies des douze Césars*, peut occasionnellement constituer une stratégie de blâme.

Le crime de lèse-majesté, en dernier lieu, occupe quant à lui une place moins importante que chez Suétone ; un extrait de la Vie de Caracalla a toutefois retenu notre attention, dans la mesure où il illustre avec force le thème du pouvoir arbitraire et tyrannique du *princeps*.

Nous avons enfin, dans un troisième temps, analysé les enjeux des procédés rhétoriques déployés dans le texte, en nous interrogeant d'abord sur les cibles majeures de la critique. De toute évidence, une série de mauvais princes est blâmée dans le texte.

Nous avons cherché à définir le traitement que le texte réservait aux usurpateurs, souvent désignés par le terme de *tyrannus*, et à savoir dans quelle mesure le rédacteur se conformait à l'idéologie officielle du pouvoir. Il est évident que l'usurpateur n'est pas systématiquement un *malus princeps*. Cette conception étayerait l'hypothèse qui identifie l'auteur à un soutien d'Eugène, dont la sédition s'est soldée par un échec avec la bataille de la Rivière froide en 394. Le jeu sur la polysémie du mot *tyrannus* (à la fois souverain arbitraire et cruel et usurpateur) constitue aussi un moyen de critiquer subtilement certains princes.

En ce qui concerne l'opinion de l'Anonyme sur le système politique qu'est le Principat, il faut tout d'abord rappeler que les Anciens n'appréhendaient pas la réalité de la même façon que nous et ne critiquaient pas un paradigme institutionnel mais des individus qui géraient les affaires de l'État. Par ailleurs, le régime a évolué depuis Auguste. Ensuite, si le texte fait effectivement ressortir, à plusieurs reprises, des propos qui évoquent une pensée pro-sénatoriale, l'assemblée des Pères Conscrits n'est pas exempte de commentaires dépréciatifs. Le rédacteur s'inscrit en fait dans une tradition en critiquant la dérive despotique du Principat que l'on peut observer sous certains princes ; il blâme la monarchie absolue, viciée par essence, car elle facilite l'avènement des tyrans.

La Vie de Didius Julianus semble constituer une illustration particulièrement frappante de la conception du rédacteur. Dans cette biographie, le lecteur découvre que la condition de prince (et non de tyran) n'est guère enviable.

Nous nous sommes enfin concentrés sur les articulations entre poétique et rhétorique dans l'œuvre. La place importante de la fiction invite à réfléchir sur le statut générique du texte, qui demeure atypique dans la production historiographique latine. L'émergence d'un néologisme, *mythistoria*, doit retenir l'attention du chercheur. Le terme pourrait illustrer une conception de l'écriture de l'histoire propre à l'Anonyme, se fondant sur une interpénétration entre des données réelles et documentaires d'une part et imaginaires et ludiques de l'autre.

Le rédacteur utilise précisément de nombreux procédés que l'on retrouve dans le genre épidictique : hyperboles, comparaisons, arguments d'autorité, de totalité, éloges et blâmes indirects, lexique péjoratif…

La portée de ces choix stylistiques suscite des interrogations. Il nous est apparu que les figures possèdent une fonction ornementale et argumentative. Les amplifications jouent un rôle majeur, dans la mesure où elles permettent au rédacteur de bâtir un univers fictionnel mais ce sont les figures de la répétition et de l'ironie qui prédominent dans l'œuvre. Doit-on, pour expliquer la prépondérance de la répétition, invoquer des maladresses du rédacteur ou une médiocrité de son style ? Ce raisonnement pourrait être réducteur et les ressassements lexicaux, stylistiques, thématiques et structurels revêtent, selon nous, un sens, qui est précisément en lien avec l'esprit ironique de l'Anonyme. L'Anonyme critique en réalité, après les princes et le Principat, ses prédécesseurs historiographes.

Nous ne nions pas que la question de l'évaluation de l'esthétique et de la poétique de l'*Histoire Auguste* reste une question épineuse. Si l'on écarte l'hypothèse de la perte de manuscrits, pourquoi le recueil s'ouvre-t-il sur la Vie d'Hadrien et non pas sur celle de Nerva ? Suétone, le modèle assumé de l'Anonyme, avait en effet achevé les *Vies des douze Césars* en évoquant la mort de Domitien. Pourquoi cette lacune entre les années 244 et 260 ? Mais surtout pourquoi tant de contradictions se font-elle jour au sein de l'œuvre autour des thèmes de la fidélité à la vérité historique et de la méthode de travail du rédacteur ? Ces problématiques relèvent bien de la rhétorique et nous pensons devoir formuler à notre tour une hypothèse.

Il ne prête guère à contestation que le rédacteur, en rédigeant ses Vies, s'inspire du contenu factuel de ses prédécesseurs, biographes et historiens, comme Marius Maximus, Hérodien, Dion Cassius, Aurélius Victor, l'Histoire impériale d'Enmann. Il ne rappelle pas toujours ses sources d'inspiration, mais qu'importe ; cette façon de travailler reste tout à fait traditionnelle pour l'époque, recopier ses prédécesseurs étant une norme dans le domaine de l'écriture historique.

Mais nous devons revenir sur cet autre type de répétition qui révèle quant à lui la singularité d'un style. Le rédacteur intègre dans sa prose des vers de Virgile, des motifs suétoniens, des allusions à Juvénal… Ce travail d'inclusion de sources se distingue du premier, car il porte davantage préjudice au concept de la *fides* historique. Le rédacteur ne se contente plus de recopier un matériau factuel ; il transpose des données, extrait des événements d'un contexte-source pour les intégrer dans un nouveau contexte. En d'autres termes, il recourt à l'*inuentio*.

Ainsi, les dépravations d'un Élagabal ou d'un Vérus rappellent de près celles de Caligula ou de Néron, si bien que la véracité des faits décrits est remise en doute. L'*Histoire Auguste* semble reprendre un motif littéraire ; les proximités de vocabulaire invitent à incliner notre jugement dans cette direction. De même, Clodius Albinus a-t-il réellement récité les vers de Virgile que le rédacteur présente ? Ce point reste délicat, mais il est probable qu'en de nombreuses occasions, l'Anonyme s'appuie sur une culture littéraire vaste pour donner du relief à ses personnages.

Une autre hypothèse n'est pas à exclure non plus : ces inventions, ces jeux littéraires fondés sur l'intertextualité pourraient très bien être l'œuvre de Marius Maximus. L'Anonyme se serait alors, encore une fois, contenté de recopier un modèle. Au vu de la diversité des sources d'inspiration présentes dans le recueil, cette hypothèse demeure néanmoins sujette à caution. Nous devons enfin nous garder de généraliser : chaque extrait, chaque ligne de l'*Histoire Auguste* représente un cas bien spécifique, dont l'élaboration est unique. Aussi, devons-nous parler de « tendance globale ». Nous ne pensons pas nous démarquer des conclusions des autres chercheurs sur le texte en affirmant que la plupart des détachements d'énoncés de textes-sources relèvent de la fantaisie du rédacteur.

Il faut aussi, dans le cadre des répétitions, réserver une place aux *topoï*. Des thèmes, comme celui de la transgression de la nature ou du principe de légitimité dynastique, appartiennent à des communautés de pensée. Le rédacteur s'inscrit dans une tradition littéraire en les employant dans son texte.

Mais il nous semble intéressant de nous attacher à une dernière forme de répétition, de type endogène, qui concerne la présence de mêmes actions, de mêmes expressions-clichés, de mêmes figures de style, dans des biographies distinctes. On a parlé de maladresse pour désigner l'attitude de l'Anonyme qui, dans son travail d'exploitation des sources historiques, a repris une première fois un noyau événementiel donné chez un auteur, puis, après avoir changé de source, l'a retranscrit une seconde fois, par paresse selon certains. Les répétitions d'ordre lexical, comme les formules qui décrivent Maximin ou Élagabal comme des *beluae*, ou les répétitions d'ordre stylistique comme les hyperboles inhérentes au gigantisme physique des princes, relèvent de cette « médiocrité du style ». Cette hypothèse est recevable, mais nous croyons que le rédacteur a agi sur ce point à dessein. Et il sut faire preuve de malice : le recours à l'ironie, le subterfuge des six auteurs inventés, le mensonge sur la période de rédaction de l'œuvre en témoignent. Aussi, les répétitions que nous avons qualifiées d'endogène peuvent éventuellement servir un projet d'écriture, illustrer une nouvelle intention de cet écrivain atypique.

La répétition des hyperboles dans la Vie de Maximin constitue un exemple très représentatif du glissement de la biographie vers le roman historique qui a si souvent été évoqué à propos de l'œuvre. Maximin transformé en géant, en monstre, devient le personnage d'un monde contrefactuel, celui du mythe, ou plutôt celui de la *mythistoria*, auquel le rédacteur fait référence à deux reprises. Le néologisme dévoile la conception de l'écrivain sur la pratique de l'écriture de l'histoire. Les répétitions de la Vie de Maximin, tout comme les répétitions des formules, des actions dans le recueil indiquent donc que l'historien ne relate pas l'histoire mais propose une histoire romancée.

La préface de la Vie d'Aurélien démontre que le rédacteur a conscience de ce procédé et le revendique : la mise en abyme et les nombreuses marques d'ironie présentes dans le recueil sont des témoins de cette attitude de distanciation que l'Anonyme adopte vis-à-vis de son travail d'écriture. En employant des énoncés tropiques dont la profusion retient l'attention du lecteur et provoque le rire et le plaisir de la lecture, il positionne ce dernier dans une attitude active et l'invite à construire avec lui le sens de ce qu'il raconte.

En effet, les multiples contradictions du rédacteur inhérentes à la vision de ce que doit être la vérité en histoire indiquent qu'il ne propose pas de solution définitive à cette problématique. La question du sens de l'*Histoire Auguste* s'éclaircit à partir du moment où l'on dépasse le clivage du vrai et du faux.

Vopiscus affirme, dans le prologue de la Vie d'Aurélien, que tous les historiographes sont des menteurs. Cette déclaration invite à remettre en cause la véracité des faits rapportés dans l'ensemble de ses biographies (et de l'œuvre entière, si l'on considère que c'est l'auteur unique du recueil qui s'exprime à travers Vopiscus), d'une part, et la véracité des paroles et des commentaires émanant de Vopiscus de l'autre, car il est lui-même un historiographe. Les paroles prononcées devant le préfet Tibérianus sont, dès lors, elles-mêmes suspectes. En d'autres termes, la déclaration de Vopiscus est un mensonge. Mais si la déclaration de l'historiographe Vopiscus affirmant que tous les historiographes mentent est elle-même un mensonge, cela signifie que Vopiscus ne ment pas. Pourtant, il ment…

Cette circularité discursive rappelle le paradoxe du menteur qui est, selon Diogène Laërce, attribué à Eubulide de Mégare[1]. « Eubulide dit "Je mens". S'il ment effectivement en disant "Je mens", alors il ne ment pas, mais il dit la vérité, mais s'il dit la vérité en disant "Je mens", alors il ment bel et bien, donc il ne ment pas, mais il dit la vérité, etc. » On pourrait même, plus exactement, la considérer comme une variation du paradoxe d'Épiménide[2]. Les propositions de ces raisonnements sont qualifiées d'« indécidables », dans la mesure où l'on ne peut déterminer si elles sont vraies ou fausses.

---

1 Diogène Laërce, *Vies et doctrines des philosophes illustres*, texte traduit sous la direction de M.-O. Goulet-Cazé, introductions, traductions et notes de J.-F. Balaudé, L. Brisson, J. Brunschwig, T. Dorandi, M.-O. Goulet-Cazé, R. Goulet et M. Narcy, avec la collaboration de M. Patillon, Paris, Librairie Générale Française, 1999, Le Livre de Poche, *cf.* II, « Euclide », 108.

2 « [Le paradoxe du menteur] doit être distingué de celui d'Épiménide le Crétois qui dit que tous les Crétois sont toujours menteurs. Or étant Crétois, s'il dit que tous les Crétois sont toujours menteurs, alors il ment, mais s'il ment, alors il dit la vérité. Ce paradoxe ne fonctionne que si l'on ajoute l'hypothèse selon laquelle toutes les affirmations que font les Crétois sont mensongères, exceptée celle que fait Épiménide en disant que tous les Crétois mentent. C'est pourquoi l'on considère que seul l'énoncé "Je mens" constitue un paradoxe authentique. » (J. Vidal-Rosset, *Qu'est-ce qu'un paradoxe ?*, Paris, Librairie Philosophique Vrin, 2004, Chemins philosophiques, n. 3 p. 25).

La question mérite d'être posée : le sens indécidable de l'*Histoire Auguste* s'explique-t-il par un programme poétique assumé ? L'Anonyme pourrait vouloir adresser un message : le discours historique reste ouvert et n'appelle à aucune solution définitive. Si l'émergence de tyrans et de bons empereurs est un fait bien établi, certains empereurs ne sont ni bons ni mauvais. Le Principat est la source des plus grandes monstruosités que l'Empire ait connues puisqu'il a permis l'arrivée au pouvoir d'individus néfastes, mais il est un mal nécessaire. Le discours historique prétend dire la vérité mais il ne la dit pas, car il affabule, mais cette affabulation reste, dans un même temps, porteuse de vérité… La dimension polémique du texte se fonde donc sur différents niveaux de lecture.

Une rhétorique du blâme touche les *pessimi principes*. Elle dissimule, très probablement, une condamnation de certains empereurs du IVe siècle. Mais ce discours de blâme, emprunté aux confrères historiographes du rédacteur, n'est lui-même pas à considérer comme un discours sérieux. Le rédacteur le manipule pour, dans un certain sens, le retourner contre les historiens eux-mêmes, animés par des idéaux définissant ce que doit être un ouvrage d'histoire. Les historiens prétendent dire la vérité mais ils savent très consciemment qu'ils ne le font pas ; ils font œuvre de mythistoire. Le lecteur est sollicité pour décrypter le sens du texte complexe qu'il a sous les yeux.

L'ironie retrouve alors sa vertu originelle, mobilisée dans la démarche socratique : constituer un outil pédagogique pour sonder le fond de son âme[3]. Elle est un miroir, comme la biographie est un miroir pour l'empereur qui la lit, et l'invite à réfléchir sur son propre comportement. Les enchâssements des blâmes, qui touchent des dimensions politique, morale, religieuse, philosophique, littéraire et épistémologique indiquent le véritable sens de l'*Histoire Auguste*.

Le recueil souffre de la comparaison avec Suétone, qui souffre lui-même de celle avec Tacite. Mais le véritable centre d'intérêt du rédacteur ne se fonde pas sur le style, sur la manière de narrer l'événement ou de dépeindre un caractère. L'esthétique du recueil ne se situe pas dans une recherche du langage mais dans une recherche du métalangage. Refuser le ton unidimensionnel des Panégyriques ou des ouvrages

3 L. Perrin, *op. cit.*, p. 7 : « le terme d'*eirôneia* va prendre pour objet, en premier lieu, la technique oratoire de Socrate dans les dialogues platoniciens, une technique fondée sur l'interrogation faussement naïve, sur la crédulité feinte. »

d'histoire traditionnels reflète finalement les incertitudes d'une époque en crise, celle de la fin du IVe siècle, une époque où les vérités religieuses coexistent et où ceux qui croient détenir la seule vérité sont finalement ceux qu'il faut blâmer.

ANNEXE I

Les énoncés tropiques caractérisant Maximin l'Aîné

HYPERBOLES NUMÉRIQUES

Vie des deux Maximins, chapitres II-III :

Tunc Maximinus sedecim lixas uno sudore deuicit sedecim acceptis praemiis minusculis non militaribus iussusque militare. (*Maxim.*, II, 7)

« Maximin vainquit alors d'affilée seize valets, obtint seize prix de peu de valeur et réservés aux non-militaires et reçut l'ordre d'entrer dans l'armée. »

Tum ille more solito septem fortissimos uno sudore uicit solusque omnium a Seuero post argentea praemia torque aureo donatus est iussusque inter stipatores corporis semper in aula consistere. (*Ibid.*, III, 5)

« Comme à l'habitude, Maximin vainquit d'affilée sept de ces braves et fut le seul de tous à recevoir ensuite des mains de Sévère, après les prix en argent, un collier d'or ; puis il lui fut enjoint de demeurer désormais en permanence à la cour en servant parmi les gardes du corps[1]. »

Vie des deux Maximins, chapitre IV :

Bibisse autem illum saepe in die uini Capitolinam amforam constat, comedisse et quadraginta libras carnis, ut autem Cordus dicit, etiam sexaginta. (*Ibid.*, IV, 1)

« Il est avéré qu'il lui arriva souvent de boire en une journée une amphore capitoline de vin, de manger quarante livres de viande, ou même soixante, à ce que rapporte Cordus. »

Sudores saepe suos excipiebat et in calices uel in uasculum mittebat, ita ut duos uel tres sextarios sui sudoris ostenderet. (*Ibid.*, IV, 3)

1 Cette prouesse prend place après une course (*Maxim.*, III, 3) ; Maximin dispose donc d'une excellente condition physique.

« Il recueillait fréquemment sa sueur, qu'il plaçait dans des calices ou dans un petit vase, au point de pouvoir en exhiber deux ou trois setiers. »

nam dicitur cum eo iocatus esse Heliogabalus turpissime : "Diceris, Maximine, sedecim et uiginti et triginta milites aliquando lassasse : potes tricies cum muliere perficere ?" (*Ibid.*, IV, 7)

« On dit en effet qu'Élagabal se moqua de lui de la façon la plus honteuse : "Il paraît, Maximin, qu'il t'est arrivé d'épuiser seize, vingt et même trente soldats ; es-tu capable d'y réussir trente fois avec une femme ?" »

Vie des deux Maximins, chapitre VI :

Exercebat cum militibus ipse luctamina, quinos, senos et septenos iam grandaeuus ad terram prosternens. (*Ibid.*, VI, 5)

« Il organisait des combats de lutte entre lui-même et ses soldats et, bien que déjà d'un âge avancé, il en jetait à terre cinq, six ou sept. »

Erat praeterea, ut refert Cordus, magnitudine tanta, ut octo pedes digito uideretur egressus, pollice ita uasto, ut uxoris dextrocherio uteretur pro anulo. (*Ibid.*, VI, 8)

« Il était, rapporte en outre Cordus, d'une si haute taille qu'il dépassait d'un doigt les huit pieds de hauteur et son pouce était si gros que le bracelet de sa femme pouvait lui servir d'anneau. »

Vie des deux Maximins, chapitres X-XXVIII :

plus quattuor milibus hominum occisis se satiare non potuit (*ibid.*, X, 6)

« il y eut plus de quatre mille victimes, ce qui ne suffit pas à le satisfaire[2] »

Per quadraginta quinquaginta milia Germanorum uicos incendimus (*ibid.*, XII, 6)

« nous avons incendié les villages sur quarante ou cinquante milles[3] »

Nam cum esset Maximinus pedum, ut diximus, octo et prope semis, calciamentum eius, id est campagum regium, quidam in luco, qui est inter Aquileiam et Arciam, posuerunt, quod constitit pede maius fuisse hominis uestigio mensura. (*Ibid.*, XXVIII, 8)

---

2 Cette précision s'inscrit dans le contexte de la répression d'un complot. A. Chastagnol note : « le chiffre est exagéré, car Hérodien, seule source du passage, affirme que Magnus [le meneur de la conjuration] n'avait avec lui qu'un petit nombre d'hommes » (*Histoire Auguste*, n. 4 p. 660).

3 Extrait d'une lettre de Maximin au Sénat sur sa guerre en Germanie.

« Comme nous l'avons dit, Maximin mesurait presque huit pieds et demi ; or des gens déposèrent dans un bois situé entre Aquilée et Arcia l'une de ses chaussures, un brodequin royal dont la pointure dépassait manifestement d'un pied celle d'un individu normal. »

AUTRES HYPERBOLES ET COMPARAISONS HYPERBOLIQUES

Vie des deux Maximins, chapitres IV-VI :

Et tamen retentus est per amicos Heliogabali, ne hoc quoque illius famae accederet, quod uirum temporis sui fortissimum et quem alii Herculem, alii Achillem, alii Hectorem, Aiacem alii uocabant, a suo exercitu dimoueret. (*Ibid.*, IV, 9)

« néanmoins, il en fut dissuadé par les amis d'Élagabal, pour qu'à la réputation qu'avait déjà ce dernier ne s'ajoutât pas encore celle d'avoir détourné de son armée l'homme le plus vaillant de son temps, que les uns appelaient Hercule, d'autres Achille, d'autres Hector, d'autres encore Ajax[4]. »

Iam illa prope in uulgi ore sunt posita, quod amaxas manibus adtraheret, raedam onustam solus moueret, equo si pugnum dedisset, dentes solueret, si calcem, crura frangeret, lapides toficios friaret, arbores teneriores scinderet, alii denique eum Crotoniaten Milonem, alii Herculem, Antaeum alii uocarent. (*Ibid.*, VI, 9)

« Voici maintenant des anecdotes pratiquement de notoriété publique : il tirait un chariot à la main, mettait seul en marche une voiture de type gaulois [*raeda*] pleine de voyageurs, brisait les dents d'un cheval d'un coup de poing et ses jambes d'un coup de pied, broyait des pierres de tuf, fendait de jeunes arbres ; aussi les uns l'appelaient-ils Milon de Crotone, d'autres Hercule, d'autres Antée. »

Vie des deux Maximins, chapitres VIII-XIII :

Sed inter has uirtutes tam crudelis fuit, ut illum alii Cyclopem, alii Busirem, alii Scironam, nonnulli Falarem, multi Tyfona uel Giganta uocarent. (*Ibid.*, VIII, 5)

« Mais, à côté de ces qualités, il se montra si cruel que les uns l'appelaient Cyclope, d'autres Busiris, d'autres encore Sciron, quelques-uns Phalaris, beaucoup Typhon ou Géant. »

4 Maximin veut renoncer à reprendre du service.

prorsus ut Spartaci aut Athenionis exemplo imperabat. (*Ibid.*, IX, 6)

« [il] gouvernait absolument à la manière d'un Spartacus ou d'un Athénio. »

"Breui tempore, p. c., tot bella gessi quot nemo ueterum. Tantum praedae in Romanum solum attuli, quantum sperari non potuit. Tantum captiuorum adduxi, ut uix sola Romana sufficiant." (*Ibid.*, XIII, 2)

« "En peu de temps, pères conscrits, j'ai dirigé plus de guerres que personne ne l'a jamais fait chez les Anciens ; j'ai apporté en territoire romain plus de butin qu'on aurait pu l'espérer ; j'ai ramené tant de prisonniers que le territoire romain saurait à peine les contenir[5]." »

PARODIE D'ARISTIE

Vie des deux Maximins, chapitre VI :

cumque aduersarius adnuisset, uenientem contra se palma in pectus percussum supinum reiecit et continuo dixit : "Date alium, sed tribunum" (*ibid.*, VI, 7)

« L'adversaire accepta et, s'avançant à sa rencontre, fut frappé du plat de la main en pleine poitrine et s'écroula à terre. "Au suivant maintenant, mais que ce soit vraiment un tribun", déclara Maximin[6]. »

RÉIFICATIONS ANIMALIÈRES

Vie des deux Maximins, chapitres IX-XI :

Neque enim fuit crudelius animal in terris omnia sic in uiribus suis ponens, quasi non posset occidi. (*Ibid.*, IX, 2)

« Il n'y eut point sur cette terre d'animal plus cruel que lui, qui mettait toute sa confiance en ses forces physiques comme s'il ne pouvait pas être tué. »

---

5 Il s'agit d'une nouvelle lettre au Sénat sur les guerres qu'il mène.
6 L'extrait met en scène un combat singulier avec un tribun qui l'avait provoqué.

Cum esset ita moratus, ut ferarum more uiueret... (*Ibid.*, X, 1)

« Comme il était naturellement porté à vivre à la manière des bêtes sauvages... »

His rebus in dies inmanior fiebat, ferarum more, quae uulneratae magis exulcerantur. (*Ibid.*, XI, 6)

« Tout cela le rendait de jour en jour plus cruel, à la manière des fauves qui, une fois blessés, deviennent d'autant plus féroces. »

Vie des deux Maximins, chapitres XV-XVII :

Senatus populusque Romanus per Gordianos principes a tristissima belua liberari coeptus... (*Ibid.*, XV, 6)

« Le Sénat et le peuple romain, que les empereurs Gordiens viennent à peine de délivrer de la bête immonde[7]... »

ad illam beluam atque illius amicos... (*Ibid.*, XV, 8)

« cette bête féroce et ses amis... »

Ubi hoc senatus consultum Maximinus accepit, homo natura ferus sic exarsit, ut non hominem sed beluam putares. Iaciebat se in parietes, nonnumquam terrae se prosternebat, exclamabat incondite, arripiebat gladium, quasi senatum posset occidere, conscindebat uestem regiam, aliquos uerberibus adficiebat, et nisi de medio recessisset, ut quidam sunt auctores, oculos filio adulescentulo sustulisset. (*Ibid.*, XVII, 1-2)

« Quand Maximin eut connaissance de ce sénatus-consulte, lui qui était déjà féroce de nature fut enflammé d'une telle colère qu'on l'aurait pris non pour un homme mais pour une bête. Il se jetait contre les murs, se roulait parfois à terre, poussait des cris inarticulés, sortait son épée comme s'il allait tuer le Sénat, déchirait son vêtement royal, frappait de verges les uns ou les autres, et si, selon certains auteurs, son jeune fils n'avait pris le large, il lui aurait arraché les yeux. »

Vie des trois Gordiens, chapitre XI :

Gratias igitur agamus Tysdritanae iuuentuti, gratias Carthaginensi populo semper deuoto : ab inmani nos belua, ab illa fera uindicauerunt. (*Gord.*, XI, 5)

« Remercions donc la jeunesse de Thysdrus, remercions le peuple de Carthage qui nous est toujours dévoué : ils nous ont délivrés d'un être monstrueux, de cette bête féroce[8]. »

7 Extrait d'une lettre du Sénat après la proclamation de Maximin et son fils ennemis publics.

8 Un consul prend ici la parole au Sénat.

ANNEXE II

Énoncés tropiques similaires à ceux caractérisant Maximin l'Aîné et employés dans d'autres contextes

Vie des Trente Tyrans, chapitre VIII (traduction d'A. Chastagnol) :

Nam et carra uenientia digito salutari reppulisse dicitur et fortissimos quosque uno digito sic adflixisse, ut quasi ligni uel ferri obtunsioris ictu percussi dolerent. Multa duorum digitorum allisione contriuit. (*Tr. tyr.*, VIII, 5)

« C'est ainsi qu'il aurait, dit-on, repoussé de l'index des chariots en mouvement et abattu d'un seul doigt les hommes les plus vigoureux qui souffraient comme s'ils avaient été frappés à coups de gourdin ou de fer émoussé. Il broyait toutes sortes d'objets en les serrant entre deux doigts[1]. »

Vie de Claude le Gothique, chapitre XIII (traduction d'A. Chastagnol) :

digitis usque adeo fortibus, ut saepe equis et mulis ictu pugni dentes excusserit. (*Claud.*, XIII, 5)

« ses doigts étaient si vigoureux qu'il lui arriva souvent, d'un coup de poing, de briser des dents à des chevaux ou à des mulets. »

Nam iratus ei, qui non balteum sed genitalia sibi contorserat, omnes dentes uno pugno excussit. (*Ibid.*, XIII, 7)

« furieux contre un adversaire qui l'avait agrippé non par le baudrier mais par les parties sexuelles, il lui fit, d'un seul coup de poing, sauter toutes les dents[2]. »

Quadrige des tyrans, chapitre IV (traduction d'A. Chastagnol) :

Fuit tamen Firmus statura ingenti, oculis foris eminentibus, capillo crispo, fronte uulnerata, uultu nigriore, reliqua parte corporis candidus sed pilosus atque hispidus, ita ut eum plerique Cyclopem uocarent. Carne multa uescebatur, struthionem ad diem

1 On rappelle que Marius était un ex-forgeron.
2 On parle ici d'une partie de lutte.

comedisse fertur. Vini non multum bibit, aquae plurimum, mente firmissimus, neruis robustissimus, ita ut Tritanum uinceret, cuius Varro meminit. Nam et incudem superpositam pectori constanter aliis tundentibus pertulit, cum ipse reclinis ac resupinus et curuatus in manus penderet potius quam iaceret. (*Quadr. Tyr.*, IV, 1-3)

« Firmus avait une stature de géant, des yeux exorbités, une chevelure crépue, un front balafré, un visage basané ; sur le reste du corps la peau était blanche, mais si velue et rugueuse que beaucoup l'appelaient le Cyclope. Il mangeait énormément de viande et dévorait, dit-on, une autruche par jour. Il buvait peu de vin mais une grande quantité d'eau. Il avait un caractère très résolu et une telle puissance musculaire qu'il éclipsait ce Tritanus que mentionne Varron. C'est ainsi qu'il supporta sans broncher qu'on lui place sur la poitrine une enclume sur laquelle on frappait : renversé en arrière, la tête en bas et le corps cambré, il faisait reposer tout le poids sur ses mains au lieu de s'allonger. »

BIBLIOGRAPHIE

SOURCES (ANTIQUITÉ)

AMMIEN MARCELLIN, *Histoire, t. I (livres XIV-XVI)*, texte établi et traduit par É. Galletier, avec la collaboration de J. Fontaine, Paris, Les Belles Lettres, 1968.

AULU-GELLE, *Les Nuits attiques*, t. III, livres XI-XV, texte établi et traduit par R. Marache, Paris, Les Belles Lettres, 1989.

AULU-GELLE, *Les Nuits attiques*, t. IV, livres XVI-XX, texte établi et traduit par Y. Julien, Paris, Les Belles Lettres, 1998.

AURÉLIUS VICTOR, *Livre des Césars*, texte établi et traduit par P. Dufraigne, Paris, Les Belles Lettres, 1975.

CÉSAR, JULES, *La Guerre civile*, t. II, livre III, texte établi et traduit par P. Fabre, huitième tirage revu et corrigé par A. Balland, Paris, Les Belles Lettres, 1997.

CICÉRON, *De l'orateur*, livre deuxième, texte établi et traduit par E. Courbaud, Paris, Les Belles Lettres, 1966.

CICÉRON, *Discours*, t. VI, *Seconde action contre Verrès, livre V, Les supplices*, texte établi par H. Bornecque et traduit par G. Rabaud, Paris, Les Belles Lettres, 1950.

CICÉRON, *Discours*, t. XX, *Philippiques* V à XIV, texte établi et traduit par P. Wuilleumier, Paris, Les Belles Lettres, 1973.

CICÉRON, *Pour Sextus Roscius*, texte traduit par F. Hinard, Paris, Les Belles Lettres, 2009, Classiques en poche, n° 98.

CICÉRON, *Pour T. Annius Milon*, texte établi et traduit par A. Boulanger, introduction et notes par J.-N. Robert, deuxième tirage, Paris, Les Belles Lettres, 2002.

CICÉRON, *Tusculanes*, t. II, livres III-V, texte établi par G. Fohlen et traduit par J. Humbert, Paris, Les Belles Lettres, 2002.

CLAUDIEN, *Œuvres*, t. II, 1re partie, « Poèmes politiques » (395-398), texte établi et traduit par J.-L. Charlet, Paris, Les Belles Lettres, 2002.

CLAUDIEN, *Œuvres*, t. III, « Poèmes politiques » (399-404), texte établi et traduit par J.-L. Charlet, Paris, Les Belles Lettres, 2017.

Les Cinquante Livres du Digeste ou des Pandectes de l'Empereur Justinien, t. VII, texte traduit par M. Berthelot, Metz, chez Behmer et Lamort, et Paris, Rondonneau, 1805.

DIOGÈNE LAËRCE, *Vies et doctrines des philosophes illustres*, texte traduit sous la direction de M.-O. Goulet-Cazé, introductions, traductions et notes de J.-F. Balaudé, L. Brisson, J. Brunschwig, T. Dorandi, M.-O. Goulet-Cazé, R. Goulet et M. Narcy, avec la collaboration de M. Patillon, Paris, Librairie Générale Française, 1999, Le Livre de Poche.

DION CASSIUS, *Histoire romaine*, livres 50 et 51, texte établi, traduit et annoté par M.-L. Freyburger et J.-M. Roddaz, Paris, Les Belles Lettres, 2002.

DION CASSIUS, *Histoire romaine*, livres 57-59 (Tibère-Caligula), texte traduit et annoté par J. Auberger, Paris, Les Belles Lettres, 1995, La Roue à livres.

DION CASSIUS, *Histoire romaine*, t. IX (livres LXI à LXX), texte traduit par É. Gros, ouvrage continué par V. Boissée, Paris, Librairie de Firmin Didot Frères, Fils et Cie, 1867.

DION CASSIUS, *Histoire romaine*, t. X (livres LXXI à LXXX), texte traduit par É. Gros, ouvrage continué par V. Boissée, Paris, Librairie de Firmin Didot Frères, Fils et Cie, 1870.

ÉGINHARD, *Vie de Charlemagne*, texte, traduction et notes sous la direction de M. Sot et C. Veyrard-Cosme, Paris, Les Belles Lettres, 2014, Les *Classiques de l'histoire au Moyen Âge*.

Éloges grecs de Rome, texte traduit par L. Pernot, Paris, Les Belles Lettres, 2007, La Roue à livres / Documents.

EUTROPE, *Abrégé d'histoire romaine*, texte établi et traduit par J. Hellegouarc'h, Paris, Les Belles Lettres, 1999.

FLORUS, *Œuvres*, t. II, texte établi et traduit par P. Jal, Paris, Les Belles Lettres, 1967.

FORTUNAT, Venance, *Œuvres, t. IV, Vie de Saint Martin*, texte établi et traduit par S. Quesnel, Paris, Les Belles Lettres, 1996.

HÉRODIEN, *Histoire des empereurs romains, de Marc-Aurèle à Gordien III (180 ap. J.-C. – 238 ap. J.-C.)*, texte traduit et commenté par D. Roques, postface de L. Canfora, troisième tirage, Paris, Les Belles Lettres, 2018.

HÉRODOTE, *Histoires*, livre VIII, *Uranie*, texte établi et traduit par Ph.-E. Legrand, Paris, Les Belles Lettres, 1973.

HÉSIODE, *Théogonie*, texte établi et traduit par P. Mazon, introduction et notes par G. Pironti, Paris, Les Belles Lettres, 2012, Classiques en poche, n° 88.

Histoire Auguste. Les Empereurs romains des IIe et IIIe siècles, texte traduit par A. Chastagnol, Paris, Robert Laffont, 1994, Bouquins.

Histoire Auguste. T. I, 1re partie : Introduction générale, Vies d'Hadrien, Aelius, Antonin, texte établi et traduit par J.-P. Callu, A. Gaden, O. Desbordes, Paris, Les Belles Lettres, 1992, CUF.

Histoire Auguste. T. III, 1re partie : Vies de Macrin, Diaduménien et Héliogabale, texte établi, traduit et commenté par R. Turcan, Paris, Les Belles Lettres, 1993, CUF.

Histoire Auguste. T. III, 2e partie : Vie d'Alexandre Sévère, introduction, texte, traduction, et commentaire par C. Bertrand-Dagenbach, Paris, Les Belles Lettres, 2014, CUF.

Histoire Auguste. T. IV, 2e partie : Vies des deux Valériens et des deux Galliens, texte établi par O. Desbordes et S. Ratti, traduit et commenté par S. Ratti, Paris, Les Belles Lettres, 2000, CUF.

Histoire Auguste. T. IV, 3e partie : Vies des Trente tyrans et de Claude, texte établi, traduit et commenté par F. Paschoud, Paris, Les Belles Lettres, 2011, CUF.

Histoire Auguste. T. V, 1re partie : Vies d'Aurélien et de Tacite, texte établi, traduit et commenté par F. Paschoud, Paris, Les Belles Lettres, 2002, CUF.

Histoire Auguste. T. V, 2e partie : Vies de Probus, Firmus, Saturnin, Proculus et Bonose, Carus, Numérien et Carin, texte établi, traduit et commenté par F. Paschoud, Paris, Les Belles Lettres, 2002, CUF.

JUSTIN, *Abrégé des* Histoires Philippiques *de Trogue Pompée*, t. I, livres I-X, texte établi, traduit et commenté par B. Mineo, notes historiques par G. Zecchini, Paris, Les Belles Lettres, 2016.

JUSTIN, *Abrégé des* Histoires Philippiques *de Trogue Pompée*, t. II, livres XI-XXIII, texte établi, traduit et commenté par B. Mineo, notes historiques par G. Zecchini, Paris, Les Belles Lettres, 2018.

JUVÉNAL, *Satires*, texte établi par P. De Labriolle, F. Villeneuve, traduit par O. Sers, Paris, Les Belles Lettres, 2002, Classiques en poche, n° 61.

LACTANCE, *De la mort des persécuteurs*, t. I, introduction, texte critique et traduction de J. Moreau, Paris, Éditions du Cerf, 1954, Sources chrétiennes, n° 39.

LYSIAS, *Contre Ératosthène*, texte établi et traduit par L. Gernet et M. Bizos, introduction et notes de C. Orfanos, Paris, Les Belles Lettres, 2010, Classiques en poche, n° 101.

MACROBE, *Œuvres*, texte traduit par H. Descamps, N. A. Dubois, L. d'Aguen, A. Ubicini Martelli, Paris, C. L. F. Panckoucke, 1845.

MARTIAL, *Épigrammes*, t. I, livres I-VII, texte établi et traduit par H. J. Izaac, Paris, Les Belles Lettres, 1930.

NÉPOS, Cornélius, *Œuvres*, texte établi et traduit par A.-M. Guillemin, Paris, Les Belles Lettres, 2002.

OVIDE, *Les Métamorphoses*, texte établi par G. Lafaye, émendé, présenté et traduit par O. Sers, Paris, Les Belles Lettres, 2009.

Panégyriques latins, t. I, I-V, texte établi et traduit par É. Galletier, Paris, Les Belles Lettres, 1949.

Panégyriques latins, t. II, VI-X, texte établi et traduit par É. Galletier, Paris, Les Belles Lettres, 2002.

Panégyriques latins, t. III, XI-XII, texte établi et traduit par É. Galletier, Paris, Les Belles Lettres, 1955.

PHILON D'ALEXANDRIE, *Legatio ad Caium*, introduction, traduction et notes par A. Pelletier, Paris, Éditions du Cerf, 1972.

PLINE LE JEUNE, t. IV, *Lettres, livre X. Panégyrique de Trajan*, texte établi et traduit par M. Durry, Paris, Les Belles Lettres, 1972.

PLUTARQUE, *Vies*, t. VIII, *Sertorius-Eumène – Agésilas – Pompée*, texte établi et traduit par R. Flacelière et É. Chambry, Paris, Les Belles Lettres, 1973.

PLUTARQUE, *Vies*, t. XIII, *Démétrios-Antoine*, texte établi et traduit par R. Flacelière et É. Chambry, Paris, Les Belles Lettres, 1977.

PSEUDO-AURÉLIUS VICTOR, *Abrégé des Césars*, texte établi, traduit et commenté par M. Festy, Paris, Les Belles Lettres, 1999.

QUINTILIEN, *Institution oratoire*, t. V, livres VIII et IX, texte établi et traduit par J. Cousin, deuxième tirage, Paris, Les Belles Lettres, 2003.

QUINTILIEN, *Institution oratoire*, t. VII, livre XII, index général, texte établi et traduit par J. Cousin, deuxième tirage, Paris, Les Belles Lettres, 2003.

SAMMONICUS, *Préceptes médicaux*, texte traduit par L. Baudet, Paris, C. L. F. Panckoucke, 1845.

SÉNÈQUE, *De la clémence*, texte établi et traduit par F.-R. Chaumartin, Paris, Les Belles Lettres, 2005, CUF.

SÉNÈQUE, *Des bienfaits*, t. I, texte établi et traduit par F. Préchac, Paris, Les Belles Lettres, 1961.

SÉNÈQUE, *Des bienfaits*, t. II, texte établi et traduit par F. Préchac, Paris, Les Belles Lettres, 1961.

SÉNÈQUE, *Dialogues, t. I, De ira*, texte établi et traduit par A. Bourgery, Paris, Les Belles Lettres, 1942 et 1951.

SÉNÈQUE, *Dialogues, t. IV, De la constance du sage*, texte établi et traduit par R. Waltz, Paris, Les Belles Lettres, 1927.

SÉNÈQUE, *Lettres à Lucilius*, t. III (livres VIII-XIII), texte établi par F. Préchac et traduit par H. Noblot, Paris, Les Belles Lettres, 1995.

SUÉTONE, *Vies des douze Césars*, t. I, *César-Auguste*, texte établi et traduit par H. Ailloud, Paris, Les Belles Lettres, 2002.

SUÉTONE, *Vies des douze Césars*, t. II, *Tibère-Caligula-Claude-Néron*, texte établi et traduit par H. Ailloud, neuvième tirage, Paris, Les Belles Lettres, 2002.

SUÉTONE, *Vies des douze Césars*, t. III, *Galba-Othon-Vitellius-Vespasien-Titus-Domitien*, texte établi et traduit par H. Ailloud, troisième tirage de la quatrième édition revue et corrigée, Paris, Les Belles Lettres, 2002.

SUÉTONE, *Vies des douze Césars*, traduction T. Baudement, révisée par J. Gascou, Paris, Flammarion, 1990, GF, n° 1361.

TACITE, *Annales, livres I-III*, texte établi et traduit par P. Wuilleumier, troisième tirage revu et corrigé par J. Hellegouarc'h, Paris, Les Belles Lettres, 1990.

Traité de physiognomonie, texte traduit par J. André, Paris, Les Belles Lettres, 2003, CUF.

VELLEIUS PATERCULUS, *Histoire romaine*, t. II, livre II, texte établi et traduit par J. Hellegouarc'h, Paris, Les Belles Lettres, 1982.

VIRGILE, *Énéide*, texte traduit par J. Dion et P. Heuzé, Gallimard, 2015, Bibliothèque de La Pléiade.

ZOSIME, *Histoire nouvelle*, t. I, livres I-II, texte établi et traduit par F. Paschoud, Paris, Les Belles Lettres, 2000.

SOURCES (ÉPOQUE CLASSIQUE)

SHAKESPEARE, William, *Jules César*, texte traduit par Y. Bonnefoy, Gallimard, 1995, Mercure de France.

Vie d'Adrien. Vie d'Héliogabale, texte établi et présenté par P. Moreau, Vies tirées de l'*Histoire Auguste* et traduites par M. de Marolles, Gallimard, 1994, Le Promeneur.

INSTRUMENTS DE TRAVAIL

Dictionnaire des sciences médicales, t. VII, C. L. F. Panckoucke, 1825.

Oxford dictionaries en ligne : https://en.oxforddictionaries.com/, consulté le 25 octobre 2018.

ÉTUDES & TRAVAUX

OUVRAGES

ARNAUD-LINDET, Marie-Pierre, *Histoire et politique à Rome : les historiens romains* III*e* *siècle av. J.-C. – V*e* siècle ap. J.-C.*, Paris, Pocket, 2005, Pocket Agora.

BÉRANGER, Jean, *Principatus. Études de notions et d'histoire politiques dans l'Antiquité gréco-romaine*, Université de Lausanne – Faculté des Lettres, 1973.

BOMPARD, Raoul, *Droit romain : le crime de lèse-majesté / Droit français : la Papauté en droit international*, Paris, A. Rousseau, 1888.

BONNET, Christian, LANÇON, Bertrand, *L'Empire romain de 192 à 325. Du Haut-Empire à l'Antiquité tardive*, Ophrys, 1997, Documents Σ Histoire.

BURKERT, Walter, *Les Cultes à mystères dans l'Antiquité* (Titre original : *Ancient Mystery Cults*), nouvelle traduction de l'anglais par A.-P. Segonds, Paris, Les Belles Lettres, 2014, Vérité des Mythes.

CASTORIO, Jean-Noël, *Caligula : au cœur de l'imaginaire tyrannique*, Paris, Ellipses Marketing, 2017, Biographies & mythes historiques.

CHAMPEAUX, Jacqueline, *Fortuna. Le culte de la Fortune à Rome et dans le monde romain. I – Fortuna dans la religion archaïque*, Rome, École française de Rome, 1982, *Publications de l'École française de Rome*, 64.

CHAMPEAUX, Jacqueline, *Fortuna. Le culte de la Fortune à Rome et dans le monde romain. II – Les transformations de Fortuna sous la République*, Rome, École française de Rome, 1987, *Publications de l'École française de Rome*, 64-2.

CHUVIN, Pierre, *Chronique des derniers païens. La disparition du paganisme dans l'Empire romain, du règne de Constantin à celui de Justinien*, Paris, Les Belles Lettres / Fayard, 2009.

COGITORE, Isabelle, *La Légitimité dynastique d'Auguste à Néron à l'épreuve des conspirations*, Rome, École française de Rome, 2002.

COSME, Pierre, *L'Année des quatre empereurs*, Paris, Fayard, 2012, Histoire.

GALAND-HALLYN, Perrine, *Le Reflet des fleurs. Description et métalangage poétique d'Homère à la Renaissance*, Genève, Librairie Droz, 1994.

GASCOU, Jacques, *Suétone historien*, Rome, École française de Rome ; Paris, Diffusion De Boccard, 1984, Bibliothèque des Écoles françaises d'Athènes et de Rome.

GENETTE, Gérard, *Fiction et diction*, Paris, Seuil, 2004, Collection Poétique, version numérique.

HUYSE, Philip, *La Perse antique*, Paris, Les Belles Lettres, 2005, Guides Belles Lettres des civilisations, n° 20.

Les Perses vus par les Grecs. Lire les sources classiques sur l'Empire achéménide, sous la direction de D. Lenfant, Paris, Armand Colin, 2011, Collection U Histoires.

MAINGUENEAU, Dominique, *Analyser les textes de communication*, Paris, Dunod, 1998.

MAINGUENEAU, Dominique, *Les Phrases sans texte*, Paris, Armand Colin, 2012, Collection U Lettres, version numérique.

MAR JÓNSSON, Einar, *Le Miroir. Naissance d'un genre littéraire*, Paris, Les Belles Lettres, 2004, Histoire.

MARTIN, Régis F., *Les Douze Césars*, Paris, Les Belles Lettres, 1991 et Perrin 2007 pour l'édition utilisée, Tempus, n° 170.

MARTIN, René, GAILLARD, Jacques, *Les Genres littéraires à Rome*, Paris, Nathan, 1990, Scodel.

MOLINIER-ARBO, Agnès, *La* Vie de Commode *dans l'Histoire Auguste*, Paris, Association pour la Diffusion de la Recherche sur l'Antiquité, 2012, Études Anciennes.

MOMMSEN, Theodor, *Droit pénal romain*, t. III, V, section II, Paris, Albert Fontemoing, 1907.

MOREAU, Philippe, *Incestus et prohibitae nuptiae, Conception romaine de l'inceste et histoire des prohibitions matrimoniales pour cause de parenté dans la Rome antique*, Paris, Les Belles Lettres, 2002, Études anciennes, n° 62.

PERNOT, Laurent, *La Rhétorique dans l'Antiquité*, Librairie Générale Française, 2000, Le Livre de poche, n° 553.

PERNOT, Laurent, *La Rhétorique de l'éloge dans le monde gréco-romain*, Paris, Institut d'Études Augustiniennes, 1993, Collection des Études augustiniennes, série Antiquité.

PERRIN, Laurent, *L'Ironie mise en trope. Du sens des énoncés hyperboliques et ironiques*, Paris, éditions Kimé, 1996.

PIÉGAY-GROS, Nathalie, *Introduction à l'intertextualité*, Paris, Nathan/VUEF, 2002.

RAMBAUD, Michel, *L'Art de la déformation historique dans les Commentaires de César*, Paris, Les Belles Lettres, 2011, Études anciennes, n° 4.

RATTI, Stéphane, *L'Histoire Auguste. Les païens et les chrétiens dans l'Antiquité tardive*, Paris, Les Belles Lettres, 2016.

RATTI, Stéphane, *Polémiques entre païens et chrétiens*, Paris, Les Belles Lettres, 2012.

RÉMY, Bernard, *Dioclétien. L'Empire restauré*, Paris, Armand Colin, 2016.

RIVIÈRE, Yann, *Les Délateurs sous l'Empire romain*, École française de Rome, 2002.

ROMAN, Yves, *Empereurs et sénateurs. Une histoire politique de l'Empire romain*, Paris, Fayard, 2001.

ROMAN, Yves, *Hadrien. L'empereur virtuose*, Paris, Payot, 2008.

ROMAN, Yves, *Le Haut-Empire romain, 27 av. J.-C. – 235 ap. J.-C.*, Paris, Ellipses, 1998.

Rome sous le regard des historiens latins, anthologie, traduction A. Flobert, Paris, Flammarion, 2008, GF, n° 1262.

ROUKHOMOVSKY, Bernard, *Lire les formes brèves*, Paris, Armand Colin, 2005, Lettres Sup, version numérique.

SCHMIDT, Joël, *Hadrien*, Paris, Perrin, 2014.

STRAUSS, Léo, *De la tyrannie* (titre original : *On tyranny : an interpretation of Xenophon's* Hieron), texte traduit de l'anglais par H. Kern, Paris, Gallimard, 1954 pour la traduction française, Tel, n° 73.

TEYSSIER, Éric, *Commode. L'empereur gladiateur*, Paris, Perrin, 2018.

TURCAN, Robert, *Héliogabale et le Sacre du soleil*, Paris, Albin Michel, 1985, L'homme et l'événement.

TURCAN, Robert, *Vivre à la cour des Césars d'Auguste à Dioclétien (Ier-IIIe siècle après J.-C.)*, Paris, Les Belles Lettres, 2009.

TURCHETTI, Mario, *Tyrannie et tyrannicide de l'Antiquité à nos jours*, Paris, Presses Universitaires de France, 2001, Fondements de la politique.

VEYNE, Paul, *Les Grecs ont-ils cru à leurs mythes ?*, Paris, Seuil, 1983, Points, n° 246.

VIDAL-ROSSET, Joseph, *Qu'est-ce qu'un paradoxe ?*, Paris, Librairie Philosophique Vrin, 2004, Chemins philosophiques.

WILGAUX, Jérôme, « La physiognomonie antique : bref état des lieux », *Langages et métaphores du corps dans le monde antique*, sous la direction de J. Wilgaux et V. Dasen, Rennes, Presses Universitaires de Rennes, 2008, Histoire, version numérique.

ARTICLES

BALLESTEROS, Juan R., « *Casaubon en París : La anotación de la Historia Augusta (1603) de Isaac Casaubon en la polémica religiosa de tiempos de Enrique IV de Francia* », *Quaderni di storia* 84, 2016, p. 83-126.

BENFERHAT, Yasmina, « Tacite et le tyran en filigrane dans les *Histoires* », *Le Tyran et sa postérité dans la littérature latine de l'Antiquité à la Renaissance*, sous la direction de L. Boulègue, H. Casanova-Robin et C. Lévy, Paris, Classiques Garnier, 2013, p. 187-202.

BERGER, Jean-Denis, « Des principes littéraires et historiographiques en trompe-l'œil : à propos de quelques préfaces de l'*Histoire Auguste* », *Actes du Colloque international de Paris*, 23-24 mars 2007 édités par P. Galand-Hallyn et V. Zarini, Paris, Institut d'Études Augustiniennes, 2009, Collection des Études Augustiniennes, Série Antiquité – 188.

BOST-POUDERON, Cécile, « Dion de Pruse et la physiognomonie dans le discours XXXIII », *REA*, t. 105, 2003, n° 1, p. 157-174.

CHAMPLIN, Edward J., « Serenus Sammonicus », *Harvard Studies in Classical Philology*, 85, 1981, p. 189-212.

CHASTAGNOL, André, « Le poète Claudien et l'*Histoire Auguste* », *Historia*, 19, 1970, p. 444-463.

CHAZAL, Benoît, « Caligula : la fabrication d'un mythe. La théâtralisation de la figure du tyran dans la biographie de Suétone, éclairée par quelques passages de l'*Histoire Auguste* », *Noua tellus*, vol. 36, núm. 2, 2018, p. 53-68.

CIZEK, Eugen, « La poétique de l'histoire chez Tacite », *REL*, t. 69, 1991, p. 136-146.

CIZEK, Eugen, « La poétique de l'histoire dans l'*Histoire Auguste* », *REL*, t. 74, 1996, p. 282-298.

COUISSIN, Jean, « Suétone physiognomoniste dans les *Vies des XII Césars* », *REL*, t. 31, 1953, p. 234-256.

CROS, Nathalie, « La contagion monstrueuse : à propos du *De ira* de Sénèque », *Le Monstre et sa lignée. Filiations et générations monstrueuses dans la littérature latine et sa postérité*, textes réunis par J.-P. De Giorgio et F. Galtier, Paris, L'Harmattan, 2012, Collection Kubaba, série Antiquité, p. 189-206.

DELARUE, Fernand, « L'hyperbole d'Aristote à Quintilien », *Revue Tranel (Travaux neuchâtelois de linguistique)*, 2014, vol. 61-62, p. 153-169.

DUMENIL, Lorraine, « Pour en finir avec la filiation : l'*Héliogabale* d'Antonin Artaud », *Le Monstre et sa lignée. Filiations et générations monstrueuses dans la littérature latine et sa postérité*, textes réunis par J.-P. De Giorgio et F. Galtier, Paris, L'Harmattan, 2012, Collection Kubaba, série Antiquité, p. 283-298.

FÉVRIER, Caroline, « Le bestiaire prodigieux. Merveilles animales dans les littératures historique et scientifique à Rome », *REL*, t. 81, 2003, p. 43-64.

GALTIER, Fabrice, « La monstruosité néronienne : du *uentrem feri* au *uentrem ferre* », *Le Monstre et sa lignée. Filiations et générations monstrueuses dans la littérature latine et sa postérité*, textes réunis par J.-P. De Giorgio et F. Galtier, Paris, L'Harmattan, 2012, Collection Kubaba, série Antiquité, p. 265-280.

GOFFAUX, Bertrand, « Mémoire et citation poétique dans l'*Histoire Auguste* », *REL*, t. 81, 2003, p. 215-231.

GUITTON, Laurent, « Les vices des princes de Caligula à Louis XI : la construction d'un anti-modèle de souverain par les lettrés de la cour de Bretagne à la fin du Moyen Âge », *La Pathologie du pouvoir : vices, crimes et délits des gouvernants. Antiquité, Moyen Âge, époque moderne*, sous la direction de P. Gilli, Leiden, Boston, Brill, 2016, p. 450-484.

LEFEBVRE, Sabine, « *Dilapidatio principis.* Un *topos* du portrait du mauvais prince ? », *La Dilapidation de l'Antiquité au XIXe siècle. Aliénations illicites, dépenses excessives et gaspillage des biens et des ressources à caractère public*, sous la direction de B. Lemesle, avec la collaboration de M. Clouzot et de D. Le Page, Dijon, Éditions Universitaires de Dijon, 2014, Collection Histoires, p. 17-42.

LÉVY, Carlos, « Rhétorique et philosophie : la monstruosité politique chez Cicéron », *REL*, t. 76, 1998, p. 139-157.

MASTROROSA, Ida Gilda, « Naissances monstrueuses des serpents et prémonitions de tyrannie au dernier siècle de la République romaine et sous l'Empire », *Le Monstre et sa lignée. Filiations et générations monstrueuses dans la littérature latine et sa postérité*, textes réunis par J.-P. De Giorgio et F. Galtier, Paris, L'Harmattan, 2012, Collection Kubaba, série Antiquité, p. 251-264.

MÉNARD, Hélène, « Un exercice déviant de la justice : figures de la cruauté dans les sources de l'Antiquité tardive », *La Pathologie du pouvoir : vices, crimes et délits des gouvernants. Antiquité, Moyen Âge, époque moderne*, sous la direction de P. Gilli, Leiden, Boston, Brill, 2016, p. 108-128.

PASCHOUD, François, « Les *Panégyriques latins* et l'*Histoire Auguste* : quelques réflexions », *Hommages à Carl Deroux, II – Prose et Linguistique, Médecine*, Bruxelles, Latomus, vol. 267, 2002, p. 347-356.

PASCHOUD, François, « Le tyran fantasmé : variations de l'*Histoire Auguste* sur le thème de l'usurpation », *Usurpationen in der spätantike : Akten des Kolloquiums Staatsstreich und Staatlichkeit*, 6.-10 März 1966 Solothurn – Bern. Stuttgart, F. Steiner, 1997, Collection Historia. Einzelschriften, Wiesbaden, p. 87-98.

PERNOT, Laurent, « Les sophistiques réhabilitées », *Actualité de la rhétorique*, actes édités par L. Pernot sous la direction de M. Fumaroli, Paris, Klincksieck, p. 27-48.

PERNOT, Laurent, « Miroir d'un prince par lui-même : les *Pensées* de Marc Aurèle », *L'Éloge du prince de l'Antiquité au temps des Lumières*, sous la direction d'I. Cogitore et F. Goyet, Grenoble, ELLUG, Université Stendhal, 2003, p. 91-104.

PLOTON-NICOLLET, François, « La topique de la "nourrice divine" : un motif récurrent dans la poésie d'éloge depuis Stace jusqu'à Sidoine Apollinaire », *La Lyre et la Pourpre ; poésie et politique de l'Antiquité tardive à la Renaissance*, sous la direction de N. Catellani-Dufrêne et M. Perrin, Rennes, Presses Universitaires de Rennes, 2012, p. 3357.

POULLE, Bruno, « À quoi servent les éloges et les blâmes dans les biographies de Tacite et Suétone ? », *REL*, t. 94, 2016, p. 141-150.

RATTI, Stéphane, « La date et la diffusion de l'*Histoire Auguste* », *REA*, t. 114, 2012, n° 2, p. 567-580.

RIVIÈRE, Yann, « Encouragement, contrôle, lâchage et lynchage des agents du fisc impérial (Ier-IVe siècle ap. J.-C.) », *Contrôler les agents du pouvoir*, Actes du Colloque organisé par l'Équipe d'accueil « Histoire Comparée des Pouvoirs » (EA 3350) à l'Université de Marne-la-Vallée, 30, 31 mai et 1er juin 2002, textes réunis par L. Feller, Limoges, Pulim, 2004, p. 329-341.

SAURON, Gilles, « Marc Antoine et la mort du tyran », *Le Tyran et sa postérité dans la littérature latine de l'Antiquité à la Renaissance*, sous la direction de L. Boulègue, H. Casanova-Robin et C. Lévy, Paris, Classiques Garnier, 2013, p. 105-122.

VESPERINI, Pierre, « Comment les philosophes ont légitimé la tyrannie », *Le Tyran et sa postérité dans la littérature latine de l'Antiquité à la Renaissance*, sous la direction de L. Boulègue, H. Casanova-Robin et C. Lévy, Paris, Classiques Garnier, 2013, p. 35-56.

VOISIN, Jean-Louis, « Un nihiliste antique ? Portrait de l'auteur de l'*Histoire Auguste* à travers les *omina mortis* », *REL*, t. 95, 2017, p. 205-221.

WOLFF, Étienne, « L'*Histoire Auguste* : l'irruption de la fiction dans l'histoire », *Savoirs et fiction au Moyen Âge et à la Renaissance*, sous la direction de D. Boutet et J. Ducos, Paris, PUPS, 2015.

ZARINI, Vincent, « La figure du tyran dans la poésie latine de l'Antiquité tardive », *Le Tyran et sa postérité dans la littérature latine de l'Antiquité à la Renaissance*, sous la direction de L. Boulègue, H. Casanova-Robin et C. Lévy, Paris, Classiques Garnier, 2013, p. 203-218.

ARTICLES ÉLECTRONIQUES

ALLARD, Valérie, « La *Vita Aureliani*. Approche critique d'une source biographique de la fin du IVe siècle », *Hypothèses*, 2001/1 (4), p. 25-32. DOI : 10.3917/hyp.001.0025, consulté le 25 octobre 2018.

BARATTA, Alexandre, HALLEGUEN, Olivier, « Quelle pathologie psychiatrique pour l'empereur romain Caligula ? », *L'Information psychiatrique*, 1/2009 (vol. 85), p. 83-92. DOI : 10.3917/inpsy.8501.0083, consulté le 25 octobre 2018.

BATS, Maria, « Mort violente et *damnatio memoriae* sous les Sévères dans les sources littéraires », *Cahiers du Centre Gustave Glotz*, 14, 2003, p. 281-298. DOI : https://doi.org/10.3406/ccgg.2003.1593, consulté le 25 octobre 2018.

BEGUIN, P., « Le positivisme de Tacite dans sa notion de “fors” », *AC*, t. 24, fasc. 2, 1955, p. 352-371. DOI : https://doi.org/10.3406/antiq.1955.3265, consulté le 03 novembre 2019.

BIERLAIRE, Franz, « L'*exemplum* chez Érasme : théorie et pratique », *Mélanges de l'École française de Rome. Italie et Méditerranée*, t. 107, n° 2, 1995, p. 525-549. DOI : https://doi.org/10.3406/mefr.1995.4395, consulté le 25 octobre 2018.

BONNEFOND-COUDRY, Marianne, « Le *princeps senatus* : vie et mort d'une institution républicaine », *MEFRA*, t. 105, n° 1, 1993, p. 103-134. DOI : https://doi.org/10.3406/mefr.1993.1796, consulté le 03 novembre 2019.

BONNEFOND-COUDRY, Marianne, « *Princeps* et Sénat sous les Julio-claudiens : des relations à inventer », *MEFRA*, t. 107, n° 1, 1995, p. 225-254. DOI : https://doi.org/10.3406/mefr.1995.1890, consulté le 25 octobre 2018.

BRIQUEL, Dominique, « Sur le mode d'exécution en cas de parricide et en cas de *perduellio* », *MEFRA*, t. 92, n° 1, 1980, p. 87-107. DOI : https://doi.org/10.3406/mefr.1980.1229, consulté le 25 octobre 2018.

BRIQUEL, Dominique, « Sur un passage d'Hérodote : prise de Babylone et prise de Véies », *BAGB*, n° 3, octobre 1981, p. 293-306. DOI : https://doi.org/10.3406/bude.1981.1122, consulté le 25 octobre 2018.

BRIQUEL, Dominique, DESNIER, Jean-Luc, « Le passage de l'Hellespont par Xerxès », *BAGB*, n° 1, mars 1983, p. 22-30. DOI : https://doi.org/10.3406/bude.1983.1169, consulté le 25 octobre 2018.

CALLU, Jean-Pierre, « Le Jardin des supplices au Bas-Empire », *Publications de l'École française de Rome*, 1984, vol. 79, n° 1, p. 313-359. www.persee.fr/doc/efr_0000-0000_1984_act_79_1_2539, consulté le 25 octobre 2018.

CARNEVALI, Barbara, « *Mimesis* littéraire et connaissance morale. La tradition de l'"éthopée" », *Annales. Histoire, Sciences Sociales*, 2/2010 (65e année), p. 291-322. URL : https://www.cairn.info/revue-annales-2010-2-page-291.htm, consulté le 25 octobre 2018.

CIZEK, Eugen, « Les problèmes du Principat et l'élection des magistrats chez Velleius Paterculus », *Revue de philologie, de littérature et d'histoire anciennes*, 2003/1, t. LVXXII, p. 23-36. URL : https://www.cairn.info/revue-de-philologie-litterature-et-histoire-anciennes-2003-1-page-23.htm, consulté le 03 novembre 2019.

COGITORE, Isabelle, « La *potentia* chez Tacite : accusation indirecte du Principat », *BAGB*, n° 2, juin 1991, p. 158-171. DOI : https://doi.org/10.3406/bude.1991.1462, consulté le 03 novembre 2019.

DAVID, Jean-Michel, « *Maiorum exempla sequi* : l'*exemplum* historique dans les discours judiciaires de Cicéron », *Mélanges de l'École française de Rome. Moyen Âge, Temps modernes*, t. 92, n° 1, 1980, p. 67-86. DOI : https://doi.org/10.3406/mefr.1980.2538, consulté le 25 octobre 2018.

DELMAIRE, Roland, « Avant-propos », *Correspondances. Documents pour l'histoire de l'Antiquité tardive*, Actes du colloque international, Université Charles-de-Gaulle-Lille 3, 20-22 novembre 2003, édités par R. Delmaire, J. Desmulliez, P.-L. Gatier, Lyon, Maison de l'Orient et de la Méditerranée Jean Pouilloux, 2009, Collection de la Maison de l'Orient méditerranéen ancien, Série littéraire et philosophique, 40, p. 13-16. www.persee.fr/doc/mom_0151-7015_2009_act_40_1_2556, consulté le 25 octobre 2018.

DEMOUGEOT, Émilienne, « Flavius Vopiscus est-il Nicomaque Flavien ? », *AC*, t. 22, fasc. 2, 1953, p. 361-382. DOI : https://doi.org/10.3406/antiq.1953.3215, consulté le 25 octobre 2018.

DOGANIS, Carine Karitini, « La sycophantie dans la démocratie athénienne d'après les comédies d'Aristophane », *Journal des savants*, 2001, n° 2, p. 225-248. DOI : https://doi.org/10.3406/jds.2001.1644, consulté le 25 octobre 2018.

DUVAL, Yves-Marie, « Les lettres d'Ambroise de Milan aux empereurs. Les échanges avec Gratien », *Correspondances. Documents pour l'histoire de l'Antiquité tardive*, Actes du colloque international, Université Charles-de-Gaulle-Lille 3, 20-22 novembre 2003, édités par R. Delmaire, J. Desmulliez, P.-L. Gatier, Lyon, Maison de l'Orient et de la Méditerranée Jean Pouilloux, 2009, Collection de la Maison de l'Orient méditerranéen ancien, Série littéraire et philosophique, 40, p. 199-226. www.persee.fr/doc/mom_0151-7015_2009_act_40_1_2568, consulté le 25 octobre 2018.

ECO, Umberto, « James Bond : une combinatoire narrative », *Communications*, 8, 1966, Recherches sémiologiques : l'analyse structurale du récit, p. 77-93. DOI : https://doi.org/10.3406/comm.1966.1116, consulté le 25 octobre 2018.

FAUR, Jean-Claude, « La première conspiration contre Caligula », *RBPh*, t. 51, fasc. 1, 1973, Antiquité – Oudheid, p. 13-50. DOI : https://doi.org/10.3406/rbph.1973.2950, consulté le 25 octobre 2018.

FERRARY, Jean-Louis, « Les origines de la loi de majesté à Rome », *Comptes rendus des séances de l'Académie des Inscriptions et Belles-Lettres*, 127e année, n° 4, 1983, p. 556-572. DOI : https://doi.org/10.3406/crai.1983.14083, consulté le 25 octobre 2018.

FLAMERIE DE LACHAPELLE, Guillaume, « *Clementia*. Recherches sur la notion de clémence à Rome, des origines à la fin des Julio-Claudiens », *L'Information littéraire*, 2007/1, vol. 59, p. 33-36. URL : https://www.cairn.info/revue-l-information-litteraire-2007-1-page-33.htm, consulté le 3 novembre 2019.

GARRIDO-HORY, Marguerite, « L'Empereur chez Martial : *Dominus*, *Caesar*, *Deus* », *Mélanges Pierre Lévêque*, t. 8, Religion, anthropologie et société, Besançon, Université de Franche-Comté, 1994, Annales littéraires de l'Université de Besançon, 499, p. 235-257. URL : www.persee.fr/doc/ista_0000-0000_1994_ant_499_1_2318, consulté le 03 novembre 2019.

GASCOU, Jacques, « Histoire et historiographie : Suétone », *Histoire et historiographie dans l'Antiquité*, Actes du 11e colloque de la Villa Kérylos à Beaulieu-sur-Mer les 13 & 14 octobre 2000, Paris, Académie des Inscriptions et Belles Lettres, 2001, Cahiers de la Villa Kérylos, 11, p. 155-165. URL : www.persee.fr/doc/keryl_1275-6229_2001_act_11_1_1039, consulté le 25 octobre 2018.

GEREMEK, Bronislaw, « *L'exemplum* et la circulation de la culture au Moyen Âge », *Mélanges de l'École française de Rome. Moyen Âge, Temps modernes*, t. 92, n° 1, 1980, p. 153-179. DOI : https://doi.org/10.3406/mefr.1980.2542, consulté le 25 octobre 2018.

GRODZYNSKI, Denise, « Tortures mortelles et catégories sociales. Les *Summa Supplicia* dans le droit romain aux IIIe et IVe siècles », *Du châtiment dans la cité. Supplices corporels et peine de mort dans le monde antique*, Table ronde de Rome, 9-11 novembre 1982, Rome, École française de Rome, 1984,

Publications de l'École française de Rome, 79, p. 361-403. URL : www.persee.fr/doc/efr_0000-0000_1984_act_79_1_2540, consulté le 25 octobre 2018.

GUARD, Thomas, « Cicéron : l'orateur, l'histoire et l'identité romaine », *Cahiers des études anciennes* [En ligne], XLVI | 2009, mis en ligne le 13 mars 2010, URL : http://journals.openedition.org/etudesanciennes/180, consulté le 25 octobre 2018.

GUEY, Julien, « "Les bains d'or" de Caligula, *immensi aureorum acerui* (Suétone, Cal., 42, 3) », *MEFRA*, t. 89, n° 2, 1977, p. 443-446. DOI : https://doi.org/10.3406/mefr.1977.1117, consulté le 25 octobre 2018.

GUILLAUME-COIRIER, Germaine, « Les couronnes militaires végétales à Rome. Vestiges indo-européens et croyances archaïques », *Revue de l'histoire des religions*, t. 210, n° 4, 1993, p. 387-411. DOI : https://doi.org/10.3406/rhr.1993.1455, consulté le 25 octobre 2018.

HAGGERTY KRAPPE, Alexander, « La naissance de Commode dans l'*Histoire Auguste* », *REA*, t. 38, 1936, n° 3, p. 277-284. DOI : https://doi.org/10.3406/rea.1936.2891, consulté le 25 octobre 2018.

HELLEGOUARC'H, Jacqueline, « Histoire et biographie : le principat vu par Suétone (de Tibère à Néron) », *Vita latina*, n° 133, 1994, p. 22-28. DOI : https://doi.org/10.3406/vita.1994.1354, consulté le 25 octobre 2018.

JAL, Paul, « Tite-Live et le métier d'historien dans la Rome d'Auguste », *BAGB*, n° 1, mars 1990, p. 32-47. DOI : https://doi.org/10.3406/bude.1990.1416, consulté le 25 octobre 2018.

KISCH, Yves, « Les *Sortes Vergilianae* dans l'*Histoire Auguste* », *Mélanges d'archéologie et d'histoire*, t. 82, n° 1, 1970, p. 321-362. DOI : https://doi.org/10.3406/mefr.1970.7601, consulté le 25 octobre 2018.

LAMBRECHTS, Pierre, « L'empereur Lucius Verus. Essai de réhabilitation », *AC*, t. 3, fasc. 1, 1934, p. 173-201. DOI : https://doi.org/10.3406/antiq.1934.3136, consulté le 25 octobre 2018.

LASSÈRE, Jean-Marie, « La tour d'Élagabal (*S. H. A.*, *Ant. Heliog.* 33, 6) », *REA*, t. 77, 1975, n° 1-4, p. 131-136. DOI : https://doi.org/10.3406/rea.1975.3990, consulté le 25 octobre 2018.

LOICQ-BERGER, Marie-Paule, « Le "Bruxellensis" 11281 et l'activité littéraire de Denys l'Ancien », *RBPh*, t. 44, fasc. 1, 1966, Histoire (depuis la fin de l'Antiquité) – Geschiedenis (sedert de Oudheid), p. 12-20. DOI : https://doi.org/10.3406/rbph.1966.2614, consulté le 25 octobre 2018.

LUCAS, Joseph, « Un empereur psychopathe [Contribution à la psychologie du Caligula de Suétone] », *AC*, t. 36, fasc. 1, 1967, p. 159-189. DOI : https://doi.org/10.3406/antiq.1967.2650, consulté le 25 octobre 2018.

MARTIN, Pierre, « "La Forge des Trois C" ou le calomniateur stigmatisé », *Albineana*, 23, Niort, Cahiers d'Aubigné, 2011, Calomnie, rumeur et désinformation : l'Histoire du Père Henri, jésuite et sodomite, sous la direction de P. Martin et M.-H. Servet, p. 331-363. DOI : https://doi.org/10.3406/albin.2011.1186, consulté le 25 octobre 2018.

Meulder, Marcel, « 193 ap. J.-C. : l'année aux trois fonctions selon Hérodien », *RBPh*, t. 80, fasc. 1, 2002, Antiquité – Oudheid, p. 73-96. DOI : https://doi.org/10.3406/rbph.2002.4606, consulté le 25 octobre 2018.

Mineo, Bernard, « Légende et histoire dans le livre I de Tite-Live », *Dialogues d'histoire ancienne. Supplément* n° 4-2, 2010, Jeux et enjeux de la mise en forme de l'histoire. Recherches sur le genre historique en Grèce et à Rome, p. 495-508. DOI : https://doi.org/10.3406/dha.2010.3380, consulté le 25 octobre 2018.

Molinié, Georges, « Problématique de la répétition », *Langue française*, n° 101, 1994, p. 102-111. DOI : https://doi.org/10.3406/lfr.1994.6335, consulté le 25 octobre 2018.

Molinier-Arbo, Agnès, « Les documents d'archives dans la *Vita Commodi* : degré zéro de l'histoire ou fiction ? », *Dialogues d'histoire ancienne. Supplément* n° 4-1, 2010. Jeux et enjeux de la mise en forme de l'histoire. Recherches sur le genre historique en Grèce et à Rome, p. 87-112. DOI : https://doi.org/10.3406/dha.2010.3344, consulté le 03 novembre 2019.

Molinier-Arbo, Agnès, « Notes sur la pourpre dans l'*Histoire Auguste* », *Autour de Lactance : hommages à Pierre Monat*, Besançon, Institut des Sciences et Techniques de l'Antiquité, 2003, Collection « ISTA », 903, p. 301-314. URL : www.persee.fr/doc/ista_0000-0000_2003_ant_903_1_2030, consulté le 25 octobre 2018.

Molinier-Arbo, Agnès, « Père et fils au pouvoir à la fin de l'Empire romain : réflexions sur un thème de l'*Histoire Auguste* », *Pouvoir des hommes, signes des dieux dans le monde antique*, Actes des rencontres de Besançon, 1999-2000, Besançon, Institut des Sciences et Techniques de l'Antiquité, 2002, Collection « ISTA », 852, p. 173-190, URL : www.persee.fr/doc/ista_0000-0000_2002_act_852_1_1656, consulté le 25 octobre 2018.

Montalbetti, Christine, « Fiction, réel, référence », *Littérature*, n° 123, 2001, Roman Fiction, p. 44-55. DOI : https://doi.org/10.3406/litt.2001.1719, consulté le 25 octobre 2018.

Morzadec, Françoise, « Stace et la Sibylle : rivalité littéraire autour de la louange de Domitien. La Silve IV, 3 », *La Sibylle : parole et représentation* [en ligne], Rennes, Presses universitaires de Rennes, 2004. DOI : 10.4000/books.pur.30354, consulté le 03 novembre 2019.

Pailler, Jean-Marie, Sablayrolles, Robert, « *Damnatio memoriae* : une vraie perpétuité ? », *Pallas*, 40/1994, Les années Domitien, p. 11-55. DOI : https://doi.org/10.3406/palla.1994.1308, consulté le 25 octobre 2018.

PÉRON, Jacques, « Réalité et au-delà dans *Les Perses* d'Eschyle », *BAGB*, n° 1, mars 1982, p. 3-40. DOI : https://doi.org/10.3406/bude.1982.1130, consulté le 25 octobre 2018.

POIGNAULT, Rémy, « Les usurpateurs du *Quadrige des Tyrans* dans l'*Histoire Auguste* : des personnages de roman ? », *Les Personnages du roman grec*, Actes du colloque de Tours, 18-20 novembre 1999, édités par B. Pouderon, avec la collaboration de C. Hunzinger et D. Kasprzyk, Lyon, Maison de l'Orient et de la Méditerranée Jean Pouilloux, 2001, Collection de la Maison de l'Orient méditerranéen ancien, Série littéraire et philosophique, 29, p. 251-268. URL : www.persee.fr/doc/mom_0151-7015_2001_act_29_1_1397, consulté le 25 octobre 2018.

POULLE, Bruno, « La mort de Galba et le Lacus Curtius », *BAGB : Lettres d'humanité*, n° 57, février 1998, p. 310-317. DOI : https://doi.org/10.3406/bude.1998.2432, consulté le 25 octobre 2018.

RENARD, Jean-Bruno, « De l'intérêt des anecdotes », *Sociétés*, 2011/4 (n° 114), p. 33-40. DOI : 10.3917/soc.114.0033, consulté le 25 octobre 2018.

RENARD, Jean-Bruno, « La construction de l'image des hommes politiques par le folklore narratif. Anecdotes, rumeurs, légendes, histoires drôles », *Mots. Les langages du politique* [En ligne], 92 | 2010, mis en ligne le 04 mai 2012, DOI : 10.4000/mots.19418, consulté le 25 octobre 2018.

RIVIÈRE, Yann, « Les *quadruplatores* : la répression du jeu, de l'usure et de quelques autres délits sous la République romaine », *MEFRA*, t. 109, n° 2, 1997, p. 577-631. DOI : https://doi.org/10.3406/mefr.1997.1999, consulté le 25 octobre 2018.

SCHEID, John, « La mort du tyran. Chronique de quelques morts programmées », *Du châtiment dans la cité. Supplices corporels et peine de mort dans le monde antique*, Table ronde de Rome, 9-11 novembre 1982, Rome, École française de Rome, 1984, *Publications de l'École française de Rome*, 79, p. 177-193. URL : www.persee.fr/doc/efr_0000-0000_1984_act_79_1_2533, consulté le 25 octobre 2018.

SCHUBERT, Paul, « L'anneau de Gygès : réponse de Platon à Hérodote », *AC*, t. 66, 1997, p. 255-260. DOI : https://doi.org/10.3406/antiq.1997.1279, consulté le 25 octobre 2018.

SCHWARTZ, Jacques, « L'*Histoire Auguste* et la fable de l'usurpateur Celsus », *AC*, t. 33, fasc. 2, 1964, p. 419-430. DOI : https://doi.org/10.3406/antiq.1964.1421, consulté le 25 octobre 2018.

SION-JENKIS, Karin, « Entre République et Principat : réflexions sur la théorie de la constitution mixte à l'époque impériale », *REA*, t. 101, 1999, n° 3-4, p. 413-425. DOI : https://doi.org/10.3406/rea.1999.4774, consulté le 03 novembre 2019.

SMADJA, Élisabeth, « Divination et signes de pouvoir dans l'*Histoire Auguste* », *Pouvoir des hommes, signes des dieux dans le monde antique*, Actes des rencontres de Besançon, 1999-2000, Besançon, Institut des Sciences et Techniques de l'Antiquité, 2002, Collection « ISTA », 852, p. 191-218. URL : www.persee.fr/doc/ista_0000-0000_2002_act_852_1_1657, consulté le 25 octobre 2018.

SOMVILLE, Pierre, « Portrait physique de l'empereur Julien », *AC*, t. 72, 2003, p. 161-166. DOI : https://doi.org/10.3406/antiq.2003.2512, consulté le 25 octobre 2018.

TOURNIER, Charlotte, « Claudien et la parole politique : de la délégation de parole dans l'invective à la *parrhêsia* », *Revue de linguistique latine du Centre Alfred Ernout – De lingua latina*, Université Paris Sorbonne, 2015, Le discours rapporté en latin, https://halshs.archives-ouvertes.fr/halshs-01584763/document, consulté le 03 novembre 2019.

TURCAN, Robert, « Les dieux de l'Orient dans l'*Histoire Auguste* », *Journal des savants*, 1993, n° 1, p. 21-62. DOI : https://doi.org/10.3406/jds.1993.1562, consulté le 25 octobre 2018.

VOLPILHAC-AUGER, Catherine, « Sens et fonction de l'anecdote chez Montesquieu », *Cahiers Saint Simon*, n° 23, 1995, Anecdotes et historiettes, p. 33-39. DOI : https://doi.org/10.3406/simon.1995.1221, consulté le 25 octobre 2018.

ARTICLES TIRÉS DES ACTES DES COLLOQUES SUR L'*HISTOIRE AUGUSTE*

ALFÖLDI-ROSENBAUM, Elisabeth, « *Apicius*, de re coquinaria *and the* Vita Heliogabali », *B.H.A.C. 1970*, Bonn, Rudolf Habelt Verlag GmbH, 1972, p. 5-10.

BÉRANGER, Jean, « Julien l'Apostat et l'hérédité du pouvoir impérial », *B.H.A.C. 1970*, Bonn, Rudolf Habelt Verlag GmbH, 1972, p. 75-93.

BÉRANGER, Jean, « Les sénatus-consultes dans l'*Histoire Auguste* », *B.H.A.C. 1984-1985*, Bonn, Rudolf Habelt Verlag GmbH, 1987, p. 25-53.

BÉRANGER, Jean, « L'expression du pouvoir suprême dans l'*Histoire Auguste* », *B.H.A.C. 1971*, Bonn, Rudolf Habelt Verlag GmbH, 1974, p. 21-49.

BÉRANGER, Jean, « L'hérédité dynastique dans l'*Histoire Auguste* : procédé et tradition », *B.H.A.C. 1971*, Bonn, Rudolf Habelt Verlag GmbH, 1974, p. 1-20.

BERTRAND-DAGENBACH, Cécile, « À propos des sacrifices d'enfants d'Héliogabale », *H.A.C.N.*, *Atti dei Convegni sulla Historia Augusta XII*, Bari, Edipuglia, 2014, p. 31-40.

BRUGGISSER, Philippe, « Hadrien et le sang des esclaves », *H.A.C.B.*, *Atti dei Convegni sulla Historia Augusta IX*, Bari, Edipuglia, 2005, p. 67-82.

BRUGGISSER, Philippe, « Septime Sévère et le projet de gémination de la statue de la Fortune (HA S 23,5-7) », *B.H.A.C. 1986-1989*, Bonn, Rudolf Habelt Verlag GmbH, 1991, p. 13-20.

BURGERSDIJK, Diederik, « La présence de Salluste dans l'*Histoire Auguste* », *H.A.C.N., Atti dei Convegni sulla Historia Augusta XII*, Bari, Edipuglia, 2014, p. 111-127.

CALLU, Jean-Pierre, « Le jour où le prince mourut », *H.A.C.B., Atti dei Convegni sulla Historia Augusta IX*, Bari, Edipuglia, 2005, p. 83-97.

CASCÓN, Antonio, « *El humor en la* Historia Augusta *: características literarias y función crítica* », *H.A.C.B., Atti dei Convegni sulla Historia Augusta IV*, Bari, Edipuglia, 1996, p. 147-163.

CHASTAGNOL, André, « Autour du thème du *princeps clausus* », *B.H.A.C. 1982-1983*, Bonn, Rudolf Habelt Verlag GmbH, 1985, p. 149-161.

CHASTAGNOL, André, « Études sur la *Vita Cari* VIII. Carin et Élagabal », *B.H.A.C. 1979-1981*, Bonn, Rudolf Habelt Verlag GmbH, 1983, p. 99-113.

CHASTAGNOL, André, « Études sur la *Vita Cari* IX. *Non est meus* », *H.A.C.G. 1991, Atti dei Convegni sulla Historia Augusta II*, Bari, Edipuglia, 1994, p. 89-99.

CHASTAGNOL, André, « L'empereur gaulois Marius dans l'*Histoire Auguste* », *B.H.A.C. 1971*, Bonn, Rudolf Habelt Verlag GmbH, 1974, p. 51-58.

CHASTAGNOL, André, « Le supplice inventé par Avidius Cassius : remarques sur l'*Histoire Auguste* et la lettre 1 de Saint Jérôme », *B.H.A.C. 1970*, Bonn, Rudolf Habelt Verlag GmbH, 1972, p. 95-107.

CHASTAGNOL, André, « L'*Histoire Auguste* et les "Douze Césars" de Suétone », *B.H.A.C. 1970*, Bonn, Rudolf Habelt Verlag GmbH, 1972, p. 109-123.

CHASTAGNOL, André, « L'utilisation des *Caesares* d'Aurelius Victor dans l'*Histoire Auguste* », *B.H.A.C. 1966-1967*, Bonn, Rudolf Habelt Verlag GmbH, 1968, p. 53-65.

CHASTAGNOL, André, « Végèce et l'*Histoire Auguste* », *B.H.A.C. 1971*, Bonn, Rudolf Habelt Verlag GmbH, 1974, p. 59-80.

CHASTAGNOL, André, « Zosime II, 38 et l'*Histoire Auguste* », *B.H.A.C. 1964-1965*, Bonn, Rudolf Habelt Verlag GmbH, 1966, p. 43-78.

CHRISTOL, Michel, « Auréolus et l'*Histoire Auguste* », *H.A.C.A., Atti dei Convegni sulla Historia Augusta VI*, Bari, Edipuglia, 1998, p. 115-135.

CHRISTOL, Michel, « Gallien, Claude et Aurélien », *H.A.C.N., Atti dei Convegni sulla Historia Augusta XII*, Bari, Edipuglia, 2014, p. 159-183.

ESTIOT, Sylviane, « Probus et les "tyrans minuscules" Proculus et Bonosus. Que dit la monnaie ? », *H.A.C.N., Atti dei Convegni sulla Historia Augusta XII*, Bari, Edipuglia, 2014, p. 205-241.

FESTY, Michel, « Aurélius Victor, source de l'*Histoire Auguste* et de Nicomaque Flavien », *H.A.C.G., Atti dei Convegni sulla Historia Augusta VII*, Bari, Edipuglia, 1999, p. 121-133.

Frézouls, Edmond, « La succession impériale dans l'*Histoire Auguste* : les Antonins et les Sévères », *H.A.C.P. 1990, Atti dei Convegni sulla Historia Augusta*, Macerata, Facoltà di lettere e filosofia, 1991, p. 197-212.

Frézouls, Edmond, « Le rôle politique des femmes dans l'*Histoire Auguste* », *H.A.C.G. 1991, Atti dei Convegni sulla Historia Augusta II*, Bari, Edipuglia, 1994, p. 121-136.

Fry, Carole, « *Suetonanius quidam* : l'auteur de l'*Histoire Auguste* en utilisateur du style suétonien », *H.A.C.G., Atti dei Convegni sulla Historia Augusta XI*, Bari, Edipuglia, 2010, p. 135-151.

Gaudemet, Jean, « Le concept d'*imperium* dans l'*Histoire Auguste* », *B.H.A.C. 1968-1969*, Bonn, Rudolf Habelt Verlag GmbH, 1970, p. 91-97.

Gutsfeld, Andreas, « L'*Histoire Auguste* et Apicius », *H.A.C.N., Atti dei Convegni sulla Historia Augusta XII*, Bari, Edipuglia, 2014, p. 265-277.

Molinier-Arbo, Agnès, « Jeux littéraires autour de Suétone dans la *Vie de Commode* », *H.A.C.N., Atti dei Convegni sulla Historia Augusta XII*, Bari, Edipuglia, 2014, p. 341-355.

Paschoud, François, « Aurélius Victor, Eutrope ou "*Kaisergeschichte*" d'Enmann ? », *H.A.C.A., Atti dei Convegni sulla Historia Augusta VI*, Bari, Edipuglia, 1998, p. 269-270.

Paschoud, François, « Les sources de la *Vita Taciti* », *H.A.C.M., Atti dei Convegni sulla Historia Augusta III*, Bari, Edipuglia, 1995, p. 269-280.

Paschoud, François, « L'*Histoire Auguste* et Dexippe », *H.A.C.P. 1990, Atti dei Convegni sulla Historia Augusta*, Macerata, Facoltà di lettere e filosofia, 1991, p. 217-269.

Pflaum, Hans-Georg, « La valeur de la source inspiratrice de la *Vita Hadriani* et de la *Vita Marci Antonini* à la lumière des personnalités contemporaines nommément citées », *B.H.A.C. 1968-1969*, Bonn, Rudolf Habelt Verlag GmbH, 1970, p. 173-232.

Pflaum, Hans-Georg, « Le règlement successoral d'Hadrien », *B.H.A.C. 1963*, Bonn, Rudolf Habelt Verlag GmbH, 1964, p. 95-122.

Pflaum, Hans-Georg, « Les amours des empereurs dans l'*Histoire Auguste* », *B.H.A.C. 1975-1976*, Bonn, Rudolf Habelt Verlag GmbH, 1978, p. 157-166.

Ratti, Stéphane, « Fiction, déconstruction et religion : l'effacement du sens dans *l'Histoire Auguste* », *H.A.C.N., Atti dei Convegni sulla Historia Augusta XII*, Bari, Edipuglia, 2014, p. 419-433.

Ratti, Stéphane, « Jérôme et l'ombre d'Ammien Marcellin », *H.A.C.B., Atti dei Convegni sulla Historia Augusta IX*, Bari, Edipuglia, 2005, p. 233-247.

Ratti, Stéphane, « Nicomaque Flavien Senior auteur de l'*Histoire Auguste* », *H.A.C.BAM., Atti dei Convegni sulla Historia Augusta X*, Bari, Edipuglia, 2007, p. 305-317.

RATTI, Stéphane, « Sur la signification de *Gall.*, 14, 11 : *De dignitate uel, ut coeperunt alii loqui, de maiestate* », *H.A.C.PER.*, *Atti dei Convegni sulla Historia Augusta VIII*, Bari, Edipuglia, 2002, p. 405-420.

RATTI, Stéphane, « Sur la source du récit de la mort de Gallien dans l'*Histoire Auguste* (*Gall.*, 14, 1-11) », *H.A.C.G., Atti dei Convegni sulla Historia Augusta VII*, Bari, Edipuglia, 1999, p. 259-276.

SCHWARTZ, Jacques, « À propos des données chronographiques de l'*Histoire Auguste* », *B.H.A.C. 1964-1965*, Bonn, Rudolf Habelt Verlag GmbH, 1966, p. 197-210.

SCHWARTZ, Jacques, « Autour du chapitre 3 de la *Vita Hadriani* », *B.H.A.C. 1986-1989*, Bonn, Rudolf Habelt Verlag GmbH, 1991, p. 183-188.

SCHWARTZ, Jacques, « Du millénarisme dans l'*Histoire Auguste* », *B.H.A.C. 1971*, Bonn, Rudolf Habelt Verlag GmbH, 1974, p. 157-163.

SCHWARTZ, Jacques, « *Histoire Auguste* et Épitome », *B.H.A.C. 1977-1978*, Bonn, Rudolf Habelt Verlag GmbH, 1980, p. 219-224.

SCHWARTZ, Jacques, « La *Vita Marci* 17,4 et ses développements (problèmes de composition et de polémiques anti-chrétiennes », *B.H.A.C. 1970*, Bonn, Rudolf Habelt Verlag GmbH, 1972, p. 249-269.

SCHWARTZ, Jacques, « L'*Histoire Auguste* et Palmyre », *B.H.A.C. 1964-1965*, Bonn, Rudolf Habelt Verlag GmbH, 1966, p. 185-195.

SCHWARTZ, Jacques, « Remarques sur les voyages d'Hadrien », *B.H.A.C. 1979-1981*, Bonn, Rudolf Habelt Verlag GmbH, 1983, p. 291-301.

SCHWARTZ, Jacques, « Sur la date de l'*Histoire Auguste* », *B.H.A.C. 1966-1967*, Bonn, Rudolf Habelt Verlag GmbH, 1968, p. 91-99.

SCHWARTZ, Jacques, « Sur la *Vita Clodii Albini* », *H.A.C.G. 1991*, *Atti dei Convegni sulla Historia Augusta II*, Bari, Edipuglia, 1994, p. 197-202.

SYME, Ronald, « *Bogus authors* », *B.H.A.C. 1972-1974*, Bonn, Rudolf Habelt Verlag GmbH, 1976, p. 311-321.

TURCAN, Robert, « Les Mystères d'Éleusis dans l'*Histoire Auguste* », *H.A.C.A.*, *Atti dei Convegni sulla Historia Augusta VI*, Bari, Edipuglia, 1998, p. 325-338.

VAN'T DACK, Edmond, « Alexandre le Grand dans l'*Histoire Auguste. Vita Seueri Alexandri* 30,3 et 50, 4 », *B.H.A.C. 1986-1989*, Bonn, Rudolf Habelt Verlag GmbH, 1991, p. 41-60.

VELAZA, Javier, « Tacite dans l'*Histoire Auguste* : vers une révision », *H.A.C.BON.*, *Atti dei Convegni sulla Historia Augusta V*, Bari, Edipuglia, 1997, p. 241-253.

VOISIN, Jean-Louis, « L'*Histoire Auguste* et la mort volontaire », *H.A.C.G., Atti dei Convegni sulla Historia Augusta VII*, Bari, Edipuglia, 1999, p. 301-316.

ZAWADZKI, Tadeusz, « *Diocesis Thraciarum*, un indice de falsification dans l'*Histoire Auguste* », *B.H.A.C. 1972-1974*, Bonn, Rudolf Habelt Verlag GmbH, 1976, p. 323-330.

INDEX DES AUTEURS

INDEX DES EMPEREURS ET USURPATEURS[1]

1 Nous incluons Jules César dans cette liste.

INDEX DES THÈMES ET DES NOTIONS

TABLE DES MATIÈRES

DEUXIÈME PARTIE

FIGURES, THÈMES ET MOTIFS EMBLÉMATIQUES DE LA RHÉTORIQUE DU BLÂME

TROISIÈME PARTIE

PROCÉDÉS DE LA RHÉTORIQUE DU BLÂME ET ENJEUX DU TEXTE

IMPRIM'VERT®

Achevé d'imprimer par Corlet Numéric,
Z.A. Charles Tellier, Condé-en-Normandie (Calvados), en novembre 2020
N° d'impression : 169196 - dépôt légal : novembre 2020
Imprimé en France